S. Paul

Methode

S. Paul

Methode

ISBN/EAN: 9783741174438

Manufactured in Europe, USA, Canada, Australia, Japa

Cover: Foto ©Thomas Meinert / pixelio.de

Manufactured and distributed by brebook publishing software
(www.brebook.com)

S. Paul

Methode

BIBLIOTECA PROVINCIALE
Armadio
Palchetto
Num.° d' ordine

NAZIONALE
B. Prov.
XXV
35
BIBLIOTECA
VITT. EMANUELE III
NAPOLI

MÉTHODE

POUR ÉTUDIER

L'HISTOIRE.

TOME XV.

MÉTHODE
POUR ÉTUDIER
L'HISTOIRE,
AVEC
UN CATALOGUE
DES PRINCIPAUX HISTORIENS,

compagné de Remarques sur la bonté de leurs Ouvrages, & sur le choix des meilleures éditions.

PAR M. L'ABBÉ LENGLET DU FRESNOY.

uvelle édition, revue, corrigée & considérablement augmentée, par M. DROUET, Bibliothécaire de MM. les Avocats, Associé libre de la Société des Sciences, Arts & Belles-Lettres d'Auxerre, & de la Société Littéraire-Militaire de Besançon.

TOME XV

A PARIS,

z { DEBURE, pere, à S. Paul, & N. M. TILLIARD, à S. Benoît. } Quai des Augustins.

M. DCC. LXXII.

Avec Approbation, & Privilége du Roi.

AVERTISSEMENT.

On a diſtingué exactement dans cette Table, l'*I* & l'*U* voyelles, du *J* & du *V* conſonnes. Ainſi les mots qui commencent par l'une ou l'autre de ces lettres, doivent être cherchés dans la claſſe particuliere qui leur eſt aſſignée. C'eſt une méthode conforme aux règles de notre Grammaire, déja ſuivie dans pluſieurs bons ouvrages, & que l'Académie a cru devoir adopter dans la derniere édition de ſon *Dictionaire*. On a même ici ſuivi cet ordre dans l'arrangement particulier des mots; de ſorte que ceux qui commencent par AU, ſe trouvent rangés dans l'ordre des lettres qui ſuivent; & les mots qui commencent par AVA, AVE, &c. ne viennent qu'après.

Les chiffres romains, X, XI,

XII, XIII & XIV, renvoient au volume, & les chiffres arabes aux pages de ce volume.

On s'eſt attaché à donner exactement les noms des Auteurs : cette Table doit, à cet égard, ſervir à corriger les fautes qui pouroient ſe trouver dans le Catalogue.

Pour abréger, & afin de pouvoir indiquer un plus grand nombre de choſes, on a mis les noms de famille ſeuls : on n'y a joint le nom de baptême, que l'orſqu'il a été néceſſaire de diſtinguer des perſonages différens qui ont porté le même nom.

C'est par le même motif, qu'on a exprimé en abrégé un très-grand nombre de mots. Ces abréviations ſe ſuppléent ſi facilement, qu'elles ne peuvent embaraſſer. Il n'eſt perſonne qui ne comprenne tout d'a-

bord, que *hist.* est l'abrégé du mot *histoire* ou *historia*; *inscript.* d'*inscription*; *traduct.* de *traduction*; *comment.* de *commentaire*, & ainsi de tous les autres.

On trouve à quelques articles, ces mots, *aux additions*. Cela veut dire qu'il faut consulter les *Additions & corrections* qui se trouvent à la fin de ce volume. Elles contiennent, comme nous l'avons dit dans la Préface, les corrections de quelques fautes échapées à l'exactitude de l'Imprimeur; mais principalement la Notice de plusieurs bons ouvrages, qui, ayant paru dans le cours de l'impression du Catalogue, n'ont pu y être indiqués à la place qui leur convient. Nous exhortons ceux qui consulteront notre Ouvrage, d'indiquer ces additions sur les marges de leur exemplaire, par une

marque quelconque, placée à l'endroit où elles devroient être inférées.

TABLE
GÉNÉRALE ET RAISONNÉE
DES AUTEURS
ET DES MATIERES,
INDIQUÉES
DANS LE CATALOGUE
DES PRINCIPAUX HISTORIENS,

Qui est joint à la Méthode pour étudier l'Histoire.

AARHUS; évêques de cette ville. *Tome* XIV. *page* 29.

ABADIE; dissert. sur le tems où le christianisme a été établi dans les Gaules. XII. 384.

Abaillard; sa vie. XIV. 400.

Abares, ou *Awares*; rech. sur ces peuples. XIV. 498.

ABARCA; annales des rois d'Aragon. XIII. 378.

ABATI; marmora Pisaurensia. XIV. 332.

ABAUZIT; hist. de Genève. XIII. 268.

Abbeville; auteurs sur cette ville. XIII. 45 & *s.*

Abbon, m. de S. Germain-des-Prés; son poëme sur le siége de Paris. XII. 50. & XIII. 5 & 440.
Abbon de Fleury; sa vie. XII. 56. Ses lettres. 134.
Abbondanti; guerres des Pays-Bas. XIII. 296.
Abdias; hist. certaminis apostolici. X. 217, 225, 266.
Abeilles; numismata apibus insignita. XI. 48.
Abel; Mercurius Gallo-Belgicus. XIII. 297.
Abela; descript. Melitæ. XI. 377 & 588.
Abelinus; theatrum Europæum. X. 164. & XI. 240.
Abely; vie de Vincent de Paul. X. 411.
Abençufian; vie du roi Almansor. XIV. 138.
Aben-Hamin; hist. de los Vandos, &c. XIII. 389.
Abercomby; hommes illustr. de l'Ecosse. XIII. 523.
Aberman; de rebus Viennensibus. XI. 251.
Abissinie; cartes. X. 94. Rois, mœurs, &c. de ce pays. XIII. 332. & XIV. 142. & *suiv.*
Ablancourt (Perrot d') traduct. de Marmol. X. 44. XIV. 136. de la retraite des dix-mille. XI. 18. de l'hist. de Thucydide, continuée par Xénophon. 28. d'Arrien. 38. de César. 71. de Tacite. 85.
Ablancourt (Frémont d') mém. sur le Portugal. XIII. 425.
S. Abraham; sa vie. X. 325.
Abraham (Nicolas) pharus veteris testamenti. X. 206.
Abraham Ecchellensis; chron. orient. XI. 117. & XIV. 70. Eutychius vindic. XIV. 135.
Abreu; recueil de traités de paix. XIV. 292.
Abréviateurs: de abbreviatoribus. XI. 418.
Abudacnus; *v.* Joseph Abudacnus.
Abulcacim; hist. du roi D. Rodrigue. XIII. 389.
Abulfarage; histor. Arabum. XIV. 92. hist. Dynastiarum. *ibid.*
Abulfeda; Chorasmia. X. 26. Arabia. *ibid.* tabula Syriæ. XIV. 91. excerpta ex ejus hist. universali. 93. de vita Mohammedis. 96.
Abulgasi; hist. des Tartars. XIV. 115.

S. *Abundantius*; actes de son martyre. X. 169.

S. *Abundius*; actes de son martyre. *ibid.*

Académies; hist. des Académies établies à Paris. XIII. 34 & *suiv.*

Académie des Inscriptions & Belles-Lettres de Paris; ses Mémoires. XIV. 412 & *suiv.*

ACAMI; sur le domaine temporel des papes. XI. 418.

Acdrie (Mlle.) voyez *Marie de l'Incarnation.*

Acarnanie; de statu Acarnanum. XI. 43.

Accens de la langue Grecque. XIV. 509.

ACCIAIOLI (Donat) trad. de l'hist. de Florence de Léonard Aretin. XI. 503. de vita Caroli Magni. XII. 126.

Acciaioli (Nicolas) gr. sénéchal de Sicile; sa vie. XI. 391. & XIV. 229. généal. de sa famille. *ibid.*

ACKELEY; exercitationes. XI. 158.

Acclamations; de veterum acclamationibus. XI. 99. & XIV. 415.

ACCOLTI (Benoît) de præstantia viror. sui ævi. XI. 372. de bello contra Barbaros gesto. XIV. 101.

Accouchées; de puerperis Græcorum. XI. 49.

ACETI; additiones ad librum Barrii de antiq. Calabriæ. XI. 481.

Achaie; Achaia vetus, &c. XI. 45.

Achéens; de republ. Achæorum. XI. 43.

ACHMET ARABSIADA; vie de Tamerlan. XIV. 216.

ACOMINAT; *v.* NICETAS & MICHEL.

ACOSTA (François de) vida de la Madre de Jesu. X. 376.

ACOSTA (Jean Auvray de) vie de sœur Marie du S. Sacrement. X. 376.

ACOSTA (Emman.) comment. rerum à Soc. Jesu in oriente gestarum. X. 460.

ACOSTA (Jean d') hist. des Indes. XIV. 148.

ACOSTA (Alv. d') c'est EBERT (Adam)

Acqs; ses évêques. XIII. 135.

Acqui; hist. de cette ville. XI. 584.

ACRON; hist. Franequeræ. XIII. 317.

Acronius lacus; de ejus laudibus. XI. 178. v. *Constance.*

ACUNA (le P. Chri-

ſtophe d') relat. de la riviere des Amazones. XIV. 159.

Adalberon, évêq. de Laon; carmen de laudibus Berengarii. XII. 131. & XIII. 47.

Adalbéron II, évêque de Metz; ſa vie. XII. 72.

S. *Adalbert*, ou *Albert*, év. de Trente. XI. 253.

Adalbert, comte de Habsbourg; charte qui prouve qu'il étoit fils de Werner. XIV. 515.

Adam de Brême; hiſt. eccleſiaſtica. XI. 190, 301, 306 & 328. chorographia Scandinaviæ. XIV. 2.

Adam (Corn.) Obſervationes. XI. 16.

Adam (Melchior) monumenta Heidelbergenſia. XI. 281. vitæ theologorum, &c. XIV. 368 & 383.

Adam; trad. des mémoires de Montécuculli. XI. 243.

Adam (J.) index villaris. XIII. 499.

Adam (M.) trad. de M. de Thou. XII. 216.

Adam; ruines du palais de Dioclétien. XIV. 333.

Adamæus; de inſula Rhodo. XI. 589.

Adaman; de ſitu terræ ſanctæ. X. 195.

Adami (Adam) de pace Oſnabrugo-Monaſter. XI. 259. XIV. 296.

Adami (Aunib.) éloge de deux marquis Capizucchi. XI. 592.

Adami (Ant. Filip.) chronique de Paolino Pieri. XI. 502.

Adami (François) de civitate Firmana. XI. 369, 442, 445.

Adami (Jacque) belgica Dinolog. XIII. 293.

Adami (Léonard) Arcadicorum volumen. XI. 40.

Addisson; Weſt-Barbary. XIV. 138.

Adeler, amiral de Danemarck. XIV. 29.

Adelhard, comte du palais. XII. 46.

S. *Adelphe*, abbé de Rémiremont; ſa vie. XII. 72.

Adelzreiter; annales de Baviere. XI. 261. aſſert. electoratus. 262.

Ademar de Chabanois; ſa chronique. XII. 73 & 131. abbates S. Martialis. 74.

Ader; lou gentilhomme Gaſçoun. XII. 243.

Adimari ; sito Riminese. XI. 449.

S. Adjuteur ; sa vie. XII. 88.

Adlerfelt ; mém. pour l'hist. de Charles XII. XIV. 15. hist. militaire de ce prince. ibid.

Adon de Vienne ; martyrologium. X. 275, 276. chronique. X. 137, 226. XII. 124.

Adonis ; hist. de son culte. XIV. 426.

Adoptions en usage à Athènes. XIV. 451. — Adoptions par les armes. XIV. 478.

Adreis (le baron des) sa vie. XIV. 244.

Adriani ; hist. de son tems. XI. 411.

Adrichomius ; theatrum Terræ sanctæ. X. 194. Jerusalem sicut Christi tempore floruit. XIV. 87.

Adrien, empereur ; son adoption par Trajan. XIV. 486.

Adrien I, pape ; ses lettres. XII. 54 & 129. — Adrien II : ses lettres. XII. 55. sa vie. XI. 381. — Adrien VI, sa vie par divers auteurs. XI. 429, 430.

Adris (Eben) geographia. X. 27.

Aduarte ; hist. de S. Rosario en Philippinas, Japon y China. X. 402.

Adulis, monumentum Adulitanum. X. 21.

Adultere ; de adulteriis. XI. 49.

Æbbtlin ; de archivis. XI. 331.

Aedo ; voyage du card. D. Ferdinand d'Autriche. XI. 250. & XIII. 350. hist. d'Alger. XIV. 139.

Ægydius ; Threnodiæ. XI. 186. hypotheses spectaculorum. 188.

Ælia Lelia Crispis ; explic. de cette inscription. XIV. 341.

Æneas Sylvius. v. Pie II, pape.

Æpinus ; de conversione Mechlenburgens. XI. 303.

Aestens ; siége d'Ostende. XIII. 279.

Æthicus ; cosmographia. X. 24.

Affarosi : hist. de Reggio de Lombardie. XI. 568.

Afflighem ; hist. de cette abbaye. XII. 86 & XIII. 285.

Affranchis ; de libertinorum pileo. XI. 115. monum. & inscript. qui les concern. XIV. 139.

Afrique ; auteurs qui

l'ont décrite. X. 43 & *suiv.* cartes ; 56 & 94. histoire & voyages de cette partie du monde. XIV. 81 & 132. que les anciens en ont fait le tour. 438. découvertes qu'Hannon a faites le long de ses côtes. 491. & 498. rivieres de l'intérieur de ce continent. 491. relat. de la conquête que les Arabes en ont faite. 478.

AGACCHI; l'antica fondatione di Bologna. XI. 452.

AGAPET, diacre; capita admonitoria. XI. 144.

AGAPIUS; Paradisus. X. 278.

AGATHARCIDES; de Mari Rubro. X. 25.

Ste. Agathe; sa vie & ses miracles. XI. 497.

AGATHEMER; Hypotiposis geographiæ. X. 23, 26.

AGATHIAS le scholastique; de imper. Justiniani rebus. XI. 131 & 242. de Gothis. 151.

Agathocles, tyran de Sicile; sa vie. XI. 40.

Agen & Agenois. XIII. 130, 131.

AGIA; mém. sur l'Amérique. XIV. 151.

Agis; rem. sur sa vie. XIV. 456.

Agnadel; descript. de la bataille donnée en ce lieu. XII. 155.

AGNELLUS; liber pontificalis. XI. 379.

AGNELLI (D. Vinc.) vera origine de Mastini de Mantoua. XIV. 223.

AGNELLI (Jérôme) Stemma Mastinæ gentis. XIV. 223.

Ste. Agnès; chronicon montis Agnetis. X. 422.

AGOBARD, archev. de Lyon; flebilis epistola. XII. 45.

AGOCCHI; fundatio Bononiæ. XI. 368.

Agosta; hist. de cette ville. XI. 498.

AGOSTINO (Léon.) Sicilia, &c. XIV. 313. *v.* AUGUSTIN.

Agout; hist. de cette maison. XIV. 244.

AGRESTA; vita del S. Basilio. X. 329. di S. Giovanni Therestì. *ibid.*

Agria; narratio rerum ad Agriam gest. anno 1552. XI. 470.

Agricola; sa vie par Tacite. XI. 85, 86.

AGRICOLA (Rodolph.) de congr. Friderici III, imperat. & Caroli ducis Burgundiæ. XI. 183.

Agricola (George) de mensuris & ponderibus. XI. 118.

Agricola (Ignace) hist. provinciæ Societat. Jesu Germaniæ superioris. X. 450.

Agricole (Magne) vie de S. Benezet. X. 434.

Agrippa, comparé avec Mécénas. XIV. 432. oratio de monarchia. X. 110.

Agrippa (Henric. Corn.) de duplici coronatione Caroli V. XI. 169.

Agritius; fasti Trevirenses. XI. 285.

Aguas (J. de) mém. sur la métropole de Saragoce. XIII. 381.

Aguila (J. d') ladre me, &c. X. 467.

Aguilera; hist. provinciæ Siculæ Soc. Jesu. X. 451.

Aguilon (Pedro de) hist. de Charles le Hardi. XIII. 105.

Aguirre (Jos. Saenz de) concilia Hispaniæ. XIII. 361.

Aguirre (Michel d') de successione regni Portugalliæ. XIII. 417.

Aicher; epitome chr. historiæ. X. 128. hortus inscriptionum. XV. 335.

Aichstet; carte de son évêché. X. 71. hist. de la ville. XI. 267.

S. Aignan d'Orléans; antiq. de cette église. XIII. 82.

Aigremont (d') voyage au Cap du Nord. XIV. 160.

Ailli (P. d') vita S. Petri Celestini. X. 364.

Ailwars; hist. du procès de Cranmer, &c. XIII. 498.

Aimant; ce que les anciens en ont cru. XIV. 419.

Aimart; hist. du cheval Bayard. XII. 358.

Aimoin de Fleury; hist. Francorum XII. 52 & 119. vita S. Abbonis. 56.

Aitzema (Léon d') hist. pacis. XIII. 505. Saken van Staet. *ibid & suiv.*

Aix-la-Chapelle; auteurs sur cette ville. XI. 291.

Aix; auteurs sur cette ville. XIII. 153, 156 & *suiv.*

Ajazzo; descript. de cette ville. XI. 575.

Alacoque (Marg. Marie) sa vie. X. 444.

Alain; de Santonum

regione. XIII. 95.

Alains; de Alanis in Asia. XI. 152. rech. sur ces peuples. XIV. 498.

Alais (le comte d') écrits contre lui. XII. 305. tableau de son gouvernement. *ibid.*

ALALIONA; bataille de Wittenweiller. XIV. 226 & *suiv.*

ALAMOS; aforismos. XI. 84. trad. de Tacite. *ibid.*

ALARÇON y Beaumont (Luis) escrituras de la casa de Alarçon. XIV. 269.

ALARÇON (Suarez de) relaciones genealogicas de la casa de los marqueses de Trocifal. XIV. 281.

ALARDI; de veterum musica. XIV. 360.

Alaric; de bello Gildonico contra Alaricum. XI. 152.

Alava; antiq. de cette province. XIII. 393.

S. Alban; abbés de ce monastere. XIII. 305.

Albanie; de Albania & Albanis. XI. 152.

ALBAREZ; relation de Mexique. XIV. 153.

Albe (le duc d') sa vie par divers auteurs. XIII. 297, 300 & 403.

ALBERE; Alcoranus Franciscanorum. X. 389.

ALBERGARIA; tropheos Lusitanos. XIV. 277.

Albergati (Nicolas) sa vie. XI. 454.

ALBERIC *de Trois-Fontaines*; sa chronique. X. 139. & XI. 197.

Albéroni; hist. de ce cardinal. XIII. 353. son testament. *ibid.*

Albert, empereur; apophtegmata. XI. 184.

Albert d'Ours; marq. de Brandebourg; sa vie. XI. 320. — *Albert* l'Achille; *ibid.* — *Albert* l'Ulysse. *ibid.*

Albert de Brandebourg; investi du cardinalat à la diéte de 1518. XI. 186.

Albert III, duc de Saxe; sa vie. XI. 309.

Albert le Pieux, archiduc d'Autriche; sa vie. XI. 250. — *Albert le Sage.* ibid. *Albert*, archiduc; sa vie. XIII. 300. — *Albert* d'Autriche; son mariage avec l'infante Isabelle. XIII. 349.

Albert, marquis de Lusace; sa vie. XI. 317.

Albert, évêque d'Halberstat; de ejus rebus gestis. XI. 193.

Albert d'Aix ; hist. Hierosolymitanæ expeditionis. XIV. 98 & 99.

Albert ; vita S. Guillelmi magni. X. 365.

Albert de Strasbourg ; chronicon. XI. 177. de rebus gestis Bertholdi. *ibid.*

Albert le Grand ; sa légende. X. 397.

Albert le Grand ; vies des saints de Bretagne. XIII. 78.

Albert *de Stade ;* sa chronique. X. 139. *&* XI. 198, 204.

Alberti (Dom. Stan.) istoria della Comp. de Jesu, la Sicilia. X. 451.

Alberti (Léandre) de viris illustr. ord. Prædicatorum. X. 598. description de l'Italie. XI. 557. hist. de Bologne. 452.

Alberti (Léon Bapt.) de conjuratione Porcaria. XI. 399. ejus vita. *ibid.*

Alberti (Fred. di Scipione) défense des Florentins. XI. 509.

Albertinus (Fr.) de mirabilibus Romæ. XI. 312 & 414.

Albi (Henri) éloges des cardinaux. XI. 435. cardin. François. XII. 380. hist. du Tunquin. XIV. 113.

Albi ; chron. de ses évêques. XII. 85. défense de ses évêques. XIII. 145.

Albicante ; guerres du Piémont. XII. 161.

Albigeois, hérétiques; leur histoire, par Pierre de Vaux-Cernai. X. 352. hist. des Albigeois, par divers auteurs. X. 299. 300. guerres, &c. contre les Albigeois. XII. 63 *& suiv.* & 136.

Albinus (Jean) de gestis regum Neapolis ab Aragonia, XI 468. oratio ad Alphonsum II. *ibid.*

Albinus (Octave) XI. 468.

Albinus (Pierre) chronique de Misnie. XI. 312. Saxonum historiæ progymnasmata. 307. hist. Thuringorum specimen. 316. Wipertus. XIV. 115. genealogia comitum Leisnicensium. 215. généalogie de la maison de Saxe. 216.

Albizi (Ant.) principum christ. stemmata. XIV. 205.

Albizzi. v. Barthélemi de Pise. X. 388.

Albon ; hist. des com-

tes d'Albon. XIII. 170.
—— de *Marguerite*, comtesse. *ibid.*

Albornoz; vie de ce cardinal. XIII. 401.

Albret (Jeanne d') discours sur sa mort. XII. 182 & 362.

Albret (Charlotte d') son éloge. XII. 349.

ALBRIZZI (Jérôme) l'origine de Danubio. XI. 157.

ALBRIZZI (J. B.) informationes. XI. 586.

Albuquerq (Alonso d') son histoire. XIV. 106.

ALBUQUERQUE (Duarte) mém. de la guerre du Brésil. XIV. 163.

Alcantara; ordre militaire en Espagne. XIII. 362, 363.

ALCAZAR; chrono-historia de la Comp. de Jesus, &c. X. 450.

S. *Alciat* de Milan. XI. 552.

ALCIAT; de magistratibus. XI. 77. historia Mediolanensis. 364 & 553.

ALCOCER (Pedro de) descript. de Tolede. XIII. 368.

Alcoran; traductions. XIV. 95 & *suiv.*

l'*Alcoran* des Cordeliers. X. 389 & *suiv.*

ALCUIN; ses lettres. XII. 51 & 129. epitaphes. 51.

Ste. Aldegonde; sa vie. X. 426.

ALDIMARI (Biagio) istoria genealogica della famiglia Carafa. XIV. 210. mem. de diverse famig. nobili. 225.

ALDOBRANDIN (Charle) Roma soterranea. XI. 436.

ALDOBRANDIN (Thomas) de vitis philosophorum. XIV. 348.

ALDRETTE; antiquitates Hispaniæ & Africæ. XI. 58. & XIII. 408.

ALDROVAND; antichita di Roma. XI. 415.

ALÉANDRE le jeune; antiquæ tabulæ explicatio. XI. 98.

ALÉARD; in laudem Franc. Sfortiæ. XI. 399.

Aledrama; généalogie de cette famille. XIV. 218.

ALEGAMBE; mortes illustres. X. 461. Heroes. *ibid.* scriptores Societ. Jesu. XIV. 379.

Allégre (Yves d') sa vie. XII. 360.

ALEMANNI; defensio Procopii. XI. 129. de Lateranensibus parietinis. 370 & 438.

ALÈS DE CORBET ; origine de la noblesse Françoise. XIV. 250.

Aletin le martyr. XIII. 79.

Alençon ; hist. de ce duché. XIII. 72.

Alençon (Jean II, duc d') son procès. XII. 139.

Alençon (le duc d') sa déclaration. XII. 190. son entrée à Anv. XIII. 241, 292. à Gand. 241.

Alençon (Anne d') son éloge. XII. 349.

Alençon (Françoise d') son éloge. XII. 349.

Alep ; hist. de cette ville. XIV. 92.

Alesa ; hist. de cette ancienne ville. XI. 498.

Alexandre le Grand ; son hist. par divers auteurs. XI. 36 & *suiv.* hist. de ses successeurs. 39. cartes de ses conquêtes. X. 55. dissert. sur son expédit. contre les Perses. XIV. 435. médailles de ce prince. 327. descript. du char qui transporta son corps. 506.

Alexandre Molossus, roi d'Epire ; sa vie. XIV. 433.

S. Alexandre, martyr de la légion Thébene. X. 269.

ALEXANDRE II, pape ; ses lettres. XII. 57.

Alexandre III, pape ; sa vie. XI. 426. ce qui s'est passé à Venise entre lui & l'empereur Frédéric I. 522, 523. divers écrits sur la question, s'il a foulé aux pieds l'empereur Frédéric I. 219.

ALEXANDRE IV, pape ; ses lettres. XII. 64.

Alexandre VI, pape ; sa vie par differ. auteurs. XI. 429.

Alexandre VII, pape ; hist. de son pontificat. XI. 432.

ALEXANDRE, abbé de S. Sauveur ; Rogerii res gestæ. XI. 375, 384. & XIII. 533.

ALEXANDRE (le P.) in hist. vet. Testamenti dissertationes. X. 206. hist. ecclesiastica. 233.

Alexandrie d'Egypte ; descript. de cette ville. XIV. 448. sa biblioth. *ibid.* son phare. 437. différence de longitude & de latitude entre cette ville & Syéné. 501. descr. actuelle de cette ville. XIV. 134 hist. de l'église d'Alexandrie. *ibid.* & *suiv.* son patriarchat. X. 196.

Alexandrie de la Paille; hist. de cette ville. XI. 562. son siége. 563.

ALEXIO; elogia civ. Perusinorum. XI. 447.

Alexis Comnène, emp. de C. P. hist. de sa vie. XI. 136, 137, 142.

ALEXIS de la Concept. vie du P. Joseph de la Mere de Dieu. X. 441.

ALFANI (le P.) hist. des années saintes. X. 263.

ALFAUR; origines domorum ord. Carthusiani. X. 404.

ALFERIUS (Oger) chronica Astensis. XI. 389.

Alferius, abbé de Cava; sa vie. XI. 385.

ALFIERI (Ant.) Pentateuco politico. XI. 471.

Alfonse VI, roi de Castille & de Léon; sa vie. XIII. 365. — *Alfonse VII*. ibid. — *Alfonse VIII*. ibid. — *Alfonse le Sage*. 366. — *Alfonse XI*. 367.

Alfonse, roi d'Aragon & de Naples; historiens de son régne. XI. 371, 468, 469 & 556. XIII. 379.

Alfonse - Henriquez, roi de Portugal; sa vie. XIII. 413. — *Alfonse V*. ibid. — *Alfonse VI*; sa déposition. 420, 424 & *suiv.*

ALFONSE *à Castro*; de hæresibus. X. 294.

ALFONSE de Carthagène; hist. des rois d'Espagne. XIII. 330.

ALFORD; fides regia Britannica. XIII. 491.

ALFRED, roi d'Angl. hist. de son régne. XIII. 437 & 453. paraphrasis librorum Bedæ. 491.

ALGAROTTI; sur la durée des régnes des rois de Rome. XI. 61. lettres sur la Russie. XIV. 65.

Alger; auteurs sur ce royaume. XIV. 138, 139.

ALIDOSI; hist. de Bologne. XI. 452. descript. de cette ville. 454. *ses autres ouvrages sur l'hist. de Bologne*. 455. & XIV. 387.

ALLARD (Gui) aieux de Marie-Adél. de Savoie. XI. 578. hist. de Humbert II, dauphin. XIII. 171. les gouverneurs de Dauphiné. 172. les présidens du parlement. 173. inscriptions de Grenoble. *ibid.* État politique. *ibid.* hist. généal. des familles de Bonne,

Crequi, &c. XIV. 244. nobiliaire de Dauphiné. 248.

Allatius (Leo) de mensura temporum antiq. X. 180. de ligno S. Crucis. 215. exercitationes in Creygtoni apparat. 244. monumentum Adulitanum. X. 21 & XI. 10. de patria Homeri. XI. 53. natales Homeri. *ibid.* symmictæ. 135 & 141. notæ ad varios auctores. 138. diatriba de script. Georgiorum. *ibid.* confut. fabulæ de Joan. papissa. 424. commentatio in eamdem fabulam. *ibid.* in antiquitat. Etruscorum fragmenta. 500.

Allazzi. *voy.* Allatius.

Allegranza; réflexions sur quelques monumens de Milan. XI. 551.

Allegretti *de Allegrettis*; ephemerides Senenses. XI. 397.

Allemagne; cartes. X. 69. descript. de l'Allemagne ancienne & moderne; mœurs des peuples. XI. 155 & *suiv.*

Allemands; lex Alamannorum. XI. 178.

Alletz; victoires mémor. des François. XIII. 255.

Alliau; saints de Lyon. XIII. 116.

Allison; voyage à Archangel. XIV. 64.

Allix; de anno & mense natalis Jesu Chr. X. 264. remarques sur l'hist. des Albigeois. X. 300.

Allobroges; leur hist. XIII. 170.

Allocutions marquées sur les médailles. XIV. 416.

Allouette (Franç. l') traité des nobles. XIV. 193. généalogie de la maison de la Mark. 252.

Almacheu (le marquis d') ses mém. XIV. 58.

Almansor, roi de Fez; sa vie. XIV. 138.

Almeida (Grég. de) restauraçao de Portugal. XIII. 410.

Almeida (Manuel) hist. générale d'Ethiopie. XIV. 142.

Almeloveen (Janssonius ab) son édit. de la géographie de Strabon. X. 20. du poëme de Rutilius. 27.

Almenar; combat près ce lieu. XIII. 352.

S. *Almire*, moine; sa vie. XII. 77.

Almonazid (Joseph de) vie de S. Bernard. X. 355.

Almosinno (Rabi. Moysen) extremos y grandesas de Constantinopla. XIV. 69.

Alosio; capitani, &c. di Sommariva del Bosco. XI. 584.

Alpen (Jean d') vie de l'évêque de Munster. XI. 192.

Alpes; descript. de ces montagnes. XIII. 262, 263, 267, 268.

Alquié (Savinien d') voyage du marquis de Ville. XI. 548. & XII. 323.

Alruna; de imagunculis magicis, quas *Alrunas* vocant. XI. 159.

Alsace; auteurs sur cette province. XIII. 174.

Alsarius; de invidia & fascino veterum. XI. 105.

Alstedius; thesaurus chronologiæ. X. 127.

Altaich. v. *Alteck*.

Altamura; biblioth. Dominicana. XIV. 378.

Alteck; chronique de ce monastere. XI. 181.

Altembourg; carte de sa principauté. X. 72. descript. & munitiones Altemburgi. XI. 170. ses évêques. 195.

Altena; ses comtes. XI. 291.

Altencelle; de Cella veteri, march. Misnensium conditorio XI. 314.

Altesse royale; écrits sur ce titre. XI. 579.

Althamer; scholia in Tacitum. XI. 157 & 166.

Althusius; hist. hæresis Eutychianæ. X. 298.

Altieri, cardinal; intrigues de son ministere. XI. 432.

Altino; descript. des Pays-Bas. XIII. 287.

Altman. *voy*. Soliman. (Jule)

Aluvigi; viaggio in India. XIV. 80.

Alva & Astorga (P. de) indiculus bullarii seraphici. X. 384. naturæ prodigium. 391.

Alvarez (Franc.) verdad. informaçam do Preste Joam. XIV. 141. hist. d'Ethiopie. *ibid*. & *suiv*.

Alvarez (Rodrigo Ordon.) memorial al rey don Felipe IV. XIV. 274.

Alvequin (Marie) sa vie. X. 432, 433.

ADVERI; Roma in ogni stato. XI. 112.

ALVIA de Castro; panégyrique du duc de Barcelos. XIII. 427.

Alvito; descript. de cette ville. XI. 486.

ALWOERDEN (Henr. ab) hist. Mich. Serveti. X. 315.

S. *Amable;* sa vie. XIII. 119.

AMADA (Josef-Felix de) milagros del Pilar de Zaragoça. XIII. 381.

AMADODDIN; histoire de Saladin. XIV. 93.

AMADOR; expédiens pratiqués dans le renvers. de Lisbonne. XIII. 418.

Amalfi; de republica Amalphitana. XI. 371.

AMALRICUS AUGERIUS de Biterris; actus Romanorum pontificum. XI. 382.

S. *Amance*, évêq. de Rhodez; sa vie. XII. 77.

S. *Amand*, confesseur; sa vie. XII. 77.

S. *Amand*, évêq. d'Utrecht; sa vie. XII. 75.

S. *Amand* de Rouen; hist. de cette abbaye. X. 338.

Amandus, général des Bagaudes. XI. 93.

AMATI; histoire du royaume de Voxu. XIV. 131.

AMATO (Vinc. d') mém. sur Catazaro. XI. 487.

AMATORE; Napoli sollevata. XI. 470.

Amazones; leur histoire. XI. 19. observ. sur leur histoire. XIV. 480.

Amazones; descript. du pays & de la riv. des Amazones. XIV. 159 & *suiv.*

De *Ambasia Castri* compositione. XI. 86.

Ambassadeurs chez les anciens. XIV. 451.

Ambassadeurs. X. 108, 109.

Amboise; histoire de cette ville. XI. 86. XIII. 85 & 89. conjuration d'Amboise. XII. 172.

Amboise; vie de la bienh. Françoise d'Amboise, duchesse de Bretagne. X. 375.

AMBOISE (le card. d') ses lettres. XII. 154. sa vie. 157 & 356.

Ambracie; descript. de son golfe. XIV. 510.

S. AMBROISE, archev. de Milan; de moribus Brachmanum. XIV. 106. s'il a permis à son clergé de se marier. XI. 383.

son tombeau à Milan. XI. 552. sa basilique. *ibid.*

S. *Ambroise*, évêq. de Cahors; sa vie, XIII. 75.

Ambroise le Camaldule; sa vie. X. 348. Hodæporicon. 349.

AMBROISE CATARIN; legenda de S. Catarina da Siena. X. 402.

Amédée III, duc de Savoie; sa vie par divers auteurs. XI. 577, 578.

Amedeus pacificus. XI. 429. V. *Félix V*, pape.

AMEILHON; continuation du Journal de Verdun. X. 168.

AMELOT de la Houssaye; trad. de l'hist. du concile de Trente de Fra-Paolo. X. 144. de Tacite. XI. 85. morale de Tacite. 86. Tibere. *ibid.* trad. du *Squitinio*. 532. hist. du gouvernem. de Venise. 533. hist. des Uscoques. 546. remarq. sur les lettres du card. d'Ossat. XII. 227. notes sur les mém. de la Rochefoucault. 293. notes sur les mém. d'Aubery du Maurier. XIII. 306. sur l'hist. de Philippe-Guill. de Nassau. *ibid.* préliminaires des traités. XIV. 288. mém. hist. politiques, &c. XIV. 517 & *suiv.*

AMELOTTE (le P.) unitas evangelistarum. X. 113.

Amelanxborn; antiquités de cette abbaye. XI. 299.

Amerbach; hist. de ce monastere. X. 344.

Amérique; différens auteurs qui l'ont décrite. X. 45, 46. cartes de l'Amérique. 95 & *suiv.* auteurs qui en ont écrit l'histoire. XIV. 81 & 146. mém. sur les possessions & les droits respectifs des couronnes de France & d'Angleterre en Amérique. XII. 344.

Amersfort; hist. de cette ville. XIII. 315, 316.

AMETRANO (Scip.) c'est Bruto CAPECE.

AMIANI; hist. de Fano. XI. 456.

AMICI (Vitus-Marie) notitia abbatiarum Siciliæ. XI. 490.

AMICI (Philippe) reflexiones hist. super civitat. Mylarum. XI. 498.

AMICO (Ant. de) de Syracusarum archiepisc. XI. 374. biblioth. hist. regni Siculi. 491.

AMICO (P. Bernard.)

sacri edifizi di Terra santa. XIV. 89.

Amiens; auteurs sur cette ville. XIII. 44 & *suiv.* siége de cette ville. XII. 232.

AMIOT (le P.) trad. de l'éloge de Moukden. XIV. 122.

Amiral; grands amiraux du royaume de Naples. XI. 474, 475. — de France. XIII. 225, 226. — d'Anglet. XIII. 317.

AMMAN; ordinum habitus. X. 320.

AMMIEN MARCELLIN; histoire. XI. 75, 77, 90.

AMMIRATO (*Scipion*) discours sur Tacite. XI. 86. hist. de Florence, 505. évêq. de Fiésole, &c. 513. istoria della famiglia Antoglietta. XIV. 218. — della famiglia Cancelliera di Pistoria, 219. — delle famiglie Fiorentine, 222. albero della famiglia de Conti Guidi. *ibid.* — de Paladini di Lecce, 223. delle famiglie nobili Napolitane, 224. della famigl. di Lecce, 225.

Amphictyons; de concilio Amphictyonico. XI. 43. XIV. 426 & 435.

AMPHILOQUE; vie de S. Basile. X. 315.

Amphithéâtre; XI. 101.

Ste. Ampoule de Reims. XIII. 235, 236, 237. & XIV. 421.

AMPZING; descript. de Harlem. XIII. 312.

Amsterdam; hist. de cette ville. XIII. 312.

AMYOT (Jacq.) trad. de Diodore de Sicile. XI. 30, 31. de Plutarque. 33. *sa vie*. XIII. 38.

AMYRAULT; vie de François de la Noue. XII. 223 & 365.

Anabaptistes; leur histoire. X. 306, 307, 314. tumultus Anabaptist. XI. 169 & 229.

ANANIA (J. Lor.) lo scobrimento dello stretto artico. XIV. 173.

ANASTASE *le Biblioth.* epitome chron. Cassinensium. XI. 380. vitæ Roman. pontificum, 381 & 419.

ANASTASE (le P.) hist. du Socinianisme. X. 315.

Anatomie; hist. de cette science. XIV. 352 & *suiv.*

Anaximandre; rech. sur ce philosophe. XIV. 448.

Anchialus de Martial. XIV. 420.

Anckelman; inscript. Hamburgenses. XI. 191. & 306.

Ancone; hist. de la Marche & de la ville d'Ancone. XI. 445, 446, 451. *Ancone* assiégée par les troupes de Fréderic I. XI. 385.

Ancre (le marq. d') son hist. XII. 256 & *suiv.*

Andalousie; cartes. X. 91. auteurs sur cette province. XIII. 173 & *suiv.*

Andelot (d') sa vie. XII. 351.

Andechs; chronicon Andecense. XI. 264.

Anderson (Jacques) the royal genealogies. XIV. 105. selectus diplomatum & numismatum Scotiæ thesaurus. 326.

Anderson; hist. nat. d'Islande. XIV. 31.

Andias; descripcion de las casas solares de España. XIV. 268.

Andlern (Fr. Fred. d') corpus constitution. imperialium. XI. 558.

Andlo; respubl. Germanica. XI. 163.

Andoque; hist. du Languedoc. XIII. 136. évêq. de Beziers. 144.

Andrada (Ant. d') découverte du grand Catay. XIV. 116.

Andrada (Alph. de) Claros varones. X. 461.

Andrada (Franc. d') hist. de Jean III, roi de Portugal. XIII. 414. espedicion contra Turcos. 416.

Andrada (Jacinto Freyre de) vie de D. Jean de Castro. XIII. 427.

Andrada (Ruy Freyre de) sa vie. XIII. 427.

Andrada (Fr. de Rades y) chronica de las tres ordenes y cavallerias. XIII. 362.

Andrada (Payva de) de origine Soc. Jesu. X. 455. defensio. *ibid.* exame de antiguedad. XIII. 408 & 430.

S. André de Mantoue; chronique de ce monastere. XI. 398.

André, moine de Fontevraud; sa chronique. X. 362.

André, abbé de Bamberg; de vita S. Ottonis. XI. 199.

S. André de Bourdeaux. XIII. 127.

André de Corfou. hist. de Corse. XI. 574.

André de Ratisbone; chronicon Bavariæ. XI. 198.

ANDRÉ de Ratisbone ; diarium. XI. 254. chronicon episcop. *ibid.* & 260.

ANDRÉ de S. Nicolas ; hist. des Augustins déch. X. 429.

ANDRÉ de S. Nicolas : de sepulch. lapide. XIII. 121. sur la ville d'Antre. 122.

ANDRÉ. *v.* AGNELLUS.

ANDREA (Aless.) guerres sous le pontificat de Paul IV. XI. 470.

ANDREA (Giov.) confusione della setta Machumetana. XIV. 77.

ANDREANTONELLI ; hist. d'Ascoli. XI. 444.

ANDREAS DEI ; chron. Senense. XI. 391.

ANDRELINI (Fauste) præfationes. XII. 356.

Andrensis monast. chronicon. XII. 86.

ANDREZ (J. Fr.) hist. de S. Domingo de Val. XIII. 381. de los mart. Justo y Pastor. 382. differt. sur les médailles. XIV. 313.

ANDRIGHET ; justice des armes de Venise. XI. 524.

Andronic Paléologue, l'ancien ; hist. rerum ab eo gestarum. XI. 139 & 142.

Andronic II, emp. de Constantinople ; sa bulle à Henri de Brunswick. XI. 297.

ANDRUZZI ; vet. Græciæ. XI. 23.

ANDRY ; chartes & titres des habitans de Tonnerre. XIII. 60.

Andujar ; hist. de cette ville. XIII. 374.

Ane ; sur l'âne de Lucien & l'âne d'or d'Apulée. XIV. 512.

ANFORA (le P. d') il vetusto calendario Napolitano. X. 274. de actis divi Nicolai. 289.

ANGE de S. François ; certamen seraphicum. X. 383.

ANGE (le P.) hist. des grands officiers. XIV. 232.

La B. *Angele* de Bresse ; sa vie. X. 441.

ANGELERIUS (Hypolitus) antiq. Aerstinæ. XI. 368.

ANGELETTI ; vie & miracles de S. Canut. XIV. 27.

ANGELHUSIUS. *voy.* THÉODORE ANGELHUSIUS.

ANGELI (Bonav.) histoire de Parme. XI. 365.

Angéliques ; religieu-

ses Angéliques. X. 437.
ANGELIS (Paul de) basilicæ Vaticanæ descr. XI. 437.
ANGELITA ; Recineti origines. XI. 369 & 444.
ANGELIUS ; Hierosolyma. XIV. 102.
ANGELOCRATOR (Daniel) v. ENGELHART.
ANGELONI ; hist. de Terni. XI. 443. il Bonino. XIV. 314. istor Augusta. 316.
ANGELOTTI ; descript. urb. Reate. XI. 370, 443.
ANGELUS (André) chronicon Holsatiæ. XI. 502. ann. Marchiæ Brandeburgicæ. 319.
ANGELUS (Dominiq.) deprædatio Castrensium. XI. 370.
ANGELUS (Jacobus) trad. latine de la géogr. de Ptolémée. X. 19.
ANGELUS DE NUCE ; notæ ad chronicon Cassinense. X. 335. XI. 383.
ANGELUS TURÆ ; chr. Senense. XI. 391.
ANGENNES (Claude d') lettre. XII. 205.
Angers ; hist. de cette ville. XIII. 90. sa prise par les Normands. XII. 47. entreprises du card. Mazarin sur cette ville. 310.
ANGES (Paul des) basilicæ S. Mariæ majoris descript. XI. 438.
SS. Anges gardiens ; institution de la congr. des SS. Anges gardiens. X. 345.
Angleterre ; cartes. X. 58, 64, 65. chronique des rois d'Angl. 170. aut. sur ce royaume & ses dépendances. XIII. 431.
ANGLURE (le baron d') voyage de Jérusalem. XIV. 89.
ANGO ; procès du roi de la Grande Bretagne. XIII. 468.
Angola ; hist. de ce royaume. XIV. 141.
Angoulême ; chronic. Engolismense. XII. 67. hist. pontificum & comit. Engolismensium. 74. histoire de cette ville & de ses comtes. XIII. 96. disc. de ce qui s'est passé en cette ville. XII. 201.
Angoulême (Jean, comte d') sa vie. XII. 355.
ANGOULÊME (duc d') son ambassade. XI. 234.
Angoulême (Henri d') relat. de sa mort. XII. 362.
Angoulême (le duc d') ses mém. XII. 221 & 254.
ANGOULÊME (le duc

d') trad. de l'hist. des Chérifs, &c. X. 44. & XIV. 137.

ANGOULÊME (Louise de Savoye, duchesse d') ses mém. XII. 155.

ANGUELIN; la Beauce desséchée. XIII. 84.

Anhalt, carte de cette principauté. X. 72. son hist. XI. 266.

Anhalt (le prince d') son expédit. en France. XII. 224.

Animaux; de origine animalium. X. 189. sur le culte que les Egypt. leur rendoient. XIV. 426 & 447.

Anjou; hist. de cette province. XIII. 88 & *s.* hist. des comtes d'Anjou. XI. 86. de senescalcia Franciæ Andegavorum olim comit. hæreditaria. XII. 57.

Anjou (le duc d') son expédit. aux Pays-Bas, en 1542 & 1543. XII. 162.

Anjou; rois de Sicile & de Naples de cette maison. XI. 467. & XII. 88.

Annales Védastines; notice de ces annales. XIV. 487.

ANNAT; notæ in Diarium Sanctamorii. X. 251.

Ste. Anne de Dijon. XIII. 107.

Anne de Bretagne, reine de France; sa vie. XII. 356. anecd. XIII. 79.

Anne d'Autriche, reine de France; abrégé de sa vie. XII. 371.

Anne d'Autriche, reine de France; ses funérailles. XIII. 250.

Anne, reine d'Angl. hist. de son régne. XIII. 486 & *suiv.* & 522.

Anne-Marguerite Clément; sa vie. X. 444.

Anne de Jésus, compagne de Ste. Thérèse. X. 375.

Anne de Xaintonge; sa vie. X. 442.

Anneau nuptial de la Ste. Vierge. X. 215.

Anneaux des anciens. XI. 51, 105 & 121.

Année; de anno civili Judæorum; de anno solari Macedonum & Asianorum. X. 184, 185. Judæorum annus lunæsolaris, &c. 187. de anno Attico, &c. XI. 51. & *ibid.* de anno Romano. 101.

Année des Egyptiens. XIV. 464. — de Babylone. *ib.* — des Perses. *ib.* — des Bithyniens. 469.

— Cappadocienne. 472. —Arménienne. *ibid.* — *Année* vague des Perses. *Ibid.* — *Année* sacrée. 475. — grande année. 485. — *Ann.* de la chronique de Paros. 492. — *Ann.* des Juifs. 496. — *Ann.* grecque. 513. — *Année* des anciens Orientaux. 520.

Année ; différ. manieres de dater une même année. XIV. 416.

Année sainte. v. *Jubilé.*

Année solaire en Islande. XIV. 32.

ANNEVILLE (Sieur d') inventaire de l'hist. de Normandie. XIII. 63.

Annibal ; son camp sur le Rhône. XIV. 423 & 431. remarq. sur sa vie. 431.

ANNIUS de Viterbe ; antiquit. variarum volumina. XI. 13, 14. son apologie. 153.

Annonciade d'Arezzo ; hist. de cette église. XI. 514. — *Annonciade* de Naples. XI. 477 - *Annonciade* ; catalog. des chevaliers de cet ordre. XI. 577, 579.

Annonciades Célestes. X. 444 & *suiv.*

Annonciation ; statuts des Pénitens de l'Annonc. de N. D. X. 486.

ANQUETIL, chan. rég. l'esprit de la Ligue. XII. 235. hist. de Reims. XIII. 56.

ANQUETIL du Perron ; traduct. du Zend-Avesta. XIV. 87. rech. sur les anciennes langues de la Perse. 508. système théolog. des Mages. 513. sur la lecture des écriv. orientaux. 514.

Anonymes & *Pseudonymes.* XIV. 371 & *suiv.*

ANSALDI ; de forensi Judæorum Buccina. X. 221. adv. Dodwellum. 268, 269. de Diis gentium Romam evocatis. XI. 115. de apud Ethnicos pictarum tabularum cultu. *ibid.* de Tatsensi Hercule. XIV. 331.

S. Ansano, apôtre de Sienne ; sa vie. XI. 512.

Ansbert ; dissert. sur son mariage avec Blitilde. XII. 120.

S. Anschaire, archev. de Hambourg ; sa vie. XI. 307.

ANSELME ; sa chron. X. 131.

S. ANSELME ; ses lettres. XII. 134.

ANSELME (le P.) le palais d'honneur. XIV.

198. hist. des grands officiers. 231 & *suiv.*

Anselme (le P.) vie de S. Louis, évêq. de Toulouse. XIII. 141.

Anselme (l'abbé) ses mém. insérés parmi ceux de l'acad. des Inscript. XIV. 428, 433, 435. son éloge. 458.

Anselmi ; sacco di Brescia. XI. 540.

Anson ; voyage autour du monde. XIV. 191.

Anspach ; carte de ce margraviat. X. 71.

Antelminelli (Castruccio) duc de Lucques ; sa vie. XI. 390.

Anthelmi (Joseph) de initio ecclesiæ Forojuliensis. XIII. 163. de ætate S. Martini. 87.

Anthelmi (Léonce) vie de M. Piquet. XII. 376. & XIV. 84.

Anthologie ; remarq. sur ce recueil. XIV. 410.

Anti-Cluverius ; XIV. 20. — *Anti-Coton*, & réponses. X. 470. — *Anti-Sanderus*. XIII. 495. — *Anti-Trinit*. X. 315.

Antibès ; siége de cette ville. XII. 343.

Antigoa ; carte de cette île. X. 97.

Antigonus, roi de Judée. XIV. 486.

Antilles ; cartes des îles Antilles. X. 96. leur hist. XIV. 171 & *suiv.*

Antimach (M. Ant.) trad. de Gemiste Plethon. XI. 31.

d'Antimont ; c'est M. Clément, attaché à la bibliothéque du roi.

Antine (D. Maur d') l'art de vérifier les dates. X. 154. rerum Gallicarum & Francicar. scriptores. XII. 64. glossarium. XIV. 411.

Antioche ; son patriarchat. XIV. 196.

Antiquités égyptiennes. XI. 3 & *suiv.* — *Judaïques*. X. 218 & *suiv.* — *Ecclésiastiques*. 261. *Grecques*. XI. 42 & *suiv.* — *Romaines*. XI. 93 & *suiv.*

Antium ; monumenta veteris Antii. XI. 370. & XIV. 338.

Antoine ; rem. sur sa vie. XIV. 439.

Antoine, duc de Lorraine ; sa victoire sur les Luthériens. XIII. 184. son voyage à Valenciennes. *ibid.* sa vie. *ibid.*

S. Antoine ; sa vie. X. 325, 326, 327 ; 328.

S. Antoine de Pade ; sa vie. X. 391.

S. Antoine ; ordre mi-

litaire de S. Antoine en Ethiopie. X. 486.

S. Antoine, chan. rég. de S. Antoine de Viennois. X. 418.

Antoine, prieur de Crato; sa vie; ses droits à la couronne de Portugal. XIII. 418 & *suiv.*

ANTOINE; vie de S. Siméon Stylitte. X. 325.

ANTOINE de Augustinis obsid. Plumbini. XI. 399.

ANTOINE de S. Gabriel; carte de la postér. de S. Louis. XIV. 238.

ANTOINE *de Lebrixa*; vitæ sanctorum. X. 281. de bello Navar. XIII. 332. & 330, 343. hist. de Ferdinand & d'Isabelle. 330 & 343.

ANTOINE de Nimégue; exped. Mauriciana. XIII. 301.

ANTOINE de Palerme; oratio in coronat. Friderici III. XI. 186. de dictis & factis Alphonsi, regis Aragonum. XI. 468, 469. & XIII. 379.

ANTOINE de la Purification; chronica. X. 428.

ANTOINE de Sienne; chronicon Fratrum Predic. X. 396. vitæ sanct. ord. Prædicat. 397. Bibliotb. FF. Prædic. XIV. 378.

Antonin (Tite) emp. sa vie. XI. 92.

Antonin. voy. *Marc-Aurèle.*

S. *Antonin*, martyr; sa vie & ses miracles. XII. 72.

S. ANTONIN, archev. de Florence; summa historica. X. 142. sa généalogie. XI. 509.

ANTONINI (Joseph) la Lucania. XI. 475.

ANTONINI (Philippe) Sassina antiqua. XI. 369 & 451. supplém. à la chr. de Verruchio. 445.

ANTONIO delle Frate (Carlo) vita di Cesare Bianchetti. X. 412.

ANTONIO (Nicolas) bibl. Hispanica. XIV. 396.

Antre; découv. de cette ville. XIII. 122.

ANTRECHAUS; relat. de la peste de Toulon. XIII. 163.

ANTURINI; Soria santa. XIV. 91.

Anvers; hist. de cette ville. XIII. 285. fêtes à Anvers pour Charles-Quint. XI. 188. conjuratio. *ibid.* discours de l'entrepr. sur cette ville. XII. 195.

Anzi ; il genio vagante. XIV. 180.

Aost; auteurs sur cette ville & sur son évêché. XI. 576, 582.

Apanage des enfans de France. XIII. 156. du duc d'Orléans. 257.

Apianus; Bavariæ descriptio. XI. 254.

Apocryphes; ouvrages apocr. dans les premiers siécles de l'église. XIV. 495.

S. *Apollinaire*, mart. sa vie. X. 225.

S. *Apollinaire*, évêq. de Valence; sa vie. XII. 72.

Apollinaire Sidoine, évêq. d'Auvergne; ses lettres. XII. 122.

Apollinaire de la Conception; hist. de N. D. des Mart. XIII. 428.

Apollinaire de Valognes; vie de Ste. Elisabeth. X 394.

Apollonius (Levinus) navigatio Gallor. in Floridam. XIV. 156. de Peruviæ regionis inventione. 157.

Apologue. XIV. 461.

Apostolius (Michel) oratio ad Frederic. III. XI. 182.

Apothéose, des emp. Romains. XI. 116. & XIV. 520.

Apôtres; hist. certaminis apostolici. X. 217, 225, 266. hist. apostol. 216. de vita apostolor. 264. vitæ, acta, martyria apostol. & evangelist. 266. apostolici. *ibid.* de festivitatibus apostolor. 275.

Appiani; vita de S. Emidio. XI. 444.

Appien d'Alexandrie; hist. Romana. XI. 69. Illyrica. *ibid.*

Apt; évêq. de cette ville. XIII. 164.

Aqueducs de Rome, &c. XI. 97. — *Aqueducs* anciens. XIV. 462. — *Aqueducs* de Paris. 505.

Aquila; hist. de cette ville. XI. 480. belli Bracciani Aquilæ gesti narratio. XI. 371, 399.

Aquilée; aut. sur cette ville. XI. [illegible] & 544. & *suiv.* son hist. littér. XIV. 387. hist. de ses patriarch. XI. 592. leurs médailles. XIV. 326.

Aquilini; de tribus histor. concilii Tridentini. X. 247.

Aquilius; chronic. Geldriæ. X. 171. & XIII. 289 & 313.

Aquitaine; carte du

royaume. XII. 3. hist. de cette province. 51, 55.

Arabes; hist. de ces peuples XIV. 92 & *suiv.* leur hist. littéraire. 398.

Arabie; cartes. X. 92. décrite par divers aut. 26. & XIV 80, 88.

ARA-FRODA; de Islandia. XIV. 32.

Aragon; cartes. X. 91. aut. sur ce royaum. XIII. 575 & *suiv.* hist. des rois d'Aragon. 531, 535. leur généal. X. 170. rois de Naples de la maison d'Aragon. XI. 468.

Aran; descript. du Val d'Aran. XIII 587.

ARANAS (Jacinto de) Felippe V, rey de Españas verdadero. XIII. 598.

Arbouze (Marg. d') son panégyrique. X. 341. sa vie. *ibid.*

L'*Arbre des batailles*; notice de ce livre. XIV. 471.

Arcadie; hist. de l'anc. Arcadie. XI. 40.

ARCE (Basile de) hist. del monasterio de N. S. de Sopetran. X. 341.

ARCERE; journal. XII. 345.

ARCHANGE de la Présentation; storia della S. Monica. X. 291.

Arche d'alliance, de Tabernac. fœderis. X. 219.

Arche de Noé; traités sur cette arche. X. 209.

Archiloque; rech. sur sa vie & ses ouvr. XIV. 448.

ARCHIMBAUD; piéces fug. d'hist. &c. XIV. 524.

Archiméde; son tombeau. XIV. 410. rech. sur sa vie. 458.

Archinto, arch. de Milan; sa vie. XI. 552.

Archipel; description de ses Iles. XIV. 79. ses souverains. *ibid.*

Archipel des Indes. XIV. 124.

Architecture; son histoire. XIV. 360 & *suiv.* 363 & *suiv.* — *Architecture* ancienne. 485. — *Architect.* au tems d'Homere. 494.

Archives de l'empire. XI. 331, 333.

ARCHON; hist. de la chapelle du roi. XII. 383.

Archontes d'Athènes. XI. 44.

ARCONVILLE (Mde. d') vie du card. d'Ossat. XII. 366.

ARCOS (Christoval d') prise de Rhodes. XI. 589.

Arcs de triomphe; veteres arcus augustorum. XI. 113.

ARCUDIUS; antholo-

gia Græcorum. X. 278.

ARDITO; ſpiegazioni di due antiche mazze di ferro, &c. XIV. 541.

ARCQ (le chevalier d') hiſtoire du commerce, &c. XIV. 350.

AREC & OTALORIA (J. de) ſumma nobilitatis Hiſpanicæ. XIV. 268.

ARENA; meygra entrepriſa. XIII. 154.

AREND; de domus Brunſvico-Lun. principibus. XI. 197.

Aréopage; de ſenatu Areopagitico. XI. 45. deciſiones areopag. *ibid.* rech. ſur ce tribunal. XIV. 441.

Aréte; le banquet du comte d'Aréte. XII. 230.

ARETIN (Léonard) chronica antica. X. 142. comment. delle guerre. 157. & XI. 394. comment. rerum Græcarum. XI. 46. de bello Punico. 74. de bello Gothico. 130 & 153. hiſt. de Florence. 502, 503, 504. de bello Gallico. XII. 24.

ARETIN (Pierre) vita di S. Tomaſo d'Aquino. X. 397. de Catherina vergine. 402. *ſa vie.* XIV. 400. obſerv. ſur ſes lettres. 525.

ARETIO; Siciliæ chorographia. XI. 374. Hiſpaniæ chorograph. XIII. 529.

Areſetum ou *Ariſidium*; rech. ſur cet évêché. XIV. 433.

Arezzo; auteurs ſur cette ville. XI. 392, 398, 512, 513, 514.

ARGAIZ (Greg. d') poblacion eccleſiaſt. de Eſpagna. XIII 357. la ſoledad laureada. *ibid.* inſtruccion hiſtor. *ibid.* la perla de Cataluña. 386.

ARGANANTIA; vérité de la lettre écrite par la Ste. Vierge aux habitans de Meſſine. XI. 496.

ARGÉLATI (François) hiſt. littéraire d'Italie. XIV. 385.

ARGELATI (Philippe) Sigonii hiſt. eccleſiaſtica. X. 231. le tome XXV de la collection de Muratori. XI. 400. cenſuræ in diſſert. Italiæ. *ibid.* de monetis Italiæ. 414. imperat. Romanorum numiſmata. XIV. 316. biblioth. ſcript. Mediolanenſium. 389. animadv. ad opera Sigonii. 411.

ARGENSOLA (Barth. Léon d') annales d'Aragon. XIII. 578. reſpue-

sta. 392. conquête des Iles Molucques. XIV. 113.

ARGENSON (le marq. d') réflex. sur les histor. François. XIV. 500. son éloge. 496.

Argenson (le comte d') son éloge. XIV. 511.

ARGENTI (Joan.) de statu Societ. Jesu in Polonia & Lithuania. X. 451.

ARGENTRÉ (Bert. d') hist. de Bretagne. XIII. 74. augment. par Charles d'ARGENTRÉ. 75. privil. de la Bretagne. 79.

Argentoratum; rem. sur ce nom. XIV. 446.

ARGENVILLE (Dezallier d') voyage pittoresque de Paris. XIII. 3. vies des plus fameux peintres. XIV. 361.

ARGOLI; notæ ad Panvinium. XI. 102 & 110.

Argonautes; leur histoire. XIV. 447 & 453.

ARGONNE (Bonav. d') mélanges d'hist. & de littér. XIV. 523.

Argos; de repub. Argivorum. XI. 43.

ARGOU; mém. pour M. de Luxembourg. XIII. 223.

Ariadne chronologica. X. 184.

S. *Ariald* de Milan. XI. 552.

ARIANI; de claris jurisconsult. Neapolitanis. XIV. 357.

Ariano; ses évêq. XI. 483.

ARIAS MONTANUS; Phaleg. X. 189. Antiq. Judaicæ. 218.

Aricia; sa distance de Rome. XIV. 499.

Ariens; leur hist. X. 297.

S. *Arige*, évêq. de Gap; sa vie. XII. 72.

ARINGHI; Roma subterranea. XI. 416.

ARISIO; Cremona litter. XIV. 388.

Aristophane; observ. sur ce poète. XIV. 428 & 503.

Aristote; querelle entre ses sectat. & ceux de Platon. XIV. 412, 426.

ARIUS, Thorgilsi fil. v. ARA FRODA.

ARIZ (Luis de) hist. de la ville d'Avila. XIII. 371.

Arkel; hist. du pays & de la maison de ce nom. XIII. 315.

ARKENHOLTZ; mém. concernant la reine Christine. XIV. 14.

ARLANIBÆUS; arma Suecica. XI. 239.

Arles; hist. de cette ville. XIII. 1[illegible] *& suiv.* royaume d'Arles. XI. 177. & XIII. 158. Sarasins chassés d'Arles. XII. 52.

ARLINGTON (le comte d') ses lettres. XIII. 480. & XIV. 296.

ARMANNI; origine della famiglia Bentivoglia. XIV. 219. — de Capizzuchi. 220.

ARMBRUSTERUS; divis. diæc. Bambergensis. XI. 267.

ARMELLINI; catalogi episcop. Reformatorum, &c. è congreg. Cassinensi. X. 336. biblioth. Benedict. Cassinensis. XIV. 377.

Arménie; cartes. X. 56 & 93. hist. de ce pays. XIV. 81 *& suiv.* & 103.

ARMI; présage de la chute de l'emp. Ottoman. XIV. 76.

Arminiens; leurs querelles avec les Gomaristes. XIII. 466.

Arminius; histor. de Arminio. XI. 167. sa statue. 308.

Armoiries; aut. qui en ont traité. XIV. 193 *& suiv.* sur leur origine. 477. — *Armoiries* d'Espagne. XIII. 406. — *Armoiries* de France. XIV. 201.

ARMSTRONG; hist. de l'isle Minorque. XIII. 388.

ARNAUD (François) antiq. de Périgord. XIII. 128.

ARNAULD (Antoine) le franc & véritable discours. X. 466. première savoysiéne. XII. 236. plaidoyer. XIII. 20.

ARNAULD (Antoine) concordia evangelica. X. 213. l'innocence opprimée. 415. la morale pratique des Jésuites. 472 *& suiv.*

ARNAULD (la m. Marie-Angeliq.) ses lettres. X. 359.

ARNAULD (Henri) négociat. XII. 311. mém. *ibid.*

ARNAULD D'ANDILLY; traduct. de Joseph. X. 198. hist. de l'anc. testament. 200. vies des saints illustres. 287. vies des peres des déserts. 317.

ARNAULD D'ANDILLY (la m. Angélique de S. Jean) nécrologe de P. R. X. 360.

ARNAULD de Verdale; episc. Magalonæ insulæ series. XII. 73.

ARNAULD (l'abbé) differt. fur les accens de la langue grecque. XIV. 509.

ARND (Josua) vie de Walstein. XI. 238.

ARNDIUS; systema litterarium. XIV. 366.

ARNISÆUS; de jure majestatis. X. 111.

ARNKIEL; antiq. Cimbricæ. XIV. 35.

ARNO; de donis ducum Bavariæ, &c. XI. 263.

ARNOLD; annales. XIV. 2.

ARNOLD (Sim. Jean) Seldeni tituli honorum. XIV. 283.

ARNOLD (Christophe) suppl. ad observat. in Synopsin Besoldian. X. 223.

ARNOLD (Godefr.) delineatio primor. Christianorum. X. 267.

ARNOLFINI; vie d'André Doria. XI. 573.

Arnoul, empereur; son épitaphe. XII. 50.

S. *Arnoul*, évêq. de Metz; sa généalog. XII. 51. sa vie. XIII. 178. abbaye sous son invoc. *ibid.*

Arnoul, archev. de Reims; sa déposition. XII. 55.

ARNOUL, év. de Lisieux; ses lettres. XII. 235.

ARNOUL de Milan; hist. de son tems. XI. 366 & 383.

ARNOUL (le P.) instit. de l'ordre du Rosaire. X. 401.

ARNOUX; Bearnica expeditio. XII. 258.

Arnstadt; hist. de cette ville. XI. 316.

ARNTZENIUS; son édit. d'Aurel. Victor. XI. 64. du panég. de Trajan. 92.

S. *Aronste*, prêtre; sa vie. XIII. 70.

Arpino; hist. de cette ville. XI. 485.

Arques; détail de la bataille d'Arques. XII. 221.

Arras; hist. de cette ville. XIII. 51. son siége. XII. 179.

ARREZE Ontiveros (Pedro de) geneal. de la casa de Narvaez. XIV. 275.

ARRHENIUS (Claude) vies de S. Anschaire. XI. 307. hist. Suecorum ecclesiast. XIV. 17. vita Ponti de la Gardie. 21.

ARRHENIUS (Laur.) de musicæ inventoribus. XIV. 360.

ARRIEN; periplus. X. 25.

Arrien; de exped. Alexandri Magni. XI. 37, 38.
Arrighi; de vita Francisci Mauroceni. XI. 531.
Arrigoni; numismata. XIV. 524.
Arrivabene (Louis) vie de Guill. de Gonzague. XI. 564.
Arrivabene (André) nom sous lequel s'est caché André Mocénigo.
Arruégo (Juan de) catedra episc. de Zaragoça. XIII. 380.
Arsacides; hist. des Arsacides. XI. 17.
Arts; hist. des sciences & des arts. XIV. 346. & *suiv.*
Arts; écrits concern. la faculté des Arts. XIII. 25 & *suiv.*
Art militaire chez les Romains. XI. 72.
Arts & métiers; recueil d'édits. XIII. 8.
Artainville (M. d') hist. du prince Eugène. XI. 243.
Artaud; carte d'Anjou. X. 81.
Artaxerxès; de famil. Artaxerxis. XI. 17.
Artefeuil; hist. de la noblesse de Provence. XIV. 253.
Artemidorus; fragmenta. X. 25.
Arthusius; Mercurius Gallo-Belgicus. X. 161. & *ibid.* & XIII. 297. Sleidani continuatio. XI. 226. histor. Pannoniæ. 348.
Arthuys (le P.) révolut. d'Espagne. XIII. 342.
Artigny (d') mém. d'hist. &c. XIV. 523.
Artisans; de corporibus artificum. XI. 96.
Artois; auteurs sur cette province. XIII. 50 & *suiv.*
Artonensis capit. fundatio. XII. 81.
Artopæus (J. Chr.) de summis imp. XI. 12.
Artopæus (J. Dan.) dissert. de Alexandro III. XI. 219.
Arumæus; jus publicum Imperii. XI. 336. de Bulla aurea. 338.
Arvieux (d') ses voyages. XIV. 189.
Arvii ou *Aruvii*; découverte de cette cité. XIV. 495.
As; de asse. XI. 76 & 118.
Ascanie; hist. de cette province. XI. 300. droits de la M. d'Anhalt sur le comté d'Ascanie. 266.
Ascanius, ou le jeune aventurier. XII. 342.

Ascelin; voyages en Tartarie. XIV. 114.

Ascham; epistolæ. XIII. 513.

Ascia; de dedicat. sub Ascia. XIV. 341.

Ascoli; hist. de cette ville. XI. 444.

Ashmole: leges ord. Periscelidis. XIII. 511.

Asie; sa descript. X. 45. & XIV. 80 & *suiv.* cartes de l'Asie. X. 55. & 92 & *suiv.*

Asolo; écrit sur cette ville. XI. 540.

Aspasie; hist. des deux Aspasies. XI. 34. & XIV. 506.

Asphalien; sur ce titre donné à Neptune. XIV. 415.

Assaraci; chronic. Mediolanense. XI. 553. hist. novæ ac vet. 557.

Assarins; guerres d'Italie. XI. 412 & XII. 268. révolut. de Catalogne. XII. 294 & XIII. 386.

Assassins; hist. des peuples ainsi appellés. XIV. 462 & 466.

Assavenses decani. XIII. 500.

Assemani; acta martyrum. X. 269. sanctor. nomina. 272.

Assemblées. v. *Comices.*

Asser Menevensis; de gestis Ælfredi. XIII. 437, 439.

Assyrie; carte de l'empire des Assyriens. X. 55. hist. de l'ancien empire d'Assyrie. XI. 11 & *suiv.* rech. sur l'hist. de cet empire. XIV. 80, 427, 434, 479 & 496.

Aste (Fr. Marie de) memorab. Hydruntinæ ecclesiæ. XI. 374 & 486.

Asterius (Juste) v. Stella.

Astesan; de variet. fortunæ. XI. 591.

Astesatis (J. Andr. de) epistolâ. XI. 215.

Asti; auteurs sur cette ville. XI. 589, 591 & 583.

S. *Astion*; sa vie. X. 326.

Astolfi; della officina istorica. X. 9.

Astorga; hist. de son église. XIII. 373.

Astorre Baglione; sa vie. XI. 592.

Astrologie judiciaire. X. 100.

Astronomie; hist. de cette science. XIV. 350.

Astruc; mém. sur la faculté de Médecine de Montpellier. XIII. 143.

Asturies; cartes. X. 91. hist. de cette pro-

tice. XIII. 394.
Asyles; divers traités sur les Asyles. XI. 45, 343. & XIV. 422, 524.
ATANAGI; excellence de l'histoire. X. 8.
ATAVANTI; de origine servorum B. Mariæ. X. 431. discours sur sa vie & ses écrits. 432.
Ath; descript. de cette ville. XIII. 281.
S. *Athanase*; sa vie. X. 190. de ratione temporum Athanasiorum. 243.
S. *Athanase*, patr. d'Aquilée; dissert. sur l'année de sa mort. XIV. 387.
S. *Athanase*, évêq. de Naples; sa vie. XI. 381.
ATHANASE de Sainte-Agnès; le chandelier d'or. X. 415.
Athéisme; dissert. de Athéismo. X. 314.
Athènes; hist. de cette république. XI. 39, 43. & *ibid*. 44, 45. biblioth. Attica. 53. politia Atheniensium. 55. Atene Attice. *ibid*. archæologia Attica. *ibid*. de ponderibus Atticorum. 76. Atticæ pecuniæ æstimatio. *ibid*. tribunaux d'Athènes. XIV. 438. observ. sur les ministres des dieux à Athènes. 471. inscript. Atticæ. XIV. 334, 335. date de la prise d'Athènes par Sylla. 477.
Athénion; vie de ce philosophe. XIV. 497.
Athénodore; mém. sur sa vie & ses ouvrages. XIV. 454.
Athlètes; de re athletica. XI. 49. inscript. athleticæ. *ibid*. & XIV. 337. époque de leur nudité. XIV. 416. mém. de M. Burette. 418.
Atina; chron. Atinensis ecclesiæ. XI. 386. mém. sur cette ville. 486.
Atlantiques; essai sur les Atlantiques. X. 197.
Atlantique; guerre des Athéniens contre les peuples de cette île. XIV. 430.
Atlas; différens Atlas. X. 28, 39 & *suiv*. 48.
S. *Atilan*, patron de Zamora. XIII. 372.
ATROCIANUS; querela de bello rusticano. XI. 188.
ATTICHI (Louis DONI d') hist. des Minimes. X. 407. vie du card. de Bérulle. 411.
Attila; de gestis Attilæ. XI 152. & *ibid*. sa vie. 352 & 493. guerre d'Atila. 405. de loco ubi

victus fuit in Galliis. XII. 7.

Attoguia (le comte d') sa vie. XIII. 427.

S. Atton ; vita S. Joan. Gualberti. X. 350.

Aubaine ; mém. sur le droit d'aub. XIII. 198.

Aubais (le marq. d') piéces fugitives sur l'hist. de France. XIII. 251.

Aubenton (le P. d') vie du B. Jean-Franç. de Regis. X. 459.

Aubery (Jacques) plaidoyer sur l'exécution de Cabrieres & de Mérindol. XII. 165.

Aubery (Jean) hist. d'Autun. XIII. 107.

Aubery, Sr. du Maurier ; hist. de l'exécut. de Cabrieres & de Mérindol. XII. 165 & *suiv.* mém. pour l'hist. des Pays-Bas. XIII. 306.

Aubery (Louis) hist. du card. de Richelieu. XII. 270. du card. Mazarin. 321.

Aubery (Antoine) hist. des cardinaux. XI. 435. mém. pour l'hist. du card. de Richelieu. XII. 270. hist. du card. de Joyeuse. 364. prétentions du roi sur l'Empire. XIII. 203.

Aubery (George) vie de S. Sigebert. XII. 11..

Aubert (Guillaume) hist. des guerres contre les Turcs. XIV. 102.

Aubert (l'abbé) vie de Stanislas, roi de Pologne. XIV. 55.

Aubert le Mire, *v.* Mire (Aubert le)

Aubigné (d') hist. du siége de la Rochelle. XII. 185. hist. universelle. 210. *sa vie*. XIV. 400.

S. *Aubin* d'Angers, chron. de ce monastere. XII. 66.

Aubin ; hist. des diables de Loudun. XIII. 94. vie de Ruyter. 323.

Aubrey ; mém. pour l'hist. de France & de Bourgogne. XII. 141.

Aubusson (Pierre d') de servata urbe Rhodiorum. XI. 183. sa vie. X. 478.

Aubusson (George d') défense des droits de la reine. XIII. 203.

Audibert ; origines de Toulouse. XIII. 141.

Audiffret (d') géographie. X. 34.

Audigier ; origine des François. XII. 16.

Audrade ; excerpta ex revelat. XII. 47.

Auger ; métanéologie ; X. 486. *sa vie*. 461.

Augier; privilég. de Niort. XIII. 93.

Augsbourg; chronic. Augustanum. XI. 175 & 258. chron. Augustensis excerptum. 181.

Augsbourg; hist. de cette ville. XI. 271 & *suiv.* ses inscript. XIV. 338.

Augures; de auguris & auguriis. XI. 98. & XIV. 419.—*Augures* des Romains. XIV. 520.

Augusta-Veromanduorum; dissertat. sur cette ville. XIV. 474.

Auguste; son hist. XI. 74. explic. d'une inscript. qui le concerne. 97. son caractere. XIV. 432. en quel tems il eut le titre de *Pater Patriæ*. 483. son obélisque. 332. de numismate Augusti & Platonis. XI. 52.

Auguste; si ce nom, donné à Tibère, lui assuroit l'empire. XIV. 473.

Auguste I, électeur de Saxe; sa vie. XI. 310. — *Auguste III*. ibid. *v.* *Frédéric.*

S. Augustin; de hæresibus. X. 293. *sa vie* par différens auteurs. X. 291 & 415. son tombeau. 416. s'il a été moine. 427. translat. de son corps à Pavie. XI. 560. ordres qui suivent la regle de S. Augustin. X. 415 & *suiv.*

Augustins déchaussés. X. 429.

S. *Augustin* de Limoges; hist. de ce monast. XII. 75.

Augustin *de Florence*; hist. Camaldulensium. X. 348.

Augustin (Antoine) historic. ver. fragmenta. XI. 75. de legibus Romanis. 95. famil. Romanorum. 100. de Romanorum senatus-consultis. 117. dialogues sur les médailles. XIV. 512. *sa vie.* 356.

Augustin (Léonard) Sicilia numismatica. XI. 375 & 493. & XIV. 513.

Augustin; Tridentini concilii veritas inextincta. X. 246.

Augustoritum; dissert. sur cette ville. XIV. 474.

Augustus (Michael) de reditu princ. Ulrichi. XI. 169.

Aumône générale d'Orléans. XIII. 83. — de Lyon. 117.

Aumônier; grand-aumônier de France. XIII. 226.

Aumont (le duc d') son éloge. XIV. 418.

S. *Aunachaire* ou *Aunaire*, év. d'Auxerre ; sa vie. XII. 69.

Aunis ; hist. de ce pays. XIII. 95, 96 & *suiv.*

AUNOY (la comt. d') mém. histor. XII. 329. hist. d'Espagne. XIII. 341. mém. de la cour d'Espagne. 352.

AURELI (Lador) ribellione de' Bohemi. XI. 325.

AURELIUS (Cornel.) Batavinæ gloriæ defensio. XIII. 288. Elucidarium. *ibid.* Batavia. 310.

AURELIUS VICTOR (Sextus) breviar. hist. Romanæ. XI. 63, 64, 75, 76, 79.

AURIA (Joseph Vincent de) la Sicilia inventrice. XI. 493. hist. des vicerois de Sicile. *ibid.* antichita di Cefalu. 377 & 497 & *suiv.*

Auria. v. *Doria.*

AURIVALLIUS. XII. 222.

Ausone ; sa maison de campagne. XIV. 495.

S. *Auspice*, év. d'Apt. XIII. 164.

Aussone ; hist. de cette ville. XIII 109.

Aussun (le capit. d') XII. 351, 360.

Austrasie ; carte de ce royaume. XII. 2. de regno Austrasiæ. 121.

S. *Austregil*, arch. de Bourges ; sa vie. XII. 75.

S. *Austremoine*, prem. évêque d'Auvergne ; sa vie, &c. XII. 77 & *suiv.*

Austria ; remarq. sur l'explic. des mots *Austria* & *Neustria.* XIV. 457.

Autels ; de ara. XI. 99. de gli altari e dell' are de gli antichi. 115. de ara Victoriæ. *ibid.*

AUTEUIL (le baron d') Blanche, mere de S. Louis. XII. 133. hist. des ministres d'état. 348. discours du comté d'Artois. XIII. 50. le vrai Childebrand. XIV. 233.

AUTHVILLE (M. d') relation. XII. 346.

Auto da fé de Madrid. XIII. 362.

AUTON (Jean d') hist. de Louis XII, roi de France. XII. 153, 154.

Autonomie des peuples soumis à une puiss. étrangere. XIV. 524.

AUTRET ; saints de Bretagne. XIII. 78.

D'AUTREVILLE ; affaires de France. XII. 256. inventaire. *ibid.*

Autriche ; cartes. X. 69. auteurs sur les pro-

vinces & villes du cercle d'Autriche. XI. 181, 246 & *suiv.* 259.

Autriche; généalogies de cette maison. XIV. 207 & *suiv.* ses droits sur la Bohème. XI. 325.

Autun; aut. sur cette ville. XIII. 107 & *suiv.*

AUTUN (Jacques d') vie de S. François d'Assise. X. 391.

Auvergne; aut. sur cette prov. XIII. 118 & *suiv.* ses antiquit. XIV. 489.

AUVERGNE (Edward d') hist. de la campagne de Flandre. XII. 355.

AUVIGNI (d') vies des hommes illustres. XII. 351. histoire de Paris. XIII. 6.

Auxerre; aut. sur cette ville. XIII. 110 & *suiv.* chron. Autissiodorense. XII. 66, 69. gesta Autissiodoren episc. 69. de gestis abbat. S. Germani Autissiodor. *ibid.*

(*Auxerre* (anonyme, moine d') sa chronique. X. 138.

AVANZO (Franc.) hist. de la Chine. XIV. 321.

AVAUX (le comte d') ses lettres. XIV. 293. ses mém. 295. négociations pour la paix de Nimégue. 301.

AVELLANEDA; de la casa de Avellaneda. XIV. 269.

AVELLANO; antiq. de Carmona. XIII. 374.

Avellino; hist. de cette ville. XI. 487.

Avenches; antiquités trouvées en ce lieu. XIII. 265.

Avênes; généalog. de Baudouin d'Avesn. XIV. 264 & 265.

S. *Aventin*; son éloge. XII. 75.

AVENTIN (Jean) origines Oetingenses. XI. 200. Henrici IV vita & epistolæ. 218. origines Ratisponenses. 260. annales Boiorum. 261. chr. Schirense. 264.

Aventicum; dissert. sur cette ville. XIII. 122 & 123.

AVERANI; de mensibus Ægypt. XI. 9.

AVESBURY (R. de) hist. Edwardi III. XIII. 457.

AVICE; sacre de Louis XIV. XIII. 238.

AVICENNA (Oratio) hist. de Cingoli XI. 444.

AVIENUS; descriptio orbis. X. 26. ora maritima. *ibid.*

Avignon; hist. de cette ville & de son comté. XIII. 165 & *suiv.*

Avila; hist. de cette ville. XIII. 371.

AVILA (August. d') hist. de la prov. de S. Jago de los predicadores. X. 398.

AVILA (Balthasar d') manipulus Minimorum. X. 409.

AVILA & Zuniga (L. d') hist. de Charles-Q. XI. 229.

Avis; ordre milit. en Espagne. XIII. 362 & 364.

S. AVIT, év. de Vienne; epistolæ ad Clodoveum. XII. 40. *vie de cet évêque*. 72. epist. 123.

Avoués des monast. XI. 196. — des villes impériales. 310.

Avranches; entreprise sur cette ville. XII. 199.

AVRIGNI; mém. pour l'hist. de l'Europe. X. 167. mém. pour l'hist. ecclés. du XVII siècle. 233.

AVRIL; voyages. XIV. 274.

AXEN; hist. de la paix des Pyrenées. XIV. 299.

AYALA; observ. sur l'hist. de plusieurs rois de Castille. XIII. 367.

Aymar, abbé de Cluni; privilegium Agapiti papæ. X. 146.

AYMARD; remontrances, &c. XIII. 168.

AYMOND (J.) lettres de Prosper de Ste. Croix. X. 247. lettr. du nonce Visconti. 248. synodes des églises réformées de France. 316. mém. touchant la paix de Munster. XIV. 294. lettr. & négociations du comte d'Estrades. 300.

Ayoubites; hist. de leur dynastie. XIV. 94.

AYNSA (Diégo de) hist. d'Huesca. XIII. 381 & *suiv.*

AYSCU; hist. bellorum. XIII. 446 & 506.

AZARI; chron. XI. 572 & 592.

Azévédo (le P.) sa vie. X. 459.

AZURARA; chronica del rey D. Juan I. XIII. 413.

AZZARI (Fulvio) hist. de Reggio de Lombardie. XI. 567.

AZZOLINI; le pompe Sanesi. XI. 511.

AZZON; vita Henrici Aucupis. XI. 314.

BAAZIUS ; ecclesiæ Sueco-Gothicæ. XIV. 17.

BABELONIUS ; édition de Suétone. XI. 82.

S. *Babolène* ; sa vie. XII. 71.

Babylone ; hist. des emp. de Babylone & d'Assyrie. XI. 11 & *suiv.* mém. sur la position de Babylone. XIV. 498. hist. littér. des Babyloniens. 399.

Babylonie ; carte & descript. X. 59. XIV. 80.

Babyloniques ; idée de ce roman. XIV. 512.

BAÇAN y Mendoça (Dona) vida de la infanta Sancha-Alfonsa. XIII. 368.

Bacchanales ; de ritu Bacchanaliorum. XI. 47. décret contre les Bacchanales. XIV. 140.

BACCETIUS ; historia Septimiana. X. 357.

BACCHINI ; de Sistris. XI. 99. observ. ad Agnellum. 380.

Bacchus ; mysteria Cereris & Bacchi. XI. 47. ses nourices. XIV. 430. rech. sur son culte. 485.

BACCI (André) de conviviis antiq. XI. 50. de Thermis veter. 105. notizie di Cluna. 451.

BACCI (Henri) descr. regni Neapolitani. XI. 371 & 460.

BACCI (Jac.) vie de S. Phil. de Neri. X. 410.

BACHI (Jean Aug.) hist. jurisprudentiæ Romanæ. XIV. 355.

BACON (François) hist. regni Henrici VII. XIII. 459. collectio actorum regnante Elizabetha. 462. ses lettr. 513. *sa vie.* 515.

BACON (Nath.) discours sur les loix d'Angleterre. XIII. 510.

S. *Bacte*, martyr à Pavie. XI. 560.

Bactriane ; hist. regni Græcorum Bactriani. XI. 19. & XIV. 490.

BACZKO ; continuat. de la chron. de Boguphal. XIV. 45.

Badajoz, *Pacensis Colonia* ; auteurs sur cette ville. XIII. 332 & 372.

Bade ; de rebus Badensibus. XI. 271.

Badessleben. v. *Marienbeck*.

BADETTO ; annal. ord. Prædic. X. 396.

Badier : sainteté de l'état monastique. XIII. 86 & *suiv.*

Badius : remarq. sur l'Alcoran des Cordeliers. X. 390.

Bado-Auréo (Jo. de) de armis. XIV. 192.

Baduellius : de univerfit. Nemaufenfi. XIII. 144.

Baeça : hist. de cette ville. XIII. 375.

Baena Pareda (Juan de) vie du roi D. Sébastien. XIII. 415.

Baer (Fred. Char.) essai sur les Atlantiques. X. 197.

Baert (François) acta sanctorum. X. 282.

Bagata (Raphael) évêques de Vérone. XI. 539.

Bagaudes : guerre des Bagaudes. XI. 93.

Baglioni : hist. de la guerre sainte. XIV. 100.

Bagnolo : della gente Curzia XIV. 406.

Bahamonde : saints d'Espagne. XIII. 361. & 399.

Baianisme : hist. de Baïus, &c. X. 250.

Baies : ses bains. XI. 484.

Baillet : vies des saints. X. 288. hist. du démêlé de Boniface & de Philippe le Bel. XII. 136. hist. de Hollande. XIII. 305. relation de Moscovie. XIV. 64. voyages de Thomas Gage. 153. Jugem. des savans. 368. vie de Richer. 406.

Bailleul : carte du gouv. de Calais. X. 82. de Dunkerque. *ibid.* de Lille. 85.

Bailliages royaux : XIV 487.

Bailli général d'Aragon. XIII. 376. — *Baillis* en Normandie. XIII. 72.

Baillif (Roch le) Bretagne armoriq. XIII. 79.

Bailly (Nicolas) vita Edmundi Augerii. X. 461.

Bain : hist. de l'ordre du Bain. XIII. 511.

Bains : de Thermis & Balneis veterum. XI. 50, 105 & 484 & *suiv.*

Bains : sur les bains ecclésiast. X. 262.

Baisemains : XIV. 422.

Baitelli : rem. sur la lettre de M. Morro. XI. 518.

Bajole, hist. sacrée d'Aquitaine. XIII. 126.

Baker ; hist. d'Angleterre. XIII. 449.

Bal (François du) la regla de S. Augustin. X. 415.

Balaam : hist. de Balaam. X. 209.

Balbec : ses ruines. XI. 20.

Balbi : encomio d'Urbino. XI. 456.

Balbide : siége de Malte. XI. 589.

Balbinus (Bohuslaüs) ses écrits sur l'hist. de Bohême. XI. 325.

Balbus l'ancien ; sa vie. XIV. 473.

Balbus Mensor : de nummis. XI. 104. de asse. 118.

Balbus (Jérôme) vaticinium. XI. 168.

Baldassini : hist. de Jesi. XI. 441.

Baldelli : traduct. de Joseph. X. 198. de Diodore de Sicile. XI. 30. de César. 71. de Dion. 87. de Xiphilin. 88.

Baldeus : descriptio Malabar. XIV. 108.

Baldi : défense de Procope. XI. 130.

Baldini : vie de Cosme de Médicis. XI. 507.

Baldo : acclamacion, &c. XIII. 387.

Baldric de Dole : chron. de Font-Evraud. X. 362.

Baldric : carmina hist. XII. 57.

Baléares : hist. de ces îles. XIII. 388 & *suiv.*

Balée (Jean) Rom. pontific. acta. XI. 420.

Balefcourt (le Sr. de) c'est le P. Hugo.

Balen : descript. de Dordrecht. XIII. 312.

Balin : de bello Belgico. XIII. 297.

Ballada : Papia assediata. XI. 560. & XII. 159 & *suiv.*

Ballensted : antiq. de ce comté. XI. 300.

Ballerini (Franç.) chron. de Come. XI. 561. progressi de Catolici nella Valtelina. XIII. 267.

Ballerini (Simon) origine de saluer quand on éternue. XI. 121. animadvers. in musæum Florentinum. XIV. 325.

S. *Balsema*, martyr : ses actes. XII. 78.

Baltanas (Domin. de) flos sanctorum. X. 185.

Balthasar (Claude) justice des armes. XII. 295.

Balthazar (Daniel) la Sénonoise. XIII. 58.

Balthazar (Félix-

de) défense de la légion Thébéenne. X. 270. de Guill. Tell. XIII. 265.

Balthasar (Jean de) ordre de S. Antoine en Ethiopie. X. 486.

Balthasar (Pierre) portraits des comtes de Flandre. XIV. 261. des comtes de Holl. 264.

Balugola: sommario della famiglia di Balugoli. XIV. 119.

Baluze: notæ ad Mercatoris opera. X. 261. édit. de Lactance. 271. vitæ paparum Avenionensium. XI. 421. & XII. 381. notæ ad epistolas Lupi Servati. XII. 130. capitula regum Francor. *ibid.* Innocentii III, papæ, epistolæ. 135. anti-Frizonius. 381. disquisitio sæculi quo vixit S. Sacerdos. XIII. 100. hist. ecclesiæ Tutelensis. 129. notæ ad vitam P. Castellani, *ibid.* concilia Galliæ Narbonensis. 139. Marca Hispanica. 383. hist. de la maison d'Auvergne. XIV. 243. de vita Petri de Marca. 404. miscellanea. 519.

Bamberg: carte de son évêché. X. 71. diverses choses relat. à l'hist de Bamberg. XI. 199 & 267.

Ban & *Arrièreban*: ordonnances. XIII. 254. traité. XIV. 195.

Bandelli: guerre contre les Barbares. XIV. 101.

Bandini (Ange-Marie) voyage d'Améric Vespuce. XIV. 148. de obelis. Aug. Cæsar. 332. litterat. Florentina. 388.

Bandini (Jean) hist. Senensis. XI. 394.

Bandini (Jule) Tumulus S. Augustini. X. 416.

Banduri (Anselme) imperium orientale. XI. 143. numismata. XIV. 321. *son éloge*. 463.

Bang (Joseph) chr. Thuringiæ. XI. 315.

Bang (Pierre) hist. ecclésiastique de Suéde. XIV. 17.

Bangert: chronique d'Helmold. XI. 308.

Bani: obseques de Louis, dauphin de France. XIII. 250 & *suiv.*

Banier: explication hist. des fables. X. 98. la mythologie. *ibid.* cérémon. religieuses. 101. lettres sur l'origine des dieux ou rois d'Egypte. XI. 9. ses ouvrag. dans les mém. de l'académie des Inscript. XIV. 422.

426, 432, 434, 436, 438, 439, 441, 445, 447, 455, 458. *son éloge*. 463. mém. de Vigneul Marville. 525.

Baniere de France. XIII. 255. & XIV. 202.

Banks: lettre au chev. J. Banks contre le pouvoir absolu X. 109.

BANOSIUS: de Galliæ postremis moribus. XII. 199.

BANTER: glossarium antiquit. XIII. 512. opera posthuma. 513.

BANQUI: apolog. XII. 229.

Banz: origines cœnobii Banzensis. XI. 200.

S. *Baomir* ou *Baumir*, moine: sa vie. XII. 78.

Baptême des morts. XIV. 400.

Baptême des enfans de France. XIII. 248 & *suiv*.

Bar; aut. sur ce duché. XIII. 183. érection du comté de Bar en duché. XIV. 476.

BARALLI: chronolog. monasterii Lirinensis. X. 339.

BARATTERI: dome de Milan. XI. 557.

Barat: son éloge. XIV. 418.

Barbades: carte des îles Barbades. X. 97. leur histoire. XIV. 172, 173.

BARBARANO (Franc.) hist. ecclésiast. de Vicenze. XI. 537.

BARBARANO (Jul.) prompt. rerum electarum. XI. 116.

BARBARO; voyages. XIV. 80 & 85.

Barbarie; cartes de Barbarie, &c. X. 94. auteurs sur ce pays. XIV. 136.

BARBARUS (Hermolaus) castigationes ad P. Melam. X. 24 Oratio ad Fridericum & Maximilianum. XI. 184.

BARBATUS (Nic. Ant.) oratio, &c. XI. 169.

BARBAULT; monum. répandus en Italie & à Rome. XI. 437.

Barbe; hist. des périls qu'a courus la barbe des Capucins. X. 383.

BARBEAU de la Bruyere; édit. de la géographie de l'abbé Lenglet. X. 55. de celle de l'abbé de la Croix. 56. Mappemonde hist. 112. tablettes chronolog. de l'abbé Lenglet. 150. édit. de quelques vies de Port-Royal. 359. hist. de Russie. XIV. 5. descript. de l'emp. russien. 65. biblioth. hist. de la France. 394.

Barberin (le card.) son entrée à Paris. XIII. 243, 244.

Barberins; leur différend avec le pape Innocent X. XI. 439.

BARBERINO (Rafaël) viag. di Moscovia. XIV. 64.

BARBERIO (Fabio) catalogus episc. Ariani. XI. 483.

BARBERIUS (Joseph) de miseria Poetar. Græc. XI. 55.

Barbets (Vallées des) carte. X. 88.

BARBEYRAC; trad. du traité de Grotius, du droit de la guerre & de la paix. X. 175. supplém. au corps diplomatique. XIV. 290.

Barbezieux; antiq. de cette ville. XIII. 95.

BARBIER (Gervais le) remontrance. XIII. 91.

BARBIER (Jean) les merveilleux effets, &c. XIII. 189.

BARBUO (Scipion) vies des ducs de Milan. XI. 555.

Barcelone; chronic. Barcinonense. XII. 86. ses comtes. XIII. 383. hist. de la ville. 386. ses évêques. 331.

Barcelonette; mém. en faveur des vallées de Barcelonette. XIII. 165.

Barcelos (le duc de) son panégyr. XIII. 427.

Barcelos (le comte de) connétable de Portugal; sa vie. XIII. 426.

BARCELOS (D. Pedre, comte de) nobiliario. XIV. 277.

BARCHUSEN (Jean Conr.) hist. medicinæ. XIV. 351.

BARCIA; son édit. de l'hist. des Indes d'Herrera X. 46. & XIV. 149. du Monarquia Indiana. XIV. 150. de l'hist. des Incas. 158. de la biblioth. Hispanica. 396.

BARCLAI (Jean) icon animorum. X. 102.

BARDE (Jean de la) de rebus Galliarum. XII. 288.

Bardevic; hist. de cette ville. XI. 194 & 300. de Bardevico destructo. 194.

BARDI. (Girolamo) chronologia universale. X. 145. tableaux de la sale du serutin. XI. 518. sur la victoire des Vénitiens sur Frédéric I. 522.

BARDIN (Guill.) sa chronique. XIII. 140.

BARDIN (Pierre) le grand-chamb. XIII. 126.

Barditus ou *Barritus*; rem. sur ce mot. XIV. 483.

Bareith; carte de sa principauté. X. 71.

Barellas (Estevan) hist. de D. Bernard Barcino. XIII. 384.

Barentin; lettre sur le siége de la Rochelle. XII. 260.

Barezzi (Barezzo) IV part. de la chron. de l'ordre de S. François. X. 380.

Bargeus (P. Ang.) quo ordine script. hist. Romanæ sint legendi. XI. 60. 82. de ædificiorum urbis Romæ eversoribus. XI. 97 & 114. de obeliscis. 97 & 431.

Bari; hist. de cette ville. XI. 482.

Barigius (Thomas) exercitatio de gigantibus. X. 108.

Baring; clavis diplomatica. XIV. 343.

Barisoni (Giov.) generose imprese de alcuni personaggi delle famiglie Pompea. XIV. 226.

S. *Barlaam*; sa vie. X. 326.

Barlæus (Gaspard) sa trad. de Herrera. X. 46. Medicæa hospes. XIII. 244. novus orbis. XIV. 150. rerum gestarum in Brasilia, &c. historia. XIII. 416. & XIV. 163.

Barland (Adrien) Papiæ obsidio. XI. 171. chron. ducum Brabantiæ. XIII. 283. descript. Hollandiæ. 288. Ultrajectenses pontifices. 289. & 315. Hollandiæ comit. hist. 312. historica opuscula. 311.

Barlet (Marin) de obsidione Scodrensi. XI. 323. chron. Turcicum. XIV. 71. de vita Scanderbegi. 74.

Barlot (du Chastelier) mém. XII. 254.

S. *Barnabé*, apôtre; sa vie. XI. 552.

Barnabites. X. 437.

Barnes; hist. d'Edouard III. XIII. 457.

Barnestapolius, *nom sous lequel a paru* Maria Stuarta vindicata. XIII. 520.

Barnewelt; son apologie. XIII. 324. sa vie. *ibid.*

Barns (Robert) de vitis Romanor. pontific. XI. 420.

Baro (Bonaventure) annales ord. SS. Trinit. X. 405.

BARON (Jules) l'art héraldique. XIV. 200.

BARONI (Clément) lettre sur les complimens des Romains. XI. 121.

BARONIO & MANFREDI (Fr.) judicium in Syracusarum archiepisc. XI. 374. de Panormitana majestate. 376 & 493. Palermo glorioso. 494.

BARONIUS (le card.) martyrologium. X. 170 & 276. ses annales. 227, 228, 230. écrits contre Baronius. 238, 239. de monarchia Siciliæ. XI. 374 & 490.

BARONIUS (Jean) hist. des princes d'Est, trad. du Pigna. XI. 567.

BARPO (J. B.) descr. de Belluno. XI. 543.

BARRE (J. de la) antiquit. de Corbeil. XIII. 38.

BARRE (Laur. de la) hist. veterum patrum. X. 225.

BARRE (M. de la) continuat. de l'Histoire universelle. X. 126. du Journal de Verdun. 168. notes sur l'hist. de Louis le Grand. XII. 284. son édit. du Spicilége de D. Dacheri. 83. des mém. pour l'hist. de France. 141. hist. de Paris. XIII. 6. ses ouvrages, dans les Mém. de l'Académie des Inscript. XIV. 439, 441 à 443, 444, 445, 446, 448, 451, 452, 464, 471, 474. *son éloge*. 458.

BARRE (M. de la) journal de son voyage à Cayenne. XII. 323.

BARRE (le Febvre de la) descript. de la France équinoctiale. XIV. 161.

BARRE (de la) relat. de ce qui s'est passé dans l'Amérique. XIV. 161.

BARRE (le P.) hist. d'Allemagne. XI. 209. vie du maréch. de Fabert. XII. 370.

BARREIROS; de Ophira. X. 211. censure des antiq. de Bérose, &c. XI. 14.

BARRIENTOS; scholiæ ad Calvet. Stellam. XIII. 346.

Barricades; écrits sur la journée des Barricades. XII. 100. Barricades sous Louis XIV. 295 & *suiv.*

BARRIERE (Jean de la) conduite de Jean de la Barriere, instit. des Feuillans. X. 358. & XII. 207.

Barriere (Pierre) assassin de Henri le Grand. XII. 229.

BARRIN (l'abbé) vie de la B. Françoise d'Amboise. X. 375.

BARRIUS (Gabriel) de laudibus Italiæ. XI. 363. de Calabria. 372 & 481.

BARROS (J. de) Asia. XIV. 104 & *suiv.*

BARROW; hist. d'Angleterre. XIII. 448.

BARRY (René) vie de Louis le Juste. XII. 253.

BARTEL (Sinon) præsules Regienses. XIII. 164.

BARTENSTEIN (Jean) de bello inter Carolum V & Mauritium. XI. 229.

BARTH (Mich.) Annæberga. XI. 314.

S. *Barthélemi*, apôtre; de translat. & collocat. corporis S. Bartholom. in insula Lycaonia. X. 284. différens écrits sur la question de savoir si son corps est conservé à Rome ou à Bénévent. XI. 488.

S. *Barthélemi*; divers écrits sur la S. Barthélemi. XII. 182 & *suiv.*

BARTHÉLEMI de Ferrare; Polyhistoria. XI. 598.

BARTHÉLEMI de Pise; liber conformit. vitæ S. Francisci ad vitam D. N. Jesu-Christi. X. 388 & *suiv.*

D. *Barthélemi des Martyrs*; sa vie par différens auteurs. X. 400, 401.

BARTHÉLEMI *de Néocastro*; hist. Sicula. XI. 391.

BARTHÉLEMY (l'abbé) ses écrits insérés dans les Mém. de l'Acad. des Inscriptions. XIV. 477, 481, 486, 493, 500, 505, 509, 510, 511.

BARTHIUS (Gasp.) notæ ad Dictym Cret. &c. XI. 25. notæ ad Guntherum. 176.

BARTHOLIN (Rich.) Itinerarium card. Gurzensis. XI. 185. Austriados. 176.

BARTHOLIN (Nicol.) Ambrosii Camald. Hodœporicon. X. 349.

BARTHOLIN (Thom.) de armillis veterum. XI. 120.

BARTHOLIN (Gasp.) de tibiis vet. XI. 121.

BARTHOLIN (Thom.) de Longobardis. XI. 154. de Holgero Dano. XIV. 33. de origine ordinis Danebrogici. X. 483. & XI. 34. antiq. Daniæ. XI. 35. observ. de Unicornu. *ibid.*

BARTHOLOMEO-DI-

NIGI da Fano ; continuation de l'hist. de Tarcagnota. X. 145. —— Giardino di tutte l'istorie. 147.

BARTOLI (P. Sant.) veterum sepulcra. XI. 54. picturæ sepulchri Nasoniorum. 106. colonna Trajana. 113. Antoniniana. 114.

BARTOLI (Pierre & François) picturæ cryptarum Romanarum. XI. 458.

BARTOLI (Joseph) lettre sur un buste de marbre. XIV. 531.

BARTOLI (Daniel) istoria della comp. di Giesù , l'Asia. X. 449. l'Europa. 450. l'Inghilterra. *ibid.* della Vita di S. Ignatio. 455. —— di S. Francisco Borja. 458. —— del Vincenzo Caraffa. *ib.*

BARUFFALDI (Jérôme) de poetis Ferrariensibus. XI. 573.

BASCON. v. BACZKO.

BASELIUS (Nicolas) appendix ad chronicon Naucleri. X. 144.

BASELIUS (Jacque) de obsidione Bergopsomensi. XIII. 301. Sulpitius Belgicus. 319.

Basile le Macédonien, empereur ; sa vie. XI. 133 & 135.

BASILE, emp. de C. P. capita exhortationum. XI. 144.

S. *Basile* ; sa vie. X. 290, 325, 329. hist. de l'ordre de S. Basile. 329.

BASKAI (Abraham) chronologia regum Hungariæ. XI. 348.

Basle ; auteurs sur la ville & l'évêché de Basle. XI. 274 *& suiv.* & XIII. 266. hist. du concile de Basle. X. 302. examen des actes de ce concile. XIV. 521.

BASLE (Franç.) hist. de son tems. XII. 170.

BASNAGE (Jacque) hist. du v. & du n. Testament. X. 201. hist. des Juifs. 204. antiq. Judaïques. 219. hist. de l'Eglise. 237. hist. des hérésies. 295. hist. de la religion des églises réform. 303. hist. des ordres militaires. 476. annales des Provinces - Unies. XIII. 307. dissert. sur les duels, &c. XIV. 195. Canisii lectiones antiquæ. 518.

BASNAGE de Flottemanville (Sam.) Annales ecclesiastici. X. 237. de rebus ecclesiasticis. 238.

BASSA-NEGRINI ; elogi di alcuni della famiglia Castigliona. XIV. 220.

BASSELIUS (Jacque) v. BASELIUS.

BASSET ; statuta universit. Valentinæ. XIII. 174.

Bassigny ; tumulte de Bassigny. XII. 185.

BASSOMPIERRE (le maréchal de) remarq. sur l'hist. de Dupleix. XII. 108. & XIII. 256. ses ambassades. XII. 259. ses mémoires. 269.

Bastarnay (Françoise de) son éloge. XII. 349.

Bastarnay (Marie de) son éloge. XII. 349.

BASTRAM ; observat. sur la Pensylvanie. XIV. 171.

BASVILLE ; mém. pour l'hist. de Langued. XIII. 137.

BASTIDE (Philippe) de ord. S. Benedicti propagatione gallicana. X. 337.

BASTIE (le bar. de la) édit. de la Science des médailles. XIV. 306. ses ouvrages dans les mém. de l'acad. des Inscript. 451, 452, 453, 455, 456, 459, 460, 461, 467. son éloge. 463.

Batailles des François. XIII. 254 & *suiv.*

Batards ; de spuriis. XI. 102.

BATEUS (George) Elenchus motuum in Anglia. XIII. 469.

Bath-Wels ; notice des monast. de ce diocèse. XIII. 457.

BATHAILLIER (Jean) la légende dorée. X. 280. légende des saints nouveaux. *ibid.*

Bathori ; généalogie de cette maison. XIV. 286.

BATTAGLINI ; istoria de tutti i concilii. X. 242.

BATTELEY (Nicolas) antiquit. de Cantorberi. XIII. 503.

BATTELEY (J.) antiq. Rutopinæ. XIII. 504.

BATTEUX (l'abbé le) mém. sur le système d'Anaxagore. XIV. 490. morale d'Aristipe. 491. réfl. sur l'étude de la philosophie anc. 497. mém. sur le principe actif de l'univers. *ibid.* & 503, 509. si les Païens ont jamais ignoré le vrai Dieu. 514. sur les nombres poétique & oratoire. *ibid.*

BAUD (Pierre le) hist. de Bretagne. XIII. 73.

BAUDART (Guillaume)

polemograph. XIII. 293. les lauriers de Nassau. 300. mémoires, &c. 319.

BAUDEAU; armorial des États de Languedoc. XIV. 203.

BAUDELOT de Dairval; hist. de Ptolémée Auletès. XI. 10. descript. des bas-reliefs. XIII. 13. de l'utilité des voyages. XIV. 176. ses ouvrages, dans les mém. de l'acad. des Inscript. XIV. 416, 417, 420, 424, 425, 430. *son éloge*. 433.

BAUDIER (Michel) hist. de l'administr. de l'abbé Suger. XII. 132. vie du cardinal d'Amboise. 157 & 356. le soldat Piémontois. XI 581, & XII. 278. histoire du maréchal de Toiras. XII. 367. histoire de l'administration de Romieu. XIII. 153. hist. du card. Ximenès. 400. hist. des Turcs. XIV. 70.

BAUDOT (Franç.) lettre sur Autun. XIII. 109. vie de M. de Peiresc. XIV. 475.

BAUDOT DE JUILLY. (Nic.) hist. de Philippe-Auguste. XII. 152. de Charl. VI. 139. de Charl. VII. 141. de Louis XI. 150. hist. de la conquête d'Angleterre. XIII. 63.

Baudouin, roi de Jérusalem; sa descendance de Charlemagne. XII. 59.

Baudouin, comte de Flandre, emp. de Constantinople. XII. 60. ses lettres. *ibid.* & 62. hist. Constantinopol. sub Balduino. XI. 136. de rebus gestis à Balduino & Henrico. 138.

Baudouin, comte de Flandre; ses gens excommuniés. XII. 50.

Baudouin d'Avênes; sa généalogie. XII. 86.

Baudouin de Luxembourg, arch. de Treves; ejus gesta. XI. 176.

Baudouin, archev. de Cantorberi; sa légation. XIII. 438.

BAUDOUIN d'Avênes; chron. Hannoniæ. XIII. 280.

BAUDOUIN (B.) de Calceo antiquo. XI. 120.

BAUDOUIN (Franç.) de historia. X. 12.

BAUDOUIN; hist. des rois & princes de Pologne. XIV. 48.

BAUDOUIN (Thimot.) expedit. ducis de Buckingham. XII. 266.

BAUDOUIN (J.) hist.

des chevaliers de Malte. X. 477 *& suiv.* traduct. de l'hist. de Davila. XII. 209. des négociations du card. de Ferraie. 233. hist. de la rebellion des Rochelois. 267. traduction des *Vindiciæ Gallicæ*. XIII. 213. de l'hist. des Yncas du Pérou. XIV. 158. de l'hist. des guerres civiles en Amérique. *ibid.*

BAUDIUS (Dominic.) de Induciis Belgic. XIII. 302.

BAUDRAND; diction. géograph. X. 49, 50.

BAUDRI, év. de Dole; hist. Hierosolymitana. XIV. 98.

BAUDRI, év. de Noyon; chronic. Cameracense. XIII. 53.

BAUDUIT (le P.) mém. pour la vie du B. Pierre de Luxembourg. XIII. 178.

BAUGENDRE (le P.) vie de M. Joly. X. 412.

BAUGIER; mém. de la Champagne. XIII. 54.

BAUMAN (Henri) de statua salis. X. 209.

BAUMANN (J. Fred. de) voluntarium imperii consortium. XI. 222.

BAUMGARTEN (Mart.) peregrinatio in Ægypt. &c. XIV. 88.

BAVIA (Luis de) continuation de l'hist. des papes. XIII. 358. l'union du Portugal à la Castille. XIII. 416.

Baviere; cartes. X. 70. hist. des États du cercle de Baviere. XI. 254. *& suiv.* chron. d'André de Ratisbonne. 198. Trithemii successio ducum Bavarorum. 189.

Bayard (le chev.) sa vie par différens auteurs. XII. 357 *& suiv.*

BAYARDI (Ottav. Ant.) antichita d'Ercolano. XI. 479. antichi monumenti. *ibid.*

BAYER (Theoph. Sig.) hist. Osrhoena & Edessena. XI. 22.

Bayeux; hist. du diocèse de Bayeux. XIII. 69. ses antiquit. XIV. 481. sur les peuples de la cité. XIV. 507. éloge d'un évêq. de cette ville. XII. 71.

BAYF (Lazare) de Vasculis. XI. 51. de re navali. 53 & 119. de re vestiaria. 99.

BAYLE (Robert) opus historicum & chronolog. X. 183.

Bayle (Pierre) critique de l'hist. du Calvinisme. X. 509. nouvelles lettres. *ibid.* dictionaire hist. XIV. 409.

Bayonne; hist. de cette ville. XIII. 135.

Bazan (André) memoria rerum gest. à J. Zamoscio. XIV. 51.

Bazanier; hist. de la Floride. XIV. 156.

Bazire (du Mesnil) mém. de Villeroy. XII. 238.

Béarn; aut. sur cette province. XIII. 153 & *suiv.* rétablissement de la religion catholique en Béarn. XII. 258.

Beatilli; hist. de Bari. XI. 481. de S. Nicolas. *ibid.*

Beatus (Georg.) descriptio Bohemiæ. XI. 322.

Beatus Rhenanus; rerum Germanic. libri. XI. 155.

Beau (M. le) hist. du Bas Empire. XI. 147. traduct. de M. de Thou. XII. 216. rédaction des mém. de l'académie des Inscriptions, & éloges des académiciens. XIV. 413. mémoires sur les médailles [illegible]ées. 481 & 486. mémoires sur la légion Romaine. 491, 497 & *suiv.* 503, 509 & 514.

Beau (M. le) le cadet; sur le margitès d'Homere. XIV. 500. sur les Parasites. 506. sur une fête d'Alexandrie. *ibid.* sur l'âne de Lucien, & sur celui d'Apulée. 512. sur les Babyloniques. *ib.* sur Parthénius de Nicée. *ibid.* sur les tragiques Grecs. 514. *son éloge.* 512.

Beaucaire; hist. de cette ville. XIII. 144.

Beauchamp (Raphaël de) hist. Franco-Merovingicæ synopsis. XII. 119.

Beauchamps; mém. de du Guay Trouin. XII. 336.

Beaufort (le duc de) son apologie. XII. 293.

Beaufort (Charles de) son hist. XIII. 517.

Beaujeu (Madame de) poème à sa louange. XIV. 444.

Beaujolois; hist. de ce pays. XIII. 118.

Beaulieu (le Sr de) *c'est le baron de* Pontchateau.

Beaulieu Hues Oueil.

v. Baillet.

Beaumanoir (Louis de) v. Richeome.

Beaumarchais (la Barre de) éloge de l'abbé Schannat. XI. 280. histoire de Pologne. XIV. 56.

Beaumont (Amblard de) sa vie. XIV. 244.

Beaune (René de) réformation de l'Université. XIII. 29.

Beaune (Claude de) de la Chambre des Comptes. XIII. 218.

Beaunier, archev. & évêchés de France. XII. 377.

Beauplan; ses cartes. X. 68, 83. descript. de l'Ukraine. XIV. 38.

Beaurain; ses cartes & plans. X. 67, 69, 71, 73. hist. militaire de France. XII. 332.

Beauregard. XIII. 39.

Beausobre; discours historiques. X. 203. hist. du Manichéisme. 297. observ. critiques. 302.

Beauvais; hist. de cette ville & du Bauvoisis. XIII. 41 *& suiv.*

Beauvais; de l'état du collége de Beauvais. XIII. 31. moyens de le rétablir. *ibid.*

Beauvais (le P. de) vie de M. de Bretigny. X. 376. vie de César de Bus. 440. vie du P. Azevédo. 459. — du P. Jean de Britto. *ibid.*

Beauvais; hist. des empereurs Romains & Grecs. XIV. 307.

Beauvais-Nangis; ses mémoires. XII. 240. XIII. 256.

Beauvau (le marq. de) ses mémoires. XIII. 185.

Beauvau (Jacq. de) preuves de sa noblesse. XIV. 196.

Bebelius (Balthaz.) de theologia gentili. X. 99. ecclesia ante diluviana. 207. antiquitas IV sæcul. evangelic. 238. antiq. Germaniæ primæ. XIII. 177.

Bebelius (Henri) divers opuscules. XI. 166. ecloga triumphalis. 185.

Bebenberg; de jure regni & imperii. XI. 164.

Bec (Jean du) hist. de Tamerlan. XIV. 116.

Becan; origines Antuerpienses. XIII. 281.

Beccatelli; de Beccatellorum gente. XIV. 218.

Beccatelli (L.) vie du cardinal Polus. XIII. 495 & 514. vie

du card. Contarini. XIV. 401.

Bechi (Niccolo) vita di Filippo Franci. X. 412.

Beck (Frédéric) martyrologium. X. 273.

Becker (Jean) chron. Thuringiæ. XI. 315.

Beckler (Pierre) chronic. Bohemiæ. XI. 325. stemma Ruthenicum. XIV. 286.

Beckman (Christophe) memoranda Francofurt. XI. 321.

Beckman (J. Volemar) de juribus domûs Saxonicæ. XI. 309.

Beckman (J. Christ.) hist. de la principauté d'Anhalt. XI. 266.

Becquet (Antoine) hist. des Célestins en France. X. 364. remarq. critiques. *Ibid.*

Bede; sa chronique. X. 136. martyrologium. 273. de nummis, &c. XI. 104. compendium Adamanni. X. 195. Angl. historia eccles. 226. auctarium. *ibid.* & XIII. 491.

Bedel (Jean) vie du P. Pierre Fourier. X. 424.

Bedell (Guill.) évêq. de Kilmore; sa vie & ses lettres. XIII. 516 & *suiv.*

Bedford; origines comitum Bedfordiæ. XIII. 516.

Bedford (Thomas) édit. de Siméon de Durham, &c. XIII. 506.

Bedford's; hist. du droit hérédit. à la couronne d'Angleterre. XIII. 435.

Beehr (Matthias-J.) res Meclenburgicæ. XI. 303. *sa vie.* ibid.

Béek (Petrus à) Aquisgranum. XI. 291.

Bégat (Jean) réponse pour les états de Bourgogne. XII. 175. comment. rerum Burgundicarum. XIII. 103.

Beger (Laur.) bellum & excidium Trojanum. XI. 25. Flori libri II priores. 62. ses différens ouvrages sur les médailles. XIV. 520, 321.

Ste. *Begue*; sa vie. X. 409.

Béguines; leur hist. X. 409.

Béguines dans les Pays-Bas. XIII. 320.

Behamb (J. Ferd.) not. Hungariæ de Schodelius. XI. 346.

Behm (Jean) chronol. manuductio. X. 147.

Behote (Adr.) réponse à l'anti-Coton. X. 470. défense de l'église métrop. de Rouen. XIII. 67. apologia pro S. Romano. 68.

Beinville; vérités françoises. XII. 278.

Beierus (Otto) de originibus Flensburgi. XIV. 29.

Béjot; mém. sur les Eparoétes. XIV. 509. sur la Cyropédie. 511.

Beka (J. de) chronic. episcop. Ultrajectensium. XIII. 314. & ibid.

Bel (Matthias) notitia Hungariæ. XI. 345. prodr. Hungariæ. 346. script. rerum Hungaricarum. 347.

Bel (Robert) rerum Hispanic. script. XIII. 329.

Belcarius (Franc.) rerum Gallicarum commentarii. XII. 151 & 217. oratio de victoria Druidensi. 174.

Belenus; dissert. de Beleno. XIV. 338.

Belforte; albero di signori Lazari. XIV 223.

Belgique; cartes. X. 58, 61. magnum chronicon Belgicum. XI. 174. v. *Pays-Bas*.

Belhomme (Humb.) hist. Mediani-Monasterii. X. 344.

Bellabona (Scipion) ragguagli della citta d'Avellino. XI. 487.

Bellafini (François) hist. de Bergame. XI. 372 & 541.

Bellanger; essais de critique. X. 173. vies des hommes illustres, trad. de Th. Rowe. XI. 34. trad. de Denys d'Halicarnasse. 64 & *suiv*.

Bellarmin; responsio ad apologiam catholicam. XII. 196. de script. ecclesiast. XIV. 372. vie de ce card. X. 458.

Bellay (Eustache du) cause d'oppositions formées par lui contre les Jésuites. X. 469 & *suiv*.

Bellay (Martin & Guillaume du) leurs mémoires. XII. 157 & *suiv*.

Bellay (Guill. du) antiq. des Gaules & de France. XII. 7.

Bellay (Jean du) lettres au pape. XII. 161. discours aux États de l'Empire. *ibid*.

Bellefontaine (N. D. de) hist. de ce prieuré. XIII. 124.

Belleforest (François de) additions à la cosmographie de Mun-

ſter. X. 38. contin. des chron. de Nicole Gilles. XII. 105. les grandes annales & hiſt. générale de France. 106. hiſtoire de Charles IX. 188. trad. de la deſcript. des Pays-Bas. XIII. 271.

Bellegarde (Roger de) ſon entrée à Autun. XIII. 241.

Bellegarde (l'abbé de) hiſt. d'Eſpagne. XIII. 341. relat. des découvertes des Eſpagnols. XIV. 154. hiſt. des voyages. 176.

Belleguise (Ant. de) traité de la nobleſſe. XIV. 195.

Belle-Iſle (le maréchal de) lettres. XII. 346. teſtament politique. *ibid.* codicile. *ibid.* ſa vie. *ibid.*

Bellejambe. XIII. 39.

Bellême ; généalogie des ſeigneurs de ce lieu. XII. 71.

Bellendenus ; de tribus luminibus Romanorum. XI. 72.

Bellerive ; hiſt. des dernieres campagnes du duc de Vendôme. XII. 335.

Bellérophon ; explication de ſa fable. XIV. 438. ſon hiſtoire. 441. tems où il a vécu. *ibid.*

Belley ; évêques de cette ville. XI. 582. & XIII. 111.

Belley (l'abbé) ſes ouvrages, dans les mém. de l'acad. des Inſcript. XIV. 469, 470, 472, 473, 474, 481, 483, 486, 488, 489, 492, 493, 495, 499, 500, 501, 504, 507, 510, 511 & 515.

Belli (Coſt.) état de l'empire Ottoman. XIV. 77.

Belli (J. B.) de partibus templi auguralis. XI. 98.

Belli (Paul) gloria Meſſanenſium. XI. 496.

Bellicard ; obſerv. ſur les antiquités d'Herculanum XI. 478.

Bellievre ; pluſieurs piéces de lui. XII. 234.

Bellin ; ſes cartes. X. 63 & *ſuiv.* 90 & *ſuiv.* 94 & *ſuiv.* deſcript. de l'île de Corſe. XI. 574. des îles Britanniq. XIII. 433. du golfe de Veniſe & de la Morée. XIV. 78. de la Guyane. 161. des Antilles. 172.

Bellini (Vinc.) de monetis Italiæ. XI. 414.

Bellinus ; martyrologium. X. 275, 276.

Bellocassus (Stephanus, comes) Flandriæ ordin. legatio. XI. 188.

Bellon (Ant.) viræ patriarchar. Aquileiensium. XI. 392.

Bellon (Pierre) de operum antiquorum præstantia. XI 3 & 49.

Bellori (J. P.) veterum sepulcra. XI. 54. numism. apibus insignita. 48. simulacrum Deæ Syriæ. *ibid.* fragmenta vestigii veteris Romæ. 97. picturæ sepulcri Nasoniorum. 106. veteres arcus Augustorum. 113. colonna Trajana. 113. Antoniniana. 114. picturæ cryptarum rom. 438. annotat. in XII Cæsar. numismata. XIV. 309. l'istoria Augusta col supplimento. 317. veterum philosophorum imagines. 318. médailles de Monderchi. 319 antichi sepolcri. 339.

Bellot (Madame) hist. de la maison de Plantagenet. XIII. 451. de la maison de Tudor. *ibid.*

Belloy (Pierre de) conférence des édits de pacification. X. 308. apologie catholiq. XII. 196. moyens d'abus & nullités de la bulle de Sixte V. 198. de l'autorité du roi. 201. descript. du Béarn. XIII. 133. mém. pour les régens de l'Université de Toulouse. 142. examen d'un discours contre la maison de France. 192 & *suiv.* réplique. 193. droits de Catherine de Médicis sur le Portugal. 417. origines de la maison de Bourbon. XIV. 238.

Belloy (M. de) mémoires historiques. XIII. 252.

Belluno; auteurs sur cette ville. XI. 373 & 543. dissert. de Beleno. XI. 368. antiq. Bellunenses. *ibid.*

Bellus (J B.) de Pharsalici conflict. mense & die. XI 101.

Bellus (Julius) Laurea Austriaca. XI. 233

Bellus (Thomas) Roma restituta. XI. 109.

Belois (Pierre de) orig. de divers ordres de chevalerie. X. 475.

Belon; son voyage en Gréce, &c. XIV. 181.

Belsunce; histoire de

l'église de Marseille. XIII. 161.

Belsunce (l'abbé de) vie de madame de Candale. XIV. 401.

Beltranno; descript. du royaume de Naples. XI. 460.

Belluga (Pierre) speculum principum. XIII. 376.

Bembe; hist. de Venise. XI. 366, 518 & 520. vie du duc & de la duchesse d'Urbin. 456.

Benalio; saints de Bergame. XI. 541.

Bénard; voyage de Jérusalem. XIV. 90.

Bendier; défense des prérogatives de Saint-Quentin. XIII. 47.

Bendinelli; vita Scipionis Æmiliani. XI. 73 & 575. errata Sigonii. 73.

Benedetti (Alexis-Peant.) de bello Carolino. XI. 409. & XII. 252. il fatto d'arme. XII. 152.

Benedetti (Elpidio) il mondo piang. XIII. 250.

Benedetti (Evangelista di) vie de D. Pierre-Antoine d'Aragon, duc de Ségorbe. XI. 474.

Benedetti (Roch) fêtes données à Henri III à Venise. XIII. 240.

Benedetti (Stefano) hist. de Jean-Bapt. Lercari. XI. 573.

Bénédictines du Rosaire; hist. de cette congrégation. X. 366.

Bénévent; auteurs sur cette ville & son duché. XI. 384, 487, 488.

S. *Bénezet*; sa vie. X. 434.

Benezot; hist. du connét. de Lesdiguieres. XII. 264.

Bengale; auteurs sur ce pays. XIV. 111.

Benhard; chron. de Thuringe. XI. 316.

S. *Bénigne* de Dijon; extraits de sa chronique. XII. 66. vetus chronicon. 83.

Benimérin; origine des rois de ce nom. XIV. 138.

Benincasa (Ursule) sa vie. X. 436.

Bening; le bouclier d'honneur. XII. 364.

Benius; de historia. X. 3.

Benivieni; vita di Pietro Vettori l'antico. XIV. 407.

Beniamin; itinerarium. X. 205.

Benno *Slavus*; nom

sous lequel on croit que s'est caché L. ALLATIUS ou INCHOFER. XI. 500.

BENNON, cardinal; de vita Hildebrandi. XI. 218 & 426.

S. *Benoît*; vies & miracles de ce saint. X. 334. translation de son corps au monast. de Fleury. XIII. 81.

S. *Benoît*; hist. de l'ordre de S. Benoît. X. 332 & *suiv. jusqu'à* 346. ordre de S. Benoît en Espagne. XIII. 357, 362. hist. littéraire de l'ordre de S. Benoît. XIV. 376 & *suiv.* interpretatio vocabulorum barbaricorum in regulam S. Benedicti. XI. 179.

S. *Benoît*, abbé de Cantorbéri; son apostolat en Angleterre. X. 345.

S. *Benoît*; curés de cette paroisse. XIII. 9.

S. BENOIST d'Aniane; concordia regularum. X. 325.

Benoît III, pape; de nummo argenteo Benedicti III. XI. 425. — *Benoît V*; son exil à Hambourg. 190. — *Benoît IX*; de sepulchro Benedicti IX. 426. — *Benoît XIII*; sa vie. 433. — *Benoît XIII*, antipape; son voyage. 382.

BENOIST, abbé de Peterborough; vies de Henri II & de Richard I. XIII. 456.

BENOIST (René) vies des saints. X. 288. sacre & couronnement des rois de France. XIII. 235.

BENOIST (Elie) hist. de l'édit de Nantes. X. 311.

BENOIST (le P.) hist. des Albigeois & des Vaudois. X. 300.

BENOIST de S. Joseph; insula Cracoviensis. XIV. 57.

BENOIST de Toul (le P.) veteris ord. Seraphici monumenti nova illustratio. X. 382. apologie de l'hist. de l'indulgence de la Portioncule. 383. hist. de Toul. XIII. 179. que Toul est le siége épiscopal des Leucois. *ibid.* origine de la maison de Lorraine. XIV. 259. supplément. *ibid.*

BENSERADE; portrait des académiciens. XIII. 34.

BENTIVOGLIO (le cardinal) relatione de gli Ugonoti di Francia. X. 311. guerres de Flandre.

XIII. 295. ses œuvres. *ibid.* lettres. XII. 246. mémoires. *ibid.* remarq. sur son hist. de Flandre. XIII. 256.

BENTIVOLO (Jean) Bononia illustrata. XI. 453.

BENTLEY; dissert. sur l'auteur de la chronique attribuée à Jean Malala. X. 155.

BENVENUTI (Bonav.) fragmenta Fulginatis historiæ. XI. 401.

BENVENUTI (P. Paul) hist. de la ville de Piperno. XI. 441.

BENVENUTI *de S. George*; hist. des marquis de Montferrat. XI. 397 & 184. de origine Guelforum & Gibellinorum. 407.

BENVENUTI de Rambaldis; liber augustalis. XI. 182.

BENVOGLIENTI; hist. de la ville de Sienne. XI. 511.

BENZELIUS; diarium Vazstenense. XIV. 18.

BENZONI; addit. aux vies des doges de Venise. XI. 528. hist. du nouv. monde. XIV. 147.

BERALDI (Jérôme) ce qui s'est passé à Lucques, &c. XI. 57[illegible].

BERARDI (Jean) chronicon Casauriensis monast. X. 336. & XI. 381.

BERAUD; état de Montauban. XIII. 128.

BEREBLOC; de rebus gestis Oxoniæ commorante Elisabetha. XIII. 458.

Bérenger, empereur; carmen de ejus laudibus. XI. 380. & XII. 131.

Bérenger; histoire de cet hérésiarque. X. 298.

BERETTA; chorographica. XI. 389.

Berg; carte. X. 74. ducs. XI. 291, 292.

Berg-op-Zoom; siéges de cette ville. XII. 143. & XIII. 301.

Bergamasc; carte. X. 89.

BERGAMASCHI; hist. des chevaliers de l'Eperon d'or. XI. 591.

Bergame; auteurs sur cette ville. XI. 365, 372, 373, 384, 392, 541 & s.

BERGANI; guerres d'Europe. XI. 350. & XIV. 75.

Bergen; chron. monast. Bergensis ad Albim. X. 342. & XI. 194 & 305.

BERGERON (Nic.) mémoir. sur le Valois. XIII. 40.

BERGERON (Pierre)

relation des voyages en Tartarie. XIV. 114. de la navigation. 144 & 176.

BERGIER (Nicolas) grands chemins de l'empire Romain. XI. 103 & 114. histoire de Reims. XIII. 54 & *suiv.*

Bergtolsgaden; carte de cette prévôté. X. 70.

BÉRING; de fortuna Austriacæ domus XI. 248. Florus Danicus. XIV. 26.

BERINGERIUS; discursus de veri historici officio. X. 3 & 4.

Béringhen (le marq. de) son éloge. XIV. 433.

BERKELIUS (Abrah.) commentar. in Stephanum de Urbibus. X. 21. ejusd. fragmenta. *ibid.*

BERKLEY (Jean) ses mémoires. XIII. 467.

Berlin; hist. de cette ville. XI. 321. éloges des académiciens de Berlin. XIV. 383.

Berlinvani (Côme) sa vie. X. 412.

BERMUDEZ de Pedraza; antiq. de Grenade. XIII. 391. hist. de cette ville. *ibid.*

S. *Bernard*, abbé de Clairvaux; sa vie par différens auteurs. X. 354. ses lettres XII. 58 & 113.

S. *Bernard*, abbé de Tyron; sa vie. X. 358.

Bernard, roi d'Italie, lettre sur l'année de sa mort. XI. 215.

Bernard, comte de Bigorre; acte par lequel il se donne à l'église de Sainte Marie du Puy. XII. 82.

BERNARD, moine; vie du B. Robert, abbé de la Chaise Dieu. XII. 80.

BERNARD *le Trésorier*; de acquisitione Terræ Sanctæ. XI. 386.

Bernard, év. de Pamiers; son procès. XII. 156.

BERNARD GUI; de sanctis quorum corpora Lemovicensem diœces. ornant. XII. 70. de sanctis Lemovicens. extra diœcesim sepultis *ibid.* de Stephano Obasinæ fundatore. *ibid.* gesta Lemovicensium episcop. 74. ord. Grandimont, &c. 75. præfatio Speculi sanctorialis, &c. 78. vita S. Sacerdotis. XIII. 100. *brevis chronicon de vita ac scriptis* Bernardi Guidonis. XII. 78.

Bernard de Mont-Gaillart, abbé d'Orval; sa vie. X. 357.

BERTIN; réflex. sur la vénalité des charges. XIV. 484. sur les bailliages royaux. 487.

BERTIUS; son édition de la géographie de Ptolémée. X. 20. plusieurs ouvrages sur la géographie. 29. commentarii rerum Germanicar. XI. 156. carte de l'emp. de Charlemagne. XII. 3. de aggeribus. 267.

BERTONDELLI; hist. de Feltri. XI. 543.

Ste. *Bertrade*; son éloge. XII. 75.

BERTRAM (Corn.) de republ. Hebræorum. X. 220.

BERTRAND (Louis) vie de S. Philippe de Néri. X. 410.

BERTRANDI (Jean) Binomicon. XIV. 356. sa vie. *ibid.*

BERTRANDI (Nicol.) de Tolosanorum gestis. XIII. 139.

Bérulle (le card. de) sa vie. X. 410, 411.

BERVILLE (Guyard de) hist. de Bertrand du Guesclin. XII. 353. du chev. Bayard. 359.

Berwick (le maréchal de) sa vie. XII. 340.

Besançon; auteurs sur cette ville. XIII. 121 & *suiv.* entreprise de Besançon, par certains conspirateurs XII. 150.

Bese; chronicon Besuense. X. 340. & XII. 84 & 124.

BESLY (Jean) ad Petri Theudebodi hist. præfatio XII. 59. comtes de Poitou. XIII. 92. évêq. de Poitiers. 93.

BESOGNE (Nicolas) état de la France. XII. 32.

BESOIGNE (Jérôme) hist. de Port-Royal. X. 358.

BESOLD; synopsis rerum. X. 123. hist. Constantinopol. XI. 143. & XIV. 73. monast. ducatus Wurtenbergici. XI. 270. virginum sacr. monumenta. *ibid.*

BESPIER; état de l'emp. Ottoman, trad. de Ricaut. XIV. 68.

BESSARION (le card.) ses lettres aux princes d'Italie. XIV. 75. lettre sur la querelle des philosophes du XV siécle. 426.

BESSE (Guillaume) divers pièces pour l'hist. de Charles VI. XII. 155. hist. des ducs de Narbonne. XIII. 139. hist. des comtes de Carcassone. 144.

Besse (Pierre) prédic. remarq. sur sa vie & ses ouvrages. XIV. 523.

Bessel ; notæ ad Eginhartum. XI. 213. & XII. 125.

Besselmeir ; bellum Magdeburgense. XI. 170.

Besser (Joannes à) couronement du roi de Prusse. XIV. 61.

Bessin (le P.) concilia ecclesiæ Rotomagensis. XIII. 65.

Besson (le P.) Soria santa. XIV. 91.

Besson ; mém. pour l'hist. ecclésiast. de Savoye. XI. 576.

Beswense monaster. v. *Bese*.

Betancour ; sa vie. X. 435.

Bethencourt (Galien de) découverte des Canaries. XIV. 144 & 176.

Béthléémites ; leur congrégation. X. 435.

Bethlen ; res Transylvanicæ. XI. 555.

Béthune (le comte de) observations politiques. XI. 234. & XII. 259.

Betsius ; de pacis familiarum. XI. 331.

Betussi ; ragionamento sopra il Cathaio. XIV. 117.

Beuf (l'abbé le) divers écrits sur l'hist. de France. XII. 79. differt. sur le régne de Clovis. 118. differt. sur l'hist. de Paris. XIII. 9. hist du diocèse de Paris. *ibid.* sur les anciens habitans de Soissons. 41. mém. sur Auxerre. 110. hist. de Verdun. 179. ses ouvrages insérés dans les mém. de l'académie des Inscriptions. XIV. 457, 463, 466, 467, 468, 470, 471, 475, 476, 478, 479, 481, 483, 489, 495, 496. *son éloge*. 502.

Beughem (Cornel. à) bibliographia juridica. XIV. 557.

Beurerus ; synopsis historiarum. X. 10. rerum Saracenicarum synopsis. XIV. 94.

Beurier ; vies des fondateurs d'ordres. X. 324. hist. des Célestins de Paris. 364.

Beuther ; coronica del reyno de Valencia. XIII. 387.

Beveregius ; institutiones chronologicæ. X. 178.

Bevilaqua ; Hieron. Vidæ orationes. XI. 559.

BAYLE (Pierre) critique de l'hift. du Calvinifme. X. 509. nouvelles lettres. *ibid.* dictionaire hift. XIV. 409.

Bayonne; hift. de cette ville. XIII. 155.

BAZAN (André) memoria rerum geit. à J. Zamofcio. XIV. 51.

BAZANTER ; hift. de la Floride. XIV. 156.

BAZIRE (du Mefnil) mém. de Villeroy. XII. 238.

Béarn ; aut. fur cette province. XIII. 133 & *fuiv.* rétabliffement de la religion eatholique en Béarn. XII. 258.

BEATILLI ; hift. de Bari. XI. 482. de S. Nicolas. *ibid.*

BEATUS (Georg.) defcriptio Bohemiæ. XI. 322.

BEATUS RHENANUS ; rerum Germanic. libri. XI. 155.

BEAU (M. le) hift. du Bas Empire. XI. 147. traduct. de M. de Thou. XII. 216. rédaction des mém. de l'académie des Infcriptions , & éloges des académiciens. XIV. 413. mémoires fur les médailles r●●●●ées. 481

& 486. mémoires fur la légion Romaine. 491 , 497 & *fuiv.* 503 , 509 & 514.

BEAU (M. le) le cadet ; fur le margitès d'Homere. XIV. 500. fur les Parafites. 506. fur une fête d'Alexandrie. *ibid.* fur l'âne de Lucien , & fur celui d'Apulée. 512. fur les Babyloniques. *ib.* fur Parthénius de Nicée. *ibid.* fur les tragiques Grecs. 514. *fon éloge.* 512.

Beaucaire ; hift. de cette ville. XIII. 144.

BEAUCHAMP (Raphaël de) hift. Franco - Merovingicæ fynopfis. XII. 119.

BEAUCHAMPS ; mém. de du Guay Trouin. XII. 336.

Beaufort (le duc de) fon apologie. XII. 293.

Beaufort (Charles de) fon hift. XIII. 517.

Beaujeu (Madame de) poème à fa louange. XIV. 444.

Beaujolois ; hift. de ce pays. XIII. 118.

BEAULIEU (le Sr de) c'eft le baron de PONTCHATEAU.

BEAULIEU Hues Oneil.

v Baillet.

Beaumanoir (Louis de) v. Richeome.

Beaumarchais (la Barre de) éloge de l'abbé Schannat, XI. 280. hiſtoire de Pologne. XIV. 56.

Beaumont (Amblard de) ſa vie. XIV. 244.

Beaune (René de) réformation de l'Univerſité. XIII. 21.

Beaune (Claude de) de la Chambre des Comptes. XIII. 218.

Beaunier , archev. & évêchés de France. XII. 377.

Beauplan; ſes cartes, X. 68 , 81. deſcript. de l'Ukraine. XIV. 38.

Beaurain; ſes cartes & plans. X. 67 , 69 , 71 , 73. hiſt. militaire de France. XII. 332.

Beauregard. XIII. 39.

Beausobre; diſcours hiſtoriques. X. 203. hiſt. du Manichéiſme. 297. obſerv. critiques. 302.

Beauvais ; hiſt. de cette ville & du Bauvoiſis. XIII. 41 & ſuiv.

Beauvais ; de l'état du collége de Beauvais. XIII. 51. moyens de le rétablir. ibid.

Beauvais (le P. de) vie de M. de Bretigny. X. 376. vie de Céſar de Bus. 440. vie du P. Azevédo. 459. ——du P. Jean de Britto. ibid.

Beauvais ; hiſt. des empereurs Romains & Grecs. XIV. 307.

Beauvais - Nangis ; ſes mémoires. XII. 140. XIII. 256.

Beauvau (le marq. de) ſes mémoires. XIII. 185.

Beauvau (Jacq. de) preuves de ſa nobleſſe. XIV. 196.

Bebelius (Balthaz.) de theologia gentili. X. 99. eccleſia ante diluviana. 207. antiquitas IV ſæcul. evangelic. 238. antiq. Germaniæ primæ. XIII. 177.

Debelius (Henri) divers opuſcules. XI. 166. ecloga triumphalis. 185.

Bebenberg ; de jure regni & impetii. XI. 164.

Bec (Jean du) hiſt. de Tamerlan. XIV. 116.

Becan ; origines Antuerpienſes. XIII. 285.

Beccatelli ; de Beccatellorum gente. XIV. 218.

Beccatelli (L.) vie du cardinal Polus. XIII. 495 & 514. vie

BELLOCASSUS (Stephanus , comes)·Flandriæ ordin. legatio. XI. 188.

BELLON (Ant.) vitæ patriarchar. Aquileienrium. XI. 392.

BELLON (Pierre) de operum antiquorum præstantia. XI 3 & 49.

BELLORI (J. P.) veterum sepulcra. XI. 54. numifin. apibus infignita. 48. fimulacrum Deæ Syriæ. ibid. fragmenta vestigii veteris Romæ. 97. picturæ fepulcri Nasoniorum. 106. veteres arcus Augustorum. 113. colonna Trajana. 113. Antoniniana. 114. picturæ cryptarum rom. 418. annotat. in XII Cæsar. numifmata. XIV. 109. l'istoria Augusta col suplimento. 317. veterum philosophorum imagines. 318. médailles de Monderchi. 319 antichi fepoleri. 339.

BELLOY (Madame) hist. de la maison de Plantagenet. XIII. 451. de la maison de Tudor. ibid.

BELLOY (Pierre de) conférence des édits de pacification. X. 308. apologie catholiq. XII.

196. moyens d'abus & nullités de la bulle de Sixte V. 198. de l'autorité du roi. 201. defcript. du Béarn. XIII. 133. mém. pour les régens de l'Univerfité de Touloufe. 141. examen d'un difcours contre la maifon de France. 191 & fuiv. réplique. 193. droits de Catherine de Médicis fur le Portugal. 417. origines de la maifon de Bourbon. XIV. 238.

BELLOY (M. de) mémoires hiftoriques. XIII. 252.

Belluno ; auteurs fur cette ville. XI. 373 & 543. differt. de Beleno. XI. 368. antiq. Bellunenfes. ibid.

BELLUS (J B.) de Pharfalici conflict. menfe & die. XI. 101.

BELLUS (Julius) Laurea Auftriaca. XI. 233.

BELLUS (Thomas) Roma reftituta. XI. 109.

BELOIS (Pierre de) orig. de divers ordres de chevalerie. X. 475.

BELON ; fon voyage en Gréce , &c. XIV. 181.

BELSUNCE ; hiftoire de

C v

58　BEL

l'églife de Marfeille.
XIII. 161.

BELSUNCE (l'abbé de)
vie de madame de Can-
dale. XIV. 401.

BELTRANNO; defcript.
du royaume de Naples.
XI. 460.

BELLUGA (Pierre) fpe-
culum principum. XIII.
376.

DEMBE; hift. de Venife.
XI. 566 , 518 & 520.
vie du duc & de la du-
cheffe d'Urbin. 456.

BENALIO ; faints de
Bergame: XI. 542.

BÉNARD.; voyage de
Jérufalem. XIV. 90.

BENDIER; défenfe des
prérogatives de Saint-
Quentin. XIII. 47.

BENDINELLI; vita Sci-
pionis Æmiliani. XI.73
& 575. errata Sigonii.
73.

BENEDETTI (Alexis-
Peant.) de bello Caro-
lino. XI. 409. & XII,
152. il fatto d'arme.
XII. 152.

BENEDETTI (Elpidio)
il mondo piang. XIII.
250.

BENEDETTI (Evange-
lifta di) vie de D. Pierre-
Antoine d'Aragon , duc
de Ségorbe. XI. 474.

BENEDETTI (Roch)

59　BEN

fêtes données à Henri III
à Venife. XIII. 240.

BENEDETTI (Stefano)
hift. de Jean-Bapt. Lec-
cari. XI. 573.

Bénédiãines du Ro-
faire ; hift. de cette congrégation. X. 366.

Bénévent ; auteurs fur
cette ville & fon duché.
XI. 384, 487, 488.

S. Bénezet ; fa vie, X.
434.

BENEZOT ; hift. du
connét. de Lefdiguieres.
XII. 264.

Bengale ; auteurs fur
ce pays. XIV. 111.

BENHARD ; chron. de
Thuringe. XI. 316.

S. Bénigne de Dijon ;
extraits de fa chronique.
XII. 66. vetus chroni-
con. 83.

Benimérin; origine des
rois de ce nom. XIV.
138.

Benincafa (Urfule) fa
vie. X. 436.

BENING ; le bouclier
d'honneur. XII. 364.

BENIUS ; de hiftoria.
X. 3.

BENIVIENI ; vita di
Pietro Vettori l'antico.
XIV. 407.

BENJAMIN ; itinera-
rium. X. 205.

BENNO Slavus; nom

a

fous lequel on croit que s'eft caché L. ALLATIUS ou INCHOFER. XI. 500.

BENNON, cardinal; de vita Hildebrandi. XI. 218 & 426.

S. Benoît ; vies & miracles de ce faint. X. 334. tranflation de fon corps au monaft. de Fleury. XIII. 81.

S. Benoît ; hift. de l'ordre de S. Benoît. X. 331 & fuiv. jufqu'à 346. ordre de S. Benoît en Efpagne. XIII. 357, 362. hift. littéraire de l'ordre de S. Benoît. XIV. 374 & fuiv. interpretatio vocabulorum barbaricorum in regulam S. Benedicti. XI. 179.

S. Benoît , abbé de Cantorbéri ; fon apoftolat en Angleterre. X. 341.

S. Benoît ; curés de cette paroiſſe. XIII. 9.

S. BENOIST d'Aniane; concordia regularum. X. 325.

Benoît III, pape ; de fummo argenteo Benedicti III. XI. 425. — Benoît V ; fon exil à Hambourg. 190. — Benoît IX ; de fepulchro Benedicti IX. 426. — Benoît XIII ; fa vie.

433. — Benoît XIII, antipape ; fon voyage. 382.

BENOIST, abbé de Peterborough; vies de Henri II & de Richard I. XIII. 456.

BENOIST (René) vies des faints. X. 288. facre & couronnement des rois de France. XIII. 255.

BENOIST (Elie) hift. de l'édit de Nantes. X. 311.

BENOIST (le P.) hift. des Albigeois & des Vaudois. X. 300.

BENOIST de S. Jofeph; infula Cracovienfis. XIV. 57.

BENOIST dé Toul (le P.) veteris ord. Seraphici monumenti nova illuftratio. X. 382. apologie de l'hift. de l'indulgence de la Portioncule. 383. hift. de Toul. XIII. 179. que Toul eft le fiége épifcopal des Leucois. ibid. origine de la maifon de Lorraine. XIV. 259. fupplément. ibid.

BENSERADE ; portrait des académiciens. XIII. 34.

BENTIVOGLIO (le cardinal) relatione de gli Ugonoti di Francia. X. 311. guerre de Flandre.

C vj

XIII. 295. ses œuvres. *ibid.* lettres. XII. 246. mémoires. *ibid.* remarq. sur son hist. de Flandre. XIII. 256.

Bentivolo (Jean) Bononia illustrata. XI. 453.

Bentley; dissert. sur l'auteur de la chronique attribuée à Jean Malala. X. 135.

Benvenuti (Bonav.) fragmenta Fulginatis historiæ. XI. 401.

Benvenuti (P. Paul) hist. de la ville de Piperno. XI. 441.

Benvenuti *de S. George*; hist. des marquis de Montferrat. XI. 397 & 584. de origine Guelforum & Gibellinorum. 407.

Benvenuti de Rambaldis; liber augustalis. XI. 182.

Benvoglienti; hist. de la ville de Sienne. XI. 511.

Benzelius; diarium Vazstenense. XIV. 18.

Benzoni; addit. aux vies des doges de Venise. XI. 528. hist. du nouv. monde. XIV. 147.

Beraldi (Jérôme) ce qui s'est passé à Lucques, &c. XI. 5[illegible].

Berardi (Jean) chronicon Casauriensis monast. X. 336. & XI. 381.

Beraud; état de Montauban. XIII. 128.

Bereblog; de rebus gestis Oxoniæ commorante Elisabetha. XIII. 458.

Bérenger, empereur; carmen de ejus laudibus. XI. 380. & XII. 131.

Bérenger; histoire de cet hérésiarque. X. 198.

Beretta; chorographica. XI. 389.

Berg; carte. X. 74. ducs. XI. 291, 292.

Berg-op-Zoom; siéges de cette ville. XII. 343. & XIII. 301.

Bergamasc; carte. X. 89.

Bergamaschi; hist. des chevaliers de l'Eperon d'or. XI. 591.

Bergame; auteurs sur cette ville. XI. 365, 372, 373, 384, 392, 541 & *s.*

Bergani; guerres d'Europe. XI. 550. & XIV. 75.

Bergen; chron. monast. Bergensis ad Albim. X. 342. & XI. 194 & 305.

Bergeron (Nic.) mémoir. sur le Valois. XIII. 40.

Bergeron (Pierre)

relation des voyages en Tartarie. XIV. 114. de la navigation. 144 & 176.

BERGIER (Nicolas) grands chemins de l'empire Romain. XI. 103 & 114. histoire de Reims. XIII. 54 & suiv.

Bergtolsgaden ; carte de cette prévôté. X. 70.

BÉRING ; de fortuna Auftriacæ domus XI. 248. Florus Danicus. XIV. 26.

BERINGERIUS ; difcurfus de veri biftorici officio. X. 3 & 4.

Béringhen (le marq. de) fon éloge. XIV. 433.

BERZELIUS (Abrah.) commentar. in Stephanum de Urbibus. X. 21. ejufd. fragmenta. ibid.

BERLIV (Jean) fes mémoires. XIII. 467.

Berlin ; hift. de cette ville. XI. 521. éloges des académiciens de Berlin. XIV. 583.

Berlinvani (Côme) fa vie. X. 412.

BERMUDEZ de Pedraza; antiq. de Grenade. XIII. 391. hift. de cette ville. ibid.

S. Bernard, abbé de Clairvaux ; fa vie par différens auteurs. X. 354.

fes lettres XII. 58 & 55 53

S. Bernard, abbé de Tyron ; fa vie. X. 558.

Bernard, roi d'Italie, lettre fur l'année de fa mort. XI. 215.

Bernard, comte de Bigorre ; acte par lequel il fe donne à l'églife de Sainte Marie du Puy. XII. 81.

BERNARD, moine ; vie du B. Robert, abbé de la Chaife Dieu. XII. 80.

BERNARD le Tréforier; de acquifitione Terræ Sanctæ. XI. 586.

Bernard, év. de Pamiers ; fon procès. XII. 196.

BERNARD Goy ; de fanctis quorum corpora Lemovicenfem diœcef. ornant. XII. 70. de fanctis Lemovicenf. extra diœcefim fepultis ibid. de Stephano Obafinz fundatore. ibid. gefta Lemovicenfium epifcop. 74. ord. Grandimont, &c. 75. præfatio Speculi fanctorialis, &c. 78. vita S. Sacerdotis. XIII. 100. brevis chronicon de vita ac fcriptis Bernardi Guidonis. XII. 78.

Bernard de Mont-Gaillart, abbé d'Orval ; fa vie. X. 357.

BERNARD (Charles) hist. de Louis XIII. XII. 249. des guerres contre les religionaires. *ibid.*

BERNARD (Cl. Barth.) hist. de Riom. XIII. 119.

BERNARD (Edouard) traduct. de Joseph. X. 197. inscript. græcæ Palmyrenorum. XIV. 335.

BERNARD (Etienne) avis à la noblesse. XII. 221. réduct. de Marseille. XIII. 161 *& suiv.*

BERNARD (J. P.) hist. du monde. X. 202.

BERNARD (Jean) vies des empereurs Romains. XI. 81. discours des faits des rois & seigneurs d'Angleterre. XIII. 508.

BERNARD (Pierre) explication de l'édit de Nantes. X. 308.

BERNARD de Bologne; biblioth. Capucinorum. XIV. 379.

BERNARD (D.) vie de S. Gaëtan. X. 436.

BERNARD, avocat; annales de Calais. XIII. 50.

Bernardin de Obregon; sa vie & ses vertus. X. 394.

BERNARDINI; regioni di Roma. XI. 417.

BERNARDINO (Santo) itin. da India. XIV. 106.

Bernardo Barcino, comte de Barcelone; sa vie. XIII. 384

BERNARTIUS (Jean) de utilitate legendæ historiæ. X. 15. de Lirani liberatione. XIII. 284.

Berne; annales Helvetico-Bernenses. XIII. 265.

BERNEGGER (Matthias) in Tacitum, de moribus Germ. XI. 158.

BERNEGGER (Matthias & Gasp.) respubl. Argentoratensis. XIII. 177.

Bernex (Rossillon de) év. de Genève; sa vie. XIII. 269.

BERNHARD (Arnold) Daniæ & Norwegiæ splendor. XIV. 21.

BERNI; héros de la maison d'Est. XI. 457.

BERNIER (F.) révolutions du Mogol. XIV. 107. ses voyages. *ibid.*

BERNIER (Jean) hist. de Blois. XIII. 84.

BERNINI (Domenico) hist. di tutte le herefie. X. 295, 296.

BERNINI; dôme de Milan. XI. 557.

BERNINI; vie du card. Tomasi. XIV. 407.

Bernon, abbé de Cluni; son testament. X. 346.

Bernou ; relat. de la Chine. XIV. 123.

Bernried (Paul de) de vita Gregorii VII. XI. 426.

Béroald (Fr. de) la Pucelle d'Orléans restituée. XII. 143.

Béroalde (Philippe) sa vie. X. 402.

Berogani. *voy.* Bergani.

Berose ; hist. XI. 13 & *ibid.*

Berredo (Berreira de) annales du Maragnon. XIV. 160.

Berri ; aut. sur cette province. XIII. 97.

Berroyer ; ordonnances des rois de France. XIII. 260.

Bersabita. *voy.* Castellani.

Bertaud ; l'illustre Orbandale. XIII. 109.

Bertelius ; hist. Luxemburgensis. XIII. 286.

Bertelli (Pierre) vite de' Turchi. XIV. 77.

Berterius (Philippe) Pithanon, &c. XI. 118.

Berthault (J.) hist. des comtes de Flandre. XIII 278.

Berthault (le P.) de ara. XI. 99. Florus Gallicus. XII. 94. Florus Francicus. *ibid.*

Berthier (Antoine) mém. pour l'hist. du cardinal de Richelieu. XII. 270.

Berthier (le P.) hist. de l'église Gallicane. XII. 378.

Berthier (Charles-Robert) nouvelles ecclésiastiques. X. 259.

Bertholi ; antiquités d'Aquilée. XI. 544.

Berthold, abbé de Ste. Croix de *Werdani.* XI. 256.

Berthold de Constance ; sa chronique. XI. 176. 203. variantes de cette chronique. 258.

Berthold, év. de Strasbourg ; de ejus rebus gestis. XI. 177.

Berthold ; de abbatibus S. Galli. XI. 178.

Bertholet (le P.) hist. du Luxembourg. XIII. 286.

Bertier ; de la régence. XIII. 196.

Bertier (M.) son voyage en Italie. XI. 160.

S. *Bertin ;* annales de S. Bertin. XI. 380. XII. 88. & XIV. 470. différend de cette abbaye avec Saint-Omer. XIII. 52.

Besse (Pierre) prédic. remarq. fur fa vie & fes ouvrages. XIV. 523.

BESSEL ; notæ ad Eginhartum. XI. 213. & XII. 225.

BESSELMEIR ; bellum Magdeburgenfe. XI. 170.

BESSER (Joannes à) couronement du roi de Pruffe. XIV. 61.

BESSIN (le P.) conciliâ eccleſiæ Rotomagenſis. XIII. 65.

BESSON (le P.)*Soria ſanta. XIV. 91.

BESSON ; mém. pour l'hiſt. eccléſiaſt. de Savoye. XI. 576.

Befwenfe monaſter. v. *Befe*.

Betancour ; fa vie. X. 435.

BETHENCOURT (Galien de) découverte des Canaries. XIV. 144 & 176.

Béthléémites ; leur congrégation. X. 435.

BETHLEN ; res Tranſylvanicæ. XI. 555.

BÉTHUNE (le comte de) obfervations politiques. XI. 234. & XII. 259.

BETSIUS ; de pacis familiarum. XI. 331.

BETUSSI ; ragiona-

mento ſopra il Cathaio. XIV. 117.

BEUF (l'abbé le) divers écrits fur l'hiſt, de France. XII. 79. differt. fur le régne de Clovis. 118. differt. fur l'hiſt. de Paris. XIII. 9. biſt du diocèfe de Paris. *ibid.* fur les anciens habitans de Soiffons. 41. mém. fur Auxerre. 110. hiſt. de Verdun. 179. fes ouvrages inférés dans les mém. de l'académie des Inferiptions. XIV. 457, 465, 466, 467, 468, 470, 471, 475, 476, 478, 479, 481, 483, 489, 495, 496. *fon éloge.* 502.

BEUGHEM (Cornel. à) bibliographia juridica. XIV. 357.

BEURERUS ; fynopfis hiftoriarum. X. 10. rerum Saracenicarum fynopfis. XIV. 94.

BEURIER; vies des fondateurs d'ordres. X. 324. hiſt. des Céleſtins de Paris. 364.

BEUTHER ; coronica del reyno de Valencia. XIII. 387.

BEVEREGIUS ; inſtitutiones chronologicæ. X. 278.

BEVILAQUA ; Hieron. Vidæ orationes. XI. 559.

BEYER (André) voyez SELDEN, de Diis Syris.

BEYERLINCK; opus chronographicum. X. 147.

BEYS; triomphes de Louis le Juste. XII. 253. le Valois royal. XIII. 40.

BEZE (Théodore de) vindiciæ contra tyrannos. X. 109. 110. hist. des Églises réform. 309. vie de Calvin. 312. le réveil-matin des François. XII. 184. icones. XIV. 367. *sa vie* par différens auteurs. X. 312.

Beziers; hist. de cette ville. XIII. 144.

BEZOZZI (Raimond) hist. de l'église de Ste. Croix de Jérusalem. XI. 438.

BEZOZZI (J. Fr.) istoria pontificale di Milano. XI. 551.

BIAGIO della Purificatione; vita de D. Giulio Tomasi à Caro. XIV. 401.

Bianchetti (Cesar) sa vie. X. 412.

BIANCHI (François) numismata antiq. XIV. 524.

BIANCHI (Gian. Ant.) sur le domaine temporel des papes. XI. 418.

BIANCHI (Jean) lettr. sur le Rubicon. XI. 450.

BIANCHINI (Franç.) de calendario. X. 178. istoria universale. 184. de tribus generibus musicæ veterum organicæ. XI. 121. in Anastasium præfatio. 381. notæ & dissert. ad Anastasii hist. de vitis Rom. pontificum. 419. del palazzo de Cesari. XIV. 332. inscrizioni sepolcrali di liberti. 339.

BIANCHINI (Joseph) de Medici protettori delle lettere. XIV. 385.

BIANCO; discorso intorno al teatro di Rossi. XIV. 217.

BIANCOLINI; églises de Vérone. XI. 538.

Bible; *Biblia sacra.* X. 196.

Bible de Guiot de Provins. XIV. 479. — d'Hugue de Bersil. *ibid.*

BIBLIANDER; Mahumetis vita. XIV. 95.

Bibliotheca - Alexandrina. XI. 372.

Bibliotheca antiquaria. XI. 110.

Bibliothéque d'Alexandrie. XI. 50. & XIV. 448. — *Bibliothéque Ambroisiéne*; de ejus origine & statu. XI. 372. — *Biblio-*

théque des rois de France. XIV. 417. — *Bibliothéque* du Louvre. XIV. 421. & *suiv.*

BICH ; papiers d'état de J. Thurloe. XIII. 478.

Bicken (Philip. de) peregrinatio Hierosolymitana. XIV. 88.

BIE (Jacque de) la France métallique. XII. 103. portraits des seigneurs de la maison de Croy. XIV. 265. icones thesauri rei antiquariæ. 310. Siciliæ & magnæ Græciæ. *ibid.* nummorum Ant. Augustini. 312. numism. ducis Arschottani. 312.

Biella ; descript. de cette ville. XI. 583.

Biere ; de Cerevisiis veterum. XI. 50.

BIESSE (René) vie de la m. Marie Alvequin. X. 432.

BIET (Ant.) voyage en l'île de Cayenne. XIV. 160.

BIET ; dissert. sur l'époque de l'établissement des Francs, &c. XII 17. dissert. sur le Soissonois. XIII. 41.

Bièvre ; observ. sur le cours de cette riviere. XIV. 458.

BIEVRE (le Coute de) hist. des deux Aspasies. XI. 34.

BIEZ (le maréch. du) son procès. XII. 139.

BIFFIO ; gloriosa nobilitas Vicecomit. XIV. 219.

BIGNON (François) portraits. XII. 370.

BIGNON (Jérôme) discours de la ville de Rome. XI. 416. de l'excellence des rois & du royaume de France. XII. 28. Marculfi formulæ. 123. voyages de Pyrard. XIV. 182. *sa vie.* XII. 371.

Bignon ; son éloge. XIV. 440.

Bignon (l'abbé) son éloge. XIV. 463.

BIGOT (Emeri) Palladius, de vita S. Joannis Chrysost. X. 290.

BIGOT (Jean le) prise de Fontenay-le-Comte. XII. 189.

BILAIN ; droits de la reine. XIII. 201.

BILBERGH ; de orchestra. XIV. 159.

BILCHES (Fr. de) santos de Jaen y Baza. XIII. 375.

BILLI (Fr. André) hist. Mediolanensis. XI. 372 & 394.

Billing (Herman) duc de Saxe ; vindiciæ

Bellinganæ. XI. 194.

Billy (l'abbé de) sa vie. XIV. 400.

BILTSEIN; Athenæum. XIV. 384.

BINEAU (Jacques) mém. du duc d'Angoulême XII. 221.

BINET (E. P.) vies des fondateurs des religions. X. 324. vie de Ste. Aldegonde. 426. vie de Ste. Brigide. 433.

BINGHAM ; origines ecclesiasticæ. X. 161.

*BINIUS ; concilia. X. 241.

BIONDI (Flavio) hist. ab inclinatione imperii Romani. XI. 403. Roma triumphans. *ibid.* Italia illustrata. 356. de origine & gestis Venetorum. 366 & 518.

BIONDI (J. Fr.) guerres civiles d'Angleterre. XIII. 459.

BIONDI (Pascal) il volo dell' Aquile. XI. 351.

BIRAGO ; istorie delle sollevationi , &c. X. 160 & XII. 313. bollo di Vittorio Siri. X. 163. Mercurio veridico. *ibid.* hist. de Venise , trad. de Veri. XI. 518. révolut. de Portugal. XIII. 419. hist. Africana. XIV. 137.

BIRCHEROD; de ordine Elephantino. X. 483. & XIV. 54.

BIRÉ (Pierre) epimesie. XIII. 79.

Biron ; vies des maréchaux de Biron. XII. 351 & 364.

Biron (le maréchal de) son procès. XII. 238.

BISACCIONI (Majolino) istoria delle guerre civili. X. 160. & XII. 295 & 316. privil. della religione Constantiniana. X. 484. memorie istoriche. XI. 236. guerre de Gustave Adolphe en Allemagne. XIV. 12. continuation de l'histoire des Turcs. 71.

Biscaye; cartes. X. 91. hist. de cette province. XIII. 393 & *suiv.*

Bisegli ; hist. de cette ville. XI. 482.

Bisellius ; marmor de honore Bisellii. XI. 100.

BISOGNI de' Gatti ; Hipponii (Bivona) hist. XI. 485 & *suiv.*

BISSÉE; édition de Palladius , &c. XIV. 106. notæ ad Aspilogiam. 192.

Bithynie ; hist. de ses rois. XIV. 453 , 459 & 464.

BITIO (George) della

religione de S. Basilio degli Armeni. X. 329.

Bitschius (Gasp.) notæ ad historiam Natalis Comitis. X. 159.

Bittner ; Maurologia compendiaria. XIV. 214.

Bivar ; comment. ad chronicon Flav. Dextri. & M. Maximi, &c. X. 155 & 156, & XIII. 355, 356. de veteri monachatu. X. 320.

Bivona ; hist. de cette ville. XI. 485.

Bizardiere (David de la) hist. de Louis le Grand. XII. 290. hist. de la scission de Pologne. XIV. 55. hist. des diétes de Pologne. 57.

Bizarus (Pierre) Persicarum rerum scriptores. XI. 16. & XIV. 84. de reip. Genuensis statu. XI. 364. novæ leges. *ibid.* & 570.

Bizot ; hist. métallique de Hollande. XIII. 307.

Blacourt (Haudicquer de) v. Blancourt.

Blaeu (Jean) ses différens atlas. X. 41. theatrum statuum Sabaudiæ ducis. XI. 576. théâtre d'Italie. 356.

Blainville (de) hist. de la musique. XIV. 360.

Blakman ; de vita & miraculis Henrici VI. XIII. 458.

Blanc (Thom.) hist. de Baviere. XI. 265. hist. de la maison de Savoye. 577.

Blanc (François le) traité des monnoies de France. XIII. 230. monnoies frapées dans Rome. *ibid.*

Blanc (Augustin le) *voyez* Serry. (Jacque Hyacinthe.)

Blancard (Nicolas) chronicon Philippi Cyprii. X. 215. notæ ad Florum. XI. 62.

Blancas (Jérôme) regum Aragoniæ series. XIII. 391. commentarii. 333 & 376. hist. de los reyes Godos. 340. coronaciones de los reyes de Aragon. 376. modo de tener cortes en Aragon. *ibid.* magistratus justitiæ. *ibid.*

Blanchard (François) éloges des premiers présidens. XIII. 217. présidens à mortier. *ibid.* & XIV. 242. maîtres des requêtes. XIII. 218.

Blanchard ; ses ouvrages, dans les mém.

de l'académie des Inscriptions. XIV. 422, 438, 447, 451, 456, 461, 464. *son éloge*. 496.

Blanchardiere. (Courte de la) voyage au Pérou. XIV. 156.

Blanche, mere de S. Louis. XII. 62. sa vie. 133.

Blanche, femme de l'emp. Maximilien I; son oraison funèbre. XI. 186.

Blanchefort; hist. de cette maison. XIV. 244.

Blanci; notæ ad Paulum Warnefridium. XI. 378.

Blanckenberg; ses antiquités. XI. 299.

Blanconne (le P.) chron. de l'ordre de S. François. X. 380.

Blancourt (Haudicquer de) recherches de l'ordre du Saint-Esprit. XIII. 227. nobiliaire de Picardie. XIV. 252.

Blancus (François) Georg. Castriotus Epirensis restitutus. XIV. 74.

Blarrorivo (Pierre de) Nanceidos. XIII. 184.

Blason; différens traités. XIV. 196 & *suiv.*

Blazquez Mayoralgo; perfecta raçon de estado. XIII. 344.

Blazquez (Gines Morote) défense de l'ordre d'Alcantara. XIII. 363.

Bled; de frumentaria Roman. largitione. XI. 101.

Bleda; de justa Moriscorum expuls. XIII. 388. coronica de los Moros. *ibid.*

Blefkenius; Islandia. XIV. 31.

Blémur (Jacqueline de) vies des saints. X. 287. l'année Bénédictine. 334. éloges de plusieurs personnes de piété. *ibid.*

Blesi (Luca Probo) hist. de la ville d'Acqui. XI. 584.

Bleterie (l'abbé de la) lettres au sujet de la relation du Quiétisme. X. 256. trad. de quelques ouvrages de Tacite. XI. 86. & *ibid.* hist. de Julien l'apostat. XI. 147. de l'emp. Jovien. 148. dissert. sur la nature de la puissance impériale chez les Romains. XIV. 473. sur la signification du nom d'Auguste, donné à César Octavien. *ibid.* de la nature du gouvernement Romain sous les empereurs, jusqu'à Dio-

clétien. 481, 486, 491 & 497.
Blitilde; differt. sur son mariage avec Ansbert. XII. 120.
BLOC; deliciæ Magdeburgicæ. XI. 305.
Blois; hist. de cette ville & de son comté. XIII. 83. états de Blois. 206.
BLOME (Richard) Britannia. XIII. 452. colonies Angloises en Amérique. XIV. 169. descriptio insulæ Jamaïcæ. 172.
BLONDEL (David) anti-Baronius. X. 239. traité de la primauté en l'Eglise. *ibid.* de Johanne papissa. XI. 424. droits du duc de la Trimouille au royaume de Naples. 475. de formula *regnante Christo*. XII. 132. Barrum Campano-Francicum. XIII. 183. genealogiæ Francicæ assertio. XIV. 136.
BLONDEL (François) hist. du calendrier Romain. X. 178.
BLONDEL (Laur.) vies des saints. X. 188.
BLOND (le) quartiers généalogiq. XIV. 205.
BLOND (Jean le) traduction de la chronique de Carion. X. 119.
BLOND (l'abbé le) observ. sur des médailles. XIV. 324.
BLONDUS (Flavius) v. BIONDI (Flavio)
BLOSSIERES TOVEY; hist. des Juifs en Angleterre. X. 205.
BLOUNT (Henri) voyage du Levant. XIV. 82 & 184.
BLOUNT (Th. Pope) censura authorum. XIV. 369.
BLUMBERG; Eichelstein. XI. 283.
BLUMIUS; de Ophira. X. 211.
Bocace; sur Bocace & son décaméron. XIV. 322. sa vie. 388.
BOCAGE de Bleville, (du) mém. sur le Havre-de-Grace. XIII. 70.
BOCCALINI; lapis Lydius politicus. X. 104. osservazioni sopra Tacito. XI. 86.
BOCCARINI; du sénat de Venise. XI. 516.
BOCCARO; hist. da India. XIV. 105.
BOCCHI (Fr.) le bellezze di Fiorenze. XI. 508. elogia Florentinorum. 509.
BOCHART (Samuel) annotationes in Hanno-

nis periplum. X. 21. geographia sacra. 189. de Paradiso terrestri. 193. lettre sur le voyage d'Enée en Italie. XI 60.

Bochat (Loys de) mém. sur l'hist. de Suisse. XIII. 265.

Bochel; Joannis monachi, hist. Gauffredi. XIII. 64.

Bocherius; la conjonction des lettres. XII. 361.

Bochius; narratio inaugurationis Alberti & Isabellæ. XI. 250.

Bocquet; vies de S. Exupere & de S. Loup. XIII. 69.

Bocquillot (Lazare-André) hist. du chev. Bayard. XII. 358.

Bodenbourg; de Theod. Methochitæ scriptis. XI. 89.

Boderie (M. de la) ses ambassades. XII. 241.

Bodin (Jean) methodus historiarum. X. 12. de la république. 103. relat. des états de Blois. XIII. 206.

Bodlei; médailles de ce cabinet. XIV. 325.

Bodon; de cœnobio Gandersheimensi. XI. 193.

Bodreau (Julien) priviléges de la ville du Mans. XIII. 91.

Boëce (Hector) *voyez* Boethius.

Boece (Ulfin) prologue à la vie de S. Junien. XII. 80.

Boeckelmann; synopsis juris publici Germaniæ. XI. 161.

Boëcler (Jean-Henri) de rebus seculi XVI. X. 159. nomica Ægyptiorum. XI. 4. de scriptoribus Græcis & Lat. 53. lectiones Polybianæ. 67. édit. d'Hérodien. 88. de legione Romana. 103. notitia Romani imperii. XI. 163. annotationes in Æneæ Sylvii historiam Friderici III. 197 & 223. comment. de rebus sæculi noni & decimi. XI. 215. & XII. 129. son édit. d'Eginbart. XI. 213. historia Caroli Magni. *ibid.* & XII. 127. Rudolphus Germaniæ instaurator. XI. 220. Wittikindus Magnus. 308. annotationes in Hippolitum à Lapide. 341. de sacro romano imperio. *ibid.* vie de Théodoric. 405. de jure Galliæ in Lotharingiam. XIII. 182. hist. belli Sueco-Danici. XIV.

XIV. 14. Timur. 116.
Boehmius (J. Gotl.) notæ ad epitom. rerum Germanicarum. XI. 237.
Boemus (Jean) gentium mores. X. 97.
Boener; delineatio historica. X. 386.
Boerius, jurisconf. sa vie. XIV. 356.
Boerner; de Græcis litterarum instaurator. XIV. 386.
Boethius ou Boeïs. (Hector) Scotorum regum catalogus. X. 170. Scotorum histor. XIII. 518.
Bœtyles; rem. sur les Bœtyles. XIV. 432.
Bogomiles; hist. de Bogomilorum origine, factis, &c. X. 299.
Boguphal; chronic. Poloniæ. XIV. 45.
Bohadin; vita sultani Saladini. XIV. 93.
Bohême; cartes. X. 76. rois de Bohême. 170. aut. sur la Bohême. XI. 312 & *suiv.* de jure electorum regibus Bohemiæ competente. 342. chronique de Bohême dans Ludewig. 201.
Bohm (Edmond) cosmographie. X. 39.
Bohm; de Henrico VIII imperium Romanum adfectante. XI. 225.
Bohorguez; chroniques des Carmes. X. 367.
Bohun (Edmond) character reginæ Elisabethæ. XIII. 463.
Boiardi; trad. d'Hérodote. XI. 27. chronicon Rom. imperatorum. 388.
Boiemus (Mich.) vie d'Albert III, duc de Saxe. XI. 309.
Boileau (Jacques) hist. Flagellantium. X. 299.
Boileau des Préaux; son éloge. XIV. 426.
Boindin; sur les noms des Romains. XIV. 415. disc. sur les Tribus Romaines. 418 & 427. sur la forme du théâtre des anciens. 418. sur les masques & les habits de théâtre. 427.
Bois (Gerard du) hist. ecclesiæ Parisiensis. XIII. 8.
Bois (André du) ou du Bos; historiæ Franco-Merovingicæ synopsis. XII. 119.
Bois (Frédéric du) de bello Batavico. XII. 325.
Bois-Rouvray (Jean

de) primatie d'Aquitaine. XIII. 100.
Boisel; voyage d'Espagne. XIII. 318.
Boisguillebert (M. de) détail de la France. XII. 31.
Boispreaux; hist. de Rienzi. XI. 418. vie de Pierre Aretin. XIV. 400.
Boissard; urbis Romæ topographia. XI. 111. icones viror. illustr. XIV. 567.
Boissat; hist. des chevaliers de Malte. X. 477. le brillant de la reine. XII. 366. de la prouesse des Allobroges. XIII. 170.
Boisseau; promptuaire armorial. XIV. 196.
Boissey (sieur de) ordres militaires. X. 475.
Boissieu (Salvaing de) vie de Marguerite, comtesse d'Albon. XIII. 170. mémoire sur la vie & les ouvrages de Boissieu. XIV. 452.
Boissons; de potionibus ac eduliis veterum. XI. 50 & 105.
Boissy (l'abbé de) des expiations. XIV. 414. des victimes humaines. *ibid.* son éloge. 441.
Boitel; le fidéle historien. XII. 263.
Boivin (Louis) ses ouvrages insérés dans les mém. de l'académie des Inscriptions. XIV. 416, 419, 420, 422, 425, 428. *son éloge.* 433.
Boivin (Jean) son édit. de Nicéphore Grégoras. XI. 139. ses ouvrages, insérés dans les mém. de l'académie des Inscriptions. XIV. 415, 418, 420, 421, 423, 426, 428, 433, 436, 441. *son éloge.* 440.
Boizard; traité des monnoies. XIII. 230.
Boldoni; epigraphica. XIV. 335.
Bolibar (Fr. Greg. de) memorial. XIII. 407.
Bolingbroke; mém. secrets. XII. 339. accusation contre lui. XIII. 488.
Bollandus (Jean) acta sanctorum. X. 281, 282. notes sur Eginhard. XII. 115. hist. de la persécution au Japon. XIV. 130.
Bologne en Italie; aut. sur cette ville. XI. 368, 393, 396, 397, 451 & *suiv.* son hist. littéraire. XIV. 387.
Bologne (D. Baldass.

di) descrittione della famiglia de' Bologni. XIV. 219.

Bolonois; carte. X. 89.

BOLVITO; de sacris ecclesiæ Napolitanæ monumentis. XI. 476.

BOMBACCI (Gaspard) hommes illustr. de Bologne. XI. 455. hist. d'Ant. Lambertacci. *ib.* & XIV. 403.

Bombes; leur ancienneté. XIV. 496.

BOMBIN; hist. d'Espagne. XIII. 341.

BON (Florent) triomphes de Louis le Juste. XII. 267.

BON (Jean le) tumulte de Bassigny. XII. 185.

BON (Matth. le) hist. de S. Victor. XIII. 161.

BON (le président) ses écrits, dans les mém. de l'académie des Inscript. XIV. 452, 457, 462, 470. *son éloge*. 508.*

Bon-Jésus; clercs rég. du Bon-Jésus. X. 457.

Bon-Pasteur; maison du Bon-Pasteur. X. 414.

BONACCIOSI; Pisana Eremus. X. 331.

BONACCIUOLI; descrizion della Grecia. XI. 22.

BONACCORSI; de laudibus Herculis II Estensis. XI. 567.

BONAIR (de) sommaire royal de l'hist. de France. XII. 95.

BONALD; réponse à l'anti-Coton. X. 470.

BONAMICI; de rebus ad Velitras gestis. XI. 413. de bello Italico. *ibid.*

BONAMY; contin. du journal de Verdun X. 168. ses ouvrages insérés dans les mém. de l'acad. des Inscriptions. XIV. 438, 443, 447, 448, 453, 458, 461, 465, 466, 467, 468, 470, 475, 476, 478, 479, 481, 484, 487, 488, 493, 494, 499, 501, 502, 505, 507, 511 & 516.

BONANNI (Jacques) Syracusæ illustratæ. XI. 376.

BONANNI (Philippe) ordin. religiosor. catalogus. X. 322. templi Vaticani historia. XI. 437. numismata pontificum Rom. XIV. 325.

BONARSCIUS (Clarus) *v.* SCRIBANIUS (Charle)

S. BONAVENTURE; legenda major B. Francisci. X. 187: hist. de sa vie & de son culte. 391.

Bonaventure de S. Amable; hist. du Limosin. XIII. 129. hist. de S. Martial. *ibid.*

Bonaventure de Ste. Anne; monachatus S. Augustini. X. 427.

Bonaventure de S. Jean de Sahagun. XIII. 371.

Bonci; hist. de Montepulciano. XI. 512.

Boncompagno; de obsidione Anconæ. XI. 385.

Boncourt; union de ce collége à celui de Navarre. XIII. 31.

Bondonnet (D. Jean) vies des év. du Mans. XIII. 91.

Bonelli; differt. sur S. Adalbert, évêque de Trente. XI. 253.

Bonfadio; annales Genuenses. XI. 364, 569 & *suiv.*

Bonfant; saints de Sardaigne. XI. 587. del primado. *ibid.*

Bonfilio; Messanæ descriptio. XI. 375.

Bonfinius; historia Pannonica. XI. 347.

Bonfons; antiq. de Paris. XIII. 4.

Bonfrerius; onomasticon. X. 194. cum notis J. Clerici. *ibid.*

Bongars (Jacque) variæ lectiones ad Pauli Diac. historiam miscell. XI. 91. Hungaricarum rerum scriptorum. 346. opposition contre la bulle de Sixte V. XII. 198. epistolæ. 233. gesta Dei per Francos. XIV. 97.

Bonheim (J. Guill. de) relat. de la S. Barthélemy. XII. 182.

S. *Boniface & S. Alexis*; monumens de ce monast. XI. 439.

S. *Boniface*, comte; sa vie. XI. 367.

Boniface VIII, pape; sa vie. XI. 417.

Boniface, archev. de Mayence; ses lettres. XII. 51 & 129.

Boniface *de Morano*; chronic. Mutinense. XI. 389.

Boniface (Balth.) de majoribus comitiis, &c. XI. 366. elogia Contarena. 530. de Romanæ histor. scriptoribus. XIV. 381.

Boniface (Gaspar) hist. de Weimar. XI. 316.

Bonifacio; descript. de cette ville. XI. 575.

Bonifacio (Giovan.) istoria Trivigiana. XI. 539.

Bonincontro; annales. XI. 395.

BONINO (Severo) elogia Castellæ gentis. XIV. 220.

BONINUS; édit. de la chron. d'Eusebe X. 131.

BONIUS; de historia. X. 3.

BONIZON; de persecutione eccles. XI. 80.

BONJOUR; exercit. in monumenta coptica. XI. 7. calendarium Roman. X. 178.

BONNE; ses cartes. X. 42, 64.

Bonnecorse (de) voyage en Galilée. XIV. 90.

BONNEFOY; historia Hæresis. X. 309.

BONNET (Pierre) hist. de la danse. XIV. 359. — de la musique. 360.

BONNET (Louis) panegyricus B. Margar. Arbouziæ. X. 341.

BONNOR; l'arbre des batailles. XIV. 194.

BONNUS; chronicon Lubecæ. XI. 305.

Bonogilum; situation de ce palais. XIV. 489.

BONOLI; hist. de Forli. XI. 450.

BONOURS (Christophe de) siége d'Ostende. XIII. 279.

BONREPAUX (Franç. de) mém. de son ambassade. XIV. 301.

Bonfidelia urbis origines. XI. 314.

BONTEMPI; origine de' Sassoni. XI. 308. rebellion de Hongrie. 351. istoria della musica. XIV. 360.

BONTOUS; l'auguste piété. XIII. 247.

BONUCCI; vie de Grégoire X. XI. 427. de S. Trophime. XIII. 158.

Bonus Eventus; diss. sur cette divinité. XIV. 420.

BONY (Louis de) vie de la B. Jeanne de Valois. XII. 355.

BOOT (Catherine) traité de la noblesse de Suéde. XIV. 286.

BOPPENHAUSERS; chronicon Habspurgum. XI. 248.

BOQUET; vie de S. Claude. XIII. 124.

BOR; guerre des Pays-Bas. XIII. 292.

Borboniana; rem. sur cet ana. XIV. 523.

BORDE (le P.) suppl. au traité des édits, &c. du P. Thomassin. X. 311.

BORDEAUX (M. de) mémoires. XII. 317.

BORDINI; hist. della Palestina. XIV. 87.

BORDONE (Benedetto)

tutte l'isole del mondo. X. 48.

Bordoni (François) chronolog. Tertii Ord. S. Francisci. X. 393. archiv. bullarum, &c. ejusdem ord. 395. thesaurus ecclesiæ Parmensis. XI. 565.

Boreck; chronica Bohemiæ. XI. 325.

Borel; hist. des év. de Castres. XIII. 145. vita Peroscii. XIV. 405.

Borelli (Camillo) comment. ad Speculum principum. XIII. 376. de regis Catholici præstantia. 405. in arbores genealogiæ Austriacæ, &c. comment. XIV. 207.

Borelli (Charles) vindex Neapolitanæ nobilitatis. XIV. 225.

Borelli (J. Alfonse) incendies du Mont-Gibel. XI. 489.

Borelli (Nicolas) vie de M. d'Authier de Sisgan. X. 411.

Borgarucci; description de l'Italie. XI. 357.

Borghèse; descriptio villæ Borghesiæ. XI. 370.

Borghi (Camillo-Renier) l'aplomachia Pisana. XI. 512.

Borghini; discorsi storici. XI. 505.

Borgia (Alexandre) vie du pape Benoît XIII. XI. 433.

Borgia (César) sa vie par différens auteurs. XI. 429 & 591.

Borgne (Guy le) armorial Breton. XIV. 246.

Borgo (Car. Flaminio del) notes sur l'hist. de Volterre. XI. 515.

Borgo San-Sepolcro; annales de cette ville. XI. 515.

Borremansius; annales Hollandiæ, &c. XIII. 311.

Borrichius (André) notæ ad Masii antiquit. Mecklenburgenses. XI. 303. ad Schediasm. de diis Obotritorum. *ibid.*

Borrichius (Olaüs) de antiqua Romæ facie. XI. 97.

Borromée; vie de la M. Angél. Jeanne Visconti Borromée. X. 437.

Borromée (Vitaliza) sa vie. XI. 369.

Borromée (Charles) arch. de Milan. *voy.* S. *Charles Borromée.*

Borromée (Frédéric) son entrée solemnelle à Milan. XI. 551.

Borsieri; la nobilta di Milano. XI. 553. & XIV. 224.

Bortolo ; bains de Poûzoles. XI. 484.
Borzati ; progressi di S. Orsola. X. 441.
Bos (Lambert) antiq. de la Gréce. XI. 24.
Bos-le-Duc ; hist. de cette ville. XIII. 284. de son siége. 301.
Bosa ; son hist. XIV. 10.
Bosc (Jean du) Floriacensis vetus bibliotheca. X. 359.
Bosc (Nicolas de) son voyage. XIV. 519.
Bosca (Pierre-Paul) bibliotheca Ambrosiana. XI. 372. de pontificatu Gasparis Vicecomit. XI. 554 & *suiv.*
Bosch (Andreu) titols de honor de Cathaluñia, &c. XIII. 387.
Bosch (Pierre) acta sanctorum. X. 282.
Boschaerts ; enchiridion de actis S. Augustini. X. 415. de primis Frisiæ apostolis. XIII. 318.
Boschini ; descript. de l'île de Candie. XI. 547.
Boschius ; vie de David. X. 210.
Boscovich (le P.) voyage astronomique. XI. 414.
Boselli ; l'Austria Anicia. XIV. 210.
Bosio (Ant.) Roma sotterranea. XI. 436.
Bosio (Frid.) ducatus Mantuæ. XI. 565.
Bosio (Jacque) la corona del cavalier Gerosolimitano. X. 477. istoria dell' ordine de S. Giovanni Gierof. *ibid.* imagini de beati. 479.
Bosius (J. André) de prudentia & eloquentia civili comparanda. X. 17. introductio ad notitiam rerumpublicarum. *ibid.* de pontifice max. XI. 98. de pontificatu imperatorum. *ibid.*
Boson, proclamé roi. XII. 49.
Bosphore Cimmérien ; hist. de ses rois. XI. 41. & XIV. 436.
Bosphore de Thrace ; sa description. X. 26. & XI. 46, 123, 144.
Bosquet (François) hist. de l'Eglise de France. XII 378.
Bosquet (George) hist. des troubles arrivés à Toulouse. XII. 172.
Bossi (Alex.) vie du B. Beroard Ptolémée. X. 365.
Bossi (Jérôme) év. de Pavie. XI. 559.

Bossieu (Antoine) vie de la m. Jeanne Chezard de Matel. X. 446.

Bossio (Donat) chr. Bossiana. X. 143. & XI. 551.

Bossius (Jérôme) de Toga Romana. XI. 120. de Lato-Clavo. *ibid.*

Bossuet (Jacque-Bénigne) hist. universelle. X. 126. relat. sur le Quiétisme. 255.— remarq. sur la réponse de M. de Fénelon. *ibid.* relation des actes. *ibid.* hist. des variations. avertiss. aux Protestans. 302, 303. éducation de M. le Dauphin. XII. 376. oraison funèbre de N. Cornet. XIV. 401. *sa vie.* X. 256.

Bostius (Arnold) de illustr. aliquot Carthusiensium viris. X. 404.

Boston; annales Bustonenses. XIII. 438.

Botanique; son hist. XIV. 354.

BoterEtus. *v.* Boutraye.

Botero; relat. universali. X. 172.

Bottari; descript. du Vatican. XI. 438.

Bottis (Gaetano de) hist. du dernier incendie du Vésuve. XI. 478.

Bottoni; trad. de la premiere partie de l'hist. de l'ordre de S. Dominique. X. 395.

Bouchain; hist. de cette ville. XIII. 281.

Bouchard, comte de Melun; sa vie. XIII. 58.

Bouchard (Alain) les grandes chroniq. de Bretagne. XIII. 74. annales d'Angleterre. XIII. 445.

Bouche (Honoré) hist. de Provence. XIII. 149. vindiciæ. 152. défense de la foi de Provence. 153.

Bouchel (Laurent) statuts & régl. des Libraires. XIII. 33.

Boucher (Elie-Marcoul) relat. sur la constitution. X. 260.

Boucher (Jean) hist. de Pierre Gaverston. XII. 201. de justa Henr. III abdicatione. 204. réponse à la lettre de l'évêque du Mans. 205. sermons de la simulée conversion de Henri de Bourbon. 228. apologie pour Jean Châtel. X. 465. & XII. 234.

Boucher (Pierre) hist. de la nouvelle France. XIV. 166.

Boucher Beauval;

hiſt. de la Rochelle. XIII. 96.

BOUCHET (Jean) proc. à Poitiers ; hiſt. de Clotaire I & de Ste. Radegonde. XII. 118. épitres du Traverſeur. 156. épitre envoyée des Champs-Eliſées. *ibid.* vie de Ste. Radegonde. 351. le panégyrique du chev. ſans reproche. 357. annales d'Aquitaine. XIII. 125. généal. des rois de France. XIV. 230.

BOUCHET (Jean du) vie de Louis de Bourbon. XII. 363. origine de la deuxiéme & troiſiéme lignée de France. 236. hiſt. de la maiſon de Courtenay. 240. table généal. de la maiſon d'Auvergne. 243. — des comtes de la Marche. 251.

BOUCHET (François) éloge du connét. de Leſdiguieres. XII. 264.

Boucicault (le maréchal de) hiſt. de ſa vie. XII. 354.

Boucliers des anciens. XI. 119. — *Boucliers votifs.* XIV. 418.

BOUCQ (Pierre le) hiſt. de Sebourcq. XIII. 281. & XIV. 255.

BOUCQ (Simon le) hiſt. de Valenciennes. XIII. 281.

BOUDET ; vie de M. de Bernex. XIII. 169.

BOUDON ; le triomphe de la Croix. X. 435.

BOUGAINVILLE (M. de) diſſert. ſur les métropoles & les colonies Grecques. XI. 56. rédaction des mém. de l'académie des Inſcriptions, & éloges des académiciens. XIV. 413. ſes recherches dans les mém. de l'académie des Inſcriptions. XIV. 471, 472, 480, 482, 484, 488, 491, 498, 502. *ſon éloge.* 508.

BOUGEANT (le P.) hiſt. de la paix de Weſtphalie. X. 239. mém. de Montglat. XII. 320.

BOUGEREL (le P.) hommes illuſtres de Provence. XIII. 156. vie de Gaſſendi. XIV. 402.

BOUGES (le P.) hiſt. de Carcaſſone. XIII. 145.

BOUGLER ; explication &c. XII. 245.

BOUHIER (Ant.) arch. de Bourges ; ſes conſtitutions. XII. 83.

BOUHIER (le préſid.) recherches & diſſert. ſur Hérodote. XI. 27. diſſert.

sur le grand pontificat des empereurs Romains. 116. explication de quelques marbres antiques. XIV. 332. ses ouvrages insérés dans les mém. de l'académie des Inscriptions. 446, 452. poétique d'Horace. 521. mémoires sur sa vie, & catalogue de ses ouvrages. XI. 27. & XIV. 400 & *suiv.*

BOUHOURS; vie de S. Ignace. X. 455. — de S. François Xavier. 456, 457. — de Pierre d'Aubusson. 478. relation de la mort du duc de Longueville. XII. 375. sortie du P. Nitard. XIII. 352.

BOUILLART; hist. de l'abbaye S. Germain des Prés. X. 339. & XIII. 35.

BOUILLE (Carolus BOVILLUS) ses lettres. XII. 156.

BOUILLE (Théodose) hist. de Liége. XI. 289.

Bouillon (Godefroi de) son hist. XIV. 99 & *suiv.* 101.

BOUILLON (Henri, duc de) ses mémoires. XII. 197. sa négociation en Angleterre. 232. sa vie. 364.

BOUILLON (Frédéric Maurice, duc de) ses mémoires. XII. 372. son manifeste. 163. son voyage à Rome. XI. 358.

BOUIS (J.B.) la royale couronne d'Arles. XIII. 158.

BOULAINVILLIERS (le comte de) hist. de l'ancien gouvern. de la France. XII. 27. état de la France. 30. mém. présenté au régent. 31. abrégé de l'hist. de France. 102. vie de Mahomet. XIV. 96. mém. sur la noblesse de France. 229.

BOULAY (du) antiquités Romaines. XI. 108. fondation de l'Université. XIII. 18. hist. Universitatis. *ibid.* notæ ad censuram. *ibid.* priviléges de l'Université. 24. dignité, &c. du recteur. *ibid.* de patronis quatuor nationum. 25. de decanatu nationis Gallicanæ. *ibid.*

BOULANGER (Louis le) calculation, &c. du royaume de France. XII. 30.

BOULDUC; de ecclesia ante legem. X. 207.

BOULE; hist. de la vie de S. Bonaventure. X. 291.

Boulenger ou Boulanger (Jules-César) hist. sui temporis. X. 160. & XII. 218. diatribæ in Casauboni exercit. de rebus sacris. X. 239. eclogæ ad Arnobium. XI. 16. de oraculis. 47. de templis ethnicor. *ibid.* de festis Græcorum. 48. de pictura. 51. de triumphis. 54. de sortibus, auguriis, &c. 98. de tributis ac vectigalib. 101. de imperat. & imperio Rom. 117. de circo Rom. 102. de theatro. *ibid.* de conviviis. 105. de spoliis bellicis, trophæis, &c. 119. de ludis privatis ac domesticis. 120. de duc. Lotharingorum gentilitiis. XIV. 202.

Boulengier; vie de S. Menje. XIII. 58.

Boulier (Philibert) recueil pour l'hist. de Bourgogne. XIII. 107. Ste. Chapelle de Dijon. *ibid.* sauvegarde. *ibid.*

Boullanger; mappemonde. X. 63.

Boullay (Edmond du) vie d'Antoine & de François, ducs de Lorraine. XIII. 184.

Boulliau (Ismaël) de populi fundis. XI. 95. son édit. de l'hist. de Ducas. 140. pro ecclesiis Lusitanicis. XIII. 424.

Boulogne; hist. de cette ville & de ses comtes. XIII. 49 & 50.

Boulonois; recouvrement de ce pays. XII. 163.

Bounin; antiq. Lucionenses. XIII. 96.

Bouquet (Simon) le sacre & couronnement de la reine Elisabeth d'Autriche. XIII. 238.

Bouquet (D. Martin) rerum Gallicar. & Francicarum scriptores. XI. 64.

Bourbon; voyages en cette île. XIV. 145.

Bourbon; généalogie de cette maison. XIV. 238 & *suiv.*

Bourbon (Louis II, duc de) sa vie. XIII. 353.

Bourbon (Louis de) surnommé le Bon; sa vie. XII. 363.

Bourbon (le connétable de) son procès. XII. 139. sa vie. XI. 230. XII. 359. & XIII. 403.

Bourbon (le cardinal de) nommé Charles X. par la ligue. XII. 220. 221. sa vie. 363, 364.

Bourbon (Jacque,

bâtard de) prise de Rhodes. XI. 588.

BOURBON (Louis de) prince de Condé. relat. de la bataille de Rocroi. XII. 291. la vérité dans sa naïveté. 307. réponse. 308. lettre. 310.

Bourbon (Antoinette de) son éloge. XII. 349.

Bourbon (Gabrielle de) son éloge. XII. 349.

Bourbon (Louise de) son éloge. XII. 349.

BOURCHIER; historia ecclesiastica. X. 386.

Bourdeaux; auteurs sur cette ville. XIII. 126. & *s.* son ancienne situation. XIV. 495. mouv. en cette ville. XII. 309.

Bourdelin; son éloge. XIV. 426.

BOURDIGNÉ (Jean de) hist. d'Anjou. XIII. 88 & *s.*

Bourg-sur-mer; hist. de cette ville. XIII. 126.

Bourg Dieu; abbés de ce monastere. XII. 82.

BOURGEOIS (Louise) naissance des enfans de France. XIII. 235.

BOURGEOIS (Oudard) apol. pour le pélerinage de nos rois. XIII. 189.

BOURGEOIS; additions à l'hist. du monde de Chevreau. X. 176.

Bourges; hist. de cette ville. XIII. 99 & *suiv.* patriarches archev. de cette ville. XII. 73. deux conciles tenus à Bourges. 83. siége de cette ville. 173.

BOURGES (de) relat. du voyage de l'évêque de Béryte. XIV. 112.

BOURGNEUF (M. du) mém. sur les trésoriers de France. XIII. 219.

Bourgogne; carte du royaume de Bourgogne & d'Arles. XII. 3. hist. du duché de Bourgogne. XIII. 101 & *suiv.* du comté. 120 & *suiv.* armoiries des États de Bourgogne. XIV. 203. généalogie des ducs de Bourgogne. XI. 188.

Bourgogne cis & transJurane. XIV. 510. hist. du royaume de Bourgogue Transjurane. XI. 577.

Bourgogne & *Berry.* (les ducs de) leur voyage en différentes villes. XIII. 246, 247.

BOURGOIN; histoire ecclésiastique. X. 237.

BOURGON (Mouet de) géographie. X. 34.

BOURGUEVILLE; recherches de Neustrie. XIII. 71.

Bourignon (Antoinette de) sa vie. X. 314.

BOURLÉ ; discours sur la prise de Mende. XII. 175.

BOURZEIS (Amable de) droits de la reine. XIII. 201.

BOUSSINGAUT (le P.) théâtre du monde. X. 35.

Boussole ; son origine. XIV. 350.

BOUSSU (G. Joseph de) hist. de Mons. XIII. 281.

Boutard (l'abbé) son éloge. XIV. 440.

Boutefeu des Calvinistes. XII. 195.

BOUTEROUE ; rech. des monnoies. XIII. 229.

BOUTHILLER ; plaidoyer, &c. pour la fierte de S. Romain. XIII. 68.

BOUTON ; établissement des François à la Martinique. XIV. 171.

BOUTRAYE (Raoul de) de rebus in Gallia gestis. XII. 218. Ludovici XIII. itinerarium. 258. Aurelianensis. XIII. 81. Carnutum historia. 84. Castellodunum. 85.

BOUTREUX ; de la puissance royale. XIII. 90.

BOUVET (le P.) portrait de l'empereur de la Chine. XIV. 126.

BOUVIER (Gille le) dit BERRY ; hist. de Charles VI & de Charles VII. XII. 140.

Bouvines ; prisoniers faits à la bataille de Bouvines. XII. 60.

BOUZONIÉ ; hist. des filles de Notre-Dame. X. 365, 366.

BOVER (Zacharie) annal. Capucinorum. X. 385. de vera habitus forma à S. Francisco instituta. 386.

BOXHORN ; historia universalis. X. 124, 153. hist. Romanæ scriptores. XI. 75. quæstiones Romanæ. 98 & 108. de republica Leodiensi. 188. origines Gallicæ. XII. 11. de statu confed. Belgii. XIII. 290. obsidio Bredana. 301. theatr. urbium Hollandiæ. 310. hist. des Pays-Bas. 318. metamorphosis Anglorum. 513. monum. illustr. virorum. XIV. 367.

BOYER (P.) hist. des Vaudois. X. 300.

BOYER de Ste Marthe ; hist. de l'église de Vaison. XIII. 166 & *suiv.*

BOYER (A.) hist. de Guillaume le Conquér. XIII. 64. hist. de Guillaume III. 485. de la reine Anne. 486.

Boyer, évêque de Mirepoix ; son éloge. XIV. 496.

Boyle (Roger) comte d'Orrery ; ses lettres. XIII. 481. *sa vie*. ibid.

Boysen ; monumens de Magdebourg & d'Halberstadt. XI. 304.

Boyvin (Jean) journal du siége de Dole. XII. 276.

Boyvin. *voyez* Villars.

Boze (Gros de) sur le Janus des anciens. XIV. 326. sur la déesse Santé. *ibid.* sur une médaille de Smyrne. 328. rédaction des mémoir. de l'académie des Inscript. & éloges des académiciens. 413. ses recherches insérées dans les mémoires de l'académie des Inscriptions. XIV. 414, 416, 417, 418, 420, 419, 436, 452, 456, 457, 458, 460, 465, 473, 486, 492, 493. *son éloge*. 490.

Bozzoni ; hist. de l'église de S. Zacharie. XI. 532.

Brabant ; cartes. X. 78, 79. auteurs sur cette province. XIII. 275, 282. & *suiv.* généalogie des ducs de Brabant, & du duché. XIV. 263 & *suiv.*

Bracceli ; de bello Hispano. XI. 570. elucubrationes. *ibid.*

Braccio ; trad. d'Appien. XI. 69.

Bracciò Fortebracci, de Pérouse ; de ejus conflictu ad Aquilam. XI. 399. sa vie. 394 & 591.

Bracciolini ; hist. Florentiæ. XI. 369.

Bracellius (Jacque) oræ Liguſticæ descript. XI. 363. de claris Genuensibus. *ibid.* bellum inter Hispanos & Genuenses. *ibid.* de bello Neapolitano. 468.

Bracheli (Pierre) fama Austriaca. XI. 231.

Brachel (Adolphe) historia universalis. X. 163. & XI. 238.

Brachmanes ; auteurs qui en ont parlé. XIV. 106.

Brady ; introduct. à l'hist. d'Angleterre. XIII. 445.

Bragance (Théoton de) cartas, &c. X. 460.

Brague ; hist. de cette église. XIII. 428 & *suiv.*

Braithwaite ; hist. des révolutions de Maroc. XIV. 139.

Bralion ; hist. de N.

D. de Lorette. XI. 446.

BRAMHALL; pro rege & populo Anglicano. XIII. 471.

BRANCACCIO (le cardinal) Ginnasio Napoletano. XI. 477.

BRANCI; défense des privilèges de Palerme. XI. 494.

BRAND; ses hist. de la réforme. XIII 320. vie de Ruyter. 323. hist. de Barneveldt. 324.

BRANDAM (Ant.) continuation de l'hist. de Portugal. XIII. 412.

BRANDAM (Franc.) disc. gratulatorio. XIII. 422.

BRANDANO; hist. delle guerre di Portogallo. XIII. 420.

Brandebourg; cartes. X. 71. auteurs sur l'électorat & les marquis de Brandebourg. XI. 171, 309, 318 & *suiv.* catalogue des électeurs. 171.

BRANDIS DE SCHATZ; epitome sex mundi ætatum. X. 142.

BRANDLACHT; pacificationum Austriaco-Hispanico Gallicarum historia. XIV. 293.

BRANTOME; ses mém. XII. 240, 241.

BRASCHIUS; ecclesia Sarsinatensis. XI. 451.

Brasselets; de armillis veterum. XI. 105 & 120.

BRASSEUR (le) hist. du comté d'Evreux. XIII. 69.

BRASSEUR (Philippe) origines Hannoniæ cœnobiorum. XIII. 280.

BRASSICA (Jacobus) responsio, &c. XIII. 311.

Bratuspantium; posit. de cette ville. XIV. 499.

BRATUTTI; chron. de la maison Ottomane. XIV. 72.

S. BRAULION; addit. ad chronicon Fl. Dextri. X. 156. & XIII. 316. vie de S. Millan de Cogolla. XIII. 355. appendix ad Isidorum. XIV. 396.

BRAUDLACHT; hist. pacificationum. XI. 248.

BRAUN; la véritable religion des Hollandois. XIII. 325.

BRAVO (J. Gomez) advertencias. XIII. 373.

BRAVO (Juan de) el Vellocino dorado. X. 482.

BRÉANDE; siége de Landau. XII. 334.

Brébice; carte. X. 96.

BRECHENMACHER (J. Gasp.) notitia Sueviæ. XI. 170.

Bréda ; siége de cette ville. XIII. 301. autre siége. *ibid.* -

BREDENBACH ; hist. belli Livonici. XIII. 62.

Bredenberg ; descript. de cette place. XI. 302.

Bréderode ; hist. des seigneurs de cette maison. XIV. 264.

BREDIN ; descript. de Dijon. XIII. 106.

BREFÉIANI ; famiglia Ponzona. XIV. 226.

BREGY (S. Eustochie de) vie de la mere Marie des Anges Suireau. X. 360.

BREITSCHWERD ; de jure..... circa exercitium religionis. XI. 340.

BREITHAUPT ; ars decifratoria. XIV 344.

Brême ; carte. X. 73. hist. de ses arch. XI. 190. chronica Bremensis. 193. hist. de cette ville. 300.

Brême ; relation du siége de Brême, dans l'état de Milan. XI. 563.

BREMOND ; voyage en Egypte, &c. XIV. 90.

BRÉMOND (Placide de) relat. XII. 265.

BREMUNDANO ; hist. de D. Juan d'Autriche. XIII. 386.

BRENCMAN ; de republica Amalphitana. XI. 371.

Brennacum ; position de ce palais. XIV. 478.

BRENNER (Élie) thesaurus nummorum Sueo-Gothicorum. XIV. 326.

BRENNER (Philippe-Louis) jura in Comachium XI. 459.

BRENZONE ; vie du capitaine Astorre Baglione. XI 592.

BREQUIGNY ; ordonnances des rois de France. XIII. 260. vies des orateurs Grecs. XIV 381. hist. de l'emp. Posthume. 504. rech. sur la famille de Gallien. 509. sur l'établissement de la relig. & de l'emp. de Mahomet. 509.

Brescia ; auteurs sur cette ville. XI. 366, 371, 391, 396, 540 & *suiv.* & XIV. 387. sac de cette ville par Gaston de Foix. XI. 540.

BRESCIANI (Giuf.) le turbulenze di Cremona. XI. 558. rose & viole di Cremona. 559. corona. *ibid.* dottori di Cremona. XIV. 388.

Brésil ; carte. X. 96. auteurs qui en ont écrit l'histoire. XIV. 545 & 562 & *suiv.*

Breslau ; descript. de cette ville. XI. 326.

Bressan ; carte. X. 89. auteurs sur le Bressan & sur la ville de Brescia. XI. 540 & *suiv.*

Bresse, *Bugey*, &c. hist. de ces provinces. XIII. 111.

BRET (Card. le) de la souveraineté du roi. XIII. 188.

BRET (Henri le) abr. de l'histoire universelle. X. 127. hist. de Montauban. XIII. 128.

Bretagne ; auteurs sur cette province. XIII. 73 & *suiv.*

Brétigny ; disc. sur le traité de Brétigny. XIV. 467.

Brétigny (de) relat. de son voyage en Amérique. XIV. 165.

Brétigny (M. de) sa vie. X. 376.

BRETON (Charle le) vie de la m. Fornari. X. 445.

BRETONNEAU (Guy) hist. du vicariat de Pontoise. XIII. 67. généal. des Briçonnets. XIV. 246.

BREUIL (Thomas du) lettres sur les matieres du tems. X. 166.

BREUL (Jacque du) supplementum antiquit. urbis Parisiacæ. X. 339. & XIII. 5. son édition d'Aimoin. XII. 119. vie de Charles de Bourbon. 364. fastes de Paris. XIII. 4. théâtre des antiquités de Paris. *ibid.* abbates S. Germani à Pratis. 15.

BRÉVAL ; observations. XIV. 333.

BREVENTANO ; hist. de Pavie. XI. 560.

BREVES (Savari de) disc. sur l'alliance qu'a le roi avec le Turc. XIII. 211.

BREVES (M. de) ses voyages. XIV. 184.

BREWER (Henri) continuatio Brachelii. X. 163. & XI. 238.

Breydenbach (Bern. de) peregrinatio Hierosolymitana. XIV. 88.

BREZILLAC (D. de) hist. des Gaules. XII. 9.

BRIAN ; Plutarchi vitæ parallelæ. XI. 32.

Briançonois ; transact. des dauphins avec les communautés de cette province. XIII. 171.

BRIANI ; hist. d'Italie. XI. 405.

BRIANVILLE (l'abbé de) abrégé de l'histoire de France. XII. 95.

lettres de Bongars. 233.
S. *Brice*, évêque de Tours. XIII. 87.
Brice (Germain) descript. de Paris. XIII. 2.
Brice (D.) Gallia Christiana. XII. 380.
Bricknell; hist. de la Caroline. XIV. 170.
Briçonnet; apologie pour Louis XII. XII. 156.
Briechi (Fr.) hist. de la ville de Cagli. XI. 445.
Brienne (M. de) ses mémoires. XII. 291.
Brienne (le comte de) recueil de piéces sur la Lorraine. XIV. 299.
Brienne (Jean de) son histoire. XIV. 102.
Briet (le P.) parallela. X. 28. annal. mundi. 150. concordia chronologica, avec le P. Labbe. 183.
S. *Brieu*; sa vie. XIII. 79.
Brigeon; discours sur l'église de Ste. Marine. XIII. 9.
Ste *Brigide*; sa vie, X. 433. hist. de son ordre. *ibid.*
Brignon; vie de Jésus-Christ. X. 213.
Brindes; hist. de cette ville. XI. 482.
Briot; état de l'empire Ottoman, trad. de Ricaut. XIV. 68. hist. des trois derniers empereurs Turcs. 72.
Briquet; code militaire. XIII. 254.
Brischieri; rerum Italicarum. script. XI. 400.
Brisgau; carte de cette province. X. 70.
Brissac; Charles de Cossé, comte de) ses guerres en Italie. XI. 412. & XII. 164. *sa vie.* 359.
Brissio; relation de Céséne. XI. 450.
Brisson (Barnabé) de regio Persarum principatu. XI. 16. de adulteriis. 49. de spectaculis. *ibid.* de ritu nuptiarum. 102. discours sur sa mort. XIII. 218. *sa vie.* XIV. 356.
Brisson (Pierre) hist. des guerres civiles. XII. 191.
Brisson; mém. sur le Beaujolois. XIII. 118.
Brito (Bernard de) chronica de Cisters. X. 353. elogios dos reis de Portugal. XIII. 411. monarchia Lusitana, *ibid.* & *suiv.*
Brito (Diégo de)

consilium in causa majoratus regni Lusitaniæ. XIV. 176.

Brito Freyre ; nova Lusitania. XIV. 163.

Britius (Paulus) seraphica sub-Alpinæ provinciæ monumenta. X. 381.

Britto (Jean de) sa vie. X. 459.

Brixen ; cartes. 69, 70.

Brixio ; Cæsenæ descriptio. XI. 373.

Brocardus ; descript. Terræ Sanctæ. X. 194, 195.

Brocchi (Joseph. M.) saints de Florence. XI. 509. descript. de la province de Mugello. 510.

Brodericus ; de clade Ludovici II, Hungariæ regis. XI. 168.

Broekemberg ; genealogia comitum Egmondanorum. XIV. 265.

Broelman ; epideigma. XI. 285.

Broglie (M. de) sa campagne de 1760. XII. 346.

Broidæus ; historia fori Romani. XIV. 355.

Brokesby ; hist. du gouvern. de l'église. X. 240.

Bronchorst (Jean) notæ ad chronicon Bedæ. X. 137.

Bronchorst (Florentin) urbis Pictaviensis tumultus. XII 175.

Bronghton ; hist. ecclésiastique. XIII. 492.

Broniovius ; descriptio Tartariæ. XIV. 114.

Brooke ; généalogies des rois, &c. d'Angleterre. XIV. 283.

Brosius ; Juliæ, Montiumque comitum annales. XI. 291.

Broſſard ; généalogie de cette maison. XIV. 251.

Brosses (le président de) du culte des dieux Fétiches. XI. 5. voyage en Italie. 360. navigations aux terres Australes. XIV. 175. ses recherches, dans les mém. de l'académie des Inscript. XIV. 477, 479, 486, 491, 496, 497, 506, 510, 513 & 514.

Brossette ; éloge de la ville de Lyon. XIII. 114.

Brossin ; ascendans & descendans d'André de Laval. XIV. 250.

Brotier ; son édition de Tacite. XI. 84. *voyez les additions.*

Brotuff ; chronicon

Merseburgense. XI. 314. chron. Saxoniæ. *ibid.* genealogia Anhaltina. XIV. 211.

Brousse (de la) de primatu Aquitaniæ. XIII. 100.

Brower (Christophe) antiquités de Fulde. XI. 276. hist. de Trèves. 284. Sydera. 329. Venantii Fortunati epist. XII. 125.

Brown (Ant.) de jure Mariæ Stuartæ ad coronam Angliæ. XIII. 507.

Brown; carte de Virginie, &c. X. 96.

Brown (Edouard) ses voyages en Hongrie, &c. XIV. 184.

Brown (Patrick) hist. de la Jamaïque. XIV. 172.

Brown; hist. de la poésie. XIV. 358.

Bruccio (Marco) nom sous lequel s'est caché Jacq. P. Spifame.

Brucker; hist. philosophiæ. XIV. 349. miscellanea. 525.

Bruckner; præfatio bibliothecæ realis juridicæ. XIV. 358.

Brueys; hist. du fanatisme. X. 307.

Brulart, chanoine de Paris; son journal. XII. 169.

Brulius; hist. Peruana erémit. S. Augustini. X. 428 hist. de la Chine. XIV. 121.

Brummius (Chr. Ulr.) de ducibus Brunsvicensibus. XI. 298.

Brumoi (le P.) additions à la conjuration de Rienzi. XI. 418. hist. de l'église Gallicane. XII. 378. révolut. d'Espagne. XIII. 342. théâtre des Grecs. XIV. 358.

Brun (Antoine de) lettre sur l'innocence des princes. XII. 307. amico-critica monitio ad Galliæ legatos. XIV. 192. spongia. 193. oratio libera. *ibid.*

Brun des Marettes, (le) de S. Vitricio. XIII. 68.

Brunazi; de re nummaria Patavinorum. XI. 536.

Brune (Jean de la) vie de Charles V, duc de Lorraine. XIII. 185 & *suivantes.* relation de la campagne d'Irlande. 485.

Bruneau (Antoine) supplément. XIII. 260.

Bruneau; état présent des affaires d'Alle-

magne. XI. 164.

Brunehaut; réfutation de son apologie. XIV. 501.

BRUNET (Jean-Louis) libertés de l'église Gallicane. XII. 25.

BRUNET; abrégé chron. des grands fiefs. XIII. 255.

BRUNNEMANN; examen juris. XI. 162.

BRUNNER; annales de Baviere. XI. 261.

BRUNNIUS; trias electoralis. XI. 309.

S. *Bruno*; sa vie. X. 404.

BRUNO; de bello Saxonico. XI. 181 & 218.

BRUNO (Raphael del) descript. de Florence. XI. 508.

BRUNO (Vincent) teatro de gli inventori di tutte le cose. XIV. 347.

BRUNON (Sixte) hist. de Florence de Léonard Aretin. XI. 502.

Brunsburg; de Brunsburgo. XI. 196.

Brunswick; carte de son duché. X. 73. empereurs de la maison de Brunswick. XI. 116. mémoires de cette maison. XIII. 489.—*Brunswick-Lunebourg*; érigé en duché, &c. XI. 194.— auteurs sur les États de Brunswick & Lunebourg. XI. 195. & *suiv.*

BRUSCHIUS (Gaspar) epitome de Germaniæ episcopatibus. X. 169. præfatio ad Engelbertum. XI. 221. de Laureaco. 264. episcopatus Germaniæ. 328. monasteria. *ibid.*

BRUSCHO (Bernard) redargutio hist. de anima Trajani. XI. 92.

BRUSONI (Jérôme) istoria univers. X. 161. & XI. 413.

BRUSONI (François) de origine urbis Rhodiginæ. XI. 537.

BRUSSEL (Alexandre) hist. naturelle d'Alep. XIV. 92.

BRUSSELLA (P. Luc di) hist. des Carmes. X. 368.

BRUSSIUS (Guill.) diar. de Tartaris. XIV. 114.

BRUSSONI (Jacque) guerre entre les Vénitiens & les Turcs. XI. 525.

BRUTÉ; chronologie des curés de S. Benoît. XIII. 9.

Brutus; rem. sur sa vie. XIV. 419.

BRUTUS (Jean-Mich.)

de historiæ laudibus. X. 14. hist. Florentiæ. XI. 370 & 505. éditions de l'hist. de Barth. Facio. 469. de rebus à Carolo V gestis. XIII. 346. præfatio ad historiam Uladislai III. XIV. 48. epistolæ. 58.

Bruxelles ; descript. de cette ville. XIII. 284.

Bruyn (Corneille) son voyage au Levant. XIV. 189. aux Indes orientales. *ibid.*

Bruys ; hist. des papes. XI. 422.

Buache ; essai de géographie physique. X. 47. ses cartes. 55, 63, 64, 77, 92, 95, 96, 97. considérations sur les nouvelles découvertes. XIV. 173.

Bucchius (Jérémie) son édition du livre des Conformités. X. 389.

Buccio (Pietro) couronnement de Henri III. XIII. 258.

Bucelin (Gabriel) annales Benedictini. X. 332. —menolog. Bened. *ibid.* sacrarium Benedict. *ibid.* Aquila imperii Benedictina. *ibid.* Benedictus redivivus. 342. Germania topo-chrono-stemmatographica. XI. 160. Constantia Rhenana. 171. Rhætia. XIII. 267.

Bucelin (Jean) Gallo-Flandria. XIII. 278.

Buchanan (George) rerum Scoticarum historia. XIII. 518. de Maria Scotorum regina. 520. præfatio ad hist. reformationis. 523. de jure regni apud Scotos. 518 & 523. opera omnia. XIV. 412.

Buchelius (Arnold) hist. Ultrajectina. XIII. 314.

Bucher (Sam. Fred.) antiquitates. XI. 56.

Bucherius (Gille) de doctrina temporum. X. 182. de præfectis. XI. 104. Belgium Romanum. XIII. 275.

Bucholcer (Abraham) isagoge chronologica. X. 120. chronologia. 145.

Bucholdianus ; narratio de puella, &c. XI. 171.

Buck ; hist. de Richard III. XIII. 459.

Buckingham ; son expédition en l'île de Ré. XII. 266.

Buddé (J. Franc.) historia veter. testamenti. X. 204. de Ludovico IV, imperat. XI. 222.

de testamentis. XIII. 396. de jure gentis Austriacæ in regn. Hispaniæ. *ibid.* selectorum juris. 397.

BUDDENUS (J.) de republ. Anglorum. XIII. 434. vie de Vaynflet. XIII. 515.

BUDÉE (Guill.) thanatologia. XI. 199.

Budée (G.) jurisconf. sa vie. XIV. 356. mém. sur sa vie. 433.

BUDER (Christian. Gottlieb) bibliotheca historica. X. 17. biblioth. juris. XIV. 358.

Budes; généalogie de cette maison. XII. 369.

Budrio; terre du comté de Bologne. XI. 452.

BUELLI; navigatio novi orbis. XIV. 148.

BUFFIER (le P.) vie de l'Hermite de Compiégne. X. 414. hist. de Sicile & de Naples. XI. 461. introduct. à l'hist. des maisons souveraines. XIV. 205.

BUGATI (Gasp.) hist. universelle, avec la suite. X. 120. & XI. 404 & 553.

BUGENHAG; Pomerania. XI. 321.

BUGNON (Philibert) chron. urbis Matissanæ. XIII. 110.

BUGNON (Didier) ses cartes des diocèses de Metz, Toul & Verdun. X. 86, 87.

Buisson ardent; dissertation sur ce buisson. X. 209.

BULLET; dissert. sur différens sujets. XIII. 251. sur la mythologie Françoise. 252.

BULIFON; assedio di Vienna. XI. 251. vies des rois de Naples. 466. annales. *ibid.* descript. de Pouzoles. 485. hist. des incendies du Vésuve. 477 & *suiv.*

Bullarium Capucinorum. X. 385. — Carmelitanum. 370. — Cassinense. 336. — ord. Cluniacensis. 347. — Eremitarum S. Augustini. 429. — ord. B. Mariæ de Mercede. 431. — Canonicorum Lateranensis ecclesiæ. 418. — ord. & militiæ S. Spiritus. 422. — Mnimorum. 409. — ord. Prædicatorum. 402. — des confréries du Rosaire. 403. — *Bullarium Seraphicum.* 384. — Tertii ordinis S. Francisci. 395.

BULLART; académie. XIV. 367 & *suiv.*

Bulle que les enfans portoient au col. XIV. 424.

Bulle; de bulla aurea, argentea, plumbea & cerea. XI. 338.

Bulle d'or; aut. sur la bulle d'or. XI. 338.

BULLOCK; Virginia examinata. XIV. 169.

BULTEAU (Louis) hist. monastique d'Orient. X. 328. hist. de l'ordre de S. Benoît. 333.

BULTEAU (Charles) annal. Francici. XII. 116. préséance des rois de France. XIII. 189.

BULTEL; notice de l'Artois. XIII. 50.

BUMALDI. *voy.* MONTALBAN.

BUNA; carte des environs du Rhin. X. 75.

BUNAW; hist. de la nation Germanique. XI. 212.

BUNDY; hist. Rom. des PP. Catrou & Rouillé, trad. en anglois. XI. 80.

BUNEL; défense du roi. XII. 162.

BUNON (Jean) notæ in geographiam Cluverii. X. 32. Germania antiq. XI. 156.

BUNTING; chronologia. X. 147. chronique de Brunswick & Lunebourg. XI. 297. oratio de musica. XIV. 360.

Buon-Solazzo, abbaye près de Florence; hist. de sa réforme. X. 357.

BUONACCIUOLI; sa traduction italiene de la géographie de Strabon. X. 21.

BUONACCORSI; hist. de Florence. XI. 504. diario. XII. 155.

BUONAFEDE; I Chigi Augusti. XIV. 220.

BUONANNI; antica Syracusa illustr. XI. 497.

BUONAROTTI (Mich. Ange) noces de Marie de Médicis. XIII. 247.

BUONAROTTI; observ. sur les verres antiques. X. 263. médaillons du cardinal Carpegna. XIV. 319.

BUONFIGLIO; istoria Siciliana. XI. 492. Messina descritta. 494. epist. B. Mariæ ad Messanenses. 496.

BUONINSEGNI; hist. de Florence. XI. 503.

BURALI; vies des év. d'Arezzo. XI. 514.

BURANA; batalla peregrine. XI. 471.

Burchard, comte; sa vie. XII. 56.

BURCHARD; de victoria Friderici I, imper. XI. 181 & 385.

Burchard (Jean) abbé de

de Schwartzach & Banz ; sa vie. XI. 200.

BURCHARD (Jean) son journal. XI. 429. notice de ce journal. XIV. 467.

BURCHETT (Josias) mém. & hist. de ce qui s'est passé sur mer. XII. 333. & XIII. 488, 489.

BURCK ; hist. des colonies dans l'Amérique. XIV. 148.

BURCKHARD ; de casibus monast. S. Galli. XI. 178.

BURÉ ; carte des royaumes du nord. X. 66.

BURETTE ; ses ouvrages insérés dans les mém. de l'acad. des Inscript. XIV. 414, 418, 423, 426, 427, 434, 442, 449, 454, 460, 465, 466. *son éloge*. 479.

BUREUS ; orbis arctoi descriptio. XIV. 5.

BURGHELAT (Barth.) hist. de Trévise. XI. 539.

BURGHLEY ; ses mém. d'état. XIII. 465.

Burghley (Guillaume) grand trésorier d'Angleterre ; sa vie. XIII. 515.

BURGMAN (Nicolas) imperatorum Spiræ sepultorum historia. XI. 257.

BURGOLDENSIS (Phil. André) *voyez* OLDENBOURG.

Burgos ; hist. du crucifix de Burgos, &c. XIII. 371.

BURGOS (Alex.) Terræ motus Siculi. XI. 376.

Burgraves de Magdebourg. XI. 304. — *de Nuremberg*. 268, 318, 319.

BURGUNDUS ; historia Bavarica. XI. 221. hist. Belgica. XIII. 293.

BURGUS (Petr. Bapt.) de bello Suecico. XI. 235. & XIV. 12. dominium Genuensis reipublicæ in mari Ligustico. XI. 569.

BURIGNY (M. de) vie de M. Bossuet. X. 256. révolutions de l'empire de C. P. XI. 147. hist. de Sicile. 491. *aux additions*. vie du card. du Perron. XII. 366. vie d'Erasme. XIV. 402. — de Grotius. *ibid.* ses recherches, dans les mém. de l'académie des Inscript. XIV. 495, 496, 497, 500, 501, 503, 506, 507, 512. mém. sur les esclaves Romains. 514.

BURLACY ; hist. rebellionis Hibernicæ. XIII. 526.

BURLAMACCHI ; vie de Ste. Brigide. X. 433.

BURMANN (Gaspard) Hadrianus VI. XI. 430. Trajectum erudit. XIV. 392.

BURMANN (Pierre) édition de Vell. Paterculus. XI. 61. de Suétone. 82. thesaurus antiq. & historiarum Italiæ. 362.

BURNET ; lettres sur Molinos & les Quiétistes X. 255. préface au traité de Lactance. 272. critique de l'hist. du divorce. XIII. 461. vies de Jacque & Guillaume Hamilton. 477. histoire des régnes de Charles II & Jacque II. 482. hist. de son tems. *ibid.* mém. pour servir à l'hist. de la Grande-Bretagne. *ibid.* hist. des dernieres révolutions d'Angleterre. *ib.* panégyrique de la reine d'Angleterre. 486. critique de Varillas. 493. défense. 494. hist. de la réformation. 496 *& suiv.* vie de M. Hale. 516. du comte de Rochester. *ibid.* de Guill. Bedell. 516 *& suiv.* voyage de Suisse, &c. XIV. 187.

BURRIDGE; hist. rerum mutationis in Anglia. XIII. 484.

BURSELLIS (Jér. de) annales Bonon. XI. 397.

Bursfeld ; antiq. de cette abbaye. XI. 299.

BURTIO ; carmina. XI. 451.

BURTON ; comment. sur l'Itinéraire d'Angleterre. XIII. 431. déscript. comitatus Leicestrensis. 503.

BURY (M. de) vie de Henri le Grand. XII. 219. vie de Louis XIII. 253.

Bus (César de) sa vie. X. 440.

BUSBEC (le baron de) ses lettres, &c. XII, 191, 192. legat. turcica. XIV. 69.

BUSCHINO ; geograph. X. 37.

BUSCHIUS ; chronicon Windesimense. X. 422.

BUSSÆUS ; notæ ad Islandiam Aræ-Frodæ. XIV. 32.

Bussi d'Amboise ; son éloge. XII. 217.

BUSSIERES (J. de) hist. Francica. XII. 97. Basilica Lugdunensis. XIII. 114. mém. sur Ville-Franche. 118.

Bustes anciens. XIV. 329 *& suiv.*

BUTEO ; de arca Noe. X. 109.

BUTER ; chron. d'Espagne. XIII. 335.

BUTIUS ; de anti-

quorum potu. XI. 105.
BUTKENS ; trophées du Brabant. XIII. 282. & XIV. 263 & *suiv.* annal. genealogici familiæ de Linden. XIV. 266.
BUTLER ; vies des Peres. X. 288, 289.
BUTTNER ; généalogie des familles patriciennes de Lunebourg. XIV. 215.
BUTUER ; epitome. XI. 107.
Buzanval (M. de) sa vie. XIII. 42.
BUZIN ; Cangii Illyricum continuat. XI. 347.
Byng ; son expédit. en Sicile. XIII. 489.
Byrsa ; sur ce nom, donné à la citadelle de Carthage. XIV. 415.
BYSINIUS ; origo & diarium belli Hussitici. X. 302.
BZOVIUS ; annales ecclesiastici. X. 229 retractatio, XI. 222. pontifex Romanus. 433.

CAB CAE

CABALE ; son antiquité. XIV. 447.
CABASSUT ; noticia ecclesiastica. X. 234.
CABRERA (Luis) hist. &c. X. 3. hist. de Philippe II, roi d'Espagne. XIII. 347.
CABRERA Nuñez de Guzman ; consolation sur la mort de Philippe III, roi d'Espagne. XIII. 349.
Cabrieres ; hist. de l'exécution de Cabrieres & de Mérindol. XII. 165. & XIV. 471.
Cabyres ; XIV. 482 & 494.
Caccamo ; hist. de cette ville. XI. 376 & 498.
CACCIANEMICI ; hist. de Bologne. XI. 452.
CACCINI ; storia del primo concilio Niceno. X. 242.
CACEGAS ; vie de D. Barthélemi des Martyrs. X. 400.
Cachet de Michel-Ange. XIV. 417.
CADEAU ; le blazon de France. XIV. 201.
Cadix ; aut. sur cette ville. XIII. 374.
CADRY ; hist. du livre des réflexions morales. X. 257 & *suiv.*
Caen ; hist. de cette ville, & de son université. XIII. 71 & *suiv.*

érection de son université. XII. 85.

Café; sa découverte. XIV. 484.

Caffari; annales Genuenses. XI. 381.

Cagli; hist. de cette ville. XI. 445.

Cagliari; Clypæus excellentiæ Calaritanæ. XI. 586. del primado de Cerdegna. 587.

Cagna; origine d'alcune famiglie di Padoua. XIV. 225.

Cagnacini; antiquit. Ferrariæ. XI. 368.

Cahagnesius; elogia Cadomensium. XIII. 72.

Cahors; hist. de cette ville. XIII. 130.

Cahusac; la danse ancienne & mod. XIV. 359.

Caildrey; singularités naturelles d'Anglet. XIII. 499.

Caille (J. de la) descript. de Paris. XIII. 2. hist. de l'Imprimerie. XIV. 364.

Caille (l'abbé de la) carte de l'île de France. X. 95. son voyage au cap de Bonne-Espérance. XIV. 144.

Cailleu (Norbert) ad inquisitionem J. Launoii. X. 420.

Cailleu (Rob.) Gervasii epistolæ. XII. 136.

Caire; descriptio i de l'ancien & du nouveau Caire. XIV. 134.

Caisotto; ancien monastere de Nice. XI. 583.

Caius & Lucius; Cenotaphia Pisana Caii & Lucii. XI. 113. de tumulo honorario Caii & Lucii. 159.

Caius. *v.* Key.

Cajazzo; descript. de cette ville. XI. 487.

Cajevaire; conject. sur ce mot. XIV. 435.

Cajetan (Constant.) de S. Ignatii per Benedictinos institutione. X. 455.

Caietan (P. Octave) Isagoge ad hist. sacram Siculam. XI. 374 & 490. animadvers. in epistolas Theodosii. 379. vitæ sanctor. Siculorum. 490.

Caiot (D.) antiq. de Metz. XIII. 178.

Cala; généalogie de cette maison. XI. 463.

Cala (Carlo) conq. de Henri VI au royaume de Naples. XI. 463.

Calabre; carte. X. 90. auteurs sur cette province. XI. 372, 422 & 480 & *suiv.* son histoire

littéraire. XIV. 387.
Calabre (Alfonse duc de) XI. 482.
CALADO; expulsion des Hollandois du Brésil. XIV. 163.
Calais; hist. de cette ville. XIII. 50. sur la prise de Calais en 1558. XI. 171. & XII. 166.
Calatagirone; hist. de cette ville. XI. 376 & 498.
Calatrava; ordre militaire. X. 480 & *suiv.* XIII. 362 & 364.
CALAVERON; notæ ad hist. Mediolanens. XI. 364.
CALCAGNI; hist. de Recanati. XI. 444.
CALCAGNINI (Cœlio) de rebus Ægyptiacis. XI. 8. de talorum, &c. ludis. 48. de re nautica. 53.
CALCHO (Tristano) hist. Mediolanensis. XI. 364 & 554. residua. 554.
CALDERON (Antoine) hist. de l'apôtre S. Jacq. XIII. 360. son éloge. *ibid.*
CALDERON (Jean) fragmenta chronicorum. XIII. 356.
CALDERON (Varea) grandezas de Roma. XI. 416.
CALDERON de Robles; privilegia militiæ de Alcantara. XIII. 363.
CALDERSWOOD's; hist. de l'église d'Ecosse. XIII. 513.
Calendrier Égyptien. XIV. 459 & 464. — différens calendriers romains. X. 178. XI. 100 & *suiv.* & XIV. 465, 492. — Horolani calendar. ecclesiasticum. X. 170. — différ. calendriers. 272, 274. — calendarium trilingue. XI. 51. — kalendaria duo pervetusta. 581. — *Calendrier* de l'ordre de S. Basile. X. 329. — Calendarium Benedictinum. 337.
Californie; hist. de ce pays. XIV. 155.
CALIGNON (Soffroy) hist. des choses mémorables advenues en France. XII. 221.
CALLEJOY-ANGULO. (Pierre del) descript. de l'île de Sicile. XI. 489.
CALLIERES (J. de) hist. de Jacques de Matignon. XII. 363.
CALLIMAQUE EXPERIENS (Philippe) de gestis Attilæ. XI. 152, 352 & 493. de rebus ab Uladislao gestis. XI. 352. & XIV. 48. de clade Varnensi. XI. 352. de bello

Turcis inferendo. XIV. 75 & 85.

S. *Calliste*, pape; de S. Callisto & ejus basilica. XI. 422. — *Calliste III.* sa vie. XI. 382.

Callisthène; rech. sur sa vie & ses ouvrages. XIV. 442.

Callot (Jacques) sacri edificii de Terra santa. XIV. 90.

Callot (Jean) recueil des armes de Lorraine. XIV. 202.

Calmar, ville de Suède. XIV. 18.

Calmet (le P.) hist. universelle. X. 177. hist. sainte. 202. dissert. sur l'histoire sainte. 206. dictionaire de la Bible. 207. vie de Jésus-Christ. 213. hist. de Lorraine. XIII. 180. bibliothéque Lorraine. 186. hist. généalogique de la maison du Châtelet. XIV. 261.

Calogiera; raccolta d'opusc. XIV. 525.

Calovius; chronic. ducum Megapolensium. XI. 303.

Caluze; annales des Capucins. X. 385.

Calvet; mònument des Utriculaires de Cavaillon. XIV. 328.

Calvete; voyage de Philippe II aux Pays-Bas. XIII. 347.

Calveton; hist. novi orbis. XIV. 147.

Calvi; hist. des Herm. de S. Augustin. X. 428. hist. de Bergame. XI. 542. hommes illustres de cette ville. *ibid.*

Calvin (Jean) sa vie, par divers auteurs. X. 312.

Calvinisme; son hist. X. 308 & *suiv.*

Calvisius (Seth) opus chronologicum. X. 149.

Calvor (Gaspar) fissura Lionis. X. 295. Saxonia gentilis & chr. XI. 295.

Calvus; mém. sur ce poéte. XIV. 507.

Calza; de Catalaunia. XIII. 383.

Camaldoli; descript. de ce monast. XI. 370.

Camaldules; leurs priviléges. X. 341. hist. de leur ordre. 348.

Camarra; de Theatre antiquo. XI. 372 & 485.

Cambaye; relation de cette côte. XIV. 108. de bello Cambaïco. XIII. 333.

Cambayo (Etienne de) thesaurus arcanus. X. 398.

· *Camberonense* monast. son histoire. X. 557.

Cambi (Hiacinthe) trad. de la troisiéme partie de l'hist. de S. Dominique. X. 395.

Cambi (del Nero) hist. de Firenze. XI. 401.

Cambini; origine des Turcs. XIV. 70.

Cambrai; hist. de cette ville. XIII. 55. son érection en archevêché. 57. hist. de la guerre & de la ligue de Cambrai. XII. 154, 155. hist. du congrès tenu en cette ville. 340.

Cambridge; hist. de cette ville & de son université. XIII. 501 *& suiv.* & 505.

Cambry (de) vie de Jeanne de Cambry. X. 445. mém. de Pesquencourt. XI. 230.

Cambry (Jeanne de) sa vie. X. 445.

Camden (Guill.) Britannia. XIII. 431. Anglica, Hibernica, &c. 437. annales regnante Elizabetha. 462. justitia Britannica. 463. actio in Henr. Garnetum. 465. reges & alii in ecclesia Westmonasterii sepulti. 501. œuvres posthumes. 512. observationes variæ. *ibid.* description de l'Ecosse. 517.

Camelus; nummi antiqui, &c. XIV. 318.

Camerarius (Joachim) de fratrum orthodox. ecclesiis in Bohemia, &c. X. 301. annotationes in Herodotum. XI. 26. hist. rei nummariæ. 52. Hippocomicus. 53. in obitum Mauritii. 170. hist. Smalckaldici belli. XI. 188. adnotatio rerum ab anno 1550, ad 1561. 189. de Mauritio, electore Saxoniæ. 310. præfatio ad hist. belli Mussiani. 556. de rebus Turcicis. XIV. 71.

Camerino; hist. de cette ville. XI. 443.

Camertis (Jean) commentar. in Solinum. X. 27.

Camhi; hist. de ce conquérant. XIV. 122.

Camilli (Cam.) guerres civiles de Flandre. XIII. 291.

Camin; hist. episcopatus Camininsis. XI. 200.

Camora; défense de la ville de Saragoce. XIII. 381.

Camp; de castris Romanorum. XI. 103 & 119.

Camps de César; differt. fur plusieurs camps connus en France sous ce nom. XIV. 449, 454 & 456.

Campana (Césare) dell' istorie del mondo. X. 146. siége d'Anvers. XIII. 285. guerre de Flandre. 294. vie de Philippe II, roi d'Espagne. 347. guerres entre les Chrétiens & les Turcs. XIV. 74. arbori delle famiglie, &c. 218.

Campanacci; bellum Mutinense. XI. 567. conjuration de Fiesque. 571.

Campanella; de monarchia Hispanica. XIII. 405.

Campani; vita Pii II. XI. 382.

Campanie; auteurs sur cette province. XI. 371.

Campanile (Filiberto) preuves de quelques familles de Naples. XIV. 214. istoria della famiglia di Sangro. 226.

Campanile (Giuf.) notizie de nobilta. XIV. 225.

Campano (J. Ant.) epistolæ. XI. 183 & 224. vite de Braccio Fortebracci. 394 & 591.

Campége (le cardinal) sa vie. XIII. 495.

Campell (Jean) vie des amiraux d'Anglet. XIII. 517.

Campelli (Bernardin) hist. de Spolete. XI. 446.

Campellus (Huldric) Rhætia antiqua. XIII. 267.

Campi; Gregorii X vita. XI. 427. hist. eccles. de Plaisance. 566.

Campian (Edmond) de divortio Henrici VIII &c. XIII. 493. hist. Hiberniæ. 525.

Campiglia (Aless.) turbulenze della Francia. XII. 230.

Campione; descritt. del Borgo di Campione. XI. 563.

Campo (Ant.) Cremona fedelissima. XI. 558.

Campo (Florian do) chron. d'Espagne. XIII. 335, 336.

Campo (Pedro del) hist. des Hermites de S. Augustin. X. 426.

Campofrio; la genealogia de los Rocos y Campofrios. XIV. 278.

Campolini (Fabr.) *c'est M.* de la Motthe le Vayer.

Campricht (M. de) lettres & mém. XI. 240.

Camus (Jean-Pierre) vie de S. Norbert. X. 419.

Camus; carte de France. XII. 4.

Camus (Justus) novus Ismaël. X. 372. *c'est un nom supposé.*

Camusat (Nicolas) mélanges historiq. XII. 139 & 211. mémoires de Christ. Richer. 163. antiq. Tricassinæ diœces. XIII. 57. son édit. de la chronique de l'Anonyme d'Auxerre. X. 138.

Camusat (François-Denys) mém. historiq. XII. 339. critique de la charlataneric. XIV. 371. hist. des Journaux. 372. mélanges tirés des lettres de Chapelain. 525.

Canada; cartes. X. 95, 96. aut. sur ce pays. XIV. 165 *& suiv.*

Canal de Constantinople, voyez *Bosphore de Thrace.*

Canal d'Orléans & de Briare. X. 80. de Languedoc. 80. 81.

Canale (Annib.) vite de fundat. delle religioni. X. 324.

Canales de Vega (Antonio) invasion des François en Sardaigne. XI. 587.

Canalis (J. B.) carte du Latium. X. 57.

Cananus; de bello Constantinop. XI. 138 & 140.

Canaries; carte. X. 95. histoire de ces îles. XIV. 144.

Canaye (Philippe de) son ambassade à Venise. XII. 238.

Canaye (l'abbé de) recherc. sur l'aréopage. XIV. 441. sur Thalès & Anaximandre. 448.

Candale (Madame de) sa vie. XIV. 401.

Candersin; de oppugnatione Constantinop. XI. 145.

Candie; carte. X. 92. auteurs sur cette île. XI. 547 *& suiv.* & XIV. 79. siége de Candie. XII. 525.

Candide d'Isaurie; histor. fragmenta. XI. 129 & 134.

Candido (J.) hist. d'Aquilée. XI. 368 & 544.

Candidus (Gerh.) de rebus Belgicis. XIII. 273.

Candidus (Pantaleo) Belgicarum rer. epitome. XIII. 274. Gotiberis. 335.

Candidus December. (Pierre) vita Philippi Mariæ Vicecomitis; Fr.

Sfortiæ; Nicolai Picinini. XI. 395. vie de Philippe-Marie Visconti. 555.

Caneparo (Gio-Maria) scudo inespugnabile. X. 401.

Cange (Charle du Fresne du) édit. de la chron. Paschale. X. 135. & XI. 125. traité histor. du chef de S. Jean-Bapt. X. 265. sa lettre à M. d'Hérouval, 372. Zonaræ annales. XI. 126. Pauli de templo S. Sophiæ carmen. 131. Joannis Cinnami historiæ. 137. hist. de Constantinople. 138. historia Bysantina. 143. Illyricum. 347. Portus Iccius. XII. 6. hist. & chronique de S. Louis. 133. glossar. ad script. mediæ & infimæ latinitatis. XIV. 410 & *suiv.*

Canini (Ange) iconografia. XIV. 317. images des héros. 318.

Canini (Jérôme) trad. de l'hist. de Louis XI de Matthieu. XII. 149.

Canisius (Henri) son édit. de la chr. de Victor de Tunnes. X. 156. —— de Paul Diacre. XI. 91. lectiones antiquæ. XIV. 318.

Canisius (Pierre) sa vie. X. 458.

Cannart; priviléges des Minimes. X. 407.

Cannegiter; dissert. de Brittenburgo. XIV. 34. de inscript. sylloges Muratorianæ. 337.

Cannesius; vita Pauli II. XI. 383.

Canobbio; hist. de Vérone. XI. 538. tavola. *ibid.*

Canon paschal de S. Hippolyte. X. 179.

Canonisation; bullarium canonisator. sanctorum. X. 292.

Canosa; Æs redivivum Canusiorum. XI. 371.

Cantacusène (Jean) historiæ. XI. 140 & 142.

Cantagalli; de plumbeis numismatibus. XIV. 325.

Cantalicio; guerres de Gonsalve de Cordoue en Italie. XI. 468.

Canteclair. *voyez* Chanteclair.

Cantel (Pierre-Joseph) édit. de Justin. X. 117. respublica Romana. XI. 109. 110.

Cantelatto; annal. Mariani. X. 265.

Cantelli; carte d'Italie. X. 87. de Gréce. 92.

Cantelmi (André) sa vie. XIV. 401.
Cantelori (Felix) v. Contelori.
Cantimir (Démétrius) hist. de l'empire Ottoman. XIV. 72.
Cantorberi ; hist. de cette église. XIII. 503.
S. Canut, roi de Danemarck; sa vie. XIV. 27.
Caoursin (Guill.) descript. obsidionis Rhodiæ. X. 478. & XI. 588.
Cap de Bonne-Espérance ; différ. descript. XIV. 143 & *suiv.* — *Cap-Breton* ; relat. de ce cap. XIV. 166. — *Cap-Breton* ; description de cette île. XIV. 171. — *Cap du Nord* ; voyage des François en ce lieu. XIV. 160. — *Cap-Verd* ; carte des îles du Cap-Verd. X. 95. voyages. XIV. 144.
Capaccio ; vie de S. François de Paule. X. 408. hist. Neapolitana. XI. 371 & 465. Campaniæ felicis. 371. de Balneis. *ibid.* Il forastiero. 465. Puteolana hist. 484.
Capassi (J. B.) hist. philosophicæ synopsis. XIV. 349.
Capecelatro ; hist. de Naples. XI. 464.
Capece (Bruto) nobilta della famiglia Capece. XIV. 220.
Capece (P.) état de la république de Naples. XI. 473.
Capel (Rodolfe) orbis Arcticus. XIV. 33.
Capel. v. Cappel.
Capella (Galeatio) pro restitutione Francisci II. Mediol. ducis. XI. 168. Vienna obsessa. 228. hist. de son tems. 411. vie de François II Sforce. 555 & *suiv.* de bello Mediolanensi. 364 & 556. & XII. 160. hist. belli Mussiani. XI. 365, 556 & 557.
Capelli (Rodolphe) nommophilacium Loederianum, &c. XIV. 315.
Capellier ; carte du diocèse de Tournai. X. 79, 87.
Capelloni (Lorenzo) vie d'André Doria. XI. 573 & XII. 360.
Capena ; hist. de cette ville, nommée aujourd'hui *Civitella*. XI. 449.
Capéne ; position de la porte Capéne. XIV. 499.
Capilupi ; stratagême de Charles IX. XII. 183.
Capitole ; de capitolio Romano. XI. 113. museo capitolino. XIV. 331.

CAPITOLIN (Jule) XI. 77.
Capitouls de Toulouse. XIII. 142.
Capitulations impériales. XI. 338, 339.
Capizucchi, vie de deux marquis de ce nom. XI. 592.
CAPMARTIN DE CHAUPY; découv. de la maison de campagne d'Horace. XIV. 403.
Capo d'Istria; descr. de cette ville. XI. 545.
CAPODAGLI; Udine illustrata. XI. 544.
Capoue; aut. sur cette ville. XI. 384, 486, 487. saccagée en 1501. 467.
Cappadoce; antiq. de ce royaume. XIV. 472.
Cappa; sur la position de ce lieu. XIV. 478.
CAPPEL (Antoine) de cœna Christi. X. 187.
CAPPEL (Jacque) historia. X. 121.
CAPPEL (Louis) chronologia sacra. X. 121. historia apostolica. 216.
CAPPERONNIER (M) édit. de Joinville. XII. 133. sur les Hilotes. XIV. 485. sur un ouvrage de Denys d'Halicarnasse. 486. sur Pérégrin le Cynique. 498.
CAPPONI (Gini & Nério) de rebus Florentinorum. XI. 393.
Capponi (Nerio) sa vie. XI. 395.
S. *Caprais*. XIII. 130.
CAPRÉ (François) chambre des comptes de Savoie. XI. 578. chev. de l'Annonciade. 579.
CAPREOLUS (Elie) v. CAURIOLO.
CAPRIATA; hist. de son tems. XI. 412.
Captivité de Babylone; de captivitate Babylonica. X. 211.
Capucins; hist. de leur ordre. X. 385, 392. leur établissement en Calabre. XI. 481. biblioth. Capucinorum. XIV. 379. — *Capucines* d'Espagne; hist. de leur fond. X. 392.
CAPUGNANO (Jérôme de) itin. Italiæ. XI. 357.
CAPUTO; descendenza della real casa di Aragona. XIV. 218.
Carabantes (Joseph de) capucin missionaire; sa vie. XIII. 403.
CARACCIOLI (Ant.) notæ ad constitutiones Cleric. regul. X. 436. chronologi antiqui quatuor. XI. 383 & 461. de sacris ecclesiæ Neapolitanæ monumentis. XI.

476. éloge de Henri II. XII. 167. de S. Jacobi apostoli accessu ad Hispaniam, &c. XIII. 359.
CARACCIOLI (Cesare d'Engenio) descript. du royaume de Naples. XI. 460. Napoli sacra. 476.
CARACCIOLI (Ferrante) guerres entre les Chrétiens & les Turcs, &c. XIV. 74.
Caraccioli (François) sa vie. X. 438.
Caraccioli (Jean) prince de Melfe; sa vie. XII. 360.
CARACCIOLI (Marin) statuti della religione Constantiniana renovati. X. 484.
CARACCIOLI (Tristan) opuscula histor. XI. 396.
Caracène (le marquis de) défense de Crémone. XI. 558.
CARAFFA (Charle) Germania sacra restaurata. XI. 217.
Caraffa (Charle) sa vie. X. 411.
CARAFFA (J. B.) hist. de Naples. XI. 465.
CARAFFA (Joseph) de gymnasio Romano. XIV. 390.
CARAFFA (Placide) Sicaniæ descriptio. XI. 374 & 489. hist. de Messine. 494. Motucæ descriptio. 376 & 498.
Caraffa (Vincent) sa vie. X. 458.
CARANDINI; descript. ecclesiæ Cephaleditanæ. XI. 498.
Carausius, empereur; son hist. XI. 95.
CARBONELL; chron. de Espanya. XIII. 380.
Carbonense monasterium; son hist. X. 329.
Carbognano; hist. de cette ville. XI. 441.
Carcassone; hist. de cette ville & de ses comtes. XII. 144 & *suiv*.
CARCAT; vie du chevalier Bayard. XII. 358.
Cardegnas (Bernardin de) son apologie. X. 474. mémorial pour sa défense. XIV. 161.
CARDILLO (Juan de) hist. du Tiers-Ordre de S. François. X. 393.
CARDIM; relation du Japon. XIV. 127 & 128.
Cardinaux; aut. sur les cardinaux. XI. 411, 435. — *Cardinaux* François. XII. 380, 381. — *Cardinaux* pris dans l'ordre de Cîteaux. X. 351.
CARDONNE; hist. de l'Afrique & de l'Espagne. XIII. 340.
CARDOSO; apologia

Lusitana. XIII. 423. agiologio Lusitano. 426.
CARE ; les libertés Angloises. XIII. 510.
Carélie ; cartes. X. 67.
Carentan ; reddition de cette ville. XII. 187.
CARESINI ; continuatio chron. Veneti. XI. 390.
Carew ; viceroi d'Irlande. XIII. 525.
CARI ; Palæologia chr. X. 155.
Carie ; hist. de ce pays. XIV. 447.
CARILLO (Alonso) origen de la dignitad de grande. XIII. 409. epitome de la casa de Carillo. XIV. 271.
CARILLO (François) généal. des marquis de las Ascalonias. XIV. 277.
CARILLO (Juan de) fondation du monast. de Ste. Claire de Madrid. X. 392. hist. de santa Isabel. XIII. 426.
CARILLO (Martin) descript. de la Sardaigne. XI. 586. annales. X. 150. & XIII. 339. hist. de Saragoce. XIII. 380.
CARILLO Laso ; anciennes mines d'Espagne. XIV. 156.
Carinthie ; cartes. X. 69. descript. & histoire de cette province. XI. 252.
CARION ; chronicor. libri. X. 118.
CARLE (Lancelot de) éloge de Henri II. XII. 167. recueil de propos du duc de Guise. 360. lettre. 361.
CARLENCAS (Juvenel de) essai sur l'hist. des Belles-Lettres. XIV. 347.
CARLETON ; ses négociations en Hollande. XIII. 465.
CARLI (Giovan-Girolamo) notes sur Cittadini. XIV. 195.
CARLI (Gio. Rain.) trad. de l'hist. de Mustafa. XIV. 85.
CARLI (Vincent-Pazzini) hist. de Sienne. XI. 511.
CARLIER (l'abbé) hist. du duché de Valois. XIII. 40. dissertation sur l'état du commerce. 257.
CARLOIX ; mém. de la vie du maréchal de la Vieilleville. XII. 170.
Carloman & *Louis III* ; fragmentum de rebus eorum. XII. 49.
CARLONIUS. v. CHARLONIE.
CARMELI (le P.) sto-

ria de vari costumi. XI. 111.

Carmes; hist. de l'ordre des Carmes. X. 366 & *suiv*. son hist. littéraire. XIV. 379.

Carmélites; hist. de leur ordre. X. 375 & *s*.

Carmona; hist. de cette ville. XIII. 374.

CARNAZZANI; vita Barth. Colci. XI. 373.

CARNEAUX (des) de gestis Ludovici XIII in Normania. XII. 258. in insula Rea. 260.

CARNERO; guerres de Flandre. XIII. 299.

CARNEVALE; hist. de Sicile. XI. 488.

CARNICER; del primado de Cerdegna y Corcega. XI. 587.

Carniole; cartes. X. 69. sa description. XI. 253.

CARO (Rodrigo) antiquités de Séville. XIII. 373.

Caroline; hist. de cette province. XIV. 170.

Caron; palais de Caron. XIV. 432.

CARON (Franc.) descriptio Japoniæ. XIV. 127.

Carosses; leur origine. XIII. 253.

CARPENTIER (Jean le) hist. généalogique des Pays-Bas. XIV. 263.

CARPENTIER (Paul) vita. B. Bernardi Ptolemæi. X. 365.

CARPENTIER (Pierre) pium consilium. XII. 189.

CARPENTIER (Pierre) glossarium Cangii. XIV. 411. glossarium novum. *ibid*. alphabetum tironianum. XIV. 343.

CARPI (J. de Figueras) chronique de l'ordre de la Ste. Trinité. X. 406.

CARPIN (J. du Plan) voyage en Tartarie. XIV. 114.

CARPZOVIUS (Benoît) in legem regiam Germanorum. XI. 338. de jure & privilegio electorum Saxoniæ. 308. pact. fraternitatis. 309.

CARPZOU (J. Gottl.) apparatus. X. 219.

CARRANTI (P. Matth.) bellum Cotignolanum. XI. 557. Ludovici Sfortiæ captivitas. *ibid*.

CARRANZA (Alonso) el ajustamento de las monedas. XIII. 407.

CARRARA (François) chron. de Padoue. XI. 401.

Carrare; de Carrariensium familia. XI. 367.

vitæ Carrariensium princip. 392.

CARRARI (Vincent) istoria de Rossi Parmegiani. XI. 566. & XIV. 216.

CARRÉ; voyage des Indes orientales. XIV. 108.

CARRERA (Pierre) descript. Ætnæ. XI. 376. monumenta Catanæ. *ib.* notæ ad epistolas Diodori. *ib.* numismata Mamertinorum. *ibid.*

CARRERA (François) Pantheon Siculum. XI. 490.

CARRERA (Petro) il Mongibello descrit. XI. 489. mém. historiques sur Catania. 499. della famiglia Tedeschi. XIV. 228.

CARRON; voyage des grandes Indes. XIV. 109.

Carrousels donnés par Louis XIV. XIII. 246.

CARTARI (Vincent) abrégé de l'hist. de Paul Jove. XI. 411.

CARTE (Thomas) hist. d'Angleterre. XIII. 459. lettres & mémoires. 478. recueil de lettres. *ibid.*

Cartes géographiques des anciens. XIV. 488.

Carthage; de republ. Carthaginensium. XI. 43. & *ibid.* auteurs sur l'hist. de Carthage. 57. de bello Punico. 74. commerce de Carthage. XIV. 498. sa primatie. X. 196. & XIV. 136.

Carthage de Sicile. *v.* *Caccamo.*

Carthagène, en Amérique. XII. 333. & XIV. 155.

CARTIER; voyage au Canada. XIV. 165.

CARUSIO (Jacque) hist. de Venise. XI. 522.

CARUSIO ou CARUSO (J. B.) hist. Saraceno Siculæ monumenta. XI. 379. bibliotheca hist. regni Siciliæ. 491. hist. de Sicile. 492 & *suiv.*

CARVE; Lyra Hibernica. XIII. 525.

CARVALHO da Costa; chorographie de Portugal. XIII. 410.

CARVALHO (Ant. Monin de) Francia interessada. XIII. 413.

CARVALLO (L. Alonzo de) antiq. de la princip. des Asturies. XIII. 394.

CARVINUS; hist. d'Erix. XI. 498.

CARY; hist. des rois de Thrace. XI. 41. fondat. de Marseille. XIII. 159.

CARYOPHILE; de Clypeis. XI. 119.

Cas de Conscience; hist. X. 154.

CASALAS; Candor Lilii. X. 398.

CASALIUS; de ritibus veterum Ægyptiorum. XI. 4. de ritu nuptiarum. 49. de tragœdia & com. *ibid.* de tricliniis, &c. 50. de thermis. *ib.* de insignibus, &c. veterum. 51. de urbis ac Romani imp. splendore. 112.

CASAN (Jacq. de) recherches des droits du roi. XIII. 199.

CASANATE (M. Ant.) Alegre) paradisus Carmelitici decoris. X. 369.

CASARUBIOS (Alfonse de) compendium privilegiorum Minimorum. X. 392.

CASAS (las) hist. de Foix. XIII. 135.

CASAS (D. Bartol de las) ses ouvrages. XIV. 153 & *suiv.*

CASAUBON (Isaac) son commentaire sur la géographie de Strabon. X. 20. exercitationes in Baronium. 238. epistola de apologia Jesuitarum. 468. son édit. de Polybe. XI. 67. ad librum I commentar. *ibid.* animadv. ad Suetonium. 82. notæ ad hist. Augustæ script. 90.

Casaure; chron. Casauriensis sive Pescariensis monast. X. 336. XI. 381. & XII. 85. sa fondation. XII. 54.

CASCALES; hist. de Murcie. XIII. 389.

CASCINI; vie de Ste. Rosalie. XI. 494.

CASELLA (P. Léon) de primis Italiæ colonis. XI. 363, 403 & 499. de Tuscorum origine, &c. 499.

CASELLES (Estevan) arbol geneal. de Bournonville. XIV. 245 & 270.

CASENEUVE (Pierre de) franc-alleu de Languedoc. XIII. 138. origine des jeux floraux. 142 *sa vie.* ibid. la Catalogne Françoise. 385. vie de saint Edmond. 453.

S. *Casimir*, patron de la Pologne; sa vie. XIV. 49.

CASIMIR de Rome; memorie istoriche della prov. Romana. X. 383.

Casini; vie de ce cardinal. XIV. 387.

CASONI (Philippe) annales de Gênes. XI.

572. hist. de Louis le Grand. XII. 290.
CASOTTI; sur l'image de Ste. Marie dell'Impruneta. XI. 510.
CASSAGNES (l'abbé de) du style historique. X. 6. trad. de Salluste. XI. 68.
CASSAN (Jacques de) anciens rois des Gaules & des François. XII. 10.
CASSANIS (Jean) de gigantibus. X. 208.
CASSANOVA (Ludov. à) hieroglyphica. XI. 7.
Cassel; défense de cette ville. XII. 346.
Cassiere (de la) grand-maître de Malte. XIV. 456.
Cassin (mont) auteurs sur cette abbaye. XI. 380, 383, 384, 386.
CASSINI DE THORY; carte de France. XII. 4.
CASSIODORE, sa chronique. X. 131, 136. & XI. 75, 77. de gestis Gothorum. 152. variarum. 153. *sa vie.* 405.
CASTAGNEDA (Fernand Lopez de) hist. de la conquête des Indes. XIV. 105. hist. de Portugal. XIII. 414.
CASTAGNI; vie d'Emanuel Philibert, duc de Savoie. XI. 578.
CASTAGNISA (Fr. Juan de) historia di S. Romualdo. X. 350.
CASTAGNOLA; Filippo V monarcha legitimo. XIII. 397.
CASTALDI; vie de Paul IV. XI. 430.
CASTALIO; de templo Pacis. XI. 97. Jani. *ibid.* de columna Antonini. *ibid.*
CASTEJON y Fonseca; primatia de Toledo. XIII. 368.
CASTELLA; hist. de l'apôtre S. Jacques. XIII. 360.
CASTELLAN (Pierre) eortologium. XI. 48. creophagia. 50. de mensibus atticis. 51. vitæ medicorum. 53.
Castellan (Pierre) év. sa vie. XIII. 129.
CASTELLANI (Giac.) dévastation des Indes occidentales. XIV. 154.
CASTELLANI (Vinc.) de bello Melitensi. XI. 590.
CASTELLANOS (Ant. de) coronica de don Alvaro de Luna. XIV. 275.
Castelleone; hist. de ce château. XI. 559.
CASTELLETTO (Franç. Pierre de) oratio. XI. 393.

CASTELLI; de lege regia, &c. XI. 118.
CASTELLI (Fr.) dome de Milan. XI. 557.
CASTELLI (Pietro) incendio del Vesuvio. XI. 477.
CASTELLO (Cast. de) chron. Bergomense. XI. 392.
CASTELNAU (Michel & Jacque de) mémoires. XII. 180.
Castelnaudary; relation de la bataille donnée en ce lieu. XII. 275.
Castellum - Carnonis: v. *Château-Châlon*.
CASTERA (du Perron de) hist. du mont Vésuve. XI. 478.
CASTET; abrégé des annales de Wading. X. 378.
CASTIGLIONE; notes sur l'hist. d'Em. Tésauro. XI. 404.
Castille; cartes. X. 91. hist. de ce royaume. XIII. 365 & *suiv*.
CASTILLO (Ant. de) el devoto Peregrino. XIV. 90.
CASTILLO (Diégo de) sur l'apostolat de S. Jacque en Espagne. XIII. 358.
CASTILLO (Hernando de) hist. general de l'orden de Predicadores. X. 395.
CASTILLO (Julian de) hist. des rois Goths en Espagne. XI. 153. & XIII 339. v. CASTRO.
CASTILLO SOLORZANO; vie de Pierre III, roi d'Aragon. XIII. 379.
CASTILLON (Bonav.) Longobardia. XI. 154. de Gallorum Insubrum antiquis sedibus. 363, 550. & XII. 14.
CASTILLON (J. Ant.) Mediolanenses antiquit. XI. 365 & 555.
CASTILLON (J. B. de) sacra Belgii chronologia. XIII. 273.
CASTILLON (Mathieu) de origine gentis Castilloneæ. XIV. 220.
Castres; hist. de cette ville. XIII. 145. chron. de ses abbés. XII. 85.
CASTRES (F. de) la chimere mystérieuse. X. 384.
Castro; hist. de cette ville. XI. 370.
CASTRO (Fern. Alvia de) mém. sur la ville de Logroño. XIII. 429.
CASTRO (Jean de) vie du roi D. Sébastien. XIII. 415.
Castro (Jean de) sa vie. XIII. 427.

CASTRO Y CASTILLO (François-Jérôme de) hist. des rois Goths en Espagne. XI. 155. & XIII. 339.

CASTRO (Luiz de Salazar y) hist. genealogica de la casa de Lara. XIV. 273. catalogo historial de los señores de Pernan Nuñez. 275. historia de la casa de Silva. XIV. 279.

CASTRO (Alonzo Nuñez de) coronica Gothica. XIII. 340. coronica de los reyes de Castilla. 365. libro historico-politico. 370. hist. de la ciudad de Guadalaxara. *ibid.*

CASTRUCCI (Pontani) hist. d'Avignon. XIII. 365.

CASTRUCCI (J. Paul-Matthias) descript. d'Alvito. XI. 486.

Castruccio Castracani, duc de Lucques; sa vie par divers auteurs. XI. 575 & *suiv.* observ. sur celle que Machiavel a composée. XIV. 440.

CATALANI (Joseph) préface critique sur les annales de Muratori. XI. 402.

CATALANO de S. Mauro; fiume del terrestre Paradiso. X. 386.

Catalayud; hist. de cette ville. XIII. 382.

Catalogne; cartes. X. 91. aut. sur cette province. XIII. 382 & *suiv.* guerres sous Louis XIII. XII. 279 & *suiv.* guerres sous Louis XIV. 295.

Catane; aut. sur cette ville. XI. 376 & 497.

Catazaro; mém. sur cette ville. XI. 487.

Catay; aut. qui ont parlé de ce pays. XIV. 116 & *suiv.*

CATEL (Guill. de) mém. de l'hist. de Languedoc. XIII. 136. hist. des comtes de Toulouse. 139 & *suiv.*

CATELAN (M. de) antiq. de l'église de Valence. XIII. 174.

Ste. *Catherine* de Gènes; sa vie. X. 402.

Ste. *Catherine* de Sienne; sa vie par différens auteurs. X. 402.

Ste. *Catherine lez-Provins*; factums pour & contre ces religieuses. X. 393.

Ste. *Catherine* de Rouen; hist. de cette abbaye. X. 358.

Catherine d'Aragon; hist. de son divorce. XIII. 460 & 493.

Catherine (Dona) ses droits sur la couronne de Portugal. XIII. 417 & 421.

Catherine-Alexieuna, impératrice de Russie. XIV. 66.

CATHERINOT (Nic.) le siége de Bourges. XII. 173. différens écrits sur l'hist. de Berri. XIII. 99, 100.

Le *Catholique d'État*; ouvrage attribué à Jérémie Ferrier. XIII. 209. à Jean Sirmond. 210. au P. Joseph. 212.

Catilina; sa conjuration. XI. 74. *voy.* SALLUSTE.

Caton d'Utique; rem. sur sa vie. XIV. 438.

CATONA (Jérôme) vie de Pie V, pape. XI. 430.

CATOVICUS; itinerarium Hierosolymitan. XIV. 89.

CATROU (le P.) hist. des Anabaptistes. X. 306. du fanatisme. *ibid.* hist. Romaine. XI. 80. hist. du Mogol. XIV. 107.

CATTANEI; successores S. Barnabæ. XI. 551.

S. *Cattani* de Milan; sa vie. XI. 551.

CATULLE (André) Tornacum. XIII. 52 & 279.

Catzenellebogen; carte. X. 75.

Cauces; de Caucis, veteris Germaniæ populo. XI. 159.

CAUCHE; relations de Madagascar. XIV. 145.

CAUMONT (le marq. de) descript. d'un monument. XIV. 452. *son éloge*. 471.

Caumont (Anne de) son éloge. XII. 349.

Caumartin (M de) év. de Blois; son éloge. XIV. 447.

CAURIOLO (Elie) chronica de rebus Brixianorum. XI. 373 & 540.

CAURIOLO (Antoine) hist. des princes d'Est. XI. 457.

CAUSEO (Mich. Ange) picturæ cryptarum rom. XI. 438.

CAUSSIN; symbolica Ægyptiorum sapientia. XI. 7. apologie pour les Jésuites. XIII. 22. vie de Ste. Isabelle. X. 392.

Cava; aut. sur cette abbaye. XI. 385, 386.

CAVACCI (Jac.) Anachoretarum elogia. X. 328. hist.re de Ste. Justine de Padoue. 335. & XI. 536.

CAVACCIO (Jean) Aula Zabarella. XIV. 225.

CAVALCANTI ; traités sur les républiques. XI. 516.

Cavalerie ; de militia equestri antiqua & nova. XI. 119.

CAVALIERI ; coronazione di Livorno. XI. 510.

CAVASI ; hist. du Congo. XIV. 141.

CAVATIO (Ch. Jér.) descript. du Milanez. XI. 550.

CAVE ; dissert. concernant les évêques, &c. X. 240. antiquit. apostolicæ. 166. apostolici. *ib.* ecclesiastici. *ibid.* primitivus christianis. 267. scriptorum eccles. historia. XIV. 372.

CAVELLAT ; son édit. de Galfred. XIII. 436.

CAVENDISH ; hist. de Thomas Wolsey. XIII. 460.

CAVITELLI ; Cremonenses annales. XI. 365 & 558.

CAVIMI (Jérôme) traduction de Tacite. XI. 84.

CAVINA ; Faventia rediviva. XI. 451. istorie di Faenza. *ibid.*

CAXA de Lervela ; restauracion. XIII. 407.

CAXTON ; édition de Raoul d'Higden. XIII. 443.

Cayenne ; plan de cette île. X. 96. auteurs qui en parlent. XIV. 141, 160 & *suiv.* voyage. XII. 323.

CAYET ; chronologie novennaire. XII. 241. chron. septenaire. 242. sa censure & sa défense. *ibid.* Mercure françois. 246. hist. de Navarre. XIII. 131 & *suiv.*

CAYLUS (le comte de) hist. d'Hercule le Thébain. XI. 24. recueil d'antiquités, &c. XIV. 530. ses écrits, dans les mém. de l'académie des Inscript. XIV. 473, 476, 479, 480, 482, 483, 484, 485, 490, 491, 492, 494, 495, 496, 498, 501, 505, 506, 511, 512. *son éloge.* 512.

CAYMI ; vita del vener. Lupo d'Olmedo. X. 331.

CÍA (Didace de) thesaurus Terræ Sanctæ. X. 386.

Cébès ; sur le tableau de Cébès. XIV. 423 & 501.

CECCALDI ; hist. de Corse. XI. 74.

CECCARELLI ; istor. di casa Monaldesca. XIV. 224.

CECCHERELLI; vie d'Alexandre de Médicis. XI. 506.

CECCONI; scala genealogica e cronologica. X. 115.

CECILIUS (L.) *v.* LACTANCE.

CECINA; hist. de Volterre. XI. 513.

Cecrope. v. *Vœu.*

Cecropia, sive de Athenarum arce. XI. 43.

CEDRENE; compendium historiarum. XI. 125.

Césalu; hist. de cette ville. XI. 377, 497 & *suiv.*

CEFFI; hist. Trojana italicè versa. XI. 25.

CEILLIER; hist. des auteurs sacrés & ecclésiastiques. XIV. 374.

CELANA; beautés de la ville de Naples. XI. 476.

S. *Célestin V*, pape; sa vie. X. 364. & XI. 427.

Célestins; leurs priviléges. X. 342. hist. de leur ordre. 364.

CÉLESTIN (F.) hist. de Bergamé. XI. 541.

CÉLESTIN (George) hist. comitior. Augustæ celebratorum anno 1530. X. 304.

Célibat; son histoire. XIV. 428.

Cellamare (le prince de) sa conspiration. XII. 338.

CELLARIUS (André) harmonia macro-cosmica. X. 41.

CELLARIUS (Christophe) notitia orbis antiqui. XI. 29. geographia antiqua. *ibid.* de captivitate Babylonica. 211. collect. histor. Samaritanæ. 212. vindiciæ Fl. Josephi. *ibid.* de principio regnorum & rerumpubl. XI. 1. de imperio Palmyreno. 19. notæ & supplementa in Quintum Curtium. 36. édit. des commentaires de César. 69. de Zozime. 88. compendium antiquit. rom. 109. comites Wettinenses. 309. Poloniæ descriptio. XIV. 37.

CELLARIUS (Jacque) auteur de l'*admonitio ad Ludovicum.* XIII. 210.

CELLOT; historia Gothescalchi. X. 249.

Celse le médecin. XIV. 438.

S. *Celse*, martyr à Milan. XI. 552.

CELSIUS (Magnus) de Thule veterum. XIV. 31.

CELSIUS (Olaüs) hist. de Gustave I. XIV. 10. de monument. Runicis.

36. de ſtatu eccleſiæ Armenorum. 82.
Celtes; leur hiſtoire. X. 11 & 12. monumens de leur mythologie. XIV. 23.
Celtes (Conrad) Norimbergæ deſcriptio. XI. 156. de ſitu & moribus Germaniæ. *ibid.* & 167. de Viſtula. XIV. 42. Salinaria. *ibid.*
Cena (Pietro la) Ginnaſio Napoletano. XI. 477.
Cenalis (Rob.) de menſurarum ponderumque ratione. XI. 104. hiſtoria Gallica. XII. 93.
Cénéda; deſcript. de cette ville. XI. 539.
Cennius (Cajet.) de antiquitate eccleſiæ Hiſpanæ. XIII. 355.
Cenomani; auteurs ſur ce peuple d'Italie. XI. 542. v. *Come.*
Cenſeurs Romains, XIV. 414.
Censorin; reſtitut. d'un endroit de cet auteur. XIV. 420.
Centaures; leur hiſt. XIV. 422.
Centeno; hiſtor. de coſas del Oriente. XIV. 80.
Cento; hiſt. de cette ville. XI. 455.
Centorio (Flavio-Aſcan.) guerre de Tranſylvanie. XI. 355.
Centule. voyez *Saint-Riquier.*
Centumvirs; de judicio Centumvirali. XI. 95.
Centuriateurs de Magdebourg. X. 256.
Cépéda (Fernand de) relat. de la ville du Mexique. XIV. 153.
Cépéda (François de) hiſt. d'Eſpagne. XIII. 541.
Cépéda (Gabriel de) hiſt. de la imagen de N. Señora de Atoca. XIII. 370.
Céphalonie, île. XI. 546.
Cépion. *v.* Cippici.
Céramiques; Ceramicus geminus. XI. 43 & *ſ.*
Cerceau (le P. du) conjuration de Rienzi. XI. 428. révolution de Perſe. XIV. 86.
Cerda (Pedro de Leyva y de la) memorial del conde de Bannos. XIV. 274.
Cerdagne; teſtamens des comtes de ce pays. XII. 85.
Cerdon; origine de ſon héréſie. XIV. 520.
Cérémonial de l'Empire. XI. 334. — *Cérémonial*

monial de France. XIII. 154.
Cérès; mysteria Cereris & Bacchi. XI. 47. Eleusinia. *ibid.*
Cerf (D. le) biblioth. des auteurs de la congr. de S. Maur. XIV. 377.
Cerisier (René de) vie de S. Remi. XIII. 56.
Cérisoles; bataille donnée en ce lieu. XII. 162.
Cermenate (J. de) hist. de Milan. XI. 366.
Cerni (Ant. Franc.) commentarii. XII. 181.
Cernitius (Jean) vies des élect. de Brandebourg. XI. 319.
Cernoti; traduction de la géographie de Ptolémée & de Magin. X. 20.
Cerreti; hist. des monts de piété, &c. XIV. 351.
Certani; Bologna difesa. XI. 455.
Cerveau; nécrologe des défenseurs de la vérité. X. 260.
Cervellon (Marie) sa vie. X. 431.
Cervinus; hist. ecclésiastique. X. 236.
Cervole (Arnaut de) son histoire. XIV. 489.
Cervera; hist. de Catalogne. XIII. 383.
César (Jule) commentarii. XI. 69, 70, 71, 77. & XII. 13 & 14. de vita & rebus gestis Julii Cæsaris. XI. 69. apologie de César. 74. remarq. sur sa vie. XIV. 439.
Césars; les Césars de Julien l'Apostat. XI. 89.
Cesarius; dialogi miraculorum. X. 352, 355.
Césène; aut. sur cette ville. XI. 369, 373, 391, 449 & 450.
Cési; histoire de cette ville. XI. 442.
Cesino; pragmatica regni Siciliæ. XI. 491.
Césius; de prisca Cæsiorum gente. XI. 74.
Cespedes y Menesez (Gonçalo de) hist. de Philippe III, roi d'Espagne. XIII. 349. hist. apologetica. 380. hist. peregrinas, &c. 408.
Cestas; antiquit. trouvées en ce lieu. XIII. 126.
Cevallos; *voyez* Zevallos.
Cévennes; hist. des fanatiques des Cévennes. X. 307.
Ceverio de Vera; voyage à la Terre-Sainte. XIV. 89.
Ceylan; carte. X. 94.

anc. fur cette île. XIV. 108, 113 & *fuiv.*

Chabannes; vies de Jacques & Ant. de Chabannes, maréchaux de France. XII. 354, 360.

CHABANNES (l'abbé de) mém. fur la maifon de Chabannes. XIV. 247.

CHABANS (le baron de) hift. des guerres des Huguenots. XII. 268.

CHABERT (de) voyage de l'Amérique feptentrionale. XIV. 167.

CHABANON (M. de) differt. fur Homere. XIV. 505. difc. fur Pindare. 510. trad. de plufieurs de fes odes. *ibid.* & 514. fur la mufique des anciens. 514.

ÇHAFFRION; carte de la république de Gènes. X. 88.

CHAISE (Filleau de la) vie de S. Louis. XII. 134.

CHAISE (le P. de la) fur l'infcript. d'une urne antique. XIV. 416. *fon éloge.* 418.

CHALCONDYLE (Laonic.) hiftoriæ. XI. 145. & XIV. 70.

CHALES (Millet de) principes de la géographie. X. 31.

CHALINE; panégyrique de Chartres. XIII. 84.

CHALIPPE; vie de S. François d'Affife. X. 391.

CHALMOT; vitæ fanctorum ord. Cifterciensis. X. 355.

Châlons fur Marne; annales de cette ville. XIII. 57 & *fuiv.*

Chalons fur Saone; hift. de cette ville. XIII. 109 & *fuiv.*

CHALONS (le P. de) abrégé de l'hift. de France. XII. 101.

CHALOUSKI; veftigium Bohemiæ piæ. XI. 324.

Chalumeau euchariftique; fon hiftoire. X. 264.

Chambellan; grand-chambellan de France. XIII. 126.

CHAMBERLAINE; état préfent de l'Angleterre. XIII. 434.

CHAMBORT (M. de) fes mém. inférés dans ceux de l'académie des Infcriptions. XIV. 433, 445, 448, 452, 454, 456, 457. *fon éloge.* 463.

CHAMBRE (David) hift. de France, d'Angleterre, &c. XIII. 445.

Chambre de juftice éta-

blie & supprimée. XII. 337.

Chambre des comptes de Dijon. XIII. 106. — de Paris. 218, 219. — de Rouen. 67.

Chambre des comptes de Savoie. XI. 578.

Chambre royale de Naples; son histoire. XI. 474.

CHAMBRUN (Jean de) rétablissement de la principauté d'Orange. XIII. 168.

Champagne; auteurs sur cette province. XIII. 54 & *suiv.* union de la Champagne & de la Brie à la couronne. XIV. 466.

CHAMPAGNE (Jean) du sacre & couronnem. des rois de France. XIII. 255.

CHAMPIER (Symphorien) chroniques de Savoie. XI. 577. divers extraits servant à l'hist. de France. XII. 153. trophæum Gallorum. 154. vie du capitaine Bayard. 358. de origine civitatis Lugdunensis. XIII. 112. ecclesiæ Lugdun. hierarchia. 114. royaume des Allobroges. 120 & 253. hist. du royaume d'Austrasie. 180. origine des titres de noblesse. XIV. 193 de antiquitate domûs Turnonensis. 156. genealogia Lotharingorum principum. 257.

CHAMPIGNY (le chev. de) supplément au ministere de M. Pitt. XIII. 490.

CHAMPLAIN; voyages au Canada. XIV. 165.

CHAMPS (Agard de) de hæresi Janseniana. X. 254.

Chancelade; chanoines réguliers de la réforme de Chancelade. X. 424.

Chanceliers des académies; leur origine, &c. XI. 194.

Chancelier d'Angleterre. XIII. 510. — *grand-Chancelier* de Castille. XIII. 409. — *Chanceliers* & *archichanceliers* de l'empire. XI. 331. — *Chanceliers* de France. XIII. 215, 216, 225. — *Chanceliers* en Pologne. XIV. 40.

Chancelleries de France. XIII. 215.

CHANDELIER (Pierre le) mém. de l'hist. de notre tems. XII. 184 & *suiv.*

Ste. *Chandelle* d'Arras. XIII. 51.

CHANDIEU (Ant. de) hist. des persécutions de

l'église de Paris. XII. 168.

CHANDLER ; marmora Oxoniensia. XIV. 334.

Chanoines réguliers ; leurs régles ; leur histoire. X. 416 & *suiv.*

Chanoinesses séculieres. X. 416.

Chansons de l'ancienne Gréce. XIV. 448.

Chantal (Mde Frémiot de) sa vie par différens auteurs. X. 443 & *suiv.*

CHANTECLAIR, ou CHANTECLERC ; de legationibus excerpta. XI, 39, 78 & 134. historiarum liber. XII. 234.

CHANTONAI (Perrenot de) ses lettres. XII. 169.

CHANUT ; vie de Ste. Thérèse. X. 375.

CHAPEAUVILLE ; histoire de Liége, &c. XI. 288.

CHAPELAIN ; mélanges tirés de ses lettres. XIV. 525.

Chapelle du roi d'Espagne. XIII. 361. — *Chapelle* des rois de France ; son histoire. XII. 383.

CHAPELLE-MILON ; relat. des campagnes de Rocroy & de Fribourg. XII. 293 & 374.

CHAPELLE (Jean de la) mém. sur la vie du prince de Conti. XII. 375. & XIII. 250.

CHAPELLE (de la) lettres d'un Suisse. XII. 334.

CHAPELLE (M. de la) tableau de la Suisse. XIII. 262.

CHAPELLE (Arnaud de la) mém. de Pologne. XIV. 56.

CHAPELLE (RIBAUD de la) *v.* RIBAUD.

CHAPONEL ; hist. des chanoines réguliers. X. 416.

CHAPPE d'Auteroche (l'abbé) voyage en Sibérie. XIV. 117.

CHAPPRONAYE (J. Chesnel de la) les révélations de l'Hermite solitaire. X. 485.

CHAPUIS (Antoine) discours de la Limagne. XIII. 118.

CHAPUIS (Gabriel) contin. des chroniq. de Nicole Gilles. XII. 105 & 106. hist. des neuf Charles. 106. hist. de Henri III & Henri IV. 236. hist. de Navarre. XIII. 132 & 392. guerres civiles de Flandre. 291. hist. de la guerre de Flandre. 294.

Chapuzeau ; Lyon dans sa splendeur. XIII. 112.

Chars & Chariots ; de re vehiculari veterum. XI. 121. — *Chars* représentés sur les médailles consulaires. XIV. 416.

Chardin ; voyage en Perse, &c. XIV. 83. couronnement de Soliman. 86.

Chardon (Daniel) factums pour les médecins des facultés provinciales. XIII. 29.

Chardon (le P.) mém. pour l'éloge de Jean de Pins. XII. 360.

Charenton (le P.) traduct. de l'hist. d'Espagne de Mariana. XIII. 338.

Charité de Notre-Dame ; hospitalieres de ce nom. X. 447.

Charitius ; de viris eruditis Gedani ortis. XIV. 398.

Charlatanerie des Savans. XIV. 171.

S. *Charles Borromée* ; sa vie par différ. auteurs. X. 291. & XI. 552 & 554.

Charles-Martel ; de ficta ejus damnatione. XII. 39. auteurs sur son régne. 52 & *suiv.*

Charles, rois de France ; hist. des neuf Charles. XII. 106.

Charlemagne ; cartes de son empire. XII. 3. différens auteurs qui ont écrit l'histoire de cet empereur. XI. 175, 197, 199, 212 & *suiv.* XII. 41 & *suiv.* & 125 & *suiv.* Turpinus, de vita Caroli Magni, & Rolandi. XI. 165. de divisione imperii Carolini. 216. lettre de Charlemagne à Pepin, roi d'Italie. XII. 51. sa généalogie. 59. rythmus in ejus obitum. XI. 381. hist. fabuleuses dont il est le sujet. XIV. 478. son prétendu voyage à Jérusalem. *ibid.* systême du gouvernement pendant son régne. 487.

Charles le Chauve, roi de France ; aut. sur son régne. XII. 46 & *suiv.* 48 & *suiv.* & 128 & *suiv.* concile de Pavie pour son élect. au royaume d'Italie. XI. 380. formula fœderis inter Ludovicum Germaniæ & Carolum Galliæ reges. XI. 180, 197. — *Charles le Simple* ; auteurs sur son régne. XII. 50. — *Charles le Gros* ; aut. sur son régne. XII. 49. — *Char-*

les le Bel; son éloge. XII. 71. — Charles V; hist. de son régne. XII. 137. observations sur l'hist. de son régne. XIV. 466, 467. — Charles VI; auteurs sur son régne. XII. 138 & suiv. — Charles VII; son sacre. XIII. 237. auteurs sur son régne. XII. 141 & suiv. — Charles VIII; auteurs sur son régne. XII. 151 & suiv. observ. sur divers points relatifs à l'hist. de son régne. XIV. 445, 463 & 467. notice de la Prophétie de Charles VIII. 463. son expédit. en Italie. XI. 409, 410 & 591. sur son mariage avec Anne de Bretagne. XIV. 455. bulle de dispense pour ce mariage. 521. — Charles IX; auteurs sur son régne. XII. 168 & suiv. son entrée à Rouen. XIII. 240. à Saint-Malo. ibid. à Paris. ibid.

Charles; augusta quinque Carolorum historia. XI. 245.

Charles IV, empereur; ses constitutions pour la Bohême. XI. 325. son entrevue avec le roi Charles V. XII. 137. apophtegmata. XI. 184. commentarii de vita sua. 225. quod non dissipaverit imperii patrimonium. ibid. — Charles-Quint, empereur & roi d'Espagne; historiens de son régne. XI. 225, 230. & XIII. 345 & suiv. divers écrits relatifs à l'histoire de son régne, dans la collection de Schardius. XI. 168, 169, 170, 171. dans celle de Freher. 187, 188, 189. écrits sur ses différends avec François I. XII. 161 & suiv. ses apophtegmes. XI. 468. — Charles VI, empereur; historiens de son régne. XI. 245 & suiv. sa capitulation. 339. Roma, cum regno Italiæ ipsi vindicata. 413. — Charles VII; XI. 246.

Charles II, roi d'Espagne; historiens de son régne. XIII. 351 & suiv. son testament. 395.

Charles I, roi d'Angleterre; auteurs sur son régne. XIII. 466 & suiv. & 515. sa retraite d'Oxford. 457. — Charles II. 479 & suiv.

Charles d'Anjou, roi de Sicile. XI. 387.

Charles IX, roi de Suéde. XIV. 11. — Char-

les-Gustave. 13 & 15. — Charles XII. 15 & suiv.

Charles le Bon, comte de Flandre ; sa vie, par div. auteurs. XIII. 278. XIV. 27.

Charles le Hardi, duc de Bourgogne ; sa vie par divers auteurs. XIII. 104, 105 & 312. son expédit. contre les Liégeois. XI. 183. son entrevue avec l'empereur Frédéric III. *ibid.*

Charles-Louis, élect. Palatin ; ses prétentions à l'électorat de Baviere. XI. 261. son manifeste. 280.

Charles III, IV & V, ducs de Lorraine. XIII. 184 & *suiv.* testament politique de *Charles*, duc de Lorraine. XI. 242.

Charles, prince de Galles ; voyage de ses gens en Espagne. XIII. 458.

CHARLES d'Aremberg ; flores Seraphici. X. 385.

CHARLES à *Basilica Petri* ; de metropoli Mediolanensi. XI. 354. hist. provinciæ Mediolanensis. 554. fragmenta. *ibid.* de eccl. Novariensi. 562.

CHARLES-MARIE de Pérouse ; chronol. ord. Minorum. X. 531.

CHARLETAN ; antiquités de la grande Bretagne. XIII. 436.

CHARLEVOIX (le P.) hist. du Japon. XIV. 118. du Paraguai. 162. de la nouvelle France. 167. de Saint-Domingue. 172.

CHARLONIE (Gabriel de la) priviléges d'Angoulême. XIII. 96. Engolismenses episc. *ibid.*

Charmes ; de invidia & fascino veterum. XI. 105.

Charnok ; procès fait à R. Charnok, Ed. King & Th. Keyn. XIII. 495.

Charolois ; hist. de ce comté. XIII. 110.

Charon de Lampsaque ; mém. sur sa vie & ses ouvrages. XIV. 458.

Charondas ; de ejus effigie in Catanensi nummo. XI. 52.

CHARPENTIER (A.) le séjour de Compiégne. XIII. 38.

CHARPENTIER (Pierre) tombeau de Ste. Geneviéve. XIII. 16. vita sanctæ Genovefæ. *ibid.*

CHARPENTIER (François) traduct. de la Cyropédie. XI. 18. discours

sur l'établissement de la comp. des Indes. XIII. 157. ses ouvr. XIV. 418.

Charpentier (Jean le) ambassade à la Chine. XIV. 123.

Charroux; excerpta de Carrofensis cœnobii privilegiis. XII. 82. Carrofense concilium. *ibid.*

Chartes; v. *Trésor des chartes du roi.*

Chartier (Alain) ses œuvres. XII. 140.

Chartier (Jean) hist. de Charles VII. XII. 141.

Chartonet (le P.) vie du P. Faure. X. 424.

Chartres; hist. de cette ville. XIII. 84.

Chartreux; histoire de l'ordre des Chartreux. X. 403 & *suiv.* instituteurs de cet ordre. XII. 70. bibliotheca Carthusiana. XIV. 379.

Chassanée (Barth.) catalogus gloriæ mundi. XIII. 110.

Chassanion (J.) hist. des Albigeois. X. 299.

Chastel (Pierre du) le trépas & obséques de François I. XIII. 249.

Chastel (Jean) son apologie; procédures & arrêt contre lui. X. 465. XII. 170 & 234.

Chastelain (Claude) martyrologe universel. X. 277. martyrologe romain. *ibid.*

Chastelain (George) le chevalier délibéré. XIII. 105. hist. du chevalier de Lalain. 323.

Chastelain (l'abbé) traduct. du voyage des PP. Maire & Boscovich. XI. 414.

Chastelet (Paul Hay, sieur du) recueil de diverses piéces. XII. 273. disc. d'état. 274 & *suiv.* hist. de Bertrand du Guesclin. 353.

Chastenet (Bourgeois de) hist. du concile de Constance. X. 144.

Chastenet (Léonard) vie de M. Alain de Solminihac. X. 414. & XIII. 130.

Chateuil-Galaup (Jean de) entrée de Louis XIII à Aix. XIII. 243.

Chateuil-Galaup (Pierre de) discours sur les arcs triomphans. XIII. 147.

Chatre (le maréchal de la) la prise de Thionville. XII. 167. ses mémoires. XII. 292; 293.

Chatard; éloge de

l'abbé de Billy. XIV. 400.
Château-Châlon ; mémoires sur cette abbaye. XIII. 123.
Château-Landon ; recherches sur cette ville. XIII. 39.
Châteaudun ; hist. de cette ville. XIII. 85.
Chateauneuf (M. de) son ambassade. XI. 254.
Chateionier ; notæ ad Litanias Pictonicas. XII. 81.
Châtelet de Paris ; mémoire des conseillers contre les commissaires. XIII. 8.
Châtelet ; généalogie de cette maison. XIV. 261.
Châtillon sur Seine ; hist. de cette ville. XIII. 110.
Chatillon (M. de) son manifeste. XII. 260.
Châtillon ; différends entre cette maison & celle de Montmorenci. XII. 163.
Chaufepié ; diction. hist. & critique. XIV. 410.
Chaulecy (J. Fr. de) hist. des ducs de Lorraine. XIII. 181.
Chaumeau ; histoire de Berri. XIII. 97.
Chaumont (le chev. de) son voyage à Siam. XIV. 111.
Chauncy ; antiquit. comitatus Hertfordiensis. XIII. 505.
Chauny ; ses antiquités. XIII. 48.
Chausse (de la) de insignibus pontificis, &c. XI. 98. Deorum simulacra. *ibid.* de signis militaribus. 103. de vasis, bullis, &c. antiquorum. 105.
Chaussures des anciens. XI. 51 & 120.
Chauveron (Audouin) son procès-crim. XIV. 476.
Chavagnac (le comte de) ses mémoires. XII. 330.
Chavigny (Jean-Amat de) Henrici Magni benignà fata. XII. 219 & *suiv.*
Chavineau ; la mort du cardinal de Guise. XIII. 56.
Cheffontaine (Christophe de) compend. privilegiorum Fratrum Minorum. X. 381.
Chefneux ; ecclesiæ catholicæ speculum. X. 254.
Chester ; hist. de ce

comté. XIII. 501 & 503.

CHEMNITZ (Von) hist. belli à Gustavo Adolpho gesti. XI. 237.

CHEMNITZ (J. Fred.) chronique de Meckelbourg. XI. 304.

CHEMNITZ (Bogisl. Philippe de) bellum Sueco-Germanicum. XIV. 12.

CHENU (J.) chron. des évêchés de France. XII. 379. privilèges de la ville de Paris. XIII. 7. de la ville de Tours. 88. chronologia archiepisc. Biturigensium. 100. privilèges de Bourges. *ibid.*

Cherbourg; hist. de cette ville. XIII. 72. & XIV. 462.

CHERBURI (Herbert, baron de) de religione Gentilium. X. 99. expédition du duc de Buckingham. XII. 266. hist. du régne de Henri VIII, roi d'Angleterre. XIII. 460.

Chérifs; leur histoire. XIV. 137.

CHERREAU; hist. des archev. de Tours. XIII. 86.

CHERRONIER (Louis) XIII. 171.

CHESNE (André & François du) leur collection des historiens de France. XII. 35 & *suiv.* hist. des papes. XI. 420. hist. des cardinaux François. XII. 381.

CHESNE (André du) biblioth. Cluniacensis. X. 345. antiq. & rech. des villes de France. XII. 22. vita Sugerii. 132. les œuvres d'Alain Chartier. 140. hist. Normannor. scriptores. XIII. 61 & 439. hist. des comtes d'Albon. 170. grandeur des rois de France. 187. notes sur l'hist. des connétables, &c. 225. hist. d'Angleterre. 448. hist. de la maison de Béthune. XIV. 244. des rois & ducs de Bourgogne. 144 & *suiv.* de la maison de Chateigniers. 248. de la maison de Chatillon. *ib.* de la maison de Dreux. 249. des maisons de Guines, d'Ardres, &c. 250. de Luxembourg. 251. de Montmorency. 252. —des seigneurs de Rais du Breuil. 253. de la m. de Vergy. 257.

CHESNE (François du) recherches sur l'ordre du S. Esprit. XIII. 227.

CHESNE (Nicolas du) préface à la vie de Bayard. XII. 358.

CHESNE (Nic. Forest du) Mars verè Gallicus. XIII. 213.
CHESNE (D. Jean du) hist. de Bretagne. XIII. 76.
CHESNE (le P. du) hist. d'Espagne. XIII. 342.
CHESNEAU (Nicolas) hist. de l'église de Reims. XIII. 55.
CHESNEAU (Henri) trophées métalliques des seigneurs de Rostaing. XIV. 254.
CHESNOY (le P.) bullaire des confréries du Rosaire. X. 403.
Chevaux; de curandis equis. XI. 53.
Chevalerie ancienne; son origine. XIV. 483. mém. sur l'ancienne chevalerie. XIV. 200 & 477.
CHEVALIER; plaidoyer. XIII. 20.
CHEVALIER (Antoine) vie de S. Amable. XIII. 119.
CHEVALIER (François-Félix) mém. sur Poligny. XIII. 123.
CHEVALIER (Pierre) guerre des Cosaques. XIV. 54.
CHEVALIER; hist. de Guillaume III. XIII. 484.
CHEVALIER; carte du dioc. de Meaux. X. 86.
CHEVILLART (Jean) desseins du C. de Richelieu pour l'Amérique. XIV. 166.
CHEVILLIER; origine de l'Imprimerie de Paris. XIV. 365.
CHEVREAU; hist. du monde. X. 176.
CHEVREMONT; état de Bologne. XIV. 39.
CHEVRIER; hist. de la campagne de 1757. XII. 345. testament politique du maréch. de Belle-Isle. 346. codicile, &c. *ibid.* vie de ce maréchal. *ibid.* hommes illustres de Lorraine. XIII. 186.
CHEVRIERES (de) images des héros. XIV. 318.
CHIARANDA ou CHIARANDANO (J. Paul) Plutia antiqua & nova. XI. 376 & 499.
CHIARELLI; memorie sagre di Messina. XI. 495.
CHIAVENNA; vie de S. Louis, év. de Toulouse. XI. 467. istoria Brandolina. XIV. 219.
CHIESA (Fr. Agost. della) corona reale di Savoia. XI. 576.
CHIESA (Lodov. della) hist. du Piémont. XI.

581 & *suiv.* hist. de Saluces. 583.

Chieri; aut. sur cette ville. XI. 372 & 485.

CHIFFLET (Claude) de antiquo numismate. XIV. 327.

CHIFFLET (Henri-Thomas) de Othonibus æreis. XIV. 317.

CHIFFLET (Jean) Socrates. XI. 57. aqua virgo. 97.

CHIFFLET (Jean) de fabula Johannæ papissæ. XI. 413.

CHIFFLET (Jean-Jacq.) de linteis sepulcralibus Christi. X. 215, 216. insignia ord. Velleris aurei. 482. Portus Iccius. XII. 6. Anastasis Childerici I. 117. Vesontio. XIII. 121. Alsatia vindicata. 176. commentarius Lothariensis. 183. Tenneurius expensus. 201. & XIV. 209. de ampulla. XIII. 236. de vexillo regali. XIV. 202. Lilium Francicum. 202. ad vindicias Hispanicas lumina nova. 208. stemma Austriacum. 209. imago Francisci Eversoris. *ibid.* mém. contre le faux Childebrand. 233. vindic. Hispanicæ. 235. lampades Hispan. 236. recueil des traités de paix, &c. 291.

CHIFFLET (Jule) breviarium ordinis Velleris aurei. X. 481. Audomarum obsessum. XII. 277. sur la nomination à l'archevêché de Besançon. XIII. 122. hist. du chevalier de Lalain. 323. hist. du cardinal infant D. Ferdinand d'Autriche. 350. marques d'honneur de la maison de Tassis. XIV. 266.

CHIFFLET (Paul) de militari ordine S. Bernardi observatio. X. 355.

CHIFFLET (Pierre-François) carte de Franche-Comté. X. 82. édit. de Victor de Vit. XI. 151. dissert. de annis Dagoberti. XII. 117. de uno Dionysio. XIII. 12. hist. de Tournus. 110.

CHIFFLET (Phil.) hist. du prieuré de N. D. de Bellefontaine. XIII. 124.

Chigi (le cardinal) son entrée à Lyon. XIII. 246.

Childeric I, roi de France; Anastasis Childerici I. XII. 117. — *Childeric II*, roi de France; époques de son régne. XII. 117.

Chili; cartes. X. 96.

auteurs qui l'ont décrit. XIV. 159.

CHILLIAT; méthode pour l'hist. de Savoye. XI. 576 & *suiv.*

CHILMÉAD; traduct. de la chronique de Jean Malala. X. 135.

CHIMENTELIUS; marmor Pisanum. XI. 100.

CHINATIUS; bellum inter Venetos & Genuenses. XI. 392.

Chine; cartes. X. 93, 94. auteurs sur l'hist. de cet empire. XIV, 80, 104, 114 & 118 & *suiv.* voyez *Chinois.*

CHINIAC de la Bastide du Claux; sur la religion Gauloise. XII. 8. hist. des Celtes de Pelloutier. 12.

Chinois; que la nation Chinoise est une colonie Egyptienne. XIV. 502. sur les Chrétiens établis à la Chine. 506. commerce des Chinois avec les Romains. 509. sur leur poésie. 423. leur langue. 433. leur littérature. *ibid.* leur écriture. 437. certitude de leur chronologie. 449, 460. leurs annales. 455. leur mesure itinéraire. 499. leurs navigat. en Amérique. *ibid.* leur histoire littéraire. 399.

Chiny; histoire de ce comté. XIII. 286.

Chio; de Chio & ejus statu. XI. 45.

CHIOCARELLO; catalogue des évêques de Naples. XI. 475.

CHIOCCI; collegium Veronense. XI. 373.

Chirurgie; histoire de cette science. XIV. 355.

Chirurgiens de Paris; leurs statuts, &c. XIII. 29. index funereus. *ibid.*

CHISULL; antiquitates Asiaticæ. XIV. 334.

Chiusi; hist. de cette ville. XI. 401.

CHIUSOLE; il mondo antico, &c. X. 36.

CHIVERNY, chancelier de France. mém. d'état. XII. 236.

CHOISEUL (César, duc de) maréchal du Plessis-Praslin; ses mém. XII. 324. *sa vie, avec celle de* Charles. 351.

CHOISEUL (Gilbert de) mém. du maréchal du Plessis-Praslin. XII. 324.

CHOISNYN (J.) sur l'élection du roi de Pologne. XII. 188. & XIV. 50.

CHOISI (l'abbé de) vie de David. X. 210.

de Salomon. *ibid.* hist. de l'église. 233. vie de madame de Miramion. 413. vie de S. Louis. XII. 134. hist. de Philippe de Valois. 137. — de Charles V. *ibid.* de Charles VI. 139. mém. 291. journal du voyage de Siam. XIV. 111.

CHOMEDEY ; traduct. de Guichardin. XI. 408.

CHOMEL ; essai historique sur la médecine. XIV. 352. éloge de Louis Duret. XIV. 401.

CHOQUET ; vitæ SS. ordinis Belgii Prædicatorum. X. 397.

Chorasmia ; sa descr. par Abulfeda. X. 26.

CHORIER ; hist. du maréch. de Créqui. XII. 369. hist. de Dauphiné. XIII. 170. hist. abrégée. *ibid.* état politique. *ibid.* antiq. de Vienne. 173. nobiliaire de Dauphiné. XIV. 249. hist. de la m. de Sassenage. 255.

Chou-king ; livre sacré des Chinois. XIV. 119.

CHOUL (Guill. du) de la religion & castramétation des Romains. XI. 119.

CHOUPPES (le marquis de) ses mémoires. XII. 291.

Chrembsmunster ; fondation de ce monastere. XI. 194.

Chrétiens ; mœurs des premiers Chrétiens. X. 267.

Christ ; ordre de Christ en Portugal. XIII. 362, 364.

CHRISTIANOPUL ; annales ord. Prædicatorum. X. 396.

Christierne II, roi de Danemarck ; ejus vita & coronatio. XI. 168. attentata in Succiæ regnum. 187. auteurs sur son régne. XIV. 28. — *Christierne III.* ib. *Christierne IV.* ib. *Christierne V.* 29.

Christierne II, élect. de Saxe ; sa vie. XI. 310.

CHRISTINÆUS ; jurisprudentia heroica. XIV. 194.

Christine, reine de Suède ; auteurs sur sa vie. XIV. 13 & 14. ses alliances. 287.

Christine de Pisan ; sa vie. XIV. 422. notice de ses ouvrages. 467.

CHRISTIUS ; notæ ad annales Fuldenses. XI. 180.

CHRISTMANNUS ; de calend. romano. XI. 103.

CHRISTOPHE; vie de D. Antoine son pere. XIII. 418.

CHRISTOPHORSON; trad. d'Eusebe, &c. X. 223.

Chronique d'Alexandrie. v. *Chronique Paschale.*

Chroniques de France, jusqu'à la mort de Charles VII, ou *les grandes Chroniques de S. Denys.* XII. 103 & *suiv.* notice de ces chroniques. XIV. 460 & 463.

Chronique Martinienne. X. 141. & XIV. 475. — *Chronique orientale.* XI. 127. — *Chronique paschale*, ou Chronique d'Alexandrie, nommée aussi Chroniques ou Fastes de Sicile. X. 132, 134, 135. XI. 125.

Chronique scandaleuse. XII. 148.

Chronologie. X. 149 & *suiv.* discussions chronologiques. 178 & *suiv.* — *Chronologie* de l'écriture sainte. XIV. 482, 508. — *Chronologia* 450 annorum judicum. X. 208. – *Chronologie* grecque. XIV. 469.

CHRYSOCOCCA; excerpta ex eo. X. 26.

CHRYSOGON; munedus Marianus. X. 265.

Chunchi; hist. de ce conquérant. XIV. 122.

CHUPPÉ (Pierre) factum pour M. de Luxembourg. XIII. 225.

CHUPPIN (Antoine) voyage de J. de Lery. XIV. 163. navigation de Forbisher. 173.

CHURCHILL; divi Britannici. XIII. 449.

CHURRERUS; chronicon per Herveldenses monachos. XI. 203.

CHWALKOW CHWALKOWSKI; jus publicum Poloniæ. XIV. 57.

Chymie; hist. de cette science. XIV. 352.

Chypre; carte de l'île de Chypre. X. 56. Cyprus Meursii. XI. 55. recherches sur cette île. XIV. 510. hist. de cette île, & de ses rois. XI. 549. & XIV. 105.

CHYTRÆUS (David) de lectione historiarum. X. 13. hist. de la confession d'Augsbourg. 304. chronol. XI. 23. tabula philosophica. 52. chronicon Saxoniæ. 294. annotationes ad Antonium Panorm. 468. continuation de l'hist. de Prusse. XIV. 60.

CIACCHERI (Fran-

çois) chron. Geminianense. XI. 401.

Ciacconius (Alf.) de martyrio ducentorum monach. X. 170. de anima Trajani ab inferis erepta. XI. 91. 113. hist. utriusque belli Dacici. 113. vies des papes. 421. in columnæ rostratæ inscriptionem. XI. 97. notæ in vetus calendarium. 100. de Triclinio Romano. 121.

Cianmarucon ; description de Sezza. XI. 441.

Ciampini ; opera. X. 261. sa vie. *ibid.* an duo Philippi imperatores fuerint Christiani. XI. 93. & *ibid.* de sacris ædificiis Constantini 128. examen libri pontificialis. 381 & 419. de vicecancellario. 418. de abbreviatoribus. *ibid.*

Cianca (Ant. de) vida de S. Segundo, obispo de Avila. XIII. 371.

Ciappi ; vie de Grégoire XIII, pape. XI. 451.

Ciantar ; de beato Paulo naufrago. X. 265.

Ciarlanti ; memorie istor. dell' Sannio. XI. 480.

Ciatti ; hist. de Pérouse. XI. 446. vies de Braccio & de N. Picinini. 591.

Cicala ; convention de Sarzane. XI. 571.

Ciccarelli (Alfonse) de Clitumno. XI. 373. hist. d'Orviete 443.

Ciccarelli (Ant.) vies des empereurs rom. XI. 81.

Cicatelli (Sanctio) vie de Camille de Lellis. X. 438.

Cicéron ; epistolæ familiares. XI. 72. ad Atticum. *ibid.* & 73. hist. de la vie de Cicéron. 74. hist. des quatre Cicéron. *ibid.* querelle sur l'estime dûe à Cicéron. XIV. 496. remarq. sur sa vie composée par Plutarque. 439.

Ciéca de Léon ; chronica del Peru. XIV. 157.

Ciéco ; cronica di Toscana. XI. 501. chr. Trevisane. 519.

Cienfuegos ; vie de S. François de Borgia. X. 457. & XIV. 270.

Cigalini ; de C. Plinii vera patria. XI. 373.

Cilicius ; de bello Dithmarsico. XI. 301. & XIV. 3.

Cilli ; hist. delle sol-

levazioni in Polonia. XIV. 52.

Cimarelli (Barthol.) chroniche de Minori. X. 379.

Cimarelli (Vincent) hist. d'Urbin. XI. 455.

Cimarola ; epitome chronologica. X. 119.

Cimbriacus (Q. Emilian.) encomiasticon libri. XI. 184.

Cimelli ; belleze di Fiorenze. XI. 508.

Cimmériens ; mém. sur ces peuples. XIV. 474.

Cingoli ; hist. de cette ville. XI. 444.

Cini ; vie de Cosme de Médicis. XI. 107.

Cinname ; hist. de Jean & Manuel Comnene. XI. 157.

Cinq-Cieux (Solvil de) v. Quinceeix.

Ciofani ; Sulmonis descript. XI. 486.

Cionacci ; dell' insigne Madona. XI. 512.

Cippici ; de Petri Mocenici rebus gestis. XI. 523.

Cirfranci (Sénuccio) *c'est* Rinuccini. (Franc.)

Cirillo ; annales de la ville d'Aquila. XI. 480.

Cisner ; de Ottone III. XI. 216. de Friderico II. 220. édition des annales d'Aventin. 261.

Cisoin ; hist. de cette abbaye. XII. 87.

Cispin ; la scuola di P. Filippo Neri. X. 410.

Citations ; leur nécessité, &c. XIV. 430 & 512.

Citeaux ; histoire de l'ordre de Citeaux. X. 351 & *suiv.* ses origines. XII. 70. biblioth. script. ord. Cisterc. XIV. 377.

Citeaux ; descript. des monum. de cette abbaye. XIV. 447.

Citizencis urbs. voyez *Zeitz.*

Cito ; vie de l'impératrice Guilielmine Amélie. XI. 245.

Citri de la Guette ; hist. du Triumvirat. XI. 74. conquête du Mexique. XIV. 152. de la Floride. 155.

Citta nova ; dans la Marche d'Ancone. XI. 451.

Cittadini ; dell' antichita delle armi gentilizie. XIV. 195.

Civaux, en Poitou ; ses tombeaux. XI. 116.

Civita Castellana. XI. 370.

Cixilla ; de vita B. Ildefonsi. XIII. 369.
Cize ; hist. du Wighisme, &c. XIII. 487.
Clabault ; tableau généalogique de la maison de France. XIV. 238.
S. *Clair* sur Epte ; son histoire. XIII. 161.
Ste. *Claire* de Nice ; hist. de ce monastere. XI. 583.
Ste. *Claire* de Rimini ; hist. de cette sainte. XI. 449.
Clairets ; carte de la visite dans l'abbaye de N. D. des Clairets. X. 357.
Clairvaux ; hist. de cette abbaye. X. 354.
Clanes ; de situ Clanarum. XI. 563.
Clapasson ; descript. de Lyon. XIII. 113.
Clapiers ; de provinciæ Phocensis comitibus. XIII. 147 & *suiv.*
Clapmarius ; de arcanis rerumpublic. X. 104.
Claramonti (Scipion) Cæsenæ historia. XI. 369, 449 & 450. contentio. 369.
Clarendon (Edouard, comte de) hist. de la rebellion. XIII. 467.
Claret (Niny de) la Provence. XIII. 148.
Clarisses ; hist. des relig. Clarisses. X. 392.
Clark (Samuel) son édition des comment. de César. XI. 70. hist. de Guillaume le Conquér. XIII. 64. vitæ aliquot Anglorum. 516.
Clascan del Valles ; triomphe des chevaliers de Malte. X. 479.
Clasenius ; theologia gentilis. XI. 47.
Classe ; monumenta ad Classem Ravennatem reperta. XIV. 332.
Classun (de) carte du diocèse d'Aire. X. 84.
S. *Claude* ; sa vie. [illegible]II. 124.
Claude le chronologiste ; brevis chronica. XII. 67.
Claude, ministre ; sa vie. X. 313.
Claudien ; de bello Gildonico, &c. XI. 152.
Claudius. v. Clausson.
Clausson (Pierre) descript. de la Norwége. XIV. 30. chron. regum Norwegiæ. *ibid.*
Claustre (M. de) hist. de Thamas-Kouli-Khan. XIV. 86. hist. des journaux. 372.
Clavel ; antiquité de

l'ordre de S. Basile. X. 319.
Clavelli (Bernard) antica Arpino. XI. 485.
Clède (de la) hist. de Portugal. XIII. 413.
Clémangis (Nicolas de) ses lettres. XII. 140.
Clemencet (D. Charles) hist. de Port Royal. X. 358. hist. littér. de la France. XIV. 392.
Clément Alexandrin; tems où il a vécu. XIV. 524.
S. *Clément*, Romain; sa vie. X. 225.
S. *Clément*, pape; de S. Clemente papa & martyre. XI. 422. — Clément IV; ses lettres. XII. 88. — *Clément VII*, antipape; son élection. XI. 382. — *Clément XI*, pape; sa vie. XI. 433. ses lettres. *ibid.* sa création de cardinaux. 435.
Clément (Nicolas) défense de l'antiquité de Toul. XIII. 179. Austrasiæ reges. 181. mémoires de la paix de Munster. XIV. 294.
Clément (D.) l'art de vérifier les dates. X. 354. éclaircissemens de D. Poncet. X. 180. rerum Gallicarum & Francicarum scriptores. XII. 65.
Clementini; hist. de Rimini. XI. 449.
Cleo; acta sanctorum. X. 283.
Cléomènes; remarq. sur sa vie. XIV. 456.
Cléopatre; sa vie. XI. 10.
Clercs réguliers de différentes congrégations. X. 435 & *suiv.*
Clerc (Alix le) sa vie. X. 424.
Clerc (Chrétien le) établissement de la foi dans la nouvelle France. XIV. 168.
Clerc (Daniel le) histoire de la médecine. XIV. 351.
Clerc (Jean le) portraits des ducs de Venise. XI. 528. vies des grands & illustres personnages. XII. 357.
Clerc (Jean le) compendium historiæ. X. 128. geographia sacra, cum notis; Onomasticon. 194. harmonia evangelica. 214. notæ ad Sulpitium Severum. 226. hist. ecclesiastica. 238. mém. sur les controverses nées sur la grace. 252. notulæ ad Titum Livium. XI. 65. hist.

du cardinal de Richelieu. XII. 270. hist. des Provinces-Unies. XIII. 290.

Clerc (l'abbé le) lettre sur le dictionaire de Bayle. XIV. 409.

Clerc (le) addition au traité de la police. XIII. 220.

Clergerie (Gilles Bry, sieur de la) hist. du pays de Perche. XIII. 71.

Clermont en Auvergne; aut. sur cette ville. XII. 81, 82. XIII. 118.

Clermont; défense de ceux du collége de Clermont. X. 470.

Clety (le P.) ancienneté de l'abbaye de S. Bertin. XIII. 51 & *suiv.*

Clèves; carte. X. 74. hist. de cette principauté. XI. 290 & *suiv.*

Clèves (Marie de) son éloge. XII. 349.

Clèves (Henriette de) son éloge. XII. 349.

Cleyton; introd. à l'hist. des Juifs. X. 101.

Clichon; sacre du roi Henri II. XIII. 237.

Clichtow; de laudibus S. Ludovici. XII. 134.

Clielle (Brochard, sieur de la) état de Rome. XI. 417.

Clitumnus; de Clitumno Umbriæ flumine. XI. 373 & 445.

Clodion, roi de France; généalogie de ses descendans. XII. 39.

Clodius (J. Chr.) de historicis & geographis Arabis, &c. XIV. 398.

Cloppenbourg; carte de Danemarck. X. 66.

Cloppenburch; miroir de la tyrannie espagnole. XIII. 297.

Closter-Seven; sur la capitulation de Closter-Seven. XII. 345.

Clotaire I, roi de France; hist de son régne. XII. 118. — *Clotaire III*. 117.

Clou sacré. XIV. 435.

Clovis I, roi de France; sa lettre aux évêques. XII. 40. lettres qui lui sont adressées. *ibid.* traité de la sainteté de Clovis. 106 & 118. dissertation sur l'hist. de Clovis & de ses enfans. 118. éclaircissemens sur l'hist. de son régne. XIV. 520. mém. sur sa politique. 475.

Clovis le jeune, roi de France; dissert. sur l'année de sa mort. XII. 117.

Clozeaux (F. de

Haudeſeus des) privilé-ges de l'ordre de Malte. X. 480.

Cluana; hiſt. de cette ville. XI. 451.

Cluny; hiſt. de l'ordre de Cluny. X. 345 & *ſuiv.*

Clusius (Carolus) Galliæ Belgicæ deſcript. XIII. 272.

Cluvier (Jean) epitome hiſtor. X. 124. & XI. 207.

Cluvier (Philippe) introductio in geographiam. X. 52. Italia antiqua. XI. 58. Germania ant. 156. Sicilia ant. 374 & 488. Sardinia & Corſica. 377 & 488. Corſica antiqua. 574. diſquiſitio de Francis & Francia. XII. 36. de tribus Rheni alveis. XIII. 288.

Coburg; carte de ſa principauté. X. 72. hiſt. de Saxe-Coburg. XI. 317.

Cocarella ou Cohorella (Benoît) hiſt. des îles de Tremiti. XI. 377 & 488.

Cocceius (Henri) juris publici prudentia. XI. 161.

Cocceius (Joſſe) Dagobertus rex, &c. XIII. 177.

Cocceius. *voy.* Grotius. X. 104.

Coccini; de bello Maximiliani I, cum Venetis. XI. 185. de imperii tranſlatione. 214. opuſculum. 410.

Coccinoli; vie du B. Bernard Ptolémée. X. 365.

Cochin; obſerv. ſur les antiquités d'Herculanum. XI. 478.

Cochinchine; auteurs ſur ce pays. XIV. 112.

Cock (J.) Sylloge varior. tractatuum. XIII. 474.

Cock (Jérôme) operum antiquorum Romanorum reliquiæ, &c. XIV. 333.

Cock (Roger) affaires ſecrétes. XIII. 480.

Cock (Thomas) Dempſteri Etruria regalis. XI. 501.

Cockburn; voyage par terre. XIV. 191.

Cochlée; hiſt. Huſſitarum. X. 301. & XI. 324. de actis & ſcriptis Lutheri. X. 305. vie de Théodoric. XI. 405.

Cocq la Madelaine (le) généalogie de la maiſon d'Egmont. XIV. 265.

Cocquault; table

de l'hist. de Reims. XIII. 55.
COCQUELIN ; vie de S. Claude. XIII. 124.
CODA ; descrit. di Biella. XI. 583.
CODAGLI (Dominiq.) hist. du monast. de S. Second. XI. 531. storia Orceana. 541.
Code Carolin ; recueil de lettres des papes. XI. 582.
CODIN (George) de Constantinopolitanis originibus selecta. XI. 124. de curiæ & ecclesiæ Constantinopolitanæ officiis. *ibid.*
CODJA-EFFENDI ; hist. du régne d'Orchan. XIV. 74.
Codorlahomor ; carte de son empire. X. 53.
CODRETTO (Antonio-Agostino) il Colosso. XII. 372.
CODRETTO (Paschal) principi beati di casa di Savoya. XI. 577. vita d'Isabella, duchessa di Modena. 578. — de dona Francesca Caterina. *ibid.*
COECUS ; de conscribenda historia. X. 2.
COEFFETEAU ; histoire Romaine, trad. de Florus. XI. 62. hist. Romaine. 78.
COELHO de Barbua ; reyes de Portugal. XIII. 411. por la fidelidad Lusitana. 418.
COENS (Pierre) de origine Begghinarum. X. 409.
Cœur (Jacq.) mém. sur les dernieres années de sa vie. XIV. 476.
COEVO ; viaggi fatti nel Egitto. XIV. 90.
Coglione ; sa vie. XI. 591 & *suiv.*
COHELLI ; notitia cardinalatûs. XI. 435.
COHON TRUEL ; observ. sur l'hist. de Mariana. XIII. 339.
Cohorte ; de cohortibus legionis antiquæ. XI. 103.
Coigny (le maréchal de) sa campagne de 1743. XII. 341.
Coin ; mémoire sur le coin. XIV. 491.
COINTE (le P. le) annales ecclef. Francorum. XII. 378. refutatio auctorum exauctorationis Ludovici Pii. XII. 128.
COINTE (le) hist. du Val des Ecoliers. X. 424.
Coire ; de antiquitatibus Curiæ in Rhetia prima. XI. 179. hist. de cette ville. XIII. 267.
Coislin (M. de) évêq.

de Metz ; son éloge. XIV. 447.
COLBERT ; lettres & négociations de la paix de Nimégue. XIV. 501.
COLBETO (L. Porcio) v. PICCOLO.
Colchide ; carte de l'ancienne Colchide. X. 56.
COLETI (Jean) sa traduction italienne de la *Méthode pour étudier l'Histoire* de l'abbé Lenglet. X. 18.
COLETI (Nicolas) concilia. X. 242.
La B. *Colette*, réformatrice des ordres de S. François ; sa vie. X. 392.
COLERUS (J.) vie de Spinosa. X. 514.
COLERUS (J. Cph.) analecta. XIV. 366. notæ ad Valerium M. 516.
Coleus (Barthel.) sa vie. XI. 373.
COLGAN ; acta sanctorum Hiberniæ. XIII. 527.
COLIGNY (l'amiral de) responsio ad confessionem Poitroti. XI. 172. & XII. 174. siége de Saint-Quentin. XII. 166. vie de cet amiral. 351 & 362.
Colimenta familia. XI. 384.
COLIN (François) labor evangelica. X. 451.
COLINI ; histoire du Palatinat. XI. 280.
COLINS (Pierre) hist. XIII. 281. gén. des seigneurs d'Enghien. XIV. 165.
COLLACO (Ant.) missions des Jésuites aux Indes. XIV. 124.
COLLADO (Dieg.) hist. eccl. du Japon. XIV. 129.
COLLÉ ; hist. de la conquête de la Chine. XIV. 121.
Collége royal de France. XIII. 32.
COLLENUCCIO ; oratio ad Maximilianum. XI. 184. hist. du royaume de Naples. 464.
COLLET ; vie de S. Vincent de Paul. X. 412.
COLLET (Philibert) hist. de Dombes. XIII. 169.
COLLESCHI (l'abbé) dissert. sur les postes des anciens. XI. 121.
COLLETET (François) annales de Paris. XIII. 5.
Colliers ; de antiquorum torquibus. XI. 105.
COLLIER (Claude) histoire des connétables. XIII. 215.
COLLIER (Jérémie) hist. ecclés. XIII. 492.

Collistte ; hist. du Vermandois. XIII. 47. *aux additions*.

Collin ; abrégé de l'Histoire univ. trad. du P. Petau. X. 122.

Collin ; vie de Marie Lumague. X. 414.

Collina (Boniface) vita di S. Romualdo. X. 350.

Collina (Abondio) considerazioni sopra l'origine della bussola. XIV. 350.

Collins (Arthur) vie d'Edouard, prince de Galles. XIII. 458. hist. de Jean de Gand. *ibid.* lettres & mémoires. 477. vie de Guill. Burghlei. 515.

Collins (Gréenvil) atlas. XIII. 433.

Collins (Guillaume) hist. du progrès des belles-lettres. XIV. 347.

Collisée ; ses antiquités. XI. 114.

Collucci ; de discordiis Florentinorum. XI. 504.

Colluraffi ; il nobile Veneto. XI. 529.

Collutius Salutatus (L.) détail de sa vie & de ses ouvrages. XIV. 517.

Colman (Fr.) de ortu monast. S. Ægidii Noribergensis. XI. 256.

Colmar, ville d'Alsace. XIII. 176. — Dominicanorum Colmariensium fasti. XI. 177.

Colmenares (Diégo de) hist. de Ségovie. XIII. 571.

Colmenares (Juan-Alvarez de) annales d'Espagne & de Portugal. XIII. 342.

Cologne ; cartes. X. 75. auteurs sur la ville & l'électorat de Cologne. XI. 285 & *suiv.* catalogue des archev. de Cologne. 193.

Cologne (l'éle&t. de) lettres & mém. qui le concernent. XI. 240.

Coloma ; guerres des Pays-Bas. XIII. 299.

Colomb (Christophe) de insulis nuper inventis. XIII. 332 & 344. & XIV. 100. hist. de Christ. Colomb, & de sa navigation. XI. 397. & XIV. 147.

Colomb (Fernand) hist. de Christ. Colomb. XIV. 147.

Colomb (D.) hist. littér. de la France. XIV. 392.

Colomban ; poème qui lui est attribué. XIV. 233.

Colombi

COLOMBI (Jean) hiſt. de Guillaume, comte de Forcalquier. XIII. 154. —des évêq. de Siſteron. 164. —de la ville de Manoſque. 165. — des évêques de Vaiſon. 166. — des évêq. de Valence & de Die. 173, 174. — des év. de Viviers. 174.

COLOMBIERE (Vulſon de la) éloges des hommes illuſtres. XII. 370. ſes traités ſur la nobleſſe & les armoiries. XIV. 197 & *ſuiv.*

COLOMIEZ; Italia & Hiſpania orient. XIV. 386. Gallia orientalis. 393.

Colonia do Sacramento, au Bréſil. XIV. 164.

COLONIA (le P.) antiquités de la ville de Lyon. XIII. 113. hiſt. littéraire. 114.

Colonies Grecques; leurs devoirs envers leurs métropoles. XI. 56.

COLONIE (de la) ſes mémoires. XI, 243.

Colonne Antonine. XI. 114. — *roſtrale*. 97 & 374. — *Trajane*. 113 & 432.

COLONNE (Dominiq) hiſt. du marquis de los Velez. XI. 474.

Colonne (Pompée) ſa vie. XI. 429, 430.

Colonne (Proſper) ſa vie. XI. 230. & XIII. 403.

COLUMNA (Guido de) hiſt. Trojana. XI. 25.

COLVENER; chronicon Cameracenſe. XIII. 53. hiſtoria eccleſiæ Remenſis. 55.

Comachio; différens écrits ſur cette ville. XI. 458, 459.

COMANDER; antiquitates Curiæ. XI. 179.

COMAZZI; hiſt. de l'emp. Léopold. XI. 141. couronnement de Joſeph I. 243 & 353.

COMBASSON; état préſent de l'ordre de S. François. X. 384.

Combats en champ clos. XIII. 249 & 255.

Combé (Mde. de) ſa vie. X. 414.

COMBEFIS; hiſt. Monothelitarum. X. 298. variæ lectiones ad Theophanem. XI. 132. hiſt. Byſantinæ ſcriptores. *ib.* manipulus. 144.

COMBES (le P.) hiſt. des îles Mindanao, &c. XIV. 114.

Come; aut. ſur cette ville. XI. 365, 366, 384 & 542 & *ſuiv.* & 561.

Come (lac de) sa description. XI. 365.

Comédie; rech. sur son origine & ses progrès. XIV. 465, 480.

Comédie. v. *Spectacles*.

COMENIUS (Jean-Amos) hist. Fratrum Bohemorum. X. 301.

Comices; de Comitiis Romanorum. XI. 94. de comitiis veterum Germanorum. 158.

COMINES (de) différentes éditions & traductions de ses mémoires. XII. 145 & *suiv.*

COMMANVILLE (de) vies des saints. X. 287.

COMMELIN (Jérôme) Britannicar. rerum scriptores. XIII. 436.

COMMELIN (Gasp.) descript. d'Amsterdam. XIII. 312.

COMMELIN (J.) vie de Frédéric-Henri, prince d'Orange. XIII. 323, 324.

Commendon; vie de ce cardinal. XIV. 58.

Commerce; hist. du commerce. XIV. 350 & *suiv.* — *Commerce* des anciens. 498. — des Romains avec les Tartares & les Chinois. 509. — *Commerce*; son état en France. XIII. 257. — *Commerce* des îles Britanniques, dans les anciens tems. XIV. 464, 472, 485. — *Commerce* en Angleterre. XIII. 511 & *suiv.* — *Commerce* d'Irlande. 526. — *Commerce* de Venise. XI. 555. voy. *Compagnies de commerce*.

Commissaires au Châtelet; mémoires, &c. qui les concernent. XIII. 7 & *suiv.*

Communes, en Angleterre; leurs droits, &c. XIII. 435 & 510.

Comnène; le glorie caduce della famiglia Comnena. XI. 136.

COMNÈNE (Anne) Alexiados. XI. 136. 137 & 142.

COMNENE (Ang. Flavio) privilèges de la famille Comnène & de l'ordre de S. George. X. 484.

COMPAGNI; vie de Castruccio Castracani & de Scipion l'Africain. XI. 575.

Compagnies de commerce établies en France. XIII. 257, 258. — *Compagnie des Indes orientales* en Portugal. 429 & *suiv.*

COMPAGNONI (Pom-

pée) la Reggia Picena. XI. 445. del antico Tuscolo. 446.

Compaigne (Bertrand de) chron. de Bayonne. XIII. 135. évêq. d'Acqs. *ibid.*

Compiègne ; descript. du château & de la forêt. XIII. 38.

Complimens ; cérémonies & complimens des Romains. XI. 121.

Comte (Jérôme le) guerre de Malte. XI. 589.

Comte (Noel le) historia sui temporis. X. 159. & XI. 411.

Comte (René le) continuation de l'hist. de la gr. Chancellerie. XIII. 216.

Comte (le P. le) mémoires de Forbin. XII. 333. mém. sur la Chine. XIV. 126.

Comtes de l'empire. XI. 329, 331, 344.— *Comtes Palatins ;* de comitibus Palatinis Cæsareis. XI. 458.

Conception de la Ste. Vierge ; ordre des chevaliers de la Conception imm. de la Ste. Vierge. X. 485.

Conciles ; cartes. X. 60. epitome Conciliorum & Hæreticorum. 170.— hist. des Conciles. X. 241. — acta conciliorum generalium. XI. 412.— *Conciles* d'Espagne. XIII. 361.—*Conciles* de France. XII. 382.

Concile provincial de Parme. XI. 388.—*Concile de Pavie ;* pour l'élection de Gui, roi d'Italie. 380. *autre* pour l'élect. de Charle le Chauve. *ibid.* — *Concile de Rome*, de l'an 863. XI. 380. de l'an 864. *ibid.*

Concki (Christophe) vies des arch. de Gnesne. XIV. 57.

Conclaves ; hist. des conclaves. XI. 434.

Concorde des livres des Rois & des Paralipoménes. X. 211.—des évangiles. 213, 214.

Concordia ; hist. de ses comtes. XI. 568.

Conæus (George) vie de Marie Stuart. XIII. 519.

Conan-Mériadec ; hist. de ce prince. XIII. 78.

Condamine (de la) voyage en Amérique. XIV. 160.

Condé ; *mémoires du prince de Condé.* XII. 168 & *suiv.*

Condé (Henri, prince

de) son entrée à Dijon. XIII. 244 son voyage en Italie. XI. 358.

Condé (Louis I, prince de) sa vie. XII. 351.

Condé (Louis II, prince de) sa vie, par M. Turpin. XII. 351 par d'autres auteurs. 374 & *suiv*. son entrée à Dijon. XIII. 245. ses funérailles. 250.

CONDIVI; vie de Michel-Ange. XIV. 362.

Condom; hist. abbatiæ Condomensis. XII. 87.

CONESTAGGIO; guerre des Pays-Bas. XIII. 294. de Portugalliæ conjunctione cum regno Castellæ. XIII. 332 & 416 & *suiv*.

Confession d'Ausbourg; son histoire. X. 304.

Conformités de la vie de S. François avec celle de Jesus-Christ. X. 388 & *suiv*.

Confucius; vie de ce législateur. XIV. 119. le chou-king. *ibid*.

Congiaires marqués sur les médailles. XIV. 416.

CONGNARD; traité touchant la papesse Jeanne. XI. 424.

Congo; histoire de ce royaume. XIV. 141.

Congrégation de France. X. 424.

Congrégations de Auxiliis. X. 250.

CONIER; Fontis Ebraldi exordium. X. 362.

Connétables de France. XIII. 225, 226. — du royaume de Naples. XI. 474.

CONNOR (Bern.) itinerar. Polonicum. XIV. 38.

Conrad I, empereur; auteurs sur son régne. XI. 216. — *Conrad II*, surnommé le Salique, empereur; son origine. XIV. 107. aut. sur son régne. XI. 174 & 217. — *Conrad III*; hist. de son régne. XI. 218. sa vie. 266.

Conrad, roi de Sicile. XI. 387.

CONRAD, év. chronicon rerum Moguntiacarum. XI. 176, 177, 210, 182.

CONRAD (F.) chronica. XI. 379.

CONRAD *de Liechtenaw*; sa chronique. X. 139. & XI. 204.

CONRAD; chronicon Schirense. XI. 264.

CONRAD *de Fabaria*; de casibus monasterii S.

Galli. XI. 178. catalog. abbatum. *ibid.*

CONRADUS VICERIUS; de rebus gestis Henrici VII. XI. 176, 177.

CONRAD (David-Arnold) cryptographia denuda. XIV. 344.

Conradin, roi de Sicile. XI. 387.

CONRINGIUS (Herman) de prudentia civili. X. 103. thesaurus rerum publicarum. 175. de nummis & republica Hebræorum. 221. adversaria chronologica. XI. 11. de Germanorum corporum habitûs causis. 159. notæ ad Lampadium. 163. censura diplomatis. 273. de antiquo statu Helmæstadii. 300. constitutio episcoporum Germaniæ. 329. de urbibus Germaniæ. *ibid.* de antiquitatibus academicis. 332. de capitulatione Cæsarea. 338. de finibus imperii. 341. *ses écrits sur le droit qu'a l'électeur de Mayence de couronner le roi des Romains.* 342, 343. élect. du pape Alexandre VII. 431. præfatio ad Poloniam Starovolscii. XIV. 38. de bello contra Turcas gerendo. 76. de scriptoribus. 366.

Conseil du roi; son histoire. XIII. 219.

CONSINO; grandesas de Constantinopla. XIV. 69.

Constable, abbé de Cava; sa vie. XI. 385.

Constance; carte de cet évêché. X. 71. chronicon episcopatus Constantiensis. 175. auteurs sur l'évêché de Constance, &c. 271. hist. du concile de Constance. X. 243, 244. ses actes. 243.

Constance; hist. de ce ministre. XIV. 112.

CONSTANS (David) de uxore Lothi. X. 209.

CONSTANT (Germain) traité de la cour des Monoies. XIII. 219.

S. *Constantien*, abbé; sa vie & ses miracles. XII. 78.

Constantin le Grand; hist. de son régne. XI. 127, 128 & 147. — non fuit Britannus. XIV. 520.

Constantin le Jeune; son panégyrique. XI. 128.

CONSTANTIN - PORPHYROGÉNÈTE; collectanea. XI. 39 & 78. de ceremoniis aulæ Byzanti-

næ. 124. vita Basilii imperatoris. 133 & 155. de administrando imperio. 135 & 143. de thematibus. 143.
CONSTANTIN *Harménopule*; de opinionibus hæreticorum. X. 294.
CONSTANTIN MANASSÉ; breviarium historicum. XI. 126.
CONSTANTIN, antipape; ses lettres. XII. 54 & 129.
CONSTANTIN de S. Alexis; carte d'Artois. X. 81.
CONSTANTIN (Emanuel) hist. des rois de Portugal. XIII. 412. & XIV. 276.
CONSTANTIN; mém. sur les états provinciaux. XIII. 105.
Constantinople; ce qui concerne la cour & l'église de Constantinople. XI. 124. patriarchat de C.P. X. 196. & XI. 146. topographie de Constantinople. XI. 23, 46, 144 & 124. 143 & 144. & XIV. 69. son étendue comparée à celle de Paris. XIV. 516. —détroit de Constantinople. 69. —Constantinople occupée par les Latins. XI. 136, 138, 523. & XII. 60. —prise par les Turcs. XI. 145.
S. *Constantius*; actes de son martyre. X. 270.
Consuls; de consulibus. XI. 117. descriptio consulum. XII. 65.
Consul; nom donné aux magistrats des villes municipales. XIV. 465.
Consuls de Paris; recueil concernant leur jurisdiction. XIII. 8.
CONTARENI (Ambr.) viaggio ad Ussuncassam. XIV. 80, 85.
CONTARENI (Franç.) de rebus in Hetruria à Senensibus gestis. XI. 505.
CONTARENI (Gaspard) de magistrat. & republ. Venetorum. XI. 366 & 516. hist. Hetruriæ. 370.
CONTARENI (J. B.) hist de Venise. XI. 522.
CONTARENI (Jean-Pierre) istoria Veneta. XI. 524.
CONTARENI (Pietro) hist. de la guerre contre le Turc. XIV. 75.
CONTARENI (Louis) antichita di Roma. XI. 111.
CONTARENI (Vinc.) de frumentaria largitione, &c. XI. 101. de militari Roman. stipendio. 103.

Contarini; éloges de la famille de ce nom. XI. 550.

Contarini (Charle) doge de Venise; sa vie. XI. 550.

Contarini (Gaspar.) vie de ce cardinal. XIV. 401.

CONTAT (Joachim le) l'image d'un supérieur accompli. X. 334.

CONTATOR; de hist. Terracinensi. XI. 443.

CONTELORI (Félix) concordiæ inter Alexandrum III & Frideric. I. XI. 219. Mathildis comitissæ genealogia. 406. elenchus cardinalium. 435. genealogia comit. Romanorum. XIV. 226.

CONTELORIO (Félix) hist. de Cési. XI. 442.

Conti; généalogie de cette famille. XIV. 218.

Conti (Armand, prince de) mém. sur sa vie. XII. 375.

Conti (François Louis, prince de) sa pompe funèbre. XIII. 250.

CONTI (Louise-Marg. de Lorraine, princesse de) amours de Henri IV. XII. 243.

CONTI (Bernardin de) hist. de Spolére. XI. 404.

CONTI (Lor.) huomini chiari della Liguria. XI. 574. traduct. des mém. de Comines. XII. 147.

CONTI (Natale) v. COMTE (Noel le)

CONTILE (Luca) hist. de Cesar Maggi. XI. 411 & 474. histoire du duc de Northumberland. XIII. 461.

CONTRERAS (Mature de Penafiel) genealogia del rey de España, &c. XIV. 274.

Conversano; aut. sur cette ville. XI. 572 & 485.

Conversion des nations; theatrum conversionum gentium totius orbis. X. 169.

COOKE (Alexandre) la papesse Jeanne. XI. 423.

Copenhague; son université. XIV. 34.

COPO; sito dell'Istria. XI. 545.

COPPI; hist. de San-Geminiano. XI. 515.

COPPIN; bouclier de l'Europe. XIV. 91.

Coptes; leur histoire. XIV. 135.

COQ (le) parfait géographe. X. 33.

COQ DE VILLERAY; (le) hist. de la ville de Rouen. XIII. 66.

COQUILLE (Guy) dialogue sur les miseres de la France. XII. 222. devis entre un citoyen de Nevers, &c. 227. hist. du Nivernois. XIII. 85. discours des états de France. 205. états d'Orléans. 206. des pairs de France. 222.

CORALTI; l'origine de Montealcino. XI. 515.

Corbeil; antiq. de cette ville. XIII. 58.

CORBELLINI; évêques de Verceil. XI. 583 & *suiv.*

CORBERA; vie de D. Marie Cervellon. X. 411. Cataluna illustrata. XIII. 382.

Corbie; chron. Corbeiense. XI. 192. annales Corbeienses. 196. immunitates. *ibid.* siége de cette ville. XII. 277. & XIII. 46.

Corbie, nouvelle; sa fondation. XI. 193. & XII. 46. de destructionibus ecclesiæ Corbeiensis. 50.

CORBIN (Jacque) hist. des Chartreux. X. 403.

CORBINELLI; hist. de la maison de Gondi. XIV. 249.

CORDEMOY (Géraud de) de la maniere d'écrire l'histoire. X. 5. hist. de France. XII. 111.

Cordoue; hist. de cette ville. XIII 331. 375.

CORÉAL; voyages. XIV. 190.

Corfinium; Corfinii brevis elucidatio. XI. 487.

Corfou; de repub. Corcyræorum. XI. 43. hist. de cette île. XI. 545 & *suiv.*

Corinthe; de repub. Corinthiorum. XI. 43.

CORIO; storia di Milano. XI. 553.

Coriolan; sa retraite & son apologie. XI. 73.

CORIOLAN (Ambr.) commentar. supra regul. S. Augustini, &c. X. 415, 416.

CORIPPE; de laudibus Justini junioris. XI. 130.

CORLIEU; hist. d'Angoulême. XIII. 96.

CORMIER; panégyrique de Henri II. XII. 163.

CORMIS (Louis de) tables des Provençaux illustres. XIII. 155.

CORNACCIOLI; relat. de la défense de Crémone. XI. 558.

CORNARIUS (Janus) de conviviis Græcorum. XI. 50.

CORNARO (Flaminio)

ecclesia Veneta illustrata. XI. 531. supplementa. *ibid.*

CORNEILLE (Thom.) dictionaire géograph. X. 50. hist. de la monarchie Françoise. XII. 289. *son éloge.* XIV. 418.

CORNEILLE (Pierre) vers sur le triomphe de Louis le Juste. XII. 253.

CORNEJO; hist. de la ligue. XII. 209. siége de Paris. XIII. 6. guerres civiles de Flandre. 191.

CORNELIUS NEPOS; de vitis imperat. Græc. & Latin. XI. 54, 55. — Nepos Saxonicus. 309.

CORNELIUS (F.) breviarium Fuldense. XI. 196.

CORNET (du) hist. des guerres de Savoye, &c. XI. 579.

Cornet (Nicolas) son oraison funèbre. XIV. 401.

Cornette blanche. XIII. 255.

CORNO (Ant. del) histoire de Feltri. XI. 543.

CORNO (Teseo Fr. del) Ravenna dominante. XI. 448.

Cornouaille; hist. de ce pays. XIII. 502.

Coromandel; cartes. X. 93. descript. de cette côte. XIV. 104 & 108. & *suiv.*

CORONEL (Hernando de los Rios) mémorial. XIV. 113.

CORONELLI (Marc) regnorum, &c. nomina latina & italica. X. 28. Atlante Veneto. 48. Isolario. *ibid.* Roma antico moderna. XI. 417. guida de' Forastieri di Venetia. 517. singolarita di Venetia. *ibid.* storia Veneta. 523.

CORONELLI (Vincent) ses globes. X. 62. carte de la Morée. 92. de l'Abissinie. 94. cartes pour la guerre du levant. XI. 525. conquêtes de Venise en Dalmatie, &c. *ibid.* descript. de la Morée. 547.

CORONELLI (Vincent-Marie) hist. de Bergame. XI. 572 & 541.

CORRADIN (Pierre-Marcellin) vetus Latium. XI. 59. de Latii populis. *ibid.* de civitate & ecclesia Setina. XI. 441.

CORRADUS (Euseb.) ad Sixtum IV. X. 427.

CORREA; conquesta del reyno de Navarra.

XIII. 132 & 393.
CORRERA y Santos; (Fr. de la) conversion de la reine Christine. XIV. 14.
CORRET; le cinquiéme ange de l'Apocalypse. X. 455 *& suiv.*
CORRETTINI; de episcopis Viterbii. XI. 440.
CORROZET; origine & succession du duché de Ferrare. XI. 457. antiq. de Paris. XIII. 4.
CORSAL; lettre sur ses voyages. XIV. 142.
Corse; différentes cartes de cette île. X. 90. auteurs qui en ont écrit l'histoire. XI 377, 397, 412, 488, 489, 574 *& suiv.* troubles dans cette île, de 1548, à 1568. XII. 178.
Corsendoch; Corsendica, sive cœnobii de Corsendoch origo. X. 423.
CORSETTO; de origine famil. Ladroniæ. XIV. 212.
Corseult, en Bretagne. XIV. 417.
CORSIGNANI; acta SS. mart. Simplicii. X. 270. de viris illustribus Marsorum. XI. 482.
CORSINI; dissertationes quibus Olympic. Pythiorum, &c. tempus inquiritur. X. 185. fasti Attici. XI. 39. dissertat. agonosticæ. 40. Herculis quies & expiatio. XIV. 331. inscript. Atticæ. 335.
CORTAUD; vie d'Ezzelin III de Romain. XI. 537.
CORTE (Girol. della) hist. de Vérone. XI. 588.
CORTELLI; tractatus ad Jesuatorum confirm. X. 330.
CORTEZ (Ferd.) de insulis nuper inventis. XIV. 146.
CORTHYM (A.) florilegium historicum. X. 153.
Cortone; hist. de cette ville. XI. 510. de Cruce Cortonensi. *ibid.*
CORTREIUS; corpus juris publici. XI. 340. pacificatio Noviomagensis. XIV. 302.
CORTUSIUS; de novitatibus Paduæ. XI. 367, 390 & 537.
CORVARIA (Gui de) de rebus Pisanis. XI. 398.
CORVINUS (J. Arn.) de Monasteriensium Anabapt. obsidione. XI. 169.
CORVINUS (Laurent) de Polonia. XIV. 42.
Corwei, abbaye. XI.

293. voyez *Corbie*.
Corybantes. XIV. 481.
Coryce ; son antre. XIV. 501.
Cosaques ; leur guerre avec la Pologne. XIV. 53, 54.
Cosence ; hist. de cette ville. XI. 481, 486. scrittori Cosentini. XIV. 387.
Coseo (Aliander de) epistola Columbi. XIII. 344.
Cosme de Prague ; chron. Bohæmorum. XI. 324.
Cosme de Villiers ; biblioth. Carmelitana. XIV. 379.
Cosmi (Stephano) istoria della Lega. XII. 207.
Cossart (le P.) concilia. X. 241, 242. entrée du roi & de la reine à Paris. XIII. 245.
Costa ; de conscribenda historia. X. 2. de la liberté de l'Italie. XI. 407.
Costadoni ; annales Camaldulenses. X. 348. osserv. intorno Torcello. XI. 531.
Costanzo (Angelo di) hist. de Naples. XI. 464.
Costar ; the history of Astronomy, &c. XIV. 350.
Coste (Hilarion de) portrait de S. François de Paule. X. 408 hist. des hommes & dames illustres. XII. 349. éloges & vies des roynes, &c. 350. éloges des Dauphins. XIII. 171.
Coste (Pierre) hist. du prince de Condé. XII. 374, 375.
Coste (de la) conq. des Castillans en Amérique. XIV. 149.
Coster ; hist. Judaica. X. 204.
Costo ; ist. dell'origine di Monte-Virgine. X. 363. & XI. 486. description du royaume de Naples. XI. 460. hist. de Naples. 464. apolog. 466. memoriale. *ibid.*
Cotellis (Antonio de) sa vie. X. 411.
Coton (le P.) sa vie. X. 458. Anti-Coton, &c. 470.
Cotta (Cæs. Aug.) Castellodunensis agri descript. XIII. 85.
Cotta (Catellan) recensio juris interpretum. XIV. 356.
Cotta (Lazare Aug.) descript. du lac Majeur. XI. 561.

Cotignola (François, comte de) victoria contra Venetos. XI. 399.

Cottignon ; évêq. de Nevers. XIII. 85.

Coucy ; hist. des seigneurs de Coucy. XIII. 49. mém. sur la maison de Coucy. 252. sa généalogie. XIV. 193.

Coudrette (l'abbé) differt. sur les bulles contre Baius. X. 250. mém. sur le formulaire. 253. mém. pour servir à l'hist. des Jésuites. 453. hist. des Jésuites. *ibid.*

Couert ; relat. d'un naufrage à la côte de Cambaye. XIV. 108.

Coulet ; hist. de la Médecine. XIV. 352.

Coulon ; hist. de la Chine. XIV. 121.

Couplet ; catalogus. X. 461. Confucius Sinarum philosophus. XIV. 120.

Courayer (le P. le) traduct. de l'hist. du concile de Trente, de Fra-Paolo. X. 245. hist. de la réformation, trad. de Sleidan. XI. 226.

Courbeville (le P. de) le politique. XIII. 345.

Courchetet ; hist. de la paix des Pyrénées. XII. 320. de la paix de Nimégue. 330.

Courones ; de coronis nuptiarum præfert. XI. 102. coronæ. 120.

Ste. *Courone d'épines ;* hist. de sa susception. XII. 61.

Courone de fer ; differt. sur cette courone. XI. 366 & 561.

Couronement des rois d'Angleterre. XIII. 510.

Course chez les anc. XIV. 427. — *Courses* de chars & de chevaux, aux jeux olympiques. 443 & 448.

Court (Caton de) relat. de la bataille de Fleurus. XII. 331.

Courtalon Delaistre ; tactique des Gaulois. XII. 8.

Courtenay ; hist. généalogique de cette maison. XIV. 239 & *suiv.* écrits en sa faveur. 240.

Courtils (Jean des) mer des hist. & chron. de France. XII. 91.

Courtils (Gatien des) intérêts des princes. X. 106. mém. de Vordac. XI. 243. mém. de Montbrun. XII. 281. de M. de Bordeaux. 317.

Courtin (Ant. de) traduct. du traité du droit

de la guerre & de la paix. X. 104, 105.

Courtin (Nicolas) Cornelius Nepos ad usum Delphini. XI. 35.

Courtisanes; de meretricibus. XI. 49.

Courtrai; conférences en cette ville. XII. 327.

Courvaisier (Ant. le) hist. des évêques du Mans. XIII. 92. défense. *ibid.*

Courvol (D. de) généalogie de la maison de Courvol. XIV. 248.

Cousin (Gilbert) Burgundiæ superioris descriptio. XIII. 120.

Cousin (Jean) de prosp. & exitio Salomonis. X. 210. hist. de Tournay. XIII. 279.

Cousin (le président) hist. de l'église. X. 224. hist. Romaine. XI. 76. hist. de Constantinople. 141 *& suiv.* hist. de l'empire d'Occident. XII. 124.

Cousinot (Guillaume) sa vie. XII. 150.

Cousinot (Jacque) vie de Guillaume Cousinot. XII. 150.

Coustou l'aîné; son éloge. XIV. 362.

Coutance; vies des év. de cette ville. XIII. 70. sur son aqueduc. XIV. 462.

Couto (Diégo de) décades de l'Asie de Barros. XIV. 104.

Couture (l'abbé) hist. des Assyriens, &c. XI. 13. ses ouvrages insérés dans les mém. de l'académie des inscript. XIV. 418, 419, 420, 423, 424, 427, 429, 432, 435. *son éloge.* 440.

Coyer (l'abbé) hist. de Jean Sobieski. XIV. 54.

Cox; Hibernia Anglicana. XIII. 525.

Cozzando; hist. de Brescia. XI. 541.

Cracovie, ville de Pologne. XIV. 42. ses évêques. 57.

Craesbeeck (Ant.) dialogos de varia historia. XIII. 430.

Craesbeeck (Paul) commentar. de grande capit. de Andrada. XIII. 427.

Cragius; de republ. Lacedæmoniorum. XI. 45. annales. XIV. 28.

Cramer (Daniel) chron. Pomeraniæ. XI. 321.

Cramer (J. Fred.) trad. de l'introduction de

Pufendorff à l'Histoire. X. 174.

Cramer (Jean) chr. monast. S. Petri in monte Crucis ad Werram. XI. 195.

Cranius ; de pace religiosa. XI. 340.

Cranmer, archevêque de Cantorbéri ; sa vie. XIII. 497. son procès. 498.

Crasset (le P.) hist. de l'église du Japon. XIV. 118.

Crassus ; rem. sur sa vie. XIV. 438.

Crassi (Nicolas) forma reipubl. Venetæ. XI. 366. elogia Patriciorum Venetorum. 367 & 530. de Pisauræ gentis origine. 451. & XIV. 226. vita Andr. Mauroceni. XI. 530. jurisd. reip. Venetæ in Mare Adriaticum. 534.

Crasso (Lorenzo) elogi d'huomini illustr. XIV. 367.

Crawfort's ; mém. de l'Ecosse. XIII. 522. le pairage d'Ecosse. XIV. 285.

Création ; carte de la création. X. 53.

Creccellius ; ordines monastici. X. 319

Creil ; mém. de ce qui s'est passé en cette ville. XII. 255.

Crême ; auteurs sur cette ville. XI. 543.

Cremers ; rabies, seu clades Franco-Batava. XII. 276.

Crémone ; auteurs sur cette ville. XI. 365, 386 & 558 & *suiv.* son hist. littéraire. XIV. 388. victoria Cremonensium contra Venetos. XI. 399.

Crems ; annales monasterii Cremi-Fanensis. X. 345. & XI. 247.

Cremsmunster ; diplome accordé à ce monastere. XI. 262.

Crenius ; Fasciculus dissert. XIV. 523.

Créqui ; hist. de cette maison. XIV. 244.

Créqui (le maréch. de) sa vie. XII. 369. son entrée à Rome. XIII. 245.

Crescenzi ; presidio romano. X. 321. Eusebio Cremonese. 331. corona della nobilta d'Italia. XIV. 218. anfiteatro Romano. 223.

Cressollius ; theatrum rhetorum. XI. 52.

Cressonerius (Arth. de) epistola. XII. 245.

Crestomathia Helladii. XI. 53.

Crestone ; observ. sur

cette ville. XIV. 488.

Crete; Creta Meursii. XI. 55. de repub. & legibus Cretensium. 43. de nummis Cretensium. XIV. 321.

Cretenet (Jacque) sa vie. X. 411.

CREUXIUS; historia Canadensis. XIV. 165.

CREVIER; son édit. de Tite-Live. XI. 65. continuation de l'hist. Romaine. 80. hist. de l'Université. XIII. 19.

CREYGTON; notæ ad concil. Florentinum. X. 244.

CRIBELLI (Jérôme) in laudem Blancæ-Mariæ Sfortiæ. XI. 399.

CRIBELLI (Leodrisio) de vita Sfortiæ ducis. XI. 394. expeditio Pii II, contra Turcas. XI. 396.

Crillon; sa vie. XII. 364.

CRINITUS; belli rusticani historia. XI. 188.

CRISPINUS; édit. de Salluste. XI. 63.

CRISPOLTI; Perugia augusta. XI. 446.

CRISPUS (J. B.) Panoplia patrum. XI. 4.

Crissa; si Crissa & Cirrha étoient une même ville. XIV. 430.

Croatie; carte. X. 68. hist. de cette province. XI. 346 & *suiv.* ses bans. 352.

CROCETTI; vita del patriarch. S. Romualdo. X. 350.

CROESIUS; historia Quackeriana. X. 314.

Croisades en la Terre Sainte; auteurs rapportés par du Chesne. XII. 59 & *suiv.* historiens des croisades. XIV. 97. — *Croisades* des rois de France. XIV. 520. — *Croisades* contre les Albigeois. X. 300. & XII. 63 & *suiv.*

CROISET; vies des saints. X. 288.

Croisiers. X. 425.

Croix; de ligno SS. Crucis. X. 215. de mysteriis dominicæ crucis passim in Germania delapsis. XI. 185. — *Ste. Croix* d'Avellano; vies de quelques saints de ce monast. X. 349. — *Ste. Croix de Jérusalem*, à Rome; hist. de cette église. XI. 438. — *Ste. Croix di Sasso-vivo*, au territ. di Foligni; chronica. X. 336.

CROIX (Guillaume de la) évêques de Cahors. XIII. 130.

CROIX (de la) guerre

des Turcs avec la Pologne. XIV. 75. la Turquie Chrétienne. 78.

Croix (Phérothée de la) méthode de géographie. X. 55.

Croix (Nicolle de la) géographie moderne. X. 36.

Croix (M. de la) abrégé chron. de l'hist. de l'emp. Ottoman. XIV. 73.

Crombach; historia trium magorum evangelicorum. X. 264.

Cromé; voyez Morin (Louis)

Cromer; Polonia. XIV. 38 & 41. de origine & rebus gestis Polonorum. 41 & 47. oratio in funere Sigismundi I. 44.

Cromwel; auteurs qui ont écrit sa vie. XIII. 475.

Cronenbourg; descript. de ce château. XIV. 29.

Crophius; antiquitates Macedonicæ. XI. 45.

Cros (Joseph. du) voyages du marquis de Ville. XII. 323.

Cros (Simon du) mém. de Henri II, duc de Montmorenci. XII. 367.

Crosby; hist. des Anabapt. d'Angleterre. X. 307.

Crosse; Belgii historia. XIII. 275.

Crotone; hist. de cette ville. XI. 483.

Croy; généalogies de cette maison. XIV. 264. & *suiv.*

Croy (Guill. de) seigneur de Chiévres; sa vie. XIII. 401.

Croy (Charles-Alex. duc de) mém. guerriers. XIII. 295.

Croze (de la) hist. du christian. d'Ethiopie, &c. XIV. 83. hist. du christian. des Indes. 110. sa vie & ses ouvrages. 401.

Crucio (Alfario) Vesuvius ardens. XI. 477.

Cruger; de jure electorum regibus Bohemiæ competente. XI. 342.

Crull; hist. des Juifs. X. 205.

Crullius (Corn.) vindiciæ Mauritianæ. XI. 310.

Crummedyckius; chr. episc. Lubecensium. XI. 193.

Crusenius; monasticon Augustinianum. X. 415.

Crusius (André) Wit-

tikindus magnus. XI. 308.

Crusius (Herman) son édit. de Plutarque. XI. 32.

Crusius (Jean) aulæ ecclesiasticæ subversio. X. 345. chron. Mindense. XI. 298.

Crusius (Mart.) Turco-Græcia. XI. 146. & XIV. 78. narrat. de bello Smalkaldico. XI. 189. de imperat. Barbarosso. 219. annal. Suevici. 269. Germano-Græcia. XIV. 78.

Cruylius (Livinus) prospectus urbis Romæ. XI. 97 & *suiv.*

Cruz (Luis de la) summa de Varones illustres. X. 461.

Cruzamonte; gesta impiorum per Francos. XIII. 211.

Ctesias; fragmenta. XI. 12, 26. hist. des Perses. XIV. 459.

Cuba; carte de cette île. X. 96.

Cueilly (Lago de) mémoires. XII. 341.

Cuença; hist. de cette ville. XIII. 372.

Cuik (Henri) évêq. de Ruremonde; sa vie. XIII. 318.

Cuirasses; leur différence d'avec les cottes d'armes. XIV. 425.

Cuise; voyez *Compiègne.*

Cujas (Jacque) pro Montlucio præscriptio. XII. 183. — *Cujas*; sa vie. XIV. 356.

Culembach; chronique des marq. de Culembach. XI. 268.

Cumberland (Rich.) orig. gentium. X. 191.

Cumes; Cumarum descriptio. XI. 371. statuæ Cumarum. *ibid.*

Cun (Sigism. André) memorabilia Sheningensia. XI. 298.

Cunegonde, sœur de Maximilien I; sa naissance. XI 182.

Cunelier; mém. pour l'Université. XIII. 24.

Cuneus; de republicâ Hebræor. X. 218, 219.

Cunha (Rodrigo da) chron. des rois Jean I & Alfonse V. XIII. 413. de primatu Bracharensi. 428. hist. dos arcebispos de Braga. 429. de Lisboa. *ibid.* dos bispos de Porto. *ibid.*

Cupedenses; canton inconnu. XIV. 470.

Cuper (Gisb.) Harpocrates. XI. 56. apotheosis Homeri. *ibid.* ses

lettres. XIV. 523. *son éloge*; 426.

Cuper (Guill.) acta sanctorum. X. 282. de patriarchis Constantinopolit. XI. 146.

Curæus; rerum Silesiacarum chronica. XI. 326. annal. Silesiæ. *ibid.*

Curetes. XIV. 482.

Curia urbis hist. XI. 314.

Curicke; descriptio urbis Dantiscanæ. XIV. 57.

Curio (Cœlius Secundus) de hist. legenda. X. 14. de bello Melitensi. XI. 377, 590. & XIV. 95. trad. de Guichardin. XI. 408.

Curion (Cœlius Augustin) Saracenica historia. XIV. 94. Marochensis regni descript. 95.

Curion (Dominiq.) triomphe des chevaliers de Malte. X. 479.

Curion (Jean) de Francorum rebus. XII. 25.

Curioni (Francisco) Albero de' monti di Verona. XIV. 224.

Curlande; auteurs sur ce pays. XIV. 39, 40, 60.

Curopalate; *voyez* Scylitza (Jean)

Curres (Charles de) triomph. de France. XII. 156.

Cursius; Civitas Castellana Faliscorum. XI. 370.

Curson; gouvernem. d'Angleterre. XIII. 434.

Curtade; Monspeliensis medicorum universitas. XIII. 143.

Curtius; elogia illustrium Eremitarum S. Augustini. X. 428.

Cusano; évêques de Verceil. XI. 584.

Cuspinien; diarium de congressu Maximiliani imperat. &c. XI. 185. de Cæsaribus. 206. descript. Austriæ. 247. de Turcorum origine. XIV. 71. oratio ad bellum Turcicum. 75.

Cusset; l'illustre Orbandale. XIII. 109.

Cutsem; Saxonia catholica. XI. 295.

Cuzco; conquête de cette prov. XIV. 157, & 159

Cybele; ses mystères. XI. 48. ses statues. XIV. 432.

Cybo; dialogo della famiglia Cybo. XIV. 220.

Cycles; de cyclis Judæorum, Græcorum &

Romanorum. X 184. — *Cycle* de Jule César. X. 179. — *Cycle paschal* des Latins. XI. 22.

Cyclopes. XIV. 482.

Cygnes; sur le chant attribué à ces oiseaux. XIV. 434.

Cygnea urbs; voyez *Zuickaw*.

Cygneus (Joan.) annal. Bambergensium prodromus. XI. 267.

Cymbriacus; de gestis Attilæ. XI. 151.

Cypræus (Jérôme) de Saxonum, &c. origine. XI. 308. & XIII. 436.

Cypræus (Paul & J. Adolphe) annal. episc. Slesvicensium. XI. 302.

S. *Cyprien*, évêque de Carthage; son histoire. X. 225 & 289.

Cyprien (Ern. Sal.) tabularium ecclesiæ Romanæ. X. 248.

Cyprien (Jean) de statu & motibus Galliæ. XII. 184.

Cyprien *de Ste. Marie*; thesaurus Carmelitarum. X. 370.

Cyprien *de la Nativ. de N. S.* description des deserts des Carmes déchaussés. X. 375. vie de Ste. Thérèse. *ibid.*

S. *Cyr*; religieuses de la maison de S. Cyr. X. 447.

S. Cyran (l'abbé de) v. Verger de Hauranne.

Cyrène; hist. de cette ville. XIV. 427.

Cyriac d'Ancone; itinerarium XIV. 179.

S. *Cyrille*, évêque des Moraves; sa vie. XI. 327.

Cyrinus; variæ lectiones. XI. 60 & *suiv.*

Cyrnæus; de bello Ferrariensi. XI. 396. de rebus Corsicis. 397.

Cyropédie; sur cet ouvrage de Xénophon. XIV. 419, 429, 436, 442, 511.

Cyrus le Grand; son histoire. XI. 18. son expédit. contre les Scythes. XII. 12.

Cyrus le Jeune; son histoire. XI. 18 & 19.

Czerwenka (Venceslas Adalbert) annales domûs Austriacæ. XI. 249. & XIV. 209.

DACE, conquise par Trajan. XIV. 499. peuples qui l'habitent. 504. antiquités. XI. 554.

DACHERI ; acta SS. ordinis S. Benedicti. X. 335. spicilegium. XII. 83 & *suiv.*

DACIER ; traduct. des vies de Plutarque. XI. 33. disc. sur la satyre. XIV. 419. sur le chœur de l'Œdipe de Sophocle. 423. *son éloge.* 433.

DACIER (Madame) son édit. de Dictys de Crète XI. 25. de Florus. 62. d'Eutrope. 63. d'Aurelius Victor. 64.

DACIER (M. d') trad. d'Elien. XIV. 516. *aux additions.*

Dactyles. XIV. 482.

DADRÉ ; chron. des archev. de Rouen. XIII. 65.

Dagobert ; de tribus Dagobertis, Francorum regibus. XII. 121.

Dagobert I, roi de France ; ejus gesta. XII. 37. epitaphium, &c. *ibid.* de ejus piè gestis. 38. dissert. sur l'année de sa mort. 117. Argentinensis episcop. fundator. XIII. 177. — *Dagobert II.* sa vie. XII. 120, 121.

DAHNERT ; trad. de l'hist. des Huns. XIV. 115.

Daillé (Jean) sa vie. X. 313.

DAILLÉ (Jean) vie de Jean Daillé son pere. X. 313.

Daillon (Antoinette) son éloge. XII. 349.

Dainville ; statuts du collége de Dainville. XIII. 31.

DAIRE (le P.) tableau de la bataille de Mastricht. XII. 343. tableau des sciences, &c. de la prov. de Picardie. XIII. 43. hist. d'Amiens. 44. hist. de Montdidier. *ibid.*

Dais ; de umbellæ gestatione in Dionysiacis. XI. 115.

DALERAC ; anecdotes de Pologne. XIV. 55.

DALIN ; hist. de Suéde. XIV. 8.

DALMASSÈS (Pablo de) sur la patrie de Paul

Orose. XIV. 405.

Dalmatie; carte. X. 68. auteurs sur cette province. XI. 546 *& suiv.* ses rois. 352. inscript. Dalmaticæ. 377. guerres de la républ. de Venise en Dalmatie. 528.

DALQUIÉ; hist. de la Chine. XIV. 119. *voyez* d'ALQUIÉ.

DALRYMPHE; suppl. à la descript. de l'Ecosse. XIII. 517.

DAMADENUS; Æs redivivum Canusiorum. XI. 372.

DAMALEVICUS; res gestæ archiepisc. Gnesnensium. XIV. 56.

DAMETO; hist. del reyno Balearico. XIII. 389.

DAMIEN (Joseph) synopsis primi sæculi Soc. Jesu. X. 449.

Damiens; son procès. XII. 345.

DAMOURS; mémoire pour les Etats de Provence. XIII. 146 *& suiv.*

DAMPIER; voyage autour du monde. XIV. 189.

DAMPMARTIN; la fortune de la cour. XII. 207, 208, 217.

Damville, gouv. du Languedoc; sa déclaration. XII. 190.

DAN (Pierre) merv. de Fontainebleau. XIII. 37. hist. de Barbarie. XIV. 138.

Danchet; son éloge. XIV. 479.

DANCKAERTS; ses cartes. X. 62, 64, 67.

DANCKAERTS; hist. Gust. Adolphi. XI. 259.

DANCKMANN de Falckenstein; de Frederici III, &c. desponsatione. XI. 182.

DANCKWERTH; chronographia ducatus Slesvicensis. XI. 301.

DANDINI; voyage au mont Liban. XIV. 91.

DANDOLO; chronic. Venetum. XI. 390. auctores ab eo laudati. 398.

Daneborg; de ordinis Daneborgici origin. X. 483. & XIV. 34.

Danemarck; cartes. X. 66. origo & hist. regum Daniæ. 170. de situ Daniæ, &c. XI. 190. de origine gentis Danorum. 191; aut. sur ce royaume. XIV. 21 *& suiv.*

DANÈS (Pierre) évêq. de Lavaur; apologie d'Henri II. XII. 164. *sa vie.* 360.

DANÈS (l'abbé) vie de Pierre Danès. XII. 360.

Danet ; dictionarium antiquitatum. XI. 108.

Dangie de Bauchie (Matthieu de la) apologie pour Guillaume le Conquérant. XIII. 64.

Daniel (Gabriel) abrégé de l'hist. de France. XII. 101. hist. de France. 112 & *suiv.* hist. de la milice Françoise. XIII. 253.

Daniel (Samuel) hist. d'Angleterre. XIII. 448.

Daniel *de la Vierge Marie ;* speculum Carmelitanum. X. 366. vinea Carmeli. 367.

Dannhawer ; colluvies Quackerianorum. X. 314.

Danse ; histoire de la danse. XIV. 359. — *Danse* des anciens. XIV. 418. — *Danses* des Grecs. XI. 48 & *suiv.* — académie de danse. XIII. 36.

Dante (le) sa vie. XIV. 388.

Dantiscus (Joan.) victoria Sigismundi. XI. 169.

Dantzick ; descript. de cette ville. XIV. 57. son hist. littér. 398. ses environs. X. 68.

Danube ; cartes du cours de ce fleuve. X. 68, 69, 70. l'origine du Danube, & la descript. des provinces & villes qu'il arrose. XI. 157. sa jonction avec le Rhin projettée. XIV. 470. observ. sur les peuples qui ont habité ses bords. XI. 41.

Danville ; géographie ancienne. X. 50. traité des mesures itinéraires. *ib.* ses cartes. 54, 55, 56, 57, 58, 59, 63, 64, 85, 87, 89, 92 & *suiv.* & XII. 2. XIV. 119 & 172. dissert. sur l'étendue de Jérusalem. 210. mémoire sur l'Egypte. XI. 2. états formés en Europe. 149. notice de l'anc. Gaule. XII. 6. ses mém. insérés parmi ceux de l'académie des Inscript. XIV. 489, 490, 491, 492, 495, 498, 499, 501, 503, 504, 507, 510, 512, 515 & 516.

Dapifer. v. *Sénéchal.*

Daphnis ; sur le lieu de sa naissance. XIV. 430. hist. de ce berger. 436.

Dappers ; descript. de l'Asie. X. 43 de l'Afrique. 44. & XIV. 132. de la Syrie & de la Palestine. X. 196. d'Amsterdam. XIII. 312. de la Morée. XIV. 78. de l'A-

rabie, de la Mésopotamie, &c. 80. ambassades à la Chine. 123. descr. de l'Amérique. 147.

Daprès de Manne-villette; routier des côtes des Indes, &c. XIV. 104.

Dardanelles; descript. de ce détroit. XIV. 498.

Darès; de bello Trojano. XI. 24 & 25. hist. Trojana. 25.

Darius; Darius Medus. XI. 17.

Darius, fils d'Hystaspe; époques de son régne. XIV. 484.

Darnalt; chronique Bourdeloise. XIII. 127. statuts de Bourdeaux. *ib.* antiq. d'Agen. 131.

Darrerac; antiq. de Bourdeaux. XIII. 126.

Dart; Westmonasterium. XIII. 501. antiq. de Cantorbéri. 503.

Dassel (Harderwic à) hist. Caroli Magni. XII. 127.

Dathia; vie de S. Raimond Nonat. X. 431.

Dati (Augustin) de rebus Senensium. XI. 511.

Dati (Carlo) essequie di Luigi XIII. XIII. 250.

Dati (Giorgio) traduct. de Tacite. XI. 84.

Datt (J. Philip.) de pace imperiali publica. XI. 339.

Datti (Nicolo) hist. de la chambre royale de Naples. XI. 474.

Daubuz; pro testimonio Josephi de Christo. X. 214.

Daudet; hist. de la naissance de M. le dauphin. XII. 340.

Daulberoche; gesta Henrici IV & Lud. XIII. XII. 265.

Dauliers; beautés de la Perse. XIV. 84.

Dauphin; sur le titre de Dauphin. XIII. 255. de jure Delphini. 256.

Dauphins de Viennois, &c. leur histoire. XIII. 170 & *suiv.*

Dauphiné. cartes. X. 62. aut. sur cette province. XIII. 169 & *suiv.* ses sept merveilles. XIV. 437.

Dauthendei; carte des duchés de Brunswick & de Lunebourg. X. 73.

Dauvaine (Agnès) sa vie. X. 445.

Davane; vie de S. Nicaise. XIII. 68.

Davanzati; trad. de Tacite. XI. 84. schisma

d'Inghilterra. XIII. 495.
Davanzati; hist. de la basilique de Ste. Praxede. XI. 438.
Davenant; de reditibus & commercio Angliæ. XIII. 512.
Daveyro; itiner. da Terra Sancta. X. 196.
David; royaume de David. X. 193. vies de David. 210.
David; mém. de l'Avocat David. XII. 192.
David; recueil de piéces. XII. 342.
David-George, hérétique; sa vie. X. 314.
Davidisme; son hist. X. 306.
Davies; sa traduct. des *Instructions* du P. Rapin *sur l'Histoire*. X. 6. son édit. des comment. de César. XI. 69, 70.
Davignon; la Velleyade. XIII. 146.
Davila (H. Caterino) hist. des guerres civiles. XII. 209, 210. rem sur cette hist. XIII. 256.
Davila (Gil. Gonz.) vies de S. Jean de Mata & de S. Felix de Valois. X. 406. theatro ecclesiastico de Espagna. XIII. 354. vie de Henri III. 367. theatro de las grandezas de Madrid. 370. theatro eccles. de la primitiva iglesia de las Indias occident. 354. & XIV. 150.
Davila y Lugo; desengaños, &c. XIII. 407 & *suiv.*
Davisson; de lege Salica. XIII. 191.
Davity; états & empires du monde. X. 38, 39.
Dayné; hist. de S. Sernin. XIII. 141.
Déageant; ses mém. XII. 254 & 263.
Decius; de vetustatibus Polonorum. XIV. 42. Matthiæ de Michovia chronicon. 46.
Decker (J.) de pace civili. XI. 339.
Decker (Conrad) de papa Romano, & papissa Romana. XI. 423.
Décurions. XIV. 340.
Dédale; hist. de cet artiste. XIV. 447.
Déesse de Syrie; expositio symb. Deæ Syriæ simulacri. XI. 48.
Déesses meres. XIV. 441.
Deinier; la royale liberté de Marseille. XIII. 162.
Deis (Joannes de) successores S. Barnabæ. XI. 551.

DELALANDE (M.) voyage d'un François en Italie. XI. 359.

DELAYTO (Jacque de) de gestis Nicolai Estensis. XI. 395.

DELEWARDE ; hist. de Hainaut. XIII. 180.

DELEYRE ; continuation de l'hist. génér. des voyages. XIV. 178.

DELFINI ; istoria universale antica. X. 115.

Delft ; descript. de cette ville. XIII. 313.

DELLE ; antiquité de l'état monast. X. 522.

DELLON ; inquisition de Goa. X. 318. relat. d'un voyage aux Indes. XIV. 109.

Delmenhorst ; carte de ce comté. X. 74.

Délos ; hist. de cette île. XIV. 427.

Delphes ; sur son temple. XIV. 422. sur son oracle. 426. Delphi phœnicisantes. XI 56.

DELRIO ; histoire du comte de Fuentes. XIII. 301.

Déluge ; de Diluvii universalitate. X. 189. hist. antediluvienne. 207. universalité du déluge. 208. — *Déluge* de Deucalion. XI. 53. & *ibid.* — *Déluges* d'Ogygès & de Deucalion. XIV. 485.

DEMANET (l'abbé) hist. de l'Afrique Françoise. XIV. 140.

Démétrius III, roi de Syrie. XIV. 501.

Démétrius de Phalere ; sa vie. XIV. 443.

DEMETRIUS Cydonius ; de excidio Thessalonicæ. XI. 133.

Démétrius, usurpateur du trône de Russie. XIV. 66.

DEMPSTER ; calendarium romanum. XI. 100. édit. de Coripe. 130. notæ ad antiquitates Romanas. 108, 109. de Etruria regali. 501. apparatus ad hist. Scoticam. XIII. 518. hist. ecclesiastica Scotorum. 523. menologium Scotorum. *ib.* historia de bello contra Barbaros. XIV. 101.

DENIALD ; Rollo. XIII. 65. Rotomagensis cathedra. 67.

Denier d'argent ; sa valeur au tems de Charlemagne. XIV. 500.

DENINA ; révolutions d'Italie. XI. 401. *aux additions.*

Denys, de auctoribus istius nominis. XI. 52.

DENYS d'Alexandrie ; de situ orbis. X. 23, 26.

DENYS de Byzance; de Bosphoro Thraciæ. X. 26.

DENYS d'Halicarnasse; de Thucydidis historia judicium. X. 13. de antiquit. Romanis. XI. 64. explic. de plusieurs passages de cet auteur. XIV. 410, 419. sa chronologie. 410. époque de Rome. *ibid.* lettre à Pompée. 431. de l'excellence de l'élocution de Démosthène. 486.

DENYS *le Périégète*; *voyez* DENYS d'Alexandrie.

S. *Denys* l'Aréopagite, confondu avec S. Denys, apôtre de Paris; écrits pour & contre. XIII. 11 *& suiv.* — Lettres sur S. *Denys* l'Aréopagite. XIV. 374.

S. *Denys*; detectio corporum SS. Dionysii, Rustici & Eleutherii. XII. 56.

S. *Denys* en France; hist. de cette abbaye. X. 337 *& suiv.* chron. de ce monastere. XII. 84.

DENYS *de La Ste. Baume*; triomphe des reliques de Ste. Magdelene. XIII. 152.

DENYS *de Fano*; compendio histor. X. 203.

DENYS *de Gènes*; bibliothec. Capucinorum. XIV. 379.

DENYS (J. B.) mém. anecdotes. XII. 335.

DENYS (Nicolas) Amérique septentrionale. XIV. 166.

S. *Déodat*, abbé; son éloge. XII. 75.

DERREY; *v.* DESREY.

Dés de Bade. XIV. 522.

DESBOULMIERS; hist. du théâtre Italien. XIV. 359. de l'opéra-comique. *ibid.*

DESCHAMPS (J. B.) vies des Peintres. XIV. 362.

DESCLOT; hist. de Catalogne. XIII. 383.

DESCŒUVRES; vie de Ste. Gertrude. X. 416.

DESHAUTESRAYES (le Roux) doutes sur la dissertat. de M. de Guignes. XIV. 118.

DESHAYES; voyages en Danemarck. XIV. 12.

DESHAYONS; la princesse solitaire. X. 426.

DESLANDES; hist. de M. Constance. XIV. 112. hist. de la philosophie. 349.

DESLYONS; éclaircissement. XIII. 67.

DESMARAIS (Regnier)

trad. de la relat. sur le Quiétisme. X. 255.
DESMARETS (Nicolas) mém. sur les finances. XII. 337.
DESMARETS ; mém. des foires de Champagne. XIII. 58.
DESMOLETS ; mém. de littér. & d'hist. XIV. 514.
Desmond ; généalogie de cette famille. XIV. 285.
DESNOTS ; canonicus secularis & regularis. X. 417.
DESORMEAUX ; hist. de la maison de Montmorenci. XII. 367. hist. du prince de Condé. 375. hist. d'Espagne. XIII. 341.
DESPOUS (Claude) transaction, &c. XIII. 171.
DESPREZ ; *voyez* ANTOINE de S. Gabriel.
DESREY ; continuat. du Fardelet des tems. X. 143. chron. de France, trad. de Gaguin. XII. 90. chron. de Charles VIII. 151. faits & gestes de Godefroi de Bouillon & de ses freres. XIV. 101.
DESROCHES ; journal de ce qui s'est passé en Candie. XII. 323.
Détroit de Magellan ; carte. X. 96.
Deuil ; de luctu Græcorum. XI. 56.
Deux cens moines ; de martyrio ducentor. monachorum. X. 270.
Deux-Ponts ; histoire de cette ville. XI. 281.
DEVAUX ; index funereus chirurgorum. XIII. 29.
Deventer ; histoire de cette ville. XIII. 314.
DEVEZE (de la) vie de M. Claude. X. 313.
DEVILLE ; descript. de Pola. XI. 545.
Devises ; leur ancienneté. XIV. 410.
DEVISON (de la) vies de S. Brieu & de S. Guillaume. XIII. 79.
Dévoumens pour la patrie. XIV. 427.
DEWERDECK ; Silesia numismatica. XI. 327.
DEXEREZ (Fr.) *voyez* XEREZ (Fr. de)
DEXIPPE ; legationes. XI. 39, 77 & 134.
DEXTER ; chronicon. X. 155. & XIII. 355. écrits pour & contre cette chronique. XIII. 356.
DEYRON ; antiq. de Nismes. XIII. 143. anciens bâtimens. *ibid.*
DÉZA ; istoria della

famiglia Spinola. XIV. 218.

Dhona (Chriſtophe de) ſa vie. XIII. 167 *& ſuiv.*

Diaceto ; vita de S. Domenico. X. 396.

Diago ; hiſt. de l'orden de S. Domingo. X. 399. hiſt. des comtes de Barcelone. XIII. 383. du royaume de Valence. 387.

Diane d'Ephèſe ; ſymbolica ejus ſtatua explicata. XI. 47. & XIV. 331. de fulcris ſimulacro appoſitis. XI. 48. diſſert. ſur ſon temple. 55 *& ſuiv.* mém. ſur cette divinité & ſur ſon temple. XIV. 505.

Diarbeck ; cartes. X. 92.

Diaz (Bernalt) hiſt. de la conquête de la nouvelle Eſpagne. XIV. 152.

Diaz de Ribaz (Pedro) antiq. de Cordoue. XIII. 375.

Dicearque ; de ſtatu Græciæ. X. 25. de monte Pelio. *ibid.* geographica. XI. 53.

Dickinson (Edm.) Delphi phœnicizantes. XI. 56. de Noæ adventu in Italiam. 402. de origine Druydum. XII. 23.

Dickinson (J.) miſcellanea. XIII 513.

Dictionaires géograph. X. 49 *& ſuiv.*

Dictys de Créte; ephemeris belli Trojani. X. 24 & 25.

Diderot ; traduct. de l'hiſt. de Gréce de Temple. XI. 40. mœurs des Germains, traduits de Tacite. XII. 23.

S. *Didier*, archev. de Bourges ; ſa vie. XII. 75.

S. *Didier*, abbé & confeſſeur ; ſa vie. XII. 75.

Didier, év. de Cahors ; ſes lettres. XII. 40 & 123. vie de cet évêque. 72. diſſert. ſur l'année & le jour de ſon ordination & de ſa mort. 117.

S. *Dié* ; mém. pour ſa vie. XIII. 179.

Die; hiſt. des évêq. de cette ville. XIII. 173. 174.

Diédo ; bataglia navale. XI. 524.

Diégue de San Francisco ; relation du martyre de 15 catholiques au Japon. XIV. 130.

Diegue *de la Mere de Dieu* ; chron. des Trinitaires déchauſſés. X. 406.

Diegue de Villa-Franca ; chronologia de los Clerigos reglares

minores. X. 438.

DIEMMI ; obs. sur son hist. de Brescia. XI. 541.

Dieppe; privilèges des habitans de cette ville. XIII. 73.

Diessensia monumenta. XI. 260.

DIETERIC (George-Theod.) ad bullam auream. XI. 338.

DIETERIC (J. Conr.) hist. imp. familiæ Saxonicæ. XI. 217.

Diètes de l'empire. XI. 331, 342, 344.

Dieu ; des autels consacrés au vrai Dieu. XIV. 429 & 437. si les païens ont jamais ignoré le vrai Dieu. 514.

Dieu inconnu ; du dieu inconnu des Athéniens. XI. 47. & XIV. 428. ignotorum deorum aræ. XI. 47.

Dieux ; leur origine. XIV. 422. *Dieux* d'Homere. 426. Deorum simulacra. XI. 98. Dii præsides. 115.—*Dieux Pataïques.* XIV. 418. — de Diis Germanis. XI. 159. v. *Divinités.*

DIEU (Louis de) hist. Christi. X. 214.

DIFENBACH ; de vero mortis genere Henrici VII. XI. 221.

DIGGES ; perfectus legatus. XIII. 461.

Digne ; hist. ecclesiæ Diniensis. XIII. 164.

Digue de la Rochelle. XII. 267 & *suiv.*

Dijon ; descript. & hist. de cette ville. XIII. 106 & *suiv.* sédit. arrivée en cette ville. XII. 169.

DILHER ; hist. priscæ Germaniæ. XI. 157.

DILICH ; chronique de Hesse. XI. 276. de Brême. 300.

DILLENS ; plans & journaux des siéges. XII. 345.

DINET (Franç.) théâtre de la noblesse françoise. XIV. 241.

DINET (Pierre) Belcarii commentaria. XII. 217.

DINI (Franç.) vindiciæ martyrologii Romani. X. 284. dissert. sur Mécénas. XI. 83. de translatione corporis S. Bartholomæi Romæ. X. 284. & XI. 488. de ant. Umbrorum. XI. 369 & 499. de situ Clanarum. 563.

DINNER ; vita Joannis Burchardi. XI. 200.

DINOTH ; de bello civili Gallico. X. 308. & XII. 172.

DINOUART (l'abbé) son édition du Quint-Curce de Vaugelas. XI. 37.

DINTER ; genealogia ducum Burgundiæ. XI. 188. chron. Brabantiæ. XIII. 283.

DINUS COMPAGNUS ; chron. Florentinum. XI. 388.

DIODATI ; traduct. de l'hist. du concile de Trente de Fra Paolo. X. 245.

DIODORE ; epistolæ. XI. 376. 497.

DIODORE de Sicile ; bibliotheca histor. XI. 30 & 31, 39, 77, 78. sur un fragment de cet auteur. XIV. 419. réflexions sur cet auteur. 494.

DIOGÈNE Laerce ; de vitis philos. XIV. 348.

DIOLA ; chroniche de Minori. X. 379.

Dioméde (îles de) v. *Trémiti.*

DION CASSIUS ; hist. Romana. XI. 87.

DION *Chrysostome* ; de non capto Ilio. XI. 26.

Diplomatique, relativement à la France. XIII. 231 & *suiv.* différens traités sur la diplomatique. XIV. 342 & *suiv.*

Diplomes ; observ. sur la Notice des diplomes. XIV. 512.

Diptiques ; thesaurus diptycorum consular. & ecclesiast. X. 261.

Disciplines ; v. *Flagellans.*

Dispenses d'âge ; de jure principum concedendi veniam ætatis. XI. 543.

Dispersion & migrations des peuples. X. 174, 189 & *suiv.*

DITHMAR de Mersebourg ; chronicon. XI. 216.

DITHMAR ; de ordine militari de Balneo. XIII. 511.

Ditmarse ; carte. X. 73. hist. de cette province. XI. 302. guerres qui l'ont agitée. 171. & XIV. 3 & 28.

Diu ; siége de cette ville. XIII. 333.

DIVÆUS ; de Galliæ Belgicæ antiquitatibus. XI. 167. & XIII. 274. de reb. Brabanticis. XIII. 283.

DIVIACO ; vita di Carlo Zéno. XI. 529.

Divinités ; leur habillement & leurs lotions. XIV. 511. — *Divinités* de l'Egypte. 456. — *Divinités des eaux.* 451.

Divorce ; epistolæ de

divortio. XI. 179.

Dlugoss (J.) hist. Polonica. XIV. 46.

Dlugoss (Mich. Ernest) magni Johan. III veni, vidi, vici offertum. XIV. 54.

Doccomensis (Jac.) *c'est* Michel d'Isselt.

Doctrine chrétienne; congrégation de ce nom en France. X. 439. en Italie. 441.

Dodechin; sa continuation de la chronique de Marianus Scotus. X. 157. & XI. 173, 203.

Dodone; de Dodone fragmentum. XI. 47. conjectanea. *ibid.* sur son oracle. XIV. 430 & 513.

Dodridge; hist. de la princip. de Galles. XIII. 502.

Dodsworth; monasticon Anglic. XIII. 492.

Dodwel; differtat. X. 26. de Græcorum Romanorumque cyclis. 184. annales Thucydidei & Xenophontei. XI. 24. exercitat de ætate Phalaridis. 40. réfutation de son sentiment sur le petit nombre des martyrs. X. 268, 269.

Doges de Venise; leur hist. particuliere. XI. 528 & *suiv.*

Doglioni (Fausto) hist. des ducs de Savoie. XI. 577.

Doglioni (Giov. Nic.) l'Ungaria spiegata. XI. 351. merveilles de Venise. 517. hist. de Venise. 520. Venezia trionfante. 533. de antiquit. civit. Belluni. 573, & 543.

Doisy; le royaume de France. XII. 20.

Dol; acta varia in causa Dolensis episcop. XII. 87 & 88. Cœnobii chronicon. XII. 67.

Dolce; traduct. d'Appien. XI. 69. de Pedro Mexia. 91. de Zonare, de Nicétas & de Nicéphore. 127 & 137. vie de Charles V. 227. — de Ferdinand I. 251. hist. de Venise, trad. de Sabellicus. XI. 520.

Dolcetti; vite de Padri. X. 327.

Dole; siége de cette ville. XII. 276, 277.

Dolet; de re navali. XI. 53. hist. de François I. XII. 157.

Dolfi; cronologia delle famiglie di Bologna. XIV. 219.

Dollé; plaidoyer. XIII. 20.

Dolman; *voyez* Persons.

Dombes; hist. de cette principauté. XIII. 169.
Dome de Milan; sa description. XI. 517.
DOMENEC (Ant. Vinc.) hist. des saints de Catalogne. XIII. 386. hist del principado da Cataluña. XIV. 271.
DOMENICHI (Lodov.) trad. de Xénophon. XI. 30. des vies de Plutarque. 32. de Polybe. 67. de Paul Diacre. 154. de l'expédition de Charles VIII en Italie. 409. de l'hist. de Paul Jove. 410 & *suiv.* de la vie de Léon X, &c. 430. de l'hist. de Ferrare. 457. de l'hist. de Venise de Bern. Justiniani. 519. des vies des doges de Venise. 528. des vies des Visconti par Paul Jove. 555. d'une hist. du Benedetti. XII. 152. vita de Ferrando di Cordoua. XIII. 399. vita del marchese di Pescara. 403. mœurs des Turcs. XIV. 77. historia varia. 516.
DOMERHAN (Adam de) hist. de rebus gestis Glastonensibus. XIII. 504.
Domestiques de P. R. leurs vies. X. 360.
S. *Domingo de Val*, mart. de Saragoce. XIII. 381.
Dominicains; hist. de leur ordre. X. 395 & *suiv.* Pippini chronicon ord. Prædicatorum. XI. 388. hist. littér. de leur ordre. XIV. 378.
DOMINICI (M. Ant.) Ansberti famil. rediviva. XII. 120. de prærogativa Allodiorum. XIII. 158. assertor Gallicus. XIV. 236.
S. *Dominique*, fondateur d'ordre; sa vie par différ. aut. X. 395, 396.
S. *Dominique* le Cuirassé; sa vie. X. 291.
DOMINIQUE de Piémont (Michel) contre les Guelfes & les Gibelins. XI. 407.
DOMINIQUE *de Jésus*; spicilegium episcopor. ord. Carmelitani. X. 369. la monarchie sainte. XII. 380.
DOMINIS (Marc-Ant. de) édit. de l'hist. du concile de Trente de Fra Paolo. X. 245.
DONA; compendio, &c. X. 159.
DONADO; letteratura de Turchi. XIV. 398.
DONAT; de tragædia & comœdia. XI. 49.
DONAT (Alexandre)

Roma vetus ac recens. XI. 96.
· DONATI (Sébast.) vita di S. Ansano. XI 512.
Donatistes; leur hist. X. 197.
DONAVER; peregrinatio in Ægyptum, &c. XIV. 88.
· *Donavert*; ses environs. X. 70.
DONDINI; de rebus in Gallia gestis ab Alex. Farnesio. XII. 225. & XIII. 297.
Dondis (Jacque de) son horloge. XIV. 476.
DONEAU (Hugue) defensio, &c. XII. 183.
· DONESMONDI; hist. ecclésiastique de Mantoue. XI. 564. vie de François Gonzague. *ibid.*
DONI D'ATTICHI; vie de la B. Jeanne de France. XII. 355. Flores. 381.
DONI (J. B.) de utraque pœnula. XI. 99. de restitut. salubritate agri Romani. XI. 440. inscr. antiquæ. XIV. 336.
· DONIZON; vie de la comtesse Mathilde. XI. 384.
DONNOLA; storia di Spello. XI. 443.
DONZELLI; Partenope liberata. XI. 470.
Donziois; mémoire sur ce pays. XIII. 85.
DORAT; notions sur la danse. XIV. 360.
Dordrecht; descript. de cette ville. XIII. 312. synode de Dordrecht. 310.
Doria; laudes familiæ de Auria. XI. 396.
Doria (André) amiral de France; sa vie. XI. 573. & XII. 360.
DORIA (Ant.) hist. de son tems. XI. 573.
Doria (Philippin) sa vie. XI. 573.
DORICIETTO; constit. des PP. de la Doctrine chrétienne. X. 441.
DORIGNI (le P.) vie du P. Possevin. X. 458. vie de S. Remi. XIII. 56.
DORIO da Léonessa (Durante) istoria della famiglia Trinci. XIV. 218 & 228.
DORIVAL (le P.) continuation de l'abrégé de l'hist. de France du P. Daniel. XII. 101.
DORLAND; chronicon Carthusiense. X. 403.
DORMAY; histoire de Soissons. XIII. 40. decora Franciæ. 237.
DORMER; enmiendas y advert. XIII. 367. annales d'Aragon. 378.

discursos varios de hist. XIII. 409.

DORNEMAN ; vie de M. Evers. XI. 306.

DORNIUS ; de script. histor. litter. XIV. 366.

DORPIUS ; ad Hollandos epistola. XIII. 283.

DORRET ; carte d'Ecosse. X. 65.

DORRON ; entrée de Henri III à Venise. XIII. 240.

DORSANNE (l'abbé) son journal. X. 259.

DORTOUS DE MAIRAN *voyez* MAIRAN.

DOSITHÉE *de S. Alexis ;* vie de S. Jean de la Croix. X. 376.

DOSMA ; discursos de la ciudad de Badajoz. XIII. 372.

DOTTEVILLE ; trad. de Salluste. XI. 68. de Tacite, *aux additions.*

Douay ; hist. des ducs & duchesses de Douay. XIV. 265.

DOUBLET ; hist. de l'abbaye de S. Denys en France. X. 337.

DOUCIN ; histoire de l'Origénisme. X. 297. du Nestorianisme. 298.

DOUJAT ; traduct. de Paterculus. XI. 61. édit. de Tite-Live. 65. mém. sur la Lorraine. XIII. 182.

DOULTREMAN (Pierre) Constantinopol. Belgica. XI. 138. hist. de Valenciennes. XIII. 281. traité des croisades. XIV. 102.

Dourdan ; mém. sur cette ville. XIII. 39.

DOUZA (George) iter Constantinopolitan. XI. 46.

DOUZA (Janus) Bataviæ annales. XIII. 511.

DOUZA (Théodore) notæ ad Georgium acropol. XI. 138.

DOW ; hist. de l'Hindostan. XIV. 108.

DRACK (François) voyage autour du monde. XIV. 188.

DRACK (Franç.) hist. de la ville d'Yorck. XIII. 502.

DRACK (James) hist. Anglo-Scotica. XIII. 522.

DRAGONI ; hist. de l'Annonciade d'Arezzo. XI. 514.

DRAKENBORCH ; son édit. de Tite-Live. XI. 65.

DRECHSLER ; de Saracenis & Turcis chron. X. 171. & XIV. 94, 95.

Drente & Over-Issel ; cartes. X. 77.

Dresde ; chronique de cette ville. XI. 312.

Dresserus (Matth.) isagoge historica. X. 10. chron. Saxonicum. XI. 295. continuat. de la généalogie de Saxe. XIV. 216.

Dreux; droits & priviléges des habitans de Dreux. XIII. 38. écrits sur la bataille de Dreux. XII. 174.

Dreux du Radier; mém. anecdotes de France. XII. 350. hommes illustres du Thimerais. XIII. 72. biblioth. du Poitou. 93.

Dreyer; theatrum anonym. XIV. 371.

Dreyhaupt; Pagus Neletici & Nudzici. XI. 304.

Driot; Senonensis eccles. querela XIII. 58.

Driscart; chroniq. des Chartreux. X. 403.

Drogon, év. de Metz; son épitaphe. XII. 44.

Drogonteo; storia di Alesa. XI. 498.

Droit; faculté de droit; ses droits, &c. XIII. 30.

Droits du roi de France. XIII. 197 *& suiv.*

Droit public; traités. X. 101 *& suiv.* — *Droit public* d'Allemagne. XI. 160 *& suiv.* 332 *& suiv.* 336 *& suiv.* —d'Angleterre. XIII. 434 *& suiv.* — de la France. XIII. 187 *& suiv.*

Droit François; recherches sur son histoire. XIII. 259.

Dromendari; arbol genealogico de los vizcondes de Rocaberti. XIV. 278.

Drouart; priviléges des gardes de la ville. XIII. 6.

Drouet de Maupertuy; actes des martyrs. X. 268. hist. de la réforme de Sept Fonts. 357. hist. de l'église de Vienne. XIII. 173. hist. des Goths. XI. 152.

Drouet; méthode pour étudier l'Histoire, de l'abbé Lenglet. X. 18. méthode de géographie. 35. géographie moderne. 36. journal de la guerre en Allemagne. XII. 346. table des matieres de l'hist. des auteurs sacrés & ecclés. XIV. 375. édition du dictionaire de Morery. 408 *& suiv.*

Druides; différ. écrits sur les Druides. XII. 13. & XIV. 469, 472.

Drummond; histoire d'Ecosse. XIII. 519.

Druses; hist. de ces peuples. XIV. 92.

Drusius ; Henoch. X. 208. commentar. ad Sulpitium Severum. 226.

Drusus ; son monument près de Maïence. XI. 283.

Dryscart ; hist. de Taragone. XIII. 382.

Dubois ; voyages aux Iles Dauphine, &c. XIV. 145.

Dubos ; établissement de la monarchie Françoise. XII. 16. hist. de la ligue de Cambrai. 155. les intérêts d'Angleterre mal entendus. XIII. 486.

Dublin ; hist. de cette ville. XIII. 517.

Dubravius ; hist. Bohemiæ. XI. 324.

Duc (Fronton du) édit. de Nicéphore Calliste. X. 227. rem. sur l'hist. de Bordeaux. XIII. 127.

Duc (l'abbé le) traduct. de M. de Thou. XII. 216.

Ducs d'Italie ; de eorum origine, potestate, &c. XI. 403.

Ducarel ; antiq. Anglo-Normandes. XIII. 61. médailles Anglo-Gallicanes. XIV. 326.

Ducas ; hist. Byzantina. XI. 140 & 142.

Ducasse ; expédition de Carthagène. XII. 333.

Duchat (M. le) journal de Pierre de l'Estoile. XII. 208. satyre ménippée. 226.

Duché (M.) son éloge. XIV. 418.

Ducius (Laurentius) ars historica. X. 3.

Ducker ; son édition de Florus. XI. 62.

Duchesne (J. B.) hist. du Baianisme. X. 250. abrégé de l'hist. ancienne. 173.

Duchoul ; v. Choul (Guillaume du)

Duclos ; histoire de Louis XI. XII. 150. ses écrits dans les mém. de l'académie des Inscript. XIV. 460, 451, 466, 473, 480.

Dudith (André) orationes. X. 248. sa vie. *ibid.* vie du card. Polus. XIII. 514.

Dudon, doyen de S. Quentin ; de gestis Normanniæ ducum. XIII. 440.

Duel ; divers écrits sur les duels. XIII. 255. & XIV. 194, 195, 196.

Duellius (Raimond) historia ordin. Equitum Teutonicorum. X. 481 & *suiv.* excerpta genealogico-historica. XIV. 206.

Duey ; descript. de Guernesey. XIII. 506.
Dufort ; généalogie des comtes de Provence. XIII. 148.
Dufour (Louis) S. Leontius, episcopus, &c. XIII. 164.
Dufresne ; ordres religieux. X. 311.
Dufresne (Raphael-Trichet) de Charondæ effigie. XI. 52.
Dugdale (Guill.) descript. postremor. Angliæ motuum. XIII. 470. Monasticon Anglic. 491. histor. ecclesiæ S. Pauli Londinensis. 500. antiq. comit. Varvicensis. 501. le baronage d'Angleterre. XIV. 284. de veteri usu scutorum gentilitiorum. 284.
Duim ; Oud-Batavien. XIII. 313.
Duker (Ch. And.) son édit. de Thucydide. XI. 28.
Duker (Alex.) Comi urbis hist. XI. 365.
S. *Dulcard*, moine ; son éloge. XII. 75.
Dulcini, hérésiarque de Novarre ; son hist. XI. 388.
Dulcini (Barthel.) de vario Bononiæ statu. XI. 368 & 451.
Duldorps (Wedechind) in præsules Mindenses. XI. 195.
Dumas (Hilaire) hist. des cinq Propositions. X. 253.
Dumas (le P.) vie de César de Bus. X. 440.
Dumas ; découvertes faites le long de la Mer Glaciale. XIV. 174.
Dumer ; abbés de Ste. Félicité de Schwarzach. XI. 266.
Dumesnil (J. B.) son plaidoyer. XIII. 19.
Dumesnil ; vie de Matth. Hale. XIII. 516. —de Guill. Bedell. 517.
Dumont (Pierre) additions à la descript. des Pays-Bas. XIII. 271.
Dumont (François) lettres historiques. X. 167. mém. pour servir à l'intelligence de la paix de Ryswick. XIV. 303. nouveau recueil de traités d'alliance, &c. 292.
Dumont (J.) corps universel diplomatique du droit des gens. XIV. 289. cérémonial des cours de l'Europe. 290. batailles du prince Eugène. XI. 244.
Dumont ; ruines de Pæstum. XI. 483 & *suiv.*
Dumoulin (Gabriel)

conquêtes des Normands François. XI. 463.

Dunkerque ; hist. de cette ville. XIII. 53. remarques sur la reddition de cette ville aux Anglois. XIII. 475. & XIV. 197. siége de cette ville. XII. 295.

Dunod (Pierre) découverte de la ville d'Antre. XIII. 122. découverte entiere. *ibid.* & *suiv.*

Dunod de Charnage ; hist. des Séquanois. XIII. 121. du second royaume de Bourgogne. *ibid.* de Besançon. 122. mémoires pour l'hist. du comté de Bourgogne. XIV. 245.

Dunstaple ; annales de ce prieuré. XIII. 506.

Dunum ; rem. sur la signification de ce mot. XIV. 474.

Duplessis ; vies de Jacques & Ant. de Chabanes. XII. 354 & *suiv.*

Dupleix ; hist. Romaine. XI. 78. mém. des Gaules. XII. 8. hist. générale de France. 107 & 108. remarques sur cette histoire. XIII. 256. généalogie de la maison d'Estrade. XIV. 249.

Duport ; hist. de l'église d'Arles. XIII. 157.

Dupré de S. Maur ; essai sur les monnoies. XIII. 231.

Dupuis (Jean) état du Périgord. XIII. 129.

Dupuy ; recueil de diverses relat. de voyages. XIV. 188.

Dupuy ; ses recherches insérées dans les mém. de l'académie des Inscriptions. XIV. 498, 500, 501, 502, 506, 507, 512, 514.

Duran (A.) cercos de Moçambique. XIV. 144.

Durand (Bernard) priviléges de Châlons-sur-Saone. XIII. 110.

Durand (Clément) de primariis Allobrogibus. XIII. 174.

Durand (David) hist. de la peinture. XIV. 561.

Durand (Etienne) trad. du rapport de la conférence de Suresne. XII. 227.

Durand (Pierre) origines de Clermont. XIII. 119.

Durand (D. Ursin.) thesaurus anecdotorum. XII. 88. veterum script. & monum. ampl. collectio. 89. voyage littér. XIV. 519.

DURAND, ministre; histoire du XVI siécle. X. 160. continuation de l'hist. d'Angleterre. XIII. 450.
DURAND, professeur à Evreux; lettre. XIII. 253.
DURANUS; chronicon. XI. 196.
Duret (Louis) son éloge. XIV. 401.
Durham; hist. de cette église. XIII. 506.
DURRIUS; Georgii-Frederici pietas. XI. 320.
DUSBURG (Pierre de) chronicon Prussiæ. X. 481. & XIV. 61.
DUVAL (André) vies des saints. X. 286.
DUVAL (Guill.) hist. SS. Medicorum. X. 289.
DUVAL (Pierre) carte du royaume de Neustrie. XII. 2. d'Aquitaine. 3. de Bourgogne. *ibid.* le monde. X. 31. voyage d'Italie. XI. 358. voyages de Pyrard. XIV. 182.
DYNUS (François) *voyez* DINI.

EAD ECC

EADMER; hist. novorum. XIII. 453.
EBBON, archev. de Reims; son expulsion; son rétablissement, &c. XII. 45. son apologie. 85.
EBERHARD; scriptores de electione & coronat. Caroli V. XI 226.
EBERLIN; de origine juris & magistratuum. XIV. 355.
Ebermunster; hist. de cette abbaye. X. 344.
Eberspergensia monumenta. XI. 259.
EBERT (Adam) Aquila Augusta. XIII. 398.
EBLANUS; de prælio Pragensi. XI. 235.
EBOUF; discours des affaires de France. XII. 192.
Eburons; de Tungris & Eburonibus. XI. 167.
ECCARD (J. George) corpus historicum mædii ævi. XI. 201. de origine Germanorum. 158. origines familiæ Habsburgo-Austriacæ. 249. & XIV. 210. Francia orientalis & episcopatus Wirceburgensis. XI. 265. animadversiones in Schannati diœcesim Fuldensem.

278. leges Francorum. 331. catalogus paparum. 381. hist. genealogica principum Saxoniæ. XIV. 216.

Ecceli i de Romain; v. *Ezzelin*.

Ecclesia (August. ab) archev. &c. de Piémont, &c. XI. 582. illustratio historica. *ibid.*

Ecclesia (Lud. ab) vitæ marchionum Salutiarum. XI. 583.

Echard (Laurent) hist. de l'église. X. 238. hist. Romaine. XI. 79. hist. d'Angleterre. XIII. 447.

Echard (Jac.) script. ord. Prædicatorum. XIV. 378.

Echellensis. voyez Abraham Ecchellensis.

Echecs; dissert. sur le jeu des échecs. XI. 15. origine de ce jeu. XIV. 432.

Echiquier d'Angleterre. XIII. 511.

Ecija; hist. de cette ville. XIII. 374.

Eckstorm; chron. Walckenriedense. XI. 298.

Eclogue; observ. sur ce poëme. XIV. 419.

Ecluse des Loges (M. de) mém. de Sully. XII. 239.

Ecoles; acad. Scholæque illustres. X. 171. academiæ apud Judæos. 222. — *Ecoles épiscopales*. &c. XIII. 53.

Ecoles pieuses; clercs réguliers pauvres de la Mere de Dieu des écoles pieuses X. 441.

Ecosse; cartes. X. 65. rois d'Ecosse. 170 hist. des guerres, des traités, &c. entre l'Angleterre & l'Ecosse. XIII. 506. aut. sur l'Ecosse. 517 & *suiv.* son union à l'Angleterre. 524. médailles d'Ecosse. XIV. 326.

Ecosse (nouvelle) hist. de cette province. XIV. 170.

Ecriture; monumens qui ont suppléé à son défaut. XIV. 428 & 435.

Ecrouelles guéries par l'attouchement des rois de France. XIII. 189.— par l'attouchement des rois d'Angleterre. 508.

Eder; hist. de l'université de Vienne. XIV. 384.

Edesse; hist. Edessena. XI. 22.

S. *Edmond*, roi d'Estangle; sa vie. XIII. 453.

Edmond (Clément) in Cæsaris comment. observationes. XI. 71.

Edoart (Nicolas) guerre de Malte. XI. 589. chron. de Mâcon. XIII. 110.

Edouard I, roi d'Angleterre; hist. de son régne. XIII. 456. ses loix. 508. — *Edouard II.* 457 & 456 *& suiv.* — *Edouard III.* 457. s'il avoit quelque droit sur la France. XIV. 510. — *Edouard IV.* XIII. 458. — *Edouard V.* 459. — *Edouard VI.* 460, 461.

Edouard, prince de Galles; sa vie. XIII. 458.

Edouard, prince de Portugal; sur son emprisonnement. XIII. 413.

Edrisi (Al) *voyez* Adris (Ben)

Effetti (Ant. degli) borghi di Roma. XI. 439.

Egard; de cornu aureo. XIV. 35.

Egésippe; de bello Judaïco. X. 199. 225.

Eggelino; mysteria Cereris & Bacchi. XI. 47. Germaniæ antiquitates. 158.

Eggers; hist. de Ratisbone. XI. 265.

Eggs (George Joseph) pontificium doctum. XI. 421. Purpura docta. 435. supplementum. *ibid.*

Eginhard; de vita Caroli Magni. XI. 175 213. & XII. 125. annales. XII. 44. epistolæ. 51. Eginhartus illustratus & vindicatus. XI. 213. de eo & ejus scriptis. XII. 41.

Egio (Benedetto) traduct. de Paul Diacre. XI. 90. de Procope. 130.

Egittio (Mattheo) Senatus-Consult. de Baccanalibus. XIV. 340.

Eglise d'Allemagne. XI. 328 *& suiv.* *Eglise* de France; son histoire. XII. 377 *& s.* — *Eglises Luthériennes* d'Autriche. XI. 254. — *Eglises Slavones.* XI 124.

Egly (d') continuation du journ. de Verdun. X. 168. hist. des rois des deux Siciles de la maison de France. XI. 467. disc. sur l'apologue. XIV. 461. sur le dieu Télesphore. 477. sur les adoptions par les armes. 478. *son éloge.* 484.

Egmont; hist. des comtes de ce nom. XIII. 323. généal. de cette maison. XIV. 265.

Egmont (le comte d') procès - criminel. XIII. 297.

EGNACE (J. B.) hist. Cæsarum. XI. 77. & 106. de exemplis illustr. virorum. 529. panegyricus in Franciscum I. XII. 162. de origine Turcarum. XIV. 100.

Egypte; cartes. X. 56, 94, 95. sa descript. X. 193. hist. & descript. de l'ancienne Egypte. XI. 1 & *suiv.* differ. suites de ses rois. XIV. 472. conquise par les Turcs. 481. élévation de son sol. XIV. 465. descript. de l'état actuel de ce pays. 133 & *suiv.* son hist. moderne. 103, 134 & *s.*

EHINGER; thesaurus antiquitat. ecclesiast. X. 161.

Eichfeld; carte de l'Eichfeld. X. 72.

EICHELIUS; anecdota Procopii falsitatis convicta. XI. 129.

EICKSTEDT (Valentin d') annales Pomeraniæ. XI. 321.

EIDOUS; traduct. des mémoires de Lawrence. XIV. 111. de l'hist. de la Californie. 155. de l'hist. de l'Orénoque. 160. de l'hist. de la nouv. Yorck. 170. de l'hist. de la poésie. 158.

EIGHOVIUS; deliciæ Italiæ. XI. 358.

Eimbeck; chronique de cette ville. XI. 300.

EISENHART; de fide historica. X. 9.

EISENSCHMID; carte d'Allemagne. X. 69. & XI. 155.

EITZINGER; de Leone Belgico. XIII. 289.

EKKEHARD Junior; de casibus monast. S. Galli. XI. 178. & XII. 53.

EKKEHARD Minimus; de vita B. Notkeri Balboli. XI. 178.

ELBÉNE (Alfonse d') de regno Burg. Transjuranæ. XI. 577, de regnis Burg. Transjur. & Arelatis. XIII. 120. de princip. Sabaudiæ, &c. XIV. 227. de Hugonis Capeti origine. 235. généal. des comtes de S. Gilles & de Toulouse. 255.

Elbing; ses environs. X. 68.

Electa juris publici. XI. 335.

Electeurs de l'empire. XI. 342. — *Electeurs ecclésiastiques*. X. 169. & XI. 281 & *suiv.* — *Electeurs de Saxe*. XI. 308 & *suiv.*

Election des empereurs. XI. 339, 341. — *Election* des papes. 434.

Elégie grecque & latine. XIV. 436, 442. 465.

Eléonore, impératrice; sa vie. XI. 243.

Eléonore de Guienne, femme de Louis VII; sa vie. XII. 352.

Eléonore de Portugal; son mariage avec l'emp. Fréderic III. XI. 224.

Eléphant; histoire de l'ordre de ce nom. X. 483. & XIV. 34.

Eleusis; recherc. sur les mystères célebrés en cette ville. XIV. 480.

ELEUTHERE; nom sous lequel s'est caché l'auteur d'une mauvaise histoire des congrégations de Auxiliis. X. 250.

ELIANO (Lod.) *voyez* HELLAN.

Elie de Cortone; sa vie. X. 391.

ELIEN (Claude) opera. XIV. 516.

ELIOT; itinéraire de l'Arabie. XIV. 92.

Ste. *Elisabeth* de Hongrie; sa vie. X. 394.

Elisabeth d'Autriche, reine de France; son couronement. XIII. 257.

Elisabeth, reine d'Angleterre; son séjour à Oxford. XIII. 458. auteurs sur son régne. 460, 461 & *suiv.* cur militem coegerit intuitu motuum Gallicorum. XI. 172.

Elisabeth de la Croix de Jésus; sa vie. X. 435.

ELISÉE *de S. Bernard*; vie de S. Jean de la Croix. X. 376.

ELLIS (Henri) voyage de la baye de Hudson. XIV. 174.

EL-MACIN; hist. des Sarazins. XIV. 93.

ELNOTHUS; de vita & passione S. Canuti. XIV. 27.

Eloquence; dissert. sur l'origine & les progrès de l'Eloquence dans la Gréce. XIV. 447, 454, 459, 472, 480.

S. *Eloi*; prologue de sa vie. XII. 78. sa vie. 85. & XIII. 47.

ELOY (Michel) enarratio de vita Raymundi de Penia-Forti. X. 397.

ELPHINSTON; carte d'Ecosse. X. 65.

ELSCHLER; de Brunsburgo. XI. 196.

Elseneur; description de cette ville. XIV. 29.

ELSSIUS; Encomiasticon Augustinianum. X. 427.

ELVERVELT (Jonas d') de Holsatia. XI. 301.

Elwang; chronique de ce monastere. XI. 182. carte de sa préfecture. X. 71.

ELZÉAR de Dombes; collectio privileg. Tertii ordinis S. Francisci. X. 395.

Embaumemens des Egyptiens. XIV. 482.

S. *Emidio*, év. d'Ascoli; sa vie. XI. 444.

EMIGLIANI (Pomponio) guerra d'Italia. XI. 524.

Emilien (Jérôme) sa vie. X. 459.

Emmanuel, roi de Portugal; sa vie par divers auteurs. XIII. 414. epistola ad Leonem X. XIII. 333.

Emmanuel - Philibert de Savoie, gouverneur des Pays-Bas; sa vie. XI. 578. & XIII. 301.

Emme, reine d'Angleterre; son éloge. XIII. 440.

S. *Emmeran* de Ratisbone; hist. de cette abbaye. XI. 257.

Emmerick; descript. de cette ville. XI. 291.

EMMIUS (Ubbo) carte d'Oostfrise. X. 73. du comté d'Oldenbourg. 74. opus chronologic. 148. vetus Græcia. XI. 41. de republica Carthaginensi. 57. différ. écrits sur l'hist. de Frise. XIII. 316. de urbe Groningensi. 317. Guillelmus-Ludovicus, comes Nassoviæ. 323.

Empédocles; rech. sur sa vie. XIV. 448.

Empereurs Romains; puissance dont ils étoient revêtus. XIV. 473, 486, 491. leur souverain pontificat. 446, 453 & 459. leur autorité dans le sénat. 497. excerpta de imperatoribus. XI. 397.

Empereurs d'Allemagne; droits qu'ils avoient sur les biens laissés par les prélats. XI. 194. liber Augustalis, sive vitæ imperatorum. 182.

Empire Romain; cartes. X. 57. nature de son gouvernement. XIV. 481, 486 & 491. de ejus ortu & interitu. XI. 80. considérations de Montesquieu. *ibid.* sa décadence. 149.

Empire d'Orient; carte. 59.

Empire d'Occident; différens traités sur la translation de l'Empire en Occident. XI. 214;

215. sa chute & son rétablissement. XIV. 510.

Empire de Charlemagne; cartes. X. 59. 60.

EMPOLI ; bullarium Eremitar. S. Augustini. X. 429.

ENCELIUS ; chronicon marchiæ Brandeburgicæ. XI. 319.

Enchuysen ; hist. de cette ville. XIII. 311.

ENDERBIER ; Cambria triumphans. XIII. 449.

Endovellicus; sur cette divinité. XIV. 414.

Enée ; s'il est venu en Italie. X. 21. & XI. 60, 61. & XIV. 465.

Enéide de Virgile ; différens écrits sur ce poëme. XIV. 416, 473, 488.

ENEN ; antiq. de Trèves. XI. 284. gesta Trevirorum. *ibid.*

Enfance de J. C. evangelium infantiæ. X. 217.

Enfance de Jésus; hist. de la congrégation des Filles de l'Enfance de Jésus. X. 413.

Enfans alimentarii. XIV. 540.

Enfant-Jésus; congrégation. X. 412.

Enfer poëtique. XIV. 422.

Engastrimytes ; leur emploi. XI. 57.

S. *Engelbert* de Cologne. XI. 186.

ENGELBERT ; de ortu & fine imperii. XI. 211.

ENGELHART ; ratio temporum. X. 146.

ENGELHUSIUS ; chronicon. XI. 205. hist. imperat. è domo Brunswicensi. 216.

ENGHEL ; essai sur la population de l'Amérique. X. 208. mémoires sur les pays septentrionaux. XIV. 174.

Enghien; hist. de cette maison. XIII. 281. sa généalogie. XIV. 265.

Enghien (le duc d') son gouvernem. en Piémont. XII. 162.

ENGLEBERMÆUS; *voy.* LANGEBERME.

Enguerrand VII, sire de Couci ; sa vie. XIV. 489.

ENNETIERES (Jean d') le chevalier sans reproche. XIII. 321.

ENS (Gasp.) fama Austriaca. XI. 250. hist. bellorum Dithmarsicorum. 302. rerum Hungaricarum historia. 348. appendix. *ibid.* nuperi motus. *ibid.* belli civilis in Belgio. hist. XIII.

294. rerum Danicarum historia. XIV. 18.

Ensdorffense chronicon. XI. 257. diplomata. *ibid.*

Enseignes militaires des anciens. XI. 103. — des anciennes enseignes & étendards de France. XIII. 255. — *enseignes* de guerre. XIV. 202.

ENSISCHMID ; *voyez* EISENSCHMID.

ENTICK ; hist. de la derniere guerre. XIII. 490. hist. de Londres, &c. 500.

Entrées des rois & princes. XIII. 239 & *suiv.*

EOBANUS Hessus ; acclamatio de victoria Wirtembergensi. XI. 169.

Epactes ; de ratione epactarum. XI. 51.

Epaminondas ; son histoire XI. 34. & XIV. 458.

Epanvilliers (Dessée, dit d') sa vie. XII. 360.

Eparoëtes ; quels ils étoient. XIV. 509.

S. *Eparch* ; sa vie & ses miracles. XII. 78.

Epernay ; siége & prise de cette ville. XII. 224.

EPERNON (le duc d') réponse à l'anti-Gaverston. XII. 202. ses mémoires. 211. véritable discours. 256. *sa vie.* 368. ses différends avec le parlement de Bourdeaux. XIII. 127. son entrée à Dijon. 245.

EPERNON (le duc d') origine de la troisiéme race des rois de France. XIV. 236.

Eperon ; ordre des chevaliers de l'Eperon. X. 484.

Eperon d'or ; hist. des chevaliers de cet ordre. XI. 591.

Ephestion ; descript. de son bucher. XIV. 506.

Ephod ; sur un passage de l'Ecriture, où il en est parlé. XIV. 423.

S. EPHREM ; vie de S. Abraham. X. 325. de Ste. Marie. 326. *sa vie.* X. 325.

S. *Epictete* ; sa vie. X. 326.

EPIFANIA (Gian. Paolo del) hist. de Messine. XI. 494 & *suiv.*

Epinomis ; son auteur. XIV. 430.

EPINOY (Philippe de l') recherches de la noblesse de Flandre. XIV. 261.

S. EPIPHANE ; de hæresibus. X. 293.

Epire; de ſtatu Epiri. XI. 43. ſa deſcription. 253.

S. *Epitacio*, évêque de Tui. XIII. 394.

Epithalame. XIV. 448.

Epoques Syro-Macédoniennes. XI. 21. ſupplémens à ces époques par l'abbé Belley. *voyez* NORIS.

Epponina, femme de Julius Sabinus. XIV. 437.

Epreuves; voyez *Jugemens de Dieu*.

EQUICOLA (Mario) chronique de Mantoue. XI. 563.

Equitation; ſon origine. XIV. 438 & 442.

Erard II, marquis de Miſnie; ſa vie. XI. 315.

ERASME; auris Batava. XIII. 288. ſa vie. XIV. 401, 402.

Eratoſthène; rech. ſur ce philoſophe. XIV. 492.

ERBENIUS; additiones ad chronicon Huxarienſe. XI. 195.

ERCHAMBERT; excerpta ex ejus breviario regum Franc. XII. 38.

Ercolano; voyez *Herculea*.

ERDMANN; chronicon epiſc. Oſnabrugenſium. XI. 193 & 292.

Ere des Séleucides. XIV. 465. — *Ere d'Eſpagne*. XIII. 331.

ERÉMOND (Erneſt) origo & hiſt. Belgicorum tumultuum. XIII. 191. *l'auteur caché ſous ce nom eſt* François HOTMAN.

Erfurt; cartes de ſon territoire. X. 72. — *Erfurt*; hiſt. de cette ville. XI. 283, & 316, 317.

S. *Eric*, roi de Suéde; ſa vie. XIV. 10.

ERIC, roi de Danemarck; de origine gentis Danorum. XI. 191.

ERICEYRA (L. de Menezes, comte d') hiſt. de Portugal reſtaurado. XIII. 420.

ERICHIUS (Adolar.) chron. Juliacenſe. XI. 197.

ERICHIUS (Samuel) de exodo Hamelenſi. XI. 199.

ERIZZO (Jean) vie de Louis Mocenigo. XI. 531.

ERIZZO (Sébaſtien) de i governi civili. XI. 316. diſcorſo ſopra le medaglie. XIV. 309.

Erizzo; vita di Franc. Erizzo. XI. 529.

Erix; hiſt. de cette ville. XI. 498.

Erkenbald; de episcopis Argentinensibus. XI. 197.

Erland; de vita S. Erici. XIV. 10.

Ermengarde, imperat. son épitaphe. XII. 47.

Ermenric; suppl. ad vitam S. Magni. XI. 178.

Ernest le Pieux, duc de Saxe; sa vie. XI. 310.

Ernest (J. Aug.) notæ ad Xenophontem. XI. 29. son édit. de Tacite. 85 & *suiv.*

Ernstius; édition de la Palestine d'Heidmann. X. 195.

Erpenius; hist. Saracenica. XIV. 95.

Erra (Ch. Ant.) vita del P. Cosimo Berlinvani. X. 412. memorie de la congregazione de la Madre di Dio. 419. vita del P. Giovanni Leonardi. *ibid.*

Erric, moine d'Auxerre; *voyez* Herric.

Erythia; mém. sur cette île. XIV. 513.

Escalera (Pedro de la) origen de los Monteros de Espinosa. XIV. 272.

Escallon; origine des rois Bénimerins. XIV. 158.

Eschine l'Orateur; mémoire sur sa vie & sur ses ouvrages. XIV. 458.

Esclapès (Grégoire) son ouvrage contre les Jésuites. X. 467.

Esclaves; de servis, & eorum ministeriis. XI. 118. leur état chez les Romains. XIV. 514.

Esclavonie; hist. de cette province. XI. 546 & *suiv.*

Escoffier; antiquit. d'Orange. XIII. 167.

Escolano; hist. de Valencia. XIII. 387.

Escoman (la Dlle. d') son interrogatoire, &c. XII. 143 & *suiv.*

Escobar (Marina de) sa vie. X. 433.

Escoubleau de Sourdis (Cath. Marie d') son éloge. XII. 349.

Esculape; son culte. XIV. 477.

Escurial; hist. du monastère de S. Laurent de l'Escurial. XIII. 370.

Esnault; dissert. sur l'hist. du diocèse de Séez. XIII. 70.

Espagnac (le baron d') campagnes du roi. XII. 342.

Espagne; cartes. X. 58, 60 & 91. auteurs sur l'hist. de ce royaume. XIII.

XIII. 327 & *suiv.* éclaircissemens sur l'hist. d'Espagne. XIV. 510. généalogie des rois d'Espagne. X. 170.

Espeisses (Charles Faye, sieur d') mémoires. XII. 216. plusieurs pièces de lui. 254.

Espeisses (Ant. d') mémoires. XII. 254.

Espelta (P. Aingo de) hist. d'Astorga. XIII. 373.

Espinosa (Pablo de) hist. de Séville. XIII. 373.

S. *Esprit* ; ordre de chev. en France. XIII. 217 & *suiv.* — S. *Esprit* ; hôpital à Dijon. XIII. 107. — S. *Esprit* ; mém. sur le collége du S. Esprit à Bénevent. XI. 488.

Essé (le seigneur d') sa vie. XII. 351.

Essenius (André) de abusu bonorum ecclesiast. XIII. 315.

Essenius ; Cornelius Nepos cum notis. XI. 35.

Essen ; abbaye ; sa carte. X. 74.

Essex ; antiquités de ce comté. XIII. 499.

Essex (le comte d') recherches sur sa mort. XIII. 481.

Est ; aut. sur la ville & la maison d'Est. XI. 296, 368, 391, 395. hist. des princes d'Est. XI. 457, 458 & 567.

Est (Alfonse d') prince de Ferrare ; sa vie. XI. 457 & 590.

Est (Nicolas d') marquis de Ferrare ; de ejus gestis. XI. 393.

Est (Raynault d') mémoires de ce cardinal. XIV. 300.

Estaing (Joachim d') dissert. sur la noblesse. XIV. 195.

Estazo ; antiq. de Portugal. XIII. 411.

Esteinbourg ; carte des ammanies d'Esteinbourg, de Krempen, &c.

Esterhasi ; histoire de cette maison. XI. 354.

Estius (Guill.) martyrs de Gorcum. XIII. 313.

Estepa (le marq. d') hist. del monte Valparayso. XIII. 392.

Estoile (Jean Thierri de l') hist. du siége de Marseille. XIII. 161.

Estoile (Pierre de l') journal de Henri III. XII. 208. journal de Henri IV. 241.

Estor ; analecta Fuldensia. XI. 277.

Estrades (le comte d') ses négociations. XII. 310. & XIV. 299, 301.

Estrées (le duc d') ses mémoires. XII. 254.

Estrées (Fr. Annibal d') mém. de la régence. XII. 257.

Estrées (le maréchal d') son éloge. XIV. 458.

Etampes; antiq. de cette ville. XIII. 84.

Etat de l'Eglise; cartes. X. 89, 90. descript. géographique. XI. 414. provinces & villes de cet état. 419 & *suiv.*

Etats-généraux en France. XIII. 205 & *suiv.* —*Etats* tenus à Tours sous Charles VIII. XII. 153. —*Etats* de la Ligue tenus à Paris. 225 & *suiv.*

Eternument; origine de l'usage de saluer quand on éternue. XI. 121. & XIV. 418.

Ethelwerd; chronica. XIII. 437.

Ethiopie; auteurs qui ont écrit sur ce pays. XIV. 141. son patriarchat. X. 196. hist. du Christianisme de ce pays. XIV. 83.

Ethiopiens; leur ancienneté en Afrique. XIV. 434.

Ethna; description de cette montagne. XI. 376. v. *Mont-Gibel.*

S. *Etienne* de Bologne; hist. de cette église. XI. 454.

S. *Etienne* de Grandmont; sa vie. X. 407.

S. *Etienne* de Muret; sa vie. XII. 81.

S. *Etienne de Némore*; chronique de ce monastere. X. 404.

S. *Etienne*; chevaliers de S. Etienne de Florence. X. 483. & XI. 509.

Etienne III, pape; ses lettres. XII. 54 & 129. —Etienne IV. ses lettres. XII. 54 & 129. —Etienne V. ses lettres. XII. 57. —*Etienne VI.* sa vie. XI. 381.

Etienne, roi d'Angleterre; sa vie. XIII. 440.

Etienne Batori, roi de Pologne; ses lettres. XIV. 49. hist. de son régne. 51.

Etienne, comte de Chartres; ses lettres. XIV. 101.

Etienne, év. de Paris; pouvoirs que lui donne S. Louis pendant son absence. XII. 61 & *suiv.*

Etienne, év. de Tournai; ses lettres. XII. 135.

Etienne, abbé; chron. Neritinum. XI. 398.

Etienne, abbé de Schiren; chron. Schirense. XI. 264.

Etienne de Bysance; de urbibus. X. 21. fragmenta. *ibid.* & XI. 10. de Dodone. XI. 47.

Etienne (Boniface) de cultu Terræ Sanctæ. XIV. 88.

Etienne (Charles) hist. de Lorraine. XIII. 181.

Etienne (Charles) dictionarium hist. XIV. 408.

Etienne (Henri) lecture des historiens. X. 8. varii hist. Romanæ script. XI. 75. son édit. d'Hérodote. 26. de Xénophon. 29. de Diodore de Sicile. 30. de Plutarque. 32. de Philippo in Græciam grassante. 35. édition d'Arrien. 38. de Græcorum moribus, 53. legenda Catharinæ Mediceæ. XII. 190.

Etienne (Henri) éloges. XII. 253.

Etienne (Henri) sieur du Belle; journal de la guerre de Hollande. XII. 325.

Etienne (Jean) transactions concernant le Briançonois. XIII. 171.

Etienne (Joachim) de jurisdictione veterum Græcorum. XI. 45.

Etienne (Robert) éditions d'Eusebe, &c. X. 222.

Etienne *Infessura*; diarium urbis Romæ. XI. 383.

Etoiles fixes; catalogus Ptolemaïcus. X. 26.

Etolie; de republic. Ætolorum. XI. 43.

Etrennes; de strenis veterum. XI. 50. & *ibid.* strenarum historia. 105.

Etropius (Jean) expeditio Tunetana. XI. 169 & 228.

Etruria metropolis. XI. 441.

Etrurie; auteurs sur cette province. XI. 369, 370, 499 & *suiv.* v. *Toscane.*

Etuves des anciens. XI. 105.

Eucher, évêque; de situ urbis Hierosolymitanæ. XII. 71.

Eudemare (Franç. d') hist. de Guillaume le Conquérant. XIII. 64 & 454.

Eudemon Johannes; ad Ludovicum admonitio. XIII. 208 & *suiv.*

Eudes d'Aquitaine;

fragmenta de eo. XII. 39.
S. *Eugène*, archev. de Tolède; prétendue translation de son corps. XIII. 369.
Eugène III, pape; hist. de son pontificat. XI. 426. — *Eugène IV*; sa vie. XI. 398.
Eugène (Théophile) pour la réformation des Jésuites. X. 464.
Eugène de Savoie; auteurs qui ont fait l'hist. de ce prince. XI. 243 & *suiv.* & 351. & XII. 341.
Ste. *Eugénie*; sa vie. X. 326.
Eugubio; auteurs sur cette ville. XI. 396, 456.
Eulenbourg; chron. de cette ville. XI. 314.
S. Euloge; ejus opera. XIII. 334.
Eunapius Sardianus; eclogæ legationum. XI. 39, 77 & 134.
Ste. *Euphraise*; sa vie. X. 326.
Euripide; diverses observ. sur ce poète. XIV. 439, 443, 445, 449, 507.
Europe; sa descript. X. 43. cartes. 56, 64.
Europæus (L. Corn.) *v.* Inchoffer & Scotti.
Eusebe de Césarée; onomasticon. X. 194. hist. ecclésiastique. 222, 223, 224. de Constantini Magni vita. XI. 127. de ejusd. laudibus: *ibid.* sa chronique. X. 131, 132, 133.
Eusébe de Crémone. X. 331.
S. *Eusitius*, abbé de Celles; sa vie. XII. 75. ses miracles. *ibid.*
Eustache de S. Pierre. XIII. 252.
Eustache de S. Ubald. (le P.) de metropoli Mediolanensi. XI. 550.
Ste. *Eustadiole*, abbesse; sa vie. XII. 75.
Eustathe, arch. de Thessalonique; commentar. in Dionysium Alexandrinum. X. 23.
Eutychès; hist. de l'hérésie d'Eutychès. X. 298.
Eutychius; contexio gemmarum. XI. 8. ecclesiæ Alexandrinæ origines. XIV. 134.
Euthymius Zigabenus; Saracenica. XIV. 94.
Eutrope; breviarium historiæ Romanæ. XI. 63, 75, 76.
Euxin; voyez *Pont-Euxin*.
Evagre; hist. ecclésiast. X. 222, 223, 224.

Evangiles ; concorde des évangiles. X. 213 & *suiv.* *Faux Evangiles.* 216 & *suiv.*

EVANTHIUS ; de tragædia & comœd. XI. 49.

Evêchés ; cartes. X. 60. notit. episcopat. 169.

EVEILLON ; epistola capituli Andegavensis. XIII. 90.

EVELYN ; navigations des Anglois. XIII. 511.

Evêques ; leur état en France sous la premiere race XIII. 253. éloges des évêques. X. 289.

EVERMOT ; chronicon episc. Aldenborgensium. XI. 195.

EVERS ; memoriæ Hamburgenses. XI. 306. *sa vie* ibid.

Evhémere ; rech. sur sa vie & ses ouvrages. XIV. 442, 460.

Evora ; aut. sur cette ville. XIII. 332. & *ibid.* 410, 411.

Evreux ; hist. de l'église & du comté d'Evreux. XIII. 69 & *suiv.*

EWICHIUS ; Vesalia. XI. 291.

Excommunications. X. 102.

EXEA y Talayero (Luys d') justificacion de la iglesia Cesar-Augustana. XIII. 381.

Exester ; antiquités de cette ville. XIII. 504.

Exorcismes magiques. XIV. 451.

Expiations chez les Grecs & les Romains. XIV. 414.

EXPILLY (Claude) supplément à l'hist. du chevalier Bayard. XII. 358.

EXPILLY (l'abbé) dict. des Gaules & de la France. XII. 20.

S. *Exupere*, évêq. de Bayeux ; sa vie. XIII. 69.

EYBEN ; de Gunthero Schwarzburgico. XI. 222 & *suiv.*

EYNDIUS ab Haemstede ; de pace, &c. XIII. 302. chron. Zelandiæ. 312.

EYRING ; vita Ernesti. XI. 310.

EYSENGREIN ; chronolog. urbis Spiræ. XI. 275.

EYSENHART ; sa continuation de la chronique d'Herman Gygas. X. 141.

Eysenach ; carte de sa principauté. X. 72.

Ezerinus III. voyez *Ezzelin.*

Ezzelin ; res inter Ri-

chardum & Ecce linos. XI. 387.

Ezzelin III, dit *de Romain*; divers auteurs qui ont écrit sa vie. XI. 367, 386, 387, 427, 536 & 537.

FABER (Antoine) de Montisferrati ducatu consultatio. XI. 584.

FABER (Ant.) chancellerie des Etats de l'Europe. XI. 334.

FABER (Basile) hist. ecclesiast. X. 236.

FABER (Denys) vie du pape Célestin V. XI. 427.

FABER (Jacque) oratio funeb. Maximiliani I imperat. XI. 186.

FABER (Jean) Moscovitarum religio. XIV. 62.

FABER (Jean) commentarius in imagines illustrium. XIV. 317.

FABER (Pierre) de re athletica. XI. 49.

FABERT (Abraham) voyage du roi Henri IV à Metz. XIII. 242.

Fabert (le maréch. de) sa vie. XII. 370.

FABERT; hist. des ducs de Bourgogne. XIII. 104.

Ste. *Fabiole*; sa vie. X. 326.

Fabliaux. XIV. 476.

FABRE (le P.) continuation de l'hist. ecclésiastique. X. 232.

FABRE de Tarascon; panégyr. d'Arles. XIII. 157.

FABREGUES; ses mém. XIII. 154.

FABRETTI; de aquis, &c. veteris Romæ. XI. 97. Columna Trajana. 113. inscriptionum antiquarum explicatio. XIV. 336.

FABRI (J. B.) la conchilia céleste. XI. 591.

FABRI (Jérôme) ses ouvrages sur l'hist. de Ravenne. XI. 447.

FABRICIUS (Daniel) de Islandia, &c. XIV. 32.

FABRICIUS (Ebérard) gloria Fuldæ. XI. 277.

FABRICIUS (Eric.) introduct. histor. X. 189.

FABRICIUS (François) de motibus Gallicis. XII. 203.

FABRICIUS (François) christologia Noachica. X. 207.

FABRICIUS (George) Suffridi chron. in compendium redact. X. 140. descript. urbis Romæ. XI. 96. veteris Romæ cum nova collatio. 108. res Germaniæ Magnæ. 294. Saxonia illustrata. *ibid.* res Misnicæ. 311. hist. orientalis. XIV. 95.

FABRICIUS (Jean) son édit. de la chronique de Martin Polonois. X. 140.

FABRICIUS (Jean-Alb.) codex apocryphus novi testamenti. X. 216. notæ ad Dionem Cassium. XI. 87. origines Hamburgenses. 306. memoriæ. *ibid.* préface au traité de Launoy, *de Scholis.* XIII. 18. script. rerum Septentrionalium. XIV. 2. notitia Diariorum. 366. conspect. thesauri litterarii Italiæ. 385. *sa vie.* 402.

FABRICIUS (J. Louis) de Ludis Scenicis. XI. 49.

FABRICIUS (J. Sebald) Manhemium. XI. 281. C. Julius Cæsar nomismaticus. XIV. 327.

FABRINI (Sébastien) chron. della congreg. de Silvestrini. X. 363, 364.

FABRO de' Bremondani; l'Eroe triomfante. XI. 530.

FABRO Bremundano; voyage de Charles II, roi d'Espagne. XIII. 352.

FABRONI (Ange) hist. littéraire. XIV. 387.

FABROT; glossarium ad Cedrenum. XI. 125. édit. de Const. Manassé. 126. de Théophilacte. 132. de Nicétas. 137. de Chalcondyle. 145. antiq. de Marseille. XIII. 159.

FABRUCCI; hist. de l'université de Pise. XIV. 389.

FACIO; hist. de son tems. XI. 468. de rebus gestis ab Alphonso I. 371 & 469. de bello Clodiano. XI. 367 & 523. de viris illustr. XIV. 368.

Faenza; auteurs sur cette ville. XI. 369 & 451.

FAESCATUS; de nummo Ptolemæi Evergetæ. XI. 52.

FAGET (Paul de) vie de Pierre de Marca. XIV. 404.

FAIDEAU; vie de Mad. Polaillon. X. 414.

Faïel; mém. sur la dame de Faïel. XIII. 252.

Faille (Germain la) ann. de Toulouſe. XIII. 140. nobleſſe des Capitouls de Toulouſe. XIV. 255.

Fainéans ; ſur le titre de *Fainéans* donné aux derniers rois de la troiſiéme race. XIV. 429.

Falcand ; hiſt. de Sicile. XI. 375, 386 & 492.

Falcke ; hiſtoria Corbeienſis. XI. 293.

Falco (Aimar) Antoniana hiſtoria. X. 418.

Falco (l'abbé) Dionis Caſſii ultimi tres libri. XI. 87.

Falco (Benoît) antiq. Neapolis. XI. 371 & 475, 476.

Falcon *de Bénevent ;* chronicon. XI. 383 & 461.

Falcone (Giuſeppe) chron. Carmelitana. X. 367.

Falconeri (Octav.) inſcript. Athleticæ. XI. 49. & XIV. 337. de nummo Apamenſi. XI. 33. de pyramide Epulonis, &c. 97.

Falconet ; ſur l'aimant. XIV. 429. ſur les Bœtyles. 436. ſur nos premiers traduct. François. 440. ſur les Aſſaſſins. 466. principes de l'étymologie. 474. ſur le mot *Dunum. ibid.* ſur Jacque de Dondis. 476. ſur la pierre de la mere des Dieux. 485. *ſon éloge.* 508.

Falconi (Celſo) égliſes de Bologne. XI. 454.

Faleti ; guerre d'Allemagne. XI. 229.

Faliſques, leur hiſt. XI. 370 & 442.

Familles Romaines. XI. 100. leurs médailles. XIV. 311 *& ſuiv.*

Familles ſacerdotales de la Gréce. XIV. 482.

Fanatiques des Cévennes ; leur hiſtoire. X. 307.

Fanelli ; Atene Attice. XI. 55.

**Fano ;* aut. ſur cette ville. XI. 456.

Fanzago (l'abbé) lodi di Giuſeppe Tartini. XIV. 360. *aux additions.*

Fara (J. Franç.) de rebus Sardois. XI. 586.

Le *Fardelet* des tems. X. 143. & XI. 105.

Fare (le marq. de la) mémoires. XII. 290.

Farfa ; chronique de ce monaſtere. XI. 381. & XII. 54.

Fargue (l'abbé de la)

lettre sur le recueil d'Archimbaud. XIV. 524.

FARIA (Dorea Caceres e) catastrophe de Portugal. XIII. 424.

FARIA y Souza (Manuel de) vie de D. Martin Bapt. de Lanuza. XIII. 376. *sa vie & ses ouvrages.* ibid. hist. de Portugal. 411. Europa Portuguesa. 412. Africa & Asia. *ibid.* Asia Portuguesa. XIV. 106.

FARIN ; la Normandie chrétienne. XIII. 65. hist. de la ville de Rouen. 66.

FARINA ; hist. de Bergame. XI. 375 & 541.

FAROLDO ; annali Veneti. XI. 520.

FARNESE (Henri) entrée d'Alexandre Sauli à Pavie. XI. 559. éloge de la famille de Fernandez Velasco. XIV. 261.

Farnèse (Pierre-Louis) duc de Plaisance ; sa mort. XI. 365.

FARULLI ; annales de Borgo S. Sepolcro. XI. 515.

FASOLD ; Græcorum Ierologia. XI. 48.

Fastes ; differt. sur les fastes. XIV. 418. — *Fastes d'Athènes.* XI. 59. — *de Rome.* 108. — *Fastes consulaires.* XIV. 524. — *Fastes consulaires*, publiés par le cardinal Noris. XI. 21. autres fastes. 104 & 117. — *Fastes de Sicile.* XI. 125.

Fastrade, femme de Charlemagne ; son épitaphe. XII. 42.

FAUCHET ; antiquités Gauloises & Françoises. XII. 7 & 119. libertés de l'église Gallicane. 25.

FAULKLAND (le vicomte de) hist. regis Eduardi II. XIII. 456.

FAULCONIER ; hist. de Dunkerque. XIII. 53.

FAUNO ; Italia illustrata du Biondi. XI. 356.

FAUQUEL ; disc. sur la prise de Guines. XII. 166 & *suiv.*

Ste. *Fauste*, vierge & martyre, miracles à la translation de ses reliques. XII. 78.

FAUSTE (J. Fréd.) Limburgenses fasti. XIII. 286.

FAUSTE (Laurent) généalogie de la maison de Saxe. XIV. 216.

FAUSTIN *Marie de S. Laurent* ; istoria del B. Giovanni Tavelli. X. 331.

FAUSTINI ; hist. du

duché de Ferrare. XI. 457.
FAUSTO (Sébastiano) hist. de François Sforce, trad. de Simoneta. XI. 556.
FAUR (Gui du) vie de Pibrac. XIII. 217.
Faure (Charles) sa vie. X. 424.
FAURE (J. B.) édit. des tables du P. Muzantio. X. 115.
FAUVELET DU TOC; hist. de Henri duc de Rohan. XII. 366. hist. des secrétaires d'Etat. XIII. 226.
FAUZ-ROBIN (Paschal du) discours sur l'Anjou. XIII. 88.
FAVIER (Nicolas) vie de Charles IX. XII. 187. procès-verbal de la conférence de Courtray. XIV. 302. remontrance. *ibid.*
FAVIER (N.) mém. de Bolingbroke. XII. 339.
FAVIER (D.) trad. de Justin. X. 118.
FAVIER (Dominique) mém. pour le chapitre de Saint-Quentin. XIII. 48.
FAVIN (André) théâtre d'honneur. X. 476. & XIII. 227. offices de la couronne. XIII 221. hist. de Navarre. 132 & 592.
Favoris; hist. des Favoris. XII. 348, 551.
FAVRE; trad. de Guichardin. XI. 409.
Fay (du) généal. de cette maison. XIV. 252.
FAY (Jean) sur les régences. XIII. 196.
FAYDIT (Amable) éclaircissement. X. 166. vie de S. Amable. XIII. 119.
FAYE (Ant.) vita Theod. Bezæ. X. 312.
FAYETTE (Mde. de la) mém. XII. 331.
FAZELLI; de rebus Sicolis. X. 374. & 491.
Fechrreddin, prince des Druses; son histoire. XIV. 90.
FEDERICI (Federico) letttera, &c. XI. 572. della famiglia Fiesca. XIV. 222.
Féerie des anciens, comparée à celle des modernes. XIV. 482.
FEITH (Everard) antiquitates Homericæ. XI. 46.
FÉLIBIEN (André) descript. de l'abbaye de la Trape. X. 356. divertissemens de Versailles. XIII. 246. disgrace du

C. duc d'Olivarez. 350. entretiens sur les vies des Peintres. XIV. 361.

Félibien (D. Michel) hist. de l'abbaye de S. Denys en France. X. 338. histoire de Paris. XIII. 6.

Félibien des Avaux; descript. de l'église & du dôme des Invalides. XIII. 14. vies des architectes. XIV. 165.

Félix V, pape; ses différends avec le pape Eugène IV. XI. 429.

Felix de Tolède; appendix ad Isidorum. XIV. 396.

S. *Félix de Valois*; sa vie. X. 406, 407.

Fell (Jean) rerum Anglic. script. XIII. 458.

Fellini; sacrum Musæum. X. 374.

Fels; hist. d'Edouard II. XIII. 456.

Felsinea marmora. XIV. 338.

Feltri; aut. sur cette ville. XI. 543.

Femmes; de conclusis Hebræorum & Græcorum feminis. XI. 56. — Feminarum apud Germanos sacrarum instituta, &c. 159. estime que les Germains avoient pour elles. XIV. 433.

Fénel (l'abbé) dissert. sur la conq. de la Bourgogne. XIII. 101. sur un passage de Cicéron. XIV. 469. mém. sur ce que les anciens ont pensé de la résurrection. 473. sur la signific. du mot *Dunum*. 474. de la religion & des dogmes des Gaulois. 486. *son éloge*. 490.

Fénelon (de la Mothe) siége de Metz. XII. 165. voyage du roi aux Pays-Bas. *ibid.*

Fénelon (M. de) réflexions sur l'Histoire. X. 6. réponse à M. Bossuet. 255. *sa vie*. 256. dialogue sur la peinture. XIV. 361.

Fénestella; *voyez* Fiocco.

Fénis (Ignace de) regis Ludovici XIV inauguratio. XIII. 259.

Fer (de) introduct. à la géographie. X. 32. ses cartes. 66—97.

Ferden ou *Verden*; carte. X. 73. hist. de ce duché. XI. 301.

Ferentilli; discorso delle monarchie. X. 120. trad. de Nicetas, &c. 137.

Ferdinand I, empereur; de ejus electione.

XI. 171. historiens de son régne. XI. 241. — *Ferdinand II.* ses historiens. 231 & *suiv.* — *Ferdinand III.* 236 & *suiv.* 241.

Ferdinand III, roi de Castille; sa vie par plusieurs auteurs. XIII. 366. son culte établi à Séville. 374. — *Ferdinand IV*; hist. de son régne. 366.

Ferdinand V, roi d'Aragon; hist. de son régne. XIII. 330 & 343 & *suiv.* son entr. avec Louis XII, roi de France. XII. 154.

Ferdinand I, roi de Naples; sa vie par Jov. Pontanus. XI. 571. hist. des troubles sous son régne. 467, 468, 469.

Ferdinand d'Autriche, infant card. son histoire. XIII. 350.

Ferdinand & *Isabelle*, archiducs d'Autriche. XI. 250.

Ferdinand, fils de Jean I, roi de Portugal. XIII. 413.

Ferdinand-Charles, comte de Tirol. XI. 250.

Fere (la) priviléges de cette ville. XIII. 48.

Féries Romaines. XIV. 435.

Fermo; aut. sur cette ville. XI. 369, & 441, 445.

Fernambouc; relation de cette ville. XIV. 164.

Fernand de Cordoue. v. *Gonsalve Fernand.*

FERNANDEZ (Alfonse) concertatio prædicatoria. X. 400. hist. de Placentia. XIII. 372.

FERNANDEZ (Diégo) hist. du Pérou. XIV. 157.

FERNANDEZ (Pedro) theatro de las iglesias de España. XIII. 361.

FÉRON (Jean le) hist. des connétables, &c. XIII. 225. institution des rois & hérauts d'armes. XIV. 196.

FÉRONI (le marq. de) traduction des mém. de l'abbé de Montgon. XII. 340.

FERRAND (Jean) le bonheur de la ville d'Aix. XIII. 244.

FERRAND (Jean) Epicinion pro liliis. XIV. 202.

FERRAND (Louis) que S. Augustin a été moine. X. 427.

Ferrare; auteurs sur la ville de Ferrare & le Ferrarois. XI. 368, 373, 387, 396, 397, 398, 456 & *suiv.* sur la pré-

séance du duc de Ferrare. XI. 509.

Ferrare (le card. de) ses négociations. XII. 233.

Ferrari (Epifanio) Liguria trionfante. XI. 570.

Ferrari (Fr. Bern.) de veterum acclamationibus. XI. 99.

Ferrari (Claude) de bello Batavico. XII. 325.

Ferrari (Gui) guerres du prince Eugène en Hongrie. XI. 351. inscriptiones; epistolæ; differt. XIV. 524.

Ferrari (Jérôme) hist. de la ligue contre Achmet III. XI. 245.

Ferrari (Nicolo) siége de Nice. XI. 580.

Ferrari (Octavien) de origine Romanorum. XI. 94.

Ferrari (Octavien) *neveu du précédent*; de re vestiaria. XI. 99. analecta de re vestiaria. *ibid.* de laudibus Patavii. 368.

Ferrari (Philippe) topographia poetica. X. 49. Lexicon geographicum. *ibid.* catalogus sanctorum. 277. topographia in martyrologium. *ibid.*

Ferrari (Sigismond) de rebus Hungariæ provinciæ Prædicatorum. X. 400.

Ferrariis (Ant. de) v. Galateo, *nom sous lequel il est plus connu.*

Ferrario (Bern.) genealogia familiæ Scorriæ. XIV. 228.

Ferraro; del cemeterio Nolano. XI. 480.

Ferrarois; cartes. X. 89.

Ferrarotto; dell' officio di stadico di Messina. XI. 496.

Ferreira (Alexandre) memorias dos Templarios. X. 477.

Ferreira y Sampayo; vie de Jean II. XIII. 414.

S. *Ferréol*, év. de Limoge; sa vie. XII. 78.

Ferrer (Maur. Cast.) hist. de l'apôtre S. Jacques. XIII. 359.

Ferreras; hist. d'Espagne. XIII. 339.

Ferri (Matthias) rationarium miss. Capucinorum. X. 385.

Ferrero (Fr. Marie) Aug. Sabaudiæ domus arbor gentilitia. XIV. 117.

Ferret (Hippolyte) hist. du vicariat de Pontoise. XIII. 67.

FERRETI; historia. XI. 388. de Scaligerorum origine. *ibid.*

FERRETTI (J. B.) musæ lapidariæ. XIV. 335.

FERRI (Ant.) apparatus statuarum. XI. 371.

FERRI (Bar.) decadi istoriche. X. 231.

FERRIER (Jérémie) le catholique d'état. XIII. 209 & *suiv.*

FERRIERES (de) vies des Jurisconsultes, &c. XIV. 356.

FERRINI; scriptores Florent. XIV. 388.

FERRO (Ant.) statues trouvées à Cumes. XI. 484.

FERRO (Bartolomeo) storia di Comachio. XI. 458.

FERRON (Arnoul du) continuat. de l'hist. de France de Paul Emile. XII. 91. de gestis Gallorum. 158.

FERVEAUX (Jean) on lui attribue des annales de Baviere. XI. 262.

Fescamp; chron. Fiscanensis monasterii. XII. 67.

Festins des anciens. XI. 50, 105 & 121. & XIV. 422.

FESTUS. XI. 75.

FESTUS (Pierre-Martyr) summ. constitutionum Prædicatorum. X. 401.

FESTUS RUFUS; *voyez* SEXTUS RUFUS.

Fêtes; ce qui concerne les fêtes des Grecs. XI. 48. — *Fêtes* des Romains. 101. — *Fête des fous*. XIV. 523.

Fétiches; du culte des dieux Fétiches. XI. 5.

Feu sacré; comment on le rallumoit. XIV. 514. sur l'usage de porter du feu devant les empereurs. 507. — *Feux de joie*; leur origine. XIV. 425.

FEUILLADE (M. de la) son expédition en Candie. XII. 323. retraite des troupes Françoises de Sicile. 327. monument érigé à la gloire du roi. 331.

Feuillans; histoire de cette congrégation. X. 357.

FEUILLET (J. B.) année dominicaine. X. 396. vie de Pie V, pape. XI. 431.

FEUQUIERES; ses lettres & négociations. XII. 281. ses mémoires. 373.

FEVRE (A. M. le) les Muses en France. XIV. 393.

Fevre (Chantereau le) disc. concernant le mariage d'Ansbert & de Blitilde. XII. 110. si les prov. de Lorraine, &c. XIII. 180. mém. sur les maisons de Lorraine & de Bar. XIV. 258.

Fevre (Denys le) vita S. Petri Celestini. X. 364.

Fevre (Gabriel le) speculum Franciscanæ religionis. X. 384.

Fevre de la Boderie (Gui le) confusion de la secte de Mahumed. XIV. 77.

Fevre (Hiacinthe le) hist. de la prov. des Récollets de Paris. X. 384.

Fevre (Jacques le) d'Etaples; Agones martyrum. X. 269. recueil de ce qui s'est fait pour & contre les Protestans en France. 310.

Fevre (Jacques le) hist. de Bertrand du Guesclin. XII. 353.

Fevre (Michel le) theatro della Turchia. XIV. 69.

Fevre (Pierre le) ad Carpentarium responsio. XII 189.

Févre (Pierre le) Jésuite; sa vie. X. 461.

Fevre (Tannegui le) édit. de Justin. X. 117. vitæ poëtarum Græcorum. XI. 53.

Fevret (Charles) hist. de la sédition arrivée à Dijon. XII. 269.

Fevret de Fontette; biblioth. hist. de la France. XIV. 394.

Feyrabendius (Sigism.) annales rerum Belgicarum. XIII. 273.

Fez; hist. des royaumes de Maroc & de Fez. X. 44. & XIV. 138 & *suiv.*

S. *Fiacre*; translation de ses reliques. XIII. 60.

Fialetti (Odoardo) habiti delle religioni. X. 320, 321.

Fiamma; *voyez* Flamma.

Fiammeno (Clém.) Castelleonea. XI. 559.

Fibiger; notæ ad Silesiographiam. XI. 126.

Fichard; vitæ jurisconsultorum. XIV. 355.

Fico; vie de S. Zozime, pape. XI. 422.

Ficorini (Franç.) observ. sur le *Diarium italicum* du P. Mabillon. XI. 362. vestigie di Roma antica. 436. de plumbeis numismatibus. XIV. 324. memorie ritrovate,

312. I piombi antichi. 344.

Fiddes; vie du card. Wolsey. XIII. 460.

S. *Fidole*, confesseur; sa vie. XII. 79.

Fiedlers; mém. de Miglisch. XI. 314.

Fiefs de l'empire. XI. 344.

Fiésole; évêq. de cette ville. XI. 513, 514.

Fiesque; sa conjuration. XI. 363 & 571 & *suiv.*

Figon (Charles du) des offices & dignités. XIII. 221.

Figueiredio; rerum Lusitanarum ephemerides. XIII. 425.

Figuer; voyages de Pinto. XIV. 183.

Figueroa (Christoval Suarez de) hist. de la Comp. de Jesus en Orient. X. 451. hecos de D. Garcia Hurtado de Mendoça. XIII. 402. & XIV. 275.

Figuéroa (Juan de Trillo y) origen de la casa de Tovar. XIV. 280.

Figueroa (Garcias de Silva) son ambassade en Perse. XIV. 83.

Figuier (l'abbé) diocèse de Montauban. X. 86.

Filace; sur la guerre du Frioul. XI. 524.

Filamondo; il genio bellicoso di Napoli. XI. 474.

Filesac; statuta facultatis Theologiæ. XIII. 27. Sorbona instaurata. *ibid.*

Filippini; hist. de Corse. XI. 574.

Fillatre; la Toison d'or. X. 144.

Filleau (Jean) preuves de la vie de Ste. Radegonde. XII. 552. traité de l'Université de Poitiers. XIII. 95.

Filmer; opera varia. XIII. 435.

Filtz-Moritz; lettres sur les affaires du tems. XII. 339.

Finances; hist. des finances. XIII. 257. — *Finances* des Romains. XIV. 522.

S. *Findan*; sa vie. XI. 178.

Finemark; description de cette province. XIV. 19.

Fini; *voyez* Fino.

Finlande; cartes X. 67. hist. de cette province. XIV. 19.

Fino (Alemanno) addit. à l'hist. du Bembe. XI. 520. hist. de Crême.

545. sa défense. *ibid.* description de Madere. XIV. 144.

FINO (N. Pompilio) cont. de l'hist. de Crême. XI. 545.

FIOCCO ; de magistratibus Romanis. XI. 117.

FIORAVENTI ; hist. de Pistoie. XI. 515.

FIORE DA COPRANI ; Calabria illustrata. XI. 480.

FIORELLI (Jac.) la monarch d'Oriente. XI. 146. detti memorabili del Senato. 529.

FIORENTINI (Joseph-M.) vetus martyrologium. X. 273.

FIORENTINI (Franc. Marie) mémoires sur la comtesse Mathilde. XI. 406 & 501. Hetruscæ pietatis origines. XI. 500.

FIOT ; fondation de Dijon. XIII. 107.

FIRMIANUS (Petrus) *c'est le P.* ZACHARIE de Lizieux.

S. *Firmin*, év. d'Amiens ; écrits sur la translation de son corps. XIII. 44 *& suiv.* vérification de ses reliques. 45.

FISEN ; hist. Leodiensis. XI. 289.

FLACCIUS (Matthias) hist. ecclesiastica. X. 236.

FLACLHIO ; généalogie de la maison de la Tour Tassis. XIV. 266.

FLACOURT ; hist. de Madagascar. XIV. 145.

Flagellans ; hist. des Flagellans, par divers auteurs. X. 299.

Flamel (Nicolas) hist. de sa vie. XIII. 4 & 9.

Flamine Diale. XI. 98.

FLAMMA (Galvano) Manipulus Florum. XI. 389. de rebus gestis à Vicecomitibus. 390.

FLAMMA (Paulin) hist. de S. Laurent de Venise. XI. 531.

Flandre ; cartes. X. 78, 79. aut. sur ce pays. XIII. 276 *& suiv.* — *Flandre* Françoise. 51 *& suiv.* généalogie des comtes de Flandre, &c. XII. 88. *&* XIV. 261 *& suiv.*

Flavigni ; abbés de ce monastere. XII. 75.

FLÉCHIER ; hist. de Théodose. XI. 148. Cursus regius. XIII. 246. hist. du card. Ximenès. 400. hist. du card. Commendon. XIV. 58.

FLEETWOOD ; Elenchus annalium. XIII. 459.

Fleming; descript. obsidionis Ostendæ. XII. 279.

Flensbourg; hist. de cette ville. XIV. 29.

Flessa; Fasciculus. XIV. 525.

Fleuranges (le maréchal de) ses mémoires. XII. 158.

Fleuranges (R. de la Marc, sieur de) sa vie. XII. 360.

Fleureau; antiq. d'Etampes. XIII. 84.

Fleurimont; médailles du régne de Louis XV. XII. 347.

Fleurs de Lys; traités. XIV. 201 & 202.

Fleurus; relation de la bataille de Fleurus. XII. 331.

Fleury; Floriacensis vetus bibliotheca Benedictina. X. 339. chronicon Floriacense. XII. 53.

Fleury (Antoine) réponse à un écrit de l'amiral. XII. 177.

Fleury, avocat; factum pour les colléges de l'université. XIII. 26.

Fleury (l'abbé) mœurs des Israélites. X. 221. hist. ecclésiastique. 232. mœurs des Chrétiens. 267. vie de Marg. d'Arbouze. 341. portrait du duc de Bourgogne. XII. 377.

Fleury (le card. de) réflexions sur sa conduite. XII. 341. son éloge. XIV. 465.

Fleury (le P.) hist. du card. de Tournon. XII. 360.

Flibustiers. XIV. 151.

Flidner (Jean) theatrum Europæum. X. 164. & XI. 140.

Floccus. *voyez* Fiocco.

Flodoard; chronicon. XII. 50. continuatio. *ibid.* hist. ecclesiæ Remensis. XIII. 55. fragment. de Romanis pontificibus. XI. 381.

Flockenius; narratio Hæreticorum. X. 295.

Floncel; acta S. Dagoberti. XII. 121.

Floravanti; antiquiores pontificum Denarii. XI. 434. & XIV. 344.

Florcadell (Miravall y) Tortosa ciudad gloriosissima. XIII. 387.

Flore; hist. de la congrégation de Flore. X. 361.

S. *Florége*, évêque; sa vie. XII. 79.

Florence; auteurs sur

la république de Florence. XI. 369, 370, 393, 394, 395, 401, 502 & suiv. sur la ville. 508. préséance du duc de Florence. 509. hist. littér. XIV. 388. hist. du concile de Florence. X. 244.

FLORENIUS; colloquium Jesuiticum. X. 463.

S. *Florent* de Saumur; hist. de la destruction de ce monastere. XII. 88.

FLORENT, moine; chronicon. XIII. 443.

FLORES (Henrique) Espagna sagrada. XIII. 355.

FLORIAN (Gebhard) chronique de Francfort. XI. 278.

FLORIAN (Jean) Joan. Leonis Africæ descriptio. X. 43. & XIV. 132.

Floride; auteurs sur ce pays. XIV. 155.

FLORIMOND DE RÉMOND; hist. de l'hérésie. X. 310. v. RICHEOME, erreur de la papesse Jeanne. XI. 423.

Florin; differt. sur le Florin d'or ancien. XI. 510.

FLORINDO; hist. d'Ecija. XIII. 374.

FLORIO; istoria di Giovanna Graia. XIII. 461. lettere dell'istessa. *ibid.*

FLORUS (L. Ann.) epitome rerum Romanarum. XI. 62, 66, 75, 76.

Florus Anglicus. XIII. 446. — *Danicus*. XIV. 26. — *Gallicus*. XII. 94. — *Francicus*. ibid. — *Germanicus*. XI. 234. — *Hungaricus*. XI. 348. — *Polonicus*. XIV. 48.

FLORUS, moine; auct. ad martyrolog. Bedæ. X. 273.

FLORUS (Julius) prologus de historiis. XII. 74.

FLORUS, (George) de bello Italico. XI. 372 & 410. & XII. 154.

Flotilde; visiones Flotildæ. XII. 50.

FLOTT (Adam) continuation de l'histoire d'Ignace Agricola. X. 450.

FLOTTE (de la) essais historiques sur l'Inde. XIV. 104.

Flutes des anciens. XI. 49 & 121. origine des instrumens à vent. XIV. 430.

FODÉRÉ; hist. des couvens de S. François dans la prov. de S. Bonaventure. X. 383.

Foenis (Angelus de) de Juliacensium & Clivensium successione. XI. 291.

Foggini (P. Fr.) de Romano divini Petri itinere & episcopatu. X. 265. hist. de S. Remolo. XI. 514.

Foglieta ; de ratione scribendæ historiæ. X. 2 & 13. ses ouvrages dans la collection de Grævius & Burman. XI. 363. pragmatica regni Siciliæ. 491. della republ. di Genoua. 568. hist. Genuensium. 569. Brumanus, & autres écrits. 571. clarorum Ligurum elogia. 571, 574. hist. de la ligue contre Sélim. XIV. 75.

Ste. *Foi*, vierge & martyre ; ses actes. XII. 78.

Foigny (Jean de) sacre & couronement du roi de France. XIII. 235.

Foires ; de nundinis romanis. XI. 101. —— *Foires* de Champagne & de Brie. XIII. 58.

Foix ; hist. de ses comtes, &c. XIII. 135.

Foix (Paul de) ses lettres. XII. 194. hist. de sa vie. XIV. 467.

Folard (le chev. de) notes sur la vie d'Epaminondas. XI. 34. sur Polybe. 67. observ. sur la bataille de Zama. 73.

Folcuin ; chronique de Lobes. X. 543.

Foligno ; auteurs sur cette ville. XI. 401 & 444.

Fon (René de la) réponse au plaidoyer de Simon Marion. X. 469.

Foncemagne (M. de) rédaction des mém. de l'académie des Inscript. & éloges des académiciens. XIV. 413. ses recherches insérées dans les mém. de l'académie des Inscriptions. 434, 437, 440, 444, 450, 457, 462, 463, 467, 470, 471, 475, 477, 478.

Fondeur ; dictionaire géographique. X. 50.

Fons (Claude de la) hist. de Saint-Quentin. XIII. 47.

Fons (Juan Pablo) hist. des Capucines en Espagne. X. 392.

Fonseca (Damian) justa expulsion de los Moriscos. XIII. 390 & *suiv.*

Fonseca (Joseph-Marie) editio annalium Minorum. X. 377.

Font (la) carte du dioc. de Narbonne. X. 86.

Fontaines de Rome. XI. 97 & 114.
Fontaine; hist. ecclesiæ de Fontanis XII. 86.
Fontaine (Louise Eugénie de) sa vie. X. 444.
FONTAINE ; vies des saints. X. 287.
Fontainebleau ; description. XIII. 37, 38.
FONTAINES (Simon) hist. ecclésiastique. X. 308.
FONTAINES (l'abbé des) traduct. de M. de Thou. XII. 216. écrits sur l'hist. de Bretagne. XIII. 75 & *suiv.* hist. du détrônem. d'Alfonse VI. 425. révolutions de Pologne. XIV. 48. relation de l'expédition de Moka. 97 / voyez ECHARD.
FONTANA (Carlo) l'ansitheatro Flavio. XI. 214. templum Vaticanum. 437.
FONTANA (Fulvio) pregi della Toscana. XI. 509.
FONTANA DE CONTI (J. B) vie de la m. de Negri. X. 437.
FONTANA (Vinc. M.) monum. Dominicana. X. 399. theatrum Dominicanum. *ibid.* de Romana provincia. *ibid.* syllabus magistrorum sacri palatii. *ibid.* constitutiones. 402.
FONTANINI (Juste) bullarium canonisatorum sanctorum. X. 292. de corona ferrea. XI. 366 & 561. antiq. Hortæ. 370 & 441. domaine du pape sur Comachio. 458. défense. *ibid.* vindiciæ antiquor. diplomatum. XIII. 233. hist. littéraire d'Aquilée. XIV. 387.
FONTANUS (Jacque) de bello Rhodio. XI. 168, 588 & 589.
Fontarabie ; hist. du siége de cette ville. XII. 278 & XIII. 350 & 393.
FONTEIUS (J. B.) de prisca Cæsiorum gente. XI. 74.
Fontenai ; époque de la bataille de, XIV. 470.
Fontenai-le-Comte ; prise de cette ville. XII. 189.
FONTENAI Ste. Geneviéve, conjuration de Fiesque. XI. 572.
FONTENAY (le Févre de) journal historique. XII. 336.
FONTENAY (le P.) hist. de l'église Gallicane. XII. 378.
FONTENELL ; mouve-

mens de Bourdeaux. XII. 309 *& suiv.*

Fontenelle ; fragm. chronici Fontanellensis. XII 46. chron. Fontinellense. 84.

FONTENELLE (M. de) hist. de l'académie des Sciences. XIII. 36. mém. sur sa vie. XIV. 402. son éloge. 496.

FONTENU (l'abbé de) ses ouvrages insérés dans les mém. de l'académie des Inscript. XIV. 424, 429, 432, 434, 437, 441, 449, 451, 454, 456, 462, 468. *son éloge.* 502.

Fontevraud ; hist. de l'ordre de Fontevraud. X. 361 *& suiv.*

FONTICULANUS (Ange) belli Bracciani narratio. XI. 371.

FOPPENS; Miræi opera historica. XIII. 322. bibliotheca Belgica. XIV. 391.

FORBIN; ses mémoires. XII. 333.

FORBISHER ; sa navigation. XIV. 173.

FORCADEL ; de Gallorum imperio. XII. 13. Poloniafeiz. XIV. 50.

FORCATULUS ; *voyez* FORCADEL.

FORCINELLI ; lettres d'Apostolo Zeno. XIV. 386.

FOREST (Denys) origine des François. XII. 25.

FORESTI (Antonio) mappamondo istorico. X. 476.

FORESTI (Jacque-Philippe) moine de Bergame ; sa chronique. X. 143. de claris mulieribus. XIV. 370.

Forez ; hist. de cette province. XIII. 118.

Forêt noire ; Hercinia Sylva. XI. 156.

Forli ; aut. sur cette ville. XI. 373, 394, 450.

Forlimpopoli ; défense de cette ville. XI. 448. son histoire. 450.

FORMANTI ; vies des emper. Ottomans. XIV. 73.

FORMEY ; éloge de M. Pelloutier. XII. 12. éloges des académiciens de Berlin. XIV. 383. mém. sur la Pologne. XIV. 39.

Formulaire sur les cinq propositions attribuées à Jansénius. X. 250 *& suiv.* 253.

Formules ; de formulis antiquis. XI. 95.

Fornari (Marie-Vict.) sa vie. X. 445.

FORNIER (F.) origine des jeux Floraux. XIII. 141. guerres contre les hérétiques. XII. 136.

FORQUEVAULX ; Jésuite à qui on attribue des annales de Baviere. XI. 262.

FORSTER ; hist. juris. XIV. 355.

FORSTIUS ; epistola de obitu J. Meursii. XI. 52.

FORSTNER ; de negotio pacis Osnabrugensis. XI. 540. & XIV. 295.

FORTI ; compendio delle guerre. X. 160.

FORTIER ; histoire de France en vers techniques. XII. 102.

FORTIFIOCCA ; hist. de la conjuration de Rienzi. XI. 428.

Fortiguerra ; sa vie. XIV. 387.

FORTUNAT (Venance) carmina historica. XII. 57. vie de S. Amance. 77. epistolæ. 123.

FORTUNIO ; chronic. del monte San-Savino. XI. 515.

FOS (David de) comté de Castres. XIII. 145.

Foscarini (Jérôme) proc. de S. Marc ; sa vie. XI. 530.

Foscarini (Jacque) procurateur de S. Marc ; sa vie. XI. 530.

FOSCARINI (Marc) della letteratura Veneziana. XIV. 390.

FOSCARINI (Michel) hist. de Venise. XI. 518 & 522.

FOSCOLO ; guerres de Dalmatie. XI. 518 & 547.

Fossa nova ; chronique de ce monastere. XI. 386.

Fossano ; hist. de cette ville. XI. 585.

FOSSATI (l'abbé) guerres d'Italie. XI. 412. & XII. 279.

FOSSATI (George) storia dell' architettura. XIV. 363.

FOSSÉ (THOMAS du) vies des saints. X. 287. vie de D. Barthélemi des Martyrs. 401. mém. de Pontis. XII. 294.

FOTIO ; vie de S. François de Sales. X. 443.

Foucault ; son éloge. XIV. 433.

FOUCHER de Chartres ; histor. Hierosolymitana. XII. 59. & XIV. 98.

FOUCHER (l'abbé) traité hist. de la religion des Perses. XIV. 490, 497, 502, 508, 509. recherch. sur la religion de la Gréce. XIV. 513 & *ibid.*

FOUCHY (M. de) éloges des académiciens. XIII. 36. *aux additions*.

Foudre; de fulminibus. XI. 98. de fulminum signif. *ibid.*

FOUGEROUX de Bondaroy; recherc. sur les ruines d'Herculanum. XI. 479.

FOUGASSES (Thom. de) hist. de Venise. XI. 522.

FOUILLOU; hist. du Jansénisme. X. 253. — du cas de conscience. 254. mém. sur la destruction de Port-Royal. 360. avertissement sur les prétend. retract. des religieuses de P. R. *ibid.*

Foulques, archev. de Reims; excomm. contre ses assassins. XII. 50. rythmus de ejus morte. 68.

FOUQUERÉ (D.) hist. Monothelitarum. X. 298.

Fouquet; son procès. XIII. 261.

Fourier (Pierre) sa vie. X. 424.

FOURMONT l'aîné; réflexions sur l'hist. des anciens peuples. XI. 14. ses ouvrages insérés dans les mém. de l'académie des Inscript. XIV. 422, 423, 428, 430, 432, 433, 439, 440, 453, 455, 457, 460, 473. *son éloge*. 471. sa vie. XI. 14.

FOURMONT le cadet; ses ouvrages insérés dans les mém. de l'académie des Inscript. XIV. 434, 440, 441, 458, 460, 462. *son éloge*. 471.

FOURMONT; descript. des plaines d'Héliopolis. XIV. 154.

FOURNIER (le P.) Asiæ descriptio. X. 43. geographia, per littora maris, &c. 47.

FOURNIER; dissert. sur l'art de graver en bois. XIV. 364. observ. sur les Vindiciæ typograph. 365.

FOURNIVAL; recueil concern. les trésoriers de France. XIII. 219.

FOURNY (du) son travail sur l'hist. des grands officiers. XIV. 232.

FOURQUEVAULS; vie de plusieurs grands capitaines. XII. 359.

Fourquevauls (Raimond de Pavie, sieur de) sa vie. XII. 360.

FOURQUEVAUX (l'abbé de) catéchisme historique & dogmatique. X. 254.

FOWLER; troubles de Suède

Suède & de Pologne. XIV. 11.

Fox (Jean) martyres. X. 515. monumens de l'église Anglicane. XIII. 495.

Foy (l'abbé de) lettres du baron de Busbec. XII. 192.

Frachetta; commentarii di Franc. Verdugo. XIII. 517.

Fraguier (l'abbé) ses ouvrages insérés dans les mém. de l'académie des Inscriptions. XIV. 414, 416, 419, 420, 423, 426, 428, 429, 430, 434, 436. *son éloge*. 440.

S. *Frambour*, abbé; son éloge. XII. 79. découverte de ses reliques. *ibid.*

Francs; de l'origine des Francs ou François. XI. 167. & *ibid.* 189. & XIV. 421. leur histoire avant leur établissement dans les Gaules. XII. 15 & *suiv.* 36.

Franc-alleu de Languedoc. XIII. 137 & *s.*

Franc (Ant.) synopsis annal. Societ. Jesu in Lusitania. X. 451.

Franc (J. Fred.) de academia Lipsiensi. XIV. 383.

Franc (Jacque) Æneæ Vici reliqua. XIV. 309.

Francæus (Christ.) Felix Augustinianensium. X. 429.

France; cartes. X. 59, 80. & XII. 1 & *suiv.* cartes de ses provinces. X. 81 & *s.* cartes de ses diocèses. 84 & *s.* mém. sur le partage du royaume & son étendue sous la premiere race. XIV. 444. sur son ancien gouvernement. 450. indépendance de nos premiers rois par rapport à l'empire. XIV. 475.

France; hist. généal. de la maison de France. XIV. 230 & *suiv.* examen des differ. opinions sur l'origine de la maison de France. 477. armoiries de France. 477. avénement de la maison de France à la couronne d'Espagne. XIII. 395 & *suiv.*

France équinoctiale; v. *Guyane.*

Francfort sur le Mein; ses environs; carte. X. 75. chronique de cette ville. XI. 278. ses privilèges. *ibid.* paix conclue en cette ville. XIV. 297.

Francfort sur l'Oder; son université, &c. XI. 321. & XIV. 383.

Franche-Comté; conquête de cette province. XII. 323. v. *Bourgogne*.
FRANCHEVILLE (du Fresne de) hist. des finances. XIII. 257. hist. de la Compagnie des Indes. 258.
Francheville (Mlle. de) sa vie. X. 414.
FRANCHI (Diégo de) istoria di S. Giovanni Gualberto. X. 350.
FRANCHINI (Jean) status religionis Franciscanæ. X. 384.
Franci (Philippe) sa vie. X. 412.
Francia; réflex. sur les noms *Francia* & *Franci*, &c. XIV. 501.
FRANCINI; trad. d'Hérodien. XI. 88.
FRANCIOTTI; vita S. Francisci Salesii. X. 443.
FRANCISCI; description de la Carniole. XI. 253.
FRANCISCO de los Santos; descript. du monastere de l'Escurial. XIII. 350.
FRANCKENAW; bibliotheca Hispanica. XIV. 266.
Franckenberg; chronique de cette ville. XI. 226.
FRANCKENBERG; descriptio statuum Europæ. X. 43.
FRANCKENBERGER; institutiones antiquitatis. X. 8.
FRANCKENSTEIN (Valentin Franckius de) origines nationum in Transylvania. XI. 354.
FRANCKENSTEIN (Chr. Frid.) notes sur l'hist. de Priolo. XII. 287.
François; v. *Francs*.
S. *François* d'Assise; sa vie par différ. auteurs. X. 387, 390, 391. ses stigmates. 382. la portioncule. 383. conformités de la vie de S. François avec celle de Jésus-Christ. 388 & *suiv*. hist. de l'ordre de S. François. X. 377 & *suiv*. hist. littéraire. XIV. 378.
S. *François de Paule*; sa vie par différ. auteurs. X. 408.
S. *François de Borgia*; sa vie par divers auteurs. X. 457, 458.
S. *François Xavier*; sa vie par différ. auteurs. X. 456. ses lettres. *ibid*.
S. *François* de Sales; sa vie, par divers aut. X. 441 & *suiv*.
François I, roi de France; auteurs sur son régne. XII. 92, 157.

158 & *suiv.* son ambassade aux princes assemblés à Francfort pour élire un empereur. XI. 187. ses négociations pour la ligue de Smalckalde. 188. son défi à l'emp. Charles-Quint. XI. 226. écrits sur ses différends avec Charles-Quint. 228. fait prisonier au siége de Pavie. 560. son sacre. XIII. 237. son entrée à Milan. 239. ses funérailles. 249.

François II, roi de France; auteurs sur son régne. XII. 168 & *suiv.* son couronement. XIII. 237. son entrée à Orléans. 240.

François I, duc de Lorraine; sa vie. XIII. 184.

François II, duc de Milan. XI. 168 & 364.

François; méthode de géographie. X. 36.

François *de Bonne-Espérance*; hist. theol. Armamentarium. X. 371.

François Léon; vie de la B. Françoise d'Amboise. X. 375.

François de Sainte Marie; hist. de l'ordre des Carmes. X. 367. apologia. *ibid.* chroniche de Carmelitani scalzi. 368. reforma de los descalzos. 374. & *ibid.*

François *de S. Nicolas*; v. Cocquelin.

Ste. *Françoise*; vita della B. Francesca Romana. X. 365.

Françoise - Catherine de Savoie; sa vie. XI. 578.

Françoise de la Croix; sa vie. X. 447.

Franconie; cartes. X. 71. hist. des Etats du cercle de Franconie. XI. 265 & *suiv.*

Francus (Jacque) Jehova vindex. XII. 206.

Franecker; hist. de cette ville. XIII. 517.

Frangipani (Cornelio) pro la vittoria navale contra Frederico I. XI. 523.

Frangipani; son procès. XI. 354.

Franquenay (la Sarras du) le ministre public dans les cours étrangeres. X. 109.

Frantzius (J. Joach.) hist. Caroli Magni. XI. 212. & XII. 127.

Frantzius (Wolfg.) reliquiæ ecclesiæ Wittebergæ. XI. 310.

Franzone; armi delle casate nobili di Genoua. XIV. 222.

Fratre (Fr.) apologia. XIII. 422.

Freauville ; *voyez* Boitel.

Fréculf, év. de Lisieux ; chronicon. X. 136 & XII. 119.

Frédegaire le Scholastique ; sa chronique. XII. 38 & 115. apologie de ses ouvrages. XIV. 417.

Frédéric I, dit *Barberousse*, empereur ; auteurs sur l'hist. de son régne. X. 353. XI. 176 & *suiv.* 218, 219, 220 & 385. sa victoire sur les Milanois. XI. 181. son expédition en Asie. *ibid.* ses lettres. *ibid.* ce qui s'est passé à Venise entre lui & le pape Alexandre III. 522, 523. traité de paix à cette occasion. 521.

Frédéric, duc de Brunswick ; de ejus in imperatorem electione, & misera cæde. XI. 195 & 221.

Frédéric II, empereur ; auteurs sur son régne. XI. 177, 220 & 387.

Frédéric III, empereur ; différens écrits relatifs à l'hist. de son régne, dans le recueil de Fréher. XI. 182 & *suiv.* 186 & *suiv.* dans celui de Kulpis. 197, 198 & 223. *voyez aussi* 224. ejus adventus ad Paulum II. XI. 196.

Frédéric-Auguste II, roi de Pologne. XIV. 55. — *Frédéric-Auguste III.* 39, 55, 56.

Frédéric I, roi de Danemarck. XIV. 28. — *Frédéric II.* ibid.

Frédéric III, électeur de Saxe ; sa vie. XI. 309, 312.

Frédéric I, électeur Palatin ; sa vie. XI. 279. — *Frédéric V*, électeur Palatin ; ses guerres au sujet de la Bohéme. XI. 232 & *suiv.*

Frédéric d'Autriche ; consortium inter eum & Ludovicum Bavarum. XI. 222.

Frédéric le Grand, landgrave de Thuringe ; sa vie. XI. 317.

Frédéric-Guillaume I, électeur de Brandebourg ; sa vie. XI. 320.

Frédéric Henri, prince d'Orange ; sa vie. XIII. 323 & *suiv.*

Fredro ; de gestis Polonorum. XIV. 50.

Freher (Marq.) directorium in chronolo-

gos, &c. X. 154. decisiones Areopagiticæ. XI. 45. Cecropistromachia. 101. de re monetaria Rom. 104. notæ ad tract. de jure regni & imperii. 164. Germanicarum rerum scriptores. 180. Trithemii opera. 189. de statura Caroli Magni. 213. & XII. 44. script. rerum Bohemicarum. XI. 313. édit. d'André de Ratisbone. 260. origines Palatinæ. 279. de Lupoduno. 281. repræsentatio reipublicæ Germanicæ. 345. corpus Franciciæ historiæ. XII. 33. de fœdere Ludovici & Caroli. 128. Anglorum navigatio ad Moscovitas. XIV. 62.

Freher (Paul) theatrum virorum clarorum. XIV. 368.

Freiberg ; chronique de cette ville. XI. 313. son état. 314.

Freig ; hist. synopsis. X. 10. hist. de bello Africano. XIII. 415.

Freind ; hist. medicinæ. XIV. 351.

Freinshemius ; notæ in Quintum Curtium. XI. 36. supplementa ad eumdem. 37. supplementa ad Titum Livium. 65.

Freitar ou Freitas (Séraphin de) bullarium ord. B. M. de Mercede. X. 431. de justo Lusitanorum imperio Asiatico. XIII. 430.

Fréjus ; hist. de cette ville. XIII. 163 *& suiv.*

Frémiot de Chantal ; v. *Chantal.*

Fremon (Charle) vie de S. Etienne de Grandmont. X. 407.

Frémont ; carte du dioc. de Rouen. X. 87.

Frentani ; de vita Marcelli II, pontif. XI. 430.

Frere (Jean le) hist. des troubles. X. 308. & XII. 172. hist. de notre tems. XII. 193.

Freres de Bohême ; leur hist. X. 301.

Freres-lais Capucins ; leurs droits. X. 391.

Freres de la Charité ; hist. de leur ordre. X. 434.

Freres des écoles. X. 414.

Freret (Nicolas) défense de la chronologie. X. 188. observ. sur l'antiquité des hiéroglyphes scientifiques. XI. 6. ses écrits insérés dans les mém. de l'académie des Inscript. XIV. 424, 425, 428, 429, 432, 433,

434, 435, 436, 437, 438, 441, 442, 449, 456, 457, 459, 460, 464, 465, 468, 469, 470, 472, 474, 475, 477, 478, 480, 482, 483, 485, 487, 492, 494, 497. *son éloge.* 484.

Frescati; hist. de cette ville. XI. 446.

FRESCHOT (Casimir) siége de Vienne, &c. XI. 251. relation de Venise. 517. i successi della fede. XIII. 481. descript. de la Louisiane. XIV. 167. hist. du congrès de la paix d'Utrecht. 304.

FRÉTAT (du) carte d'Auvergne. X. 81.

FREYER; voyage. XIV. 84.

FREYMONIUS; Elenchus auctor. juris. XIV. 357.

Freysengen; carte de cet évêché. X. 70.

FREYTAG (Arnold) script. de rebus Belgicis. XIII. 173.

FREYTAG (Christiern) hist. Valesiana. XII. 188.

FRÉZIER; voyage de la Mer du sud. XIV. 190.

Fribourg; relat des campagnes de Rocroi & de Fribourg. XII. 292, 294.

FRICKIUS (Jean) de fide Constantini Magni. XI. 128. accessiones ad Morhofium. XIV. 366.

FRIDELIUS; Citæ origines & incrementum. XI. 314.

Fridland (duc de) v. *Walstein*.

S. *Fridolin*; sa vie. XI. 178.

FRIEDEBORN; hist. urbis Stetini. XI. 322.

FRIGERIO; vita di S. Tomaso d'Aquino. X. 397.

FRION; abr. des vies des saints. X. 288.

Frioul; aut. sur cette province. XI. 368 & 543 & *suiv.*

FRISCHMAN; causa regum. XIV. 295. de pace Theresiana consultatio. 298.

Frise; cartes. X. 77. auteurs sur cette province. XIII. 288, 310, 316 & *suiv.* 318.

Frisingen; hist. de cette ville. XI. 264.

FRISIUS (Jean) biblioth. philosophor. &c. X. 170. Nomenclat. veterum philosoph. *ibid.*

FRITSCHIUS (Ahaswer) Guntherus Schwartzburgicus imperator. XI. 222. & XIV. 217 addi-

tiones ad Limuæum. XI. 336. notes sur la capitulation de l'empereur Joseph. 338. sur la paix de Riswick. 341. de dictis comit. imp. 344. de origine comit. Schwartzburgensium. XIV. 217.

Fritzschius (Sigismond) de litterarum statoribus. XIV. 371.

Frix ; environs de Dunkerque. X. 82.

Frizon (Pierre) Gallia purpurata. XII. 381.

Frizon (Léonard) vie du card. Bellarmin. X. 458.

Frodoard ; v. Flodoard.

Froblich ; dubia de Minnisari. XI. 17. annal. regum & rerum Syriæ. 21. dialogus de Rudolpho & Ottocaro. 221. tentamina in re numaria vetere. XIV. 308.

Froes ; descript. Japoniæ. XIV. 117. de rebus Japonicis. *ibid.*

Froger ; voyages. XIV. 189.

Froissart ; histoire. XII. 137. extraits de son histoire. XIII. 437. mém. sur sa vie. XIV. 450. sur ses ouvrages 455. ses poësies. 457.

Frontignieres ; trad. de l'histoire d'Oexmelin. XIV. 151.

Frontin (Sext. Jul.) de aquæductibus Romæ. XI. 97.

Fronto (Jean) de moribus & vita Christianorum. X. 267. ses lettres. *ibid.* notæ ad calendarium vetus. 272.

S. *Fronton* ; sa vie. X. 326.

Frothaire ; ses lettres. XII. 51.

S. *Froylan*, patron de la ville de Léon. XIII. 372.

Frugon ; Candia angustata. XI. 458.

Frundsberg (George & Gaspar de) leur vie. XI. 225.

S. *Frutos*, patron de Ségovie XIII. 371.

Fryschmeds (Alb.) in præsules Mindenses. XI. 195.

Fuenmayor (Ant. de) vie de Pie V, pape. XI. 430.

Fuente (Gaspar de la) hist. du chapitre général de Tolede. X. 385.

Fuente (le marq. de la) sa déclaration. XIII. 188.

Fuentes (Diégo de) la presa de Africa. XI. 230.

Fuentes (le comte de) res ab eo gestæ in Belgio. XIII. 292, 301.

Fueslin (J. Conr.) thesaurus hist. Helveticæ. XIII. 263.

Fueslin (J. Gasp.) hist. des Peintres. XIV. 362.

Fuggers; leurs éloges. XI. 273.

Fugger (Jean Jacq.) speculum. XI. 248. responsoria ad Damianum à Goës. XIII. 331.

Fulbert, év. de Chartres; ses lettres. XII. 57 & 134.

Fulco. XII. 59.

Fulde, abbaye-évêché; cartes. X. 75. aut. sur cet état XI. 276 & *suiv.* traditiones Fuldenses. 174. breviarium Fuldense. 196. annales Fuldenses. 180 & 215. & XII. 50 & 125. & XIII. 440.

Fulgence (le P.) confirmazione. XI. 526. vie de Paolo Sarpi. XIV. 405. memorie della nobili famiglia Ravashiera. XIV. 226.

Fulgentius (Fab. Plac.) præfatio. XII. 71.

Fuligatti; vie du card. Bellarmin. X. 458.

Fuller (Thomas) hist. de l'église. XIII. 492. descript. Palestinæ. X. 193. & XIV. 87. bellorum sacrorum histor. XIV. 102.

Fullonius; hist. Leodiensis. XII. 288.

Fulrade, abbé de S. Denys; son épitaphe. XII. 51.

Fulvio (André) antichita di Roma. XI. 414.

Fulvio (Valerio) auviso di Parnasso. XI. 525. castigo. *ibid.*

Fumée (Antoine) histoire. X. 146.

Fumée (Jacque de) origine des chevaliers de Malte. X. 479.

Fumée (Mart.) troubles de Hongrie. XI. 355.

Funcalensis (Eman. Const.) insulæ Materiæ historia. XIV. 145.

Funcius; chronologia. X. 144.

Funck; plans & journaux des siéges. XII. 343.

Funérailles des anciens. XI. 54 & 106, 115, 116.

— *Funérailles* des rois de France, &c. XIII. 249 & *suiv.*

Funés (J. Aug. de) chron. de l'ordre de S. Jean de Jérusalem. X. 477.

Furerus; itinerarium. XIV. 88.

Furies. XIV. 434.

Furmerius; chron. episcop. Ultrajectensium. XIII. 314. annal. Frisici. 316. contra Emmium. *ibid.*

Furstemberg (Ferdinand de) notes sur le Florus Germanicus. XI. 255. monumenta Paderbornensia. 292.

Furstemberg (le prince de) son enlévement. XI. 240.

Furstenerius (Cæsarinus) *nom emprunté.* v. Leibnitz.

Fuscus (Palladius) ora Illyrica. XI. 377.

GAB GAI

Gabro, antica citta di Sabina. XI 443.

S. *Gabriel;* congrégation. X. 412.

Gabriel Sionite; geographia Nub. X. 27.

Gabriel *de la Croix;* annales des Carmes déchaussés. X. 374.

Gabutius; vita Pii V, papæ. XI. 430.

Gaci (Cosimo) transport de l'obélisque du Vatican. XI. 411. les Mores chassés d'Espagne. XIII. 391.

Gaciandi; sopra una statuetta di Mercurio. XIV. 331.

Gadagne (Gabr. de) son éloge. XII. 350.

Gadd; descript. de la Sataguadie. XIV. 19.

Gaddi (Jacopo) trattato della famiglia de' Gaddi. XIV. 222.

S. *Gaëtan* de Tienne; sa vie. X. 436.

Gaetan (Pierre-Ant. des comtes) Musæum Mazzuchellianum. XIV. 326.

Gaète; hist. de cette ville. XI. 486.

Gage; ses voyages. XIV. 153.

Gagnier; hist. de Mahomet. XIV. 96.

Gaguin (Robert) hist. Romaine. XI. 78. abrégé de l'hist. de France. XII. 90 & 104. la chronique de l'archev. Turpin. 126. ses lettres. 153.

Gaillard (Auger) description de Pau & de

Leſcar. XIII. 154.

Gaillard (Droit de) méthode en la lecture de l'hiſtoire. X. 7.

Gaillard (Gilles) ſur les limites entre la Provence & le Languedoc. XIII. 146.

Gaillard (Noël) remontrances de la noblesse de Provence. XIII. 156.

Gaillard (Gabriel-Henri) hiſtoire de Marie de Bourgogne. XII. 150. hiſt. de François I. 157. hiſt. de la rivalité de la France & de l'Angleterre. XIII. 214. mém. ſur Frédegonde & ſur Brunehaut. XIV. 505. ſur les Lombards. 509 & 516.

Gairi; brevis hiſtoria. XI. 258.

Gaius (Barthélemi) epitome hiſtorico-chronologica. X. 201.

S. *Gal*, abbé; ſa vie. XI. 178.

S. *Gal*; auteurs ſur cette abbaye. X. 343. XIII. 168. excerpta de origine & diverſis caſibus hujus monaſt. XII. 53.

Galantini (Hippolite) ſa vie. X. 440.

Galanus; hiſt. Armena. XIV. 82.

Galatéo (Ant.) de Japygia. XI. 371. Otrante aſſiégée par les Turcs. 482.

Galates; de republica Galatarum. XII. 9 & ſ. diſſertation, &c. 12.

Galatie; carte. X. 56.

Gale (Thomas) Jamblicus, de myſteriis Ægyptiorum. XI. 4. ſon édition d'Hérodote. XI. 26. comment. ſur l'itinéraire d'Antonin. XIII. 431. hiſtoriæ Britannicæ ſcriptores. 438, 439.

Galen (Bernard de) ſa vie. XI. 292.

Galen (Matthieu) origines monaſticæ. X. 318.

Galeotti (Barth.) hommes illuſtres de Bologne. XI. 454.

Galere ſubtile; ce que c'étoit. XIV. 484.

Galesini (Pierre) martyrologium. X. 276. tranſlatio corporis Pii V, papæ. XI. 431. dedicatio obeliſci. *ibid.* Columna Trajani. 432.

Galice; cartes. X. 91. hiſt. de cette province. XIII. 394.

Galilée; dialogue de la muſique, &c. XIV. 360.

Galindez de Carva-

jal; cronica del rey D. Juan II. XIII. 367.

Galitius; apologia Boverii. X. 385.

Gallæus (Philip.) de rebus Belgicis. XIII. 273.

Gallæus (Théodore) illustr. imagines. XIV. 317.

Galland (Pierre) vie de Pierre Castellan. XIII. 129.

Galland (Auguste) disc. sur la Rochelle. XIII. 96. mém. pour l'hist. de Navarre. 132. contre le franc-alleu. 137, 138. du grand sénéchal. 225. des enseignes, &c. 255.

Galland (Antoine) trad. de l'Alcoran. XIV. 95. ses ouvrages insérés dans les mém. de l'académie des Inscript. XIV. 414, 415, 421, 423, 424. *son éloge*. 426.

Galland (Julien-Claude) ambassade de Méhemet Effendi. XII. 339. recueil des rits du pélerinage de la Mecque. XIV. 97.

Gallardon (Hildeburge, dame de) sa vie. XII. 84.

Gallards (Nicolas des) hist. des Eglises réformées. X. 309.

Gallerati; monumenta Novariensium. XI. 562.

Galles; descript. de ce pays. XIII. 438. son histoire. 502.

Galletti; Capena. XI. 440. Gabio, &c. 443. inscript. Venetæ. XIV. 341 *& suiv.*

Galli; opuscula historica. XI. 397. hist. de Gènes. 571.

Gallia Christiana. XII. 379.

Gallicius; idea divinæ Bonitatis. X. 444.

Gallien; recherch. sur sa famille. XIV. 509.

Galliot (le P.) dissert. sur le dieu Sérapis. XI. 5.

Gallonio; de gli instrumenti di martirio. X. 268. vie de S. Philippe de Néri. 410.

Gallowai (le comte de) sa conduite. XIII. 487.

Gallucci (Ange) de bello Belgico. XIII. 296.

Gallucci (Gios.) vie de Jacque Ragazzoni. XI. 550.

Gallucci (J. Paul) theatro del mondo. X. 148.

Gallus (Nicolas)

hist. ecclesiastica. X. 236.

Gallus (J. B.) voyez Machaut.

Galopin; Flandria generosa. XIV. 262.

Galucio (Juan-Pablo) v. Gallucci.

Galzolay; istoria monastica. X. 321.

Gam (Jonas) de ratione anni solaris in Islandia. XIV. 32.

Gambie; voyages en ce pays. XIV. 144.

Gamucci; antichita di Roma. XI. 415.

Gamurrini (Joseph) bellum Belgicum. XIII. 298.

Gamurrini (D. Eugène) istoria delle famiglie Toscane & Ombre. XIV. 228.

Ganassoni; parere al mangiare degli Romani. XI. 121.

Gand; hist. de cette ville. XIII. 279. relat. de la prise de cette ville. XII. 342. de Gandavensibus eruditione claris. XIV. 392.

Gand; généalogie de cette maison. XIV. 265.

Gandara; nobiliario de Gallicia. XIII. 394. & XIV. 273. memorial de la casa de Calderon de la Barca. XIV. 271.

Gandersheim; hist. de cette abbaye. XI. 193. ses antiquités. 299.

Gandini; traduct. de Xénophon. XI. 30.

Gandolfini; compendio della casa Mandella. XIV. 225.

Ganduci (Odoard) ragionamenti. XI. 572. discorso. *ibid.*

Gange; carte des bouches du Gange. X. 93.

Ganno; de antiquit. urbis Tolosæ. XIII. 141.

Ganot; vie du B. Robert d'Arbrissel. X. 362.

Gans (Jean) arboretum genealogicum domûs Austriacæ. XIV. 208.

Ganz (David) chronologia. X. 121.

Garampi; vie de Ste. Claire de Rimini. XI. 449.

Garasse; Ludovico XIII inaugurato. XIII. 238.

Garat (Jean) sa vie. X. 425.

Garcia de Tolba; relacion del valle de Aran. XIII. 387.

Garcia (Bonavent.) de Coloniæ Trajanæ nummo. XIV. 327.

Garcia *de Santa Maria*; prologo al cronica

del rey Juan II. XIII. 367.
GARCIAS (François) vie de S. Ignace. X. 456.
GARCILASSO DE LA VÉGA; hist. de la Floride. XIV. 155 *& suiv.* hist. des Incas du Pérou. 158.
Garde; lago, fortezza e rocca di Garda & Gardesana. XI. 541.
Gardes des Sceaux de France. XIII. 215 *& suiv.* 225.
Gardie (Pontus de la) sa vie. XIV. 21.
GARIBAY (Estevan de) compendio historial. XIII. 336. illustraciones genealogicas de los reyes de las Españas. XIV. 266.
GARIEL (Pierre) idée de Montpellier. XIII. 142. évêques de cette ville. *ibid.* église de S. Pierre. *ibid.*
GARIGLIO; discorsi apologetici. X. 474.
Garnet (Henri) son procès & son supplice. XIII. 465.
GARNIER (le P.) son édit. de Mercator. X. 261.
GARNIER (Jean) trad. de Josippon. X. 199.
GARNIER (l'abbé) continuat. de l'hist. de France. XII. 114. mém. sur Platon. XIV. 509. dissert. sur le Cratyle. *ibid.* éloge de M. le Beau le cadet. 512. mém. sur les paradoxes philosoph. 514.
GAROFANI; il santoario di Parma. XI. 565.
GARRAULT (Fr.) rech. des monnoies. XIII. 229.
GARREAU (Antoine) descript. de Bourgogne. XIII. 102.
GARRIDO; batalla de Roncevalles. XII. 126.
Garstensis chronicæ fragmentum. XI. 258.
GARTHIUS; præcipua capita theologiæ Jesuitarum. X. 469.
GARTO (Diégo de) genealogia de los Fontes de Albornos. XIV. 269.
GARZONI (Jean) guerres de Frédéric le Grand, landgr. de Thuringe. XI. 317. éloge de Bologne. 396.
GARZONI (Pietro) hist. de Venise. XI. 522.
Gascogne; ses ducs au tems de Charles le Chauve. XII. 47.
GASCOING (Th.) dictionarium theologicum. XIII. 457.
GASPAR *de S. Michel*;

Riforma de Scalzi. X. 374.

Gaspard de Vérone; de gestis tempore Pauli II. XI. 583.

Gasparis (J. B. de) évêques de Pavie. XI. 560.

Gassendi (Pierre) calendarium. XI. 101. hist. ecclesiæ Diniensis. XIII. 164. vie de M. Peiresc. XIV. 405. *sa vie.* 402. lettre sur cette vie. *ibid.*

Gassion (le maréchal de) sa vie. XII. 569, 570.

Gastaldi (Jacq.) Asiæ descript. XIV. 80.

Gataro; chron. Patavinum. XI. 393.

Gâtinois; hist. de ce pays XIII. 39 & 84.

Gatti; Gymnasium Ticinense. XI. 366. & XIV. 389.

Gattola; hist. monasterii Cassinensis. X. 335, 336.

Gattolini; trois dissert. sur S. Remolo. XI. 514.

Gaubertin (le sieur de) hist. des choses mémorables. XII. 257.

Gaubil (le P.) hist. de Gengiskan. XIV. 112. le Chou-King. 119.

Gaucher (le Bienh.) sa vie. XII. 79.

S. *Gaud*, év. d'Evreux; sa vie. XIII. 70.

Gaudenzio (Pagan.) de vita Christianorum. X. 267. vie de Cléopatre. XI. 10. d'Alexandre le Grand. 98.

Gaufreteau; la digue de la Rochelle. XII. 267.

Gaufridi (J. Fr.) hist. de Provence. XIII. 149.

Gaufridi (Jacque) protrita impietas. XIII. 211.

Gaufridus Grossus; vita B. Bernardi abb. de Tyronio. X. 338.

Gauges de Gozze; de inscriptione Columnæ rostratæ. XI. 374.

Gaule; cartes. X. 57, 58, 61. & XII. 1 & *suiv.* v. *France.* descript. & hist. XII. 5 & *suiv.* 34 & *suiv.* sur les divisions que les empereurs en ont faites. XIV. 444.

Gaulmin; de vita & morte Mosis. X. 209.

Gaulois; dissert. sur la religion des Gaulois. XIV. 469, 486, 487. — *Gaulois Cisalpins*; leur guerre avec les Romains. XI. 73.

Gault (Eustache) état de la Suéde. XIV. 6.
Gault (J. B.) év. de Marseille; sa vie. XIII. 161.
Gault (Jean) hist. du Quillotisme. X. 257.
Gaulterot; l'Anastase de Langres. XIII. 59.
Gaultier (l'abbé) hist. abrégée du Parlement. XII. 316.
Gauric; de sculptura. XI. 51.
Gautereau; la France toute catholique. X. 513.
Gautier, moine de Cluny; de miraculis B. Virginis Mariæ. XII. 71.
Gautier (*Gualterus Cornutus*) hist. susceptionis coronæ Spineæ. XII. 61.
Gautier le Chancelier; bella Antiochena. XIV. 98.
Gautier *de Térouane* (*Morinensis*) vita Caroli Boni, comitis Flandriæ. XIII. 278. & XIV. 27.
Gautier (Corneille) annotationes ad Egesippum. X. 199.
Gautier (George) Siciliæ, &c. tabulæ antiquæ. XI. 175 & 488.
Gautier (Henri) cartes du diocèse de Beziers. X. 85. de Nismes. 86. d'Usez. 87. de la Gaule. XII. 2.
Gautier (Jacques) tables chronologiques. X. 149.
Gautier (Nicolas) hist. de l'ordre du S. Esprit. X. 421.
Gautier (René) vies des saints. X. 286.
Gautran; question sur Tournay. XIII. 280.
Gaverston; hist. de ce favori. XIII 456 *& suiv.*
Gaya (Louis de) hist. des Dauphins. XIII. 172.
Gazalupi; historia interpretum juris. XIV. 355.
Gazata; chron. Regiense. XI. 393.
Gazet (Guill.) hist. de la sacr. Manne, &c. XIII. 51. hist de Flandre. *ibid.* évêques de Cambray. 53. hist. ecclésiastique des Pays-Bas. 318.
Gazettes. X. 165.
Gazetti (J. Jacq.) guerre de Pierre de Tolede avec les Vénitiens. XI. 523.
Gaztelli (Dominiq. de) confusione de la setta Machumetana XIV. 77. conquête du Pérou, &c. 157 & 159.

GAZZOTTI (Pietro) istoria delle guerre. X. 161. & XII. 330.
Géans; recherches sur les géans. X. 21 & 208. XIV. 415 & 424.
GEBHARD (Janus) ses notes sur Cornelius Nepos. XI. 35.
GEBHARD (J. L. Lev.) reges Francorum Merovingici. XII 116. Aquilonales marchiones Brandeburgici. XIV. 214.
GEBWILER (Jérôme) libertas Germaniæ. XI. 167. epitomen ortus Caroli V & Ferdinandi. XI. 226. & XIV. 208. descript. Alsatiæ. XIII. 174.
GEDDES; hist. ecclesiæ Malabaricæ. XIV. 108.
GEDOYN (l'abbé) trad. de Pausanias. XI. 22. ses ouvrages insérés dans les mém. de l'académie des Inscriptions. XIV. 422, 435, 436, 438, 441, 443, 447, 448, 451, 452, 458, 459, 461. *son éloge*. 471.
GEIGER; theatrum Europæum. XI. 240.
GEILKERKLUS; ses cartes. X. 71.
GEINOZ (l'abbé) ses ouvrages insérés dans les mém. de l'académie des Inscriptions. XIV. 452, 455, 458, 462, 464, 468, 472, 480, 482, 485. *son éloge*. 490.
Gélase II, pape; sa vie. XI. 426.
GELDENHAUR; différens ouvrages sur les Pays-Bas. XIII. 288. hist. Batavica. 309. catalogus episcop. Ultrajectensium. 315.
GELDOLFE de Rikel; vita S. Beggæ. X. 409.
GELÉ (D.) diction. de Baudrand. X. 50.
GÉLÉDE (Bernard) généalogie de la maison de la Valette. XIV. 256.
GELENIUS; sacrarium Agrippinæ. XI. 285. vindex libertatis. 286.
GELIOT (Louvant) science des armoiries. XIV. 196.
GEMBERLAK; *c'est* Antoine DE BRUN.
Gemblou; chronique de cette abbaye. X. 344. & XII. 85.
GEMELLI CARRERI; voyage autour du monde. XIV. 188.
Geminianense chronicon. XI. 401.
S. *Géminien*, évêque de Modène; sa translation. XI. 385.
GEMISTE PLETHON; de gestis post pugnam

Mantinæam. XI. 26, 27, 31.

Génabum ; differt. sur cette ville. XIV. 444.

GENDRE (le) avocat; réponse de Philippe de Vendôme. XIII. 224.

GENDRE (Louis le) mœurs des François. XII. 23. hist. de France. 100. vie du card. d'Amboise. 157 & 357. régne de Louis le Grand. 290.

GENDRE (M. le) *v.* SAINT-AUBIN (le Gendre de).

S. *Gendulphe*, év. de Meaux ; sa vie. XII. 76.

Généalogie de Jésus-Christ. X. 215.

Généalogies des maisons souveraines. XIV. 204 & *suiv. Généalogies* d'Allemagne. 206 & *suiv.* — d'Italie. 217 & *suiv.* — de France. 229 & *suiv.* — de Flandre & des Pays-Bas. 261 & *suiv.* — d'Espagne & de Portugal. 266 & *suiv.* — d'Angleterre, d'Ecosse & d'Irlande. 283 & *suiv.* — de Hongrie. 285. — de Pologne. 286. — de Suéde. *ibid.* — de Danemarck & de Norwége. 287. *Comme ces généalogies se trouvent rangées dans l'ordre alphabétique ; nous ne les indiquons point dans cette table, où nous ne rappellons que celles qui sont comprises dans des recueils, ou jointes à d'autres ouvrages.*

Généalogies des princes d'Allemagne. XI. 259. — des princes & des nobles de Baviere. 262. — *Généalogies* de Galice. XIII. 394.

GÉNÉBRARD ; chronographia. X. 146. Seder Olam. 147.

GENEBRIER ; hist. de Carausius. XI. 93.

Généralité ; descript. des pays de la Généralité. XIII. 317.

S. *Genès ;* actes de son martyre. X. 269.

Gènes ; carte. X. 88. aut. sur l'état de Gênes, dans la collect. de Grævius & Burman. XI. 363, 364. dans celle de Muratori. 385, 387, 392, 393, 397. aut. sur la ville & la république de Gènes. 568 & *suiv.* hist. littéraire de cet état. XIV. 388.

Genest (l'abbé) sa vie. XIV. 522.

Genéve ; carte du lac & de ses environs. X. 77.

Genève ; auteurs sur cette ville. XI. 576. & XIII. 268 & *suiv.*

Ste. *Geneviéve* ; hist. de son tombeau. XIII. 16. sa vie. *ibid.* & *suiv.* —communauté des Filles de Ste. Geneviéve. X. 411. — v. *Congrégation de France.*

Gengiskan ; auteurs sur son hist. XIV. 116 & 121. & *aux addit.*

GENNADE ; de script. ecclesiast. XIV. 372.

GENNESIUS; vita Christiani II, elect. Saxoniæ. XI. 310.

Genouillac (Galliote de) sa vie. X. 480.

GENTIL (Jean le) mém. du Clergé de France. XII. 382.

La B. *Gentile* ; sa vie. X. 437.

GENTILE (Pietro) hist. de Malte. XI. 589. deux discours. *ibid.*

GENTILIS (Alberic) de actoribus. XI. 49. de juris interpretibus. XIV. 356.

GENTILOTTI ; notæ ad annales Francorum Lambecianos. XI. 380.

GENTIUS ; traduct. de l'Historia Judaica. X. 204.

Geoffroi, duc de Normandie, & comte d'Anjou. XIII. 64.

GEOFROI de Beaulieu ; vita S. Ludovici. XII. 62.

GEOFROI *de Malterre* ; de rebus gestis Roberti Guiscardi & Rogerii. XI. 375, 384 & 462. & XIII. 333.

GEOFROI, moine de S. Martial de Limoges. sa chronique. XII. 75.

GEOFROI, abbé de Vendôme ; ses lettres. XII. 135.

GEOFROI (Galfredus Monumetensis) XIII. 436.

Géographie ; différens traités & cartes de Géographie X. 19 & *suiv.* — *Géographie* de l'ancien & du nouveau Testament. X. 191.

S. *George* ; ordre militaire de S. George. X. 484. confr. de S. George, dite de *Rougemont.* X. 486. confrérie de Saint George à Gênes. XI. 574. & *ibid.* congrégat de S. George in Alga à Venise. X. 413.

George I, roi d'Angleterre ; hist. de son régne. XIII. 489. — *George II.* 490.

S. *George* (le chev.

de) XIII. 489 & 525.

George II, landgrave de Hesse; son éloge. XI. 276.

George-Frédéric, marquis de Brandebourg. XI. 120.

George d'Anhalt, év. de Magdebourg, &c. sa vie. XI. 266.

George; diatriba de Georgiorum scriptis. XI. 138.

GEORGE, patr. d'Alexandrie; vita S. Joannis Chrysost. X. 289.

GEORGE *Acropolite*; hist. Byzantina. XI. 138.

GEORGE PHRANZA; chronicon. XI. 141.

GEORGE *Syncelle*, chronographia. X. 134. & XI. 125.

GEORGE, Moine; vitæ imperatorum. XI. 133.

GEORGE (Bernard) epitome princip. Venetorum. XI. 528. periocha. *ibid.*

GEORGE (Dom.) de Italiæ metropolibus. XI. 360.

GEORGE (le chevalier) lettre du prince de Condé. XII. 198.

GEORGE, avocat; mémoire sur le collége de la Marche. XIII. 3..

GEORGEON; édit. de Guichardin. XI. 409. révolut. de Pologne. XIV. 48.

GEORGI (Dominiq.) notæ in Baronium, &c. X. 231. martyrologium Adonis. 275. vie du pape Nicolas. V. XI. 428. sopra un monumento etrusco. XIV. 332. notæ ad Poggium. XIV. 517.

Georgie; carte. X. 93. hist. des troubles de cette province. XIV. 86.

GEORGIO (Ignace) D. Paulus in Sinu Veneto naufragus. X. 255.

GERALDINI; itinerarium. XIV. 184.

GERARD de Limoges; vitæ fratrum ord. Prædicatorum. X. 397.

GÉRARD de Nimégue; de Zelandiæ situ. XIII. 288. Ultrajectenses pontifices. 289 & 312. vie de Philippe de Bourgogne. XI. 188. & XIII. 105.

GÉRARD DE ROO; annales. XI. 147.

GERARD; Francia engañada. XIII. 349.

GERARDO (Pietro) vie d'Ezzelin III de Romain. XI. 536, 537.

§ *Géraud* d'Aurillac; sa vie. X. 346. & XIII. 119.

GERBELIUS (Nic.) In

Græciæ Sophiani descript. explicatio. XI. 42.

Gerberge, mere du roi Lothaire; son épitaphe. XII. 51.

GERBERON (le P.) hist. de la paix de l'église. X. 253. hist. du Jansénisme. *ibid.* notæ ad Mercatoris opera. 261.

Gerberoy; histoire de cette ville. XIII. 43.

GERBERT, archev. de Reims, puis pape; ses lettres. XII. 51 & 134. v. SYLVESTRE II, pape.

Gerbillon (le P.) sa vie. XIV. 523.

Gergovie; rech. sur cette ville. XIV. 437.

GERHARD, præpos. Sterderburgensis; de Henrici Leonis obitu, &c. XI. 192.

GERHODE; syntagma de Henrico IV & V. &c. XI. 218.

GERI; de script. ecclesiast. XIV. 372.

GERINGER; genealogia ducum Brunsvicensium, &c. XIV. 214.

S. *Germain*, év. d'Auxerre; sa vie. XII. 69. dédic. de son église. *ibid.*

S. GERMAIN, év. de Paris; sa vie. X. 291. epistola ad Brunichildem. XII. 119.

S. *Germain* de Rota; sa vie. XII. 72.

S. *Germain des prés*; union de cette abbaye à la congrég. de S. Maur. X. 359. son hist. son privilége. *ibid. & suiv.* & XIII. 15.

GERMAIN (Jean) vie de Philippe le Bon, duc de Bourgogne. XI. 201.

GERMAIN (D. Michel) hist. de l'abb. de Notre-Dame de Soissons. X. 340. Museum Italicum. XI. 361.

GERMAIN (D.) droits du roi sur l'abbaye de S. Jean de Terouenne. XIII. 204.

Germains; leurs mœurs décrits par Tacite. XI. 85, 86.

GERMANES (l'abbé de) révolut. de Corse. XI. 575.

Germanie; cartes. X. 58. v. *Allemagne*.

GERMANO (Giov.) vie & miracles de S. Malachie. XIII. 527.

GERMIGNY (Jacque de) négociations. XII. 194.

GERMON; de veterum regum Francorum diplomatibus. XIII. 232, 233.

Gernrod; annales de cette abbaye. XI. 193.

Gérold, comte; vers

à son sujet. XII. 41. son épitaphe. 43.

Gerschovius; genealogia Danica & Holsatica. XIV. 287.

Gerson (Jean) scripta adversus assertionem Joannis Parvi. XII. 137. — J. Gerson in tumulo gloriosus. XIII. 19. l'esprit de Gerson. XII. 27.

Gerson (François) hist. de la prise de la Rochelle. XII. 267. lettre au P. Sirmond. XIII. 10.

Gerstenbergers; chronicon Franckenbergæ. XI. 176.

Ste. *Gertrude*; sa vie. X. 416.

Gertruydenberg; conférences en ce lieu. XIV. 304. instruct. pour ces conférences. 521.

S. *Gervais & S. Protais*, martyrs à Milan. XI 552.

Gervais, év. de Séez. ses lettres. XII. 136.

Gervais de Tilsberi; de imp. Rom. XI. 153.

Gervais de Tournai; historicæ lectionis encomium. XI. 492.

Gervaise (Nicolas) vie de S. Martin. XIII. 66. hist. du royaume de Siam. XIV. 112. de celui de Macaçar. 113.

Gervaise (D.) ancien abbé de la Trape; l'honneur de l'église catholique. X. 246. vie de S. Cyprien. 289. vie de S. Paulin. 291. réforme de Cîteaux en France. 356. hist. de l'abbé Joachim. 361. hist. de Suger, abbé de S. Denys. XII. 132. vie d'Abeillard. XIV. 400.

Geschien; de majestate Carolina. XI. 325.

Gesner (Conrad) annotationes in Hannonis Periplum. X. 21. Æliani opera. XIV. 516.

Gesner (J. Matth.) de eruditione Græcorum. XIV. 398.

Gessée (Jean de la) siége de Sancerre. XII. 185.

Gessen; dissertat. sur la terre de Gessen ou Gosen. X. 209.

Gesufaldo; observ. sur l'hist. de la voie Appienne. XI. 483.

Gètes; mém. sur cette nation, & sur son pontife. XIV. 490.

Geuder; voyages de Barbaro & de Contareni. XIV. 85.

Gewold; metropolis Salisburgensis. XI. 263. chronicon monast. Reicherspergensis. 264. an-

nales Henrici monachi in Rebdorf. 265. de Septemviratu imperii. 342. genealogia Boiariæ ducum. XIV. 213.
GHIRARDINI (Jean) voyage à la Chine. XIV. 124.
GHILINI (Camille) Felinæ Vallis, &c. descript. XI. 365.
GHILINI (Jérôme) annal. d'Alexandrie. XI. 562. théâtre des gens de lettres. XIV. 567.
GHILINI (J. Jac.) expeditio Italica Maximiliani I. XI. 187.
GHINI; vies de Plutarque. XI. 32.
GHIRARDACCI; hist. de Bologne. XI. 453.
GIAMBULLARI; l'istoria d'Europa. X. 157.
GIANELLI; que le corps de S. Barthélemi est à Bénévent. XI. 488.
GIANETTANI; hist. de Verruchio. XI. 445.
GIANGOLINO; Hedeugraphia. X. 193.
GIANI; annales Servorum. X. 432. origine de l'ordre des Servites. *ibid.*
GIANNETASIO (le P.) geographiæ elementa. X. 35. histor. Neapolitana. XI. 466.
GIANNONE; hist. du royaume de Naples. XI. 466 & *suiv.*
GIANNOTI (Donato) république de Venise. XI. 515, 516.
GIANNOTI (Gasp.) rivoluzioni di Cipri. XI. 549.
GIARDA; bibliotheca Alexandrina. XI. 372.
GIATTINO (J. B.) traduct. de l'hist. du concile de Trente de Palavicin. X. 246, 247.
GIBSON (Rich.) hist. Anglicana, &c. XIII. 493.
Gibelins; v. *Guelfes.*
GIBERT; mém. concernant les Principaux des petits colléges. XIII. 27.
GIBERT; mém. pour l'hist. des Gaules. XII. 12. ses recherch. dans les mém. de l'académie des Inscript. XIV. 472, 475, 477, 479, 484, 490, 492, 495, 496, 498, 505, 508, 513, 515.
GIBLET (Henri) *voyez* LOREDANO (Pierre)
Gibraltar; mém. sur ce détroit. XIV. 503.
GIBSON; Portus Iccius. XII. 6. Grande-Bretagne de Camden. XIII. 431. chron. Saxonicum.

442. reliquiæ Spelmannianæ. 509.

Giech; carte de son comté. X. 71.

Giessen; priviléges de son université. XI. 276.

GIFFART; état présent de la Chine. XIV. 126.

GILABERT (Franc. de) descript. de la Catalogne. XIII. 382.

Gilbert, comte de Provence; son origine. XIII. 129.

GILDAS; de excidio & conquestu Britanniæ. XIII. 436 & 438.

GILSDENSTOLPE; Kanunga Sagur. XIV. 4.

Gildon; de ejus bello contra Alaricum. XI. 152.

GILENIUS; Germania reform. XI. 237. triumphus Suecicus. XIV. 13.

GILLET (le P.) trad. de Joseph. X. 198.

Gilles, seigneur de Châteaubriant, &c. son hist. lamentable. XIII. 76.

GILLES (Nicole) annales & chron. de France. XII. 104.

GILLES (Pierre) hist. des églises réformées des vallées de Piémont. X. 300.

GILL DE LA PRÉSENTATION; voyez PLENEVAULX.

GILLIUS (Petrus) de Bosphoro Thracio. XI. 46, 123, 144. topographia Constantinopolitana. *ibid.*

GILLOT; vie de J. Calvin. X. 312.

GILON. XII. 59.

GIMMA; hist. littér. d'Italie. XIV. 384.

GIMONT (Paul de) avis sur le plaidoyer de la Martelière. XIII. 21.

GINANNI; dissert. sur la littérature de Ravenne. XI. 448.

GINET; antiq d'Angoulême. XIII. 96.

GIONTA; chron. de Mantoua. XI. 564.

GIOVANELLI; hist. de Volterre. XI. 511.

GIOVANNI (Giov. de) l'Ebraismo della Sicilia. X. 205.

GIOVANNI degli Agostini; scrittori Veneziani. XIV. 390.

Giovenazzo; hist. de cette ville. XI. 485. ses familles nobles. *ibid.*

GIPHANIUS (Hub.) de imperat. Justiniano. XI. 131.

GIRAFFI; rivolutioni di Napoli. XI. 471.

GIRALD (Sylvestre)

topographia Hiberniæ, *& d'autres traités*. XIII. 438. de regno Hiberniæ, 525.

GIRALDI (J. B.) de Ferraria & Atestinis principibus. XI. 368 & 457.

GIRALDI (Lilio Gregorio) de diis gentium. X. 99. de comœd XI. 49.

GIRARD d'Orléans; épitaphe d'Hugues le Grand. XII. 55.

GIRARD (Antoine) relation sur le Jansénisme. X. 251 *& suiv.*

GIRARD (Antoine) mémorables journées des François. XIII. 255.

GIRARD (Etienne) des offices de France. XIII. 221.

GIRARD (Guill.) apologie du duc de Beaufort. XII. 193. vie du duc d'Epernon. 368.

GIRARD DE VILLE-THIERRY; vie de S. Jean de Dieu. X. 455.

GIRARDIE (de la) topographie de [illegible]raine. XIII. 86.

GIRARDIN (l'abbé de) hist. de Fréjus. XIII. 163.

GIRELLO; hist. des doges de Venise. XI. 528.

GIROLDI (J. Pierre) hist. de Turin. XI. 582.

GIRON (Matth.) lettre sur le sacre du roi. XIII. 238.

GIRON (Pedro) abrégé de l'hist. d'Espagne. XIII. 355.

Girone; hist. de cette ville. XIII. 386.

GIRS; chron. Gustavi I. XIV. 12.

GIRY (le P.) vies des saints. X. 286. de anno natali & ætate S. Francisci de Paula. X. 408.

GISCKENIUS; apologia pro Hamelmanno. XI. 292. & XIV. 27.

GISLON; chronologica. XIV. 7.

GISOLIO; vita del P. Carlo Caraffa. X. 411.

GISEY (Odo de) discours sur N. D. du Puy en Velay. XIII. 145.

GIUDICE (Michel de) biblioth. historica regni Siculi. XI. 491. hist. de Ste. Marie la neuve de Montréal. 497.

GIUDUCCI (Ignace) vita & miracoli de santa Humilita. X. 350.

GIULIANELLI; églises de Florence. XI. 508.

GIULIANI; del monte Vesuvio. XI. 477.

GIULINI; mem. spettanti alla storia di Milano. XI. 553.

GIUNTINI; stato della citta

citta di Lione. XI. 505.

Giussani; istoria evangelica. X. 213. vie de Philippe Archinto. XI. 552.

Giustiniani; voyez Justiniani.

Giuttner; comment. juris publici Pruthenici. XIV. 59.

Glaber; v. Raoul Glaber.

Gladiateurs; combats des gladiateurs. XI. 102. collége des gladiateurs à Rome. XIV. 339. & *ibid.*

Glafey (Adam Frc.) anecdotes. XI. 333.

Glandorp; onomasticon historiæ Romanæ. XI. 107.

Glanius; voyages de Struys. XIV. 186.

Glanum Livii; position de cette ville. XIV. 510.

Glarean; notæ ad Eutropium. XI. 63. ad Jul. Cæsarem. 69. in Tacitum, de morib. Germanorum. 166. descript. Helvetiæ. 167. panegyricon. *ibid.* ad Maximilianum I panegyricon. 185. notæ ad Valerium Maxim. XIV 526.

Glas; hist. des Canaries. XIV. 144.

Glaser; syngramma historicum. X. 16.

Glastonbury; hist. de cette ville. XIII. 504.

Glatz, comté; cartes. X. 76.

Gleichen; ses comtes. XI. 321.

Globes céleste & terrestre. X. 62.

Ste. *Glodesinde*; sa vie. XII. 72.

Glossarium latinitatis ferreæ. X. 141. — mediæ & infimæ latinitatis. XIV. 411.

Glycas; annales. XI. 126.

Gmelin; voyage en Sibérie. XIV. 117.

Gnesne; hist. des évêques de cette ville. XIV. 56 & 57.

Gnodalius; historia rusticorum tumultuum. XI. 168 & 231.

Gnomons des anciens. XIV. 424.

Goar; traduct. des chroniques de George Syncelle & de Nicéphore. X. 134. & XI. 125 observat. in Codinum. XI. 124. notæ ad Cedrenum. 125. ad Theophanis chronogr. 132. édit. de Léon le Gramm. *ibid.*

Gobelinus Persona; cosmodromium X. 141.

Gobellinus (Jean)

commentarii. X. 158.

Gobien (le) lettres édifiantes & curieuses. X. 469. hist. des îles Mariannes. XIV. 114. édit de l'emp. de la Chine en faveur de la religion. 126.

Gobillon; vie de Madame le Gras. X. 412.

Gobler; de bello Hildesheimensi. XI. 168. hist. Maximiliani I. 225. chron. ducum Brunsvicensium. 296. hist. Brandenburgica. 318.

Gockelius; de majestatico religionis jure. XI. 340.

Godeau (Antoine) hist. de l'église. X. 231. relat. des délibérations du clergé de France. 251. éloges des évêques. 289. vie de S. Augustin. 291. vie de S. Charles Borr. 292. éloge de S. François de Sales. 443. harangue faite au roi. XII. 318. discours au card. Mazarin. *ibid.*

Godefroi de Bouillon; son hist. généalog. XIII. 181. sa descendance de Charlemagne. XII. 59.

Godefroi, abbé de Gotwei; chronicon Gotwicense. X. 247.

Godefroi, moine de S. Pantaléon; annales. XI. 181.

Godefroi *de Viterbe*; chronicon. X. 138. Pantheon. XI. 174, 204 & 386.

Godefroi (Jacque) supplement. ad Philostorgium. X. 224. vetus orbis descriptio Græci scriptoris. 25, 26. le Mercure Jésuite. 464. de jure præcedentiæ. XIII. 188.

Godefroi (J. Louis) archontologia cosmica. X. 39.

Godefroi (Théod.) hist. du chev. Bayard. XII. 358. entrevue de Charles IV, emper. avec le roi Charles V. 157. hist. de Charles VIII. 151. hist. de Louis XII. 153. édit. de l'hist. de Louis XII, par Jean d'Auton. 154. entrevue de ce roi & de Ferdinand, roi d'Aragon. *ibid.* hist. du maréchal de Boucicault. 354. hist. du comte de Richemont. *ibid.* mém. sur la préséance des rois de France. XIII. 188. droits du roi. 198. cérémonial de France. 234. cérémonies observ. aux mariages. 248. origine de la maison d'Autriche.

XIV. 208. généalogie des ducs de Lorraine. 258. — des comtes & ducs de Bar. *ibid.* l'origine des rois de Portugal. 276.

Godefroy (Denys) hist. de Charles VI. XII. 138. de Charles VII. 141. mém. de Comines. 145. hist. de Charles VIII. 151. panégyrique du chevalier sans reproche. 357. mém. concernant les droits du roi. XIII. 199. hist. des connétables, &c. 225. cérémonial François. 234.

Godefroi (Jean) mém. de Comines. XII. 146. addition à l'hist. de Louis XI. 149. observ. sur les lettres de Rabelais. XII. 163. la véritable fatalité de S. Cloud. 205. la fortune de la cour. 208. journal de Pierre de l'Estoile. 208. descript. de l'île des Hermaphrodites. *ibid.* mém. de Marguerite de Valois. 217. satyre ménippée. 226.

Godefroy (Denys) dissertat. de nobilitate. XIV. 194.

Godelevæus; notæ ad Titum-Livium. XI. 65.

Godelevæus (Guill.) de abdicatione Caroli V. XI. 171. de Turcarum imp. incremento. XIV. 77.

Godescard; vies des Peres. X. 289.

Godkelius; de circulo Sueviæ. XI. 269.

Godi ou de Godis (Antoine) chronica. XI. 367, 387 & 537.

Godin; notæ ad concilia ecclesiæ Rotomagensis. XIII. 65.

Goding; de Abissinorum rebus. XIV. 142.

Godinho; son voyage. XIV. 107 & 185.

Godonesche; médailles du régne de Louis XV. XII. 347.

Goduin (Jean) son édition de César. XI. 69.

Godwin (Fr.) de præsulibus Angliæ. XIII. 491.

Godwin (Fr. & Morgan) hist. d'Angleterre. XIII. 460.

Godwin (Thomas) de ritibus Hebræorum. X. 219. antiquit. Romanæ. XI. 108.

Goelicke; hist. Medicinæ. XIV. 351. hist. Anatomiæ. 353. histor. Chirurgiæ. *ibid.*

Goérée; trad. de la

république des Hébreux. X. 219.

Goès (Damien de) de obsidione Lovanii. XI. 171. & XIII. 184. Hispania. XIII. 330. epistola ad Fuggerum. 331. *sa vie*. ibid. Ulissipo. 332. de imperio Lusitanorum. *ibid*. de moribus Æthiopum. *ibid*. & XIV. 141. Diensis urbis oppugnatio. XIII. 333. de bello Cambaico. *ibid*. de rebus Hispanicis, &c. 336. hist. du roi D. Emmanuel. 414. legatio magni Indorum imperator. XIV. 141.

Goès (Jean) de Westphalia. XI. 287.

Gorterius ; legatio. XIII. 322.

Goffredo ; Salerne assiégée par les François. XI. 473, 485.

Gog & Magog ; rempart de. XIV. 507.

Goguet ; origine des loix, &c. XIV. 347.

Goiffon ; relation de la peste de Gévaudan. XIII. 146.

Goldast (Melchior) rerum Alamannicarum scriptores. XI. 177. notæ in vitam S. Galli. 178. apologiæ pro Henrico IV. 218. replicatio. *ibid*. script. rerum Suevicarum. 269. de Bohemiæ regno. 325. *ses différentes collections des constitutions impériales*, &c. 336, 337. animadversiones ad Eginhartum. XII. 125. sybilla Francica. 145. Ulfeldi legatio Moscovitica. XIV. 63. *sa vie*. XI 177.

Goldioni (Leonico) *v*. Doglioni (Nicolo) *dont ce nom est l'anagramme*.

Goldmeyer (André) descript. Bambergæ. XI. 199. chroniq. de Strasbourg. XIII. 176.

Golfe Persique & bouches du Tigre & de l'Euphrate. XIV. 503. — *Golfe de Venise ;* carte. X. 89. sa description. XIV. 78.

Golius ; hist. de Tamerlan. XIV. 116.

Gollut ; mém. de la république Séquanoise. XIII. 120 & *suiv.*

Golnitzius ; Ulysses Gallo-Belgicus. XIII. 272.

Goltzius (Hubert) icones imperatorum. XI. 207. thesaurus rei nummariæ. XIV. 310. Sicilia & magna Græcia. *ibid*. fasti magistratuum. *ibid*.

Julius-Cæsar. 311. Cæsar Augustus. *ibid.*

GOMARA (Lopez de) hist. des Indes. XIV. 152.

GOMARUS; de genealogia J. Christi. X. 215.

GOMBERVILLE (de) v. LE ROY DE GOMBERVILLE.

GOMEZ (Alvar) el vellocino dorado. X. 482. de rebus gestis Ximenii. XIII. 350 & 400.

GOMEZ (Ambr.) vie de S. Dominique. X. 596.

GOMEZ (Bernard) vie de Jacque I, roi d'Aragon. XIII. 333, 579.

GOMEZ (Christophe) elogia Societatis Jesu. X. 468.

GOMEZ (Edouard de) carta cerca el commercio. XIII. 419. allegacion. *ibid.*

GOMEZ (Fernand de) Centon epistolario. XIII. 367.

GOMEZ (Fr. Vincent) Govierno de principes. XIII. 406.

GOMEZ de Mora; relacion del juramento, &c. XIII. 367 & *suiv.*

GONÇALEZ de Avila; histoire de Salamanque. XIII. 373.

Gondevald, prétendu fils de Clotaire I; son hist. XIV. 475 & 478.

GONDI; éloge de Catherine de Médicis. XII. 363.

GONDOLFIN; ses lettres. XIII. 551.

Gondren (le P. de) sa vie. X. 411.

GONGORA (Luis de) grandeza di Genoua. XI. 569.

GONGORA y TÒRREBLANCA; hist. de Navarre. XIII. 231.

GONON; vitæ patrum occidentalium. X. 323.

Gonsalve Fernand de Cordoue, dit le Grand Capitaine; ses guerres en Italie. XI. 468, 470. *sa vie.* XIII. 590.

GONTHIER, moine de Paris; hist. Constantinop. sub Balduino. XI. 136.

GONTHIER; de gestis Friderici I. XI. 176 & 219.

Gonthier d'Andernach (J.) son éloge. XIV. 402.

Gonthier de Schwartzbourg, élu empereur; son hist. XI. 222, 225.

GONZAGA (François) de origine seraphicæ religionis. X. 578.

Gonzague; hist. des princes de cette maison.

XI. 563, 564. vies parti ulieres. 564 & *suiv.* g néalogie de cette maison. XIV. 218. ses droits sur le Montferrat. XI. 585 & *suiv.*

Gonzague (Catherine de) son éloge. XII. 350.

Gonzague (Louise-M.) vie de la m. Borromée. X. 437.

Gonzague (Marie de) reine de Pologne; relat. de son voyage. XIV. 58.

Gonzalez (Domingo) addition à l'hist. de Diégo Aduarte. X. 402.

Gonzalez (Fernando) hist. del conde Fernan Gonzalez. XIV. 268.

Gorcum; hist. de cette ville. XIII. 313.

Gordiani (Fabio) hist. de Naples. XI. 465.

Gordiano (Jacque) croniche de Monte-Vergine. XI. 486.

Gordon (Alexandre) vie du pape Alexandre VI. XI. 429.

Gordon (Jacque) opus chronologicum. X. 147.

Gordon (Pat) grammaire géographique. X. 37.

Gorecius; bellum Ivoniæ. XIV. 43. & *ibid.* & 51.

Gorelli; de rebus gestis in civitate Aretina. XI. 392.

Gorgoglione; portolano del Mare Mediterraneo. X. 48.

Gorgones. XIV. 426.

Gori (Jacque) hist. de Chiusi. XI. 401.

Gori (Ant. Franç.) thesaurus dypticorum. X. 262. Averanii de mensibus Ægyptiorum. XI. 9. Musæum Etruscum. 499. Musæi Guarnaccii antiqua monum. Etrusca. *ibid.* Musæum Florentinum; numismat. XIV. 323. gemmæ antiquæ. 329. Musæum Cortonense. 330. Donii inscript. antiquæ. 336. inscript. græcæ & romanæ. 337. monumentum libertorum. 339. lettere critiche. 340.

Gorice; hist. de cette contrée. XI. 144.

Gorlæus; de annulis. XI. 121. thesaurus numismatum. XIV. 315.

Gornicki; dialogi de electione, &c. XIV. 39. acta regni Poloniæ. 49.

Goropius; Francica & Gallica. XII. 10.

Gorze; vies de plusieurs abbés de ce monastere. XII. 72.

GOSELINI ; vie du prince Ferrand de Gonzague. XI. 565.
Gosen ; v. *Gessen*.
Goslar ; antiquit. Goslarienses. XI 198 & 298. nummi Goslarienses. 198. chron. cœnobii Francobergensis Goslariæ. 298.
GOSMOND de VERNON ; hist. métallique des campagnes de sa majesté. XII. 347. les glorieuses campagnes. *ibid.*
GOSSELIN ; hist. veterum Gallorum. XII. 8.
Goths ; hist. de ces peuples. XI. 149 & *suiv.* chronologia Gothicorum regum. XII. 39. — hist. des Goths en Espagne. XIII. 331, 339 & *suiv.* 380.
GOTH (Matthieu) familiæ Holbergicæ fragment. XIV. 214.
Gotha ; carte des principautés de Gotha, Coburg, &c. X. 75. hist. de cette ville. XI. 316 & *suiv.* hist. captæ Gothæ. 172.
Gothescalc ; hist. Gothescalchi. X. 249.
Gothie ; limites qui la séparoient de la France. XIV. 444.
GOTHO (Filippo) dell' inventione è feste de martyri Placido è compagni. X. 356.
Gothric, roi de Westrogothie ; son histoire. XIV. 9.
GOTINELLI ; memorie de Budrio. XI. 452.
Gotland ; cartes. X. 66.
GOTTFRIED (Jean-Louis) hist. chronologique, &c. X. 149. & XI. 208. recueil de voyages aux Indes. XIV. 178 & 185.
Gotti (Vincent L.) vie de ce cardinal. XIV. 402.
Gotwei ; chronicon Gotwicense. XI. 247.
GOTZIUS ; vie d'Albert, dit l'Achille d'Allemagne. XI. 320.
GOUDARD ; conquête de Port-Mahon. XII. 344.
GOUDON (Gilles) vie du P. Antoine Yvan. X. 446.
GOUGENOT (l'abbé) son voyage en Italie. XI. 360.
GOUGH ; Londinum triomphans. XIII. 500.
GOUJET (l'abbé) vie du card. de Bérulle. X. 411. vie de Laurent de Médicis, trad. de Valori. XI. 507. mém. de la Ligue. XII. 212. mém.

historique sur le collége Royal. XIII. 31. biblioth. des auteurs ecclés. XIV. 374. réponse aux mém. de Trévoux. *ibid* bibliothéque françoise. 393.

Goulart (Simon) trad. de la chronique de Carion. X. 119. mém. de la Ligue. XII. 211 & *suiv.* hist. des Pays-Bas. XIII. 296. hist. de Portugal. 414.

Goulet; de Parisiensis Universitatis magnificentia. XIII. 17.

Goulley (l'abbé) sur les poëtes bucoliques de Sicile. XIV. 430. sur le lieu de la naissance de Daphnis. *ibid.*

Goulu (le P.) vie du B. François de Sales. X. 442. vindiciæ Iberopoliticæ. XIII. 210.

Gourdant; requête pour l'évêque de Noyon. XIII. 48.

Gourgues; voyages en Floride. XIV. 156.

Gourville; ses mém. XII. 175.

Goussancourt (Matthieu de) martyrologe des chev. de Malte. X. 478.

Gouthieres (Jacque) de veteri jure pontificio urbis Romæ. XI. 98. de jure manium. 106. de orbitate toleranda. *ibid.* de officiis domus Augustæ. 118.

Goutieres; dissert. sur cette offrande. XIII. 83.

Gouveu (Ant. de) jurisconf. sa vie. XIV. 356.

Gouvea (Ant. de) vie de S. Jean de Dieu. X. 434. guerres de Scha-Abbas. XIV. 86. journal de Menezès. 106.

Gouvea (Fr. Velasco de) Joannes IV Portugalliæ rex. XIII. 413. perfidia de Alemania y de Castilla. *ibid.*

Gouz (la Boullaye le) ses voyages. XIV. 184.

Goyeneche; arboretum genealogicum, &c. XIV. 209.

Goynæus; de situ Istriæ. XI. 368.

Gozzadini; sa vie. XI. 455.

Gozzæus; catalogus virorum illustr. Prædicatorum. X. 398.

Graaf; voyages. XIV. 190.

Grabe; præfatio ad Carolum Daubuz, de testimonio Josephi. X. 114. spicilegium. 270.

Grace (M. de) édit. de l'Intro luct. à l'hist. de Pufendorff. X. 175.

Graces; differt. fur ces divinités. XIV. 426.

GRACIAN (Balthafar) el politico D. Fernando el Catholico. XIII. 344 & *fuiv.*

GRADENIGO; S. Gregorius Magnus vindicatus. XI. 425.

Grado; de oppugnatione Gradifcana. XI. 368.

GRADONICI; pontif. Brixianorum feries. XI. 541.

GRÆVIUS (Jean George) édition de Juftin. X. 117. de Florus. XI. 61. de Céfar. 69. des lettres de Cicéron. 72. de Suétone. 82. thefaurus antiquitat. Roman. 93. thefaurus hiftoriar. Italiæ. XI. 361. corpus infcriptionum Romanar. XIV. 335.

Grai (Jeanne) fa vie. XIII. 461. fes lettres. *ibid.*

GRAIN (Baptifte le) vie de Henri le Grand. XII. 218. hift. de Louis XIII. 253.

GRAMMATE (J. B.) Hafbania illuftrata. XI. 290. Afia. XIV. 80, 81. Africa illuftrata. 132. peregrinatio Belgica. XIII. 272. antiquitates. 273.

GRAMMOND (le préfident de) annales Galliæ. XII. 249 & *fuiv.* hiftor. proftratæ fectariorum rebellionis. X. 309. & XII. 261.

GRAMMONT (le maréchal de) fes mémoires. XII. 325 & 373.

GRANCIS (Raynerius de) de præliis Tufciæ. XI. 389.

GRANCK; cartes de l'évêché de Munfter. X. 74.

Grand; origine de la dignité de Grand en Caftille. XIII. 409.

GRAND (Antoine le) hiftoria facra. X. 127.

GRAND (Etienne le) hift. de Châtillon fur Seine. XIII. 110.

GRAND (Gui le) differtationes Camaldulenfes. X. 348.

GRAND (Joachim le) traité de la fucceffion à la couronne. XIII. 194. mém. & difcours touchant la fucceffion à la couronne d'Efpagne. 398. hift. du divorce d'Henri VIII, &c. 460 & 495. lettre à Burnet. 461. mémoires hift. d'Abyffinie. XIV. 143. hift. de Ceylan. 113.

GRANDET; vie d'un

solitaire inconnu. X. 414 vie de Mlle. de Melun. 447.

Grandi (Gui) sa vie. XIV. 401.

Grandier (Urbain) son procès. XIII. 93 & *suiv.*

Grandmont, ville de Flandre. XIII. 279.

Grandmont; hist. de l'ordre de Grandmont. X. 407. de ordinibus Grandimontensi atque Artigiæ. XII. 75.

Grandpré; César armorial. XIV. 241.

Granet (l'abbé) ses additions aux Elémens de l'Histoire de l'abbé de Vallemont. X. 11. traduct. de la chronique de Newton. 187. hist. des Invalides. XIII. 14.

Grangé (Cl.) de bello Melitensi. XI. 590. de secundo bello civili. *ib.* & XII. 178

Grange (la) trad. des antiquités de la Gréce de L. Bos. XI. 24.

Granger; v. Tourchetot.

Grangier (J.) de loco ubi Attila victus fuit in Galliis. XII. 7. de l'état du collége de Dormans. XIII. 31.

Granjon; les triomphes de S. François de Paule. X. 408.

Granvelle (cardinal de) mémoires pour servir à son histoire. XI. 230. ses lettres. XIII. 299.

Gras (Corneille) vitæ sanctorum. X. 185.

Gras (Simon le) procès-verbal du sacre de Louis XIV. XIII. 239.

Gras (le) traduct. de Cornelius Nepos. XI. 35.

Gras (Madame le) sa vie. X. 412.

Grasserius (Jac.) de antiquitatibus Nemausensibus. XIII. 143.

Grassis (J. B. de) v. Grossis.

Graswinckelius; libertas Veneta. XI. 533. maris liberi vindiciæ. 535.

Gratiani (Ant. Marie) hist. de la guerre de Chypre. XI. 549. vie du card. Commendon. XIV. 57 & *suiv.* de casibus virorum illustr. 370.

Gratiani (George) descript. de Cenéda. XI. 539.

Gratiani (Jean) hist. de Venise. XI. 522. Fr. Mauroceni Peloponnesiaci gesta. 531.

Gratiani (Jérôme) conquista di Granada.

XIII. 591. hist. della regina di Suetia. XIV. 14.

Gratiani (Thomas) anastasis Augustiniana. XIV. 379.

Gratien (Paul) columna Trajana XI. 113.

Gratioli (Pierre) S. Alexander Bergomensium tutor. X. 170. præstantium Barnabitarum vitæ. 457. de Mediolani ædificiis. XI. 550.

Grattarolo; riviera di Salo. XI. 541.

Grave ; siége de cette ville. XII. 326.

* Graverol ; gouverneurs de la Gaule Narbonoise. XIII. 138.

Graveson (Amat de) historia ecclesiastica. X. 235.

Gravina (Dominique) chronicon. XI. 390.

Gravina (J. Vinc.) acta creationis cardinalium. XI 455.

Gravius (Abraham) hist. philosophica. XIV. 349.

Gravius (J.) v. Gréaves

Gravure ; recherches sur la gravure des anciens. XI. 51. & XIV. 511. — *Gravure* en bois. XIV. 364.

Graziani ; v. Gratiani.

Grazini ; vindiciæ martyrum Aretinorum. XI. 513.

Gréaves (Jean) pyramilographia. XI. 3. notæ ad epochas Ulug-Beigi. 21. descript. du Serrail. XIV. 76.

Gréce ; cartes. X. 56, 57, 92 descript. de la Gréce ; mœurs de ses habitans. XI. 53. hist. de l'ancienne Gréce. 22 & *suiv.* sa littérature. 52, 53. ses peuplades. XIV. 507. mém. pour l'hist. de la religion de la Gréce. 464, 471, 482, 513. sur ses premiers habitans. 477, 490. sur ses antiquités. 502. descript, & hist. de la Gréce moderne. XIV. 77 & *suiv.* Dicæarchus, de statu Græciæ. X. 25.

Grecs , restaurateurs des lettres en Italie. XIV. 385 & *suiv.*

Gréen (Jean) carte d'Amérique. X. 95.

Greene (Morden) ses cartes. X. 64.

Greffeuille (Charles de) hist. de Montpellier. XIII. 142.

S. *Grégoire* de Nazianze ; sa vie. X. 290.

S. Grégoire *le Grand*, pape ; vita S. Benedicti. X. 334. ses lettres. XII. 40. *sa vie*. XI. 423. vindicatus contra Oudinum. *ibid.* — Grégoire III ; ses lettres. XII. 54 & 129. — Grégoire VII ; quelques lettres XI. 401. & XII. 57. ses différends avec l'emp. Henri IV. XI. 218. sa vie par div. auteurs. 426, 433. — Grégoire IX ; ses lettres. XII. 64. — *Grégoire X* ; sa vie. XI. 427. — *Grégoire XI* ; guerres d'Italie sous son pontificat. XII. 88. son testament. 85. — *Grégoire XIII* ; sa vie. XI. 431.

Grégoire de Tours ; histor. Francorum. X. 226. & XII. 37. de gloria martyr. X. 226. édit. de ses œuvres. XII. 125 & *suiv.* corrections de passages de cet auteur. XIV. 446, 478. *sa vie*. 493.

Grégoire de Toulouse ; de nundinis & mercatibus. XI. 101.

Grégoire (Jean) de Bruxelles ; vita & mart. Caroli Boni. XIII. 278.

Grégoire, moine de Farfa ; chron. Farfense. XI. 381.

Gregorio (P.) ragguagli de popoli Comuni. XI. 543.

Greiffenfeld (le comte de) grand chancelier de Danemarck. XIV. 29.

Grelot ; voyage de Constantinople. XIV. 68.

Grenade ; histoire du royaume de Grenade & de ses villes. XIII. 389. & *suiv.* 391. conquête de ce royaume. 331, 344.

Grenade ; carte de l'île de Grenade. X. 97.

Grenade, en Amérique ; conquête de ce pays. XIV. 159.

Grenaille ; le soldat Suédois. XIV. 12.

Grenoble, en Dauphiné. XIII. 173. procès entre l'évêque de Grenoble & les religieuses de Montfleury. X. 401.

Greslon ; hist. de la Chine. XIV. 122.

Gretser (Jacque) édit. de l'ouvrage d'Adamann. X. 195. de disciplinarum cruce. 299. apologia contra Stenium. 454. hist. Jesuitici ord. *ibid.* apologia contra Monita privata. 464. de modo agendi Jesuitarum. 468. annotationes ad Joannem Cantacuzenum. XI. 140. son édit.

de Gerhode. 218. divi Bambergenses. 199 & 267. episcopi Aistetenses, &c. 267. volumen epist. quas Romani pontifices miserunt ad principes. XII. 129.

Greven (Herman) martyrologium Usuardi. X. 274.

Grevin (Jacque) descript. du Beauvoisis. XIII. 41.

Grey; réponse à l'hist. des Puritains. XIII. 499.

Gribaudet ; les rois & ducs d'Austrasie. XIII. 181.

Griefs de la nation Germanique contre la cour de Rome. XI. 186.

Griffet ; traité des preuves qui servent à établir la vérité de l'Histoire. X. 19. édit. des mémoires du P. d'Avrigny. 167. hist. du régne de Louis XIII, & journal de celui de Louis XIV, à la suite de son édit. de l'Hist. de France du P. Daniel. XII. 113 & 252 *& suiv.* éclaircissemens sur l'hist. de Marie, reine d'Angleterre. XIII. 452.

Griffith ; *voyez* Alford.

Griffonibus (Matthæus de) memoriale historicum. XI. 393.

Grifo ; monast. de Ste. Thérèse de Palerme. XI. 494.

Grimaldi (J. B.) hist. de Naples de Greg. Rossi. XI. 470.

Grimaldi (Mariano de) Sanctoario di Genoua. XI. 568.

Grimarest ; mém. historiques. X. 307. campagnes de Charles XII. XIV. 15.

Grimetson ; Belgii historia. XIII. 275.

Griphius ; de conflictu ad Aquilam. XI. 399.

Grisel ; fasti Rotomagenses. XII. 65.

Gris (Pierre le) hist. Clericatus & Monachatus. X. 319. chronicon abbatiæ S. Joannis apud Vineas. 418.

Grisio (Pierre) hist. de la ville de Iési. XI. 442.

Griska Drepein, ou le faux *Démétrius* ; son histoire. XIV. 66.

Grisons ; hist. de ces peuples. XIII. 266 & *suiv.*

Grive (l'abbé de la) environs de Paris. X. 83. & XIII. 2. de Versailles. X. 84. plan de Paris. XIII.

1. plan de la ville en plusieurs feuilles. 2.
Groeningeses antiquitates. XI. 299.
Groenland; carte. X. 46. hist. de ce pays. XIV. 30 & *suiv.* 12 & *suiv.*
GROENVALL; Argenti-Fodinæ delineatio. XIV. 78.
GROLIER; hist. du sac de Rome. XI. 419.
Groll; obsidio Grollæ. XIII. 301.
Groningue; cartes. X. 97. hist. de la ville. XIII. 316, 317.
GRONOVIUS (Abraham) son édit. de Tacite. XI. 83. Æliani varia hist. XIV. 516.
GRONOVIUS (Jacque) ses éditions du traité de Grotius *de jure belli & pacis*. X. 105. sur Etienne de Bysance. 21. emendationes ad geographica antiqua 23. Ravennas geographus. 24. P. Mela. *ibid* édition d'Hérodote. XI. 16. d'Arrien. 17. supplementa lacunarum quæ reperiuntur in Ænea Tactic, &c. 18. thesaurus antiquitatum Græcarum. 42 & *suiv.* de origine Romuli. 61.
GRONOVIUS (J. Frédéric) de Musæo Alexandrino XI. 50. ses éditions de Tite Live. 65. de Tacite. 83. d'Ammien Marcellin. 90. de nummis, ponderibus, &c 105. de sestertiis. 118.
GRONOVIUS (L. Theod.) marmorea basis Tiberio defensa. XI 48.
GROPP; hist. monasterii Amorbacensis. X. 344.
GROS (Nicolas le) défense de la vérité. X. 250.
GROSE (Jean-Henri) voyages aux Indes orientales. XIV. 110.
GROSEZ (le P.) vie de la mere Anne de Xaintonge. X. 442. vie de M. Marie-Magd. de la Trinité. 446.
GROSLEY; mém. sur l'Italie. XI. 359. discussion sur la conjuration de Venise. 527 & *suiv.* recherches sur le droit François. XIII. 259. vie de Pithou. XIV. 406.
GROSSA (Jean della) hist. de Corse. XI. 574.
GROSSIS (J. Bapt de) Catanense decachordum. XI. 376 & 497. Catana sacra. 497. Agatha Catanensis. *ibid.*
GROSSIUS (Joannes)

de viris illustr. ord. Carmelitarum. X. 307.

GROSSUS (Joh.) chronicon Basileense. XIII. 266.

GROTIUS (Hugue) de jure belli & pacis. X. 104. son édit. de Tacite. XI. 83. historia Gothorum, &c. XI. 150. & XIV. 7. explicatio nominum Gothicorum, &c. XI. 378. excerpta ex Agathia. *ibid.* annales de rebus Belgicis. XIII. 298. obsidio Bredana. 301. obsidio Grollæ *ibid.* epistolæ. 303. de antiq. & statu reipubl. Batavicæ. 310. comment. ad Douzæ annales. 311. epistolæ. XIV. 58. de origine gentium Americanarum. 146. & *ibid.* sa vie. 402.

GROTTO; indices ad histor. Natalis Comitis. X. 159.

GROUNER; glacieres de Suisse. XIII. 262.

GRUBB; breviarium Gustavianum. XIV. 10.

GRUBER; origines Livoniæ XIV. 19.

GRUCHIUS (Nicolas) de comitiis Roman. XI. 94 & *ibid.*

GRUEL; hist. du comte de Richemont. XII. 354.

GRUGERS; son édit. de la déposition de Wenceslas. XI. 223.

GRUNDEL; de Stockholmia. XIV. 17.

GRUSIUS (George) Bredæ burgæ descriptio. XI. 322.

GRUTER (Jean) chronicon chronicorum. X. 169. son édit. de Tite-Live XI. 65. hist. Augustæ scriptores 89. inscript. antiquæ. XIV. 335. inscript. Romanæ. *ibid.*

GRYNÉE (Simon) de utilitate legendæ historiæ. X. 14. & XI. 76. scholiæ in Eusebium, &c. X. 223. édition de l'hist. d'Angleterre de Polydore Virgile. XIII. 446. novus orbis. XIV. 147.

GRYNÉE (Simon) chron. Basileense. XIII. 266. monumenta. *ibid.*

GRYPHIANDER; commentar. de Weichbildis Saxonicis XII. 127.

GUADALAJARA (Fr. Marco de) expulsion de los Moriscos XIII. 190. prodicion, &c. *ibid.*

Guadalaxara; hist. de cette ville. XIII. 170.

Guadaloupe XIII. 171.

Guadeloupe (la) carte de cette île. X. 97. son

histoire. XIV. 171.

GUADALUP (André) hist. de la provincia de los Angelos. X. 380.

Guadix ; hist. de cette ville. XIII. 375.

GUAGNIN (Alexandre) descript. Sarmariæ Europeæ. XIV. 41, 43. compend. chron. Poloniæ. 42, 43. rerum Polonicarum. script. 43.

Gualdo ; hist. de cette ville. XI. 445.

GUALDI (l'abbé) *c'est* Gregorio Leti.

GUALDO (Paul) vie de J. Vincent Pinelli. XIV. 406.

GUALDO PRIORATO (Galeazzo) istoria univers. X. 160. guerre de Ferdinand II & Ferdinand III. XI. 236. vie de Walstein. 238. hist. de l'empereur Ferdinand III. 241. de Léopold. *ibid.* archev. de Saltzbourg. 264. état de Nuremberg. 268. relatione della citta di Bologna, &c. 455. révolutions de Naples. 471. hist. du gouvernement de L. de Guzman Ponce de Léon. 558. hommes illustres d'Italie. 591. guerres de Ferdinand II, &c. roi d'Espagne. XII. 279. révolut. de France. 285. hist. de la paix des Pyrénées. 310. & XIV. 298. hist. du ministere du card. Mazarin. XII. 320. teatro del Belgio. XIII. 272. vie de Christine, reine de Suéde. XIV. 13.

GUALLA ; sanctuarium Papiæ. XI. 559.

Gualterio ; éloge de ce cardinal. XIV. 440.

GUALTERUS ; *v.* GRUTER.

GUALTIERI (Guy) ambassade Japonoise à Rome. XIV. 130.

GUALTIERI (Paolo) glorioso triompho. XI. 481.

GUARDIOLA (Juan Benito de) tratado de nobleza de España. XIV. 268.

Guarfagnana ; guerra di Guarfagnana. XI. 441.

GUARINI (Alex.) il Cesare. XI. 74.

GUARINI (André) ordres militaires. X. 475.

GUARINI (Marc-Ant.) hist. de Ferrare. XI. 458.

GUARNACCI (Mario) vies des papes & des cardinaux. XI. 421.

GUARNERIO (J. Ant.) saints de Bergame. XI. 541. guerre de Cypre. 549.

Guarnerio (J. B.) hist. Catanensis. XI. 376.

Guarnopius (J. B.) de Picorum familia. XI. 568.

Guasco (l'abbé de) mém. sur les Volces. XIV. 483. dissert. historiques, &c. 524.

Guast (le marquis du) sa vie. XI. 250. & XIII. 403.

Guaston (Juan) apologia. X. 400.

Guastuzzi ; parere sopra il Rubicone. XI. 449.

Guay (Claude le) alliance de la France avec le Turc. XIII. 211.

Guay-Trouin (du) ses mémoires. XII. 336.

Guazzesi ; guerra Gallica Cisalpina. XI. 73.

Guazzo ; chronica. X. 145. istorie. 159. expéditions de Charles VIII en Italie. XII. 152.

Gubernatis (Dominicus de) orbis seraphicus. X. 378.

Gudenus (Jean-Maurice) historia Erfurtensis. XI. 283, 316.

Gudenus (Valerius-Ferdin.) sylloge diplomatariorum. XI. 283.

Gudican ; *Poloniæ* descript. XIV. 37.

Gudiel ; compendio de algunas historias de España. XIV. 275.

Gudius ; inscriptiones antiquæ. XIV. 356.

Guébriant (maréchal de) son histoire. XI. 237. & XII. 369.

Guelare ; cartes. X. 79. Geldriæ chronicon. 171. auteurs sur cette province. XIII. 289 & 315 & *suiv.*

Guelf ; v. *Welf.*

Guelfes ; auteurs sur les Guelfes & les Gibelins. XI. 406, 407.

Guémer ; delineatio montis Winter-Casten. XI. 276.

Guénebaud ; antiq. de Dijon. XIII. 107.

Guer ; mœurs & usages des Turcs. XIV. 70.

Guérin ; traduction de Tite-Live. XI. 66. de Tacite. 85.

Guernesey ; descript. de cette île. XIII. 506.

Guerre ; ce qui concerne la guerre chez les anciens. XI. 54 & 103, 115, 119. — *Guerres sacrées* ; hist. des guerres ainsi appellées. XIV. 441. 447, 455.

Guerreiro (Bartol.) gloriosa corona. X. 461.

Guerreiro (Paul) missions des Jésuites aux Indes. XIV. 124.

Guesclin (Bertrand du) sa vie par différens auteurs. XII. 352 *& suiv.* description de ses obséques. XI. 88.

Guesle (Jacque de la) traité touchant le comté de S. Pol. XIII. 204.

Guesnay. (J. B.) S. Joannes Cassianus illustratus. X. 338. Magdalena Massiliensis advena. XIII. 151. hist. de Marseille. 160.

Gueudeville ; théâtre historique. X. 153. atlas historique. 154.

Guglielmini ; sa vie. XIV. 387.

Gui, roi d'Italie ; concile de Pavie, pour son élection. XI. 380.

Gui, comte de Flandre ; sa vie. XIII. 278.

Gui, dauphin, frere de Jean. XIV. 445.

Gui de Basainville ; sa lettre. XII. 60.

Guibert de Nogent ; gesta Dei per Francos. XIV. 98.

Guibours ; *v.* Anselme (le P.)

Guichardin (François) hist. d'Italie ; *différentes éditions*. XI. 407 *& suiv.* & XII. 160. vie de Guichardin. XI. 408. sac de Rome. 439.

Guichardin (Louis) description des Pays Bas. XIII. 271. hist. des Pays-Bas. 274.

Guiche (le comte de) ses mémoires. XIII. 306.

Guichenon (Germain) histoire de Bresse. XIII. 111.

Guichenon (Samuel) hist. de la maison de Savoye. XI. 577. hist. de Bresse. XIII. 111. & XIV. 245. évêques de Belley. XIII. 111.

Guidi ; disgrace du comte duc d'Olivarez. XIII. 350.

Guido *Perpinianus* ; de hæresibus. X. 294.

Guignes (de) hist. générale des Huns. XIV. 115. mémoire sur l'origine des Chinois. 118. réponse aux doutes, &c. *ibid.* le Chou-King. 119. l'éloge de Moukden. 122. ses recherches dans les mém. de l'académie des inscript. XIV. 490, 494, 498, 499, 502, 506, 509, 513, 515.

Guigues ; statuta ordinis Carthusiensis. X. 405.

GUIJON (Jacque) le devoir du sujet. XII. 222. entrée de M. de Bellegarde à Autun. XIII. 241.

GUILBERT (Pierre) mémoires sur l'abbaye de Port-Royal. X. 359.

GUILBERT (l'abbé) description de Fontainebleau. XIII. 38.

GUILLARD; hist. du conseil du roi. XIII. 219.

Guillaume le Conquérant, duc de Normandie & roi d'Angleterre. XIII. 63 & 64. auteurs sur son régne. 437, 440 & 454. ses loix. 508. son droit sur l'Angleterre. XIV. 520. monument qui le concerne. 437 & 444. — *Guillaume II.* XIII. 454. — *Guillaume III.* son voyage. 307. hist. de son régne. 484 & *suiv.*

Guillaume, comte d'Auvergne & duc d'Aquitaine; son testament. X. 146.

Guillaume, duc d'Aquitaine; son accord avec Hugues de Lusignan. XII. 75.

Guillaume le Jeune, comte de Forcalquier. XIII. 154.

Guillaume, prince d'Orange. XIII. 299, 300. — *Guillaume Henri*; sa vie. 323. — *Guillaume Louis*; sa vie. 323.

S. *Guillaume*, archev. de Bourges. XII. 75, 76. sa canonisation. 76.

S. *Guillaume* de Verceille; sa vie. X. 363.

S. *Guillaume* le Grand; sa vie; hist. de son ordre. X. 363.

S. *Guillaume*; sa vie. XIII. 79.

Guillaume, év. d'Angers; sa vie. XII. 86.

GUILLAUME *le Bibliothécaire*; vies des papes Adrien II & Etienne VI. XI. 381.

GUILLAUME le Breton; hist. de vita & gestis Philippi Augusti. XII. 59. Philippidos. 59 & 132. *sa vie & ses ouvrages.* XIV. 444.

GUILLAUME de Chartres; vita S. Ludovici. XII. 63.

GUILLAUME de Jumiége; de ducibus Normanniæ. XIII. 438 & 440.

GUILLAUME, chan. de Grenoble; vie de Marguerite, comtesse d'Albon. XIII 170.

GUILLAUME de Malmsburi; de gestis Anglorum. XIII. 437 & 439.

Guillaume de S. Marin ; histoire des pays de Gâtinois, &c. XIII. 39.

Guillaume de Nangis ; gesta S. Ludovici. XII. 61 & 133. chronicon. 50 & 136. continuations. 87 & 136. gesta Philippi Audacis. 63. recherches sur sa vie & ses ouvrages. XII. 444.

Guillaume de Neubrige ; de rebus Anglicis. XIII. 436 & 454.

Guillaume de Poitiers ; gesta Guillelmi II. XIII. 440.

Guillaume *de Pouille* ; de rebus Normannorum. XI. 384 & 462.

Guillaume de Pui-Laurent ; guerres contre les Albigeois. XII. 63 *& suiv.*

Guillaume de Rishanger ; continuation de Matthieu Paris. XIII. 455.

Guillaume de Tripoli ; de statu Saracenorum. XII. 62.

Guillaume de Tyr ; historia belli sacri. XIV. 98 & 100.

Guillaume (J. B.) généalogie des sires de Salins. XIV. 254.

Guillelmine-Amélie, impérat. sa vie. XI. 245.

Guilleragues (M. de) son ambassade à Constantinople. XII. 330.

Guillerville, XIII. 39.

Guillet de S. George ; vie de Castruccio Castracani. XI. 575 *& suiv.* hist. du régne de Mahomet II. XIV. 73.

Guilliman (Franç.) de episcopis Argentinensibus. XIII. 177. de rebus Helvetiorum. XI. 161. & XIII. 263. de felici exitu Philippi II. 347. de vera origine Conradi II. XI. 217. & XIV. 207. Habsburgica. 207.

Guimeran ; hist. de l'ordre de la Mercy. X. 431.

Guinault ; maladie & mort du card. de Bourbon. XII. 363.

Guinée, carte. X. 94. auteurs sur ce pays. XIV. 141.

Guines ; prise de cette ville. XII. 166.

Guinet (François) Justinianus Magn. XI. 131.

S. *Guinfort*, martyr à Pavie. XI. 360.

Guiot de Marne ; lettre sur le naufrage de Saint Paul. X. 265.

Guiot de Provins ; sa bible. XIV. 479.

Guipuscoa ; privilèges de cette province. XIII. 393. ses antiquités. *ibid.*

GUIRAN ; explic. de deux médailles de Nismes. XIII. 143 & *suiv.*

Guise ; écrits sur la mort du duc & du card. de Guise. XII. 201 & *suiv.* leur vie. 360, 361. & XIII. 56.

GUISE (François de Lorraine, duc de) disc. de la bataille de Dreux. XII. 174.

Guise (Henri de) sa vie. XII. 351.

Guise (Claude de) sa légende. XII. 170 & 187.

Guise (le duc de) son expédition de Naples. XI. 471 & *suiv.* ses mémoires. 472.

GUISE (Jacque de) illustrations de la Gaule Belgique. XIII. 280.

GUISE (Nicolas de) Mons Hannoniæ metropolis. XIII. 281.

Guisnes ; ses comtes. XIII. 50.

GUMBLE ; vie du général Monck. XIII. 516.

GUMILA ; histoire de l'Orenoque. XIV. 160.

GUNDLING ; de statu Germaniæ sub Conrado I. XI. 216. de Henrico Aucupe. *ibid.*

GURON ; hist. du tems. XII. 276.

GURTLER ; origines mundi. X. 190. historia Templariorum. 476.

GUSMAN ; *voyez* GOZMAN.

Gustave ; généalogie des Gustaves, rois de Suède. XIV. 287.

Gustave I, roi de Suède ; auteurs sur son régne. XIV. 10 & *suiv.* — *Gustave-Adolphe.* 11 & *suiv.* ses guerres en Allemagne. XI. 235 & *suiv.*

Gustrow ; description de cette ville. XI. 304.

GUTBERLET ; chronologia. X. 124.

GUTHE ; polygraphia Meiningensis. XI. 517.

GUTHERIUS (Jacq.) *v.* GOUTHIERRES.

GUTOLF ; vita S. Bernardi. X. 354.

GUTTERY (Gabriel de) hist. de Marie Stuart. XIII. 521.

GUTTIERREZ (J. Pierre) definiciones de la orden de Alcantara. XIII. 363.

Guyane ; auteurs sur ce pays. XIV. 160 & *suiv.* carte de la Guyane Françoise. X. 96.

GUYART (Bernard) la fatalité de S. Cloud. XII. 205.

GUYART (Jean) traité de la loi Salique. XIII. 191. de l'origine de Hugues Capet. XIV. 234.

Guyenne ; auteurs sur cette province. XIII. 124 & *suiv.*

GUYON (Symphorien) évêques d'Orléans. XIII. 81. hist. d'Orléans. *ibid.* entrée des évêques. 82.

GUYON (Mde) sa vie écrite par elle-même. X. 256.

GUYON (l'abbé) hist. des Empires. X. 173. hist. des Amazones. XI. 19. suite de l'histoire Romaine d'Echard. 147. essai sur la translation de l'empire d'Occident. 215. hist. des Indes occidentales. XIV. 110.

GUYOT DE CHESNE ; memoires sur Neufchâtel. XIII. 270.

GUYS (Joseph) amphith. d'Arles. XIII. 158.

GUYS ; voyage littéraire de la Gréce. XIV. 77.

Guzman Ponce de Léon, gouverneur de Milan. XI. 558.

GUZMAN (Diégo de) vie de Marguerite d'Autriche. XIII. 349.

GUZMAN (Fernando Perez de) generationes de los reyes de España. XIV. 267.

GUZMAN (Luiz) hist. des missions aux Indes. X. 451. & XIV. 124.

GUZMAN (Melch. de Cabrera Nuguez de) généalogie de D. Gaspar de Haro y Guzman. XIV. 273.

GUZMAN (Pierre) hist. du christian. dans le Japon. XIV. 129.

GYLLIUS (Pierre) *v.* GILLIUS.

Gymnastique des anciens. XIV. 414.

GYRALDI ; *voyez* GIRALDI.

HABERNFELD (André) bellum Bohemicum. XI. 325.

HABERT (Germain) vie du cardinal de Bérulle. X. 410.

HABERT (Nicolas) epitome chron. monast. B. Mariæ Mosomensis. X. 340.

Habert (Susanne) son éloge. XII. 150.

HABINGTON ; hist. d'Edouard I. XIII. 456. d'Edouard IV. 458.

Habits des anciens ; de re vestiaria. XI. 51, 99 & 105.

Habit ; sur l'habit de S. François. X. 386.

Habsbourg, comté ; carte. X. 76. chronicon Habspurgum. XI. 248.

Habsbourg ; origine & généalogie des comtes de Habsbourg. XI. 200. & XIV. 207 & *suiv.*

HACHENBERG ; Germania media. XI. 157.

HACKET ; scrinia reserata. XIII. 515.

HACKIUS ; de comitibus Templi-Montanis. XI. 195.

HADDON ; epistola. XIII. 514.

Hadgi Mehemet-Effendi ; lettres critiques sur les mémoires d'Arvieux. XIV. 190.

HADORPHIUS (J.) monumenta hist. Suecicæ. XIV. 9. histoire de S. Olaüs, roi de Norwége. 10. observationes de tribus regis Suecici coronis. XIV. 287.

HAEDO (Diégo de) *v.* AEDO.

HAEFTEN ; disquisitiones monasticæ. X. 319, 334.

HAEMROD ; Hollandiæ descript. XIII. 309.

HAGECIUS ; chronicon Bohemiæ. XI. 325.

HAGEMAJER ; jus publicum Europæum. X. 105. de fœdere civitatum Hanseaticarum. XI. 330. de comitiis imperii. 344.

HAGEMBUCH ; de Græcis metricis. XIV. 337.

HAGSTROM ; descript. de la Jempteland. XIV. 18.

HAGUELON ; calendarium trilingue. XI. 51.

Haguenau ; sa préfecture. XIII. 176.

Hahnius ; fundatio Bergensis ad Albim. XI. 305.

Haillan (du) de l'état & succès des affaires de France. XII. 25. hist. générale des rois de France. 105. hist. des comtes & ducs d'Anjou. XIII. 89. ducum Lotharingorum icones. 181.

Hainault ; cartes. X. 78, 79. auteurs sur cette province. XIII. 180 & *suiv.*

Hainault (Jean de) recueil des troubles. XII. 176.

Haiton ; hist. Orientalis. XIV. 114 & 116.

Haitye ; curiosités d'Air. XIII. 157.

Haitze ou Hache (Pierre Jos. d') les moines empruntés. X. 324. lettre critique. XIII. 247.

Hakluyt ; navigations des Anglois. XIV. 180.

Halberstadt ; carte. X. 73. antiquités de cette ville. XI. 299 & 304. ses évêques, &c. 305.

Halde (du) lettres édifiantes & curieuses. X. 460. description de la Chine. XIV. 119.

Hale (Matth.) grand justicier d'Angleterre ; sa vie. XIII. 516.

Hali ; carmen de adventu S. Jacobi in Hispanias. XIII. 560.

Halifax ; Rudera Palmyræ. X. 20.

Hall ; carte du territoire de Hall. X. 71.

Hall, en Saxe ; hist. de cette ville. XI. 311.

Hall (Richard) opuscula. XIII. 291.

Hall ; préface à l'hist. d'Ecosse de Drummond. XIII. 519.

Halland ; hist. de cette province. XIV. 18.

Halley ; ses cartes. X. 63.

Halloix ; vie de Camille de Lellis. X. 438.

Halm ; observations de Bastram sur la Pensylvanie. XIV. 171.

Hambourg ; ses priviléges. XI. 190. ses origines ; ses inscriptions. 191. son histoire. 192 & 306. ses environs. X. 73.

Hamconius ; Frisia. XIII. 316.

Hameau (Pierre du) vie de Marg. de Lorraine. XII. 356.

Hamel (J. B. du) de privilegiis monast. S. Germani

Germani Parisiensis. X. 340. & XIII. 15. scientiarum academiæ hist. XIII. 55.

Hamelen ; chronicon ecclesiæ Hamelensis. XI. 193. de exodo Hamelensi. 299, 300.

Hamelman (Herm.) de Westphalia. XI. 287. chronic. Oldenburgense. 292. & XIV. 27. hist. ecclesiastica Saxoniæ & Westphaliæ. XI. 295.

Hamelon ; historia Augusta. XI. 210.

Hamilton (Jacque & Guill.) leur vie. XIII. 477.

Hanau, comté. carte. X. 75.

Hanckius (Martin) de Roman. rerum script. XIV. 381. de Byzantinarum rerum scripr. 382.

Hanckius (Martin) de Silesiorum rebus. XI. 327.

Hane (P. F.) consilium in studio historiæ ecclesiasticæ. X. 235.

Haner (George) hist. ecclesiarum Transylvanarum. XI. 355.

Hanius (P. C. Balth.) Pannonia. XI. 350.

Hanmer (Mérédih) histor. Hiberniæ. XIII. 525.

Hanneman ; scrutinium nigredinis. XIV. 143.

Hannon, amiral de Carthage ; ses découvertes sur les côtes d'Afrique ; son Périple. X. 21. 25. & XIV. 491, 498.

Hanoque ; nova Francia orientalis. XIII. 176.

Hanovre ; carte de l'électorat. X. 73. environs de la ville. *ibid.* auteurs sur l'électorat. XI. 297 & *suiv.*

Hansenius ; de jurejurando. XI. 98.

Hansizius ; Germania sacra. XI. 319.

Happelius ; historia. XI. 350.

Harald ; son histoire. XIV. 10.

Haræus (Fr.) concordia historiæ. X. 148. vitæ sanctorum. 285. annales ducum Brabantiæ. XIII. 275, 283. causæ belli Belgici. 291.

Harangues ; leur usage dans les historiens. XIV. 423.

Harcourt ; statuts du collége d'Harcourt. XIII. 31.

Hardeviller ; actio pro academia Parisiensi. XIII. 10.

Hardion ; histoire

universelle. X. 177. ses ouvrages insérés dans les mém. de l'académie des Inscriptions. XIV. 423, 426, 427, 428, 430, 431, 436, 439, 441, 443, 445, 447, 449, 454, 459, 465, 472, 480.
HARDOUIN (le P.) chronologia vet. Testamenti. X. 117. conciliorum collectio. 241, 242. opera selecta. XIV. 321. opera varia. 525.
HARDUIN; mém. sur l'Artois. XIII. 51.
Harfleur; ses antiquités. XIII. 70.
Harford; description de cette province. XIII. 499.
HARLAY (Achille de) traduct. de Tacite. XI. 85.
HARLAY (François de) ecclesiasticæ historiæ liber. X. 234.
Harlem; hist. de cette ville. XIII. 512.
HARMER (Ant.) specimen erratorum Burneti. XIII. 497.
Harmonie évangélique, par différens auteurs. X. 213, 214.
HARO (Alonso Lopez de) nobiliario genealogico de los reyes de España. XIV. 267.
HAROLD; epitome annalium Wadingi. X. 378.
HARPE (de la) traduction de Suétone. XI. 83.
Harpocrate; explication d'une de ses figures. XI. 56.
HARPSFELD; histor. Anglicana ecclesiastica. XIII. 493.
HARRACH (le comte d') ses négociations. XIII. 352.
HARREPETER (Conr.) de Tafana, Marsorum dea. XI. 159.
HARRIS (B.) trad. de l'histoire de Parival. X. 161. de præcedentia regum Angliæ. XIII. 434.
HARRIS (Guill.) vie de Charles II. XIII. 481. hist. & antiq. de Dublin, 527.
HARRIS (Jean) hist. de la prov. de Kent. XIII. 503. collection de voyages. XIV. 177.
HARRISON; chron. Angliæ, &c. XIII. 448.
HARSAU (Nagius de) status Turcicus loquens. XIV. 77.
HARTNAC; continuatio Micrælii. X. 172.
HARTKNOCH; notæ ad chron. Prussiæ. X.

481. origines Pomeranicæ. XI. 322. de republica Polonica. XIV. 39. de Curonorum, &c. republ. *ibid.* descript. Prussiæ. 59. Prussiæ hist. ecclesiastica. 60. notæ ad Petr. de Dusburg. 61. hist. de la Prusse. *ibid.*

HARTMAN (Christophe) annales eremi Deiparæ in Helvetiis. X. 343.

HARTMAN (Philippe Jacques) de re anatomica. XIV. 352.

HARTMAN (Wolfg.) chron. Augustanum. XI. 271.

HARTMANNUS MAURUS; de coronatione Caroli V. XI. 168.

HARVILLÆUS; isagoge chronologica. X. 148.

Hasbaye; Hasbania illustrata. XI. 290.

HASLOBIUS; Augustus. XI. 310.

HASENMULLER; *voyez* LYSERUS.

HASIUS; historiæ universalis idea. X. 42. ses cartes. 55, 60. regni Davidici & Salomonæi descriptio. 193. carte de l'emp. de Charlemagne. XII. 3.

Hasnon; hist. de cette abbaye. X. 344. & XII. 68.

HASSELQUISTS; voyage en Palestine. XIV. 91.

HASTIVILLO; Romualdina. X. 349.

HASWELLUS; de Socino & Socinianismo. X. 315.

HATTENUS; de antiq. Oxoniensibus. XIII. 305.

HATTINGA; carte de Zélande. X. 78.

HAUBERT de Séville; sa chronique. XIII. 357.

HAUDICQUER DE BLANCOURT; *v.* BLANCOURT.

HAUDIQUIER (D. Jean B. & D. Charles) rerum Gallicarum & Francicarum scriptores. XII. 64.

HAULTIN; numismata. XIV. 314.

HAUPTMANN: in Tacitum, de moribus Germanorum. XI. 158.

HAURISIUS; scriptores historiæ Romanæ. XI. 77.

HAUTCHAMPS (M. du) hist. du système des finances. XII. 338.

HAUTESERRE; Asceticon. X. 319. in Anastasium notæ. XI. 419. notæ & observ. in hist. Francorum B. Gregorii. XII. 116. res Aquitanicæ. XIII. 124. de ducibus & comit. provincialib. 224.

Hauteville (Amédée d') sa vie. XIV. 248.

Hauteville (Euvoi de) hist. de Zénobie. XI. 20.

Hauteville (Nicolas de) origine de la maison de S. François de Sales. X. 443.

Hauteville ; *c'est* Gaspard de Tende.

Hautin (Jacque) vie de Vincent Caraffe. X. 458.

Havensius ; de erectione novor. in Belgio episcopatuum. XIII. 318.

Havercamp ; édition d'Orose. X. 118. de Joseph. 197. d'Eutrope. XI. 63. de Salluste. 68. de la Sicilia numismat. 493. de l'hist. des Jacobites. XIV. 135. thesaurus Morellianus. 311 *& suiv.* médailles du duc d'Arschot. 322. de la reine Christine. *ibid.* de numismate Alexandri Magni. 326.

Havers ; traduct. du journal de Saint-Amour. X. 251.

Havre de Grace ; hist. de cette ville. XIII. 70.

Hawkins ; voyage à la Mer du Sud. XIV. 181 *& suiv.*

Hay (Romain) Aula ecclesiastica. X. 345.

Hay (Jean) de rebus Japonicis, &c. epistolæ. X. 460.

Haye (Jacob de la) voyage des grandes Indes. XIV. 109.

Haye (Jean de la) mém. de la Gaule Aquitanique. XIII. 125.

Haye (Jacques de la) réponse à l'apologie pour l'Université. XIII. 21.

Haye (Samson de la) de veritate vitæ & ord. S. Guillelmi. X. 363.

Haye (de la) politique des Vénitiens. XI. 525.

Haye (le P. de la) ses recherches sur la fatalité de S. Cloud. XII. 205.

Haym ; tesoro Britannico. XIV. 323.

Haymon d'Halberstadt ; breviar. historiæ ecclesiast. X. 227. & XI. 318.

Haynes ; mém. d'état. XIII. 465.

Hayvard (J.) vitæ trium Normannorum Angliæ regum. XIII. 441. 454. jus succeßionis assertum. 507.

Hazon ; éloge de l'Université. XIII. 19.

Héarne ; ductor historicus. X. 11. son édit.

de Tite-Live. XI. 65. chronique de Robert de Glocester. XIII. 453. chronique de Pierre Langtoft's. 456. Benedictus, de vita Henrici II & Richardi I. *ibid.* Valteri Hemingford historia, &c. 457. hist. vitæ & regni Richardi II, &c. *ibid.* & *suiv.* duo rerum Anglicarum scriptores. 458. histoire de Glastonbury. 504. Vindiciæ antiquit. academiæ Oxoniensis. *ib.* de antiq. Oxoniensibus. 505. annales prioratus de Dunstaple. 506. diverses antiquités d'Angleterre. 512. Joannis Fordun chronicon. 518.

HÉAT (R.) descript. des îles de Scilly. XIII. 502.

HEATH (Jacque) flagellum. XIII. 475. hist. des guerres civiles. 476.

HEATHCOTE; histor. Astronomiæ. XIV. 350.

HEBERT (Charles) réponse contre l'Université. XIII. 24.

Hébreux; leur poësie. XIV. 482.

Hécatée de Milet. XIV. 436.

HECHTIUS; Germania sacra & litterata. XIV. 382.

HECKELIUS (Frédéric) annotationes ad geographiam Cluverii. X. 32. notæ ad tract. Postelli de republic. Atheniensium. XI. 44.

HEDA; de episcopis Ultrajectinis. XIII. 314.

HEDELIN; discours au roi. XIII. 35.

HEDRÆUS; de jure regio Suecorum. XIV. 6.

HEER; pinacotheca principum Austriæ. XIV. 212.

HEERDEN (Von) nom supposé. v. HEYDEN.

HEESIUS; manipulus. XI. 285.

HEIDAN; thesaurus numismatum. XIV. 312.

HEIDEGGER; historia patriarcharum. X. 208.

Heidelberg; monumens de cette ville. XI. 281.

HEIDENES (Adam & Nicolas) de electione Maximiliani II. XI. 171.

HEINDREICH; Massilia. XIII. 159.

HEIDENREICH; Grundfeste. XI. 162. chron. de Leipsick. 312, 313.

HEIDENSTEIN; cancellarius Poloniæ. XIV. 40. hist. Poloniæ. 51. de bello Moscovitico. *ibid.* & 61.

HEIDER; description de la ville de Lindau. XI. 273. de imperialium urbium advocatiis. 330.

HEIDMANN; Palæstina. X. 193.

HEILBRONNER; hist. Matheseos. XIV. 349.

HEIMRICH; historia ecclesiastica Slefwicensis. XIV. 29.

HEINCE; portraits. XII. 370.

HEINECCIUS; script. rerum Germanicarum. XI. 198. antiquit. Goslarienses. 298. origines domûs Prussico-Brandeburgicæ. XIV. 214.

HEINSIUS (Daniel) son édit. de Tite-Live. XI. 65. siége de Bos-le-Duc. XIII. 301.

HEINSIUS (Udalric) de civitatibus Hanseaticis. XI. 330.

HEISS; hist. d'Allemagne. XI 208.

HEISTER (D) suffraganei Colonienses. XI. 287.

HELDUADRE; Silva chronol. circuli Baltici. XIV. 4.

HELECAN; addition. ad chronicon Fl. Dextri. X. 156. & XIII. 356.

Hélène; différ. tradit. sur son sujet. XIV. 500.

HELGAUD, moine de Fleuri; vita Roberti regis. XII. 55. *mém. sur sa vie*. XIV. 450.

HELIAN (Louis) oratio in Venetos. XI. 185, 514 & 532.

HELIAS de Roffiaco; hist. des abbés de S. Martial de Limoges. XII. 74.

Héliastes. XIV. 418.

HÉLIE (Bertrand) hist. des comtes de Foix. XIII. 135 & *ibid*.

HELINAND; chronicon. X. 157 & 352.

Héliopolis; descript. des plaines de cette ville. XIV. 134.

Héliopolis de Cælesyrie; *v. Balbec*.

HELLADIUS; Crestomathiæ. XI. 53.

Hellespont; sa description. XIV. 498.

HELLEUS; de deo ignoto. XI 47.

HELMERIC; de familia comitum Zollerensium, &c. XI. 268. annales Tangermundenses. 321.

HELMOLD; chronicon Slavorum. XI. 308. & XIV. 2.

Helmstad; origine de cette ville. XI. 194. son histoire. 300.

Héloïse; sa vie. XIV. 400.

HELTAI; chron. Hungariæ. XI. 347.

HELVADERUS; Sylva chronologica. XI. 301.

HELVICHUS (George) annal. Wormatiensium prodromus. XI. 275. antiquitates Laurishamenses. 281. additiones ad chronicon Conradi. 282. de nobilitate ecclesiæ Moguntinæ. *ibid.* icones electorum Mogunt. *ibid.* Moguntia devicta. 283. genealogia dominorum à Cronberg. XIV. 114.

HELVICUS (Christophe) theatrum historicum. X. 113. synopsis historiæ. 148.

HELVICUS (Nicolas) theatrum histor. cathol. protestantis. X. 304 & *suiv.*

HELYOT (le P.) hist. des ordres monastiques. X. 322.

HEMELARIUS; cabinet du duc d'Arschot. XIV. 322.

HÉMÉRÉ; de academia Parisiensi. XIII. 18. de scholis publicis. 47. Augusta-Viromanduorum. *ibid.*

HEMING; chartularium ecclesiæ Wigorniensis. XIII. 504.

HEMINGFORD; chron. regum Angliæ. XIII. 439.

Hemmenrod, abbaye. XI. 285.

HEMPELIUS; respubl. Freibergensis. XI. 314.

HEMRICOURT; le miroir des nobles de Hasbaye. XIV. 266.

HÉNAULT (le président) abrégé chronol. de l'hist. de France. XII. 102. mémoires sur les abrégés chronologiques. XIV. 500.

HÉNAO (Gabriel de) antiguedades de Cantabria. XIII. 393.

HENCKELIUS; de bello Gustavi Adolphi. XI. 236. & XIV. 13.

HENDREICH (Christophe) de republica Carthaginensi. XI. 57. annales march. Brandeburgicæ. XI. 318.

HENDREICH (Pierre) Massilia. XI. 46.

HENELIUS; Silesiographia. XI. 326. Breslographia. *ibid.*

Henneberg, carte. X. 71. chronicon Hennebergense. XI. 268. auteurs sur cette ville. 315.

HENNEBERG; carte de Prusse. X. 67.

HENNEBERGER; commentar. Prussicæ tabulæ

geographicæ. XIV. 59.
HENNEPIN ; descript. de la Louisiane. XIV. 167 & *suiv.*
HENNIGES ; ad capitulationem Josephi. XI. 338. meditationes ad pacem Cæsareo Suecicam. 340. de summa imperatoris potestate circa sacra. 343. circa prophana. 344.
HENNINGES ; theatrum genealogicum. XIV. 104. genealogiæ familiarum Saxonicarum. 216.
HENNINIUS ; traduct. de l'hist. des grands chemins de l'empire Romain. XI. 103. notes. *ibid.*
Hénoch ; de patriarcha Henoch, ejusque raptu & libro. X. 208.
Henri, empereur de C. P. de rebus ab eo gestis. XI. 138.
Henri l'Oiseleur, empereur ; auteurs sur son régne & sur ceux de *Henri II* & *Henri III*. XI. 216, 217. sa vie par Azzon. 314. — *Henri IV* ; auteurs sur son régne. XI. 218. différens écrits qui le concernent. 175, 176. Bruno, de ejus vita. 181. — *Henri V* ; auteurs sur son régne. XI. 218. — *Henri VI* ; de ejus coronatione. XI. 220. ses conquêtes au royaume de Naples. 463. — *Henri VII* ; son histoire par différens auteurs. XI. 176, 177, 181 & 221. son voyage en Italie. 388. son hist. par Mussatus. 389. du genre de sa mort. 221.
Henri I, roi de France ; auteurs sur son régne. XII. 55. — *Henri II.* 163 & *suiv.* son sacre. XIII. 237. son entrée à Lyon. 239. à Tours. 240. expeditio in Germaniam. XI. 170. — *Henri III* ; auteurs sur son régne. XII. 188 & *suiv.* auteurs qui ont écrit sur son élection au trône de Pologne, son régne, sa retraite. XIV. 43, 49 & *suiv.* son couronement. XIII. 238. son entrée à Venise. 240. à Trévise & à Mantoue. *ibid.* à Orléans. 241. à Rouen. *ib.* — *Henri IV* ; auteurs sur son régne. XII. 218 & *suiv.* son sacre. XIII. 238. son entrée à Lyon. 241. son voyage à Metz. 242.
Henri II, prince de Condé ; remarq. sur sa naissance. XIV. 521.
Henri I, roi de Ca-

ftille; hist. de son régne. XIII. 365. — *Henri II.* 367. — *Henri III.* ibid.

Henri I, roi d'Angleterre; hist. de son régné. XIII. 454. ses loix. 491. — *Henri II.* 456. — *Henri III.* ibid. — *Henri VI.* 458. — *Henri VII.* 459. son ambassade à l'empereur Maximilien. XI. 187. — *Henri VIII*; auteurs sur son régne. XIII. 459, 460 *& suiv.* hist. de son divorce & de son schisme. 493 *& suiv.* de Henrico VIII, imperium Romanum adfectante. XI. 225.

Henri le Lion, duc de Baviere & de Saxe; de ejus postremis rebus gestis & obitu. XI. 192. oratio de eo. *ibid.*

Henri le Lion, duc de Brunswick; de postremis ejus rebus gestis. XI. 197.

Henri de Brunswick; de ejus posteris. XI. 192.

Henri II, duc de Lorraine; sa vie. XIII. 184.

Henri, abbé de Cluni; son élection. X. 347.

Henri, moine de Rebdorff; annales. XI. 181 & 265.

Henri de Gand; de script. eccles. XIV. 372.

Henri *Æquipolensis*; Adolphus. XI 192.

Henri d'Hervord; chronicon. XI. 204.

Henri Huntendon; hist. Anglica. XIII. 457.

Henri d'Oettingen; chronicon Bavariæ. XI. 258.

Henri (le bon) fondateur des FF. Cordonniers & Tailleurs; sa vie. X. 414.

Henri (Pierre) de Magdalena Massiliensi advena. XIII. 151.

Henri (Honoré) comment. des guerres civiles. XII. 177.

Henri (D. Pierre) Gallia christiana. XII. 380.

Henriette-Marie de France, reine d'Angleterre; sa vie. XIII. 470.

Henrion; sur quelques médailles Samaritaines. XIV. 424. *son éloge.* 433.

Henriquez; menologium Cisterciense. X. 351. fasciculus sanctorum. *ibid.* Lilia Cisterciensia 352. Phœnix reviviscens. *ibid.* corona sacra. *ibid*

Henschenius; acta sanctorum. X. 281, 282. notitia Galliarum & Bel-

gii. XII. 18. de tribus Dagobertis. 121. de episcopatu Trajectensi. XIII. 285.

HEPIDANNUS ; annales. XI. 177. & XII. 53. vita sanctæ Wiboradæ. XI. 178.

Héraclée ; son hist. XIV. 459.

HÉRACLIDE de Pont ; de politicis Græcorum. XI. 45.

HÉRACLIDE ; paradisus. X. 326.

Héraclide ; de Heraclide, aliisque ejus nominis. XI. 52.

Héraclius ; recherches géographiques sur son expédition en Perse. XIV. 510.

le *Hérault de la guerre.* XIV. 196.

HERBELOT (d') biblioth. orientale. XIV. 96.

HERBERSTEIN (le baron d') descript. Lithuaniæ. XIV. 41. de bello Poloni & Moschi. 44. rerum Moscoviticarum commentarii. 62.

HERBERT, archiepisc. Sardinensis ; de miraculis S. Bernardi. X. 354.

HERBERT (Edouard) baron de Cherburi. *voyez* CHERBURI.

HERBERT (Thomas) voyage. XIV. 83 & 184.

HERBET (Jean) de legibus collegiorum ordinis S. Spiritûs. X. 422.

Herbipolensis episcopatus ; voyez *Wirtzbourg.*

HERBURT (Félix) Orichovii annales. XIV. 49.

HERBURT DE FULSTIN (Jean) chronicon Polonicum. XIV. 48.

Hercinia Sylva ; voyez *Forêt Noire.*

Hercule Musagète. XIV. 441.

Hercule ; hist. d'Hercule le Thébain. XI. 24.

Hercule ; de Tarsensi Hercule. XIV. 331. Herculis quies & expiatio. *ibid.*

Herculea, ancienne ville abîmée ; différens écrits sur les antiquités qu'on y a découvertes. XI. 478 & *suiv.*

HERDTRICH ; Confucius Sinarum philosophus. XIV. 120.

HEREDIA (Antonio de) hist. del monast. de N. S. de Soperra. X. 341.

HEREDIA (Juan de) memorial de la ascendencia del conde de Aranda. XIV. 172.

HÉREMPERT ; aucta-

rium ad Paulum Diaconum. XI. 154, 383 & 461.

Héresbach (Conrad) historia anabaptistica. X. 306.

Héréfies; hist. des héréfies. X. 293. epitome conciliorum & Hæreticorum. X. 170.

Herford; ses immunités. XI. 196.

Hergott (Marquard) genealogia domus Habsburgicæ. XIV. 210. monumenta domus Austriacæ. 211. Pinacotheca principum Austriæ. 212.

Héribert; epistola de Hæreticis. X. 352.

Heric, moine de S. Germain d'Auxerre; sa lettre à Charles le Chauve. XII. 48. vie de S. Germain. 69.

Hericourt (Julien de) hist. academiæ Suessionensis. XIII. 41.

Hérissant (L. Ant. Prosper) hist. naturelle de la France. XIV. 395. éloge de J. Gonthier d'Andernach. 402.

Hérissant (Théodore) nouvelles recherches sur la France. XIII. 252. préface pour l'Etat de la Pologne par M. Pfeffel. XIV. 40.

Herizzo; *voyez* Erizzo.

S. *Herlembald Cotta*, de Milan. XI. 552.

Herlingsberg; de bello propter illius arcem. XI. 193.

Herman *Contract*; sa chronique. X. 131, 137. & XI. 173, 176, 201. variantes de sa chronique. XI. 258.

Herman Gigas; flores temporum, seu chronicon universale. X. 141.

Herman, abbé d'Alt. annales. XI. 258.

Herman, moine; de miraculis. XIII. 49.

Herman, comte de Nuénare; *v.* Nuenare.

Herman (d') carte des Pays-Bas. X. 79.

Herman (Pierre) de cornu aureo danico. XIV. 35.

Hermannides; descriptio Holsatiæ. XI. 301. Britannia Magna. XIII. 433. Peninsulanum, &c. XIV. 5.

Hermanson; de moneta. XIV. 10. de ritibus nuptialibus *ibid.*

Hermant (Godefroi) vies de S. Jean Chrysost. X. 290. de S. Athanase,

ibid. de S. Basile & de S. Grégoire de Nazianze. *ibid.* observations sur la requête des Jésuites. XIII. 21. apologie. *ibid.* vérités académiques. *ib.* seconde apologie. 22. troisiéme apologie, 23.

HERMANT (Jean) hist. des ordres religieux. X. 322. hist. des ordres militaires. 475. hist. du diocèse de Bayeux. XIII. 69.

HERMENIGILDE de S. Paul; différens traités sur l'ordre de S. Jérôme. X. 330, 331.

HERMES; fasciculus juris. XI. 163.

Hermintrude, femme de Charles le Chauve. XII. 48.

HERMILLY (M. d') traduct. de l'hist. d'Espagne de Ferreras. XIII. 339.

Hermites de S. Augustin. X. 426 & *suiv.* écrivains de cet ordre. XIV. 179.

l'*Hermite de Compiègne*; sa vie. X. 414.

Hermite (Pierre l') auteurs qui ont écrit son histoire. XIV. 102.

HERMITE (Martin l') hist. des ducs de Douay. XIV. 265.

l'HERMITE SOLIERS, dit TRISTAN; la Toscane Françoise. XI. 507. cabinet du roi Louis XI. XII. 149. éloges des premiers présidens. XIII. 217. & XIV. 242. les forces de Lyon. XIV. 251. hist. de la maison de Souvré. 255. hist. de la nobl. de Touraine. 256.

HERNANDEZ; voyage aux Indes orient. XIV. 110.

Héro; sur l'hist. de Héro & Léandre. XIV. 438 & 441.

Hérode; historia Herodum. X. 212.

Hérode le Grand; sur le tems précis de sa mort. XIV. 480.

Hérode Atticus; mém. sur sa vie. XIV. 503.

HÉRODIEN; historia Romana. XI. 88.

HÉRODOTE; différentes éditions & traductions de son histoire. XI. 26. — chronologie d'Hérodote & de Thucydide. XI. 23. recherches & dissert. sur Hérodote. 27, 28. — essais de critique sur les traductions d'Hérodote. X. 173. — diverses corrections sur cet auteur. XIV. 451, 462, 468, 482. — défense

d'Hérodote contre Plutarque. 472, 480, 485. — remarques sur quelques-uns de ses récits. 500, 501, 506, 515.

HÉROLD (Basile-Jean) son édit. de différentes chroniques. X. 137. de Romanorum in Rhætia littorali stationibus. XI. 167. de rebus gestis contra Turcas. XI 170. & XIV. 100. chron. Moguntiacum. XI. 282. leges antiquæ. 330. leges Salicæ. XIII. 190. originum & antiq. Germanicarum libri. 159.

Héros; culte qui leur étoit rendu. XIV. 477.

HÉROUVAL (Wion d') réponse à une lettre de M. du Cange. X. 372.

HERRERA (Antonio de) hist. de l'Amérique. X. 45, 46. & XIV. 149 & *suiv.* disputes à Milan entre les jurisdictions ecclésiastique & séculiere. XI. 557. hist. de los successos de Francia. XII. 232. comment. de los hechos, &c. XIII. 256. hist. de Philippe II, roi d'Espagne. 346. de los movimientos de Aragon. 380. historia de Portugal. 416. de Marie Stuart. 519.

HERRERA y Maldonado (François) vie de D. Bernardin de Obregon. X. 394.

HERRERA (Franc. de) hist. de la Chine. XIV. 121.

HERRERA (Miguel de) chronique de plusieurs rois de Castille. XIII. 366. du roi Ferdinand IV. *ibid.*

HERRERA (Pedro de) descrip. de la capilla de N. Segnora del Sagrario. XIII. 369.

HERRERA (Thomas) alphabetum Augustinianum. X. 427.

HERRICO (Scipion) anti-Squitinio. XI. 534.

HERSENT; de la souveraineté de Metz. XIII. 178. le Mars François. 212.

HERSTOGHE (Polycarpe de) vita S. Norberti. X. 419. religio. *ib.*

HERTFELDERS; basilica SS. Udalrici & Afræ. XI. 272.

Hertford; hist. de ce comté. XIII. 505.

HERTIUS (J. Nic.) notitia veteris Francorum regni. XII. 19.

HERTZIUS (Michel) bibliotheca Germanica. XIV. 383.

HERTZOGG ; chronique d'Alſace. XIII. 175.
Hérules ; leur hiſtoire. XI. 149 & *ſuiv.* 152, 303.
Hervare ; ſon hiſtoire. XIV. 10.
HERVET (Gentien) diſcours des troubles. XII. 174.
HERWART ; chronologia. X. 181. Ludovicus IV defenſus. XI. 221.
Heſdin ; de Heſdini expugnatione. XI. 170. & XII. 178.
HESE (Jean de) ſon voyage. XIV. 88.
Heſpérides. XIV. 426.
Heſſe ; cartes. X. 75. hiſtoriens de cette principauté. XI. 175 & *ſuiv.* généalogie des landgraves de Heſſe. 174.
HESSELS (J.) cenſura de quibuſdam ſanctorum hiſtoriis. X. 274.
HESSELS ; inſcriptiones antiquæ. XIV. 336.
HESSUS (J. Dominiq.) évêques de Saltzbourg. XI. 263.
HESTERBERGH; eccleſ. Waldenſium. X. 301.
HÉSYCHIUS de Milet; de rebus Conſtantinopoleos. XI. 123 & 134. *remarques ſur cet auteur.* XIV. 431, 432.
HEULLAND (M. d') théâtre de la guerre. XII. 345.
HEUMAN (J.) de re diplomatica imperator. XI. 333.
HEUMAN (Cph. Aug.) conſpectus reipubl. litterariæ. XIV. 367. de charlataneria eruditorum. 371.
Heures ; de horis. XI. 51.
HEUTERUS (Pontus) res Burgundicæ atque Auſtriacæ. XI. 248. & XIII. 104. de Belgio. XIII. 274. deſcriptio genealogica familiarum Galliæ & Belgicarum. XIV. 263. opera omnia. 412.
Héverlay ; hiſt. de ce monaſtere. X. 364.
HEVIA (Juan de) curia Filipica. XIII. 405.
HEYDEN (Rud. ab.) Grundfeſte, &c. XI. 162.
HEYLIN (Pierre) coſmographie. X. 39. hiſt. d'Angleterre. XIII. 447. Cyprianus Anglicus. 471. eccleſia reſtaurata. 496. tractatus hiſtorici. *ibid.* Aerius redivivus. *ibid.* *ſa vie. ibid.* S. Georgii hiſtoria vindicata. XIII. 511.
HEYWOOD ; hiſt. Eli-

zabethæ reginæ. XIII. 461.

Hiérarchie ecclésiastique; différens traités sur ce sujet. X. 239, 240.

Hiérocle; Synecdemus. X. 22. & XI. 143.

Hiéroglyphes des Egyptiens. X. 98. XI. 5 & *suiv.* & XIV. 513.

S. *Hiérotée*, patron de Ségovie. XIII. 571.

Higgons; hist. d'Angleterre. XIII. 447. rem. sur l'hist. des derniers tems. 483.

Higuera (Jérome Rom. de la) hist. supposées dont on le croit auteur. XIII. 356, 357. Dypticon Toletanum. 368.

S. *Hilaire*, évêque d'Arles. XIII. 158.

S. *Hilarion*; sa vie. X. 325 & *suiv.*

Hildebert, évêque du Mans; vita S. Hugonis. X. 146. ses lettres. XII. 57 & 135.

Hildebrand (André) genealogiæ Pomeraniæ ducum. XIV. 215. genealogia regum Sueciæ. 286.

Hildebrand; antiquitates Romanæ. XI. 110.

Hildegarde, femme de Charlemagne; son épitaphe. XII. 43.

Hildesheim; carte. X. 73. chron. Hildesheimense. XII. 53. chron. de son monastere de S. Michel. XI. 193. hist. de l'abbaye. 300. ses évêques. 195. de bello Hildesheimensi. 168.

Hildivard, évêque d'Halberstadt; epistola ad Adalberonem. XII. 72.

Hill (Guill.) commentarii in Dionysium Alexandr. X. 23.

Hilotes; leur histoire. XIV. 485.

S. *Hiltegundius*; sa vie. XI. 258.

Hinckelman; alcoranus. XIV. 95.

Hincmar, archev. de Reims; différens écrits de lui. XII. 48, 49, 129, 130. sa lettre sur la vie de S. Denys. XIII. 12.

Hinselin de Moraches; portrait de l'Europe. X. 43.

Hippolyte, Thébain; chronicon. X. 133.

Hippolytus à Lapide; nom déguisé de l'auteur du *Ratio status imperii*. XI. 341.

Hire (de Vignoles la) mémoires. XII. 260.

Hiretius; antiquités d'Anjou. XIII. 88.

Hirsauge; chroniques de cette abbaye. X. 343. & XI. 189, 190 & 280.

Hirsfeld; cattes. X. 73. description de cette principauté. XI. 276.

Histoire; auteurs qui ont traité de la maniere de l'écrire. X. 1 & *suiv.* de la maniere de l'étudier. 7 & *s.* differt. de Historia, ejusq. scriptoribus. 141. de utilitate legendæ historiæ. XI. 76. ordre de lire l'histoire Romaine. 82. historicæ lectionis encomium. 492. de l'utilité de l'hist. XII 113. *additions.* — *Historia Eremitica.* X. 325. — *Lausiaca.* X. 225, 279, 326. — *Lombardica.* 279. — *Histoire Romaine;* discussions sur la certitude des premiers siécles de cette hist. XIV. 435. — *Histoire littéraire.* XIV. 366. — ecclésiastique. 372. — des ordres religieux. 376. — Grecque, Romaine, &c. 380. — d'Allemagne. 382. — d'Italie. 384. — des Pays-Bas. 391. — de France. 392. — des îles Britanniques. 395. — d'Espagne. 396. — de Danemarck. 397. de Pologne. *ibid.* — des Grecs, des Arabes, &c. 398.

Hobbes (Th.) sa vie dans une de ses lettres. XIII. 517.

Hochstet; ses environs, & le plan de la bataille. X. 70.

Hochwart; episc. Ratisponenses. XI. 255.

Hode (la) *v.* La-motte.

Hodin (D. Félix) Gallia Christiana. XII. 380.

Hody; differt. sur l'auteur de la chronique qui porte le nom de Jean Malala. X. 135. de Græcis litterarum instaurat. XIV. 385. *sa vie.* ibid.

Hoel (James) ses lettres. XIII. 513. bella Scoto-Anglica. 522.

Hoel (Jacques) Medulla historiæ Anglicanæ. XIII. 446.

Hoenn; hist. de Saxe-Coburg. XI. 317. maison électorale de Saxe. XIV. 217.

Hoenstein; carte de son comté. X. 72.

Hoeschelius; Georgii vita S. Joannis Chrysost. X. 289. vita S. Antonii. 328. Horapollinis hieroglyphica. XI. 5.

eclogæ legationum. 39 & 77. Appiani Illyrica. 69.

HOFFTS ; ſuccès des affaires. XIII. 298.

HOFMAN (Abraham) geneal. Auſtriaca. XIV. 207.

HOFMAN (Chr. God.) ſeries rerum , &c. XI. 242. ſcriptores ad Luſatiam ſpectantes. 317. de claris legum interpretibus. XIV. 356. biblioth. juris publici. 383. nova ſcriptor. ac monument. collectio. 518 & *ſuiv.*

HOFMAN (Chriſtophe) epiſcop. Ratiſponenſium hiſtoria. XI. 257.

HOFMAN (J. Guill.) fœdera. XII. 17.

HOFMAN (J. Jac.) Lexicon univerſale. XIV. 408.

HOFMAN (Jérémie) de ignominia illata Friderico I. XI. 219.

HOFMAN (Martin) annales Bambergenſes. XI. 199. urbs Bamberga. *ibid.*

HOFMAN (Phil. Louis) genealogia Palatinorum Rheni , &c, XIV. 213.

HOFMAN (Tycho) portraits des hommes illuſtres de Danemarck. XIV. 287.

Hohenloé ; carte de ſon comté. X. 71.

HOIUS (André) hiſtoria univerſa. X. 149.

Holund (David George) de ejus vita & doctrina. XI. 171.

HOLBERG ; hiſt. de Danemarck. XIV. 26.

Holder (Pierre) ſon apologie. XIII 324.

HOLINSHED ; chron. Angliæ , &c. XIII. 448.

HOLLAND (Philémon) theatrum magnæ Britanniæ. XIII. 432.

Hollande ; cartes. X. 78. auteurs ſur le comté de Hollande. XIII. 288. & *ibid.* 309 & *ſuiv.* généalogies des comtes de Hollande & de Zélande. XIV. 264.

HOLLIS (le lord) ſes mémoires. XIII. 467.

HOLMES ; ſon édition des actes de Rymer. XIII. 442.

Holſatia ; v. *Holſtein.*

Holſtein ; cartes X. 73. auteurs ſur ce duché, & ſes dépendances. XI. 196 & 301 & *ſuiv.* & XIV. 29 & 33.

HOLSTENIUS (Luc) in Stephanum Byſantinum. X. 21. Scymni Chii fragmenta. *ibid.* & 25. codex regularum. 325.

de Fulcris Dianæ Ephesiæ. XI. 48. in veterem picturam. 97.

Holtorpius ; de familia march. Brandenburgensium. XI. 319.

Holtther ; historia ecclesiast. X. 236.

Holwell ; événemens du Bengale & de l'Indostan. XIV. 111.

Homan ; ses cartes. X. 66 97.

Homem de Figueiredo ; rétablissement du Portugal. XIII. 422.

Homens (Manoel) memoria, &c. XIII. 417.

Homere ; antiquitates Homericæ. XI. 46. de patria Homeri. 53. natales. *ibid.* nepenthes. 54. apotheosis. 56, 57. diverses recherches sur ce poète. XIV. 415, 416, 419, 426, 431, 433, 442, 500, 505.

l'*Homme du pape & du roi*. XIII. 211, 212.

Homodei ; descript. du Mont-Gibel. XI. 376 & 489.

Hondius ; atlas. X. 40. descript. de la Guyane. XIV. 160.

Hongrie ; cartes. X. 68. rois de Hongrie. 170. auteurs sur ce royaume. XI. 345 & *suiv.*

Ste. *Honorate*, vierge de Pavie. XI. 560.

Honoré d'Autun ; synopsis mundi. X. 138. de hæresibus. 194. de script. ecclef. XIV. 372.

Honoré de Sainte-Marie ; dissertations sur la chevalerie. X. 476.

Honorius, pape ; sa justification. XI. 413. — Honorius III. ses lettres. XII. 64.

Honorius (Julius) excerpt. cosmographiæ. X. 24.

Hontan (le baron de la) voyage en Danemarck. XIV. 22. à l'Amérique septentr. 166.

Hontiveros (Mart. Lopez de) constitutions de l'université de Salamanque. XIII. 373.

Hooker (Job) chronicon Angliæ, &c. XIII. 448.

Hookers (Richard) de la police ecclésiast. X. 240.

Hooper ; son procès. XIII. 498.

Hoping ; de insignium jure tractatus. XIV. 194.

Hopital général de Paris. XIII. 15.

Hopital (Michel de l') sa vie. XII. 563. deux inscriptions qui le re-

gardent. XIV. 471.
Hopital (Lucrece de l') son éloge. XII. 350.
Hopkinson ; synopsis paradisi terrestris. X. 192.
Hoppenrod (André) annales Gernrodensis abbatiæ. XI. 193. geneal. principum & nobilium in Saxonia. XIV. 216.
Hopperus ; de Valentinianorum hæresi. X. 296.
Hoppius (Egbert) genealogia ducum Clivensium. XIV. 214.
Hoppius (Sam. Joach.) de script. historiæ Polonicæ. XIV. 397.
Horace ; explication de quelques endroits de ce poëte. XIV. 415, 420, 423, 431. entretien sur Horace. 452. son Art Poëtique. 522. dissert. sur sa maison de campagne. 403.
Horapollon; hieroglyphica. XI. 5.
Horbius ; hist. Origeniana. X. 297.
Hordal ; hist. de la pucelle d'Orléans. XII. 143.
Horinos ; descriptio Carinthiæ. XI. 252.
Horloges des anciens. XIV. 417 & 476.
Horn ; chron. de cette ville. XIII. 312.
Horn (le comte de) son procès - criminel. XIII. 297.
Hornius (Gasp. H.) jus publicum. XI. 162. de comitibus Palatinis Saxoniæ. 295. de burgraviis Magdeburgicis. 304.
Hornius (George) orbis antiqui delineatio. X. 28. arca Noe. 174. de vera ætate mundi. 179. édition de Sulpice Sévere. 226. historia ecclesiastica & politica. 125 & 296. guerres d'Anglet. XIII. 467. de originibus Americanis. XIV. 146. hist. philosophiæ. 348.
Horolanus ; calendarium ecclesiasticum. X. 170.
Horologgi ; vie de Camille Orsini. XI. 591. hist. de la guerre sainte. XIV. 100.
Horrebows ; description de l'Islande. XIV. 31.
Horsley ; Britannia Romana. XIII. 432.
Hortensius ; recherch. sur sa vie. XIV. 436.
Hortensius (Lambert) tumultus anabapt. X. 306. & XI. 169 & 229. de bello Germani-

co. XI. 170 & 229. de urbe Ultrajecti. XIII. 289. successiones Ultrajectenses. 314.

HORTLEDERUS ; acta publica. XI. 229.

HOSIUS (Jérôme) hist. belli Dithmarsici. XIV. 28.

HOSIUS (Stanislas) epistolæ. XIV. 57.

HUSMANN ; chronologia sacra. X. 121.

HOSPINIEN (Rodolphe) de origine & progressu monachatus. X. 319. hist. Jesuitica. 452.

Hospitaliers ; ordres Hospitaliers. X. 434.

Hospitaliéres ; différentes religieuses hospitalieres. X. 447.

Hospitalité ; de hospitalitate veterum. XI. 50. & XIV. 422.

Ste. *Hostie* outragée à Paris par un Juif. XII. 91. hist. de l'hostie miraculeuse de Paris. XIII. 14. *Hostie* miraculeuse à Dijon. 107.

HOSTUS (Matth.) arca Noe. X. 209.

Hôtel-Dieu de Paris. X. 447.

Hôtel-de Ville de Paris ; ses officiers. XIII. 6 & *suiv.*

HOTMAN (Antoine) de ritu nuptiarum. XI. 102. de sponsalibus, &c. *ibid.* traité de la loi Salique. XIII. 191. droits de l'oncle contre le neveu. 192.

HOTMAN (François) de magistratibus Romanorum. XI. 95. Franco-Gallia. XII. 28. de furoribus Gallicis. 183. Brutum fulmen. 198. de controversia successionis regiæ inter patruum & nepotem. XIII. 192. de jure successionis regiæ leges. 193. ad tract. Zampini responsio. *ibid.* *sa vie.* XIV. 356.

HOTMAN (la Tour d') hist. de Henri VII. XIII. 459.

HOTMAN (C. F.) de ara Victoriæ imperatoribus christ. odiosa. XI. 115.

HOTTINGER (Jean-Henri) historia eccles. X. 257. methodus legendi hist. Helveticas. XIII. 262. speculum Tigurinum. 266. hist. orientalis. XIV. 95.

HOUBRAAKEN ; théâtre des peintres. XIV. 362.

HOUVARD ; Florentii chronicon. XIII. 443.

HOVIUS (J. M.) hist.

Leodienſis. XI. 288.

HOWARD ; hiſt. des régnes d'Edouard & Richard II. XIII. 456.

HOWEL (Jacque) de præcedentia regum Angliæ. XIII. 434. curioſités de Londres & de Weſtminſter. 500.

HOWEL (Nicolas) mém. & recherches. XII. 350. & XIII. 253.

HOWES ; annales Angliæ. XIII. 448.

HOYOS (J. Lopez de) mort d'Iſabelle de Valois, reine d'Eſpagne. XIII. 348.

HOZIER (Pierre d') hiſt. de Bretagne. XIII. 73. Provençaux illuſtres. 155. milice du S. Eſprit. 227. généalogie de la maiſon d'Amanſé. XIV. 242. de la maiſon de Bonrnonville. 245. armorial de Bretagne. 246. généalogie des ſeigneurs de la Dufferie. 249. remarques ſominaires ſur la maiſon de Gondi. *ibid.* maiſon des ſieurs de Labour. 250. généalogie de la maiſon de Rouvroy. 254. de la maiſon de Saint-Simon. *ibid.*

HOZIER (Charles d') généalogie de la maiſon de la Fare. XIV. 249.

HOZIER DE SERIGNY (Ant. Marie d') armorial général. XIV. 241. généalogie de la maiſon de Chaſtellard. 248.

Hrolf Krak, roi de Danemarck ; ſon hiſt. XIV. 27.

HROSWITHA, chanoineſſe de Gandersheim ; panegyris Ottonis I, imp. XI. 175, 192 & 299.

HUBER (Ulrich) hiſt. civilis. X. 126. de imperio Aſſyriorum. XI. 11.

S. *Hubert*, évêque de Liége ; ſon hiſtoire. XI. 289.

HUBERT (François) hiſt. d'Edouard II & de ſes favoris. XIII. 457.

HUBERT (Robert) antiq. de l'égliſe de S. Aignan. XIII. 82. traité de la nobleſſe. XIV. 195.

HUBERTUS Sabatenſis ; hiſt. de Louis XII, &c. XII. 92.

Hubi (Vincent) ſa vie. X. 414.

HUBNER (Jean) géographie univerſelle. X. 37. généalogies. XIV. 206.

Hudſon (baye de) voyage dans cette baye. XIV. 174.

HUDSON (Henri) de-

ſcriptio detectionis freti. XIV. 175.

HUDSON (Jean) ſes diſſertations, &c. ſur les p. géographes Grecs. X. 26. traduct. de Joſeph. 197.

HUEBER (Fortunat) menologium Franciſcanum. X. 387.

HUEBER (Philibert) Auſtria illuſtr. XI. 247.

HUEBNERS (Phil. G.) antiquitates Palmyrenæ. XI. 20.

HUEN (Nicole le) voyage de Jéruſalem. XIV. 88. hiſt. des croiſées. 101.

Hueſca; hiſt. de cette ville. XIII. 382.

HUET (P. D.) ſituation du Paradis terreſtre. X. 192. navigations de Salomon. 210. origines de Caen. XIII. 72.

HUGO (Herman) de militia equeſtri. XI. 119. obſidio Bredana. XIII. 301.

HUGO (Jacque) vera hiſt. Romana. XI. 60 & 415.

HUGO (le P.) hiſt. de Moyſe. X. 210. vie de S. Norbert. 419. ord. Præmonſtratenſis annales. *ibid.* monumenta hiſtorica. 420. vie de S. Sigiſbert. XII. 120. hiſt. de la maiſon de Salles. XIV. 255. traité ſur l'origine de la maiſon de Lorraine. 260. réflex. *ibid.* & 261.

Hugues le Grand, duc de Toſcane; ſon hiſt. XI. 501.

Hugues Capet; auteurs ſur ſon régne. XII. 55 & *ſuiv.* & 131. qu'il eſt monté ſur le trône par une élection légitime. XIII. 252.

Hugues, fils du roi Robert; ſon épitaphe. XII 55.

HUGUES, comte de S. Paul; lettres ſur la priſe de Conſtantinople par les Latins. XII. 60.

HUGUES, archev. de Rouen; vie de S. Adjuteur. XII. 88.

S. *Hugues*, abbé de Cluni; ſa vie, &c. X. 346.—*Hugues II*, abbé de Cluni; teſtimonia de eo. X. 347.

HUGUES de Berſil; ſa bible. XIV. 479.

HUGUES DE CLERIIS; de majoratu & ſeneſchalia Franciæ. XII. 57. & XIII. 224.

HUGUES de Flavigni; ſa chronique. X. 137. & XII. 66.

HUGUES de Fleury; sa chronique. X. 137. fragment. de sa chronique. XII. 52, 56.
HUGUES de Poitiers; origo & hist. Nivernensium comitum. XII. 69.
HUGUES de S. Victor; comment. ad regulam S. Augustini. X. 415. *de ejus patria Saxonia*. XI. 195.
HUGUÉTAN; voyage d'Italie. XI. 359.
Huisbourg; chronique de ce monastere. XI. 193.
HUISSEN (le baron de) hist. des conclaves. XI. 454. acta consistorialia. 455.
HUITFELD; historia Danica. XIV. 24 & *suiv.*
HULDRIC; hist. Jeschuæ Nazareni. X. 218.
HULLIAHAI; antiquitates Moguntinæ. XI. 283.
HULSIUS (Henr.) jura Guillelmi III in regna Angliæ. XIII. 484.
HULSIUS (Levinus) chron. Pannoniæ. XI. 350.
Humbert (le B.) duc de Savoie; sa vie. XI. 577.
Humbert II, dauphin; journal de son régne. XIII. 171. sa vie. *ibid.*
HUMBERT, général des Dominicains; comment. ad regulam S. Augustini. X. 415.
HUMBERT de Montmoret; poème sur les guerres contre les Anglois. XII. 14.
HUME (David) hist. d'Ecosse. XIII. 519.
HUME (David) hist. d'Angleterre. XIII. 451, 452.
HUMER; historica. X. 5.
HUMETZI; bellum Septimestre. XII. 280 & *suiv.*
Humiliés; vetera Humiliatorum monumenta. X. 434.
Sta. *Humilita* de Faënza; sa vie & ses miracles. X. 350.
HUNDIUS; de nobilibus Bavariæ. XI. 262. metropolis Salisburgensis. 263.
HUNEBAULD; de origine gentis Francorum. XI. 189.
HUNO ab Hunenfeld; *nom déguisé*. V. SCHURTZFLEISCH.
Huns; hist. de ces peuples. XIV. 115 & 498.
HUPFNER; Saxonia evangelica. XI. 295.

HURAULT; excellent & libre discours. XII. 201. anti-Sixtus. 106.

Hurepois; hist. de ce pays. XIII. 39 & 84.

Hus (Jean) Joan. Hus & Hieron. Pragensis historia & monumenta. X. 301.

Hussites; leur histoire. X. 301, 302. & XI. 324.

HUTCHINSON; ses éditions de la Cyropédie & de l'expédit. du jeune Cyrus de Xénophon. XI. 18.

HUTTENUS; Arminius. XI. 167.

HUTTICHIUS; collectio antiquitat. XI. 283.

Huxariense chronicon. XI. 195.

Huy; histoire de cette ville. XI. 290.

HYCONE; *voyez* HAITON.

HYDE (Thomas) itinera mundi. X. 28. hist. religionis veterum Persarum. XI. 15. de ludis orientalibus. *ibid.*

S. *Hygin*, confesseur; sa mort. XII. 79.

HYGIN; vie de S. Macaire. X. 326.

HYGIN; de castris romanis. XI. 103 & 119.

Hymnes des anciens. XIV. 453 & 464.

Hyperboréens; rech. sur ces peuples. XIV. 441. & *ibid.* 469.

HYVAN (Antoine) de bello Volaterrano. XI. 396.

IBARRA (Diégo de) guerre des Pays-Bas. XIII. 195.

Ibérie; carte. X. 56.

IBERIUS; exordia Cisterciensis ord. X. 351.

IDACE; sa chronique. X. 132 & 156. XI. 152. XII. 36. XIII. 334. & *ibid.*

Idate Mussamne, roi de Voxu au Japon. XIV. 131.

Idolatrie. X. 98, 99, 100.

IENICHEN; supplementa ad bibliothecam juridicam. XIV. 358.

Iési; histoire de cette ville. XI. 441.

IF (M. d') vie de M. de Thou. XIII. 218.

S. *Ignace* de Loyola; sa vie par différens auteurs. X. 454, 455, 456.

IGNACE *de Jesus-Maria*; hist. des comtes de Ponthieu. XIII. 46. hist. d'Abbeville. *ibid.*

IGNACIO (Marr.) itinerario del nuevo mundo. XIV. 120.

Igours; recherches sur ces peuples. XIV. 498.

S. ILDEFONSE de Séville; append. ad Isidorum. XIV. 396.

S. *Ildefonse*, archev. de Tolede; écrit sur l'apparition que lui fit la Ste. Vierge. XIII. 368 & *suiv.* sa vie. 369.

ILDEFONSE *de S. Louis*; vie de sœur Marie Agnès de Jesus. X. 376.

Iles; l'Isole piu famose. X. 47. tutte l'Isole del moudo. 48. Isolario. *ibid.*

Ile-Barbe; mazures de l'Ile-Barbe-lez-Lyon. X. 318.

Ile de France; hist. des villes de cette province. XIII. 37.

Ile de France, dans la Mer des Indes; carte. X. 95.

Iles Britanniques; v. *Angleterre*.

Ilfeld; antiquités de cette abbaye. XI. 299.

Ilicetti; chronique de ce monastere. X. 428.

ILLESCAS (Gonçalo de) hist. des papes. XIII. 358.

Illyrie; cartes. X. 58. auteurs sur l'Illyrie. XI. 377.

IMANN (J. Ern.) marmor Hispaniæ antiquum. X. 170 & *suiv*.

IMHOFF; théatre historique. X. 153. notitia procerum Imperii. XI. 344. & XIV. 206. hist. Italiæ, &c. genealogica. XIV. 218. excellentium familiarum in Gallia genealogiæ. 241. recherch. hist. & généalogiques des grands d'Espagne. 268. stemma regium Lusitanum. 277. hist. genealogica regum, &c. Magnæ Britanniæ, 284. appendix, *ibid*.

IMPERATO; hist. de la Ste. Annonciade de Naples. XI. 477.

Impératrices; les femmes des douze Césars. XI. 83.

Impôts; de tributis ac vectigalibus populi Romani. XI. 101.

Imprécations des peres. XIV. 429. des *imprécations* publiques. 461.

Imprimerie; hist. de cet art. XIV. 364. son origine. 468. époque de son établissem. en France. XIV. 440, 457 & *suiv*.

Imprimeurs & Libraires; leurs réglemens, &c. XIII. 53.

Incertitude des tems. X. 8.

INCHOFER (Melch.) monarchia Solipsorum. X. 470, 471. annales ecclesiast. Hungariæ. XI. 353. de epistola B. Virginis ad Messanenses. 496.

INDAGINE (J. HAVEN DE) de perfectione ord. Carthusiensis. X. 404.

Indes orientales; cartes. X. 93. auteurs qui en ont écrit l'histoire. XIV. 80 & 104 & *suiv*. mém. sur l'histoire ancienne des Indes. 512.

Indes occidentales; v. *Amérique*.

Indiens; leurs traditions religieuses & philosophiques. XIV. 468. mém. sur les anc. philosophes de l'Inde. XIV. 508. specimen sapientiæ Indorum. XI. 139. hist. littér. des Indiens. XIV. 399.

Indostan; auteurs sur ce pays. XIV. 107 & *suiv*.

Industria; situation de cette ancienne ville. XI. 582.

INETT; origines An-

glicanæ. XIII. 491.
Ines (Alb.) Lechias. XIV. 48.
Infantado (duc de l') lettre sur le siége de Portolongone. XI. 515.
Infantino ; Lecce sacra. XI. 486.
Infirmes ; Clercs réguliers servans aux Infirmes. X. 438.
Infirmiers pauvres ; vie de Bernardin de Obregon, leur instituteur. X. 394.
Ingeburge ; épitaphe de cette reine. XII. 60.
Ingenuis (Fr. de) v. Sarpi (Paolo)
Inghirami ; Etruscarum antiq. fragmentum. XI. 500. écrits à l'occasion de cet ouvrage. *ibid.*
Ingrie ; cartes. X. 67.
Inguimbert (D. Malachie d') vie de l'abbé de Rancé. X. 356. notæ in historiam Septimianam. 357.
Ingulf ; historia. XIII. 437, 438.
Inigo (J. B.) memorial, &c. XIII. 381.
S. *Innocent* de la Guardia ; hist. de son martyre. XIII. 369.
Innocent II, pape ; hist. de son pontificat. XI. 426. — Innocent III ; ses lettres. XII. 64 & 135. — Innocent IV ; ses lettres. XII. 61, 64. bulla. XIV. 99. — Innocent VI ; ses lettres XII. 88. — Innocent VIII ; sa lettre au duc de Baviere. XI. 256. — *Innocent XI* ; de ejus suppostitiis militaribus stipendiis. XI. 435.
Inondations, & en particulier celle de 1682. XIII. 289. — *Inondations* de la Seine. XIV. 467 & *suiv.*
Inquisitions ; histoire des Inquisitions. X. 316.
Inscriptions ; recueils d'inscriptions & traités. XIV. 333 & *suiv.* observations sur diverses inscriptions ; dans les mém. de l'Académie. XIV. 414 & *suiv.*
Inscriptions de Copenhague. XIV. 35. de Cordoue. XIII. 375. de Dalmatie. XI. 547. de Padoue & de son territoire. XI. 535 & *suiv.* de Provence. XIII. 155. de Grenoble. 173. de Taragone. 330. de Vicenze. XI. 538.
Inselin (Charles) ses cartes. X. 65, 77, 80, 83, 91. & XII. 4.
Instrumens de musique

chez les anciens. XI. 49.
Intercallation; de intercallatione variarum gentium. X. 184.
Interdits. X. 102.
INTERIANO; hist. de Gènes. XI. 571.
Intérêts des Princes; traités. X. 104, 106 *& suiv.*
Interrégne; de interregno imperii ab excessu Conradi IV. XI. 220.
INTORCETTA; Confucius Sinarum philosophus. XIV. 120.
Invalides; description & hist. de cette maison. XIII. 14.
INVÉGES; Carthaginis Siculæ descriptio. XI. 376. la Cartagine Siciliana. 498. Panormus antiqua. 376. annali di Palermo. 493.
Investiture; de jure investituræ episc. imper. per vim ademptæ. XI. 194.
IRAIL; hist. de la réunion de la Bretagne. XIII. 79.
Iréne; hist. de cette impératrice. XI. 148.
S. *Irénée*, évêque de Lyon; sa vie. XIII. 116.
IRENÉE (Marc) encomium Franciæ. XII. 16.
IRÉNÉE DE LA CROIX; istoria di Trieste. XI. 545.
IRENICUS (François) Germaniæ descript. XI. 156. & *ibid.*
IRENICUS (Philemer.) v. MEYER (Martin)
IRICI; hist. du Montferrat. XI. 584.
Irlande; cartes. X. 65. description & hist. de cette île. XIII. 438, 524 *& suiv.*
Irlandois étudiant à Paris. XIII. 32.
Irmensul; sur cette divinité. XI. 194. & XIV. 424.
ISAACSON; Saturni ephemerides. X. 114.
ISACKE; antiq. d'Exester. XIII. 504.
Ste. *Isabelle*, fondatrice de Longchamp; sa vie. X. 592.
Isabelle, femme de Ferdinand V, roi d'Aragon; de ejus rebus gestis. XIII. 330 & 343 *& suiv.*
Isabelle de Valois, reine d'Espagne; sa mort & ses funérailles. XIII. 348.
Isabelle de Bourbon, reine d'Espagne; sa vie. XIII. 349.
Ste. *Isabelle*, reine de

Portugal; sa vie. XIII. 426.

Isabelle de Savoie, duchesse de Modène; sa vie. XI. 578.

Isabelle, infante; sa vie. XIII. 426.

Isabelle-Claire-Eugénie; son mariage avec Albert d'Autriche. XIII. 349.

Isabelle & Ferdinand, archid. d'Autriche. XI. 250.

ISCHIA (J. Jac. d') istoria di Goritia. XI. 544. hist. du comte duc d'Olivarez. XIII. 550.

ISELIN; sur des médailles de la ville de Sidon. XIV. 432. *son éloge*. 432.

ISELIUS (J. Rodolphe) son édition des lettres de Pierre des Vignes. XI. 220.

Isenach; hist. Isenacensis. XI. 195. annales. 316.

Isenghien; généalogie de cette maison, XIV. 265 & *ibid.*

ISENGHIEN (le comte d') rebellion de Catalogne. XII. 180.

Iseo; monum. del castello d'Iseo. XI. 541.

ISIDORE de Badajoz; sa chron. XIII. 334, 335.

ISIDORE de Charax; de mansionibus Parthicis. X. 25.

ISIDORE, évêque de Séville; sa chronique. X. 136. XI. 150, 151. & *ibid.* XIII. 334. hist. regum Gothorum. XII. 66. de claris scriptoribus. XIII. 330. & XIV. 372 & 396.

ISIDORE *de S. Joseph*; hist. fratrum Discalceatorum Carmelitarum. X. 374.

Isis; Plutarchus de Iside & Osiride. XI. 5. conjectures sur le culte de cette divinité en Germanie. XIV. 434.

ISLE ADAM (J. de Villiers de l') sur les duels. XIII. 255.

Islande; carte. X. 66. hist. & descript. de cette île. XIV. 30, 31 & *suiv.*

Israëlites; s'ils ont eu des rois en Egypte. XIV. 422.

Isocrates l'ancien; auteur du discours à Démonicus. XIV. 451.

Isocrates; recherches sur ses ouvrages. XIV. 454.

ISOIL; hist. del monast. de Camera Angelica. XIII. 388.

ISOLA (le baron de l')

lettres & mémoires. XI. 240. suite du dialogue sur les droits de la reine. XIII. 202. bouclier d'état. *ibid.*

Isolani (Jule-César) son apologie. XI. 474.

Isolanis (Isidore de) gesta B. Veronicæ. X. 446.

Ison; de miraculis S. Othmari. XI. 178.

Issali (Jean) mém. sur Neufchâtel. XIII. 269.

Isselt (Michel d') de bello Coloniensi. XI. 286. Mercurius Gallo-Belgicus. XIII. 293. hist. sui temporis. 294. commentarius. 295.

Issoire; discours de la prise de cette ville. XII. 292, 293.

Isthuanfius; hist. Hungarica. XI. 347.

Istmen; Thorstani historia. XIV. 9.

Istrie; auteurs sur cette province. XI. 368 & 545.

Italie; cartes de l'Italie & de ses provinces. X. 57, 87 & *suiv.* Italia antiqua. XI. 58. de primis Italiæ incolis. X. 21. & XI. 59, 60, 61. descriptions d'Italie. XI. 356. collections d'historiens. 360. histoire générale. 402.

Itinerarium Antonini. X. 21. vetera Romanorum Itineraria. *ibid.* Itinerarium B. Antonini martyris. 23.

Itter; de feudis Imperii. XI. 344.

Ittigius; hist. concilii Nicœni. X. 243. historia eccles. primi sæculi. 266. de hæresiarchis. 296. hist. synodor. à reform. in Gallia habit. 315.

Ivoni, vaivode de Valachie; guerre contre la Pologne. XIV. 42, 43 & 52.

Ivry (Jean d') trad. des triomphes de France. XII. 156.

Ixenschmid; Thuringiæ descriptio. XI. 315.

JABLONSKY ; dissertationes. X. 209. Pantheon Ægyptiorum. XI. 5. dissertations sur le Remphah. *ibid.*

Jacob Almanzor ; hist. de ses conquêtes. XIII. 389.

JACOB DE S. CHARLES ; bibliotheca pontificia. XIV. 376.

JACOB (Damien) bellum Germanicum. XI. 235.

JACOBATIUS ; de conciliis. X. 241.

JACOBI ; hist. de Florence de Barth. Scala. XI. 503.

JACOBILLI (Louis) chronica della chiesa e monast. di Santa Croce di Sasso-Vivo. X. 336. chronique de Ste. Marie des Champs de Foligno. 365. hist. de Foligno. XI. 444. vies des Saints de Gualdo. 445. de l'Ombrie. *ibid.* hist. de Nocera. *ibid.*

Jacobites ; auteurs qui en ont écrit. XIV. 155.

JACOTIUS ; de philosoph. doctrina. XI. 52.

S. *Jacques*, apôtre ; écrits sur son voyage & sa prédication en Espagne. XIII. 358 & *suiv.* proto-evangelium Jacobi. X. 216.

S. *Jacques le Mineur* ; de testimonio Josephi de Jacobo minore. X. 207.

S. *Jacques de la Boucherie* ; hist. de cette paroisse. XIII. 9.

S. *Jacques l'Hôpital* ; recueil de pièces. XIII. 14.

S. *Jacques*, ermite ; son éloge. XII. 76.

S. *Jacques de l'épée* ; ordre militaire. X. 480. & XIII. 362 & *suiv.*

Jacques I, roi d'Angleterre ; auteurs sur son régne. XIII. 460, 463, 464 & *suiv.* & 519. — *Jacques II.* 481 & *suiv.* 483 & *suiv.*

Jacques I, roi d'Aragon ; sa vie. XIII. 335. hist. de son régne. 378 & *suiv.* — *Jacques II.* 379.

Jacques, marquis de Bade ; de ejus vita & morte. XI. 271.

Jacques Clément, assassin de Henri III ; écrits à l'occasion de son parricide. XII. 204 & *suiv.*

JACQUES, diacre ; vie de Ste. Pélagie. X. 326.

JACQUES SYLLANÆUS; Joachimi abb. & Florensis ordinis chronologia. X. 361.

JACQUES *de Vitri* ; histor. Hierosolymitana. XIV. 98.

JACQUES DE VORAGINE ; chronicon Genuense. XI. 387 & 569.

JACUTIUS ; Theurgicarum rerum historia. X. 100. stigma. XI. 128.

Jaën ; hist. de cette ville & de son royaume. XIII. 374 & *suiv.*

Jagellons ; de familia Jagellonum. XIV. 42 & 47.

JAGER ; historia ecclesiastica. X. 238. Roma Carolo VI vindicata. XI. 245 & 413.

JAY (le P. le) traduction de Denys d'Halicarnasse. XI. 64.

JAILLE (le président de la) vie de Louis de Bourbon. XII. 363.

JAILLE (Hardouin de la) sur les duels. XIII. 255.

JAILLOT (MM.) leurs cartes. X. 64. — 97 & XII. 5.

JALIGNY (Guill. de) histoire de Charles VIII. XII. 151.

JALLAIN ; XIII. 171.

Jamaïque ; carte. X. 96. histoire de cette île. XIV. 172, 173.

JAMBLIQUE ; de mysteriis Ægyptiorum. XI. 4.

JAMESON ; spicilegia antiquitatum Ægypti. XI. 3.

JANEZ ; hist. du Chili. XIV. 159.

JANIÇON ; état présent des Provinces-Unies. XIII. 287.

JANSTIUS ; vitæ regum Poloniæ. XIV. 42.

JANNEQUIN ; voyage au Sénéga. XIV. 141.

JANNING ; acta sanctorum. X. 281.

JANOSKI ; Polonia litterata. XIV. 397.

JANNOTI ; de republ. Venetorum. XI. 366.

Jansénisme ; histoire du Jansénisme, & différens écrits qui le concernent. X. 250.

JANSENIUS (Corneille) Mars Gallicus. XIII. 212. *sa vie*. X. 253.

JANSENIUS (Nicolas) vie de S. Dominique. X. 396.

JANSSON (Jean) novus Atlas. X. 18. ses autres Atlas. 40, 41.

JANSSON ab Almeloween (Théodore) fasti consulares. XI. 117.

JANSSON (P. A.) mundus furiosus. XII. 235.

JANSSONIUS (M.) Mercurius Gallo-Belgicus. X. 161. & XIII. 297.

Janus; de templo Jani. XI. 97. dissert. sopra il tempio di Giano. 115.

JANUS (Jo. G.) hist. æræ christianæ. X. 9.

JANVIER; ses cartes, X. 41.

Japon; carte des îles du Japon. X. 94. descript. & histoires de cet empire. XIV. 80 & 117, *& s.*

Japygie; de situ Japygiæ. XI. 372. hist. de cette province. 481.

JARDIN (Pierre du) manifeste. XII. 243. factum. *ibid.* La mort de Henri IV. *ibid.* & 144.

JARDIN (du) hist. des Provinces-Unies. XIII. 290.

JARDIN (l'abbé) traduction des révolutions d'Italie. XI. 401. *aux additions.*

JARENTON, abbé de S. Bénigne; son éloge. XII. 71.

Jarnac; discours de la bataille près ce lieu. XII. 178.

Jarretiere; institution, loix & cérémonies de l'Ordre de la jarretiere. X. 483. hist. de cet Ordre. XIII. 511. son registre. XIV. 285.

JARRIC (Pierre du) histoire des découvertes des Portugais. XIV. 109.

JARRIGE (Pierre) les Jésuites sur l'échafaud. X. 471. sa conversion, &c. *ibid.*

JASON MAYNUS; oratio ad Maximilianum. XI. 184.

JAU (J. Paul le) évêques d'Evreux. XIII. 69.

JAUBERT; antiq. de Cestas. XIII. 126.

JAULNAY; histoire de Senlis. XIII. 39. vie de S. Rieule. 40. apologie, *ibid.*

JAULT; hist. des Sarazins, traduite de l'anglois. XIV. 93. état présent de la Chirurgie. 351.

JAUNA; hist. de Chypre, &c. XIV. 103.

JAUSSIN; mémoires sur l'île de Corse. XI. 574 *& suiv.*

Jay (Théophr. du) grandeur de nos rois. XIII. 187.

S. *Jean-Baptiste*; traité hist. du chef de S. Jean-Baptiste. X. 265. de cultu S. Joannis B. *ibid.* translatio dextræ S. Joannis B. XI. 588.

S. *Jean en grève*; relation du sacrilége commis en cette église. XIII. 14.

S. *Jean-Baptiste*; Hermites sous son invocation. X. 414.

S. *Jean de Jérusalem*; ordre; voyez *Malte*.

S. *Jean*, apôtre; hist. de miraculis, vita & assumptione Joannis Apostoli. X. 225. — Congrégation de S. Jean l'Evangéliste en Portugal. X. 413.

S. *Jean des Vignes*; chron. de cette abbaye. X. 418.

S. *Jean*, martyr; ses actes. X. 269.

S. *Jean l'aumônier*; sa vie. X. 325.

S. *Jean Chrysostôme*; sa vie par différens auteurs. X. 289 & *suiv.*

S. *Jean Colombin*; triumphus divinæ gratiæ, per Joannem Columbinum. X. 330; sa vie, *ibid.*

S. *Jean de la Croix*; sa vie par différens auteurs. X. 375, 376.

S. Jean *Damascène*; vie des SS. Barlaam & Josaphat. X. 326.

S. *Jean de Dieu*; sa vie par différens auteurs. X. 414, 415.

S. *Jean Gualbert*; sa vie par divers auteurs. X. 350.

S. *Jean de Mata*; sa vie. X. 406, 407.

S. *Jean Théresti*; sa vie. X. 329.

Jean VIII, pape; ses lettres. XII. 55. — Jean XXII; ses lettres. 88. sa vie. XI. 381. — *Jean* XXIII; sa vie. XI. 191 & 428.

Jean, proclamé empereur; monnoie de lui. XIV. 328.

Jean Comnène, empereur de C. P. son hist. XI. 137.

Jean, roi de France; hist. de son régne. XI. 137.

Jean, duc d'Anjou; ses guerres avec Ferdinand le vieux, roi de Naples. XI. 468.

Jean I, roi de Castille; auteurs sur son régne. XIII. 367. — *Jean II*. 367.

Jean I, roi de Portugal; hist. de son régne. XIII. 413. — *Jean II*, ibid. & 414. — *Jean III*. 414; ses lettres. 532 & 535. — *Jean IV de Bragance*, 420 & *suiv*. — *Jean V*. 425.

Jean, roi d'Angleterre; sa vie. XIII. 456.

Jean, roi de Hongrie. XI. 350.

Jean, roi de Danemarck; hist. de son régne. XIV. 28.

Jean Casimir, roi de Pologne; hist. de son régne. XIV. 53 & *suiv*. — *Jean Sobieski*. 54, 55.

Jean Basilides, grand duc de Russie. XIV. 62. lettre adressée à ce Czar par Maximilien I. XIV. 66. — *Jean-Basilides II*, duc de Russie; son apologie. XIV. 66.

Jean le Constant, électeur de Saxe; sa vie. XI. 309. — *Jean-Frédéric* le Magnanime. *ibid*. — *Jean-Frédéric*; sa vie. XI. 310. — *Jean-George*; son éloge. 310.

Jean-Guillaume; électeur Palatin; son voyage. XI. 280.

Jean-Guillaume Friso, prince d'Orange; sa vie. XIII. 324.

JEAN, abbé de S. Pierre; chronicon. XIII. 439.

JEAN, diacre; vita S. Athanasii episc. Napolitani. XI. 381.

JEAN, ermite; vita S. Bernardi. X. 554.

JEAN; chronica Polonorum. XIV. 45.

JEAN, moine; hist. Gauffredi. XIII. 64.

JEAN ANAGNOSTE; de urbis Thessalonicæ excidio extremo. XI. 141.

JEAN-BAPTISTE de Ste. Anne; v. PRADILLON.

JEAN DE S. ANTOINE; Minorum FF. bibliotheca. XIV. 378. biblioth. Franciscana. *ibid*.

JEAN d'Arras; hist. de Lusignan. XIV. 251.

JEAN, évêque; chronicon Bambergense. XI. 267.

JEAN *de Bazano*; chron. Mutinense. XI. 391.

JEAN DE S. BERNARD; vie de S. Pierre d'Alcantara. X. 391.

Jean, moine de Bese; chronicon. X. 340. & XII. 84 & 124.

JEAN, abbé de Biclar; sa chronique. X. 132,

156. XII. 56. & XIII. 334.

Jean *Caméniate*; de excidio Thessalonicæ. XI. 131 & 135

Jean de Caramola; sa vie. X. 361.

Jean *de Carthagêne*; de Carmelit. X. 368. de antiquitate ordinis de Monte Carmelo. 369.

Jean Cassien; sa vie. X. 338.

Jean *de Cermenate*; hist. Ambrosianæ urbis. XI. 388. supplementa. 389.

Jean, moine de Cluni; vie de l'abbé Odon. X. 346.

Jean *de Ferrare*; excerpta ex annal. principum Estensium. XI. 395.

Jean *de Fordun*; chronicon. XIII. 518.

Jean *de S. François*; *v.* Goulu.

Jean de Gand, duc de Lancastre; sa vie. XIII. 458.

Jean, abbé de Gorze; vita sanctæ Glodesindis. XII. 71. *vie de cet abbé, ibid.*

Jean *Hesronit*. geographia Nubiensis. X. 27.

Jean-Louis d'Amiens (le P.) l'Atlas des tems. X. 182.

Jean d'Antioche, surnommé Malala; hist. chronica. X. 135.

Jean-Marie de Vernon; hist. du Tiers ordre de S. François. X. 393. vie de S. Arnoul. XIII. 178.

Jean de Ste. Marie; chronica de la prov. de S. Joseph. X. 381.

Jean-Matthieu Toscan; peplus Italiæ. XIV. 385.

Jean Michel, médecin de Charles VIII. XIV. 463.

Jean Petit; condamnation de ses erreurs. XII. 137 & *suiv.*

Jean dos Santos; Ethiopia oriental. XIV. 142.

Jean de Sarisberi, év. de Chartres; ses lettres. XII. 58 & 135. vie de S. Thomas de Cantorbéri. XIII. 439.

Jean de Toulouse; fondation de l'abbaye de S. Victor-lez-Paris. X. 418.

Jean de Troyes; chronique scandaleuse. XII. 148.

Jean de Venette; mém. sur sa vie, & son poème. XIV. 465.

Jean, moine de Vul-

turne ; chronicon. XI. 379.

Jean *d'Ypres* ; chronicon Sythiense. X. 140. & XII. 88.

Jeanne de Valois, femme de Louis XII. sa vie par différ. auteurs. XII. 76, 355 & *suiv.* son testament. 85.

Jeanne, fille d'Alfonse V, roi de Portugal ; sa vie. XIII. 415.

Jeanne I, reine de Naples ; sa vie. XI 467.

Jeanne d'Autriche, fondatrice des religieuses Clarisses de Madrid ; sa vie. X. 392.

Jeanne de Jésus, fond. des Récollectines ; sa vie. X. 394.

Jeanne d'Arc ; voyez *Pucelle d'Orléans.*

Jeannin (le président) ses négociations. XII. 239. & XIII. 302.

Jebb ; de vita & scriptis H. Hody. XIV. 385.

Jeffrys ; carte d'Irlande. X. 65. de Virginie, &c. 96. description de la Floride. XIV. 155.

Jempteland ; descript. de cette prov XIV 18.

Jennesius ; Annæbergæ historia. XI. 315.

Jennin ; idea confraternitatis de Redemptione Captiv. X. 407.

Jeremias Minimita plangens. X. 409.

Jéroboam Jesoz, treiziéme roi d'Israël. XIV. 428.

S. Jérome ; sa chronique. X. 131, 132. Onomasticon. 194. de vitis Patrum. 325, 326, 327. martyrologe qui lui est attribué. XII. 84. de scriptor. ecclesiast. XIV. 372. *examen de la derniere édition de ses ouvrages.* X. 100. *sa vie* par différens auteurs. 191.

S. *Jérome* ; histoire de l'ordre de S. Jérome. X. 330.

D. *Jérome* ; sa vie. X. 437.

Jérome, comte d'Alexandrie ; de rebus à Turcis in insula Melita gestis. XI. 172.

Jérome *de Bélem* ; chronique séraphique de la province des Algarves. X. 381.

Jérome *de Bénévent* ; faits héroïques de Henri le Grand. XII. 219.

Jérome de Cardie ; mémoires sur sa vie & ses ouvrages. XIV. 455.

Jérome *de la Conception* ; Cadiz illustrada. XIII. 374.

Jérome *de la Croix* ; défense de la noblesse d'Espagne. XIV. 267.

Jérome d'Est ; cronica de la citta de Ateste. XI. 458.

Jérome *de Forli* ; chronicon Forliviense. XI. 394.

Jérome de Prague ; Joan. Hus & Hieronymi Pragensis historia & monumenta. X. 301.

Jérusalem ; sa description. X. 195. 219. patriarchat. 196. dissert. sur son étendue. 210. hist. de Jérusalem. 211. ses environs. 92. histoires & descript. de cette ville. XIV. 87 & *suiv*.

Jersey ; descript. de cette île. XIII. 506.

Jersey, en Amérique ; carte. X. 96.

Jésuates ; hist de l'ordre des Jésuates. X. 330.

Jésuites ; histoire des Jésuites. X. 448 *jusqu'à* 474. recueil de tout ce que leur société a fait en Portugal. XIII. 419. leurs querelles avec l'Université. 19 & 260. avec les Bénédictins d'Allemagne. X 345. hist. littér. des Jésuites. XIV. 379.

Jésus-Christ ; vie de Jésus-Christ par différens auteurs. X. 213 & *suiv*. sa généalogie. 215. sa croix. *ibid*. ses suaires. *ibid*. & *suiv*. faux évangiles. 216 & *suiv*. discussions sur les principales époques de la vie du N. S. J. C. 185, 186, 187. dissert. de vita Salvatoris privata & publica. 196 de anno & mense natalis J. C. 264. dissert. sur sa naissance & sur ses années. X. 264. & XIV. 421, 443 & 446. sur son image. X. 264. de testimonio Josephi de Jesu-Christo. 207. pro testimonio eodem. 214.

Jésus (la Mere de) sa vie. X. 376.

Jetons ; origine & usage. XIV. 432.

Jeu ; jeux en usage chez les Grecs. XI. 48. chez les Romains. 105, 120.

Jeux Olympiques, &c. differtat. quibus Olympicor. Pythiorum, Nemeorum atque Isthmiorum tempus inquiritur. X. 185. & XI. 40. — *Jeux du cirque*. XI. 54, 102 & 120. — *Jeux floraux* de Toulouse. XIII. 142. — *Jeux gymniques*. XI. 49, 54. — *Jeux de hasard* en usage chez les

Romains. XIV. 415. — *Jeux isthmiques*. XIV. 430. — *Jeux* des orientaux. XI. 15. — *Jeux sceniques* des Romains ; leur origine. XIV. 485. — *Jeux sceniques* des Romains & des François. XIV. 466. — *Jeux seculaires*. XI. 101.

Jeûne pratiqué par les anciens. XIV. 417.

Joachim, abbé ; sa vie par différ. auteurs. X. 361.

JOANNICIUS ; vies des arch. de Gnesne. XIV. 57.

JOANNINENSIS ; in Mediceam monarchiam pentateuchus. XI. 506.

JOANNIS (G. C.) v. JOHANNI.

JOBERT ; science des médailles. XIV. 506.

JOBTER ; duces Pomeraniæ. XI. 321.

JOCONDE ; lettre de Vespuce. XIV. 148.

JODELLE ; recueil des inscriptions. XIII. 240.

JOEL ; chronographia. XI. 127 & 138

JOFFREDI ; Nicæa civitas illustrata. XI. 372, 583. & XIII. 264.

JOHANNI ; édition de la chronique de Schiren. XI. 264. de l'hist. Palatine. 279. Miscell. hist. Palatinæ. 281. scriptores rerum Moguntiacarum. 281.

JOHNSTON (J.) de festis Græcorum. XI. 48.

JOHNSTON (Robert) hist. rerum Britannicarum. XIII. 464.

JOHNSTON (Nath.) excellence du gouvernement monarchique. XIII. 510.

JOINVILLE ; hist. de S. Louis. XII. 133. observ. sur cette vie. XIV. 461. vie de Joinville. 475.

Iolo ; hist. de cette île. XIV. 114.

JOLY (Claude) maximes pour l'instruction du roi. XII. 310. des écoles épiscopales. XIII. 33.

JOLY (Guy) moyens de requête. XII. 306. les intrigues de la paix. 312. mémoires. 315. lettre d'un gentilhomme. 318. sur les droits de la reine. XIII. 102.

JOLY (Hector) traité de la chambre des comptes de Dijon. XIII. 106.

JOLY (Jacque) Puellæ Aurelianensis causa. XII. 143.

JOLY (Jacque) offices de France. XIII. 221.

JOLY (l'abbé) remarques sur le dictionn. de

Bayle. XIV. 409. éloges de quelques auteurs François. 393.

Joly (M.) institut. des Hospitalieres de Dijon. sa vie. X. 412.

Jonas (Arngrim) specimen Islandiæ. XIV. 32. Crimogæa. *ibid.*

Jonchere (la) systême d'un nouveau gouvern. XII. 52.

Jones; hist. secrete de Whitehall. XIII. 484.

Jongelin; notitia abbatiar. ord. Cisterciensis. X. 351. origines & progr. abbatiarum. *ibid* purpura divi Bernardi. *ibid.* origines ordinum equestrium, &c. XIII. 362.

Jonquieres (M. de) histoire de l'empire Ottoman. XIV. 72.

Jonsius; de script. hist. litterariæ. XIV. 366.

Joniston, v. Johnston.

Jordan; qualiter imperium translatum fuit in Germanos. XI. 215.

Jordan (Michel) ratio vindicatrix calumniæ. XIII. 152.

Jordan (J. Christophe de) de originibus Slavicis. XIV. 37. vie de M. de la Croze. 401.

Jordan de Durand (Philippe) premier auteur du Journal de Verdun. X. 168.

Jordani (Gio. Giac.) chroniche de Monte Virgine. X. 363. vie de S. Guillaume. *ibid.*

Jorenson; hist. de Gustave I. XIV. 10.

Jornandes; de rebus Geticis. XI. 150, 151 & 378. de regnorum ac tempor. successione. 77, 150 & 378.

Jortin; vie d'Erasme. XIV. 402.

S. *Josaphat*; sa vie. X. 326.

Josbert, moine; son éloge. XII. 76.

Joseph (Flave) ses antiquités Judaïques, &c. X. 197, 198.

S. *Joseph*; religieuses de la congrégation de S. Joseph. X. 447. relig. Hospitalieres de S. Joseph. *ibid*

Joseph, empereur; historiens de son régne. XI. 142 & *suiv.* sa capitulation. 338. son couronnement en Hongrie. 351.

Joseph-Ben-Gorion; historia Judaica. X. 199.

Joseph Abudacnus, seu Barbatus; hist. Ja-

cobitarum. XIV. 135.
JOSEPH, rabbin; chr. des guerres. XIV. 101.
JOSEPH *de Jesus Maria*; vie de S. Jean de la Croix. X. 375.
JOSEPH *de Sainte Marie*; son voyage à l'Archipel. XIV. 79 & 107.
Joseph de la Mere de Dieu; sa vie. X. 441.
JOSEPH *de Siguença*; vida di S. Geronimo. X. 291.
JOSEPH *de Ste. Thérèse*; guerre au Brésil. XIV. 163.
Joseph du Tremblai, Capucin; sa vie. XII. 367. on lui attribue, le *Catholique d'état*, & *l'homme du pape & du roi*. XIII. 212.
JOSIPPON; *voyez* JOSEPH-BEN-GORION.
JOUBERT; carte du diocèse de Lyon. X. 86.
JOURDAN (Adrien) hist. de France. XII. 112. critique de l'origine de la maison de France XIV. 237.
JOURDAN; histoire de Pyrrhus. XI. 34. traduction de la vie de Dona Olympia. XI. 432.
Journaux; leur histoire. XIV. 372.
JOUTEL; journal du voyage au Golfe du Mexique. XIV. 168.
JOUVANCI; historia Societ. Jesu. X. 448, 449.
JOUVE; histoire de la conquête de la Chine. XIV. 122.
Jouvencel; notice de deux mss. de cet ouvrage. XIV. 494.
JOUVENEL; méthode pour l'histoire d'Angleterre. XIII. 447.
JOUVET; les blasons de Picardie. XIV. 252.
JOVE (Benoît) hist. Novocomensis. XI. 366 & 561.
JOVE (Paul) hist. sui temporis. XI. 410 *& suiv.* vita Leonis X, Hadriani VI & Pompeii Columnæ. 429 *& suiv.* de legatione Basilii principis Moscoviæ. XIV. 62. comment. delle cose di Turchi. 73. vita Alphonsi Atestini. XI. 457. vitæ duodecim Vicecomitum. 365 & 555. vita Sfortiæ ducis. 555. descript. Larii lacus. 365 & 561. victoire de Philippin Doria. 573. illustrium virorum vitæ. 590.
Joyeuse (le cardinal de) hist. de sa vie. XII. 364.

Joyeuse (M. de) son voyage en Auvergne, &c. XII. 197.

Juan d'Autriche, fils de Charles-Quint; hist. de sa vie. XIII. 300, 348 & 402.

Juan d'Autriche, fils de Philippe IV; ses différends avec le P. Nitard. XIII. 351. sa vie. 403. son expédition en Portugal. 424. son expédition en Catalogne. 386.

JUAN-BAPTISTA; vie de Muley Abdelmelech, roi de Maroc. XIV. 138 & *suiv.*

JUAN (Dom. George) voyage à l'Amérique méridionale. XIV. 157.

JUAN DE SANTA MARIA; relation de la mort de Philippe IV, roi d'Espagne. XIII. 349.

JUAN *de Persia* (Dom) relaciones de Persia. XIV. 85.

JUAN DE SANTOS; chronique de la religion de S. Jean de Dieu. X. 434.

Juba le Jeune, roi de Mauritanie. XIV. 428.

Jubilé; hist. des Jubilés des années saintes. X. 263.

Judée; descript. de la Judée. XII. 71. chronologie des pontifes des Juifs, & des proconsuls de Judée. XIV. 521. *v. Palestine* & *Terre Sainte.*

Judith; vérité de son histoire. X. 211. & XI. 22. dissert. sur son hist. XIV. 479.

Judith, impératrice; vers sur son exil. XII. 45.

Judith; ejus coronatio, cùm regi Anglorum desponsata est. XII. 48.

JUÉNIN; hist. de l'abbaye de Tournus. XIII. 110.

JUGE (Matth. le) historia ecclesiast. X. 236.

Jugemens; de judiciis apud Romanos. XI. 96.

Jugemens de Dieu; mém. sur les épreuves ainsi appellées. XIV. 461.

JUGLARIS; notitia regiæ celsitudinis. XI. 579.

Juifs; hist. des Juifs & de la nation Judaïque. X. 196 & *suiv.* antiquités judaïques; mœurs & cérémonies des Juifs. 218 & *suiv.* erreurs des auteurs païens à leur sujet. XIV. 501. ordonnance de S. Louis qui les concerne. XII. 61. — *Juifs Hellénistes*. XIV. 423.

JULES Africain; fragmens de sa chronique. X. 152.

Julia; mém. sur l'origine de cette famille. XIV. 465.

JULIAN; la légende dorée. X. 180.

JULLARD (Guill. de) hist. de la congrég. des filles de l'Enfance. X. 413.

S. *Julien*, martyr; sa mort. XII. 79.

S. *Julien du Poirier*; ordre militaire. v. *Alcantara*.

JULIEN l'Apostat, empereur; ses ouvrages. X. 89. trad. de quelques-uns. XI. 148. vie de cet empereur. 47. réflexions sur son caractere. XIV. 438.

JULIEN, évêq. de Tolède; hist. Wambæ regis. XII. 39. judicium in rebelles. 40. appendix ad Isidorum. XIV. 396.

Juliers; cartes. X. 74. auteurs sur cette principauté. XI. 190 & *suiv.* de bello Juliacensi. 170. de academiæ Juliæ primordiis, &c. XI. 194. & XIV. 384.

Juliobona, capitale des Calaisiens. XIV. 474.

JULIUS CELSUS; de vita & rebus gestis Julii Cæsaris. XI. 69.

Julius Sabinus; son histoire. XIV. 437.

JULIUS (Benignus) continuatio Laureæ Austriacæ. XI. 133. de bello Germanico. 255.

JUNCKER; histoire de Henneberg. XI. 315.

JUNCO (Pedro de) histoire d'Astorga. XIII. 373.

JUNGERMAN; son édit. de César. XI. 69.

S. *Junien*, prêtre; sa vie. XII. 80.

JUNIUS (Adrien) de annis & mensibus. XI. 101. fasti. *ibid.* Batavia. XIII. 310.

JUNIUS-BRUTUS; nom sous lequel s'est caché l'auteur des *Vindiciæ contra tyrannos*. X. 109, 110.

JUNIUS (François) de pictura veterum. XIV. 361.

Jupiter Ammon; dissertation sur cette divinité. XI. 5. — *Jupiter tonnant*; son culte. XIV. 412.

JURAIN; hist. d'Ausone. XIII. 109.

JURET (Claude) Ivonis Carnotensis epistolæ. XII. 134.

Juret (François) notæ ad Panegyricum Trajani. XI. 91.
Jurieu (Pierre) hist. du concile de Trente. X. 248. histoire du Calvinisme. 310.
Jurin; ses additions à la géographie de Varénius. X. 31.
Jurisdiction; de jurisdictione veter. Græcorum. XI. 45.
Jurisprudence; hist. de cette science. XIV. 354 & *suiv.*
Jussie (Jeanne de) le levain du Calvinisme. X. 312.
S. *Just*, martyr à Huesca. XIII. 382.
S. *Juste*, confesseur; son éloge. XII. 76.
Justel; hist. généalogique de la maison d'Auvergne. XIV. 142.
Justice; cours qui la rendoient sous les deux premieres races. XIV. 505.
Justicier; grand justicier du royaume de Naples. XI. 474.
S. *Justin*, martyr; sa vie. XIV. 520.
S. *Justin*, confesseur; sa vie. XII. 80.
Justin; historiarum ex Trogo Pompeio libri. X. 117, 118. & XI. 77.
Justin le Jeune; poema de ejus laudibus. XI. 150.
Justin (M.) Lippiflorium. XI. 192.
Ste. *Justine*; hist. de la congrégation de sainte Justine de Padoue. X. 335, 336. priviléges. 342. — Ste. *Justine* de Padoue; hist. de ce monastere. XI. 536.
Justiniana; mém. sur deux villes qui ont porté ce nom. XIV. 507.
Justiniani (Aug.) annales de la républ. de Gênes. XI. 569. de rerum inventoribus. XIV. 346.
Justiniani (Bern.) hist. de Venise. XI. 366. & 519.
Justiniani (Bern.) istor. de gli ordini militari. X. 475. istoria della monarchia Spagnuola. XIII. 340.
Justiniani (Joseph-Benoît) de rebus ad Minorem Balearium gestis. XII. 345.
Justiniani (Michel) évêques & gouverneurs de Tivoli. XI. 440. scrittori Liguri. XIV. 388.
Justiniani (Pancrace) de Venetæ aristocratiæ gestis. XI. 519.

JUSTINIANI (Pierre) hist. de Venise. XI. 519, 520.

JUSTINIANI (Pompée) guerre de Flandre. XIII. 297, 298.

Justinien; imperat. Justiniani defensio. XI. 130. hist. de son régne. 131. sa vie. XIV. 354.

Juvénal; tems où il florissoit. XIV. 524. explication d'un passage de ce poète. 415.

JUVÉNAL de Lyon; descriptio convent. Recollectorum. X. 384.

JUVÉNAL DES URSINS; hist. de Charles VI. XII. 138.

JUVENIS (Joannes) de Tarentinis. XI. 372 & 480.

KAA KEL

KAASIUS, chancelier de Danemarck; sa vie. XIV. 34.

KADLUBEC; hist. Polonica. XIV. 44 & 46.

KANON; expeditio legatorum regis Poloniæ ad desponsandam Ludovicam-Mariam Gonzagam. XIV. 295.

KAPIUS; res Meclemburgicæ. XI. 303.

KARNKOVIUS; epistolæ illustrium virorum. XIV. 46 & 57.

Karrofense cœnobium. v. *Charroux*. XI. 81.

Katelenbourg; ses antiquités. XI. 299.

KAVINA; Faventia rediviva. XI. 369.

Kayserlauterne. XI. 281.

KEATING; hist. généalogique d'Irlande. XIV. 285.

KECKERMAN; de natura historiæ. X. 3. de monarchia Persarum. XI. 16. polit. Atheniensium. 55.

KEDDIUS; hist. des rois de Hongrie. XI. 352.

KÉEPE; monum. Westmonasteriensia. XIII. 501.

KEINOSHOFEN; descr. curiæ imp. Turcici. XIV. 69.

KELNER; hist. des doges de Venise. XI. 528.

KELTNER ; de mumiis Ægypriacis. XI. 6.
KEMP ; annal. de Gorcum, &c. XIII. 313.
KEMPENSKIOLD : hist. Gustavi I. XIV. 11.
KEMPFER : hist. du Japon. XIV. 127.
KEMPIO : hist. de Frise. XIII. 316.
KENCKELL : de hæresi Novatiana. X. 297.
Kent : hist. de cette province. XIII. 503.
KÉPLER : de anno vero natali Christi. X. 186. eclogæ chronologicæ. *ib.*
KERALIO (M. de) glacieres de Suisse. XIII. 262. voyage en Sibérie. XIV. 117.
Kerlivio : sa vie. X. 414.
KERLON (Meunier de) contin. de l'hist. génér. des voyages. XIV. 178.
KERN : de Witteberga. XI. 311.
KERON : interpretatio vocabulorum. XI. 179.
KIRSLAND (J. Ker de) mémoires. XIII. 489.
KESLER : bibliotheca S. Galli. XI. 179.
KETTNER : histoire & antiq. de Quedlinbourg. XI. 300.
KEY (Jean) hist. Cantabrigiensis academiæ. XIII. 501. de antiquit. ejusdem. *ibid.*
KEY (Thomas) vindiciæ academiæ Oxoniensis. XIII. 504.
KEYSLER (J. G.) antiquitat. septentrionales. XIV. 36. ses voyages. 191.
KHEVENHULLER : annales Ferdinandei. XI. 233.
KIEN-LONG ; éloge de la ville de Moukden. XIV. 122.
S. *Kilian*, apôtre de Franconie : sa vie. XI. 266.
KILIAN (Wolfgang) chron. principum Austriacorum. XI. 247. imagines principum Bavariæ. 262. genealogia familiæ Austriacæ. XIV. 208.
KINSTON : la tyrannie découverte. XIII. 484.
KIOPING (Nicolas-Matthieu) itinerarium. XIV. 127.
Kirchberg ; de comitibus Templi-Montanis, &c. XI. 195 & *suiv.*
KIRCHER (Athanase) turris Babel. X. 190. arca Noe. 209. Œdipus Ægyptiacus. XI. 6. obeliscus Pamphilius. *ibid.* Sphinx. *ibid.* Prodromus

Coptos. 7. Latium. 59. iter Hetruscum. 501. China illustrata. XIV. 118.

KIRCKMANN; de Romanorum funeribus XI. 115. de annulis. 121. duo commentarii hactenus inediti. XIV. 30.

KIRCHMAYER (G.C.). de Paradiso. X. 207.

KIRCHMAYER (George-Guill.) de Witteberga. XI. 311.

KIRCHMAYER (Théod.) de exodo Hamelensi. XI. 300.

KIRCHNER; Morvillerius. XIII. 215.

Kizilbasch; origine de la Dynastie des Sophi, qui porte ce nom. XIV. 488.

KLETTEMBERG & Wildeck (Ch. H.) script. historiæ Romanæ. XI. 77.

KLOTZIUS; de libris fatalibus. XIV. 371.

KNAPIUS; *voyez* SERVILIUS.

KNAUF (Cosme) defensio abbatiæ Prumiensis. XI. 285.

KNAUT (Christian) antiq. comitatus Ballenstadiensis, &c. XI. 300.

KNAUTH (J. Conrad) Misniæ illustrandæ prodromus. XI. 312.

KNICHEN; encyclopedia Brunsvici imperii. XI. 298.

KNIPPING; antiq. Romanæ. XI. 109.

KNIPSCHILD; de privilegiis nobilitatis, &c. XI. 329. de privilegiis civitatum Imperialium. 330 & 344.

KNIPPENBERG; hist. ecclesiastica ducatus Geldriæ. XIII. 314.

KNOPPS; contin. de l'hist. de Prusse. XIV. 60.

KNOLLES; hist. Turcica. XIV. 72.

KNOX (J.) hist. reformationis ecclesiæ Scoticæ. XIII. 523.

KNOX (Robert) relatio insulæ Ceylonicæ. XIV. 113.

KOBIERZICKI (Stan.) de luxu Romanorum. XI. 101. hist. Uladislai principis. XIV. 44, 52.

KOCH (Chr. Nic.) de legationibus ecclesiasticis. X. 265.

KOCH (Corn. Diet.) de fatis studiorum apud Arabes. XIV. 398.

KOCHOWSKI; hypomnema reginarum Poloniæ. XIV. 48. annal. Polonorum climacter. 53.

Koeler (J. David) directorium Freheri in chronologos. X. 154. Imhofii notitia imperii procerum. XIV. 107.

Koehler (J. Bern.) notæ ad tabulam Syriæ. XIV. 91.

Kœrius (Petrus) v. Ortelius.

Kojalowicz; hist. de Lithuanie. XIV. 56.

Kolbe; mémoires sur le Cap de Bonne-Espérance. XIV. 144.

Koluzdki; hist. de Louis, roi de Pologne & de Hongrie. XIV. 49.

Konigshoven (Jacq. de) chronique d'Alsace. XIII. 174.

Kopp (J. Adam) differentia inter comit. imp. & nobiles, &c. XI. 329.

Kopp (Fridolin) vindiciæ actorum Murensium. XIV. 112.

Korn; histoire du Commerce, &c. XIV. 350.

Kornmann; de annulis. XI. 121.

Kortholt; de philosophia Barbarica. XI. 7.

Kossin; l'eroismo ponderato. XI. 38.

Kouackers ou Trembleurs, & Kouackérisme. X. 306, 314. *Kouackers* de Pensylvanie. XIV. 170.

Kranck (Gottlieb) compend. historiæ. X. 128.

Krantz (Albert) Saxonia. XI. 294. metropolis. 328. Vandalia. 303. Normannorum res gestæ. XIII. 62. chron. regnorum Aquilonarium. XIV. 3 & 24.

Kranz (J. W.) antiquitates Franconiæ. XI. 266.

Kranzius (Gottlob) de scriptorib. XIV. 366.

Krausen; chronicon Milicium. XI. 311.

Kriegmann; conjectanea. XI. 158.

Kropf; continuation de l'hist. d'Ignace Agricola. X. 450.

Krysing; Pontani histor. Danicæ continuatio. XIV. 26.

Kulpis; de studio juris publici. XI. 160. supplementum ad Lampadium. 163. in Severinum de Monzambano. 165. Æneæ Sylvii historia Friderici III. 197, 223.

Kunderman; chron. electorum Saxoniæ. XI. 309.

Kunhius; notæ ad Pausaniam. XI. 22.

Kuster (George God.) memorabilia Coloniensia. XI. 286. opera Leutingeri. 318. opuscula histor. Marchicam illustrantia. *ibid.*

Kuster (Ludolphe) res militaris Romana. XI. 103. de nummis antiq. 104. picturæ sepulchri Nasoniorum. 106. cohors Musarum. XIV. 367. remarq. sur une inscript. de Smyrne. 419. *son éloge.* 426.

Kybourg ; généalogie des comtes de Kybourg. XI. 179.

Kypseler ; *voyez* Ruchat.

Kyriander (Guill.) annales Augustæ Trevirorum. XI. 284.

Kyrilow ; cartes de Russie. X. 67.

Labat (le P.) voyage en Espagne & en Italie. XIII. 328. voyages & relations de l'Afrique. XIV. 141. voyages aux Isles de l'Amérique. 172.

Labbe (Philippe) géographie royale. X. 33. le chronologue François. 123. abrégé royal. *ibid.* concordia chronologica. 183. concilia. 241, 242. notit. Imperii. XI. 59. fasti consulares. XI. 104. édition de Glycas. 126. cœnotaphium Johannæ papissæ eversum. 414. nova bibliotheca MSS. librorum. XII. 65 & *suiv.* discours touchant le mariage d'Ansbert & de Blitilde. 120. antiq. d'Abbeville. XIII. 45 & *suiv.* hist. de Berri. 97. primatie de Bourges. 100. mélange curieux. 258. la clef d'or de l'hist. de France. XIV. 231. apparatus histor. Bysantinæ. 381.

Labenazie ; de tempore quo evangelium prædicatum in Galliis. XII. 384. præconium D. Caprasii. XIII. 130.

Labourd ; description de ce pays. XIII. 134.

Laboureur (Cl. le)

matures de l'Isle-Darbe. X. 338. disc. sur l'origine des armes. XIV. 193. hist. généalogique de la maison de Sainte-Colombe. 254.

LABOUREUR (Jean le) histoire de Charles VI. XII. 138. mém. de Castelnau. 180. tombeaux des personnes illustres. 348. hist. du maréchal de Guébriant. XI. 237. & XII. 369. voyage de la reine de Pologne. XIV. 58. hist. de la maison des Budes. 247.

Labyrinthe d'Egypte. XIV. 432.

Lac Majeur ; sa description. XI. 372 & 562.

LACARRI (Gille) historia Imperatorum, &c. XI. 81 & *suiv.* hist. Galliarum. XII. 9. hist. Coloniarum. *ibid.* de origine Francorum. 16. epitome hist. Franciæ. 96. de principio & exitu regni regumque Franciæ primæ familiæ. 117. de primo & ultimo anno regis Hugonis Capeti. 131. breviculum Ludovici XIV. 325. de S. Gerardo. XIII. 119. de regibus Fr. & lege Salica. 192. hist. Romana. XIV. 315.

Lacédémone ; Lacedæmonia antiqua. XI. 43. de regno Laconico. 45. miscellanea Laconica. *ibid.* de republica Lacedemoniorum. *ibid.* politia Spartana. 55.

Lacédémoniens ; loi qui défendoit l'entrée de leur pays aux étrangers. XIV. 453. état des sciences chez eux. 472.

LACHMAND ; Fossilia Hildeshemensia. XI. 300.

LACOMBE ; abrégé chronologique de l'hist. du nord. XIV. 5. hist. de Christine, reine de Suéde. 14.

LACOMBE ; révolut. de Russie. XIV. 65 & *suiv.*

LACOMBE ; lettres secrétes de Christine. XIV. 14.

LACTANCE ; de mortibus persecutorum. X. 271. trad. franç. 272.

LADERCHIS (Jacq. de) annales ecclef. X. 229.

Ladislas, roi de Pologne & de Hongrie. XI. 352. XIV. 48. — *Ladislas IV*. 52. & 53.

Ladislas VI, roi de Hongrie ; son entrevue avec Maximilien I. XI. 185.

Ladoga ; carte du lac Ladoga. X. 67.

Ladonæus (Steph.) antiq. d'Autun. XIII. 108.

Laet (Jean de) novus orbis. X. 46. Gallia. XIII. 259. respublica Belgii. 290. de regis Hispaniæ opibus. 405. de origine gentium American. XIV. 146. responsio. *ibid.*

Lafarina (Martin) hist. de Sicile. XI. 491.

Lafiteau; réfutation des anecdotes. X. 258. hist. de la constitution. *ibid.* conquêtes des Portugais dans le nouveau monde. XIV. 162. mœurs des Sauvages du Canada. 167.

Lagerloff; de gentis Gothicæ sedibus. XIV. 20.

Lagniau (l'abbé) abrégé de l'Histoire universelle, trad. de Turselin. X. 125.

Laguille (le P.) hist. d'Alsace. XIII. 175.

Lagunes; della Laguna di Venezia. XI. 531.

Lainez (Jacque) sa vie. X. 457.

Lalain (Jacque de) hist. de sa vie. XIII. 522.

Lalamantius; de tempore. XI. 51. de anno romano. 101.

Lalande (P. A.) hist. de l'emper. Charles VI. XI. 245.

Lallemant (Pierre) éloge de Ste. Geneviéve. XIII. 16.

Lallemant, Jésuite; mém. chronologiques du P. d'Avrigny. X. 234.

Lambecius; notæ in calendarium. XI. 100. origines Hamburgenses. 191 & 306. diarium itineris Cellensis. 250. annales Francorum Lambeciani. 380. vitæ Romanorum pontificum. 382. hist. de Mantoue par Platine. 563.

Lambert d'Aschaffenbourg; sa chronique. X. 139. autres éditions. *ib.* & XI. 165, 167, 173, 203.

Lambert (le chev.) priviléges de l'ordre de Malte. X. 480.

Lambert (l'abbé) mém. de du Bellay. XII. 158. hist. du régne de Henri II. 163.

Lambertacci (Ant.) sa vie. XI. 455. & XIV. 403.

Lamberti; mémoires pour l'histoire du XVIIIe siécle. X. 168. mém. de la révolution d'Angle-

terre. XIII. 484.
LAMBERTI (le P. Archange) relation della Colchide. XIV. 82.
LAMBERTINI (J. B.) hist. de Venise. XI. 519. theatrum regium. XIII. 340.
LAMBILLY (Guill. de) carte du diocèse de Nantes. X. 86.
LAMBIN (Denys) éloge de l'Histoire. X. 6. édit. de Corn. Népos. XI. 34.
LAMI (Bernard) harmonia evangelistarum. X. 213. commentarii. 214. de tabernaculo fœderis. 219.
LAMI (Jean) Atavantii dialogus. X. 431. vie de l'Atavanti. 432. atti di S. Genesio. 269. In antiquam tabulam observationes. XIV. 340. memorabilia Italorum. 387. deliciæ eruditorum. 525.
LAMOTTE; vie de Philippe d'Orléans. XII. 339.
Lamoignon (le président de) son éloge. XIV. 418.
Lamoignon (le présid. de) son éloge. XIV. 502.
LAMPADIUS; de republica Rom. Germ. XI. 163.
LAMPE (Bernard) historica relatio. X. 164.
Lampes sépulcrales des anciens. XI. 54, 99 & 206.
LAMPREDI; del governo de gli antichi Toscani. XI. 499.
LAMPRIDE. XI. 77.
LAMPUGNANO; Turrianæ propaginis arbor, &c. XIV. 118.
LANARIO Y ARAGON; guerres de Flandre. XIII. 292.
Lancastre; hist. naturelle de ce comté. XIII. 505.
LANCELOT (Corneille) vita S. Augustini. X. 415.
LANCELOT (Claude) chronologia sacra. X. 151.
LANCELOT; son édit. de l'Histoire universelle de Claude de Lisle. X. 229. ses ouvrages insérés dans les mém. de l'académie des Inscript. XIV. 432, 433, 437, 439, 444, 445, 446, 447, 450, 452, 455. *son éloge*. 463.
LANCELOTTI (Second) historia Olivetana. X. 365. Il vestir di bianco, *ibid.*
LANCISI (Joseph) istoria di tutte l'eresie. X. 296.

Lancisi ; sa vie. XIV. 387.

Lanckman ; hist. desponsationis Friderici III, &c. XI. 224.

Landau ; siége de cette ville. XII. 334.

Lande (de la) conciliorum Galliæ supplementa. XII. 382.

Lande (Jacq. de la) traité du ban & arriereban. XIV. 195.

Landelle (J. B. de la) mém. sur l'hist. de France. XII. 122.

Landenburg. XI. 281.

Landi (Const.) selectiorum numismatum expositiones. XIV. 309.

Landi (Horace) sénat de Milan. XI. 558. siége de Crémone. *ibid. & s.*

Landi (Jules) description de l'île Madere. XIV. 144.

Landino (Christophe) hist. de François Sforce, trad. de Simoneta. XI. 556.

Landit ; sur cette assemblée. XIV. 478.

Lando (Ort.) comment. d'Italia. XI. 402.

Ste. *Landrade* ; sa vie. X. 426.

Landshut ; fastes consulaires de cette ville. XI. 260.

Landucci ; sacra Ilicetana Sylva. X. 428.

Landulphe Sagax ; historia. XI. 91 & 378. additamentum. *ibid.*

Landulphe *l'ancien* ; hist. Mediolanensis. XI. 383 & 554.

Landulphe *le jeune*, ou *de S. Paul* ; hist. Mediolanensis. XI. 384.

Landulphe *de Columna* ; breviarium historiale. X. 141.

Lang (Guill.) de annis Christi. X. 186.

Lang (Matthieu) év. de Gurck ; son entrée. XI. 185. ejus itinerarium. *ibid.*

Langeberme ; panégyrique d'Orléans. XIII. 80, 81. militia Francorum regum. XIV. 101.

Langen ; Saxonia. XI. 193.

Langhorn ; chron. regum Anglorum. XIII. 444. elenchus antiquitatum. XIV. 34.

Langius (Car. Henr.) introd. in hist. litterariam. XIV. 367.

Langius (Guill.) de vetere anno rom. XI. 101.

Langius (Jean) édit. de Nicéphore Calliste. X. 227.

Langius (Joachim)

historia vet. Testamenti. X. 103.

Langius (Paul) hist. Citicensis. XI. 174 & 313.

Langlade (Jacq. de) mém. du duc de Bouillon. XII. 372.

Langlois (J. B.) croisades contre les Albigeois. X. 300.

Langlois, *dit* Fancan; chronique des favoris. XII. 263.

Langlois (Pierre) hiéroglyphes des Egyptiens. XI. 5.

Langlois; droits des notaires. XIII. 8.

Langmantel; forma reipubl. Augustanæ. XI. 272.

Langres; hist. de cette ville. XIII. 59. éloges de quelques évêq. XII. 71.

Langtoft's; sa chronique. XIII. 456.

Langue Françoise; son origine & ses révolut. XIV. 460 & 466. ses étymologies. 474. langue en usage aux XII & XIII siécles. 487. — *Langue* vulgaire de la Gaule jusqu'à Philippe Auguste. 484. — *Langue tudesque*. 487. — recherch. sur les anciennes langues de la Perse. 508. — rapport des langues égyptienne, phénicienne & grecque. 509.

Languedoc; auteurs sur cette province. XIII. 136 & *suiv.* armoriaux des États de Languedoc. XIV. 203.

Languet (Hubert) vindiciæ contra tyrannos. X. 109, 110. hist. captæ Gothæ. XI. 172.

Languet (Jean-Jos.) vie de Marg. Marie Alacoque. X. 444.

Lannel (Jean de) recueil. XII. 247.

Lannes (D. Jean de) hist. du pontificat du pape Innocent II. XI. 416. de celui d'Eugène III. *ibid.*

Lannoy; généalogie de cette maison. XIV. 266.

Lannoy (Charles de) sa vie. XI. 130. & XIII. 403.

Lanovius; chronicon Minimorum. X. 407.

Lansberg (Jean de) vie de Ste. Gertrude. X. 426.

Lansperg (Pierre) de bello Gustavi Magni. XI. 235. & XIV. 12.

Lanternes; de æneis antiquorum lucernis. XI. 105.

Lanuza (Marti Bapt. de) grand justicier d'Aragon ; sa vie. XIII. 376.

LANUZA (Vinc. Blasco de) hist. d'Aragon. XIII. 377.

LANZONI (Joseph) iatrophysici Ferrarienses. XI. 373.

Laon ; hist. de cette ville. XIII. 47 & 49.

Laponie ; cartes. X. 66. auteurs sur ce pays. XIV. 19.

LARANHA ; hist. du roi D. Emmanuel. XIII. 414.

LARGE (Alain le) de Canonicorum ordine. X. 416.

Larino ; hist. de cette ville. XI. 481.

LARREY (Isaac de) hist. des sept Sages. XI. 34. hist. d'Auguste. 74, 91. histoire de Louis le Grand. XII. 284 & *suiv.* l'héritiere de Guienne. 352. hist. d'Angleterre. XIII. 449.

LASITIUS ; de ecclesiastica disciplina Fratr. Bohemorum. X. 301.

LASSAY (le marq. de) ses mémoires. XII. 340.

LASSELS ; voyage d'Italie. XI. 359.

LASSERE ; vie de S. Jérôme. X. 291. vie de S. Louis. XII. 134.

LASTIC (Ant. de) apologie pour la doctr. chrétienne. X. 440.

Laticlave ; de Latoclavo. XI. 99 & 120.

Latimer ; son procès. XIII. 498.

LATINI (César) baptême de M. le Dauphin. XIII. 248.

LATINI (Climac.) hist. de la guerre entre les Tartares & les Chinois. XIV. 121.

LATINIUS (Latinus) opinio, &c. X. 249.

Latium ; carte. X. 57. Latii descriptio. XI. 59.

LATIUS (J.) de Pelagianis & Semipelagianis. X. 297.

LATOMUS (Barth.) Trevirorum obsidio. XI. 168.

LATOMUS (Bernard) chronique de Meckelbourg. XI. 304.

LATOMUS (Jean) Corsendica. X. 423.

LATOMUS (Sigism.) descript. hist. memorab. X. 161.

LATOMY (Jean de) hist. de l'ordre de la Mercy. X. 411.

Latran ; descript. de cette église. XI. 438.

de Lateranensibus parietinis. XI. 370.

Latran; congrégation de Latran. X. 417. hist. littér. des chanoines de Latran. XIV. 380.

Laud (Guill.) arch. de Cantorbéri; sa vie. XIII. 471 & *suiv.*

LAUDONNIERE; hist. de la Floride. XIV. 156.

LAUGIER (l'abbé) histoire de Venise. XI. 521.

LAUNE (Thomas de) vue de Londres. XIII. 500.

LAUNOI (Jean de) in cartam immunitatis S. Germani à Pratis. X. 339 & *suiv.* — in privilegium S. Medardi Suessionensis. 340. de Simonis Stochii viso. 371. de vera causa secessus. S. Brunonis. 404. inquisitio in privilegia Præmonstratensis ord. 420. censura responsionis. *ibid.* capituli Laudunensis jus apertum. *ibid.* sur le tems de l'établissem. du Christianisme en France. XII. 383. écrits sur S. Denys. XIII. 9, 10, 11 & 12. de Basilicis. 16 & *ibid.* de Scholis. 17. histoire du collége de Navarre. 31. examen des priviléges de Tours. 87. sur les vies de S. Maurille & de S. René. 89 & *suiv.* de primi Cenomanorum præsulis epocha. 92. ses écrits sur le séjour du Lazare, de la Magdeléne, &c. en Provence. 151, 152. *son éloge.* XIV. 403.

Laure; son origine. XIV. 505.

LAUREMBERG; carte du Meckelbourg. X. 73.

LAUREMBERG (Jean) Græcia antiqua. XI. 23 & 41.

LAURENS (Honoré du) panégyrique de l'Hénoticon. XII. 101. rapport de la conférence de Suresne. 227.

LAURENS (du) harangue funebre du maréchal de Toiras. XII. 367.

S. *Laurent*, martyr; sur sa patrie. XIII. 360, 361.

S. *Laurent* de Venise; hist. de cette église. XI. 531.

LAURENT (André) de strumas sanandi vi Galliæ regibus concessa. XIII. 189.

LAURENT (Jean) præsules Ripenses. XI. 301.

LAURENT (Jean) hist. de Laon. XIII. 49.

LAURENT (Joseph)

de rebus publicis, &c. veterum. XI. 46. sacra gentilium. 47. de sponsalibus antiquorum. 49. de adulteriis. *ibid.* de natalitiis. *ibid.* de præconibus. *ibid.* de agyrtis, &c. *ibid.* de conviviis. 50. de prandio & cœna. *ibid.* de re vestiaria. 51. de annis. *ibid.* de professoribus, &c. 53. de funeribus. 54. de desponsatione Maris Adriatici. 167.

LAURENT *de Monacis*; Ezerinus tertius. XI. 367, 387. chron. 557.

LAURENT (Olaüs) chron. des évêq. de Lincoping. XIV. 18.

LAURENT *de Vicenze*; chronica Cassinensis. X. 335.

LAURENT; histoire de l'empire Ottoman. XIV. 71.

Lauresheim; chronicon Laurishamense. XI. 180. de fundatione, &c. cœnobii Laurishensis. 181. antiquités de cette abbaye. 181. fragmentum chronici Laureshamensis. XII. 53. annales de Lauresheim. 125.

LAURET (Matthieu) de existentia corporis S. Benedicti in ecclesia Casinensi. X. 334. chronicon monasterii Cassinensis. 335.

LAURETI (Michel-Ange) hist. du roi Ferdinand III. XIII. 366.

LAURIERE; ordonn. des rois de France. XIII. 260.

LAURIN (Marc) thesaurus rei antiquariæ. XIV. 310.

LAURO (Gregor. de) abb. Joachimi mirabilia. X. 361.

LAURO (Jacq.) hist. d'Osimo. XI. 441.

LAURO (Pietro) traduction de Joseph. X. 198. d'Arrien. XI. 38.

LAURUS (J. B.) de annulo pronubo Deiparæ virginis. X. 215.

LAURUS (Jac.) Romæ antiquæ urbis splendor. XI. 112.

Lausane; évêques de cette ville. XI. 562.

LAUTENS; le jardin d'armoiries. XIV. 161.

LAUTERBACH; de expugnatione Byzantii. XI. 145.

Lauterberg; chronicon Montis Sereni, seu Lauterbergense. XI. 219 & 311.

LAUTIUS (Ludov.) annotat. in Orosium. X. 218.

Laval; chronique de cette maison. XIII. 73. titres du comté de Laval. 80.

LAVAL (Ant. de) hist. généal. de la maison de Bourbon. XIV. 239.

LAVAL; voyage de la Louisiane. XIV. 168.

LAVANDA (Eugen.) notæ in Astrum inextinctum. X. 345.

LAVANHA (J. B.) IV décade de l'Asie de Barros. XIV. 104. nobiliario de D. Pedro conde de Barcelos. XIV. 277.

LAVARDE (l'abbé de) lettre sur Gassendi. XIV. 401.

LAVARDIN (Jacq. de) hist. de George Castriot. XIV. 74.

Laverne; dissert. sur cette déesse. XIV. 434.

LAVIZARI; mém. della Valtelina. XIII. 268.

Law; mém. de sa vie. XII. 338. son système, *ibid.* & XIII. 258.

Lawembourg; carte de son duché. X. 73.

LAWRENCE (Rich.) de præsenti interesse Hiberniæ. XIII. 526.

LAWRENCE (le colonel) mém. sur la guerre des Indes. XIV. 110.

LAVRITZIUS; de bellis inter Austriacos & Gallos. XI. 249.

SS. *Lazare*, *Maximin*, *Magdeléne* & *Marthe*; écrits sur leur prétendu séjour en Provence. XIII. 151, 152, 153.

S. *Lazare*; ordre de S. Lazare. X. 485.

LAZARI; motivi di tutte le guerre. XIII. 254.

LAZARINI DE MURRO; epistolæ. XIII. 233.

LAZIARD; hist. de France. XII. 92.

LAZITZKI (J.) de ingressu Polonorum in Valachiam. XIV. 43. *& ib.* & 51. de diis Samogitarum. 56. de Russorum, &c. religione. 67.

LAZIUS (Wolfg.) de gentium migration. X. 190. Græcia antiqua. XI. 46. de Romana republica. 116. de rebus gestis contra Turcas. 170. historicæ commemorationes. 207. Vienna Austria. 251. commentarius. *ibid.* commentaria in genealogiam Austriacam. XIV. 207.

S. *Léandre* (Lauria-nus) év. de Séville; sa mort. XII. 76.

Lecce; auteurs sur cette ville. XI. 486.

LECTIUS ; Claudio-Mastix. XIII. 124.

LEDERLIN ; notæ ad libros de regio Persarum principatu. XI. 26.

LEDESMA (Ant. de) constitutions de l'université de Salamanque. XIII. 373.

LEDIARD ; hist. navale d'Angleterre. XIII. 452 & *suiv.*

Légations ; excerpta de legationibus. XI. 131, 134. eclogæ legationum. 39, 77, 78. selecta de legationibus. *ibid.*

Légations ecclésiast. de legationibus ecclesiast. vet. Christian. X. 263.

LEGATO ; museo Cospiano. XIV. 315.

Légendes des Saints. X. 179.

Légende dorée des ordres de S. Dominique & de S. François. X. 400.

S. *Léger*, évêque d'Autun ; sa vie. XII. 37. autre vie. 38. lettre à sa mere. 72.

LÉGER (Jean) hist. des églises des vallées de Piémont. X. 300.

Légion ; de legione Romana. XI. 103. mém. de M. le Beau sur tout ce qui concerne la légion Romaine. XIV. 491, 497 & *suiv.* 503, 509 & 514.

Légion Thébéenne ; sa défense. X. 270.

LEGIPONTIUS ; hist. rei litterariæ ord. S. Benedicti. XIV. 376.

Légitimation ; de legitimatione. XI. 102.

LEHMAN ; chronicon Spirense. XI. 275 & 341 & *suiv.* de pace religiosa. 339.

LEIBNITZ (Godef. G.) son édition de la chronique d'Albéric de Trois-Fontaines. X. 139. accessiones historicæ. XI. 196. origines Guelficæ. 296. codex juris gentium. 332. mantissa codicis. *ibid.* de jure suprematus. 344. notæ ad carmen de Berengarii laudibus. 380. ad Guillelmum Apulum. 384. diarium Joannis Burchardi. 429. de origine Francorum. XII. 26. novissima Sinica. XIV. 123. codex juris gentium diplomaticus. 290. mantissa. *ibid.*

LEIBNITZ (Jean-Jac.) scriptores rerum Brunsvicensium. XI. 295.

Leicester ; descript. de ce comté. XIII. 503.

LEIGH (Charles) hist. naturelle du comté de

Lancastre. XIII. 505.

LEICH (J. Henri) son édition de Constantin Manassés. XI. 124. specimen notarum ad græcas inscriptiones. XIV. 337.

LEICKHER ; vitæ clarissim. jurisconsult. XIV. 356.

Leipsick ; auteurs sur cette ville. XI. 312, 313. hist. de son université. XIV. 383 *& suiv.*

LEISNER ; notes sur les antiquités de la Gréce de Lamb. Bos. XI. 24.

LELAND ; antiquaria collectanea. XIII. 513. de scriptoribus Britannicis. XIV. 396.

LELEVEL ; entretiens sur l'Histoire de l'univers. X. 126.

LELIUS (Théodore) appellationes, &c. XI. 250.

Lellis (Camille) sa vie par différens auteurs. X. 438.

LELLIS (Carlo de) supplimento à Napoli sacra. XI. 476. supplimento alla istoria della famiglia Blanch. XIV. 219. famiglie nobili di Napoli. 224.

LELLO (Louis) hist. de l'église de Montréal. XI. 497.

Lemgow ; chron. monasterii in Lothen, &c. XI. 193.

LÉMOS (Thomas de) acta congreg. de Auxiliis. X. 250.

LEMPEREUR (Const.) notæ ad itinerarium Benjamini. X. 205. de legibus Hebræorum forensibus. 221.

LEMPEREUR (Jacque) tombeaux d'Autun. XIII. 108. dissert. sur Bibracte. 109.

LEMNIUS ; de Zelandis. XIII. 288.

LENET ; ses mémoires. XII. 316.

LENFANT (Jacque) hist. du concile de Constance. X. 243.—du concile de Pise. 244 —de la guerre des Hussites & du concile de Basle. 301. hist. de la papesse Jeanne. XI. 415. Poggiana. XIV. 517. défense de cet ouvrage. *ibid.*

LENGLET DU FRESNOY (Nicolas) méthode pour étudier l'histoire. X. 18. pour étudier la géographie. 29 & 34. tablettes chronologiques. 150. tables chronologiques. 116. édition du Rationarium temporum. 122. principes de l'histoire. 177.

Lactantii opera. 171. histoire de Jeanne d'Arc. XII. 144. édit. des mém. de Comines. 146. des mém. de Condé. 169. des journaux de Pierre de l'Estoile. 208 & 141. de la chronologie novennaire. 241. des mémoires de la régence. 338. lettres, négociations, &c. XIII. 307. édit. de l'hist. de la conquête de la Floride, trad. par Richelet. XIV. 156. hist. de la philosophie hermétique. 352. *mém. sur sa vie & ses ouvrages*. 403.

LENGLET de Percel (Jacques) annales du monde. X. 129.

LENGNISCH ou LENGNICHI (Godef.) mém. sur la Pologne. XIV. 39. Polnische bibliothec. 44.

LENGUALLA ou LENGUEGLIA (Giov. Agost. de la) hist. de la maison de Moncade en Sicile. XIV. 224 & 275.

LENGUERIA (Agost. della) guerre des Génois contre Alfonse. XI. 571.

Lénoncourt; généalogie de cette maison. XII. 120.

Lens; bataille de Lens. XII. 295.

LENTO (Joseph) clari Asculani. XI. 444.

LENTULUS; epistolæ ad Senatum. X. 217.

LENTULUS (Cyriac.) apex gloriæ romanæ. XI. 117.

LENZO; annales cleric. ministrantium infirmis. X. 438.

S. *Léobin*, évêque de Chartres. XII. 80.

S. *Léocade*; sa vie, & celle de son fils. XII. 76.

Léon; hist. du royaume de Léon. XIII. 365 & *suiv.* hist. de la ville & de son église. 372.

LÉON *le Sage*, emp. de S. Joannis Chrysost. vita. X. 290.

Léon IX, pape; sa vie. XI. 426. -- *Léon X*. sa vie. XI. 429, 430. discours de ses légats, pour lever des décimes en Allemagne; & réponse à ce discours. 186. lettres sur la mort de Maximilien I. 187.

LÉON, card. évêque d'Ostie; chronicon Cassinense. X. 335. & XI. 383.

LÉON (Ambroise) Nolæ descript. XI. 372 & 480.

Léon, abbé de Cava; sa vie. XI. 385.

LÉON le Grammairien;

vitæ Imperat. XI. 132 & 142.

Léon (Jean) Africæ descriptio. X. 41, 44. & XIV. 132. de viris illustribus apud Arabes. XIV. 398.

Léon de S. Jean; typus vestis religiosæ Carmelitarum. X. 369. hist. de l'hostie miraculeuse. XIII. 14.

Léon de Juda; epistolæ de divortio. XI. 179.

Léon de Modène; cérémonies des Juifs. X. 221.

Léon de S. Thomas; Benedictina Lusitana. X. 342.

Léon (le P.) éloge du P. Antoine Yvan. X. 446.

Léon (Fr.) historia Prussiæ. XIV. 61.

Léonard *de Capoue;* vie d'André Cantelmi. XIV. 401.

Léonard *de Chio;* epistola de capta à Turcis Constantinopol. XI. 245.

Léonard *de Naples;* chroniche de Minori. X. 379.

Léonard (Jean) sa vie par différens auteurs. X. 439.

Léonard (Marguerite) trad. de l'état de la république de Naples. XI. 473.

Léonard (Frédéric) recueil des traités de paix, &c. XIV. 288.

Léonard *des Malpeines;* traduction de l'Essai de Warburthon sur les hiéroglyphes. XI. 6.

Léonardi; vie du P. Jean Léonard. X. 439.

S. *Léonce*, évêque de Riez. XIII. 164.

Léonce; vie de S. Jean l'Aumonier. X. 325 & 326.

Léoni (Benedetto) l'origine des Croisiers. X. 425.

Léoni (J. B.) considérations sur l'hist. de Guichardin. X. 409. vie de François-Marie de la Rovere, duc d'Urbin. XI. 456.

Léoniceno (Nicolo di) traduction de Dion. XI. 87.

Léontius; de sectis Hæreticorum. X. 293, 294.

S. *Léopard*, moine; sa vie. XII. 76.

Léopold I, empereur; historiens de son régne. XI. 239 & *suiv.*

Léothard; Hercules. XIII. 152.

Lequille (Didace de) hierarchia Franciscana. X. 391. de pietate Austriaca. XI. 249. Fernando Carlo. 250. curiosités du Tirol. 253. de origine domûs Austriacæ. XIV. 209.

Lerbecke (Herm. de) chron. comit. Schaumburgensium. XI. 192 & 292.

Lercari; Lercariorum elogia. XI. 573. hist. de J. B. Lercari. *ibid.*

Lerch; de ordine equestri Germanico. XI. 329.

Lérida, ville d'Espagne. XIII. 387.

Lérins; chronologia monasterii Lirinensis. X. 339. de monast. Lirinensi. XIII. 164.

Lery (Jean de) hist. du siége de Sancerre. XII. 185. voyage au Brésil. XIV. 161.

Lesbonax, philosophe. XIII. 159.

Lescagne (Tristan de) le lys chrétien. XIV. 201.

Lescar; descript. de cette ville. XIII. 134.

Lescarbot; hist. de la Nouvelle France. XIV. 264.

Leschassier; libertés de l'Eglise Gallicane. XII. 24. la loi Salique. XIII. 191. des régences. 195.

Lescherenne (le président de) sur le titre d'Altesse royale. XI. 579.

Lesconvel; hist. de France. XII. 97. observations sur l'hist. de Mezeray. 111. abrégé de l'hist. de Bretagne. XIII. 75.

Lescornay; mém. de la ville de Dourdan. XIII. 39.

Lescut (J. Paul de) apologie des réformés de Béarn. XIII. 134. généalogie des souverains de Béarn. XIV. 246.

Lesdiguieres (le connétable de) sa vie. XII. 366. son trépas; son éloge. 264.

Lesini; le memorie di Teodelinda. X. 154.

Leslei (J. de) droits de Marie Stuart sur la couronne d'Angleterre. XIII. 507 & 521. de origine & rebus gestis Scotorum. 518.

Lessius (Léonard) sa vie. X. 458.

Lesson; de tribus Angliæ ad Christi fidem conversionibus. XIII. 490.

LESTANG (Ant. de) hist. des Gaules. XII. 9.

Leste (le comte de) son ambassade à la Porte. XIV. 73.

LESTOCQ; *écrits* sur la translation du corps de S. Firmin. XIII. 45.

LESTRANGE; hist. regni Caroli I. XIII. 466.

LETI (Gregorio) la Bilancia politica. XI. 86. vie de Charles-Quint. 227. hist. de la maison de Saxe. 309. de celle de Brandebourg. 319. l'Italia regnante. 358. le syndicat du pape Alexandre VII. 432. vie de Dona Olympia. *ibid.* Roma piangente. *ibid.* il cardinalismo. 434. la giusta bilancia. *ibid.* l'ambasciata di Romolo. *ibid.* il Vaticano languente. *ibid.* il nepotismo. 439. hist. du duc d'Ossone. 470. teatro Gallico. XII. 281. successi dell' Europa durante il regno di Luigi XIV. 286. la monarchie universelle. *ibid.* Europa gelosa. 326. hist. de Genève. XIII. 269. teatro Belgico. 290. vie de Philippe II, roi d'Espagne. 348. du duc d'Ossone. 403. vie de la reine Elizabeth. 463. d'Olivier Cromwel. 475. teatro Britannico. 481.

Létouf; généalogie de cette maison. XII. 306.

Lettres grecques; leur origine. XIV. 419.

Lettres; formules des inscriptions & souscriptions de lettres des potentats de l'Europe. XIII. 249.

Lettres édifiantes & curieuses, écrites des missions étrangeres par les Jésuites. X. 460.

LETZNER (Jean) chronica Corbaccensia. XI. 293. Eimbeccense chronicon. 300. hist. de Charlemagne. XII. 127.

S. *Leu*; v. S. *Loup*.

Leucade; dissert. sur le sault de. XIV. 441.

Leucate; siége & bataille de Leucate. XII. 277.

LEUCKFELD; scriptores rerum Germanicarum. XI. 198. antiquit. Walckenredenses. 298. antiq. Poeldenses, *& autres ouvrages du même genre.* 299.

LEUNCLAVIUS; de sectis Hæreticor. Leontii. X. 293. Xenophontis Cyropedia. XI. 18. Xenophontis opera. 29 & *ibid.* son édit. de Dion

Cassius. 87. de Zozime. 88. traduct. de Chalcondyle. 145. annales Sultanorum. XIV. 70 & 71. hist. Musulmanæ. 71. Pandectæ. *ibid.*

LEUTINGER ; opera omnia. XI. 318. *vie de cet auteur.* ibid.

Léve (Antoine de) sa vie. XI. 130. & XIII. 405.

LÉVESQUE (Jean) annales ord. Grandimontensis. X. 407.

LÉVESQUE (Guillaume) chartes, &c. des Notaires. XIII. 8.

LÉVESQUE DE LA RAVALIERE ; ses écrits dans les mém. de l'académie des Inscript. XIV. 462, 469, 470, 471, 475, 478, 479, 481, 484, 493, 494. *son éloge.* 508.

LÉVESQUE de Pouilly ; vie du chancelier de l'Hôpital. XII. 363.

LÉVESQUE (D. Prosper) mém. sur le card. de Granvelle. XI. 230.

LEYCESTER ; historicæ antiquitates. XIII. 503.

Leyde ; hist. de cette ville. XIII. 313.

LEYDECKER ; de republica Hebræorum. X. 220. de historia Jansenismi. 252. hist. Ecclesiæ Africanæ. XIV. 156.

Leyve (Antoine de) v. *Léve.*

LEZANA (J. B. de) annales de l'ordre des Carmes. X. 368. columna immobilis. XIII. 381.

Liban (le mont) voyages. XIV. 91.

LIBANORI ; Ferrara d'oro imbrunito. XI. 457 & *suiv.*

Liber Diurnus ; observations sur ce livre. XIV. 521.

Liberté ; de dea Libertate, &c. XI. 115.

Libertés de l'Eglise Gallicane. XII. 24 & *s.*

LIBERTINO ; mouvemens de Catalogne. XII. 279.

LICETI (Fortunio) de annulis. XI. 121. pro Cæsenæ antiquitate. 369.

* LICHTNERN ; annales Lipsienses. XI. 313.

LICINIO ; histoire de Bergame. XI. 545.

LIEBAUX ; carte d'Alsace & de Lorraine. X. 81, 83.

LIÉBE (Chrétien-Sigismond) Gotha numaria. XIV. 323.

LIEBE (Jean) Miscellanea Schliersecensia. XI. 257.

LIEBHARD ; apologia

pro Friderico I. XI. 119. Ulysses Brandeburgicus. 320.

LIEBLE (D. Phil. L.) limites de l'empire de Charlemagne. XII. 128.

Liége; cartes. X. 74. hist. de la ville & de l'évêché de Liége. XI. 288 & *suiv.* chronicon Leodiense. XII. 67, 69. lettre de l'Eglise de Liége au sujet du différend de Henri IV avec Grégoire VII. XI. 218. guerre des Liégeois avec Louis de Bourbon, leur évêque. 183. généalogie des évêques, &c. de Liége. XIV. 265, 266.

S. *Lietbert*, évêque de Cambrai; sa vie. XII. 86.

LIEVRE (J. le) hist. de Vienne en Dauphiné. XIII. 173.

LIGER; voyage de Paris. XIII. 3.

LIGNAMINE (J. Philippe de) continuatio Pomarii Ravennatis. XI. 388.

LIGON; hist. de l'île des Barbades. XIV. 172.

LIGORIO; villa Tiburtina. XI. 370.

LIGTHFOOT; horæ Hebraicæ. X. 195.

Ligue; ses commencemens. XII. 193. écrits faits de son tems. *ibid.* & *suiv.* hist. de la Ligue. 207, 209, 211, 235.

Li-Huns en Sang-Ters; disc. de l'antiq. & privil. de ce monastere. X. 347.

LILIENTHAL; annotationes ad notit. rei litterariæ. XIV. 366.

LILIESTROHM; *voyez* STEINBERG.

Lille; hist. de cette ville. XIII. 53 & 54. ses châtelains. 280.

LILLI (Camille) hist. de Camerino. XI. 443.

LILLI (George) chron. regum Britanniæ. X. 170, & XIII. 446.

Limagne; descript. de ce pays. XIII. 118.

LIMBORCH; hist. inquisitionis. X. 316.

Limbourg, duché; cartes. X. 78, 79. histoire. XIII. 186.

Limpurg; carte. X. 71.

LIMIERS; continuation de l'abrégé de l'hist. de France de Mézeray. XII. 99. annales de la monarchie de France. 100. hist. de Louis XIV. 284. hist. du régne de Charles XII. XIV. 16. hist. de l'Académie de Bologne. 387.

Limnæus ; jus imperii. XI. 336. ad bullam auream. 338. ad capitulationes imperii. ibid. notit. regni Galliæ. XII. 24.
Limoge; chron. Lemovicense. XII. 66, 67. saints de Limoge. 70. évêques de cette ville. 74.
Limonum; dissert. sur cette ville. XIV. 474.
Limosin; auteurs sur cette province. XIII. 129.
Limpenus ; acta sanctorum. X. 283.
Lin incombustible. XIV. 419.
Linage ; norte de la contratation de las Indias. XIV. 146.
Linange; comté; carte. X. 76.
Linas. XIII. 39.
Linckers ; theatrum histor. X. 150.
Lincoping; évêques de cette ville. XIV. 18.
Linda (Luc de) relationi del mondo. X. 172.
Lindan (David) Teneramunda. XIII. 284.
Lindan (Guill.) év. de Ruremonde ; sa vie. XIII. 318.
Lindau; descript. de cette ville. XI. 273. son monastere. *ibid.* & *suiv.*
Lindeborn ; notitia episcopatus Daventriensis. XIII. 314.
Linden; généalogie de cette maison. XIV. 266.
Lindenberg ; chron. Rostochii. XI. 303.
Lindenbroo (Herp.) script. rerum Germ. septentrionalium. XI. 190. & XIV. 2. chronique des gestes de Charlemagne. XII. 127. hist. Daniæ regum. XIV. 24.
Lindenbrogh (Frédéric) divers. gentium historiæ antiq. scriptores. XI. 151. chron. Rostochiense. 303. codex legum antiquarum. 330. leges Salicæ. XIII. 190.
Linnæus ; voyage de Scanie. XIV. 18. voyage d'Hasselquist. 91.
Linschot ; sa navigation. XIV. 182.
Linturius ; appendix ad fasciculum temporum. X. 143. & XI. 174 & 205.
Linus ; de passione Petri & Pauli. X. 225.
Lionne (Hugues de) négocations de paix faites à Francfort. XIV. 297. ses mémoires au roi. 299.

Lipenius ; navigatio Ophiritica. X. 211. Strenarum historia. XI. 105. bibliotheca realis juridica. XIV. 357.

Liponani (Nescipio) anagramme de Scipione Napolini.

Lippe ; comté de la Lippe, & ses comtes. XI. 192. chronic. comitatus Lippiæ. 293.

Lippeloi ; vitæ sanctorum. X. 285.

Lippoman ; vitæ sanctorum. X. 281.

Lipse (Juste) de politicis. X. 103. Monita politica. *ibid.* notæ ad Paterculum. XI. 61. édition de Tacite. 85. de Vesta & vestalibus. 98. Saturnaliorum libri. 102. de amphitheatro. *ibid.* Lovanium. XIII 284. de Induciis. 302. opera omnia. XIV. 412. notæ ad Valer. Maximum. 516.

Liques ; v. Lixe.

Lire ; prise de cette ville. XIII. 284.

Liron (D.) apologie pour les Armoricains. XIII. 76. singularités historiques & littér. XIV. 522.

Lisbone ; descript. de cette ville. XIII. 332. auteurs sur cette ville. XIII. 428. ses évêques. 429.

Lischwitz ; de veterum in re Herbaria diligentia. XIV. 354.

Lisci ; monum. raccolti. XI. 500.

Lisle (François de) légende du cardinal de Lorraine. XII. 179.

Lisle (de) relat. du royaume de Siam. XIV. 115.

Lisle (Simon de) tables chronologiques. X. 112.

Lisle (Claude de) introduction à la géographie. X. 32. tables généalogiques & historiques. 115. hist. universelle. 129.

Lisle (Guillaume de) ses cartes. X. 53, 54, 55, 56, 57, 59, 60, 62, 63 & *suiv.* 76 & *suiv.* 80 & *suiv.* XII. 4.

Lister ; voyage de Paris. XIII. 3.

Lit (Godefrid. à) constitutiones Cruciferorum. X. 425.

Lits de justice. XIII. 249.

Lithgow ; voyages. XIV. 184.

Lithuanie ; cartes. X. 67, 68. auteurs sur ce pays. XIV. 41, 42 & 56.

LITHUS (Christ. Sim.) v. STENIUS.

Litta (Laurent) arch. de Milan; sa vie. XI. 552.

LITTARA (Vincent) de rebus Netinis. XI. 376 & 498.

LIVELIEMS; chron. de l'empire des Perses. XI. 16.

LIVERDIS (Grangier de) voyage de France & d'Italie. XI. 358.

Livonie; cartes. X. 67. hist. de cette province. XIV. 19, 41, 60. de bello Livonico anni 1558. XI. 171.

Livourne; histoire de cette ville. XI. 510.

Livres sacrés des peuples païens. XIV. 495.

LIXE (David) hist. de du Plessis Mornay. XII. 365 & *suiv.*

S. *Lizier*, évêq. de Conserans; sa vie. XII. 80.

LIZOLA (le baron de) v. ISOLA.

LLOYD (David) de vita, &c. virorum illustrium. XIII. 515.

LLOYD (Guill.) series Olympiadum, &c. XI. 23. regimen ecclesiast. in Anglia & Hibernia. XIII. 491.

LLOYD (Humfroi) Britannicæ descriptionis commentar. XIII. 412. historia Cambriæ. 502.

LLOYD (Nicolas) dictionarium hist. XIV. 408.

LOAISA; scholiæ in chron. Isidori Hispal. X. 136. concilia Hispanica. XIII. 361.

LOBBETIUS; gloria Leodiensis ecclesiæ. XI. 288.

LOBERA (Athanase de) grandezas de la ciudad y iglesia de Léon. XIII. 372.

Lobes; différentes chroniques de Lobes. X. 342, 343. & XII. 85.

LOBINEAU (D.) hist. de Paris. XIII. 6. hist. de Bretagne. 76. défense, réponse, lettre. 77.

LOBKOWITZ (Caramuel) declaracion de las armas de España. XIII. 406. Philippus Prudens. 421. réponse au manifeste de Portugal. 422. excellentissima domus de Mello. XIV. 275.

LOBO; relation d'Abyssinie. XIV. 143.

LOCATI (Umbert) hist. de Plaisance. XI. 365 & 566. Italia travagliata. 405.

LOCATELLI (Alexandre) Veneta guerra in Levante. XI. 525.

LOCATELLI (Eudosio) vita di S. Giovanni Gualberto. X. 350.

LOCCENIUS; Periodus imperiorum. XI. 12. notæ ad hist. Olai. XIV. 7. hist. Suecana. 8. de migrationibus populorum. 10. de Scythis veteribus. *ibid.* antiq. Sueco-Gothicæ. *ibid.*

Locres; de repub. Locrensium in Italia. XI. 45.

LOCRIUS (Ferreolus) hist. des comtes de Saint-Paul. XIII. 52. discours de la noblesse. 253. chronicon Belgicum. 274.

LODDI; sur la généalogie de S. Antonin. XI. 509.

Lodève; ses évêques. XIII. 145.

Lodi; auteurs sur cette ville. XI. 365, 385 & 561 & *suiv.* hist. rerum Laudensium tempore Friderici I. XI. 220.

LODI (Constanzo) vie du B. Jean Buon Mantua. X. 429.

LODI (Emmanuel) storia di Trevi. XI. 562. — di Meda. *ibid.*

LOFFREDI; antiquit. Puteolorum. XI. 371. & 484.

LOFFROY; de la Chambre des Comptes. XIII. 219.

Logrono; histoire de cette ville. XIII. 429.

LOIGNY; trad. de l'hist. d'Angleterre de Goodwin. XIII. 460.

Loiret; réflex. histor. sur cette riviere. XIV. 451.

LOISEAU (Charles) du droit des offices. XIII. 221.

LOISEAU; guerres de Flandre, trad. de Bentivoglio. XIII. 295.

LOISEL (Antoine) mém. que Henri IV peut être absous. XII. 231. de l'Université de Paris. XIII. 18. mém. du Beauvoisis. 41. de la ville & pays d'Agenois. XIII. 130 & *suiv.* de la loi Salique. 191.

LOISEL (Charles) trésor de l'hist. XII. 263 & *suiv.*

LOISI (P. de) état de la confr. de S. George, dite de Rougemont. X. 486.

Loi; collatio legum Atheniensium & Romanorum. XI. 44. de legibus Atticis. 45. — *Loix*

des douze tables. XIV. 453. de legibus & de senatu. XI. 95 & 109.

Loi Salique; divers traités sur cette loi. XII. 27. XIII. 190 & *suiv.* & XIV. 421.

Loix somptuaires des François. XIV. 437.

Loix de l'Allemagne. XI. 330 & *suiv.* 337 & *suiv.*

LOLLIO ; notes sur l'ouvrage de Rosso. XIII. 496.

LOMBARD (Daniel) comparaison des hist. de Mezeray & du P. Daniel. XII. 113.

LOMBARD (J. Franc.) de Balneis Puteolanis. XI. 371.

LOMBARD (Pierre) de regno Hiberniæ. XIII. 525.

Lombards; leur hist. XI. 150 & *suiv.* & 154. 371, 378, 380, 384, 460, 461. mém. sur les Lombards. XIV. 509 & 516.

LOMBARDELLI; vie du B. Bernard Ptolémée. X. 365.

LOMBARDI; de Colonia Lucerina. XI. 481.

Lombardie; cartes. X. 88 & *suiv.*

LOMBIER; descriptio hereditarii Rantzoviorum prædii. XIV. 215.

LOMEIER; de gentilium lustrationibus. XI. 115.

Lommacense chronicon. XI. 313.

LOMONOSSOW; hist. de Russie. XIV. 65.

LONDEL (le P. du) fastes de Louis le Grand. XII. 283. fastes des rois. 284.

LONDORP; Sleidani continuatio. XI. 231. bellum Sexennale. *ibid.* acta publica. 232 & 332.

Londres; hist. & description de cette ville. XIII. 499 & *suiv.* environs de Londres, &c. X. 65. narratio eorum quæ in conventu Londini habito acta sunt. XI. 171.

LONG (Thom.) hist. des Donatistes. X. 297.

LONG (le P. le) bibliothéque historique de la France. XIV. 394.

LONGCHAMPS (l'abbé de) tableau histor. des gens de lettres. XIV. 393.

LONGDIT (Jean de) traduction de l'histoire du grand Cam. XIV. 116.

LONGIANO (Fausto da) édition de la vie d'Ez-

zelin de Romain. XI. 536.
Longinus (Vincent) panegyricon. XI. 185.
Longpont; chronicon abbatiæ Longipontis. X. 356.
Longueil (Christophe de) oratio de laudibus divi Ludovici. XII. 63.
Longueil (Jean de) officiers de la couronne. XIII. 225.
Longuemare (Gouye de) differt. sur la chronologie des rois Mérovingiens. XII. 116. sur l'hist. des enfans de Clovis. 118. état du Soissonois sous les enfans de Clotaire I. XIII. 41.
Longuerue (l'abbé de) annales Arsacidarum. X. 17. géographie de la France. XII. 21. de variis epochis, &c. XIV. 520.
Longueval (le P.) hist. de l'Eglise Gallicane. XII. 378.
Longueville (le duc de) sa retraite. XII. 293 & 298. relation de sa mort. 375.
Longueville (Mlle. de) sa requête. XII. 307.
Longueville (Mde. de) sa vie. XII. 369.
Longus (George) de annulis. XI. 121.
Lonicer; chroniques des Turcs. XIV. 71.
Loogan; Oxonia illustrata. XIII. 505. Oxonia & Cantabrigia illustrata. ibid.
Loos; hist. de ce comté. XI. 290. & XIII. 314.
Lopez (Fernam) chron. del rey D. Juan I. XIII. 413. hist. de l'Inde orientale. XIV. 109.
Lopez (Juan) hist. general de l'orden de Predicadores. X. 395.
Lopez (Jean) de regno Navarræ. XIII. 131.
Lopez de la Casa. (J. Ant.) memorial de la iglesia de Zaragoça. XIII. 381.
Lopez (Jérôme) église de S. André de Bourdeaux. XIII. 127.
Lopez (Luys) hist. de Saragoce. XIII. 380. pilar de Zaragoça. 381.
Lopez Madera; découvertes faites à Grenade. XIII. 391. défense. ibid.
Lopez (Odouard) relation du royaume de Congo. XIV. 141.
Lopez (Pierre) chronique de l'ordre de la Ste. Trinité. X. 406.

Lorch; hist. de cette ville. XI. 264.

LORCHAN; Mercurius Gallo-Belgicus. XIII. 197.

LOREDANO (G. F.) vita di Alessandro III. XI. 426.

LOREDANO (Pierre) hist. des rois de Chypre. XI. 549.

LORENZE (J. Michel) annales Paulini. X. 216. droits de la France sur la Lorraine. XIII. 183.

Lorenzini; sa vie. XIV. 387.

LORET; Muse historique. XII. 324.

Lorete, en Italie; hist. de cette ville. XI. 446.

Lorical; hist. de ce monastere. XIII. 428.

LORIT; v. GLAREAN.

Lorraine; auteurs sur cette province. XII. 120. XIII. 178, 180 & *suiv.* armoiries de Lorraine. XIV. 102. généalogies de cette maison. 257.

Lorraine (le card. de) XII. 170, 176, 179.

Lorraine (Catherine de) son éloge. XII. 350.

Lorraine (Christine de) son éloge. XII. 350.

Lorraine (Marguerite de) sa vie. XII. 356.

LORRY; hist. de la faculté de Médecine de Montpellier. XIII. 143.

LOSCHI; compendii historici. X. 172.

LOSSIUS; chronicon Lommacense. XI. 313.

Loth; dissertations sur la femme de Loth changée en statue de sel. X. 209.

Lothaire, empereur; auteurs sur son régne. XII. 47.—*Lothaire II*, hist. de son régne. XI. 218.

Lothaire, roi de France; son épitaphe. XII. 51.

Lothaire, roi de Lorraine; son divorce avec Teutberge. XII. 129.

LOTICHIUS; theatrum Europæum. X. 164, 165. & XI. 240. de cæde Melchioris Zobelii. XI. 171. de rebus Germanicis. 238. compendiaria historia. 239.

LOTTERUS; Maffei origines Etruscæ & Latinæ. XI 59.

LOTTIN l'aîné; catalogue des éditions & traduct. de Salluste. XI. 68.

Lotus; sur le Lotus d'Egypte. XIV. 424.

LOUAIL; hist. du livre des réflexions morales. X. 257 & *suiv.*

LOUBERE (de la) relat. du royaume de Siam. XIV. 112. *son éloge*. 441.

Loudun; hist. de cette ville; possession des Ursulines XIII. 93 *& suiv.* conférences tenues en cette ville. XII. 157.

S. *Louis*, évêque de Toulouse; sa vie. XI. 467. & XIII. 141.

S *Louis de Gonzague*; sa vie. X. 459. sa canonisation. *ibid.*

Louis le Débonnaire, empereur & roi de France; sa vie par Thégan. XI. 197. par Ermold Nigellus. 380. auteurs sur son régne. XII. 44 *& suiv.* 128. *& suiv.* — *Louis II*; auteurs sur son régne. XII. 47, 54. — *Louis III*; son épitaphe. XII. 50. — *Louis IV*; historiens de son régne. XI. 221, 222, 223. — *Louis* de Baviere (V) ad filium. XI. 176. scripta publica. 181.

Louis II, le Bégue, roi de France; auteurs sur son régne. XII. 49. — *Louis III & Carloman*; fragmentum de rebus eorum. XII. 49. — *Louis VI*, dit *le Gros*; auteurs sur son régne. XII 57. chron. de son régne. XIV. 496. — *Louis VII*; auteurs sur son régne. XII. 57 *& suiv.* & 132. mém. sur deux ouvrages hist. qui le concernent XIV. 450. opinion singuliere sur sa naissance. 457. chronologie de son régne. 496. — *Louis VIII*; auteurs sur son régne. XII. 60 *& suiv.* — *Louis IX*; differ. écrits sur son régne dans la collection de Du Chesne. XII. 61 *& suiv.* sa vie par differ. auteurs. 133 *& suiv.* epistola de Captione sua. XIV. 99. sa canonisation. *ibid.* rem. sur ses actes donnés par les Bollandistes. 463. — *Louis X*, dit *Hutin*; son éloge. XII. 71. — *Louis XI*; auteurs sur son régne. XII. 145 *& suiv.* — *Louis XII*; auteurs sur son régne. XII. 92 & 151 *& suiv.* ses guerres en Italie. XI. 410. ses obséques. XIII. 149 ses apophtegmes. XI. 468. — *Louis XIII*; auteurs sur son régne. XII. 249 *& suiv.* son codicile. 282. son sacre. XIII. 238. ses entrées en differ. villes. 241 *& suiv.* 245. son

mariage. 247. ses obséques. 249, 250. — *Louis XIV*, roi de France; auteurs sur son régne. XII. 282. son sacre. XIII. 238 & *suiv.* son entrée à Paris. 245. ses carrousels, &c. 246. son mariage. 248. observ. sur les troubles de sa minorité. XIV. 521 & *suiv.* la guerre des Suisses, trad. de César. XI. 72. XII. 13. — *Louis XV*, roi de France; auteurs sur son régne. XII. 337. & *suiv.* le cours des principales rivieres de France. XII. 22.

Louis, dauphin, fils de Louis XIV; son baptême. XIII. 248, 249. ses obséques. 250 & *suiv.* son éducation. XII. 376.

Louis de France, duc de Bourgogne; ses vertus. XII. 177. son portrait. *ibid.*

Louis IX, dauphin de France; sa naissance. XII. 340. sa vie, & celles de M. le duc de Bourgogne, & de Mde. la Dauphine. 377.

Louis I, prince de Condé; sur une monnoie où il est nommé roi de France. XIV. 467.

Louis, fils de Boson, proclamé roi. XII. 50.

Louis, roi de Bohême; son entrevue avec l'empereur Maximilien I. XI. 185.

Louis, roi de Pologne & de Hongrie; hist. de son régne. XIV. 49.

Louis II, roi de Hongrie; sa défaite. XI. 168.

Louis (le P. Emmanuel) Theodosius Lusitanus. XIII. 421.

Louis *Jacques de S. Charles*; descript. provinciæ Narbon. Carmelitarum. X. 370.

Louis *de Jésus*; hist. des Augustins déchaussés. X. 429.

Louis *de Ste. Thérèse*; succession du saint prophéte Elie. X. 368. annales des Carmes. 374.

S. *Louis*; ordre de chevalerie. XIII. 229.

S. *Louis*; filles de S. Louis de Pontoise. X. 448.

Louise - Elizabeth de France; fêtes de son mariage. XII. 341.

Louise-Julienne, électrice Palatine; sa vie. XI. 280.

Louisiane; cartes. X. 95, 96. auteurs sur ce pays. XIV. 167.

S. *Loup*, évêque &

confesseur; sa vie. XIV. 228.

S. *Loup*, évêque de Bayeux; sa vie. XIII. 69.

Loup, abbé de Ferrieres; ses lettres. XII. 51 & 130.

Loup d'Olmédo; sa vie. X. 311.

Loup *Protospate*; chronicon. XI. 383 & *ibid.* & 461.

Loupe (Vincent de la) de magistratibus, &c. Francorum. XIII. 220, 221.

Louvain; histoire de cette ville. XIII. 284. de obsidione Lovanii. XI. 171. & XII. 276. hist. de son université. XIV. 392.

Louvet (Pierre) Jacobin; thesaurus apostolicus. X. 403.

Louvet (Pierre) médecin; plusieurs écrits sur l'histoire du Beauvoisis. XIII. 41, 42. projet de l'histoire du Beaujolois. 118. hist. de Ville-Franche. *ibid.* de Franche-Comté. 121. d'Aquitaine. 124. remarques sur l'histoire de Languedoc. 136. hist. de Provence. 150. hist. des troubles de Provence. 154. Mercure Hollandois. X. 166. & XII. 329.

Louvois (le marq. de) mém. sur sa vie. XII. 376.

Louvois (l'abbé de) son éloge. XIV. 433.

Louvreloeil (J. B.) le fanatisme renouvellé. X. 307.

Louvrex (G. de) édits, &c. du pays de Liége. XI. 190.

Loyac (Jean de) vie du P. Pierre de Sancjehan. X. 418.

Loyens; histoire des princes de Lorraine, &c. XIII. 182. synopsis. 183.

Loyer; généalogie de la maison de Martigue. XIV. 252.

Loysel; *v.* Loisel.

Lozano; los reyes de Toledo. XIII. 368.

Luardi; l'Inde orientale. XIV. 109 & 110.

Lubeck; de primordiis illius. XI. 192. chronicon episc. Lubecensium. 193. hist. de cette ville. 305 & *suiv.*

Lubin (le P.) index geographicus in annales Usserii. X. 151. notæ ad martyrologium. 276. orbis Augustinianus. X. 429. abbatiarum Italiæ notitia. XI. 361. hist. de

la Laponie. XIV. 19.

Lubin (Eilard) genealogiæ Deorum. X. 101.

Lubienietski (Stanislas) hist. reformationis Polonicæ. X. 315. & XIV. 57.

Lubienski (Stanisl.) opera posthuma. XIV. 52. epistolæ. 58.

Luc, diacre de Tuy; chronicon. XIII. 334.

Luc; Romualdina. X. 349.

Luca (Fred.) comites Imperii. XI. 331.

Luca (Jean de) annales Minorum. X. 378.

Lucanie; hist. de cette province. XI. 475.

Lucantovi; chronique des Silvestrins. X. 364.

Lucas; voyage en Egypte. XIV. 133. voyage au Levant. 188.

Lucas *de Ste. Catherine*; mém. sur l'ordre de Malte. X. 478.

Luccari; annales de Raguse. XI. 547.

Lucchesinus; histor. sui temporis. X. 166.

Lucchitti; Corfinii elucidario. XI. 487.

Lucentio; Italia sacra restricta. XI. 361. Fulgor Fulginii. 444.

Lucera; hist. de cette ville. XI. 481.

Lucerna Lapidaria. XI. 369.

Lucerne; carte de son lac. X. 76.

Luccevangeli; retour du roi Henri III. XII. 189.

Luchino; vie de la comtesse Mathilde. XI. 406.

Lucien; de scribenda historia. X. 1 & 13.

Lucifer, évêque de Cagliari; défense de sa sainteté. XI. 587.

Lucio (Franc. Ortiz) flos sanctorum. X. 285.

Lucio (Gio.) hist. de Trau. XI. 547. hist. de Dalmatie. *ibid.* inscriptiones Dalmaticæ. *ibid.* & dans la collection de Muratori. 377.

Lucius (Louis) hist. ecclesiast. centuriæ emendatæ. X. 236. hist. Jesuitica. 412.

Lucius (Pierre) bibliotheca Carmelitana. XIV. 379.

Lucius (Jean) *voyez* Lucio.

Lucius Marinæus; excerpta de Gothorum in Hispaniam adventu. XI. 150. de rebus Hispaniæ. XIII. 330 & 345. episto-

læ. 345. de Aragoniæ regibus. 375.

Lucius *de Vérone*; de succeſſione in ditiones Juliæ, &c. XI. 291.

Luçon; antiq. de cette ville. XIII. 96.

Lucques; auteurs ſur cette république. XI. 374, 390 & 575.

Ludewig; novum volumen ſcript. rerum Germanicarum. XI. 199. contin. epiſcop. Bambergenſium. 200. reliquiæ manuſcriptorum. *ibid.* Germania princeps ſub Conrado I. 216. Henricus Auceps. *ibid.* ſcriptores epiſcopatus Herbipolenſis. 266. ſcript. epiſc. Bambergenſis. 267. de prærogat. Wittenbergici ducatus. 270. vita Juſtiniani, &c. XIV. 354.

Ludlow; mémoires. XIII. 476.

Ludolf; faſti eccleſiæ Alexandrinæ. XIV. 135. hiſt. d'Ethiopie. 143.

Ludovici (J. P.) droit de l'empire ſur Orange. XIII 167. fata noviſſima. 168. Lotharingia vindicata. 185. hiſt. philoſophiæ apud Arabes & Turcas. XIV. 398.

Lugano; deſcript. de cette ville. XI. 565.

Luigi *di Parma* (Giov.) ſopra l'impreſa del l'Auſtria. XIV. 74.

Luitprand; hiſt. & legatio. X. 157. XI. 175, 380. & XII. 54. Muratorii emendationes. XI. 380. variantes lectiones. 381.

Luitprand ou Eutrand; chronicon. XIII. 357 & *ſuiv.*

Luitz; introductio ad geographiam. X. 29.

Luki; ſylloge numiſmatum elegantiorum. XIV. 315.

Lumague (Marie) v. *Polaillon.*

Lumina (Poullin de) v. Poullin de Lumina.

Lunadoro; relat. de la cour de Rome. XI. 417.

Lundius; Zamolxis. XIV. 20.

Luna (Mig. de) hiſt. del rey D. Rodrigo. XIII. 389.

Lune (Alvare de) connétable de Caſtille; ſa vie. XIII. 401.

Lunebourg; carte de ſon duché. X. 73. auteurs ſur les Etats de Brunſwick & Lunebourg. XI. 295. & *ſuiv.*

LUNGWITZ ; admiranda divina Saxonica. XI. 310. Alexander Magnus redivivus. XIV. 15. Theodosius redivivus. *ibid.*

LUNIG ; publicorum negotiorum sylloge ; & *ses autres recueils sur le Droit public de l'empire.* XI. 333, 334.

LUPIS (Antonio) memorie della Motta. XI. 544.

LUPUS (Chrétien) de origine Eremitarum S. Augustini. X. 486.

LUPUS (Marius) de notis chronolog. anni mortis & nativ. J. C. X. 186.

LURBE (Gabriel de) chronique Bourdeloise. XIII. 126, 127. statuts de Bourdeaux. 127.

Lusace ; cartes. X. 76. descriptions & hist. de cette province. XI. 311 317 & *suiv.*

Lusignan ; siége de cette ville. XII. 186.

LUSIGNAN (Etienne de) affinitates principum cum duce Hetruriæ. XI. 508. hist. de Cypre. 549. généalogies des maisons issues de Mérouée, &c. XIV. 239.

Lusignan (Geofroi de) ses entrepr. contre l'abbaye de Maillesais. XII. 74.

Lusignan (Hugues de) XII. 73.

Lusignan (Pierre de) sa vie. XIV. 476.

LUSINGES (René de) maniere de lire l'histoire. X. 16.

LUSSAN (Mlle. de) révolution de Naples en 1647 & 1648. XI. 470. *aux additions.* hist. de Charles VI. XII. 139. de Louis XI. 150. vie de Crillon. 364.

LUSSE ; lettre sur le sacre du roi. XIII. 237.

Lustrations ; de gentilium lustrationibus. XI. 115.

LUTHER (Martin) de nominibus propriis Germanorum. XI. 168.

Luthéranisme ; hist. du Luthéranisme. X. 303, 324 & *suiv.*

Lutte des anciens. XIV. 416.

Lutzen ; bataille de Lutzen. XIV. 13.

LUTZENBURGUS (Bernard) catalogus Hæreticorum. X. 294.

Luxe ; de luxu Græcorum. XI. 49. de luxu Romanorum. 101. traité du luxe des dames Ro-

maines. XI. 120. & XIV. 417.

Luxembourg ; cartes. X. 78. hist. de cette principauté. XIII. 286.

Luxembourg ; discours des princes de cette maison. XIV. 263.

Luxembourg (Marie de) son éloge. XII. 350.

Luxembourg (le maréchal de) mém. pour son histoire. XII. 376.

Luynes (le connétable de) son ministere. XII. 259, 263.

Luys *de Santa Maria*; S. Lorenzo el real Escorial. XIII. 370.

Luyt ; descript. de Tonnerre. XIII. 60. régence des reines. 196.

Luzena ; vie de S. François Xavier. X. 456.

Lycaonie ; carte. X. 56.

Lycie ; de republ. Lyciorum. XI. 43.

Lycosthènes ; prodigiorum chronicon. X. 171.

Lycurgue ; sur son histoire. XIV. 441.

Lydiat ; canones chronologici. X. 185. marmora Oxoniensia. XIV. 333.

Lydicius ; notitia ducatus Prussiæ. XIV. 59.

Lydie ; recherches sur l'hist. de Lydie. XIV. 434 & *ibid.*

Lydius (J.) vita Nic. Clemangis. XIV. 401.

Lyncker (le bar. de) libertas statuum Imperii. XI. 344. de superioritate territoriali. *ibid.*

Lyon ; hist. de cette ville & du Lyonois. XIII. 112, & *suiv.* troubles arrivés en cette ville. XII. 173.

Lys; de Liliis. XIII. 237.

Lys (Charles du) inscriptions proposées pour les statues de Charles VII & de la Pucelle d'Orléans. XII. 144.

Lyscander ; synopsis hist. Danicarum. XIV. 26. antiq. Danicarum sermones. *ibid.* Christiani IV electio & coronatio. 28. chron. Gronlandiæ. 33.

Lyser ; hist. Jesuitici ordinis. X. 452. de origine eruditionis. XIV. 399. de Indorum eruditione. *ibid.*

MAAN (Jean) ecclesia Turonensis. XIII. 86.

MABILLON (le P.) de multiplici Berengarii damnatione, &c. X. 298. annales ordinis S. Benedicti. 332. acta SS. ord. S. Benedicti. 333. præfationes in acta SS. *ibid.* lettre touchant l'abbaye de Rémiremont. 426. Museum Italicum. XI. 361. notæ ad fundationem monast. Nonantulani. 379. dissertation sur l'année de la mort de Dagobert I & de Clovis le Jeune. XII. 117. sur l'ordination & la mort de Didier, évêque de Cahors. *ibid.* annotat. ad epist. Hincmari. XIII. 12. de scholis Parisiensibus. 17. de re diplomatica. 231 *& suiv.* supplementum. 232. ad Lazarinum epistola. 233. discours sur les anciennes sépultures de nos rois. XIV. 421. *son éloge.* 418. *sa vie.* 404.

MABLY (l'abbé) droit public de l'Europe. X. 107. observat. sur l'histoire des Grecs. XI. 24.

S. *Macaire*, Romain; sa vie. X. 126.

MACANEUS; Verbanus lacus. XI. 372.

Macassar; auteurs sur ce royaume. XIV. 113.

MACAULT; traduct. de Diodore de Sicile. XI. 30.

MACCIO (Paul) Italici belli motus. XI. 413.

MACCIO (Sébastien) de historicis. X. 3.

MACÉ (François) abrégé de l'anc. & du nouv. Testament. X. 200. hist. des quatre Cicérons. XI. 74.

MACÉDO (Antoine de Sousa de) Lobkowitz conveneido. XIII. 422. Lusitania liberata. 423. Lusitania infulata. 427. flores de España. 429. genealogia regum Lusitaniæ. XIV. 276.

MACEDO (Fr.) description du collége de la Sapience. XI. 412. droits de la princesse Catherine sur le Portugal. XIII. 411. *& suiv.* propugna-

culum. XIII. 413.
Macédo (Fr. de S. Augustin) de adventu S. Jacobi in Hispaniam. XIII. 359. domus Sadica. XIV. 279.
Macédo (Jos. Pereyra de) vie du comte d'Attoguia. XIII. 427. & XIV. 269.
Macédoine; hist. des rois de Macédoine. XI. 35 & *suiv.* de regio Macedonum principatu. 45 & *suiv.*
Macérata; hist. de cette ville. XI. 445.
Macchabées; de fide historica librorum Maccabaïcorum. XI. 21. chronologie de leur histoire. XIV. 492.
Machaneus; notæ ad Aurelium Victorem. XI. 64.
Machaut (Guill. de) recherches sur sa vie & ses ouvrages. XIV. 476.
Machaut (J. B.) in Thuani histor. annotationes. XII. 213, 214, 215. hist. de la Chine, &c. XIV. 125.
Machiavel; princeps. X. 110. ritratti delle cose di Francia & d'Alemanna. XI. 160. hist. de Florence. 504.
Machin; defensio sanctitat. B. Luciferi. XI. 587.
Mack (Jean) ses mémoires. XIII. 485.
Mackensie; défense de la Famille royale d'Ecosse. XIII. 522. scientia heraldica. XIV. 285.
Mâcon; hist. de cette ville. XIII. 110. ses évêques. 115.
Macquer; abrégé chronologique de l'hist. ecclésiastique. X. 235.
Macro (Melissan. de) supplementum annalium Minorum. X. 377.
Madagascar; relat. hist. de cette île. XIV. 145.
Madartaga (Jean de) vie de S. Bruno. X. 404.
Madera; excellencias de España. XIII. 405.
Madere; descript. de cette île. XIV. 144 & 173.
Maderus; édition de la chronique de Théodore Engelhusius. X. 141. & XI. 105. de coronis. XI. 102. notæ ad Panvin. de triumpho. *ibid.* & 120. de imperio Romano. 153 & *suiv.* son édit. de l'hist. des empereurs la maison de Brunswick. 216. notæ ad chronicon Dithmari. 216. notæ ad

chronic. Montis Sereni. 219. vetustas domus Brunsvicensis. 297. chronicon Pagaviense. 299. édition de l'hist. d'Adam de Brême. 301, 306. chron. Montis Sereni. XI. 311.

Madio (Valérien) synopsis de Cleric. S. Pauli instituto. X. 437.

Madon (Thomas) hist. de l'Echiquier d'Angleterre. XIII. 511.

Madox (Thomas) hist. des terres seigneuriales. XIII. 508.

Madrid; hist. de cette ville. XIII. 370.

Madrignan; voyages des Portugais. XIV. 162.

Maduré; relat. de ce royaume. XIV. 108.

Maffei (Celse) apologia. X. 427.

Maffei (Claude) inscriptiones Atticæ. XIV. 535.

Maffei (J. Pierre) hist. des Indes. X. 455. XIV. 107. vita S. Ignatii. X. 455.

Maffei (Paul-Alexandre) le gemme antiche. XIV. 529.

Maffei (Scipione Agnello) annales de Mantoue. XI. 563 & *suiv.*

Maffei (Scipion) origines Etruscæ & Latinæ. XI. 59. Verona illustrata. 539. Galliæ antiquitates. XII. 7. musæum Veronense. XIV. 330. epistola. 337. istoria diplomatica. 342. Græcorum Siglæ lapidariæ. 342. explication des mots *Namu Sebesio*. 452. *son éloge*. 496.

Maffei (le P.) Jésuite; annales du pape Grégoire XIII. XI. 431.

Magaillans (Gabriel de) relation de la Chine. XIV. 125.

Magdebourg; carte de son duché. X. 73. auteurs sur cette principauté. XI. 104 & *suiv.* erectio ejus ecclesiæ. 192. chron. archiepiscopatus. 193. bellum Magdeburgense. 170.

Magdeléne (la) abbaye à Châteaudun. XIV. 448.

Magdeléne; chevaliers de la Magdeléne. X. 455.

Magdeléne; confrérie de la Magdeléne. XIII. 13.

Ste. *Magdeléne*; filles de Ste. Magdeléne de Caën. X. 447.

Magdelonetes. X. 411.

Mages; leur systême théologique. XIV. 513.

Magendei (André) anti Baronius. X. 239.
Magellan (détroit de) XIV. 175.
Ma-Geoghegan; hist. d'Irlande. XIII. 525.
Maggi (Annibal) traduction de la chronique de Matthias de Michow. XIV. 47.
Maggi (César) sa vie. XI. 411, 474.
Maggi (François-Marie) vie de la M. Ursule Benincasa. X. 436.
Maggi (Jean) ædificia & ruinæ Romæ. XI. 112.
Maggi (Jean) prospectus basil. Romæ. XI. 438.
Magin; descriptio orbis. X. 10. *traduite en italien.* ibid. description de l'Italie. XI. 356.
Maginarius, abbé de S. Denys; son épitaphe. XII. 51.
Magistrats; de magistratibus Græcorum & Romanorum. XI. 45. de magistratibus, civilibusque & militar. officiis. XI. 77. de magistr. Romanorum. XI. 95, 96, 117. — *Magistrats Romains*, gouverneurs de provinces. XIV. 495. — *Magistrats* de Venise. XI. 516.
Magistri (Yves) vies de Jeanne de France, & de Marguerite de Lorraine. XII. 356. vie de Marg. de Lorraine. *ibid.*
Magistris (Franc. de) hist. de la ville de Naples. XI. 476.
Magistris (Hyacinthe de) relat. des royaumes de Maduré, &c. XIV. 108.
S. *Magloire*; Augustines de S. Magloire, dites Pénitentes. X. 435.
Magnani; vite de santi di Faenza. XI. 451.
Magnavini; guerres de Hongrie. XI. 550.
S. *Magne*; sa vie. XI. 178 & *ibid.*.
Magnency; armoiries de plusieurs nobles maisons de France. XIV. 241.
Magneus; chronica Danorum. XIV. 24.
Magnia Urbica, impératrice. XIV. 495.
S. Magnobod; *voyez* S. Mainbeuf.
Magnus (Jean) Gothorum Sueccorumque historia. XIV. 7. hist. metropolitana. 18.
Magnus (Olaüs) hist. de gentibus septentrionalibus. XIV. 3.

MAGRI (Carlo) il valore Maltese difeso. XI 588.

MAGRI (Dominique) voyage au Mont-Liban. XIV. 91.

MAGRI (Nicolo) hist. de Livourne. XI. 510.

Maguelone ; évêques de cette ville. XII. 73.

Mahomet ; auteurs sur son histoire. XIV. 95 & 96. mém. sur l'établissement de sa religion & de son empire. 509.

Mahomet I, empereur des Turcs ; hist. de son régne. XIV. 75. — *Mahomet II*. ibid.

MAHUDEL ; médailles d'Espagne. XIII. 408. & XIV. 513. ses ouvrages insérés dans les mém. de l'académie des Inscript. XIV. 424, 425, 429, 432, 434, 438, 439, 446, 451, 457.

MAI (J. Burch.) de rebus Badensibus. XI. 271. de domus Austriacæ fatis. XIV. 210.

MAI (Guill.) polemograph. Belgica. XIII 292.

MAI (J. H.) specimen linguæ Punicæ. XI. 377.

MAIANI ; origine della citta di Lodi. XI. 561 & *suiv*.

MAICHIN ; défense des ordres militaires d'Espagne. XIII. 562.

MAICHIN ; histoire de Saintonge. XIII. 95.

MAIER ; descript. du royaume de Naples. XI. 460.

S. *Maieul*, abbé de Cluni ; sa vie. X. 346. sa translation *ibid*.

MAILLA (le P. de) hist. de la conquête de la Chine. XIV. 112.

MAILLANE (Pourcelet de) recherches sur Beaucaire. XIII. 144.

MAILLANE (Durand de) libertés de l'église Gallicane. XII. 27. *aux additions*.

MAILLARD (Odette) fond. de l'Hôtel-Dieu de Dijon. XIII. 107.

MAILLART (Adrien) chronologie des souverains d'Artois. XIII. 50.

MAILLI (le chev. de) hist. de la république de Gènes. XI. 570.

MAILLET (de) description de l'Egypte. XIV. 133.

Maillezais ; chroniq. de cette abbaye. XII. 73. sa fondation. 74. sa dévastation. *ibid*.

Mailros ; chronicon XIII. 438.

MAIMBOURG (le P.) hist. du Luthéranisme. X. 303. du Calvinisme. 309. décadence de l'empire. XI. 217. hist. de la Ligue. XII. 235. hist. des Croisades. XIV. 103.
Main droite; ses privileges. XIV. 422.
MAINARDI; églises de Bologne. XI. 454.
S. MAINBEUF; vie de S. Maurille. XIII. 89.
Maine; hist. de cette province. XIII. 88 & 91.
MAINFERME (Jean de la) Clypeus Fontebraldensis ord. X. 161. dissertationes. *ibid. & suiv.*
Mainfroi, roi de Sicile; descriptio victoriæ per Carolum contra Manfredum. XI. 375. de ejus rebus gestis. 387.
MAINOLD; de titulis Philippi II. XIII. 348.
MAIRAN (Dortous de) éloges des Académiciens. XIII. 36. lettres sur la Chine. XIV. 118. sur la fable de l'Olympe. 489.
Maires du Palais. XII. 37, 38, 39, 41.
Maires en Angleterre. XIII. 510 & *suiv.*
MAIRE (François le) hist. d'Orléans. XIII. 82.
MAIRE (Jean le) les illustrations de Gaule. XII. 121. légende des Vénitiens. 155. *mém. sur sa vie & ses ouvrages.* XIV. 455.
MAIRE (le) Paris ancien & nouveau. XIII. 2.
MAIRE (le) sacre de Louis XIV. XIII. 238.
MAIRE (Jacque le) sa navigation. XIV. 182.
MAIRE (le) voyages aux Canaries. XIV. 144.
MAIRE; carte de l'évêché de Liége. X. 74.
MAIRE (le P.) voyage astronomique. XI. 414.
Maison du roi; hist. des troupes qui la composent. XIII. 226.
Maison-Dieu d'Orléans. X. 448.
MAISTRE (Ant. le) vie de S. Bernard. X. 354.
MAîTRE DE SACI (le) *v.* SACI.
MAITRE (Raoul le) siége de Rouen. XIII. 65. discours des princes de Luxembourg. XIV. 263.
Maîtres des requêtes. XIII. 218. & XIV. 496.
MAITTAIRE (Michel) marm. Oxoniensia. XIV. 333. annales typographicæ. 364. *observ. sur ces annales.* 457.
MAIUS; *v.* MAI.
S. *Maixent* en Poitou;

chronique de cette abbaye. XII. 73.

MAIZIERES (Phil. de) notice de ses ouvrages. XIV. 463. sa vie. 467.

MAJONE; descript. de Somma. XI. 486.

MAJOR (Elschacius) rationis & appetitus pugna. XIII. 457.

MAJOR (Joannes) hist. Angliæ & Scotiæ. XIII. 445.

MAIORAGIUS; de Senatu Romano. XI. 116.

Majorité des rois en France. XIII. 194 & *suiv.*

Majorque; hist. de ce royaume. XIII. 388 & *suiv.*

MAJOUR; défense de Savaron. XIII. 119.

MALABAILA; histoire d'Asti. XI. 583. défense de cette ville. *ibid.*

Malabar; cartes. X. 93. hist. de ce pays. XIV. 108 & *suiv.*

S. *Malachie*; sa vie & ses prédictions. XIII. 527.

Malaga; hist. de cette ville. XIII. 392.

MALALA (Jean) v. JEAN d'Antioche, surnommé MALALA.

MALAS; querimonia. X. 468.

MALASPALLI; trad. de l'hist. des Slaves. XI. 546.

Malatesta de Rimini; leur histoire. XI. 449.

MALATESTA GARUFFI (Joseph) Lucerna Lapidaria. XI. 369.

MALAVOLTI; hist. de Sienne. XI. 511.

MALBRANCQ; de Morinis. XIII. 52.

S. *Malch*; sa vie. X. 325.

MALCHUS Philadelph. legationes. XI. 77 & 134. fragmenta. 128.

MALDAMMAT; mém. sur l'hist. du Limosin. XIII. 129.

MALDONADO (Alonzo) chronica universal. X. 148.

MALDONADO (Diégo de Coria) chronique des Carmes. X. 367.

MALDONADO (Fr. de Herrera) navigations de Fern. Mend. Pinto. XIV. 183. origen de los Toledos de Castilla. 280. & *ibid.*

MALDONAT; vitæ sanctorum. X. 284.

MALÉAGRE; institutæ Clericalis Canonicorum ordinis. X. 416.

MALESPINA (Salla ou Saba) rerum Sicularum libri. XI. 375 & 491.

MALESPINI (Ricor-

dano) ist. antica. XI. 501

Malespini (Tibalducci) sa vie. XI. 592.

Malfto ; hist. du B. Amédée III. XI. 578.

Malines ; hist. de cette ville. XIII. 284.

Malingre (Claude) Mercure François. X. 165. & XII. 246. continuation de l'histoire de l'Hérésie. X. 310. hist. Romaine XI. 79. continuation des mém. du baron de Villars. XI. 412. & XII. 164. recueil tiré des registres du Parlement. XII 230. hist. de Louis XIII. 250. Journal. *ibid.* hist. universelle. 258. hist. des derniers troubles. 262. intrigues & guerres civiles. *ibid.* hist. de la rebellion. *ibid.* remarq. d'histoire. 278. hist. de notre tems. 287. hist. de plusieurs grands capitaines. 365. antiquités de Paris. XIII. 4. annales de Paris. 5. traité du royaume d'Yvetot. 71. hist. des Dignités. 221.

Malingreau ; procès-verbal, &c. à la conférence de Courtray. XIV. 302.

Mallet (Antoine) hist. des papes, &c. du couvent de S. Jacques à Paris. X. 398.

Mallet (Mannesson) descript. de l'Univers. X. 35.

Mallet ; introduct. à l'hist. de Danemarck. XIV. 22. monum. de la mythologie des Celtes. 23.

Malleus (Africanus) discours à la diéte de Spire. XII. 161.

Mallinkrot ; de archi-cancellariis, &c. XI. 331.

Malmedy (Isaac de) traité de la maison de Crouy. XIV. 264.

Malmunden, abbaye. XI. 293.

Malouines ; voyage fait dans ces îles. XIV. 175.

Malpey ; entrée du prince de Condé à Dijon. XIII. 144.

Malte ; différens écrits sur l'île de ce nom, où S. Paul fit naufrage. X. 265 & *suiv.*

Malte ; cartes. X 90. auteurs sur cette île. XI. 377. 588 & *suiv.* de rebus à Turcis in insula Melita gestis. 172. siége de Malte 363.

Malte ; hist. de l'ordre de Malte. X. 477 & *suiv.*

in veterem ejus ord. Liturgiam commentarius. 265.

MALTEMPI ; hist. de son tems. XI. 592.

MALTRET ; ses édit. de Procope. XI. 129.

MALVASIA : marmora Felsinea. XIV. 338. interpretazione della inscrizione ænigmatica. 341.

MALVECIUS ; chronicon Brixianum. XI. 591.

MALVENDA (Pierre de) lettres & mémoires. X. 247.

MALVENDA (Thomas) annales ord. Prædicatorum. X. 595.

MALVEZZI (François) priviléges de l'ordre de S. George. X. 484.

MALVEZZI (Virgilio) hist. du comte duc de San-Lucar. XIII. 551 & 403. plusieurs ouvrages pour l'hist. du régne de Philippe IV. 551.

MALVIN ; de Francorum origine. XII. 15.

MAMACHI ; de ratione tempor. Athanasiorum. X. 243. origines Christianæ. 262. annales ord. Prædicatorum. 596.

MAMERANUS ; de investitura Mauritii. XI. 170. de rebus gestis Caroli V. *ibid.*

MAMEROT ; chronique Martinienne. X. 141. & XII. 148. passage d'outremer. XIV. 101.

MAMOUCHI ; mémoires sur le Mogol. XIV. 107.

MANANT (du) divinités du paganisme. X. 98.

MANDAJORS ; hist. de la Gaule Narbonoise. XIII. 137. ses ouvrages insérés dans les mém. de l'académie des Inscript. XIV. 423, 425, 431, 433, 444, 446, 469. *son éloge*. 479.

MANDESLO ; voyage aux Indes orient. XIV. 63.

MANDOSI ; bibliotheca Romana. XIV. 390.

MANENTE (Cypriano) istorie. X. 158. & XI. 443.

MANENTE di Cocaglio ; entreprise des Vénitiens sur Constantinople. XI. 523.

MANERO ; vida de Joanna de Valois. XII. 555.

MANERBI (Nicolo de) le legende de i Santi. X. 280.

MANESCAL ; sermo de D. Jaume II. XIII. 379.

MANETHON ; historia.

XI. 13. discours sur l'utilité du fragment de Manethon. X. 182.

MANETTI (Janot.) oratio in coronatione Friderici III. XI. 186. vita Nicolai V. 382. chron. Pistoriense. 394. specimen hist. litterar. XIV. 388. *sa vie.* XI. 374.

MANFREDI (Fulgenzio) doges de Venise. XI. 529. dignita procuratoria di S. Marco. *ibid.* vita di S. Pietro Orseolo. 530.

Manfredi ; sa vie. XIV. 387.

MANFREDI (Martin) monumens de Lucques. XI. 574.

MANGEART ; introduction à la science des médailles. XIV. 508.

MANGET ; bibliotheca scriptorum Medicorum, &c. XIV. 351.

MANGION ; astri inextincti theoricæ. X. 545.

Manheim. XI. 281.

MANIACO ; istorie del suo tempo. X. 160.

Manichéens ; hist. des Manichéens & du Manichéisme. X. 297.

MANILLUS ; descript. villæ Burghesiæ. XI. 370.

MANLIUS (Christophe) script. rerum Lusaticarum. XI. 317.

MANLIUS (Jacques) chron. episcopatus Constantiensis. XI. 175. epistola duorum actuum, &c. 186. de majorum Maximiliani II monumentis, &c. XI. 232.

MANLIUS (R.) comment. de rebellione Anglicana. XIII. 470 & 479.

Mann ; de Mona insula. XIII. 452.

MANNA (Elisée della) victoria Cremonensium. XI. 399.

Manne sacrée d'Arras. XIII. 51.

MANNI ; istoria de gli anni santi. X. 263. notæ ad Ursum. XI. 401. osservazioni sopra i sigli antichi de secoli bassi. XIV. 344. vie d'Alde Manuce. 404.

MANOEL da Esperança ; historia serafica. X. 380.

Manosque ; hist. de cette ville. XIII. 165.

MANRIQUE (Ange) annales Cistercienses. X. 351. vida de Anna de Jesus. 375.

MANRIQUE (Donna Maria de Guevara) me-

morial de la casa de Escalante. XIV. 272.

MANRIQUE (Pedro) son voyage en France. XIII. 369.

MANRIQUE (P. Séb.) ses missions. XIV. 107.

le *Mans*; hist. de cette ville. XIII. 91. observ. sur les actes de ses évêques. XIV. 475.

Mansfeld; chronique de Mansfeld. XI. 510. carte de son comté. X. 72.

MANSFELD (Charles de) de Canonicorum origine & vita. X. 416.

Mansfeld; expédit. du comte de Mansfeld en France. XII. 260 & *suiv.*

MANSI (le P.) édit. des annal. de Torniel. X. 150. notæ in Baronium, &c. 231. concilia. 242. de epochis concil. Sardicensis & Sirmiensium. 243. martyrolog. Hieronymianum. 275. mém. sur la comtesse Mathilde. XI. 501. Baluzii Miscellanea. XIV. 519.

MANSONI; Cæsenæ chronologia. XI. 373 & 450.

MANTALBANI; antiq. de Bologne. XI. 451.

Mantale; concile tenu en cette ville. XII. 49.

MANTEL (Jean) hist. Lossensis. XI. 290. & XIII. 314.

Mantouan; cartes. X. 89.

Mantoue; auteurs sur la ville & le duché de Mantoue. XI. 395 & 563. droits de la maison de Mantoue sur le Montferrat. 585.

Mantoue; université de cette ville. XIV. 388.

MANTUA (Marc) epitome virorum illustrium. XIV. 55.

Mantua (Giovan. Buono) sa vie. X. 429.

MANTUANO (Pedro) observ. sur l'histoire de Mariana. XIII. 338. casamientos de España y Francia, &c. XIV. 274. seguro de Tordesillas. 281.

MANUCE (Alde) de cælatura & pictura veterum. XI. 51. notæ ad Jul. Cæsarem. 69. de Toga. 99. de Tunica. *ibid.* vie de Cosme de Médicis. 507. vie de Castruccio Castracani. 575. *sa vie.* XIV. 404.

MANUCE (Paul) de civitate Romana. XI. 94. de comitiis Roman. *ibid.* de legibus romanis. 95. de legibus & de senatu. 109.

MANUCE (Alde) le jeune; comment. sur les lettres de Cicéron à Atticus. XI. 73.

MANUCIIS (J. Petr.) Transylvaniæ descript. XI. 354.

Manuel Comnène, empereur de C. P. son hist. XI. 137.

MANUEL Chrysoloras; de Roma nova. XI. 124.

MANUEL (Franc.) apanaphoras. XIII. 430.

MANUEL (Don Juan) el conde Lucanor. XIV. 271.

S. *Manvieu* (*Manvaus*) év. de Bayeux; sa vie. XII. 72.

MANZINI (Louis) le Bataglie d'Israele. X. 200.

MANZINI; réception de Henri III à Venise. XIII. 140.

MANZUOLI; descript. d'Istrie. XI. 545.

MAPELELLUS, nom corrompu; *v.* MAPELLO.

MAPELLO (Jean) son édit. du livre des Conformités. X. 388.

Mappemondes. X. 62 & *suiv.* — *Mappemonde historique*. 112.

MARA (Guill. de) epistolæ & carmina. XII. 357.

MARACCI (Hippolite) vindicatio Stæ. Catharlinæ Senensis. X. 402.

MARACCI (Louis) vie du P. Jean Léonard. X. 439. Alcoranus. XIV. 95.

MARAFIOTI; chron. & antiq. de Calabre. XI. 480 & *suiv.*

Maragnon; *v.* riviere des *Amazones*.

MARAIS (Regnier des) démélés de la cour de France avec celle de Rome. XII. 321. descript. du monument érigé à la gloire du roi. 331.

MARALDI; la France en généralités. XII. 3.

MARANA; congiura di Rafaello della Torre. XI. 572. l'Espion du Grand Seigneur. XII. 327. les événemens du régne de Louis le Grand. 332.

MARANGONI; delle cose gentilische, &c. X. 263. memorie sacre e profane del anfiteatro Flavio, detto il Colosseo. XI. 114. chronique de Pise. 401.

MARANTA (Scip.) expostulatio in Germonium. XIII. 233.

Marathon; date de la bataille de. XIV. 468.

MARAVIGLIA ; vaticinia gloriæ Bavaricæ. XI. 261.

Marbres d'Oxford. XIV. 333 supplément. 334. observ. sur la chronique qu'ils contiennent. 484 & 492. — *Marbre de Sandwick.* 334.

S. *Marc* ; sa vie. X. 215.

MARC *de Guadalaxara* (le P.) contin. de l'hist. des papes. XIII. 358.

MARC *de Lisbone* ; chronica dos Menores. X. 379 *& suiv.*

Marc-Aurele, emp. sa vie. XI. 92. sa colonne. XI. 97, 114. & XIV. 332.

MARCA (Pierre de) relations au sujet des cinq Propositions. X. 251. de tempore quo in Galliis suscepta est Christi fides. XII. 383. de prim. Lugdunensi. XIII. 115. hist. de Béarn. 133. Marca Hispanica. 383. *sa vie.* XIV. 404.

MARCA (C. Luminæus à) duces Burgundiæ. XIII. 104.

MARCASSUS (Pierre) hist. Grecque. XI. 40.

S. *Marcel* & S. *Anastase*, martyrs. XII. 76.

Marcel II, pape ; sa vie. XI. 430.

MARCEL (Guill.) différentes tablettes chronologiques. X. 114. Hist. des Gaules. XII. 10. hist. de France. 96.

MARCEL (Pierre) hist. des doges de Venise. XI. 528.

MARCEL (P.) vie de S. Romain. XIII. 68.

MARCEL de Pise ; annales Capucinorum. X. 385.

Ste. *Marcelle* ; sa vie. X. 326.

MARCELLIN, comte ; sa chronique. X. 132 & 156.

MARCHAIS (des) voyage en Guinée. XIV. 141.

MARCHAND (Prosper) histoire de l'Imprimerie. XIV. 365. édition du diction. de Bayle. 409. dictionaire historique. 410.

MARCHANTIUS (Jacques) Flandria. XIII. 276. de rebus Flandriæ. 277.

Marche ; mém. sur le collége de la Marche. XIII. 31 *& suiv.*

MARCHE (Oliv. de la) sur les duels. XIII. 255. ses mémoires. 277 & 322.

MARCHESE (le P.) vie

de S. Pierre d'Alcantara. X. 392.

Marchese (Dom. Maria) sacro Diario Domenicano. X. 396.

Marchesi (Franç.) Clypeus fortium. XI. 423.

Marchesi (François) de antiqua Gallias inter & Hispan. communione. XIII. 208.

Marchesi (George) hist. de Forli. XI. 373 & 450. hommes illustr. de Forli. 450.

Marchesi (Sigism.) supplément à l'hist. de Forli. XI. 450.

Marchetus (Jac. Bas.) de Morini & Hesdini expugnatione. XI. 170.

Marchetti (Franç.) vie de M. Gault. XIII. 161. négoce des gentilshommes de Marseille. 163. coutumes des Marseillois. *ibid.*

Marciano; mémoires hist. de la congrég. de l'Oratoire. X. 409.

S. *Marcien*; actes de son martyr. X. 269.

Marcio (Fr.) hist. de Tivoli. XI. 440.

Marcion; origine de son hérésie. XIV. 520.

Marck; carte. 74. auteurs sur le comté de ce nom. XI. 290 & *suiv.* chronicon comitum de Marca & Altena. 192.

Marcolini (Franc.) origine des Barbares qui ont détruit l'empire Romain. XI. 149 & 518.

S. *Marcoul*; pélerinage des rois de France à son tombeau. XIII. 189.

Marcoussy; recherch. sur cette ville, &c. XIII. 39.

Marculfe; formulæ. XII. 123 & 130.

Mardick; lettre sur la remise de cette ville aux Anglois. XII. 518.

Mare (Nicolas de la) descript. de Paris. XIII. 3. mém. pour les officiers du Châtelet. 7. traité de la police. XIII. 120.

Mare (Philib. de la) commentar. de bello Burgundico. XII. 277. historicorum Burgundiæ conspectus. XIII. 101.

Maréchaux de France. XIII. 225, 226. — *Maréchal* en Pologne. XIV. 40.

Maréchal (Nicol.) annales Herulorum & Vandalorum. XI. 152 & 505.

Marée; conformités

du disciple avec son maître. X. 390.

MARESCHAL (J.) hist. du marquis de S. André Montbrun. XII. 373.

MARESCHAUX; factum pour la Faculté de Médecine. XIII. 28. pour le collége de Ste. Barbe. 32.

Marescotti (Galeazzo) sa vie. XI. 455.

MARESIUS; Joanna papissa restituta. XI. 424. vindiciæ. XIII. 315.

MARET; éloge de Rameau. XIV. 360.

MARETTES (le Brun des) concord. libr. regum & paralip. X. 211. Lactantii opera omnia. 271.

MAREUIL (Pierre de) vie de Jeanne de Valois. XII. 356.

Marganenses annales. XIII. 439.

MARGARIN (Corn.) bullarium Cassinense. X. 336.

MARGARIN (Jean) Paralipomenon Hispaniæ. XIII. 329.

MARGERET; état de l'empire de Russie. XIV. 64.

Margitès d'Homere. XIV. 500.

MARGON (l'abbé de) hist. du duc de Villars. XII. 340. du maréchal de Bervick. *ibid.*

La B. *Marguerite*; sa vie. X. 437.

La B *Marguerite*, duchesse de Savoie; sa vie. XI. 577.

Marguerite, sœur de l'emp. Henri VII; sa vie. XI. 221.

Marguerite; son mariage avec S. Louis. XII. 61.

MARGUERITE de Valois, reine de France; ses mémoires. XII. 217.

Marguerite, femme de René, duc d'Alençon; son testament. XII. 85.

Marguerite d'Autriche, reine d'Espagne; son mariage. XIII. 349. sa vie. *ibid.*

Marguerite de Bourgogne, comtesse de Tonnerre; sa vie. XII. 352.

MARGUERITE, duchesse de Neucastle; vie du duc son mari. XIII. 315.

Marguerite de Valois, duchesse d'Alençon; sa vie. XII. 356.

MARI (J. Bapt.) Petri Diaconi de viris illustr. Cassinensibus opusc. X. 336. & XI. 385.

MARI NIGRI (Dom.) Siciliæ descript. XI. 374.

Maria Crocifissa della Concezzione; sa vie. X. 366.

S. *Mariac*, ermite. XII. 77.

Mariage; différ. traités sur les mariages des anciens. XI. 49. — *Mariage* chez les Romains. XI. 102 & 110. — *Mariage* des anciens Suédois. XIV. 20. — *Mariages* des rois de France. XIII. 247 *& suiv.* Gamologia personarum imperii illustrium. XI. 343.

MARIANA (Jean) des défauts du gouvern. des Jésuites. X. 464. hist. d'Espagne. XIII. 331 & 333. différentes éditions. 337. traductions. 338. critiques. *ibid. & suiv.*

MARIANI (Franç.) év. de Viterbe. XI. 440. de Etruria metropoli. 441.

MARIANI (Michel-Ange) hist. de Trente. XI. 253.

Mariannes; histoire de ces Iles. XIV. 114.

MARIANO; discendenza di casa Landi. XIV. 222.

MARIANUS *Scotus*; chronicon. X. 137. & XI. 203.

Marie; poème des trois Maries. XIV. 455.

Ste. *Marie des Champs* de Foligno; hist. de ce monastere. X. 365.

Ste *Marie* Egyptienne; sa vie. X. 326.

Ste. *Marie* dell'Impruneta; son image miraculeuse. XI. 510.

Ste. *Marie Majeure*; descript. de cette église. XI. 438.

Ste. *Marie des Miracles*; hist. de cette église. XI. 531 *& suiv.*

Ste. *Marie la Neuve* à Montréal; hist. de cette église. XI. 497.

Ste. *Marie* di Provenzano, de Sienne. XI. 512.

Ste. *Marie de la Santé*; hommes illustres de cette congrégation. X. 400.

Marie d'Aragon; examen de son histoire. XIV. 485.

Marie, fille de Charles-Quint; sa vie. XIII. 346.

Marie d'Angleterre, reine de France; son entrée à Paris. XIII. 239.

MARIE d'Angleterre, femme de Louis XII. lettre sur le trépas du roi. XII. 156.

Marie-Thérèse d'Autriche, reine de France; sa vie. XII. 374.

Marie-

Marie-Thérèse d'Autriche, reine de France; ses funérailles. XIII. 250.

Marie-Anne d'Autriche, reine d'Espagne; son voyage. XIII. 349.

Marie-Louise, reine d'Espagne; son mariage avec Charles II. XIII. 352.

Marie, reine d'Angleterre; auteurs sur son régne. XIII. 452, 460, 465.

Marie Stuart, reine d'Ecosse; ses lettres. XIII. 463. ses droits à la couronne d'Angleterre. 507 & 521. auteurs qui ont écrit sa vie & sa mort. 519 & *suiv*.

Marie Stuart, princesse d'Orange, reine d'Angleterre; sa vie. XIII. 486.

Marie de Savoye; sa vie. XIII. 426.

Marie-Adélaïde de Savoye; ses aïeux. XI. 578.

Marie-Agnès de Jésus; sa vie. X. 376.

Marie-Anne de S. Joseph; sa vie. X. 450.

Sœur *Marie de l'Incarnation*; sa vie. X. 376.

Marie-Magdeléne de la Trinité; sa vie. X. 446.

Sœur *Marie du S. Sacrement*; sa vie. X. 376.

MARIE de Naples; de academ. Mantuana. XIV. 388.

MARIE; vies des Peres. X 289.

Marienbeck; chron. de cette congregat. XI. 195.

Marienburg; ses environs. X. 68.

Marienthal; chronique de ce monastere. XI. 194.

MARIER; bibliotheca Cluniacensis. X. 345. hist. monast. S. Martini à Campis. 348. Martiniana. *ibid*.

MARIETA (Juan de) hist. des Saints d'Espagne. XIII. 354. archev. de Toléde. 368.

MARIETTE de la Pagerie; carte du diocèse de Coutances. X. 85.

Marignan; descript. de la bataille de Marignan. XII. 359 lettre de François I sur la défaite des Suisses. 159.

MARIGNY; divertissemens donnés par le roi. XIII. 146.

MARIGNI (l'abbé de) mémoires sur les Arabes. XIV. 93.

Mariland; carte. X. 96.

Marillac (Charles de) disc. sur la rupture de la trève. XII. 166.

Marillac (Gilb. de) vie du connétable de Bourbon. XII. 359.

Marillac (M. de) institution des Carmelites en France. X. 376.

Marillac; procès de ce maréchal. XII. 273. observations. 274.

Marin de Sicile; *v.* Lucius Marinæus.

Marin; hist. de Saladin. XIV. 94.

Marine; traités sur la marine des anciens. XI. 53, 105 & 119. hist. de la marine. XIV. 350.

Ste. *Marine*; sa vie. X. 326. hist. de la paroisse qui, à Paris, est sous son invocation. XIII. 9.

Marinho d'Azévédo; guerre d'Alentejo. XIII. 413. hist. de Lisbone. 428.

Marini (J. B.) della citta di San-Leo. XI. 456.

Marini (Simon) vies des BB. Marguerite & Gentile, & du P. D. Jérome. X. 437.

Marinis (Jérome de) Genuæ descriptio. XI. 364 & 568.

Marino (Lelio) vie du pape S. Célestin. X. 364.

Mariscottus (Agesilaüs) de personis & larvis. XI. 101.

Marius d'Avenche; sa chronique. XII. 36. mém. sur cet évêque. XIV. 512.

Marivaux (Jér. Lacoux de) vie de la m. Marie Alvequin. X. 431.

Mariz (Pedro de) hist. de Bonaventura de S. Joao de Sahagum. XIII. 371 & *suiv.* dialogos de varia historia. 430.

Marlborough (le duc de) son hist. militaire. XI. 245. écrits concernant ce duc & la duchesse sa femme. XIII. 487, 488.

Marlian (Aloys.) oratio. XI. 167. de Bataviæ laudibus. XIII. 288.

Marlian (Barth.) de origine urbis Romæ, &c. XI. 76. urbis Romæ topographia. 96 & 111.

Marlianus (Raym.) descript. de la Gaule. XII. 5.

Marlot; metropolis Remensis historia. XIII. 56. tombeau de S. Remi.

ibid. le théatre d'honneur, &c. XIII. 235 & *suiv.*
Marly; description. XIII. 3 & 37.
MARMET de Val-Croissant; la maison de S. Auspice. XIII. 164.
MARMOL; description de l'Afrique. X. 44. & XIV. 136. la rebellion & castigo de los Moriscos. XIII. 390.
MARMORA; hist. de Corfou. XI. 545.
Marmoutiers; hist. de cette abbaye. XIII. 86.
MARNAVITIO (J. TOMCO) sacra columba. X. 416.
MARNE (J. B. de) hist. du comté de Namur. XIII. 286.
MARNES (Ant. de) moyens de rétablir la république Lyonoise. XIII. 117.
Maroc; descript. & hist. de ce royaume. X. 44. & XIV. 95 & 138 & *suiv.*
MAROLLES (Mich. de) constitutions de l'ordre de la Conception immaculée. X. 485. hist. Romaine. XI. 79. traduction d'Ammien Marcellin. 90. hist. des rois de France. XII. 94. hist. de France, traduite de Grégoire de Tours. 116. hist. des comtes d'Anjou. XIII. 89. ses mémoires. 259.
Maronites; dissertation sur leur origine, &c. XIV. 91.
MAROT (Jean) voyages de Gènes & de Venise XII. 155.
Marot (Louis) ses aventures. XIV. 84.
Marpurg; éloge de cette ville. XI. 276.
MARQUEZ (Jean) origine des Hermites de S. Augustin. X. 416.
MARRA (Ferrante della) famiglie imparentate con la casa della Marra. XIV. 224.
MARRONI; de episcopis Sabiniensibus. XI. 443. de ecclesia & episcopis Papiensibus. 560.
MARS (Simon) vie de la sœur Jeanne de Jesus. X. 394.
Marsal; Briquetage de Marsal. XIII. 186. & XIV. 330.
Marseille; de republ. Massiliensium. XI. 43. Massilia, ejus situs, respublica, &c. 46. hist. de cette ville & de son église XIII. 159 & *suiv.*
MARSELAER; legatus. X. 108.

Marses; historia Marsorum. XI. 372. 481. de viris illustribus Marsorum. 482.

Marshall; tabulæ chronologicæ. X. 114.

Marsham; canon chronicus. X. 152. diatriba chronologica 185.

Marsigli (Jean) de controversia inter Paulum & rempubl. Venetam. XI. 527. examen des écrits publiés sur ce différend. *ibid.*

Marsigli (Louis-Ferd.) observat. sur le Bosphore de Thrace. XI. 123. & XIV. 69. opus Danubiale. XI. 345. état militaire de l'empire Ottoman. XIV. 76.

Marsile de Padoue; de translatione imperii. XI. 214. defensor pacis. 223.

Marsilius (Theod.) de laudibus Galliæ. XII. 10.

Marsolier; origine de l'Inquisition. X. 317. vie de l'abbé de Rancé. 356. vie de S. François de Sales. 443. —de Mde. de Chantal. 444. hist. du duc de Bouillon. XII. 364. du card. Ximénès. XIII. 440. de Henri VII. 459.

Marsy (le sieur de) mém. de Charles I. XIII. 471.

Marsy (l'abbé de) hist. des Chinois, &c. XIV. 81.

Marteau de S. Gatien; paradis de la Touraine. XIII. 86.

Martel (le sieur de) réponse, &c. XIII. 142.

Martel (Jérome) modo de tener cortes en Aragon. XIII. 376.

Marteliere (Pierre de la) plaidoyer pour l'Université. XIII. 21.

Martene (Edmond) de antiquis monachor. ritibus. X. 325. annales ord. S. Benedicti. 353. Stabulensis monast. jura propugnata. XI. 293. veterum scriptorum collectio. XII. 87. thesaurus novus anecdoctorum. 88 vet. scriptorum ampl. collectio. 89. voyage littéraire. XIV. 519.

Martens (Frédéric) viaggio di Spizberga, &c. XIV. 32 & 174.

S. *Martial*, apôtre des Gaules; sa vie. XIII. 129.

S. *Martial* de Limoge; hist. des abbés de ce monastere. XII. 74.

Martial de Paris,

dit *d'Auvergne* ; les Vigiles de Charles VII. XII. 145.

MARTIAL DE S. JEAN-BAPT. biblioth. Carmelitarum excalceat. XIV. 379.

MARTIANAY (D.) défense du texte hébreu. X. 180. vie de S. Jérome. 291.

MARTIANO ; siége d'Otrante par les Turcs. XI. 482.

S. *Martin*, évêque de Tours ; divers écrits sur sa vie. XIII. 86 & *suiv.* priviléges de l'église de S. Martin. 87. de funere S. Martini à S. Ambrosio celebrato. 359. de reversione corporis S. Martini à Burgundia. X. 346. de la châpe de S. Martin. XIII. 255.

S. *Martin des Champs*; hist. de ce monastere. X. 348.

S. *Martin de Scalis*, à Palerme ; hist. de ce monastere. XI. 494.

S. *Martin* de Tournai ; hist. de cette abbaye. XII. 87.

MARTIN IV, pape ; ses lettres. XII. 64.

MARTIN de Cordoue ; sa chronique. XIII. 335.

MARTIN DE LA CRUZ ; España restaurada en Aragon. XIII. 379.

MARTIN de S. Joseph ; vie de S. François & de S. Pierre d'Alcantara. X. 391.

MARTIN *Polonois* ; sa chronique. X. 137, 140, 141. & XI. 198.

MARTIN DE VISCAIE ; sur la mérindade de S. Jean Pied de Port. XIII. 393.

MARTIN (Corneille) généalogie des anciens comtes de Flandre. XIV. 261.

MARTIN (Guill.) hist. regum Anglorum. XIII. 448.

MARTIN (D. Jacque) explic. de divers monum. de la religion des anc. peuples. X. 100. religion des Gaulois. XII. 7 & *s.* hist. des Gaules. 9. éclaircissemens sur les origines Celtiques & Gauloises. 12.

MARTIN (F. Jean) légende de S. Dominique. X. 396.

MARTIN (Simon) vies des saints. X. 286.

MARTIN ; hist. de l'ancien & du nouv. Testament. X. 201.

MARTINEAU *du Plessis* ; géographie. X. 34.

Martineau (le P.) vertus de Louis de France. XII. 377.

Martinelli (Augustin) stato del Ponte-Felice. XI 541.

Martinelli (Dominique) il ritratto di Venezia. XI. 517.

Martinelli (Fioravente) Roma ricercata. XI. 415. trofeo nella S. Croce. 432. Carbognano illustrata. 441.

Martinengo; guerre de Provence. XIII. 155.

Martinez Coria (Diégo) manuale de Terceros de Carmeno. X. 376.

Martinez (J. Briz) antiguedades de S. Juan de la Peña. XIII. 382. lettre sur une histoire de Navarre. 392. hist. de S. Juan de la Peña. 393.

Martinez (Martin) apologia por S. Millan de la Cogolla. XIII. 355.

Martinez (P. Louis) origines du royaume d'Aragon. XIII. 377.

Martinez *del Villar*; hist. de Catalayud. XIII. 382.

Martini (Joseph) hist. de Pise. XI. 512.

Martini (Martin) hist. de la guerre des Tartares. XIV. 111. China illustrata. 118. Sinicæ historiæ decas. 120. état du Christianisme à la Chine. 124.

Martini (Nicolas) libertas Aquilæ. XIII. 204.

Martiniere (de la) traduction de Justin. X. 118.

Martiniere (le Sr. de la) voyage des pays septentrionaux. XIV. 1.

Martiniere (Bruzen de la) son édition de la géographie de Cluvier. X. 33. dictionaire géographique. 51. *Essais de critique sur ce dictionaire*. 173. éditions de l'Introduction à l'Hist. de Pufendorff. 174, 175. la Hongrie & le Danube du comte Marsigli. XI. 346. hist. de Louis le Grand. XII. 285.

Martinique; carte. X. 97. établissement des François en cette île. XIV. 171.

Martius (François) hist. Tiburtina. XI. 370.

Martignac; éloges des archevêques de Paris. XIII. 13.

Martorel (Franç.) hist. de Tortose. XIII. 386.

MARTORELLI (Louis) hist. d'Osimo. XI. 441. hist. de N. D. de Lorete. 446.

MARTYR (Pierre) de novo orbe. X. 45. & XIV. 147. legatio Babylonica. XI. 2 & 3. opus epistolarum. XIII. 345. historia Palestinorum, &c. XIV. 87. relation d'Egypte. 133.

MARTYR-RIZZO; mort du roi de France. XII. 245. hist. du duc de Biron. 364. histoire des guerres de Flandre. XIII. 294. hist. de Cuença. 372.

Martyrs; actes des Martyrs. X. 268 & *suiv.*

Martyrs Vaudois, Protestans, Calvinistes. X. 305 & *suiv.* 311, 313.

Martyrologe; différens martyrologes. X. 273 & *suiv.* — *Martyrologe* de Baronius. X. 270. — *Martyrologe Romain.* 269, 273, 275 & *suiv.* — *Martyrologium* SS. ordinis S. Benedicti. X. 337. — *Martyrologium* Franciscanum. 387. — *Martyrologe* de France. XII. 383. — *Martyrologe* attribué à S. Jérome. XII. 84. — de Wandalbert. 85. — *Martyrologe* d'Espagne. XIII. 361.

MARUCCI; grandezze di Roma. XI. 415.

MARUCINI; Bassanum. XI. 373.

MARULI; vies des grands maîtres de Malte. X. 478.

MARZARI; hist. de Vicenze. XI. 537.

MARZOLACCIO; description de Bonifacio. XI. 575.

Masanielle; hist. de sa révolte. XI. 470.

MASBEL; hist. de Sicile. XI. 493.

MASCAMBRUNI (Annibal) differt. de corpore S. Bartholomæi. XI. 488.

MASCARDI; dell'arte historica. X. 4. conjuration de Fiesque. XI. 571 & *suiv.*

MASCARENAS (Giro) vita de Raymundo. X. 480.

MASCARENAS (J. Jérome) voyage de la reine Marie-Anne d'Autriche. XIII. 349 & *suiv.* hist. de S. Raimond, fondateur de l'ordre de Calatrava. 364. apologie de cet ordre. *ibid.* guerre de D. Juan d'Autriche en Portugal. 424.

MASCARON (Pierre-Ant.) relation, &c. XII. 277.

MASCLARIS; traduct. d'une partie de l'hist. de Venise. XI. 522.

MASCOVIUS; de rebus imperii à Conrado I, &c. XI. 216. de rebus imper. sub Lothario II & Conrado III. 118.

MASCRIER (l'abbé le) cérémonies religieuses. X. 101. vie de M. Fourmont l'aîné. XI. 14. traduct. de M. de Thou. XII. 216. description de l'Egypte. XIV. 133.

MASCULUS (J. B.) de incendio Vesuvii. XI. 477.

Mascurat. XII. 303.

Maselli; sa vie. XIV. 387.

MASENIUS; palestra styli romani. XI. 108. anima hist. hujus temporis. 230. antiq. & annales Trevirenses. 284.

MASINI (Fr.) sur l'obélisque, &c. XI. 431.

MASINI (Paolo) Bologna perlustrata. XI. 453.

MASIUS; antiquités de Mecklenbourg. XI. 303. dieux des Obotrites. *ibid.*

Masques & habits de théâtre des anciens. XI. 101. & XIV. 427.

Massa; descrizione della citta di Massa Lubrense. XI. 480.

MASSA (Ant.) de rebus Faliscorum. XI. 370 & 442.

MASSA (Jean-André) la Sicilia in prospettiva. XI. 488.

MASSAC; panégyrique d'Orléans. XIII. 81.

MASSE (L.) statuta Provinciæ. XIII. 151.

MASSÉ; carte d'Aunis. X. 81.

MASSÉE; chronicon. X. 144. évêques de Cambrai. XIII. 53.

MASSEVILLE; hist. de Normandie. XIII. 65.

MASSIAC (M. de) mémoires. XII. 333. faits mémorables. 339.

MASSIEU (l'abbé) hist. de la poésie françoise. XIV. 358. ses ouvrages insérés dans les mém. de l'académie des Inscriptions. XIV. 418, 419, 426, 427, 428, 430, 431, 436. *son éloge*. 433.

MASSON (Innocent) explic. de quelques endroits des anciens statuts des Chartreux. X. 405.

MASSON (Papire) vie de J. Calvin. X. 312. voyez GILLOT (Jacques) vies des papes. XI. 382, 410. elogia ducum Sabaudiæ. 577. notitia episcopatuum Galliæ. XII. 22 & 35. descript. fluminum Galliæ. 22. judicium de libello Hotomani. 29. hist. calamitatum Galliæ. 35. annales de France. 93. hist. vitæ Caroli IX, Franc. regis. 188. vie de Jean, comte d'Angoulême. 355. de statu Andegavensis academiæ. XIII. 91. Arverni Municipii descriptio. 119. Christophori & Aug. Thuanorum elogia. 217, 218. cérémonies du baptême de Louis XIII. 248. tumulus Claudii Puteani. XIV. 406. *vie de Papire Masson.* 404.

MASSON (Jean) vie de Pline le jeune. XI. 92. histoire de Jeanne d'Arc. XII. 144. édit. de l'hist. de la vie de Louis II, duc de Bourbon. 354. vie de S. Exupere. XIII. 69.

MASSON (l'abbé le) traduction de Salluste. XI. 68.

MASSONIO (Salvadore) origine de la ville d'Aquila. XI. 480.

MASSUET (D. René) de S. Irenæi vita & scriptis. XIII. 116.

MASSUET; hist. de la guerre présente. XII. 340 & *suiv.* vie du prince Eugène. XI. 244.

MASTEL; menologium Viridivallis. X. 422.

Mastricht; son évêché. XIII. 285. relat. de la campagne de Mastricht. XII. 343. bataille. *ibid.*

MATAMORE; de academiis & doctis viris Hispaniæ. XIII. 331.

MATASILANI; la felicita di Cosimo Medici. XI. 507.

Matel (Jeanne Chezard de) sa vie. X. 446.

MATENESIUS; de electione & coronat. Ferdinandi II. XI. 232.

MATHAREL; ad Franco-Galliam responsio. XII. 29.

MATHAS; recherches des connétables, &c. XIII. 226.

MATHEACCI; jus Venetum in Mare Adriaticum. XI. 534.

Mathématiques; histoire des Mathématiques. XIV. 349.

Mathilde (la comtesse) différens auteurs qui ont écrit sa vie. XI. 384, 406 & 501.

Mathilde, femme de Guillaume le Conquérant. XIII. 64.

Mathilde; de Mathilda abbatissa Quedlinburgensi. XI. 116.

MATHOU; de Senonum origine christiana. XIII. 58.

MATHURIN *de Pigner*; opus triplex pro Carmelis. X. 370.

Matignon (Jacq. de) histoire de sa vie. XII. 363.

MATINA (Leone) ducalis regiæ Lavarium. XI. 528.

MATTEI (le P.) édit. de la vie du pape Nicolas IV. XI. 427. Tusculum antiq. 370 & 446.

MATTESSILLAN (Marie) guerres des Guelfes & des Gibelins. XI. 407.

S. *Matthias*, apôtre; sa vie. X. 225.

Matthias, empereur; historiens de son régne. XI. 231 *& suiv.*

MATTHIAS, roi de Hongrie; sa lettre à Albert, duc de Baviere. XI. 256.

Matthias Corvin, roi de Hongrie; discours de ses ambassadeurs. XI. 183, 184.

MATTHIAS de Michovia; de Sarmatia. XIV. 41. chronica Polonorum. 42 & 46. Moscovia. 62.

MATTHIAS (Christ.) theatrum historicum. X. 124.

MATTHEI (Jean) de rer. inventoribus. XIV. 346.

MATTHEIS (Ant. Felice) Sardinia sacra. XI. 587.

MATTHIEU PARIS; hist. major. XIII. 454 *& suiv.*

MATTHIEU (Antoine) observ. sur la vie de Philippe de Bourgogne. XIII. 105. fundationes, &c. 315. de rebus Ultrajectinis. *ibid.* rerum Amerfortiarum scriptores. *ibid.* chron. ducum Brabantiæ. 283. veteris ævi analecta. 316. de nobilitate. XIV. 192.

MATTHIEU (Pierre) vie de S. Louis. XII. 134. hist. de Louis XI, roi de France. 149. hist. des derniers troubles. 255. guerres entre les m. de France & d'Autriche. 256. hist. de France

sous Henri IV. 243. hist. de la mort de ce prince. 245. hist. de France sous les régnes de François I. —— & Louis XIII. 248. réjouissances de la ville de Lyon. XIII. 241. entrée de la reine à Lyon. *ibid.* hist. des guerres de Flandre. 294.

MATTHIEU DE S. JEAN (le P.) hist. de l'ordre des Carmes. X. 368.

MATTHIEU *de Westminster*; flores historiarum. XIII. 443 & 456.

MATTHU y SANZ (Lorenzo) cortes generales de Valencia. XIII. 388.

MATY; diction. géographique. X. 50.

Maubec; hist. de cette maison. XIV. 244.

MAUBERT; hist. politique du siécle. X. 107. testament politique du cardinal Albéroni. XIII. 353.

MAUCROIX; abrégé de l'Histoire univ. trad. du P. Petau. X. 122. Lactance, de la mort des persécuteurs. 272. hist. du schisme d'Angleterre. XIII. 495.

MAUDAVE (le chev. de) mém. du marquis de Saint-Philippe. XIII. 353.

MAUGUIN; de gratia & prædestinat. opera & fragmenta. X. 149.

MAULÉON (Auger de) lettres de Paul de Foix. XII. 194.

MAUNDRELL; voyage d'Alep à Jérusalem. XIV. 189.

MAUPARTY (Hubert de) hist. du Quillotisme. X. 237.

MAUPEOU (de) vie de l'abbé de Rancé. X. 356.

MAUPERTUY; *voyez* DROUET DE MAUPERTUY.

S. *Maur*; congrégat. de S. Maur. X. 337 & *s.* son hist. littéraire. XIV. 377.

Maures; leur entrée en Espagne. XIII. 343. leurs guerres; leur expulsion, &c. 388, 389 & *suiv.*

Maures d'Afrique. XIV. 118, 119 & *suiv.*

S. *Maurice*; v. *Légion Thébéenne.*

S. *Maurice*; ordre de S. Maurice & de S. Lazare. X. 483. ses priviléges. XI. 578 & *suiv.*

Maurice, emp. de C. P. histoire de son régne. XI. 142.

Maurice, duc de Saxe; narratio de causis

Smalkaldici fœderis. XI. 169. de ejus investitura. 170. pugna cum Alberto. *ibid.* epigramm. & oratio de ejus obitu. *ibid.* de ejus vita. 189. ses guerres avec Charles-Quint. 229.

Maurice, électeur de Saxe. XI. 310.

Maurice, prince d'Orange. XIII. 299, 301, 323.

Maurice, comte de Saxe; ses campagnes. XII. 344. hist. de sa vie. *ibid.*

MAURICE (Jean-Bapt.) le blazon des chevaliers de la Toison d'Or. XIV. 202.

MAURICE *de la Mere de Dieu*; sacra Eremus Augustiniana. X. 429.

Maurienne; auteurs sur cette ville & sur son évêché. XI. 576.

MAURIER (Aubery du) mémoires. XI. 306.

MAURIER; *voyez* AUBERT.

S. *Maurille*; sa vie. XIII. 89, 90.

MAURISIO (Gérard) Dom. de Romano, &c. historia. XI. 367. de gestis Eccelini de Romano. 386 & 417. chronicon. 517.

MAURO (Giacomo) traduction de l'hist. de J. Jovien Pontanus. XI. 469. de celle de Barth. Facio. *ibid.*

MAURO (Lucio) trad. de l'hist. des Indes. XIV. 152.

MAUROLICO (Sylv.) istoria sagra. X. 323.

MAUROLYCUS (Fr.) martyrologium. X. 275. Sicanicarum rerum compendium. XI. 375 & 492. Siciliæ topographia. 489. apologia. *ibid.* sa vie. 492.

MAUROY; vie de M. de la Valette. XII. 365.

MAURUS (Hartm.) electio & coronatio Caroli V imper. XI. 225.

Mausole; dissert. sur son tombeau. XIV. 492.

Mausolée; v. *Sépulcre*.

MAUSONI (Louis) vie de S. François Xavier. X. 456.

MAUSSAC; son édit. des œuvres de Plutarque. XI. 32.

MAUVILLON; hist. de la derniere guerre de Bohême. XII. 343.

Maxence; sur le nom du général de ses troupes. XIV. 446.

S. *Maxent*, près Saint-

Malo ; sa fondation. XIII. 79.

Maxime de Saragoce ; contin. chronici Dextri. X. 156 & XIII. 556.

Maximien ; son panégyrique. XI. 128.

Maximilien I, empereur ; historiens de son régne. XI. 224, 225. écrits relatifs à l'hist. de son régne dans Fréher. XI. 182, 185, 186, 187.

—— *Maximilien II ;* son élection & son couronnement. XI. 171, 172. historiens de son régne. 231, 232.

Maximilien Emanuel, électeur de Baviere ; ejus fortitudo. XI. 263.

S. *Maximin* de Trèves ; abbaye. XI. 285.

May (Louis du) sa Science des princes. X. 104. état de l'empire. XI. 164. auvertimenti. 86. causes de la guerre de Hongrie. 150. guerres de Transylvanie & Hongrie. *ibid.* l'Avocat condamné. XIII. 204.

May (Th.) hist. du Parlement d'Angleterre. XIII. 468.

Mayence ; cartes. X. 75. états de l'électeur de Mayence. XI. 281 & *suiv.* chronic. Moguntiacum. 176, 177 & 220.

Mayenne (le duc de) sa vie. XII. 351.

Mayenne (le duc de) son ambassade en Espagne. XIII. 242.

Mayer (Matthieu) Roma septicollis. XI. 415.

Mayer (Tobie) ses cartes. X. 68.

Mayer (Wolf) hist. magni miraculi Anglicani. XIII. 465.

Maerberg ; voyage en Moscovie. XIV. 64.

Mayern (J. B.) chronicon Salisburgense. XI. 263.

Mayerne-Turquet ; hist. de Navarre. XIII. 132.

Mayeux (François) mém. pour les ducs & pairs. XIII. 224.

Maynier (B. de) hist. de la principale noblesse de Provence. XIV. 255.

Mazarin (le card.) écrits sur son ministere. XII. 294 & *suiv.* ses lettres. 320. & XIV. 297 & *suiv.* hist. de son ministere. XII. 320. sa vie. 321. son testament. *ibid.*

Mazarin ; fondation de ce collége. XIII. 32.

Mazarinades. XII. 296, 303.

Mazel (David) panégyrique de Marie Stuart, reine d'Angleterre. XIII. 486.

Mazza (Antoine) urbis Salernitanæ historia. XI. 371. de rebus Salernitanis. 485.

Mazzella (Scipion) Puteolorum & Cumarum descriptio & antiq. XI. 371. descript. du royaume de Naples. 460. vies des rois de Naples. 464. antiq. & bains de Pouzoles. 460 & 484.

Mazzocchi (Alexis Sym.) in vetus kalendarium commentarius. X. 247. de antiquis Corcyræ nominibus. XI. 545. commentarii in tabulas Heracleenses. XIV. 339. de dedicatione sub Ascia. 341. vetus inscript. Christiana. *ibid.*

Mazzocchi (Dominique) epistola apologetica. XI. 370. Veio difeso. XI. 441, 442.

Mazzocchi (Jac.) Veji defensi dissert. XI. 370. de Roma. 414.

Mazzolari; grandezze dell' Escuriale. XIII. 370

Mazzolini; in numismata ærea selectioria maximi moduli. XIV. 324.

Mazzuchelli; ses médailles. XIV. 326.

Mazzuchelli (Giam. M.) vies des hommes illustres. XIV. 368. gli scrittori d'Italia. 386. vie de Pierre Aretin. 400.

Méandre; cours de cette riviere. XIV. 81.

Meaux; hist. de son église. XIII. 60.

Meccati; guerre di Genova. XI. 572.

Mécénas; oratio de monarchia. X. 110. — *Mécénas* comparé avec Agrippa. XIV. 412. dell' origine, &c. di Mécénate. XI. 81. vie de Mécénas. *ibid.* mém. sur sa vie. XIV. 454.

Mechele (Cirillo) domaine de Venise sur son golfe. XI. 534.

Mechovius; Laurus Guelfica. XI. 297.

Meckelbourg; cartes. X. 73. auteurs sur le duché & ses dépendances. XI. 303.

Mecque (la) pélerinage en cette ville. XIV. 97.

Meda; storia di Meda. XI. 562.

Medaglia (Natale) hiſt. de Cluana. XI. 451.

Médailles; de nummis antiquis. XI. 104 & *ſuiv.* traités ſur les médailles. XIV. 306 & *ſuiv.* obſervations ſur beaucoup de médailles, dans les mém. de l'académie. 414 & *ſuiv.* mém. ſur les médailles reſtituées. 481 & 486.

Médailles; hiſt. de Louis le Grand par les médailles. XII. 282 & *ſuiv.* — *Médailles* du régne de Louis XV. XII. 347.

S. *Médard*, évêque de Noyon; ſa vie. XII. 86.

S. *Médard* de Soiſſons; chron. de ce monaſtere. XII. 84. ſon privilége. X. 340. & XIII. 41.

Médes; mém. pour concilier Hérodote avec Ctéſias au ſujet de leur monarchie. XIV. 484.

Médecine; hiſtoire de cette ſcience. XIV. 551.

Médecine; ſtatuts, &c. de cette faculté. XIII. 28.

Médecins; vies des anciens Médecins. XI. 53. hiſt. SS. Medicorum. X. 289.

Médée; ſon hiſtoire. XIV. 458.

Médicis; généalogie de cette maiſon. XII. 366.

Médicis; vies particuliéres de pluſieurs princes de cette maiſon. XI. 504, 506, 507, 509. protection qu'ils ont donnée aux lettres. XIV. 385.

Médicis (Jacques de) ejus res geſtæ circa Lacum Larium. XI. 365.

Médicis (Jean Jacq. de) marquis de Marignan. XI. 556 & *ſuiv.* ſa vie. 591.

Médicis (Catherine de) ſon couronnement. XIII. 237. ſa légende. XII. 190. ſon éloge. 363. ſes droits ſur le Portugal. XIII. 417.

Médicis (Marie de) hiſt. de ſa vie. XII. 366. ſon entrée à Lyon. XIII. 241. en d'autres villes. 242, 243, 244. ſon mariage. 247. ſes obſéques. 249. recueil de piéces en ſa faveur. XII. 274.

Medicis (Jérome de) informationes. XI. 586.

Médie; monum. ſculpté dans une de ſes montagnes. XIV. 495.

Medina (Anton. de Ubilla &) ſucceſſion de el rey Felippe V. XIII. 398.

MEDINA (Pedro de) grandezas de España. XIII. 408.

MEDIOBARBUS; voyez MEZZABARBA.

Mediolanum; position de cette ville. XIV. 499.

MEDON; origine des jeux floraux. XIII. 142.

MEDRANO; hist. de los Varones illustres. X. 399.

MÉERMAN; origines typographicæ. XIV. 365.

Mégare, en Achaïe; mém. sur cette ville. XIV. 464.

MÉGE (Joseph le) vie de S. Benoît. X. 334.

MEGISER; annales Carinthiæ. XI. 252.

MÉHEMET-EFFENDI; son ambassade. XII. 339.

MEHUS (Laurent) de discord. Florentinorum. XI. 504. l'itinéraire de Cyriac d'Ancone. XIV. 179. de viris illustr. 566. Manetti specimen hist. litter. XIV. 388.

MEI (le chev. Come) Musæum Mazzuchellianum XIV. 126.

MEIBOMIUS (Henri) édition de l'hist. des empires par Sleidan. X. 119. de la chronique de Gobelinus Persona 141. chronicon monast. Riddagshusenii. X. 142. — monast. Bergensis. *ibid.* notes sur le diplome de Cremsmunster. XI. 262. res Germanicæ. 191. variæ Meibomiorum dissertationes. 194 & *suiv.* 210, 223. notæ ad chronicon comitum de Marca &c. 291. — comitum Holsatio-Schavenburgensium. 292. notæ ad Wittichindum. 294. descriptio urbis Brunsvicensis. 296. de ducum Brunsvicensium contra infideles expeditionibus. 297. notæ ad bullam Andronici II. 297. chronicon Mindense. 298. Bardevicum. 300. chron. Bergense. 305. chron. Waldeckensia. *ibid.* chron. ad hist. belli sacri. XIV. 99. genealogia domûs ducum Brunsvicensium. 214.

MEIBOMIUS le jeune (Henri) ad Saxoniæ inferioris historiam introductio. XI. 293.

MEIBOMIUS (Jean-Henri) de Cerevisiis veterum. XI. 50.

MEIBOMIUS; notæ ad Diogenem Laert. XIV. 348.

MEIBOMIUS (Marc.) de fabrica Triremium. XI. 105.

Meichelbeck ; hist. Frisingensis. XI. 264.

Meinard ; regicidium. XII. 245.

Meinders ; de statu religionis & reipublicæ sub Carolo magno, &c. XI. 215.

Meinengen ; descript. de cette ville XI. 317.

Meisner ; descriptio ecclesiæ Wittebergensis. XI. 311.

Meissen ; hist. de cette ville. XI. 311, 312, 313.

Melanchton (Philippe) chronicon Carionis. X. 118. chron. Murii. XI. 106. de vocabulis regionum & gentium, quæ recensentur à Tacito. 166.

Mélart ; hist. de la ville de Huy. XI. 190.

Melazzo; hist. de cette ville. XI. 498.

Melbaeus ; Sylva academica. XI. 185.

Melchior *de Ste-Anne* ; chronica de Carmelitas descalsos. X. 374.

Melchiori (Ottav.) descript. de Cajazzo. XI. 487.

Melck, en Autriche ; chronicon Mellicense. X. 344.

Meldi ; observ. sur ces peuples XIV. 507.

Melendez ; tesauros de las Indias. X. 398.

Meletus ; de religione Borussorum. XIV. 43.

Melita ; Melita vetus & nova. XI. 46.

Mella *Arborio* (Aless.) la chiesa di Vercelli. XI. 584.

Mellen (Jacques de) sylloge Thalerorum. XI. 252. reges Hungariæ. 352.

Mellier ; mém. sur les foi & homage de Bretagne. XIII. 77.

Mellini ; vie de la comtesse Mathilde. XI. 406. apologie. *ibid.*

Mello (de) vies des saints. X. 287.

Melot ; recherch. sur Archimède. XIV. 458. sur la prise de Rome. 459. sur le commerce des îles Britanniques. 464, 472, 485. *son éloge*. 502.

Melton ; ses voyages. XIV. 187.

Melun ; hist. de la ville & des seigneurs de Melun. XIII. 38.

Melun (Madlle. de) sa vie. X. 447.

Mélusine. XIII. 252. & XIV. 251.

Melvil ; mém. histo-

riques. XIII. 463.

Melvin ; de origine Scotorum. XIII. 518.

Melzer ; chronique de Schnéeberg. XI. 313.

Memmingen ; chronique de cette ville. XI. 173.

Memnon ; hist. d'Héraclée. XIV. 459.

Memphis ; descript. de cette ville. XIV. 134.

Mena (Pierre de) vie de S. François de Paule. X. 408.

Ménage (Gille) epistola. XIII. 90. hist. de Sablé. XIV. 254. anti-Baillet. 368. notæ ad Diogenem Laert. 348.

Ménandre Protect. ses ambassades. XI. 71, 131, 134, 142.

Menard (Hugue) concordia regularum S. Benedicti Anianæ. X. 325. martyrolog. 337. de unico S. Dionysio. XIII. 11.

Menard (Claude) itinerarium B. Antonini martyris. X. 23. plainte apologétique. XIII. 90. de amphitheatro Andegavensi. *ibid. & suiv.* hist. de Bertrand du Guesclin. XII. 353.

Ménard ; mœurs des Grecs. XI. 24. hist. de Nismes. XIII. 144. — des évêques. *ibid.* ses ouvrages dans les mém. de l'académie des Inscritions. XIV. 482, 483, 488, 492, 495, 501, 502, 505, 510, 511.

Ménardaye (de la) examen de l'histoire des Diables de Loudun. XIII. 94.

Ménardiere (de la) relation des guerres. XII. 317.

Ménart ; nom sous lequel Godefroi Hermant donna la vie de S. Jean Chrysostome. X. 290.

Menavino ; costumi de Turchi. XIV. 69.

Mencius (Balth.) de septem electoribus Saxonicis. XI. 309. genealogia domus Brandeburgicæ. XIV. 213.

Mencken (Jean-Burchard) ses éditions de la méthode pour étudier l'Histoire de l'abbé Lenglet. X. 18. Campani epistolæ, &c. XI. 114. vie de l'emp. Léopold I. 241. scriptores rerum Saxonicarum. 307. Sigismundi Augusti epistolæ. XIV. 49. de viris illustr. 369. de charlataneria eruditorum. 371.

Mende , prise par les

Huguenots. XII. 175.

Mendez Silva (Rodrigo) descript. de l'Espagne. XIII 317. vie de Marie, fille de Charles-Quint 346. poblacion general de España. 406. del gran canciller de Castilla 409 vie du comte de Barcelos. 426. catalogo real y genealogico de España. XIV. 267. origen de los Barrientos. 270. généalogie de Nuno Alfonso. 271. d'Alonso de Cespedes. *ibid.* de la maison de Contreras. 272. — de Machado. 275. — de Olarte. *ibid.* — de Palavicina. 276. — de Pereyra. *ibid.* — de Quiros. 277. — de Saavedra. 278. — de Sepulvéda. 279. — de Sotomayor. *ibid.* — de Valdez. 281. — de Véga. *ibid.* — de Villar de Pardo y Canete. 282.

Mendo; de ordinibus militaribus. X. 474.

Mendoça; card. arch. de Tolède; sa vie. XIII. 401.

Mendoça (Bernardin de) commentarios. XIII. 299.

Mendoça (Diégo de) guerre de Grenade. XIII. 391.

Mendoça (Franc. Gonçalez de) hist. de la Chine. XIV. 120 & 121.

Mendoza (Gasp. de) prédication de S. Jacques en Espagne. XIII. 360.

Mendoza (Gonçalez de) fragmenta chronicorum. XIII. 356.

Mendoça (G. Hurtado de) sa vie. XIII. 402.

Mendoza (Hernando de) avis de ce qu'il y a à réformer en la compagnie des Jésuites. X. 464.

Mendoza (Jér. de) jornada de Africa. XIII. 415.

Mendoza (Pedro Gonçales de) hist. de N. Segnora de la Salceda. X. 381. hist. del Moore Celia, &c. XIII. 391.

Mendoza (Pedro Salazar de) chronica de la casa de los Ponces de Léon. XIV. 276. hist. des royaumes de Castille & de Léon. XIII. 365. vie de S. Ildefonse. 369.

Menées ou *Martyrologes* des Grecs. X. 178.

S. *Ménelé*, abbé de Menat en Auvergne; sa vie. XII. 80.

Menennius; deliciæ equestrium ordinum. X. 170. origines ord. militarium. 475.

Ménès; differt. fur ce premier roi d'Egypte. XI. 9.

Menestrier (le P.) les divers caracteres des ouvrages historiques. X. 17. projet de l'hist. de l'ordre de la Visitation. 441. de la chevalerie. 475. hist. de Louis le Grand. XII. 282. plan d'une histoire de Lyon. XIII. 112. éloge de cette ville. *ibid.* hist. de Lyon. 114. lettre fur le facre du roi Charles VIII. 237. publication de la paix à Lyon. 243. entrée du card. Chigi à Lyon. 246. fes divers traités fur le blafon. XIV. 199 & *fuiv.* des ballets anciens & modernes. 359.

Menestrier (Jean-Baptifte le) médailles. XIV. 314.

Menetrier (Claude) fymb. Dianæ ftatua. XI. 47. & XIV. 351.

Menezes (Alexis de) journal. XIV. 106.

Menezes (Fern. de) vie du roi Jean I. XIII. 413.

Ménippe; fragmenta. X. 25.

S. *Menje*, évêque de Châlons; fa vie. XIII. 58.

Menniti (Petro) kalendarium ord. S. Bafilii. X. 329.

Mennonites; leur hiftoire. X. 312.

Menochius; de republica Hebræorum. X. 210.

Menologium Francifcanum. X. 387.

Mentes (de) éloge de Vienne fouterraine. XIII. 173.

Mentzelius; Sinenfium chronologia. XIV. 120.

S. *Ménulphe*, évêque; fa vie. XII. 77.

Menzicof (le prince) fa vie. XIV. 67.

Mer-Adriatique; droits de la république de Venife fur ce golfe. XI. 534 & *fuiv.* de defponfatione Maris Adriatici. XI. 367. — *Mer Cafpienne*; cartes. X. 93. — *Mer Erythrée*; mém. fur cette mer. XIV. 515. — *Mer Méditerranée*; Scylacis Periplus. X. 23, 25. Portolano. 48. cartes. 64. — *Mer-Morte*; mémoire fur ce lac. XIV. 512. — *Mer-Noire*; v. *Pont-Euxin.* — *Mer-Rouge*; de Mari Rubro. X. 25. Periplus. *ibid.* cartes. 56. fa defcription. XI. 1.

MERCATI; obélisques de Rome. XI. 432.

MERCATOR (Gérard) ses cartes pour la géographie de Ptolémée. X. 19. Atlas. 40. chronologia. 145.

MERCATOR (Marius) opera. X 261.

MERCATOR (François) v. CREMERS.

MERCERUS; notæ ad Dictin & Darem. XI. 25.

Mercy; hist. de l'ordre de la Mercy. X. 410. hist. de cet ordre en Espagne. XIII. 365.

MERCK (Jac.) chronicon Constantiense. XI. 271.

Mercœur (le duc de) sa vie. XII. 365.

Mercure; dissert. sur une statue de cette divinité. XIV. 351. qu'il n'y en a eu qu'un. 441. Mercure avec un carquois. 452.

Mercure; dialogue entre Mercure & Caron. XI. 410.

Mercure de Vittorio Siri. X. 161, 162, 163. *Mercure François*. 163. *histor. & politique*. ibid. — *Mercure d'Allemagne*. XIV. 12. — *Mercure de Gaillon*. XIII. 67. — *Mercure Gallo Belgique*. X. 161. & XIII. 293, 297. — *Mercure Hollandois*. X. 166. & XIII. 305. — *Mercure Jésuite*. X. 464. — *Mercure Suisse*. XIII. 264.

MERCURIALIS; de potionibus veterum. XI. 50.

Mere de Dieu; Clercs réguliers de la Mere de Dieu de Luques. X. 439. écrivains de cette congrégation. XIV. 380.

MERELLO (Michel) guerre des François en Corse, &c. XI. 574. & XII. 178.

MERGEY (Jean de) mém. militaires. XII. 186.

MERIANS (Matthieu) Candia. XIV. 79. genealogia principum Badensium & Holsatiæ. 213.

Mérida; hist. de cette ville. XIII. 372.

Mérite; ordre du Mérite militaire. XIII. 229.

MERLE (D.) lettres à M. Mille. XIII. 104. *aux additions*.

MERMAN (Arnold) theatrum conversionum gentium. X. 169.

Mérovingiens; chronologie & hist. des rois

Mérovingiens. XII. 116, 119 & 121. mém. sur les Mérovingiens. XIV. 474, 475 & 505.
MERRE (le) mém. du Clergé de France. XII. 182. sommaire pour l'archev. de Tours. XIII. 87.
Mersbourg; hist. de cette ville. XI. 314.
MERSSEUS (Pierre) catalogus Electorum ecclesiasticorum. X. 169. & XI. 281.
MERULA (Gaudence) de Gallorum Cisalpinorum antiquitate. XI. 363, 550. & XII. 14.
MÉRULA (George) antiq. Vicecomitum. XI. 364, 405 & 551. hist. Mediolani. XI. 398. bellum Scodrense. 523.
MERULA (Paul) cosmographie. X. 38. son édition de Paul Diacre. XI. 91. opera posthuma. 109. de statu confœderat. Belgii provinciar. XIII. 189. trésor des tems. 319.
MERULA (Pellegrino) santuario di Cremona. XI. 559.
MERVAULX; Journal du siége de la Rochelle. XII. 266.
Merveilles du monde; différens traités sur ce sujet. XI. 49, 50.
MERVEILLEUX; carte de Neufchatel. X. 76.
MERZ; Norbertus triumphans. X. 419.
MESA (Sébastien de) jornada de Africa. XIII. 415.
MESCHINIERE (Odespunc de la) concilia Galliæ. XII. 382.
MÉSHOVIUS; historia Anabaptistica. X. 306. rerum per diœcesim Coloniensem gestarum historia. XI. 286.
MESLINGER; privilegia ordinis Cisterciensis. X. 353.
MESNARD; science des tems. X. 184.
MESNY; de gli altari e dell' are de gli antichi. XI. 115.
Mesopotamie. XIV. 80.
MESPLEDE; Catalania Galliæ vindicata. XIII. 385.
MESSA (Perez de) grandezas de España. XIII. 408.
Messagers de l'Université. XIII. 25.
MESSALA CORVINUS; historia Romana. XI. 66, 75, 76, 79.
MESSENIUS (Jean)

édition de la chorographie d'Adam de Brème. XIV. 2. Scondia illustrata. 3. specula. 6. chronica duo regum Suecor. 7. Olaï Suecorum historia. *ibid.* chron. episcoporum. 17. Sueo-Penta protopolis. *ibid.* tumbæ regum, &c. 20. theatrum nobilitatis Suecanæ. 286. genealogiæ Sigismundi & Caroli regum Sueciæ. 286. Gustaïdum prosapia. 287.

Messi (Ant.) breve descrizione dell' aquesto de Terra santa. XIV. 101.

Messine; auteurs sur cette ville. XI. 375 & 494 & *s.* lettre de la Ste. Vierge. 490. —*Messine* délivrée des Sarasins, par le comte Roger. XI. 375, 385. hist. des mouvemens en cette ville. XII. 327.

Messingham; vitæ sanctor. Hiberniæ. XIII. 527.

Mesures; de mensuris & ponderibus Græcorum & Romanorum. XI. 76. poids & mesures des anciens. 104 & 118. — *Mesures romaines*. XIV. 443 & *suiv.*

Mesures de longueur des anciens. XIV. 487.

Mesures itinéraires & géographiques. XIV. 457, 474, 478, 489, 492, 498, 499, 507.

Metaphraste (Siméon) vitæ sanctorum. X. 278, 281.

Meteren; hist. des Pays-Bas. XIII. 293.

Méthochite (Théodore) hist. Romana. XI. 89. de ejus scriptis. X. 89.

S. *Méthodius*, évêque des Moraves; sa vie. XI. 327.

Métropoles grecques; leurs droits sur leurs colonies. XI. 56.

Metz; auteurs sur cette ville. XIII. 178 & *suiv.* chron. de ses évêques. XII. 85. siége de Metz en 1552. 165.

Meurers; *voyez* Latomus.

Meurier; de sacris unctionibus. XIII. 235.

Meurisse; hist. des évêques de Metz. XIII. 178. hist. de l'hérésie à Metz. *ibid.*

Meurs; carte. 74.

Meurs (Jacque de) hist. chronologique de Gottfrid. X. 149.

Meursius (Jean) édition de Théodore Méthochite. X. 89. de po-

pulis & pagis Atticæ. XI. 45. ses autres ouvrages sur les antiquités de la Gréce. *ibid.* & 44, 45. Panathenæa. 47. Eleusinia. *ibid.* Græcia feriata. 48. de ludis Græcorum. *ibid.* orchestra. *ibid.* de puerperis. 49. Denarius. 51. Æschilus, &c. 51. Theseus. *ibid.* Dionysius. *ibid.* de Heraclide. *ibid.* Theophrastus. *ibid.* bibliotheca Græca. 53. Attica. *ibid.* de funere. 54. Creta, Cyprus, &c. 55. de luxu Romanorum. 102. son édition des ouvrages de Coustantin Porphyrog. XI. 135. de passione Caroli Boni. XIII. 278. Guill. Auriacus. 300. Ferdinandus Albanus. *ibid.* de Induciis Belgicis. 302. Athenæ Batavæ. 313. hist. Danica. XIV. 26. notæ ad vitam S. Canuti. 27. *Epistola* Forstii *de ejus obitu.* XI. 52.

MEURSIUS le fils (Jean) de Tibiis. XI. 49. majestas Veneta. 533.

MEUSCHENIUS; glossarium latinitatis ferreæ. X. 141.

MEXIA (Fernando de) nobiliario vero. XIV. 267.

MEXIA (Pedro) hist. imperial. XI. 91.

Mexique; cartes de ce pays. X. 96. auteurs qui en ont fait l'hist. XIV. 123, 146 *& suiv.* 152 *& suiv.*

MEYER (Jacq.) chron. Flandriæ. XIII. 277.

MEYER (Mart.) chronicon Hebræorum. X. 200. diarium Europæum. X. 165. & XI. 240. Londorpius suppletus. XI. 332.

MEYER; ses cartes. X. 66.

MEYNIER; guerre civile de Provence. XIII. 155.

MEYSSONIER; hist. de l'Université de Lyon. XIII. 117.

MEZENGUI; abrégé de l'ancien Testament. X. 201. vie de M. de Buzanval. XIII. 42.

MEZERAY; hist. de France avant Clovis. XII. 10. abrégé de l'hist. de France. 98. hist. de France. 109 *& suiv.* contin. de l'hist. des Turcs. XIV. 70. mém. hist. & crit. 381.

MEZGER; hist. Salisburgensis. XI. 263.

MEZIRIAC; guerres d'Italie. XI. 413. origine du

du mot *Lugdunum:* XIII. 112.

MEZZABARBA (Franç.) imper. Romanorum numismata. XIV. 316. observat. sur le recueil de ses médailles. 452, 456 & 462.

MICHAULT; éloges de quelques auteurs François. XIV. 393. mém. sur l'abbé Lenglet du Fresnoy. 403. mélanges hist. 522.

S. *Michel*; ordre de chevalerie en France. XIII. 227.

S. *Michel* de Bamberg; abbates hujus cœnobii. XI. 199.

S. *Michel*; chronicon monast. S. Michaelis in Hildesheim. XI. 193.

S. *Michel* de Passiniano; hist. de ce monastere. X. 351.

Michel Paléologue; hist. rerum ab eo gestarum. XI. 139 & 142.

Michel Koribut, roi de Pologne. XIV. 58.

Michel-Ange; sa vie. XIV. 362.

MICHEL-ANGE de Naples; chronologia ord. Minorum. X. 381. Acta Menor. 386.

MICHEL *Acominat*; Monodia. XI. 138.

MICHEL de Césenne; gesta Joannis XXII, papæ. XI. 382.

MICHEL (M. Ant.) descript. de Bergame. XI. 372.

MICHEL de Rugio; bullarium Capucinorum. X. 385.

MICHEL Sachsen; chronicon Imperatorum. XI. 207.

MICHEL (de) journal du voyage au golfe du Mexique. XIV. 168.

MICHEL; système chronologique. X. 188.

MICHELLE; vida de Isabel de Borbon. XIII. 349.

MICHELON; fragmenta, &c. XIV. 67.

Michelstein; antiquit. de cette abbaye. XI. 299.

MICHIELI Y MARQUEZ (Joseph) thesoro de cavaliera. X. 474.

Mici; fondation de cette abbaye. XII. 84.

MICRÆLIUS; historiarum syntagma. X. 172. Pomerische chronica. XI. 322.

Middelsex; descript. de cette province. XIII. 499.

MIDDENDORP; academiæ illustres. X. 171. hist. monastica. 319. Syl-

va origin. Anachoret. *ibid.*

MIDDLE-TEMPLE; institution, &c. de l'ordre de la Jarretiere. X. 483.

MIDDLETON (Conyers) vie de Cicéron. XI. 74. traité sur le Sénat Romain. 117.

MIDDLETON; origine de l'Imprimerie en Angleterre. XIV. 365.

MIDOSSUS; de antiquo rigore communit. Norbertinæ. X. 410.

MIDOT; vindiciæ. X. 410.

MIÉGE; état présent de l'Angleterre. XIII. 414.

MIGLIORE (Léopoldo del) Firenze citta nobilissima. XI. 508.

Miglisch; mém. de Miglisch. XI. 314.

Mignard; sa vie. XIV. 362.

MIGNOT (l'abbé) de l'académie; hist. de la réception du concile de Trente. X. 248. hist. du démêlé de Henri II avec Thomas Becket. XIII. 455. mém. sur les anciens philosophes de l'Inde. XIV. 508. mém. sur les Phéniciens. 513 & *ibid.*

MIGNOT de Bussy (l'abbé) lettres sur l'origine de la noblesse Françoise. XIV. 230.

MIGNOT (l'abbé) conseiller au Grand Conseil; hist. de l'impér. Iréne. XI. 148. hist. de Jeanne I, reine de Naples. 467. hist. de Ferdinand & Isabelle. XIII. 344. hist. de l'empire Ottoman. XIV. 72.

Migrations des peuples septentrionaux. XI. 149.

MIGUEL (J. Louis) Aureliæ urbis obsidio, & Joannæ res gestæ. XII. 141.

MIGUEL *de la Purification*; vida evangelica de los Menores. X. 380.

MIKOVINIUS; cartes de Hongrie. XI. 345.

Milan; auteurs sur Milan & le Milanez, dans la collection de Grævius & Burman. XI. 364, 365, 366. dans celle de Muratori. 379, 381, 383 & *suiv.* auteurs sur la ville de Milan & sur le Milanez. 550 & *suiv.* hist. littéraire de Milan. XIV. 389. Burchard, de Clade Mediolanensium. XI. 181.

Milanez; cartes. X. 89.

MILANTE (Pie Thom.)

de viris illustr. congr. S. Mariæ Sanitatis X. 400. bibliotheca sancta. XIV. 375.

Milensius ; alphabetum. X. 428.

Milius ; de Diluvii universalitate. X 189.

S. *Millan* de la Cogolla ; son apologie & sa vie. XIII. 355.

Mille romain. XIV. 498, 499.

Mille ; hist. de Bourgogne. XIII. 104. *aux additions.*

Milles (Thomas) equitum in Britannia series. X. 170. nobilitas politica. XIV. 194 & 283. thesaurus veræ nobilitatis. 285.

Millet (Germain) vindicata ecclesiæ Gallicanæ gloria. XIII. 10. ad dissertationem responsio. 11.

Millet (Jean) traduction d'Egésippe. X. 199.

Millot (l'abbé) élémens de l'hist. de France. XII. 102. élémens de l'hist. d'Angleterre. XIII. 445.

Milton (Jean) hist. Britanniæ. XIII. 441 & 444. responsio adversus.. Imago regis. 471. defensio pro populo Anglicano. 472. defensio secunda 473. pro se defensio. *ibid.* litteræ. 474. opera omnia. 512. hist. de Moscovie. XIV. 65.

Mimes & *Pantomimes.* XIV. 359.

Minacci ; istorie di Faenza. XI. 451.

Minacciato ; spiegazioni di due antiche mazze di ferro, &c. XIV. 341.

Minadous ; belli Turco-Persici hist. XIV 85. disputat. pro sua de bello Persico historia. *ibid.*

Minard, hist. des Jésuites en France. X. 453.

Mindanao ; hist. de cette île. XIV. 114.

Mindelheim ; carte de cette principauté. X. 70.

Minden ; successio episcoporum Mendensium. XI. 175. chron. Mindense. 192 & 298. autre chronique. 195. évêq. de Minden. *ibid.*

Minenbetti ; chron. de son tems. XI. 401.

Minerve ; Panathenæa. XI. 47.

Minervino ; origine è corso del Méandro. XIV. 81.

Mingrélie ; hist. de ce pays. XIV. 81 & *suiv.*

Mini ; della nobilta di Firenze. XI. 508.

Miniana ; continuation de Mariana. XIII. 338.

Miniati (J.) narrazione della terra di Prato. XI. 515.

Miniati (Laurent) le glorie cadute della famigl. Comnena. XI. 136.

Minimes ; hist. de leur ordre. X. 407 & *suiv.*

Minis (Thomas de) catalogus SS. ord. Camaldulensis. X. 349.

Ministres ; de ministris principum. XI. 343. — *Ministre d'état.* X. 107, 109. — *Ministres d'état* en France ; leur histoire. XII. 348.

Minois (Claude) panegyricus pro Schola juris. XIII. 30.

Minor (Janus) retorsio imposturarum. XIV. 20.

Minorque ; histoire de cette île. XIII. 388 & *suiv.* Journal de la conquête de cette île, & du Port-Mahon. XII. 344, 345.

Minos ; distinction de deux Minos. XIV. 422.

Minuci (Minutio) hist. des Uscoques. XI. 346.

Minutoli ; Romana antiquitas illustrata. XI. 112.

Miquiel (Joseph) teatro de la cavaleria militar. XIV. 269.

Mirabella ; ichnographiæ Syracusarum explicatio. XI. 376. hist. de Syracuse. 496, 497. piante dell' anticha Syracusa. XIV. 313.

Miramion (Mad. de) sa vie. X. 413.

Miranda (M. Alonso de) vie de D. Ant. de Zuniga. XIII. 402.

Miranda (Alfonso Vasquez de) memorial. XIV. 269.

Mirandole (la) carte du duché. X. 89.

Mirasson (le P.) histoire des troubles du Béarn. XIII. 133 & *suiv.*

Miraulmont (Pierre de) du Parlement de Paris & autres jurisdictions. XIII. 215. des chancelleries. *ibid.* le prévôt de Paris. 227. le prévôt de l'Hôtel. *ibid.*

Mire (Aubert le) sa chronique. X. 111. notitia episcopatuum. 169. origines militarium ordinum. 170. origines monasticæ. 318. — Origines Benedictinæ, 333.

— Origines cœnob. Benedictinorum in Belgio. *ibid.* chron. ord. Cisterciensis. 354. tractatus de Carmelit. 368. de Carmelitarum discalceator. institutione. 375. origin. Theresianarum. *ibid.* origines Carthusianorum. 404. origines Canonicor. regularium S. Augustini. 417. de collegiis. *ibid.* codex regularum. *ibid.* chron. Præmonstratense. 410. de Windesimensi congr. 422. de congreg. Clericorum. 435. origo ordinis Annuntiatarum. 444. origines militarium ordinum. 475. de origine equitum Redemptoris J. C. 484. de bello Bohemico. XI. 234. de vita Alberti Pii. 250. de SS. Virginibus Coloniensibus. 287. de rebus Bohemicis. 325. gentis Spinulæ illustrium elogia. 573. rerum Belg. chron. XIII. 275. annales. *ibid.* fasti. *ibid.* codex donationum. 321. diplomata Belgica. *ibid.* donationes. *ibid.* notitia ecclesiarum Belgii. *ibid.* opera historica. 322. stemmata principum Belgii. XIV. 262. elogia Belgica. 391. Elenchus historicor. &c. *ibid.*

Miroirs des anciens. XIV. 482.

Miroir d'état. XI. 354.

MIRON; relation de la mort de Henri, duc de Guise. XII. 202.

MIRTÆUS; commentarii. XIII. 292.

Miséricorde; religieuses hospitalieres, dites de la Miséricorde. X. 447.

Misnie; historiens de cette province. XI. 294, 311 & *suiv.*

MISSAGLIA; vie de Jacques de Médicis. XI. 591.

Missi Dominici; de eorum officio & potestate. XIII. 226.

Mission; congrégation des Prêtres de la Mission. X. 411 & *suiv.*

MISSON; théâtre sacré des Cévennes. X. 307, 308. voyage d'Italie. XI. 359. voyage d'Angleterre. XIII. 433.

MISSUD; ecclesiast. Melitensis historiæ fragmentum. X. 477.

MITCHEL; carte l'Amérique septentrionale. X. 95.

MITTARELLI; annales Camaldulenses. X. 348.

MIZLERUS ; hist. de Pologne. XIV. 53.

Mocénigo (Alvise) procurat. de S. Marc ; sa vie. XI. 530, 531.

MOCENIGO (André) bellum Cameracense. XI. 567. & XII. 154, 155.

Mocénigo (Lazare) ses actions héroïques. XI. 531.

Mocénigo (Pierre) de ejus contra Turcas rebus gestis. XI. 524.

MOCÉNIGO (Pierre) hist. de la guerre de Cambrai. XII. 154.

MOCKERUS (Ant.) Hildesia Saxoniæ. XI. 300.

Modène ; cartes. X. 89. auteurs sur cette ville & son duché. XI. 381, 389, 390, 391, 566 & *suiv.* dottori Modonesi. XIV. 389.

MODÈNE (le comte de) *v.* Esprit de RAYMOND, comte de Modène.

MODESTE (Publ Fr.) Veneziados. XI. 519.

MODESTE de S Amable ; la monarchie sainte. XII. 180.

Modica ; descript. de cette ville. XI. 498.

MODIUS (Franç) de ordinis ecclesiastici origine, &c. X. 169 & 320. de triumphis, &c. XI. 54.

MODON ; formulare Anglicanum. XIII. 442.

MOEBIUS (George) historia Balaam. X. 209.

MOERCKENS ; conatus chronologicus. XI. 286.

MOERINGIUS ; de Georgio, præposito Magdeburgensi. XI. 266.

Mœris ; dissert. sur le lac de Mœris. XIV. 498.

MOESTERTIUS ; descriptio Teneramundæ. XIII. 284.

MOETJENS ; recueil de traités de paix, &c. XIV. 289. actes & mém. de la paix de Nimegue. 301. de la paix de Riswick. 303.

Mœurs des peuples ; *traités.* X. 97 & *suiv.*

Mogol ; hist. de l'empire du Mogol. XIV. 107 & *suiv.*

Mogor, roi du Japon ; sa vie. XIV. 129.

Moines ; hist. monastique. X. 318 & *suiv.*

MOINE (le P. le) de l'histoire. X. 5. lettre en tête des mém. de la régence. XII. 257. manifeste pour les Jésuites. XIII. 22.

MOINE (Pasquier le)

conquête du duché de Milan. XII. 159.

MOINE (M. le) hist. de Soissons. XIII. 40 & *suiv.*

Mois des Égyptiens. XI. 9. — des Athéniens. 51 & *ibid.* — des Romains. 101.

MOISESSO; hist. de la guerre de Frioul. XI. 544.

MOISET; mém. pour le Chapitre de Saint-Quentin. XIII. 48.

MOISSANT; Campaniæ comitum genealogia. XIV. 247.

Moka; relat. de l'expédition en cette ville. XIV. 97.

MOLANUS; notæ ad martyrologium Usuardi. X. 226 & 274. de militia. XIII. 283. annales Lovanienses. 284. indiculus sanctorum Belgii. XIII. 319.

Moldavie; carte. X. 68.

MOLÉ; observ. sur les erreurs des Peintres. XIV. 363.

MOLEGNANO; hist. de Sorrento. XI. 486.

MOLESWORTH; état du royaume de Danemarck. XIV. 22.

MOLIERE; poème sur les peintures du Val-de-Grace. XIV. 362.

Molina; hist. de cette seigneurie. XIII. 372.

MOLINA (Andr. Garc. de Palacios &) différt. contre la chron. d'Haubert de Séville. XIII. 357.

MOLINA (Bartol. de) breve tratado de Don Juan Garcia Alvarez de Toledo. XIV. 280.

MOLINA (Gonzale Argote) nobleza del Andaluzia. XIV. 269. el conde Lucanor. 271.

MOLINA (Jean de) de Aragoniæ regibus. XIII. 375. cronica antigua d'Aragon. 376. cosas memorables de España. 408.

MOLINA (Louis) de Hispanorum primogenitorum, &c. XIII. 405.

MOLINA; descript. del reyno de Galizia. XIII. 394. & XIV. 271.

MOLINIER (E. de) des confréries pénitentes. X. 486.

Molinos; son histoire. X. 255.

MOLISI (J. B. di Nola) chronique de Crotone. XI. 483.

MOLITOR; comment. in Glareani Helvetiæ

descriptionem. XI. 167.

Moll (Herman) ses cartes. X. 65, 96. Colonies Angloises en Amérique. XIV. 169.

Moller (André) theatrum Freibergense. XI. 313.

Moller (Jean) de ducatibus Cimbricis. XI. 301. introduct. ad hist. ducatuum Sleswicensis & Holsatici. XIV. 29. accessiones ad Morhofium. 366. Isagoge. 397. Cimbria litterata. *ibid.*

Moluques ; carte des îles Moluques. X. 94. leur histoire. XIV. 113 *& suiv.*

Momies d'Egypte. XI. 6.

Monaca (André della) hist. de la ville de Brindes. XI. 482.

Monaco (Jac. Ant. del) sur la ville de Saponara. XI. 486.

Monaco (Michel) sanctuarium Capuanum. XI. 486 *& suiv.* recognitio sanctuarii 487.

Monaco ; la liberté glorieuse de Monaco. XI. 573.

Monaldeschi ; généalogie de cette famille. XIV. 218.

Monaldeschi (Monaldo) hist. d'Orviete. XI. 443.

Monaldesco (Boconte) fragm. annalium Romanorum. XI. 390.

Monantholius ; sur le collége royal. XIII. 32.

Monarchia Solipsorum. X. 470, 471.

Monarchie Françoise ; son époque. XIV. 417.

Monarchie de Sicile ; différens écrits sur ce tribunal. XI. 374 & 490.

Monard de Vautrey ; de civitate Avenionensi. XIII. 165.

Monardo ; hist. de Scanderbeg. XIV. 74.

Monbrice ; sanctuarium. X. 280.

Moncada (Fr. Ant.) chronicas de Capucinos. X. 385.

Moncada (Franc. de) espedicion de los Catalanes. XIII. 382 *& suiv.*

Moncade (Hugues de) sa vie. XI. 230. & XIII. 403.

Monck (le général) sa vie. XIII. 515 *& suiv.*

Monconys ; ses voyages XIV 185.

Monde connu des anciens ; ses limites. XIV. 510.

MONDEJAR (le marq. de) differt. sur l'église de Ségovie. XIII. 371. por el patronato de san Frutos. *ibid.* noticias genealogicas del linage de Ségovia. XIV. 279. hist. de la casa de Véga. 281.

MONDERCHI; medaglioni piu rari. XIV. 318.

MONELIUS; de annis Jesu Christi. X. 264.

MONET; pratique des armoiries. XIV. 196.

MONETA; SS. Satyri & Ambrosii tumulus. XI. 552.

MONGAULT; lettres de Cicéron à Atticus. XI. 73. hist. d'Hérodien. 88. sur les honneurs divins rendus aux gouverneurs de province. XIV. 419. sur le Fanum de Tullia. *ibid.* *son éloge.* 471.

MONGEZ; hist. des comtes de Lyon. XIII. 115.

MONGITORE (Anton.) Siciliæ delineatio. XI. 374. Domus SS Trinitaris. 377, 481 & 494. édition de la Sicilia sacra. 489. Parlemens de Sicile. 490. la Sicilia inventrice. 493. additiones ad Pirri notitiam Capellæ S. Petri. 494. Palermo divoto di Maria Virgine. *ibid.* bibliotheca Sicola. XIV. 390.

MONICART; Versailles immortalisé. XIII. 57.

MONIER (Jean) hist. de la ville de Pertuis. XIII. 165.

MONIER (P.) hist. des arts, &c. XIV. 561.

Ste. *Monique*; sa vie. X. 291.

MONNIPENNY; hist. d'Ecosse. XIII. 518.

MONNOYE (de la) édition des Jugemens des savans. XIV. 368. notæ in Colomesium. 393. rem. sur les bibliothéques Françoises, &c. 393. *aux additions.* rem. sur le Poggiana. 517.

Monoies des anciens. XI. 51, 52, 76, 104, 118. — *Monoies Bractéates.* XIV. 483. — *Monoies* d'Espagne. XIII. 407 & *suiv.* traité de la Cour des Monoies de Paris. 219. traités sur les monoies de France. 219 & *suiv.* — *Monoies* des Juifs. X 221. — *Monoies* du royaume de Naples. XI. 475. — *Monoies obsidionales.* XIV. 417. — *Monoies* de Padoue. XI. 536. — *Monoies Ra-*

sciennes. XI. 534. — *Monnies Romaines*; leurs moules. XIV. 424. — *Monoie Romaine* sous Constantin. XIV. 500. — *Monoies* de Suéde. 20. — de Toscane. XI. 510. — de Venise. 584.

Monod (le P.) Amedeus pacificus. XI. 429. del titolo regio dovuto alla casa di Savoia. 579. apologie contre les Savoisiennes. 581. alliances de France & de Savoie. XIII. 108.

Monotesso; sur l'élection du roi de Pologne Henri de Valois. XIV. 50.

Monothélites; leur histoire. X. 298.

Monréal; lettre sur le sacre du roi. XIII. 237.

Monroy (Pinel y) el retrato del buen vasallo. XIV. 270.

Mons; hist. de cette ville. XIII. 281.

Mons; auteurs sur cette principauté. XI. 290 & *suiv.*

Mons-Francorum; chronicon cœnobii Montis Francorum Goslariæ. X. 452.

Monsignanus (Eliseus) bullarium Carmelitanum. X. 570.

Monsnyer; S. Martini ecclesiæ jura. XIII. 67.

Monstier (Arthur du) Neustria pia. XIII. 65.

Monstrelet; sa chronique. XII. 140. *observ. sur cette chronique.* XIV. 463.

Monstreuil (J. de) sur la fierte de S. Romain. XIII. 68.

Mont (du) voyages. XIV. 187.

Monts de Piété; leur hist. XIV. 351.

Mont-Bourcher (Paul de) ordonnances appart. à gage de batailles. XIII. 249. & XIV. 196.

Mont-Carmel; ordre de N. D. du Mont-Carmel & de S. Lazare. X. 485.

Mont-Cassin; hist. de la congrégat. du Mont-Cassin. X. 335. priviléges. 342. bibliotheca Benedict Cassinensis. XIV. 377.

Mont Gibel; descript. de ce volcan. XI. 489.

Mont-le-Hery. XIII. 39.

Mont-Majour; rétablissement de ce monas-

ftere. XII. 52.
Mont-Saint-Michel; chron. cœnobii S. Michaelis de Monte. XII. 68.
Mont-Olivet; hist. de cet ordre. X. 365. ses priviléges. 342.
Mont S. Pierre; hist. Eremitorii Montis S. Petri juxta Salisburgum. X. 345.
Mont-Pilat; descript. de cette montagne. XIII. 117.
Mont-Reuillon; dissertation sur ce combat. XII. 278. *aux additions*.
Mont-Valérien; hist. de ce pélerinage. XIII. 17.
Mont-Vierge; hist. de l'ordre de ce nom. X. 363.
Mont-Vierge; hist. de cette ville. XI. 486.
MONTAGNE (J. de la) la papesse Jeanne. XI. 423.
MONTAGNE (de) hist. de la religion & de l'état. XII. 170.
MONTAGNES (Franç. des) *c'est* le P. RICHEOME.
MONTAGNES (des) *c'est* Jean SIRMOND.
MONTAGUT (Louis de) hist. de l'abbaye de Montserrat en Catalogne. X. 341.
MONTAIGU (Richard de) différens ouvrages contre Baronius. X. 219.
MONTALBAN (Ovide) biblioth. Botanica. XIV. 354.
MONTALBANI; de moribus Turcarum. XIV. 69.
MONTALDO (Adam de) de laudibus familiæ de Auria. XI 396.
MONTALVO (Franç. Ant. de) vie de Berancour. X. 435.
MONTALVO (Barnaba de) chronica de la orden de Cister. X. 351.
Montan; tems de la naissance de son hérésie. XIV. 520.
MONTANDRÉ (du Bosc de) portrait de la maison d'Autriche. XI. 249. ducs de la basse Lorraine. XIII. 181.
Ste. *Montane*, vierge; sa vie. XII. 80.
MONTANUS (Arnold) descript. de l'Amérique. X. 46. vie de Guillaume Henri, prince d'Orange. XIII. 323. ambassade au Japon. XIV. 118.
MONTANUS (Jean) oratio in morte Philippi-Mariæ Vicecomitis. XI. 399.

MONTANUS (Regin. Gonz.) inquisit. Hispanicæ artes. X 317.

MONTANUS (Pierre) son édition de la géographie de Ptolémée. X. 19. Germania inferior. XIII. 272.

Montargis; priviléges de cette ville. XIII. 84. — sur le chien de Montargis. 252.

Montauban; hist. de cette ville. XIII. 128. siége de cette ville. XII. 260. requête des habitans. 262. autres écrits. 265.

Montauban; hist. de la maison de ce nom. XIV. 244.

MONTAUD (Nic. de) miroir des François. XII. 194.

Montausier (le duc de) sa vie. XII. 376.

MONTBAS; mémoires. XII. 326.

MONTBATEUX (Couet de) recueil touchant la primatie. XIII. 116. sur la fierte de S. Romain. 69.

Montbéliard; hist. de ce comté. XIII. 121.

MONTBRUN; ses mémoires. XII. 281.

MONTCHAL; ses mémoires. XII. 278.

Montcontour; disc. de la bataille donnée près cette ville. XII. 179.

Montdidier; hist. de cette ville XIII. 44.

Monte-Corona; vies de quelques saints de ce monastere. X. 349. hist. *ibid.*

Monte-Feltro; vie de Frédéric de Monte-Feltro, duc d'Urbin. XI. 456. — de Gui-Ubalde, & d'Elisabeth de Gonzague. *ibid.* — de François-Marie de la Rovere. *ibid.*

Monte San-Savino; chronique de ce lieu. XI. 515.

Montealcino; hist. de cette ville. XI. 515.

MONTECUCULLI; ses mémoires. XI. 243.

MONTEGGIANI; hist. de Corse. XI. 574.

MONTEIRO (Emanuel) hist. du couvent de Lorical. XIII. 418.

MONTEIRO (Pedro) inquisition de Portugal. X. 317.

MONTEIRO (D. Nicolas) vox turturis. XIII. 414.

Montéjan; sa vie. XII. 360.

MONTEMAJOR; summaria del origen de los

Ricoshombres, &c. XIV. 268.

MONTEMERLO ; hist. de Tortone. XI. 561.

MONTEMPUIS ; observations sur les mém. de Sully. XII. 259.

Montepulciano ; hist. de cette ville. XI. 512.

MONTERO de Spinosa ; voyage de la reine Christine. XIV. 14.

Montesa (Ste. Marie de) ordre militaire en Espagne. XIII. 362, 364.

MONTESQUIEU (le président de) considérations, &c. XI. 80.

MONTFALCON ; vie du comte de Soissons. XII. 373.

MONTFAUCON (D. Bernard de), antiquité expliquée. X. 100, 101. vérité de l'hist. de Judith. X. 211. & XI. 12. diarium Italicum. XI. 362. réponse à M. Ficorini. *ibid.* monumens de la monarchie Françoise. XII. 89. ses ouvrages dans les mém. de l'académie des Inscript. XIV. 437, 451, 455, 456. *son éloge.* 463.

Montferrat ; cartes. X. 88, 89. auteurs sur ce marquisat. XI. 397, 564, 584 & *suiv.*

Montfleury ; procès entre les religieuses de Montfleury & l'évêque de Grenoble. X. 401.

MONTGLAT (M. de) ses mémoires. XII. 319.

Montgommery (le comte de) disc. sur sa mort. XII. 362.

MONTGON (l'abbé de) ses mémoires. XII. 340.

MONTHEIM ; prodromus histor. Trevirensis. XI. 284.

MONTHOLON (Jacques) plaidoyers pour les Jésuites. XIII. 20.

Montholon (Catherine de) sa vie. X. 442.

MONTI ; de monumento Diluviano. X. 207.

MONTI (Agost. M. de) hist. de Savone. XI. 573.

MONTI (Laurent de) hist. du pays de Vaux. XIII. 268.

MONTIGNY (de) carte de France. XII. 4.

MONTIOSI (Louis de) de sculprura, &c. XI. 51. Gallus Romæ hospes. 111 & 415.

MONTJOYE, roi d'armes ; ordre des joutes. XIII. 219.

Montlaur ; histoire de

cette maison. XIV. 244.

MONTLUC (Blaise de) commentaires. XII. 181.

MONTLUC (Jean de) remontrances aux États de Languedoc. XII. 193. epistolæ & orationes. XIV. 49. élection du roi Henri III. *ibid.*

MONTLYARD (J. de) les hiéroglyphes de Pierius Valerianus. XI. 7. généalogie de Henri I de Condé. XIV. 239.

Montmorency; hist. de cette maison. XII. 367. différends entre cette maison, & celle de Chatillon. 363.

Montmorency (Henri II, duc de) sa vie. XII. 367.

Montmorency (Charlotte de) son éloge. XII. 350.

Montmorency; vie de Mde. la duchesse de Montmorency. X. 444.

MONTOYA (Gasp. de) stabilimenta militum ord. de S. Joanne. X. 479.

MONTOYA (Lucas de) chron. des Minimes. X. 407.

Montpellier; auteurs sur cette ville; son université. XIII. 141 & *suiv.*

MONTPENSIER (Mlle. de) recueil des portraits du roi, &c. XII. 348. ses funérailles. XIII. 249.

MONTPLAINCHANT (J. Bruslé de) hist. d'Emanuel-Philibert, duc de Savoie. XI. 178. & XIII. 301. d'Alexandre Farnèse. XII. 225. vie du duc de Mercœur. 365. hist. de D. Juan d'Autriche. XIII. 300 & 402. de l'archiduc Albert. *ibid.* du duc de Parme. *ibid.*

Montréal; hist. de cette ville. XI. 497.

MONTRÉSOR; ses mémoires. XII. 280.

MONTREUIL (le P. de) vie de Jésus-Christ. X. 213.

MONTREUIL (Matthieu de) relation de ce qui s'est passé à Saint-Sébastien. XII. 320. *mém. sur sa vie & ses ouvrages.* XIV. 521.

MONTREUX (N. de) troubles de Hongrie. XI. 355.

MONTRY (de) naissance du monastere des Magdelonettes. X. 418.

Montserrat en Catalogne; histoire de cette abbaye. X. 341. & XIII. 386.

Montucla ; hist des Mathématiques. XIV. 549.

Monumentum Adulitanum. XI. 10.

Monville ; vie de Mignard XIV. 362.

Monza ; tre glorie di Monza. XI. 561.

Monzambano (Fred.) v. Pufendorff (Sam.)

Moor (Thom. de la) vita & mors Eduardi II. XIII. 437.

Moore (Thomas) vie d'Edouard V. XIII. 459.

Mopha ; catalogus interpretum juris. XIV. 356.

Moquet ; ses voyages. XIV. 183.

Morabin ; hist. de Cicéron. XI. 74 & *suiv.*

Morabiti ; annales ecclesiæ Messanensis. XI. 495.

Moralès (Ant. de) hist. de l'ordre de S. Jacques. XIII. 363.

Moralès (Ambr.) Corduba. XIII. 331. epistola ad Resendium. 332. scholiæ ad vitam. S. Eulogii. 334. cronica general de España. 336 & 408.

Le B. *Morand* ; sa vie. X. 346.

Morange ; primatus Lugdunensis apologeticon. XIII 115 & *suiv.*

Morant ; hist. du comté d'Essex. XIII. 499.

Moravie ; cartes. X. 76. auteurs sur cette province. XI. 327.

Morden ; description des provinces de Middelsex & d'Harford. XIII. 499.

Morrau (Paul) vindiciæ jurium. XIII. 41.

Moreau (Jacques). Journal de la campagne de Piémont, publié par M. Moreau de Mautour. XII. 332.

Moreau de Mautour ; hist. universelle, trad. du P. Petau. X. 123. hist. de la reine Marie de Médicis. XII. 366. observ. sur les antiquités trouvées dans la cathédrale. XIII. 13. dissert. sur *Aventicum*. 121. ses ouvrages dans les mém. de l'acad. des Inscript. XIV. 415, 420, 425, 426, 432, 433, 439, 445, 446, 447.

Moreau (M.) avocat; l'Observateur Hollandois. XII. 344. mém. pour servir à l'hist. de notre tems. 345. mém. pour les commissaires au

Châtelet. XIII. 7 & 8.
Morée; carte. X. 92. auteurs sur ce pays. XI. 547. & XIV. 78 & *suiv.*
MOREJON; hist. du Japon. XIV. 130. missions en ce pays. *ibid.*
MOREL (Frédéric) son édition de la géographie de Strabon. X. 20.
MOREL (Guill.) de veterum philosophorum origine. XI. 52.
MOREL (Jean) év. du Mans. XIII. 91.
MOREL (Pierre) trad. de Michel Acominat. XI. 138.
MOREL (André) specimen rei nummariæ. XIV. 106. familiarum Romanarum numismata omnia. 111.
MOREL; cérémonies de l'entrée de l'évêque de Coutances. XIII. 70.
MOREL (J. B.) élémens de critique. XIV. 144.
MORELET; bellum Sequanicum. XII. 123.
MORELLI (Giov.) cronica. XI. 102.
MORELLI (J. B.) restitution du Portugal à la maison de Bragance. XIII. 420.
MORELLI (Fr Joseph) le tre conversioni dell' Inghilterra. XIII. 490.
MORENA (Otton & Acerbo) hist. rerum Laudensium, tempore Friderici I. XI. 220, 365, 385 & 561.
MORÉNAS; hist. de ce qui s'est passé en Provence. XII. 341. hist. de la présente guerre. *ibid.*
MORENO; vie de Manuel Faria y Sousa. XIII. 376.
MORERY; dictionaire historique. XIV. 408.
MORESTEL (Pierre) Philomusus. XI. 101. Alypius. *ibid.* pompa feralis. 106.
MORET; hist. du siége de Fontarabie. XII. 278. & XIII. 350 & 393. antiquités de Navarre. XIII. 131 & 392. annales. 131 & 393.
MORETA (Pierre-Paul) storia di Calatagirone. XI. 498.
MORETTI (Pierre) de S. Callisto & ejus basilica. XI. 422.
MORGADO; hist. de Séville. XIII. 373.
Morgagni; sa vie. XIV. 404.
MORGROUEJO; arbol de los Veras. XIV. 281.
MORGUES (l'abbé de) lumieres pour l'hist. de

France. XII. 108. manifeste de la reine mere. 257. recueil de diverses piéces pour la défense de cette princesse. 274. droit du roi sur ses sujets. XIII. 188. amico-criticæ monitionis litura. XIV. 293. Bruni spongia. *ibid.*

Morhoff (Dan. G.) de historia, ejusq. scriptoribus. X. 141. princeps medicus. XIII. 189. polyhistor. litterarius. XIV. 366.

Morigia (Bonicontro) chronicon Modoetiense. XI. 390.

Morigia (Paolo) origine di tutte le religioni. X. 320. istoria degli illustr. Giesuati. 330. istoria di Milano. XI. 553. la nobilta di Milano. *ibid.* sommario delle cose mirabili. 557. duomo di Milano. *ibid.* istoria del Lago Maggiore. 561.

Morigni; hist. de cette abbaye. XIII. 84. sa chronique. XII. 57. mém. sur cette chronique. XIV. 450.

Morillon; le Persée François. XIII. 242.

Morice (Thomas) vie du comte d'Orrery. XIII. 481.

Morice (D.) preuves de l'hist. de Bretagne. XIII. 77 & *suiv.* histoire. 78.

Morin (Guillaume) hist. du Garinois, &c. XIII. 84.

Morin (Jean) défauts du gouvernement de l'Oratoire. X. 409. hist. de la délivrance, &c. de l'Eglise. XI. 128. de duobus Dionysiis. XIII. 11.

Morin (Louis) dialogue entre le Mahcutre & le Manant. XII. 229.

Morin (Pierre) vie du card. Bellarmin. X. 458. hist. de la Chine. XIV. 125.

Morin; ses ouvrages insérés dans les mém. de l'académie des Inscriptions. XIV. 414, 415, 418, 419, 420, 422, 423, 427, 428, 434.

Moringi (Ger.) vita Hadriani VI. XI. 430.

Morisot; orbis maritimus. X. 47. Henricus Magnus. XII. 219. recueil de diverses relations. XIV. 188.

Morland; hist. des églises des vallées de Piémont. X. 300.

Morliert (Adr. de la) antiquit. de la ville d'Amiens. XIII. 44. nobi-

liaire de cette ville. XIV. 242.

Mormile (Gios.) addition à l'hist. de Naples. XI. 466. descript. de Naples & de Pouzoles. 484.

Mornac ; de falsa regni Yvetoti narratione. XIII. 71. feriæ forenses. 216.

Mornas (Buy de) Atlas méthodique. X. 41.

Mornay ; vies de plusieurs seigneurs de cette maison. XIV. 404.

Moro (Maurice) chron. de Vérone. XI. 539.

Moro (P. M.) hist. de la Morée, &c. XI. 547.

Morosi ; chronique des Silvestrins. X. 344.

Morosini (André) l'empire de C. P. conquis par les Vénitiens. XI. 136. hist. de Venise. 518 & 521. expeditioni di Terra santa. 523. sur l'île de Céphalonie. 546. *vie de cet auteur*. 510.

Morosini (François) doge de Venise ; ses guerres dans le Levant. XI. 525. *sa vie*. 531.

Morosini (Paul) hist. de Venise. XI. 510.

Morotius ; *v.* Morozzo.

Morozzo (Charles-Jos.) Cistercii reflorescentis historia. X. 557 & *suiv.* theatrum ordinis Carthusiensis. 403. vie du B. Amédée III. XI. 578.

Morro (Domin. Lazarini di) lettre sur Vérone. XI. 538.

Morsans (le Févre de) mœurs des Romains. XI. 110.

Morsflin ; martyrologium. X. 275.

Morts ; tems où l'on a commencé à les enterrer dans les cités. XIV. 496.

Mortara (Olias y) ses expéditions en Catalogne. XIII. 386.

Mortiers ; leur ancienneté. XIV. 496.

Morton ; nova Anglorum Canaan. XIV. 170.

Mortous (M. du) conquêtes du roi. XII. 341.

Morus (Alexandre) regii sanguinis clamor. XIII. 473. fides publica. *ibid.* supplementum. *ibid.*

Morus (Henri) hist. provinciæ Anglicanæ Societ. Jesu. X. 450.

Morus (Thomas) sa vie & sa mort. XIII. 514.

Morus (Hubert) v. Meurier.

Morzillus (Sebast. Fox) de historica institutione. X. 13.

Mosaïque de Palestrine; son explication. XIV. 505.

Mosant ; de academia Cadomensi. XIII. 72.

Mosca ; vie de J. B. Morgagni. XIV. 404. vie de Luc-Ant. Porzio. 406.

Moscardo ; hist. de Vérone. XI. 539.

Mosch (François) Cœnobiarcha Ogniacensis. X. 341. Pratum spirituale. 326.

Moscherosch (J. Michel) supplement. ad episcopos Argentinenses. XIII. 177.

Moscovie ; v. Russie.

Moses *Chorenensis ;* hist. Armeniaca. XIV. 82.

Mosheim (*Jean-L.*) instit. hist. ecclesiasticæ. X. 136. recherches sur les Ophites. 297. histor. Mich. Serveti. 315.

Moskow ; plan de cette ville. X. 67.

Mosquera *de Barnuevo ;* la Numantina. XIII. 172.

Mota (Diégo de la) ordre de S. Jacque de l'épée. X. 480.

Motet ; entrée de la duchesse de la Valette à Metz. XIII. 245.

Mothe Houdancourt ; hist. de ce maréchal. XII. 371.

Mothe - Houdancourt, archev. d'Auch ; défense du maréchal. XII. 371.

Mothe le Vayer (de la) v. Vayer.

Mothier ; martyrologe. X. 277.

Motraye (de la) son voyage. XIV. 191.

Motta ; memorie della Motta. XI. 544.

Motte (M. de la) mém. sur sa vie. XIV. 402.

Motteville (Madame de) ses mém. XII. 287.

Mottey ; hist. de Catherine, impératrice de Russie. XIV. 66.

Motuca descriptio. XI. 376.

Mouette ; hist. de Muley-Archy & de Muley-Ismaël. XIV. 139. relation de sa captivité. *ibid.*

Moukden ; éloge de cette ville. XIV. 122.

Moulin (Charle du) consilium super com. & incomm. sectæ Jesuitarum. X. 463. de l'origine

&c. du royaume des François. XII. 28. de excellentia regni & coronæ Franciæ. XIII. 187.

Moulin (Gabriel du) histoire de Normandie. XIII. 61.

Moulin (Pierre du) regii sanguinis clamor. XIII. 473.

Moulins (des) hist. des comtes de Neufchâtel. XIII. 269.

Moulinet (Cl. du) habits des chanoines réguliers. X. 417. réflex. sur les antiquités des chanoines. *ibid.* lettres d'Etienne de Tournai. XII. 135. remarques sur la vie de Ste. Geneviéve. XIII. 16. numismata summorum pontificum. XIV. 325. cabinet de Ste. Geneviéve. 329.

Mounin; additions aux annales d'Aquitaine. XIII. 115.

* Moura (Francisco Rolin de) ascendencia de la casa de Azambuja. XIV. 269.

Moustier (Artus du) martyrologium Franciscanum. X. 387.

Moustier (du) trois requêtes pour l'Université. XIII. 22.

Mouskes (Phil. de) hist. des empereurs de C. P. XI. 138.

Mouzon; chron. Mosomense. XII. 86.

Moya (J. Perez de) varia historia. XIII. 399.

Moyen Moutier; hist. de cette abbaye. X. 344.

Moyse; différ. vies de Moyse. X. 209, 210. de uxore Moisis. 110.

Moyse *de Bergame*; de laudibus Bergomi. XI. 384.

Moyse Bar-Cephas; de Paradiso terrestri. X. 192.

Mozambique; description de cette côte. XIV. 144.

Mozarabe; office & messe Mozarabe. XIII. 401.

Mozius (Jac.) orationes. XI 182.

Mozzagruni; narratio Canonicorum regularium. X. 423.

Mucante; relation de l'absolution d'Henri IV. XII 231.

Mudzaert; hist. de Flandre. XIII. 51.

Mugello; descript. de cette province. XI. 510.

Mugnos (André) Eremi Camaldulensis descriptio. X. 349. & XI. 370.

MUGNOS (Filadelfo) Vêpres Siciliennes. XI. 492. theatro della nobilta del mondo. XIV. 205. historia della famiglia Colonna. 221. teatro genealogico del regno di Sicilia. 228.

MUGNOZ (Louis) vie de D. Barthélemi des Martyrs. X. 401. vie de la mere Marie-Anne de S. Joseph. 430.

Mulberg; descriptio pugnæ Mulbergensis. X. 170.

MULDENER; capitulatio harmonica. XI. 338.

MULDRAC; Longipontis chronicon. X. 356. le Valois royal. XIII. 40.

Muley-Abdelmelech, roi de Maroc; sa vie. XIV. 138.

Muley-Archy, roi de Fez; ses conquêtes. XIV. 139.

Muley-Ismaël, roi de Fez; son histoire. XIV. 139.

MULLER (André) l'Europe en mouvement. XIII. 304. de Chataia. XIV. 114. opuscula orientalia. 123.

MULLER (Ger. Fred.) monumens de l'hist. de Russie. XIV. 631

MULLER (G. P.) découvertes sur les côtes de la Mer Glaciale. XIV. 174.

MULLER (Henri) Berengarii historia. X. 298, 299.

MULLER (J. Bernard) mœurs des Ostiakes. XIV. 67.

MULLER (J. C.) carte de Hongrie. X. 68. & XI. 346. Bohême. X. 36.

MULLER (J. Christophe) Anabaptisticum Pantheon. X. 314.

MULLER (J. Joach.) diétes de l'Empire. XI. 331.

MULLER (J. Sébast.) annales de la maison de Saxe. XI. 309.

MULLER (Laur.) rerum Silesiacarum chronica. XI. 326. annales Silesiæ. *ibid*. hist. Polonicæ, &c. XIV. 51.

MULLER (Nicolas) Judæorum annus. X. 187.

MUN (Th.) Angliæ thesaurus. XIII. 511.

MUNCK (Oddurus) fragm. hist. Olai Tryggiasons. XIV. 10.

MUNCKER (Philippe) de intercallatione. X. 184.

MUNDELHEIM (Nebridus à) antiquarium mo-

nasticum. X. 318.

Munier ; recherches sur Autun. XIII. 108.

Munster ; cartes de cet év. X. 74. auteurs. XI. 291. de Monasteriensium Anabaptistarum obsidione. 169.

Munster (paix de) v. *Westphalie.*

Munster (Sébastien) cosmographie. X. 38. traduction de Josippon. 199. Germaniæ descript. XI. 167.

Muntaner ; hist. de Jacques I, roi d'Aragon. XIII. 378.

Muntzer ; chronique de Fulde. XI. 277.

Muratori (Louis-Antoine) antiquitates Italicæ. XI. 400. annali d'Italia. 402. observat. sur l'écrit de M. Fontanini au sujet de Comachio. 458. requête du duc de Modène. 459. droits de l'empire. *ibid.* de corona Ferrea. XI. 366. rerum Italicarum scriptores. 377 & *suiv.* delle antichita Estensi. XIV. 221. thesaurus veterum inscriptionum. 336. tavola di bronzo. 340. vie de Sigonius. 411.

Murcie ; cartes. X. 91. hist. de cette ville & de son royaume. XIII. 389.

Mure (Jean-Marie de la) hist. ecclésiast. de Lyon. XIII. 115. hist. du Forez. 118.

Murers ; Helvetia sancta. XIII. 263.

Murillo ; capilla de la madre de Dios del Pilar. XIII. 380.

Murinus ; chron. ord. Teutonici magistr. X. 481.

Murtadi ; l'Egypte. XI. 2.

Mury en Suisse ; origines Murensis monast. X. 343. XI. 200. & XIV. 211. vindiciæ actorum Murensium. 212.

Musca ; catalogue des évêques de Salerne. XI. 485.

Muscampius ; institutiones historicæ. X. 11.

Muselli ; numismata antiqua. XIV. 324. antiquitatis reliquiæ. 329.

Mushard (Luneberg) monumenta familiarum, &c. XI. 301.

Musique ; hist. de la Musique. XIV. 360. — *Musique* des anciens. XI. 49 & 121. différentes recherches sur la musique des anciens. XIV. 423, 427, 514. divers

traités de M. Burette. 434, 442. trad. du traité de Plutarque, avec des remarques. 442, 449 & 454.

Musique; académie de Musique. XIII. 36.

Musittula; de translatione cadaveris regis Alfonsi. XIII. 379.

Musonius; mém. sur ce philosophe. XIV. 307.

Musonius; de luxu Græcorum. XI. 49.

Mussatus; historia Henrici VII. XI. 176. 221, 367, 389. Ludovicus Bavarus. 176. tragediæ. 367. de gestis Ital. post mortem Henrici VII. 389. hist. Augusta. 537.

Mussey (Jean) la Lorraine ancienne & moderne. XIV. 260.

Mussis (J. de) chron. Placentinum. XI. 392.

Musson; ordres monastiques. X. 323.

Mustafa; chronologia historica. XIV. 85.

Mustafa, bacha de Rhode; sa conjuration. X. 479.

Mut (Vincent) hist. de Malorca. XIII. 389.

Mutianus *Rufus*; epistolæ. XI. 217.

Mutio (Achille) monumens de Bergame. XI. 542. hist. ecclesiast. de Bergame. *ibid.*

Mutio (Jérome) hist. de Frédéric de Monte-Feltro. XI. 456.

Mutio (Michel L.) la sacra lega. XI. 553.

Mutio de Mutii; dialogues sur la ville de Téramo. XI. 486.

Mutius (Hulder. Hugw.) de Germanorum origine. XI. 174. de Germanorum ritibus. 216.

Muzantio (le P.) fax chronologica. X. 115.

Muzio (Jérome) historia sacra. X. 200. il coro pontificale. XI. 423.

Mylæus; theatrum scribendæ historiæ. X. 9, 13.

Myler d'Ehrenbach; de principibus & statibus imperii, & *autres ouvrages*. XI. 343.

Mylius; bibliotheca anonym. &c. XIV. 371.

Mystères; de Cérès & de Bacchus. XI. 47. de Cybele. 48.

Mythologie; traités. X. 98 & *suiv.*

NABERAT (F. de) histoire des chevaliers de Malte. X. 477 & *suiv.*

NACHTENHOEFER ; institutiones juris bibliothecales. XIV. 357.

*NADAL (l'abbé) hist. des Vestales. XI. 120. & XIV. 417. liberté des soldats Romains de railler ceux qui triomphoient. 423.

NADANY ; Florus Hungaricus. XI. 348.

NADASDI (le comte de) hist. de Hongrie. XI. 349. mausoleum. 352.

Nadasdi ; procès des comtes Nadasdi, Zrini & Frangipani. XI. 354.

NADASI ; annuæ litteræ. X. 460. mortes illustres. 461. annus dierum memorab. Soc. Jesu. 468.

NADASSI ; reges Hungariæ. XI. 352.

NAGEREL ; descript. de la Normandie. XIII. 61.

NAIN (D. Pierre le) essai de l'hist. de Cîteaux. X. 354. relat. de la vie de quelques religieux de la Trape. 356.

NAIRONI ; de origine, &c. Maronitarum. XIV. 91.

Naissance ; de natalitiis. XI. 49. – *Naissance* des enfans de France. XIII. 235.

NALDI ; vita Jannotii Manetti. XI. 374 & 395.

NALDINI ; descript. de Capo d'Istria. XI. 545.

Nama Sebesio ; explic. de ces mots. XIV. 452.

Namur ; cartes. X. 78, 79. histoire de cette ville & de son comté. XIII. 285 & *suiv.* siége de cette ville. 307.

Nanci ; descript. de cette ville. XII. 120.

NANI (Baptiste) hist. de Venise. XI. 518 & 521. relat. de la conduite présente de la France. XIV. 299.

Nantes ; hist. de cette ville ; ses priviléges ; son université. XIII. 79.—— *Nantes*, prise par les Normans. XII. 46.

NANTIGNI (Chasot de) généalogies des maisons souveraines

souveraines. XIV. 205. tablettes histor. 142. de Thémis. *ibid.*

La Ste. *Nape* de Vienne en Dauphiné. XIII. 173.

Naples ; cartes du royaume de Naples. X. 91. auteurs sur ce royaume, dans la collection de Burman. XI. 371, 372. dans celle de Muratori. 379, 386. autres auteurs sur la ville & le royaume de Naples. 396, 397, 460 & *suiv.* église de Naples. 475 & *suiv.* chron. de ses évêques. 379. tumultus Neapolitani. 363. de laudibus Neapolis. *ibid.*

Napolini (Scipione) rivolutioni di Napoli. XI. 471.

Narbonne ; hist. de cette ville. XIII. 139. privilegium factum Arnulpho Narbonensi antistiti, de honore archiepiscopi. XII. 73.

Narbonoise ; descript. de cette province. XIV. 488, 495, 501. divisio terminum episcopatuum provinciæ Narbonensis. XII. 40.

Narborough ; son voyage à la Mer du Sud. XIV. 174, 191.

Nardi (Jacques) traduction de Tite-Live. XI. 66. hist. de Florence. 504, 505. vie de Malespini. 592.

Nardi (Isidore) genealogia della famiglia Valignana. XIV. 229.

Nardini (Famian) Roma vetus. XI. 96 & 112. Vejium antiquum. 370 & 442.

Nardini (Nicolo) hist. de Nepi. XI. 442.

Nasons ; picturæ sepulchri Nasoniorum explicatæ. XI 106.

Nassau ; chronicon Nassoviense. XI. 278.

Nassau ; généalogies de cette maison. XIV. 264. v. *Orange.*

Nassir Edin ; tabulæ geographicæ. X. 26.

Nataco ; della fede e nobilta del Nataco. XI. 552.

Natali (Carlo) descrittione de i stati di Friderico Laudi. XIV. 223.

Natalis Comes ; v. Comte. (Noël le)

Nations de l'Université. XIII. 23 & *suiv.*

Nau (le P.) état de la religion Mahométane. XIV. 82.

Naucler (Jean) sa chronique. X. 144 & 206.

Naudé (Gabriel) coups d'état. X. 104. addition à l'hist. de Louis XI. XII. 149. quod nomen Senæ non Cesenæ conveniat. XI. 369 & 449. tabularii Reatini instauratio. 374. de antiquitat. scholæ Medicæ. XIII. 28.

Naufragante; spiegazioni di due antichi mazze di ferro. XIV. 340.

Naugerio (André) hist. Veneta. XI. 397.

Nault (Nic.) hist. de Bibracte. XIII. 108.

Naumbourg; carte de son comté. X. 72. ses évêques. XI. 195 & 315.

Naunton (Robert) fragmenta. XIII. 462. remarques. *ibid.*

Nauze (M. de la) ses ouvrages insérés dans les mém. de l'acad. des Inscriptions. XIV. 438, 441, 445, 447, 448, 453, 454, 459, 464, 472, 473, 480, 485, 490, 492, 498 & *suiv.* 500, 503, 504, 507, 513, 515.

Navailles (le maréchal de) ses mém. XII. 331.

Navarre; cartes. X. 91. auteurs sur ce royaume. XIII. 131 & *suiv.* & 392 & *suiv.* sa réunion à la couronne. XII. 258. de origine, fatis & successione regni Navarræ. XIV. 520. de bello Navarrensi. XIII. 330.

Navarre (le collége de) son histoire. XIII. 31.

Navarre (Diégue de) chronicas de Menores. X. 379.

Navarre (Tiburce) vita S. Francisci. X. 391.

Navarrete (Anton.) la razon à los cavalleros Napolitanos. XI. 473.

Navarrete (Pedro Fernandez) conservacion de monarquias. XIII. 407.

Navarrete (D. Fernandez) traités historiques sur la Chine. XIV. 125.

Navarro de Larraregui; los señores de Vizcaya. XIII. 393.

Navigation; son hist. XIV. 350. — *Navigations* de Salomon. X. 210, 211.

Navires sacrés des anciens. XIV. 434. — *Navires;* de varietate navium. XI. 53, 105 & 119.

Navius (Jean) Eremus Augustin. X. 427.

S. *Nazaire*, martyr à Milan. XI. 552.

Nazaréens; examen de l'hypothèse de M. Mosheim touchant les Nazaréens. X. 302.

Nazari; Bressa antica. XI. 541.

Nazariani annales. XI. 180.

Nazarius; panegyricus Constantino imperatori. XI. 128.

Néad; hist. des Puritains. XIII. 498.

Nearchus; periplus. X. 25.

Nectaire; Nectarii episcopi factum de pœnitentiario abrogato. X. 249.

Née de la Rochelle; mém. sur le Nivernois. XIII. 85.

Néel; hist. de Maurice, comte de Saxe. XII. 344.

Négres; sur leur origine & la cause de leur couleur. XIV. 140, 143.

Négrepont; auteurs sur cette île. XI. 547.

Negri; vie de la mere Angélique-Paule-Ant. de Negri. X. 437.

Negri (J. Fr.) prima Crociata. X. 475.

Negri (Jean) hist. de Fossano. XI. 583.

Negri (G.) scrittori Florentini. XIV. 388.

Nelli; hist. littér. de Florence. XIV. 388.

Nelson; diarium altæ curiæ justitiæ. XIII. 469. collection des affaires d'état. 477.

Nemours (Gaston de Foix, duc de) sa vie. XII. 360.

Nemours (la duchesse de) ses mémoires. XII. 313.

Néocore; recherches sur ce titre donné à plusieurs villes. XI. 104. & XIV. 414, 421.

Neocore; v. Kuster.

Neophanius; Halberstadienses episcopi. XI. 305.

Neowaldus; de Ant. Westphaliæ colonis. XI. 287.

Népenthès; Homeri Nepenthes. XI. 54.

Néphilim; v. *Géans*.

Népi; hist. de cette ville. XI. 442.

Nepos Saxonicus; v. Cornelius Nepos.

Népotisme des papes. XI. 439.

Nerini; monum. de l'église des SS. Boniface & Alexis. XI. 439.

Neritini monasterii

chronicon. XI. 398.

Nerius Donatus ; annales Senenses. XI. 391.

Nerlio ; chron. monasterii Mantuani S. Andreæ. XI. 398.

Néron ; monument de sa persécution. X. 270 & *suiv.* conjuration contre cet empereur. XI. 92.

Nestor (Jean) hommes illustres de la maison de Médicis. XI. 507.

Nestoriens ; hist. du Nestorianisme. X. 298.

Nessel (Daniel) supplementum Bruschianum. XI. 328 & *suiv.* Prodromus pacificatorius. XIV. 188.

Netino ; de rebus Netinis. XI. 376 & 498.

Neu ; accessiones ad Relectiones Degorei Whear. X. 16.

Neubourg, duché ; carte. X. 70.

Neufchâtel ; carte. X. 76. hist. de ce comté. XIII. 121. écrits à son occasion. 169.

Neuf-Fonts ; bulla in confirmationem jurium abbatiæ S. Gilberti de Novemfontibus. XII. 82.

Neufville (le Pipre de la) état de la maison du roi. XII. 32. hist. de la maison du roi. XIII. 226.

Neufville (le Quien de la) hist. des Dauphins. XIII. 172. hist. de Portugal. 413. *son éloge.* XIV. 440.

Neufville (l'abbé de) régimens d'infanterie. XIII. 226.

Neugebaver ; hist. rerum Polonicarum. XIV. 47. Moscovia. 63.

Neuvéglise (Charles de) hist. de Dombes. XIII. 169. réponse. *ibid.*

Neuville (de la) *v.* Baillet.

Neustrie ; carte de ce royaume. XII. 2.

Neve (Jul.) monumenta Anglicana. XIII. 512.

Nive (Timothée) remarques sur l'hist. du card. Polus. XIII. 514.

Neverofnete ; historiche Bilder Saal. XI. 241.

Nevers ; histoire de cette ville & du Nivernois. XIII. 85. origo & hist. Nivernensium comitum. XII. 69.

Nevers (le duc de) remontrance au roi. XII. 189. traité des causes de la prise d'armes. 203. ses mémoires. 211.

Nevers (le duc de) ſon entrée à Rome. XIII. 242.

Newcaſtle ſur la Tyne; hiſt. de cette ville. XIII. 503.

Newcaſtle (Guill. duc de) ſa vie. XIII. 515.

Newcombone ; hiſt. du couronnement de Jacque II. XIII. 483.

Newcourt (Rich. de) hiſt. du diocèſe de Londres. XIII. 500.

Newton (Adam) traduction de l'hiſt. du concile de Trente de Fra Paolo. X. 244.

Newton (Iſaac) ſon édition de la géographie de Varénius. X. 50. chronologie réformée. 187, 188.

Nibles (le ſieur de). diſcours des bons gouverneurs. XII. 362. la vérité provençale. XIII. 147.

S. *Nicaiſe* , arch. de Rouen ; ſa vie. XIII. 68.

Nicaise (l'abbé) explication d'un ancien monument. XIII. 128.

Nice ; auteurs ſur cette ville. XI. 372 , 580 & 583. & XIII. 164.

Nicée ; hiſt. du concile de Nicée. X. 242 , 243.

Nicéphore ; rois de Syrie qui ont pris ce nom. XIV. 501.

Nicéphore , patr. de Conſtantin. breviarium chronographicum. X. 133 , 134. & XI. 125 , 127 , 134 , 142.

Nicéphore ; auſſi patriarche de Conſtantinople ; breviarium hiſtoricum. XI. 133 & 134. de Conſt. Copronymi vita. 133.

Nicéphore de Briennes; de rebus Byzantinis. XI. 135 , 137 & 142.

Nicéphore Callixte ; hiſt. eccléſiaſtique. X. 227.

Nicéphore Grégoras ; ſon hiſt. XI. 137 & 139.

Niceron (le P.) voyage d'Owington. XIV. 190. mémoires. 369.

Nicetas *Acominat* ; hiſtoria. XI. 127 , 137. & *ibid.* de ſtatuis Conſtantinopolitanis. 144. *de ejus vita.* XI. 138.

Nickols ; lettres & papiers d'état. XIII. 474.

Nicodême ; evangelium Nicodemi. XI. 217.

Nicolai (Agoſtino) révolution de Naples. XI. 472.

Nicolai (Jean) note

ad Cunæum. X. 218. ad Sigonium. 220. disquisitio de Nimbis. 263. de Synedrio Ægyptiorum. XI. 4. de ritu Bacchanaliorum. 47. de luctu. 56.

NICOLAI (Jean) trad. de la vie de Louis le Juste. XII. 253. Galliæ dignitas vindicata. XIII. 385.

NICOLAI (Jean) annotationes in historiam Jacobitarum. XIV. 135.

NICOLAI (le P.) la fatalité de Saint-Cloud. XII. 105.

NICOLAI (Nicolas) guerre pour le Boulonois. XII. 163.

NICOLAI (Nicolas de) voyages en Turquie. XIV. 63.

NICOLAI (M. de) ses ouvrages dans les mém. de l'académie des Inscriptions. XIV. 453, 456, 471, 478.

S. *Nicolas*, évêque de Mire; sa vie. XI. 482. de actis divi Nicolai. X. 289.

S. *Nicolas* d'Angers; hist. de cette abbaye. XIII. 90.

NICOLAS I, pape; ses lettres. XII. 55 & 57. *sa vie.* XI. 381. — *Nicolas IV*; sa vie. XI. 417. — *Nicolas V*; sa vie par divers auteurs. XI. 382, 398, 428.

NICOLAS, cardinal d'Aragon; vitæ pontificum Romanorum. XI. 382.

NICOLAS, évêque de Butrinto; de itinere Henrici VII. XI. 388.

Nicolas Clémangis; sa vie. XIV. 401.

NICOLAS *de Damas*; de moribus Græcorum. XI. 46. *hist. de sa vie & de ses ouvrages.* XIV. 436.

NICOLAS *de Braia*; gesta Ludovici VIII. XII. 60.

NICOLAS *de Jamsilla*; de rebus gestis Friderici II. XI. 387.

NICOLAS *de Tiusburg*; ephemerides S. Galli. XI. 178.

NICOLE; v BREGY.

NICOLETTI; supplimento delle guerre di Fiandra. XIII. 301.

NICOLICCHIA; conjuration contre Néron. XI. 92.

NICOLINO; hist. de la ville de Chieti. XI. 485.

NICOLIO; hist. de Rovigo. XI. 537.

NICOLOSI; introduction à la Géographie.

X. 31. Hercules Siculus. 42.

Nicolson; biblioth. hist. d'Angleterre. XIV. 395. — d'Écosse. 396.

Niderstedt; Melita. XI. 46. Malta vetus & nova. 588.

Nieprecki (le P.) carte de Lithuanie. X. 68.

Nieremberg (Jean-Eusebe de) vie de S. Ignace. X. 456. — de S. François de Borgia. 457. honor del grand patr. S. Ignatio. 461.

Nieuhoft; ambassade vers l'empereur de la Chine. XIV. 123.

Nieuport; ritus romani. XI. 110.

Nifanius; ostensio quod Carolus Magnus non fuerit papista. XI. 214. Carolus M. veritatis evangelicæ confessor. *ibid.*

Nigellius (Ermold) de rebus Ludovici. Pii. XI. 380.

Niger; voyage le long de cette riviere. XIV. 141.

Niggelius (Etard) bona opera Ludovici IV. XI. 222.

Nigidius Figulus (P.) sa vie & ses ouvrages. XIV. 501.

Nigra-Valle (Jean de) natales SS. canonicorum S. Augustini. X. 416.

Nigretti; vie du P. Hippolyte Galantini. X. 440.

Nigritie; cartes. X. 94. v. *Negres.*

Nigro Cyriaco (Franc.) ducatus Mantuæ. XI. 565. consultatio 585.

Nigroni; de S. Ignatio & de S. B. Caietano Thienæo. X. 456. regulæ communes Soc. Jesu. 463. de caliga veterum. XI. 110. *& ibid.*

Nigrosanti; hist. de Fano. XI. 456.

Nihusius; édition du traité d'Allatius sur la papesse Jeanne. XI. 414. de Asiæ provinciis. XIV. 80.

Niklos (Betlem) ses mémoires. XI. 351, 355.

Nil; descript. de ce fleuve. XIV. 133. dissert. sur ses sources. 491. carte. X. 94.

Nimbe; dissert. sur le nimbe des divinités, &c. X. 263.

Nimégue; antiquités de cette ville. XIII. 314. hist. de la paix de Nimégue. XII. 319, 330. né-

gociations de cette paix. XIV. 300 & *suiv.*

Nino ; chronicas de Menores. X. 379.

Niort ; priviléges de cette ville. XIII. 93.

Niozelle ; son manifeste. XIII. 161.

Niphus ; de auguriis. XI. 98.

Niquet ; hist. de Font-Evraud. X. 362. apologie. *ibid.*

Nisme ; auteurs sur cette ville. XIII. 143 & *suiv.*

Nitard (le P.) ses différends avec D. Juan d'Autriche. XIII. 351. sa sortie d'Espagne. 352.

Nithard ; de dissentionibus filiorum Ludovici Pii. XI. 197. & XII. 46, 118. *de Nithardo & ejus prosapia.* XII. 46 & 352.

Nitri ; guerres de Hongrie. XI. 351.

Nivelle (Louis) mém. pour le duc de Luxembourg. XIII. 223.

Nivelle (Gabr. Nic.) la const. déférée à l'église. X. 260. catalogue des livres concern. le Jansénisme. *ibid.* & *suiv.*

Noailles (le maréchal de) ses campagnes. XII. 341.

Noble (Eustache le) dissert. sur la naissance de Jesus-Christ. X. 264. relation de l'état de Gènes. XI. 568 & *suiv.* l'esprit de Gerson. XII. 27. hist. de la république de Hollande. XIII. 298.

Noblesse ; traités sur la noblesse. XIII. 363. & XIV. 192 & *suiv.* — *Noblesse* d'Allemagne ; ses droits, &c. XI. 329. — *Noblesse* immédiate. *ibid.*

Nocera ; hist. de cette ville. XI. 445.

Nodal ; relation de leurs voyages. XIV. 161.

Nodot ; relation de la cour de Rome. XI. 416. nouveaux mémoires. *ibid.*

Noël (François) Sinensis imperii libri classici. XIV. 119.

Noels (Pierre des) catalogus sanctorum. X. 280.

Nogarole (Jérome comte de) oratio pro Vicentinis. XI. 185.

Noguier (Antoine) hist. Toulousaine. XIII. 139.

Noguier (François) hist. ecclésiast. d'Avignon. XIII. 166.

NOINVILLE (le président de) hist. du Conseil & des Maîtres des Requêtes. XIV. 496.

NOLARCI ; vie de S. Ignace. X. 416.

NOLAY (Hilarion de) la gloire du Tiers-ordre de S. François. X. 393.

Nole ; auteurs sur cette ville. XI. 171 & 480.

NOLIN (J. B.) ses cartes. X. 54, 58, 63, 64, 65, 68. & XII. 2, 3, 5.

Noms ; sur les noms des Romains. XI. 95. & XIV. 415.

Noms propres ; de nominibus propriis Germanorum. XI. 168. catalogus nominum propriorum, quibus Alamanni quondam appellati. XI. 179.

Nombres ; de numerorum qualitate. XI. 51.

Nomenoi, roi de Bretagne. XII. 48.

Nonantola ; fondation de ce monastere. XI. 379.

NONIUS ; *v.* NUGNEZ.

NOPIUS ; chronicon Aquisgranense. XI. 291.

S. NORBERT ; sa vie par différens auteurs. X. 419. & XI. 305.

Nord ; description & hist. générale des royaumes du Nord. XIV. 1 & *suiv.*

NORDBERG (J. A.) hist. de Charles XII, roi de Suéde. XIV. 15 & *suiv.*

NORDEN ; voyage d'Egypte. XIV. 134.

NORELL ; diatyposis academiarum apud Judæos. X. 222.

NORIEGA (Benedictus de) injustitia belli Austriaci. XIII. 398.

NORIS (Alexandre) guerres d'Allemagne. XI. 253.

NORIS (Henri) hist. Pelagiana. X. 298. notæ ad Averanii dissertationem. XI. 9. annus & epochæ Syro-Macedonum. XI. 21. plusieurs supplémens à ses *Epoques Syro-Macédoniennes*. XIV. 492, 493, 499, 500, 504, 510, 511 & 515. fasti consulares. XI. 104. epistola consularis. *ibid.* Cenotaphia Pisana. 113 & 370. de duobus nummis Diocletiani & Licinii. XIV. 328. opera omnia. 412.

NORIS (Rodolph. Venuti) *v.* VENUTI.

Normandie ; auteurs sur cette province. XIII. 61 & *suiv.* de ducibus Normanniæ. 438.

Normans; leurs incursions en France. XII. 46 & *suiv.* état de la France à cette époque. XIV. 461, 466. -- *Normans* en Italie. XI. 384.

Noronha; carte de l'île de ce nom. X. 97.

NORRIS (Richard) observ. sur le royaume d'Alger. XIV. 138.

NORT (Olivier du) voyage autour de l'univers. XIV. 182.

NORTHOF (Levold à) orig. Marcanæ. XI. 192. catalogus archiep. Coloniensium. 193. comites de Marca & Altena. 191.

Northumberland (le duc de) son histoire. XIII. 461.

Norwége; cartes. X. 66. descript. & hist. de ce royaume. XIV. 19, 21 & 30 & *suiv.*

Nostra - Segnora de Atocha; hist. de son linage. XIII. 370. — *de Guadalupe.* 371. — *de Montserrat.* 386. — *del Pilar*; histoire de cette dévotion. 380 & *suiv.* — *del Sagrario*; hist. de cette église. XIII. 369 & *suiv.* — *de la Salcéda.* X. 381. & XIII. 391. — *de Sopetran*; hist. de cette abbaye. X. 342.

NOSTRADAMUS (César) hist. de Provence. XIII. 148.

Notaires au châtelet; chartes, lettres, &c. XIII. 8.

NOTKER *le Bégue*; martyrologium. X. 275. de gestis Caroli Magni. XII. 42. *sa vie.* XI. 178.

Notitia imperii. XI. 59, 100.

NOTO & MARSALA (Gaétan) inscriptions de Palerme. XI. 494.

Notre-Dame; hist. de l'ordre des Filles de N. D. aggrégé à celui de S. Benoît. X. 365 & *suiv.*

Notre - Dame de S. Acheul. XIII. 44. — *de la Charité* à Dijon. XIII. 107. — *de la Drêche.* XIII. 145. — *de Liesse.* XIII. 49. — congrégation de Notre-Dame de Lorraine. X. 424. — *Notre-Dame de Lorette*, en Italie; son histoire. XI. 446. — *des Martyrs* à Lisbone. XIII. 428. — *de Miséricorde*; religieuses de cet ordre. X. 446. — *de Mouson*; abrégé des chroniques de ce monastere. X. 340. — *du Puy* en Vélay. XIII. 145 & *suiv.* — *du Refuge.* X. 433. — *de Soissons*

hist. de cette abbaye. X. 349.

Nottingham; antiquités de ce comté. XIII. 503.

Noue (Franç. de la) observations sur les premiers troubles. XII. 179. déclaration pour la prise d'armes. 200. discours politiques & militaires. 223. *sa vie*. ibid. & 365. remarq. sur Guichardin. XI. 409.

Noue (Jeanne de la) sa vie. X. 414.

Noue (le P. de la) de sanctis Franciæ cancellariis. XIII. 216.

Noulis (Pétrineau des) rois de Sicile & de Naples, &c. XI. 467.

Nourry (D. Nicolas le) édition de Lactance. X. 271.

Novalèse; fragment. chronici Novaliciensis. XII. 54.

Novare; auteurs sur cette ville. XI. 562.

Novatiens; dissert. de hæresi Novatiana. X. 497.

Novelli; de urbis Florentiæ nobilitate. XI. 508.

Noviforo; le triomphe de Portolongone. XI. 515.

Novis (Augustin de) de antiquitate ord. Canonici. X. 416.

Noyon; hist. de cette ville. XIII. 46.

Nubie; cartes. X. 94. voyages en ce pays. XIV. 134.

Nucula; de bello Aphrodisiensi. XIII. 146.

Nuenare (Herman comte de) epigrammata. XI. 168. oratio pro electo rege Romanorum. 187. de origine Francorum. XII. 36. de Gallia Belgica. XIII. 271.

Nugent; hist. de la Vandalie. XI. 503.

Nugnez de Léon (Duarte) censuræ. XIII. 312. regum Portugalliæ genealogia. *ibid.* & XIV. 276. descript. du Portugal. XIII. 410. chronique *ibid.*

Nugnez (Ferdinand) castigationes ad Pomp. Melam. X. 24.

Nugnez (Louis) Hispania. XIII. 327 & 334. commentar. in Golczii Græciam. XIV. 310. in numismata imp. Julii, Augusti & Tiberii. 311.

Numance; hist. de l'ancienne & de la nouvelle Numance. XIII 372.

Nunnosus; historia

Legationum. XI. 131. - *Nuremberg* ; carte de son burgraviat. X. 71. ses environs. *ibid.* description de la ville de Nuremberg XI. 156. chroniques de Nuremberg. 256. ses monasteres. *ibid.* & 257. autres auteurs sur cette ville. 267, 268.

OBE ODO

OBEILH ; vie du roi Almansor. XIV. 138.

Obélisques. XIV. 416. — *Obélisques astronomiques.* XIV. 424. — Obeliscus Pamphilius. XI. 6. — *Obélisques* de Rome. XI. 97 & *ibid.* — *Obélisque* interprété par Hermapion. XIV. 515. — *Obélisque* relevé par le pape Sixte-Quint. XI. 431, 432. — *Obélisque* d'Arles. XIII. 158.

Obotrites ; leurs dieux. XI. 503.

OBRECHT ; notes sur le traité de Grotius, *de jure belli & pacis.* X. 104, 105. notæ ad scriptores historiæ Augustæ. XI. 90. notæ ad tract. de statu imperii. XI. 164. Alsaticarum rerum prodromus. XIII. 175. excerpta historica. 396.

OBRITIUS ; de Atrebatis urbis liberatione. XIII. 51.

l'*Occasion perdue & recouvrée* ; son véritable auteur. XIV. 522.

Occo ; imperatorum Romanorum numismata. XIV. 316.

OCKEL ; de juribus burgraviorum Magdeburgensium. XI. 304.

OCKLEI ; hist. des Sarasins. XIV. 93. description de la Barbarie. 136.

ODALY ; de familia Geraldinorum Desmoniæ. XIV. 285.

ODEBERT ; fondation de l'Hôtel Dieu de Dijon. XIII. 107.

ODERBORN ; vita Joannis Basilidis. XIV. 62.

ODERIC ; dissertat. in aliquot inscript. XIV. 338.

S. *Odilon*, abbé de Cluni ; sa vie. X. 346. ses lettres. *ibid.*

Odon, second abbé de Cluni ; sa vie. X. 346.

ODON *de Deuil* ; de Ludovici VII profectione in Orientem. XII. 132.
ODON ; vie du comte Burchard. XII. 56.
ODON ; vita S. Geraldi, Aureliacensis com. X. 346.
ODORANNE ; sa chronique. XII. 51.
Odyssée ; explication d'un passage de ce poëme. XIV. 415. chronologie. 420.
Œdipus Ægyptiacus. XI. 6.
OEFELIUS ; rerum Boicarum script. XI. 254.
Oettingen ; carte de ce comté. X. 71. origines Oetingenses. XI. 200.
OEXMELIN ; hist. des avanturiers, &c. XIV. 151.
OFFERHAUS ; spicileg. historico-chronologic. X. 196.
Offices & dignités en France. XIII. 220 & *s.* *grands Officiers* de la couronne. 125 & *suiv.*
O-FLAHERTI ; Ogygia. XIII. 525.
OGÉE ; carte du comté Nantois. X. 83.
Ogier le Danois ; dissertation sur ce héros. XIV. 33.
OGIER (Charles) ephemerides. XIV. 1.
OGIER (François) inscription de la croix de l'abbaye de Grandmont. X. 407.
OGILBY ; Asiæ descript. X. 43. Africæ. 45. & XIV. 131. Americæ. X. 46. couronnement de Charles II. XIII. 479. ambassades des Hollandois au Japon. XIV. 128.
S. *Ogleri*, abbé. XI. 584.
OHRNHIALM ; *voyez* ARRHENIUS.
OHTHER ; periplus. XIV. 32.
Oignies ; antistitum Ogniacensium catalogus & elogia. X. 341.
OIHENART ; notitia utriusq. Vasconiæ. XIII. 127 & *suiv.*
OISELIUS ; thesaurus numismatum. XIV. 115.
OKOLSKI ; orbis Polonus. XIV. 286.
S. *Olaüs*, roi de Norwége ; sa vie. XIV. 10.
OLAUS (Eric.) Suecorum historia. XIV. 7.
Olaüs Tryggiasons ; fragm. de son histoire. XIV. 10.
OLAVE ; hist. regum septentrional. XIV. 3.
Oldenbourg ; cartes de ce comté. X. 74. chron.

XI. 292. chronique des archicomtes d'Oldenbourg. XI. 193.

Oldenbourg; hist. de cette maison. XIV. 27. sa généalogie. 287.

Oldenburger; thesaurus rerumpublicarum. X. 175. notæ ad tract. de statu imperii Germanici. XI 164. Limnæus enucleatus. 336. discursus de pace Osnabrugo-Monast. 340. discursus juridico-politico-histor. XIV. 383.

Oldoini; Athæneum Romanum. XIV. 390.

Oldrade; sa lettre à Charlemagne. XI. 560.

Oléarius (Adam) chronique de Holstein. XI. 302. Pinacotheca Gottorpiensium. *ibid.* voyages de Perse & de Moscovie. XIV. 63 & 64. Philostratorum opera. 411

Oléarius (Godefroi) Halæ Saxonicæ descriptio. XI. 311. historia philosophiæ. XIV. 348.

Olearius (J. Christophe) rerum Thuringicarum syntagma. XI. 316. hist. Arnstadiensis. *ibid.*

Olhagaray; hist. de Foix, &c. XIII. 135.

Oliequist; hist. Caroli-Gustavi. XIV. 15.

Olihano; vie de S. Pierre Nolasque. X. 451.

Oliva (Jean) Poggii epistolæ. XIV. 517.

Olivarez; différens écrits sur la vie & la disgrace de ce ministre. XIII. 350.

Olivarius (Pierre-Jean) annotationes in P. Melam. X. 24.

Oliver (Nicolas de) guerres de Hongrie. XI. 551.

Olivet (l'abbé d') hist. de l'Académie Françoise. XIII. 34.

Oliveyra; mém. sur le Portugal. XIII. 429.

Olivier, scholastique de Cologne; de captione Damiatæ. XIV. 98.

Olivier (François) discours à la diéte de Spire. XII. 161.

Olivier (Cl. Matth.) hist. de Philippe, roi de Macédoine. XI. 36.

Olivier; dissert. sur Jupiter Ammon. XI. 5.

Olmo (J. Fortunato) hist. de l'arrivée d'Alexandre III à Venise, &c. XI. 219 & 323. relazioni della republ. di Venetia. 323.

Olmo (Joseph del)

relation de l'Auto da fe de Madrid. XIII. 362.
Olmo (Jos. Vinc. de) lithologia. XIII. 388.
Olympe; recherches sur l'Olympe. XIV. 442. conjectures de M. de Mairan. 489.
Olympia Maldachini; sa vie. XI. 432.
Olympiades; series chronologica Olympiadum, &c. XI. 23. de olympiis. 31. olympiades. *ibid.*
Olympiodore; de rebus Byzantinis. XI. 134.
Olyvera y Vergara; v. Mondéjar.
Ombrie; antiquitates Umbriæ. XI. 369. hist. de cette province. 445.
Ommelande; cartes. X. 77.
O-Neil, roi d'Irlande. XIII. 525.
Onofri; chronologie de Venise. XI. 519.
Onsorgius; chronicon Bavariæ. XI. 256.
S. *Onuphre*; sa vie. X. 125.
Onze mille Vierges; historia undecim millium Virginum. X. 270.
Oostfrise; cartes. X. 73. 74.
Opalenius; Polonia defensa. XIV. 57.
Opelius; de fabrica Triremium. XI. 105.
Ophir; dissertations sur Ophir. X. 211. & XIV. 503.
Ophites; explication de leurs dogmes. X. 297.
Opmer; opus chronographicum. X. 147.
Oppenbusch; de religione Moscovitarum. XIV. 67.
Optat; observ. crit. sur l'extrait que du Pin a donné des livres d'Optat. X. 302.
Or; de l'*or* & de l'*argent*. XIV. 434.
Oracles; de oraculis veterum. XI. 47 & *ibid.* — *Oracles* rendus par les ames des morts. XIV. 485. — *Oracles* de Musée, de Bacis & de la Sibylle. XIV. 485.
Oræus (Henr.) theatrum Europæum. X. 164. & XI. 280.
Oraison (Marthe d') son éloge. XII. 350.
Orange; hist. de cette principauté. XIII. 167 & *suiv.*
Orange; hist. des princes d'Orange. XIII. 199 & *suiv.* 523 & *suiv.*
Orange (Philibert, prince d') sa vie. XI. 230. & XIII. 403.

Orange; sur l'arc de triomphe de cette ville. XIV 489 & 492.

Orateurs Romains; comment ils se faisoient entendre. XIV. 432.

Oratoire; hist. de la congrégation de l'Oratoire. X. 409.

ORBINI; hist. d'Esclavonie. XI. 546.

Orcades; cartes des Isles Orcades. X. 65. hist. & description. XIII. 524.

Orceana storia. XI. 541.

Orchan, empereur des Turcs; son hist. XIV. 74.

ORDERIC VITAL; hist. ecclesiastica. XIII. 440.

ORDONEZ CEVALLOS; hist. du royaume de Jaen. XIII. 575.

Ordres militaires & de chevalerie. X. 170, 196 & 474 & *suiv.* — *Ordres militaires* en France. XIII. 227 & *suiv.* — *Ordres militaires* d'Espagne & de Portugal. XIII. 562 & *suiv.*

Orénoque; descript. de cette riviere. XIV. 160.

S. *Orens* ou *Oriens*, év. d'Ausch; ses actes. XII. 60.

ORESTRO; sur l'hist. de S. Etienne de Bologne. XI. 454.

ORFANEL; hist. eccl. du Japon. XIV. 129.

ORIA (Marquis d') traduct. de Salluste. XI. 68.

ORICHOVIUS; annales Sigism. Augusti. XIV. 45, 46 & 49. oratio in funere Sigismundi. 44.

Oriflamme. XIII. 257, 255.

Origène; philosophomeni fragmentum. XI. 52.

Origénisme; hist. de l'Origénisme. X. 297.

Origine des Nations. X. 189 & *suiv.* — *Origines fabuleuses* des Nations. XIV. 500.

ORIGNI (M. d') l'Égypte ancienne. XI. 8.

Orion; explic. de sa fable. XIV. 458.

ORLANDI (Pellegr. Ant.) scrittori Bolognesi. XIV. 387.

ORLANDIN (César) sur la ville de Sienne. XI. 370.

ORLANDIN (Nicolas) historia Societatis Jesu. X. 448. vita Petri Fabri. 461.

Orléans; auteurs sur cette ville & sur l'Orléanois. XIII. 80 & *suiv.*

états tenus à Orléans. 206.

Orléans; hist. des ducs d'Orléans descendus de Charles V. XIV. 461.

Orléans (Charles duc d') recueil de ses poésies. XIV. 455. son histoire. 467.

Orléans (Louis duc d') mém. sur l'assassinat de ce prince. XIV. 481.

ORLÉANS (le duc d') ses mémoires. XII. 254, 264 & 276.

ORLÉANS (Philippe, duc d') traduction de Florus. XI. 63.

Orléans; droits de la duchesse d'Orléans. XII. 376.

ORLÉANS (Louis d') apologie des Catholiques unis. XII. 196. avertissement aux Catholiques. 197. réplique. *ibid. contra ejus* expostulationem. 225. le banquet du comte d'Arete. 230.

ORLÉANS (Regnault d') observations. XIII. 260.

ORLÉANS (Joseph d') vie du P. Coton. X. 458. — de Matth. Ricci. 459. — du B. Louis de Gonzague. *ibid.* — du P. Charles Spinola. *ibid.* — de S. Stanislas Kostka. *ibid.* révolutions d'Espagne. XIII. 341. vie de Marie de Savoye, &c. 426. révolut. d'Angleterre. 446. hist. de M. Constance. XIV. 112. hist. des deux conquérans de la Chine. 122.

ORLENDI (François) orbis sacer & prophanus. X. 39.

ORLER; descript. de Leyde. XIII. 313. genealogia comitum Nassoviæ. XIV. 264.

ORMANICO; considerazioni sopra i popoli di Valcamonica. XI. 543.

Ormond (le duc d') sa conduite. XIII. 487. accusation contre lui. 488.

Ornano; sa vie. XII. 360.

Ornemens de tête; de pileo, &c. XI. 99. v. *Courone.*

ORONVILLE (Jean d') hist. de la vie de Louis II, duc de Bourbon. XII. 354.

OROSE (Paul) historiarum libri. X. 118, 226. *dissertation sur sa patrie.* XIV. 405.

Orphée; mém. sur la vie orphique. XIV. 434.

ORSATO (Gio. Ant.)

noyes sur les *Marmi eruditi*. XI. 535.

Orsato (Sertorio) de notis Romanorum. XI. 104. & XIV. 333 & 343. istoria di Padoua. XI. 515. cronologia. *ibid.* marmi eruditi. XI. 535. & XIV. 335.

Orscalar; gloriosus Franciscus redivivus. X. 381.

Orséolo (S. Pierre) sa vie. XI. 330.

Orsi (le card.) della storia ecclesiastica. X. 232. domaine des papes. XI. 418.

Orsini (Camille) sa vie. XI. 591. & XII. 167.

Orsini (Giulio) vita della B. Francesca Romana. X. 365.

Orsini (Ignace) monoies de Toscane. XI. 510.

Orta; ses antiquités. XI. 370, 442.

Ortelius; geographia. X. 28. parergon. *ibid.* thesaurus geographicus. 48. deorum capita. XI. 47. Italia antiqua. 58. aurei sæculi imago. 158. Germania inferior. XIII. 272. America. XIV. 147.

Ortelli; pro decretis principis Veneti. XI. 527.

Ortense; successi della guerra di Portogallo. XIII. 417.

Ortica; traduction de Salluste. XI. 68. de César. 71.

Ortiz de Valdez; restauracion de Lerida. XIII. 387.

Ortizius; templi Toletani descriptio. XIII. 368.

Ortubia; genealogia de la casa de Ram. XIV. 277.

Orval; les Stes. Montagnes d'Orval. X. 357.

Orviète; hist. de cette ville. XI. 443.

Osbeck; journal d'un voyage aux Indes orientales. XIV. 110.

Oscelle ou *Oissel*; mémoires sur cette île. XIV. 475.

Osiander (J. Adam) de asylis gentilium. XI. 45.

Osiander (Luc) epitomes historiæ ecclesiasticæ. X. 237.

Osimo; hist. de cette ville. XI. 441.

Osius (Félix) notæ ad Morenam. XI. 365.

Osnabrug; carte. X. 74. chronique. XI. 292.

ses évêques. 193. son université. XIV. 384.

Osnabrug (paix de) v. *Westphalie*.

Osorio ; hist. de Portugal. XIII. 412. hist. du roi Emmanuel. 414.

Osrhoène ; hist. Osrhoena. XI. 22.

Ossana ; istoria di Mantoua. XI. 563.

Ossat (le card. d') ses lettres. XII. 227. *sa vie*. 366.

Ossone (le duc d') réponse à ses lettres contre Venise. XI. 525. hist. de la conjuration du duc d'Ossone. XI. 470. vie de ce duc. XIII. 403.

Ossuna y Ruz (Martin d') memorias de la republica de Dios. X. 521.

Ostiakes; leurs mœurs. XIV. 67.

Ostrokocsi ; origines Hungaricæ. XI. 347. antiqua Hungarorum religio. 353.

Ostende ; siége de cette ville. XIII. 179.

Osterman ; corona Ferdinando III imposita. XI. 236.

Ostracisme. XI. 453.

Osullevan ; historia Hiberniæ. XIII. 527. patriciana decas. *ibid*.

Otberg ; chron. cœnobii Ottbergensis ad Netham. XI. 195.

S. *Othmar* ; sa vie. XI. 178.

S. *Othon* ; de ejus vita. XI. 199.

Othon I, empereur ; son panégyrique. XI. 175 & 192. diplomata. 192. auteurs sur son régne, & sur ceux de *Othon II* & *Othon III*. XI. 216, 217. — *Othon IV* ; de ejus rebus gestis in Longobardia. XI. 177. apologia. 194 & 220. éclaircissemens sur l'hist. de cet empereur. XIV. 516.

Othon *de Frisingue* ; sa chronique. X. 138, 353. & XI. 176 & 385. de rebus Friderici I. XI. 176, 203 & 218. appendix ad chronicon Othonis Frising. XI. 176, 203 & 385.

Othon, moine de Waldsachsen ; chronic. XI. 255. descript. exterminii monasterii sul. *ibid*.

Othon (Jacques) templum pacis. XIV. 297.

Othon (Marc) de registratura. XI. 331.

Otonali (Arenif.) v. Alfieri (Antonio)

Otrante; auteurs sur cette ville. XI. 374 & 486. attaquée par les Turcs en 1480. XI. 482.

Ott; Laurus Carolina. XI. 212. & XII. 128.

Ottaggio; prise de cette ville par le duc de Savoie. XI. 580.

Ottocar, roi de Bohême; an à Rudolpho tentorio lapsili delusus. XI. 221.

Ottens; carte de Berbice & Surinam. X. 96.

Otter (Sam. Guill.) burgraves de Nuremberg, &c. XI. 268.

Otter (Jean) voyage en Turquie, &c. XIV. 86. conquête de l'Afrique par les Arabes. 478. observ. tirées d'auteurs Arabes. *ibid.* *son éloge.* 484.

Otterbourne; hist. d'Angleterre. XIII. 458.

Ottieri; hist. des guerres d'Europe. XI. 414.

Ottinelli; hist. de la ville de Fermo. XI. 369, 442, 445.

Ottius; examen in annales Baronii. X. 239. annal. anabaptistici. 306.

Otton; *v.* Othon.

Ovaglie (d') hist. du Chili. XIV. 159.

Oudegherst (P. d') chron. de Flandre. XIII. 277.

Oudendorp; son édition des commentaires de César. XI. 70. de Suétone. 82. veter. monumentorum descriptio. XIV. 338.

Oudenhoven; descripion de Bosleduc. XIII. 284. de Dordrecht. 312.

Oudin (Casimir) de scriptor. ecclesiæ. XIV. 375.

Oudin (le P.) mém. sur la vie du Pr. Bouhier. XI. 27. & XIV. 400. *sa vie.* 522.

Oudinet; son éloge. XIV. 426.

S. Ouen; prologue de la vie de S. Eloi. XII. 78. vie de S. Eloi. 85.

S. *Ouen* de Rouen; hist. de cette abbaye. X. 338.

Oursel; beautés de la Normandie. XII. 65.

Outhier; carte du diocèse de Bayeux. X. 85. du dioc. de Meaux. 86. de Sens. 87. voyage au nord. XIV. 191.

Outram (Guill.) de sacrificiis. X. 219.

Ouvrard; défense de l'ancienne tradition des

Églises de France. XII. 384.

Ouvriers pieux ; leur congrégation. X. 411.

OVERBEKE (Bonaventure d') les restes de l'ancienne Rome, XI. 112.

Over-Issel ; cartes. X. 77.

Ovide ; dissertation sur son exil. XIV. 405.

OVIEDO (Gonçalo Hernandéz) hist. générale des Indes. XIV. 148.

OVIEDO DI VALDE ; hist. della Indie occid. XIV. 157.

OWEN *Cambridge* ; mémoires du colonel Lawrence. XIV. 111.

OWINGTON ; son voyage. XIV. 190.

OXEA ; hist. de l'apôtre S. Jacques. XIII. 359.

Oxford ; hist. de cette ville & de son université. XIII. 502 & 504. & *suiv.*

Oxford (le comte d') son procès, &c. XIII. 488.

PACATUS (Latinus) de induciis belli Belgici. XIII. 502.

PACCA; hist. de Naples. XI. 464.

PACE (Mario) antiq. Calatagironis. XI. 376 & 498.

Pacensis colonia; v. *Badajoz*.

PACHECO; discursos illustres. XIV. 268.

PACHIMERE; Michael Palæologus. XI. 139 & 141. Andronicus. 139 & 141.

PACHOUND; géographie historique. X. 57.

S. *Pacome*; sa vie. X. 325.

PACOME (Frere) description de l'abbaye de la Trappe. X. 356.

PACIAUDI (Paul) de sacris christ. Balneis. X. 262. de cultu S. Joannis Bapt. 265. medaglie representanti, &c. 459. de umbellæ gestatione in Dionysiacis. XI. 115. ad nummos consulares M. Antonii. XIV. 327.

Pacification de Cologne. XIII. 293. — *Pacification* de Gand. XIII. 501, 502.

PACIFICUS A LAPIDE; v. OLDENBURGER.

PACIUS (Julius) de dominio Maris Adriatici. XI. 534.

Pactole; recherch. sur cette riviere. XIV. 477.

Paderborn; carte de cet évêché. X. 74. monumenta Paderbornensia. XI. 292. annales Paderbornenses. *ibid.*

PADILLA (Augustin Davila) hist. de la fondation de S. Iago de Mexique. XIV. 155.

PADILLA (Franç. de) hist. ecclésiastique d'Espagne. XIII. 358.

PADILLA (Lorenzo de) saints d'Espagne. XIII. 361. antiguedades de España. 408.

Paduan; cartes. X. 89.

Padoue; auteurs sur cette ville. XI. 367, 368, 389, 390, 393, 401 & 535 & *suiv.* inscript. Patavinæ. XIV. 338.

Université de Padoue. 389.

Pæanius; traduction grecque d'Eutrope. XI. 63.

Pætus (Lucas) de mensuris & ponderibus. XI. 104.

Paez de Castro; apologia de Ambrosio Morales. XIII. 377.

Pagan (le comte de) relation de la riviere des Amazones. XIV. 159.

Pagani (Virgilio) guerre de Montferrat. XI. 584.

Pagaviensis monast. chronicon. XI. 299.

Page du Pratz (le) hist. de la Louisiane. XIV. 169.

Pagi (Ant.) differt. de periodo græco-romana. X. 185. critica in annales Baronii. X. 250, 251. differt. de consulibus. XI. 117.

Pagi (François) gesta pontificum Romanor. XI. 412.

Pagi (l'abbé) hist. de Cyrus le jeune. XI. 19.

Paglia (Louis) hist. de Giovenazzo. XI. 485.

Pagliarini (Bapt.) chronique de Vicenze. X. 537.

Pagus; de pagis, imprimis antiquæ Saxoniæ. XI. 196.

Paige (Jean le) bibliotheca Præmonstratensis. X. 419.

Paige (le) analyse des constitutions & privileges des Jésuites. X. 453.

Pailhat; origines des seigneurs de Brédérode. XIV. 264.

Painter; hist. d'Angleterre. XIII. 447.

S. *Pair*, év. d'Avranches; sa vie. XIII. 70.

Pairs de France; leur institution. XIII. 255. divers écrits sur la pairie & les pairs de France. 222 & *suiv.*

Paix; de templo pacis. XI. 97.

Paix; de pacis & consuetud. familiar. illustr. XI. 331.

Paix de Passarowitz. XI. 245. — *Paix publique* de l'Empire. XI. 339. — *Paix religieuse.* XI. 339, 340. — *Paix de Riswick.* XI. 341. — *de Westphalie*; auteurs qui en ont fait l'histoire. 239 & 340.

Pakenius; Hercules Prodicius. XI. 280.

Palafox (D. Jean de) hist. du siége de Foutara-

bie. XII. 278. & XIII. 350. de la conquête de la Chine. XIV. 121. *sa vie par divers auteurs.* XIII. 404.

PALAIRET; introduct. à la géographie moderne. X. 37.

Palais des empereurs. XIV. 332. de Dioclétien. 333. — *Palais* des rois de France. XIII. 231. & XIV. 478, 489. — *Palais Galiéne.* XIV. 451.

Palatinat (haut) carte. X. 70.

Palatinat du Rhin; cartes. X. 75. auteurs sur le Palatinat & sur les princes Palatins. XI. 279 & *suiv.* & 309. violences faites dans le Palatinat. XII. 326.

Palatins; catalogue des élect. Palatins. X. 171. Trithemii successio comitum Palatinorum. XI. 189. — *Palatins de Saxe*; de comitibus Palatinis Saxoniæ. XI. 295.

PALATIUS; fasti ducales. XI. 529. de dominio maris. 535.

PALAU; prétentions des comtes de Roussillon & de Cerdagne sur la Catalogne. XIII. 384.

PALAVICIN; istoria del concilio di Trento. X. 246. vindicationes Societatis Jesu. 468.

PALAZOLO (Barthol.) martyrologium Usuardi. X. 274.

PALAZZI (Jean) Aquila inter lilia. — Aquila Saxonica, &c. XI. 210. — Aquila Romana. 211. gesta pontificum Rom. 421.

PALCEO; discorso al papa Urbano. XIII 422.

Paléographie numismatique. XIV. 486.

Paléologue; généalogie de cette famille. XIV. 218.

PALEONYDOR; antiquitas Eremit. M. Carmeli. X. 370.

PALEOTA (Gabriel) de Bononiensis ecclesiæ administrat. XI. 454. sermon sur l'érection de Bologne en archevêché. *ibid.*

Palerme; auteurs sur cette ville. XI. 376, 377 & 493 & *suiv.* chapelle de S. Pierre à Palerme. 374.

PALERME (Polycarpe) de vera Plinii patria. XI. 373.

PALERNE (Jean) Pérégrinations. XIV. 89.

Palestine; histoire & descriptions de la Palestine. X. 193 *& suiv.* & XIV. 87 *& suiv.* voyez *Terre-Sainte.*

Palet; exercice. XIV. 417.

Paleur; divinité. XIV. 445.

PALIGNESIUS; monita genealogica. XIV. 215.

PALLADIO (André) son César. XI. 71.

PALLADIO DE OLI OLIVI, *Palladius de Olivis* (Henri & Jean) hist. du Frioul. XI. 368 & 544 oppugnatio Gradiscana. 368.

PALLADIUS; Lausiaca historia. X. 225, 279 & 326. de vita S. Joannis Chrysostomi. 290. de gentibus Indiæ. XIV. 106.

PALLADIUS FUSCUS; de situ oræ Illyrici. XI. 546. notæ. 547.

PALLIOT (Pierre) le parl. de Bourgogne. XIII. 105 *& suiv.* fondation des hôpitaux de Dijon, 107. indice armorial. XIV. 197. preuves de la maison d'Amansée. 242. généalogie des comtes de Chantilly. 247.

PALLU; relat. des missions Françoises. XIV. 112.

PALMERIUS (Jacobus) v. PAULMIER.

PALMERIUS (Matth.) v. PALMIERI.

PALMEUS; carte de l'île de Malte. X. 90.

PALMIERI (Matthieu) continuation de la chron. d'Eusebe. X. 131. de captivitate Pisarum. XI. 370 & 394. opus de temporibus suis. 401. vita Nicolai Acciaioli. 391. & XIV. 229.

Palmyre; sa descript. ses antiquités, &c. XI. 19 *& suiv.* sur l'alphabet & la langue de Palmyre. XIV. 493. inscriptiones græcæ Palmyrenorum. 335.

Palo; descrittione della terra di Palo. XI. 483.

PALO (Jean-Bapt. de) descript. de la terre de Palo. XI. 483.

PALUDANUS; navigation de Linschot. XIV. 182.

Palus Maotide; anonymi periplus. X. 23.

Pamiers; troubles arrivés en cette ville. XII. 177.

Pampelune, évêques de cette ville. XIII. 393.

PAMPHILIUS (Joseph) chronicon eremitarum S. Augustini. X. 427.

Pamphylie; carte. X. 56.

Panatius; mém. sur sa vie & ses ouvrages. XIV. 448.

Panathenées; Panathenæa. XI. 47.

PANCIROLE; notitia Imperii. XI. 59 & 100. de magistratibus municipal. 96. de corporibus artificum. *ibid*. Romæ descriptio. *ibid*. rerum memorabilium, &c. XIV. 346. de claris legum interpretibus. 355. *sa vie*. 356.

PANDOLFO (Bernard) vie de S. Jean de Dieu. X. 434.

PANDULPHE de Pise; vie de Nicolas I. XI. 382. de Gélase II. 426.

PANEALBI (Philibert) inscriptiones. XIV. 355.

PANEL (Alex. Xavier) de coloniæ Trajanæ nummo, &c. XIV. 327. de nummis exprimentibus undecim Triboniani Galli Augusti annum. *ibid*.

PANELLI (Giovanni) mem. de gli homini illustri, &c. XIV. 352.

PANÈS; chronica de la prov. de S. Juan-Bautista. X. 381.

PANNINI (Joseph-M.) ragguagli di Cento. XI. 455.

PANTALÉON; prosopographia. XI. 207. editio historiæ belli sacri. XIV. 100.

PANTIN (Pierre) de dignitatibus regni ac domus regiæ Gothorum. XIII. 331.

PANVINI (Onuphre) Romanorum pontificum chronologia. X. 169. de Romanis principibus. 170. reges Francorum. *ibid*. chronicon. X. 227. chronicon ord. Eremitarum. 417. de triumphis, &c. XI. 54 & 102. de civitate Romana. 94. antiq. urbis imago. 96. de Ludis Circensibus. 102 & 120. —Secularibus. *ibid*. de republica Romana 108. topograph. Romæ. 111. fasti & triumphi. 119. de comitiis imperatoriis. 342. de vitis Romanor. pontificum. 420. de præcipuis Romæ basilicis. 435. antiq. de Vérone. 539. de urbis Veronæ viris illustr. XIV. 390.

PAOLI (Sébastien) codice diplomatico. X. 477.

Fra PAOLO; v. SARPI.

PAPADOLI ; historia Gymnasii Patavini. XIV. 389.

PAPAFAVA (Rob.) de situ Carniolæ, &c. XI. 253.

Papes ; sur le domaine temporel des papes. XI. 418.

Papes ; vies des papes; *dans la collection de* Muratori. XI. 381, 382. autres auteurs des vies des papes. XI. 419 & *suiv.* & XIII. 358. hist. des papes, par les médailles. XI. 434, 437. & XIV. 325, 326. antiquiores pontificum denarii. XI. 434. & XIV. 344. chronologie des papes. X. 169. — *Papes* d'Avignon ; leurs vies. XII. 381. — *Papes* pris de l'ordre de Cîteaux. X. 351.

PAPEBROECH (Daniel) acta sanctorum. X. 282. apologiæ. 283, 373. responsiones ad P. Sebastianum à S. Paulo. 373. notæ ad ephemerides Neapolitanas. XI. 386. ad catalogum Rom. pontificum. 421. de diplomatis. XIII. 231. acta vitæ S. Ferdinandi, regis. 366.

PAPENBROCK (Gerb.) veterum monumentorum descriptio. XIV. 338.

PAPENDRECHT (Hoynck van) hist. ecclesiæ Ultrajectinæ. XIII. 315. veteris ævi analecta Belgica. *ibid.*

PAPENHAUSEN (Wolfg. Ern. à) *c'est* ANT. DE BRUN.

Papesse Jeanne ; différens écrits pour & contre. XI. 423 & *suiv.* & 433.

Paphlagonie ; carte. X. 56.

PAPHNUCE ; vie de S. Onuphre. X. 325.

Papier ; dissert. sur le *papyrus* & sur le papier. XIV. 437 & 492.

PAPILLON (l'abbé) biblioth. des auteurs de Bourgogne. XIII. 106.

PAPILLON (J. Mich.) traité de la gravure en bois. XIV. 364.

PAPIRE MASSON ; *v.* MASSON.

Pappenheim ; carte de ce comté. X. 71.

PAPPENHEIM (Matth. maréchal de) chronica Australis. XI. 181. chronica Augustensis. *ibid.* chronicon Elwangensis monasterii. 182. de origine dominorum de Calatin. XIV. 215.

PAPPUS ; epitome rerum Germanicarum. XI.

257. & XII. 251.

Paprocius; vies des archev. de Gnesne. XIV. 57.

Papyrus; v. *Papier.*

Pâque; de recta Paschæ observatione. X. 185.

Par la grace de Dieu; origine & signification de cette formule. XIV. 494.

Para (J. François) de rebus Sardois. XI. 377.

Paracelse (Théophraste) chronicon Carinthiæ. XI 252.

Paradin (Guill.) de expugnato Irio Caletorum. XI. 171. chron. de Savoie. 577. hist. de son tems. XII. 159 & 164. de rebus gestis in Belgio. 162. de motibus Galliæ, 166. de ant. Burgundiæ statu. XIII. 103. annales de Bourgogne. *ibid.* mém. pour l'hist. de Lyon. 113. alliances généalogiques des rois des Gaules. XIV. 230.

Paradis terrestre; différentes cartes. X. 53. traités sur sa situation. X. 192, 193. de Paradiso, imperio antediluviano, 207.

Paraguai; cartes. X. 96. hist. de ce pays. XIV. 162.

Paramo (Ludov. à) de origine & progressu Inquisitionis. X. 316.

Parasites; mém. sur les Parasites. XIV. 506.

Parchensis Ecclesia; chronologia. X. 410.

Pardaillan (Jacq. de Ségur de) ses négociations. XII. 195.

Pardo; éloge de l'apôtre S. Jacques. XIII. 360.

S. *Pardulfe*, évêque de Gueret; sa vie. XII. 80.

Parent; carte du diocèse de Senlis. X. 87.

Pareus (Daniel) hist. Palatina. XI. 279.

Parfaict (François & Claude) histoire de la poésie françoise. XIV. 358. spectacles de la Foire. 359.

Parfuesius; chronicon Ensdorffense. XI. 257.

Parfums; de odoribus veterum. XI. 50.

Paris; descriptions de cette ville. XIII. 1 & *s.* auteurs qui en ont écrit l'hist. 4 & *suiv.* église de Paris. 8 & *s.* université, 17 & *suiv.* académies. 34 & *suiv.* état de cette

ville avant les ravages des Normans. XIV. 461. — *Paris* assiégé par les Normans. XII. 50. par Henri le Grand. 222, 223, 225. quelques singularités de cette ville. XIV. 425 *& suiv.* — états tenus en cette ville. XIII. 206, 207. assemblée des notables. 207. — de Parisiensibus litterariis. XII. 61.

Paris (le P. Julien) monasticon Cistercienſe. X. 352. du premier esprit de l'ordre de Cîteaux. 355.

Paris (le sieur) martyrologe. X. 278.

Paris (l'abbé) que les anciens ont fait le tour de l'Afrique. XIV. 438.

Paris, ingénieur; carte de Belle-Isle. X. 81.

Parisio (Prosper) rariora magnæ Græciæ numismata. XIV. 314.

Parisius de Cereta; chronic. Veronense. XI. 387.

Parival (J. N. de) hist. de ce siécle de fer. X. 161. délices de la Hollande. XIII. 287.

Parker (Matthieu) son édition de Th. Walsingham. XIII. 437. de Matth. de Westminster. 443 & 456. de Matth. Paris. 455. de antiquitate ecclesiæ Britannicæ. 503. *sa vie.* 515.

Parker (M.) mém. sur les événemens militaires. XI. 487.

Parlement d'Angleterre; ses droits, &c. XIII. 435 & 509 *& suiv.* — *Parlemens* de France; lettres sur ces Parlemens. XII. 27. — *Parlemens* de France. XIII. 216. — *Parlement* de Bourgogne. XIII. 105 *& suiv.* — de Dauphiné. 173. — de Paris; écrits qui le concernent pendant la minorité de Louis le Grand. XII. 296 *& suiv.* hist. abrégée du Parlement pendant ce tems. 316. — *Parlement de Paris.* XIII. 215, 217. — *Parlemens* de Sicile. XI. 490.

Parlouers aux bourgeois de Paris. XIV. 479.

Parme; cartes de son duché. X. 88. auteurs sur cette ville & son duché. XI. 388, 390, 396 & 565.

Parme (le duc de) son expédition en France, &c. XII. 223, 224, 225.

sa vie. 225. & XIII. 297. son histoire. 300.

PARNAC (H. de la Marche de) vie de S. Etienne de Grandmont. X. 407.

Parodie; son origine. XIV. 442.

Parques. XIV. 434.

PARR; vie de Jacques Usserius. XIII. 516.

PARRINO; (Domin. Ant.) vicerois du royaume de Naples. XI. 474 & *suiv*. descript. de la ville de Naples. 477. guide des étrangers. *ibid*.

PARS (Adrien) aborigines Batavorum. XIII. 310.

PARSCHITIUS; tabella Hungariæ ducum, &c. XI. 348.

PARTENIO ETIRO; v. ARETIN (Pierre)

PARTENOPEO (Hercolo) descript. du Frioul. XI. 543 & *suiv*.

Parthénius de Nicée; auteurs dont il a tiré ses narrations. XIV. 512.

Parthes; hist. des rois Parthes. XI. 17. de mansionibus Parthicis. X. 25.

PARUTA (Paul) hist. de Venise. XI. 518 & 521. soliloquio. 530.

PARUTA (Philippe) Sicilia numismatica. XI. 375. 493. & XIV. 313.

PARVUS Rosæfontanus; hist. Joannis regis Daniæ. XIV. 28.

PAS (du) ses mémoires. XII. 326.

PAS (Augustin du) hist. de plusieurs maisons de Bretagne. XIV. 246. généalogie de la maison de Molac. 252.

PASCAL (Pierre) elogium Henrici II. XII. 167.

PASCALE (Augustin) sac de Capoue. XI. 467 & *suiv*.

PASCHAL I, pape; bulla ad Petronacium. XI. 380.

PASCHAL (Charles) legatio Rhetica. XII. 238. éloge de Catherine de Médicis. 363. vie de Pibrac. XIII. 217.

PASCHAL (Charles) coronæ. XI. 120.

Paschalion, seu chronicon Paschale. XI. 125.

PASCHETTI; le bellezze di Genoua. XI. 568. annali di Genoua. 570.

PASCHI; de novis inventis, &c. XIV. 347. de modis moralia tradendi, *ibid*.

PASCOLI (Lione) vite de Pittori, &c. XIV. 361.

PASINO (Luciano) XI. 591.

PASOLINO; lustri Ravennati. XI. 448. hommes illustres de Ravenne. *ibid.*

PASQUALINI; dissert. sur les médailles de Constantin. XIV. 312.

PASQUIER (Etienne) catéchisme des Jésuites. X. 469. ses lettres. XII. 147. plaidoyer. XIII. 20.

PASQUIER (Nicolas) ses lettres. XII. 248.

PASQUIER (Etienne & Nicolas) leurs œuvres. XIII. 251.

PASSAFLUMINE (Bened. de) de origine ecclesiæ Cephaleditanæ. XI. 498.

PASSARELLO; bellum Lusitanicum. XIII. 420.

Passaw; sur cette ville. XI. 258, 264.

PASSERI; additamenta ad thesaurum Gorii. X. 262. picturæ Etruscorum in vasculis. XIV. 330.

PASSI (Carlo) delle cose notabili dell' Egitto. XI. 3. Selva di varia istoria. 411. relat. de l'Egypte. XIV. 133.

PASSIONEI (le card.) oraison funébre du prince Eugène. XI. 244. iscrizioni antiche. XIV. 537. *son éloge.* 508.

S. *Pasteur*, martyr à Huesca. XIII. 382.

PASTORELLO; hist. de Ste. Claire de Nicé. XI. 583.

PASTORIUS (Jean-Aug.) Laurus actorum. XI. 239.

PASTORIUS (Joach.) Florus Polonicus. XIV. 48. hist. Poloniæ. 53.

PASUMOT; mémoires géographiques. XII. 6.

Patagons. XIV. 175.

PATERCULUS (Velleius) historia Romana. XI. 61, 75, 76. portraits des grands hommes, tirés de cet auteur. XI. 55.

PATIN (Charl.) de numismate antiquo, &c. XI. 52. ses voyages. XIV. 185. addit. ad Ursini familias romanas. 311. ses traités sur les médailles. 315.

PATIN (Robert) paranymphus medicus. XIII. 28.

Patriarchats; cartes. X. 60, 61.

Patriarches; hist. des patriarches. X. 208.

S. *Patrice;* sa vie. XIII. 527. son purgatoire. *ibid.*

PATRICE (Sim.) hist.

ecclesiæ Petriburgensis. XIII. 504.

Patricio (François) della historia. X. 2 & 12. res militaris Romana. XI. 103 & 119.

Patricio (Augustin) diéte de Ratisbone en 1471. XI. 183. adventus Friderici III ad Paulum II. 396.

Patrimoine de S. Pierre; carte. X. 90.

Patru; réponse du curé. XII. 309. sur la préséance entre les ducs de Rohan & de la Trimouille. XIII. 80.

Patte; monumens à la gloire de Louis XV. XII. 347.

Pau; descript. de son château XIII. 134.

S. *Paul*, apôtre; annales de sa vie. X. 216. son voyage en Espagne. XIII. 350. differ. écrits sur son naufrage à l'île de Malte. X. 265 & *suiv.* son martyre. 225.

S. *Paul* & *Ste. Thécle*; actes de leur martyre. X. 270.

S. *Paul*, hermite; sa vie par S. Jérôme. X. 325 & *suiv.*

S. *Paul*; clercs réguliers de S. Paul décollé, ou Barnabites. X. 437.

S. *Paul* de Londres; hist. & descript. de cette église. XIII. 500 & 501.

S. *Paul* de Lyon; hist. de cette collégiale. XIII. 117.

Paul I, pape; ses lettres. XII. 54 & 129. — *Paul II*; sa vie. XI. 383 & 429. — *Paul IV*; sa vie. XI. 430. guerres sous son pontificat. 470. — *Paul V*; son différend avec la république de Venise. XI. 525, 526, 527.

Paul *Silentiaire*; de templo Stæ. Sophiæ. XI. 131 & 137.

Paul, diacre de Mérida; liber de vita & miraculis patrum Emeritensium. XIII. 372.

Paul Warnefrid, diacre d'Aquilée, *ou* Paul *Diacre*; de gestis Romanorum. XI. 77, 90. historia miscella. 91, 378. de gestis Longobardorum. 150, 151 & *ibid.* 154 & *ibid.* & 378. hist. Longobardurum. *ibid.*

Paul *de Middelbourg*; de recta Paschæ observatione. X. 185.

Paul (Jean) libri Norimbergæ impressi. XIV. 364.

Paul (Jérome) de

fluminibus & montibus Hispaniæ. XIII. 531. Barcino. *ibid.*

PAUL (Marc) de regionibus orientalibus. XIV. 114.

PAUL (l'abbé) traduction de Paterculus. XI. 62.

PAUL-EMILE; de rebus gestis Francorum. XII. 91.

Ste. *Paule*; sa vie. X. 526.

PAULETTI; hist. de Turin. XI. 582.

PAULHAC; siége & bataille de Leucate. XIII. 277.

PAULI; vies des capitaines. XI. 246.

S. *Paulin*, évêque de Nole; sa vie. X. 291.

PAULIN (Henri) de rebus Belgicis. XIII. 297.

PAULIN (Laurent) hist. Arctoa. XIV. 4.

PAULIN de Beauvais; défense de l'humilité séraphique. X. 392.

PAULLINI (Christ. Fr.) syntagma rerum & antiq. Germanicarum. XI. 195. hist. Isenacensis. *ibid.* chron. cœnobii Ottbergensis ad Netham. *ibid.* de Walone, abbate Corbiensi. 196. de advocatis monasticis. *ibid.* de pagis. *ibid.* theatrum illustr. virorum Corbeiæ. 293. annales Isenacenses. 316. dissertationes historicæ. 329.

PAULMIER de Grentemesnil; notæ in geographica antiqua. X. 25. descriptio antiquæ Græciæ. XI. 23.

Paume des anciens. XIV. 418.

PAUSANIAS; Græciæ descriptio. XI. 22. *observations sur cet auteur.* XIV. 457.

PAUSE (Plantavit de la) évêques de Lodève. XIII. 145.

PAUSE (Ophello de la) traduct. de Suétone. XI. 83.

Pauvreté; son hist. XIV. 428.

Pavie; auteurs sur cette ville. XI. 165, 366, 559 & *suiv.* son siége. 171 & 560. & XII. 159 & *suiv.* son université. XIV. 389.

PAVILLON; vie du B. Robert d'Arbrissel. X. 362.

PAVILLON (Nicolas) sur l'élect. du duc d'Anjou. XIV. 50.

PAVILLON (Nicolas-George) généalogie de

Luxembourg. XIV. 251.

Pavillon (M.) son éloge. XIV. 418.

Paw (Corn. de) Horapollinis hieroglyphica. XI. 5.

Paye des soldats; de militari Romanorum stipendio. XI. 101 & 103.

Pays-Bas; cartes. X. 77 & *suiv.* de Galliæ Belgicæ antiquitatibus. XI. 167. auteurs sur ces provinces. XIII. 271 & *suiv.*

Paysans; guerre des paysans en Allemagne, par Gnodalius. XI. 168 & 231. par Crinitus. 188. par Atrocianus. *ibid.* par H. Thomas. *ibid.*

Péacocke (Reginald) son procès. XIII. 457.

Pearson; annal. Paulini. X. 216.

Pébrandier (Boyer de) hist. des États Barbaresques. XIV. 137.

Pecci; hist. de Sienne. XI. 511. de l'évêché. *ibid.* description de la ville. 512.

Pech; métropole de Narbone. XIII. 139.

Pechlini; de habitu & colore Æthiopum. XIV. 143.

Peckenstein (Laur.) theatrum Saxonicum. XI. 307. marchiones Brandenburgici. 319. chronicon Glichense. 321. rerum Silesiacarum chronica. 326. res Silesiacæ. 327. Wittikindeæ familiæ prosapia. XIV. 116.

Pecsius; epitome Ranzani. XI. 349.

Péculat; traité de la peine du Péculat. XIII. 261. observations sur ce traité. *ibid.*

Pedrusi; recueil du cabinet Farnèse. XIV. 321.

Pédauque; conjectures sur cette reine prétendue. XIII. 252. & XIV. 483.

Pegna; vita di S. Raymondo di Pegnaforte. X. 397.

Peinture; hist. de cet art. XIV. 361, 362. de pictura veterum. XI. 51. diverses observations sur la Peinture. XIV. 414, 473, 490, 498. voyez *Tableaux*.

Peinture; établissement de l'académie de Peinture & de Sculpture. XIII. 36.

Peiresc; extrait de ses mém. mss. XIV. 523. *sa vie.* 405.

Peissonel; *voyez* Peyssonnel.

Pélage, évêque d'O-

viédo ; sa chronique. XIII. 334.

Ste. *Pélagie* ; sa vie. X. 326.

Pélagiens ; hist. des Pélagiens & des sémi-Pélagiens. X. 297, 298.

Pélasges; leur origine; leurs migrations. XIV. 458 & 464. leur différence d'avec les Hellénes. 485, 488.

Pelbart de Thémeswart ; idée de ses sermons. XIV. 322.

PELETIER (l'abbé le) hist. de la Chine. XIV. 120.

Peletier de Souzy (le) son éloge. XIV. 440.

PELEUS (Julien) vie de Henri le Grand. XII. 229. le premier président. XIII. 217. histoire de la guerre entre les Suédois & les Danois. XIV. 21.

Pélion (Mont.) Dicæarchus, de monte Pelio. X. 25.

PELLEGRINI (Camille) v. PEREGRINI.

PELLERIN ; recueil de médailles. XIV. 324. lettres. *ibid.*

PELLERIUS ; theatrum pacis. XIV. 295.

PELLETIER (Laur. le) hist. des ordres de religion. X. 322. hist. de S. Nicolas d'Angers. XIII. 90.

PELLETIER (Jean le) dissert. sur l'arche de Noé. X. 209. hist. de la guerre de Chypre. XI. 549. fragmenta regalia. XIII. 462.

PELLICER y Tobar (D. Joseph) vie de Ferdinand II. XI. 232. sa vie spirituelle. 234. el Sejano Germanico. 238. aparato à la monarchia de las Españas. XIII. 335. annales. 340. idea del principado de Cataluña. 383. succession de los reynos de Portugal. 411. memorial por D. Felippe Baltazar de Gante. XIV. 265. genealogia de la casa de Avellaneda. 269. de la casa de Cabeza de Vaca. 270. de las casas de Medrano, &c. 272. memorial de D. Fernando de los Rios y Argote. 277. del conde de Peralada. 278. de D. Josef de Saavedra marques de Ribas. 278. de la casa de Sarmiento de Villamajor. 279. de Don André Velasquez de Velasco. 281. de la casa de D. Alvaro Franc. de Ulloa Golfin y Chaves. 282.

PELLINI ; hist. de Pé-

touſe. XI. 446. traduct. de quelques vies. 591.

Pellisson ; lettres hiſtoriques. XII. 316. éloge d'Anne d'Autriche. 371. hiſt. de l'Académie Françoiſe. XIII. 34. l'origine &c. de la maiſon de Bourbon. XIV. 238.

Pelloutier ; hiſt. des Celtes. XII. 11. diſſertation, &c. *ibid. éloge de M. Pelloutier. ibid.* v. *aux additions.*

Pena (J. Nunez de la) conquête des Canaries. XIV. 144.

Penafiel (Alonſo de) ordres militaires de S. Jacques, &c. XIII. 362.

Penalosa *y Mondragon* ; excellencias del Eſpañol. XIII. 404.

Pénalva ; combat près ce lieu. XIII. 352.

Penfenteniou ; *voyez* Cheffontaine (Chriſtophe de)

Penia ; reſponſio canonica. XII. 231.

Pénitence ; ordre de la Pénitence, &c. X. 432.

Pénitens ; confréries de Pénitens. X. 486.

Pennot (Gabriel) hiſtor. Canonicorum regularium. X. 416. defenſio cenſuræ chron. Dextri. XIII. 356.

Pensa ; hommes illuſtres de l'ordre des Carmes. X. 373 *& ſuiv.*

Penſylvanie ; cartes. X. 96. hiſt. de ce pays. XIV. 170 & 171.

Pentaléon (Henri) martyres. X. 313. ord. milit. Johannitarum. X. 478.

Pentathle des anciens. XIV. 427.

Pepin, maire d'Auſtraſie ; ſa vie. XII. 37.

Pepin, pere de Charlemagne ; auteurs qui ont parlé de lui. XII. 41, 42, 43.

Pepin, roi d'Aquitaine. XII. 48.

Pepin (François) conquête de la Terre Sainte. XI. 386. chronicon ord. Prædicatorum. 388.

Pera (François) hiſt. de la Romagne. XI. 448.

Perales (Chryſoſt. de) vie de S. Bernard. X. 354.

Perau (l'abbé) lettres & négociations de Feuquieres. XII. 281. mém. du marquis de Laſſay. 340. vies des hommes illuſtres. 351. vie de Jérome Bignon. 371. deſcription de Paris. XIII. 2. hiſt. des Arabes. XIV. 93. vies d'Amblard de

Beaumont & du baron des Adrets. 244.

Perard; recueil pour l'hist. de Bourgogne. XIII. 105.

Perazzi; la Scopetta. XI. 442.

Perbonus; de excellentia Christianissimi nominis. XIII. 255.

Percin; monumenta conventûs Tolosani, ordinis Prædicatorum. X. 400.

Perche; hist. de ce pays. XIII. 72.

Perdicaro (Hilar.) vie de S. Jean de Dieu. X. 434 & *suiv.*

Perdicaro (Joseph) vies des Saints de Sicile. XI. 490.

Péréfixe (Hard. de) hist. de Henri le Grand. XII. 219.

Pérégrin le Cynique; mém. sur ce philosophe. XIV. 498.

S. Pérégrin, évêque d'Auxerre; son martyr. XII. 69.

Peregrin; hist. ecclesiæ de Fontanis. X. 357.

Peregrini (Ant.) pro decretis principis Veneti. XI. 527.

Peregrini (Camille) hist. principum Langobardorum. XI. 154. hist. Langobardorum. 371, 380, 384, 462. de significatu vocis Portæ. 371. de Campania felice. *ibid.* castigationes ad Herempertum, &c. 383. notæ ad Lupum Protospatam. 384. apparato all' antichita di Capoua. 487.

Peregrinis (Barthel.) de rebus Bergomensibus. XI. 541.

Pereira de Ste. Anne (Joseph) cronica dos religiosos Carmelitas. X. 374.

Pereira (Nuno Alvarez de) sa vie. XIII. 426.

Pereira (Solorzano) de jure Indiarum. XIV. 146.

Perelli; antiquitas Sicli. XI. 376.

Pererius; in Danielem. XI. 15.

Peres; bibliotheca Patrum. X. 170. enumeratio Patrum & Scholasticorum. *ibid.*

Peretti; évêques de Vérone. XI. 539. Bevilaquæ familiæ descript. XIV. 219.

Perez (Ant.) obras & relationes. XII. 233. & XIII. 348 & 403.

Perez (Joseph) dissert. ecclesiasticæ. X. 341.

PEREZ (Julien) chron. ecclesiarum Hispaniæ. XIII. 354.

PEREZ (Laurent) ordin. militares Lusitaniæ. X. 480.

PEREZ de Hita; historia de los Vandos. XIII. 389. guerras civiles de Granada. 390.

Pergame; hist. de ses rois. XIV. 453.

PERI; della famiglia Costa. XIV. 221.

Périandre; recherches sur ses années. XIV. 459.

PÉRIANDRE (Gille) nobilitas Moguntinæ diœceseos. XI. 282.

PERIER; acta sanctorum. X. 283.

Périgord; Périgueux; antiquit. &c. XIII. 128, 129.

Périgueux; évêques de cette ville. XII. 81.

PERINGSKIOLD; notæ ad histor. regum septentrionalium. XIV. 3. observationes ad Scondiam Messen. *ibid.* monumenta Sueo-Gothica. 9. monum. Ullerakerensia. *ibid.* hist. Wilkinensium, &c. *ibid.*

Période grecque; dissert. de Periodo græco-romana. X. 185. — *Période Julienne;* dissert. sur cette période. XIV. 416.

PERION; de vita B. Virginis & Apostolorum. X. 264. de magistratibus Græc. & Roman. XI. 45.

PERITSOL; itinera mundi. X. 28.

PERIZONIUS; son édition du *Rationarium temporum.* X. 122. de rebus in Europa gestis. 158. de testimonio Josephi de Jesu-Christo & Joanne minore. 207. Egyptiacarum originum investigatio. XI. 9. édition de Dictys de Crete. 25.

Pernelle; sa vie. XIII. 4 & 9.

PERNETTI (l'abbé) recherches pour l'hist. de Lyon. XIII. 113 *& suiv.*

PERNETY (D.) fables égyptiennes & grecques dévoilées. X. 98. voyage aux îles Malouines. XIV. 175.

PERNIUS (Guernerius) chron. Eugubinum. XI. 396.

PEROGALLO; siége de Pavie. XI. 560.

Péronne; priviléges de cette ville. XIII. 49. discours sur ce qui s'est

passé en cette ville. XII. 255.

Pérou; carte. X. 96. auteurs sur ce pays. XIV. 146 & *suiv.* 156 & *suiv.*

Pérouse; hist. de cette ville. XI. 446, 447.

PÉROUSE (Annet de) généalogie de la maison de Beaumont. XIV. 144.

Perpignan; auteurs sur cette ville. XIII. 384. — *Perpignan* dépendant de Narbone. 139. siége de cette ville. XII. 281.

PERRAULT (Charles) les hommes illustres. XII. 370. courses de têtes. XIII. 246.

PERRAULT (Julien) relation du Cap-Breton. XIV. 166.

PERRELLUS; de ratione epactarum. XI. 51.

PERRIER (A. du) état général des Gaules. XII. 30. discours touchant l'état des provinces de Dauphiné & de Provence. XIII. 146 & 169.

PERRIERE (Guill. de la) annales de Foix. XIII. 135.

PERRIMEZZI; dissertationes selectæ. X. 261.

PERRIMEZZI *de Paula*; vita S. Francisci de Paula. X. 408.

PERRIN; hist. des Albigeois. X. 299. des Vaudois. *ibid.*

PERRON (Jean du) apolog. pour les Jésuites. X. 468. ses ambassades. XII. 228. *sa vie.* 366.

PERRON; l'Anastase de Marcoussy. XIII. 39. recueil. *ibid.*

PERRON le Hayer (du) hist. de Charles-Quint. XIII. 346.

PERRY (Claude) hist. de Châlons-sur-Saone. XIII. 109.

PERRY (Jean) état de la Russie. XIV. 67.

Perses; carte de l'empire des Perses. X. 55. hist. des anciens Perses. XI. 15. traité hist. de leur religion. XIV. 490, 497, 502, 508. de l'ancienne année & des fêtes des Perses. 464.

Perse moderne; cartes. X. 92, 93. histoires & voyages. XIV. 80, 83 & *suiv.* révolution qui y est arrivée au VI siécle. 440.

Persée; hist. de ce héros. XIV. 438.

Persépolis; ses ruines. XIV. 501.

PERSICO; descrizione di Massa Lubrense. XI. 480.

PERSONA (Gobelin.)

Cosmodromium. XI. 191 & 204.

Personne (A. de la) Aquitanographie. XIII, 124.

Persons (Rob.) de proxima successione ad coronam Angliæ. XIII. 507.

Perspective des anciens. XIV. 485.

Pertschius; annales Voigtlandiæ. XI. 314.

Pertuchius; chron. Portense. XI. 314.

Pertuis; hist. de cette ville. XIII. 165.

Peruschi; hist. du roi Mogor. XIV. 129.

Perusici; guerres du Comt. Venaissin & de Provence. XIII. 154.

Pésaro; marmora Pisaurensia. XIV. 332.

Pescariense monaster. v. *Casaur.*

Pescia; memorie di Pescia, terra cospicua di Toscana XI. 501.

Pescennius Niger; ses médailles, &c. XIV. 486.

Pescetti; hist. de Vérone traduite. XI. 538.

Pesler; duces Carinthiæ. XI. 252.

Pesquaire (Marq. de) son histoire. XI. 230. & XIII. 402.

Pesquencourt (Ferr de Guyon, sieur de) ses mémoires. XI. 230.

Pessina de Czechorod; Mars Moravicus. XI. 327.

Peste à Florence en 1630 & 1643. XI. 510. — *Peste* à Milan. XI, 557. — *Peste* de Gévaudan. XIII. 146. de Marseille. 162, 163. de Toulon. 163. — *Peste* horrible en Suède. XIV. 9.

Petau (le P.) tables chronologiques. X. 112. rationarium temporum. 121, 122. 179. doctrina temporum. 181. pierre de touche chronologique. *ibid.* notæ ad S. Epiphanium, de Hæresibus. 293. édit. des œuvres de Julien. XI. 89. calendarium vetus. 200. Nicephori breviarium historicum. 133.

Petau (M.) de Nithardo & ejus prosapia. XII. 46 & 351.

Péterboroug; hist. de cette église. XIII. 504.

Peterfy; concilia in regno Hungariæ celebrata. XI. 355.

Petersen; chronicon Holsaticum. XI. 302.

Petis de la Croix; état général de l'empire

Ottoman. XIV. 69. hiſt. de Genghizcan. 116. *aux additions*. hiſt. de Tamerlan. *ibid*.

PETIT (François) grande chronique. XIII. 290 & 296.

PETIT (Pierre) diſſert. de Amazonibus. XI. 19.

PETIT (Philippe) hiſt. de Bouchain. XIII. 281.

PETIT (le P.) vie du duc de Montauſier. XII. 576.

PETIT (Samuel) de anno Attico. XI. 51. eclogæ chronologicæ. X. 184. & XI. 101.

PETITDIDIER; rem. ſur la biblioth. des auteurs eccléſiaſtiq. XIV. 373.

PETITOT; contin. de l'hiſt. du Parlement de Bourgogne. XIII. 106.

PETITPIED; hiſt. du cas de conſcience. X. 254.

PETITPUY (Paul Boyer de) voyage de M. de Brétigny en Amérique. XIV. 165.

PÉTON; hiſt. & phénoménes du Véſuve. XI. 478.

PETRA (Didacius) hiſt. Marſorum. XI. 481.

PETRA-SANCTA (Sylveſtre à) teſſeræ gentilitiæ. XIV. 196.

PETRACCI (Pierre) hiſt. della famiglia Ruſca. XIV. 216.

PETRACCHI (Céleſtin) hiſt. de S. Etienne de Bologne. XI. 454.

PÉTRARQUE (François) vita de gli Imperatori e pontefici. XI. 81.

Pétrarque; ſa vie. XIV. 388, 406, 461 & 467.

PETREI (Denys) hiſt. de la maiſon de Gonzague. XI. 564.

PETREIUS (Henri) tract. de Monaſteriis. X. 318.

PETREIUS (Nicolas) Cimbrorum origines, &c. XI. 302. & XIV. 33.

PETREIUS (Pierre) deſcription hiſt. de la Moſcovie. XIV. 64. hiſt. pſeudo Demetrii. 66.

PETREIUS (Théodore) catalogus Hæreticorum. X. 295. notæ ad chronicon Carthuſienſe. 403. bibliotheca Carthuſiana. 404. & XIV. 379.

PETRI (Antoine) diarium Romanum. XI. 398.

PETRI (Henri) hiſt. generalis. XI. 227.

PETRI (Laurent) chronique des évêques de Finlande. XIV. 18 & *suiv.*

PETRI (Olaus) de Gustavo rege coronando. XIV. 11.

PETRICIUS; guerre des Polonois contre les Turcs. XIV. 52.

PETRONI; traduction de la guerre des Goths. XI. 150 & 153.

PETRUS DE NATALIBUS; *v.* NOELS (Pierre des)

PETTY (Guill.) comparaison de l'Angleterre avec la France, &c. XIII. 512. anatomie politique de l'Irlande. 526.

PETYT (Guill.) jus communium Angliæ. XIII. 435 & 510.

PEUCER (Gaspar) chronicon Carionis. X. 118.

Peur, divinité. XIV. 445.

PEUTINGER (Conrad) de inclinatione imperii Romani. XI. 149, 150. sermones convivales. 158 & 167. Peutingeriana tabula itineraria. X. 22. & XI. 114. notice de cette table. XIV. 457, 470.

PEYRAT (Guill. du) l'origine des cardinaux. XII. 380. hist. de la chapelle du roi. 383.

PEYRERE (Isaac la) bataille de Lens. XII. 295. relation de l'Islande. XIV. 31. du Groenland. 32.

PEYRINS (Béneton de Morange de) traité des marques nationales. XIV. 193. commentaire sur les enseignes. 202.

PEYRONNET; jus ecclesiæ Tolosanæ. XIII. 141.

Peyssonnel; son éloge. XIV. 502.

PEYSSONNEL; observations sur les peuples barbares. XI. 41. troubles de la Perse. XIV. 86.

PEZ (D. Jérome & D. Bernard) scriptores rerum Austriacarum. XI. 246.

PEZ (D. Bernard) thesaurus anecdotorum. XI. 201. biblioth. Benedictina Mauriana. XIV. 376. codex diplomatico-hist. epistolaris. 519.

PEZELIUS; de argumento historiarum. X. 14.

PEZRON; antiquité des tems. X. 180. défense. *ibid.* essai d'un comment. sur les prophétes. 211. hist. évangélique. 214. antiq. des

Celtes. XII. 11 & *suiv.*

Pfanner (J. And.) historia Varisciæ. XIII. 267.

Pfanner (Tobie) theologia gentilis. X. 99. hist. comitiorum. XI. 239. hist. pacis Westphalicæ. *ibid.* & XIV. 296.

Pfeffel ; abrégé de l'hist. & du droit public d'Allemagne. XI. 108. recherches sur Avignon. XIII. 166. défense. *ibid.* état de la Pologne. XIV. 40.

Pfefferkorn ; antiq. Thuringiæ. XI. 316.

Pfeffinger ; notæ ad Vitriarii institutiones. XI. 161.

Pfeiffer (Aug.) specim. antiquitatum sacrarum. X. 219.

Pfeiffer (David) Lipsia. XI. 312.

Pfeiffer (J. Phil.) antiquitates Græcorum. XI. 55.

Pfintzing ; Theurdanck. XI. 224 & *suiv.*

Pflaumern (J. H. de) Mercurius Italicus. XI. 358.

Pfluokius ; oratio in mortem Caroli V. XI. 189.

Phalaris ; exercitat. de ætate Phalaridis. XI. 40.

S. *Phalétre* ; sa vie. XII. 77.

Phares d'Alexandrie, de Boulogne, &c. XIV. 437, 469.

Pharsale ; de Pharsalici conflictus mense & die. XI. 101.

Phélipeaux ; intrigues du duc de Savoie. XI. 581.

Phélipeaux ; relation sur le Quiétisme. X. 255 & *suiv.*

Phéniciens ; mémoires hist. sur les Phéniciens. XIV. 513.

Pherischta (Mahummud Cassim) hist. de l'Hindostan. XIV. 108.

Phidias ; hist. de cet artiste. XIV. 447.

Philadelphe (Eusebe) *sous ce nom s'est caché* Théodore de Beze.

Philastrius ; de Hæresibus. X. 293.

Philelphe (Franç.) vie de Sforce. XI. 555. *mém. pour sa vie.* XIV. 450.

Philelphe (J. Mario) annales. XI. 401.

Philibert ; révolutions de la haute Allemagne. XIII. 264.

PHILIPOT (J.) catalogus cancellariorum, &c. Angliæ. XIII. 510. Camdeni observationes variæ. 512.

PHILIPOT (Th.) Villare Cantianum. XIII. 504.

Philippe, roi de Macédoine; son hist. XI. 35, 36.

Philippe; vie de ce consul. XIV. 497.

S. *Philippe de Néri*; sa vie par différens auteurs. X. 410.

La B. *Philippe* de Guel-dre; sa vie. X. 392.

Philippe, empereur; de religione utriusque Philippi Augusti X. 264. an duo Philippi fuerint christiani. XI. 93 & *ibid.*

Philippe I, roi de France; auteurs sur son régne. XII. 55, 56. — *Philippe-Auguste*; auteurs sur son règne. XII. 59 & *suiv.* & 132. notice de son registre. XIV. 462. — *Philippe III*, dit le *Hardi*; auteurs sur son régne. XII. 63. — *Philippe le Bel*, roi de France; auteurs sur son régne. XII. 136. son éloge. 71. — *Philippe le Long*; son éloge. XII. 71. — *Philippe de Valois*; hist. de son régne. XII. 137.

Philippe d'Orléans, régent; sa vie XII. 338, 339.

Philippe II, roi d'Espagne; hist. de son régne. XIII. 330 & 347 & *suiv.* — *Philippe III*; instructions que lui avoit laissées son pere. XIII. 348. historiens de son régne. 349. — *Philippe IV*; historiens de son régne. XIII. 349 & *suiv.* 352 & *suiv.* 395 & *suiv.* histoire de son régne, par le marquis de Saint-Philippe. X. 104. ses droits sur la couronne de France. XIII. 194. son entrée à Madrid. 247.

Philippe, archiduc d'Autriche; hommage qu'il rend pour les comtés de Flandre, &c. XII. 153.

Philippe le Bon, duc de Bourgogne; sa vie. XI. 201. & XIII. 104.

Philippe de Bourgogne, évêque d'Utrecht; sa vie. XI. 188. & XIII. 104.

Philippe-Guillaume, prince d'Orange. XIII. 306.

Philippe, landgrave de Hesse; acclamatio de victoria Wirtembergensi.

XI. 169.
PHILIPPE *de Bergame*; v. FORESTI (Jacque-Philippe)
PHILIPPE *de Chypre*; chronicon. X. 225.
PHILIPPE *de la Sainte-Trinité*; hist. des Carmes. X. 368. decor Carmeli. *ibid.* & *suiv.* itinérarium orientale. XIV. 185.
PHILIPPE A TURRE; dissert. de Beleno. XI. 368. monumenta Autii. 370.
PHILIPPE (Et. André) son édition de Cornelius Népos. XI. 35. de Paterculus. 61.
PHILIPPI; questiones chronologicæ X. 186. vet. Chronologiæ veteris testamenti examen. *ibid.*
Philippines; carte des Iles Philippines. X. 94.
PHILIPPOPOLI; guerre de Milan, trad. de Capella. XII. 160.
PHILIPS; vie du card. Polus. XIII. 514.
PHILIPS (Edouard) hist. d'Angleterre. XIII. 449.
PHILIPS (J. Thom.) dissert. de Atheismo. X. 314.
PHILIPS (Jean) continuation de l'histoire des guerres civiles. XIII. 476.
PHILIPS (Morgan) de jure Mariæ Stuartæ ad coronam Angliæ. XIII. 507.
Philisbourg; siége de cette ville. XII. 327.
Philiste; mém. sur sa vie & ses ouvrages. XIV. 453.
PHILODUSUS (J. P.) adversus Brokemburgii scriptum. XIII. 311.
PHILON; historia. XI. 13.
PHILON de Byzance; de septem orbis spectaculis. XI. 50.
PHILOPON (Honorius) navigatio novi orbis. XIV. 148.
Philosophes; bibliotheca & nomenclatura philosophorum veterum. X. 170. — *Philosophes* Grecs. XI. 52.
Philosophie; histoire de cette science. XIV. 348. chez les Arabes & les Turcs. 396.
PHILOSTORGE; hist. ecclésiastique. X. 223, 224.
PHILOSTRATE; de pictura. XI. 51. observ. sur ses tableaux. XIV. 501. œuvres des Philostrates. 411.

PHLÉGON Trallien ; de rebus mirabilibus. XI. 50. de Longævis. *ibid.* de Olympiis. 51.
PHOEBONIUS ; hist. Marsorum. XI. 372 & 481.
PHONAMIE ; vie des fondateurs de maisons de retraites. X. 414.
Photius ; divers extraits de cet auteur. XIV. 459, 462.
PIACENZA ; l'Egeo redivivo. XIV. 79.
PIASECK ; chronica. XIV. 53.
Piazza ; hist. de cette ville. XI. 499.
PIAZZA (C. B.) emerologio sacro. XI. 416.
PIBRAC (du Faur de) de rebus Gallicis. XII. 182. plusieurs piéces de lui. 234. sa vie par divers auteurs. XIII. 217. & *ibid.* son apologie. 217.
Pic ; de nobili Picorum familia. XI. 568.
PIC de la Mirandole (J. Franç.) de mysteriis Dominicæ crucis in Germania delapsis. XI. 185.
PICARD (Jean) Bourguignon ; de prisca Celtopœdia. XII. 13. de rebus gestis Caroli Cossæi. XII. 359.
PICARD (Jean) Hollandois ; descript. antiquitatum, &c. XIII. 289.
PICARD (Jean) chanoine de S. Victor ; édit. de Guillaume de Neubrige. XIII. 454.
PICARD ; v. le P. BENOÎT de Toul.
PICARDET ; Florus de bello Italico. XI. 410.
Picardie ; auteurs sur cette province. XIII. 43 & *suiv.*
PICAULT ; des Parlemens & États-généraux. XIII. 205 & 216.
PICCOLI ; de antiquo jure ecclesiæ Siculæ. XI. 374 & 490. philacterion. 495. apologetica expostulatio. *ibid.*
PICCOLOMINI (Barthélemi) *voyez* PIE II, pape.
PICCOLOMINI (Fr. Baud.) édition des commentaires d'Æneas Sylvius. X. 158.
PICCOLOMINI (Jacq.) commentarii. X. 158.
PICHON ; son édit. de Tacite. XI. 83.
Picinini (Jacque) sa vie. XI. 395.
Picinini (Nicolas) sa vie. XI. 395, 399, 556 & 591.
Picinini (Scipion)

ſa vie. XI. 398.

Pico ; teatro de ſanti di Parma. XI. 565. appendice. *ibid.* & *ſuiv.*

Picot ; droits du roi ſur le comté de S. Pol. XIII. 204.

Picpus ; v. *Tiers-ordre de S. François.*

Picquet ; ſa vie. XIV. 84.

Pictet ; continuation de l'hiſt. eccléſiaſt. de le Sueur. X. 237.

Pictori ; Tabago. XIV. 172.

Pideritius ; chron. comit. Lippiæ. XI. 293.

Pie II, pape, nommé auparavant Æneas Sylvius ; commentarii. X. 158. de Albania & Albanis. XI. 152. de Gothis & Alanis. *ibid.* Germania. 167. ſes écrits dans Fréher. 182. hiſt. Friderici III. 197 & 223. hiſt. Bohemica. 325. de dictis Alphonſi regis. 468, 469. relatio de Polonia. XIV. 41. *ſa vie.* XI. 382. ſon expédition contre les Turcs. 396.

Pie V, pape ; ſa vie. XI. 430, 431. tranſlat. de ſon corps. 431.

Piedad (Franceſco de la) theatro Jeſuitico. X. 467.

Piedrahita ; conquête de Grenade. XIV. 159.

Piellet ; de Anglorum & Hiſpan. ex Navarræ regno expulſione. XIII. 135.

Piémont ; cartes. X. 88. auteurs ſur cette principauté. XI. 581 & *ſuiv.*

Piercham ; *c'eſt* Champier.

Pieri (Paolino di) chron. de Firenze. XI. 401 & 502.

Pieri (Pierre-Fr.) diario. XIII. 301.

Pierius Valerianus ; hieroglyphica. XI. 7. de fulminum ſignific. 98. de honoribus, &c. 185. antiquit. Bellunenſes. 368 & 543. de infelicitate litteratorum. XIV. 370.

Pierres gravées. XIV. 329 & *ſuiv.* — *Pierres de foudre.* XIV. 451. — *Pierre de la mere des dieux.* XIV. 485. *Pierre obſidienne.* 505.

S. *Pierre*, apôtre ; ſon voyage à Rome ; ſon épiſcopat ; ſes images. X. 265. ſon martyre. 225.

S. *Pierre d'Alcantara* ; ſa vie par différens auteurs. X. 391, 392.

S. *Pierre de Chavanon*; sa vie. XII. 84.

S. *Pierre Gambacurta* di Pisa; sa vie par divers auteurs. X. 331.

S. *Pierre Nolasque*; sa vie. X. 431.

S. *Pierre* de Châlons sur Marne; chron. de ce monastere. XII. 66.

S. *Pierre* in monte Crucis ad Weram; parva chronica. XI. 195.

S. *Pierre* de Montpellier. XIII. 142.

S. *Pierre* du Puy; diplome de sa fondation. XII. 82.

S. *Pierre le Vif*; chron. de ce monastere. XII. 84.

S. *Pierre* de Westminster. XIII. 501.

Pierre Carlot, fils de Philippe-Auguste; son épitaphe. XII. 60.

Pierre I, roi de Castille; hist. de son régne. XIII. 167.

Pierre III, roi d'Aragon; sa vie. XIII. 379.

Pierre II, roi de Portugal; hist. de son régne. XIII. 425.

Pierre le Grand, emp. de Russie; hist. de son régne. XIV. 66 & *suiv.*

Pierre, czarowitz; son procès. XIV. 67.

PIERRE le Bibliothécaire; hist. Francorum. XII. 54.

PIERRE de Blois; ses lettres. XII. 58 & 135.

PIERRE DE SAINTE CATHERINE; tables chronologiques. X. 113.

Pierre, abbé de Cava; sa vie. XI. 385.

PIERRE DE STE. CÉCILE; annales. X. 431.

PIERRE de Celle; epistolæ. X 347. & XII. 58 & 135.

Pierre de Columbario, cardinal; son voyage à Rome. XII. 68.

PIERRE, *diacre*; de viris illustribus Cassinensibus. X. 336. & XI 384. chronique du Mont Cassin. XI. 383.

PIERRE DAMIEN; vie de S. Odilon. X 346. — de S. Romuald. 350.

PIERRE *de Ste. Hélène*; hist. des Augustins déchaussés. X. 430.

PIERRE JOSEPH; nom sous lequel s'est caché l'auteur des *Moines empruntés*. X. 324.

PIERRE de Lodève; sa chronique. XII. 64.

Pierre, card. de Luxembourg; sa vie. XIII. 178.

PIERRE de Maillezais; de

de constructione monast. Malleacensis. XII. 74.

Pierre Maurice; ejus opera. X. 347. sa vie. *ibid.*

S. *Pierre* de Palerme; notice de cette église. XI. 494.

Pierre Patrice; legatio. XI. 77 & 134.

Pierre de Poitiers; genealogia, &c. X. 146.

Pierre de S. Romuald; trésor chronologique. X. 151. abrégé de cet ouvrage. 125. chron. d'Ademar, avec une continuation. XII. 131.

Pierre, soudiacre; vita S. Athanasii, episcopi Neapolitani. XI. 381.

Pierre Theudebode; de Hierosolymitano itinere. XII. 59.

Pierre *de Vaux Cernai*; historia Albigensium. X. 199 & 352. & XII. 65.

Pierre *le Vénérable*; vita Pontii. X. 346. ses lettres. XII. 58 & 135.

Pierre des Vignes; ses lettres. XI. 220.

Pierre (François) Suevia ecclesiastica. XI. 270.

Piespordius; principum Haspurg-Austriacorum stemma. XIV. 207.

Pietri (Francesco di) storia Napoletana. XI. 466. chronologia della famigl. Caracciola. XIV. 220.

Pifferi; traduct. du traité sur l'ame de Trajan. XI. 92.

Pigafetta; trad. de la II partie de l'hist. de l'ordre de S. Dominique. X. 395. obélisque du Vatican. XI. 431. relat. du siége de Paris. XII. 223. lettres & discours du card. Bessarion. XIV. 75. relation du Congo. 141.

Piganiol de la Force; description de la France. XII. 21. voyage de France. *ibid.* introd. à la descript. de la France. 32. descript. de Versailles & de Marly. XIII. 37. de la Chapelle de Versailles. *ibid.*

Pigenat; l'aveuglement des politiques. XII. 224.

Pighius (Etiéne) Themis Dea XI. 51. mythologia in horas. *ibid.* ann. Romanorum. 78. fasti magistratuum Romanor. 104. notæ ad Valerium Max. XIV. 316.

PIGNA; de principibus Atestinis. XI. 296, 457 & 567.

PIGNARANDA; négociations de paix faites à Francfort. XIV. 297.

PIGNORIUS; caracteres Ægyptii. XI. 7. mensæ Isiacæ explic. *ib.* magnæ Deum matris initia. 48. de servis. 118. origines Patavinæ, &c. 367. origine di Padoua. 556. Antenore. *ibid.*

PIGUERRE (Paul-Emile) hist. de notre tems. XII. 163 & 194.

PILATE; epistolæ Pilati ad Tiberium. X. 217. relatio. *ibid.*

PILCA (André de) perspectiva politica Poloniæ. XIV. 38.

PILHAM; hist. du maréchal de Boucicault. XII. 354.

PILLADIUS; rusticiados. XIII. 186.

PILLET; hist. de Gerberoy. XIII. 43.

PILONI (George) hist. de Belluno. X. 160. & XI. 543.

PIMENTA (Emanuel) epigrammata in reges Lusitaniæ. XIII. 411.

PIMENTEL (Domingo) son ambassade à Rome. XIII. 408.

PIN (l'abbé du) hist. universelle du P. Petau. X. 123. hist. profane. 128. hist. des Juifs. 205. hist. ecclésiast. du XVII siécle. 233. abrégé de l'hist. ecclésiastique. 235. mém. hist. sur les Inquisitions. 317. défense de la monarchie de Sicile. XI. 490. biblioth. des auteurs ecclésiastiq. XIV. 373.

PINARD; chronologie historiq. militaire. XIII. 225.

PINAROLO; l'antichita di Roma. XI. 112.

PINART (l'abbé) sur le nom de *Byrsa*. XIV. 415. sur un passage du I livre des Rois. 423. sur des médailles Samaritaines. 424. *son éloge*. 416.

PINAULT; histoire du parlement de Tournai. XIII. 52.

PINAULT (l'abbé) histoire de la derniere persécution de P. R. X. 360.

PINAULT; jugement porté sur les Jésuites. X. 452.

PINCHINAT; diction. sur les hérésies, &c. X. 296.

PINCIANUS (J.) de

vita Castrioti. XIV. 74.

PINCIUS. (Janus Pyrrhus) de vitis Pontificum Tridentinorum. XI. 255.

PINCIUS (Joseph Ant.) de numis Ravennatibus. XIV. 326.

PINCIUS (Paul) de Timavo fluvio. XI. 368.

Pindare; observ. sur ce poëte; traduct. de plusieurs de ses odes. XIV. 419, 428, 430, 436, 449, 510, 514.

PINEDA (Juan de) hist. universal. X. 148. de rebus gestis Salomonis. 210. el rey santo D. Fernando III. XIII. 366.

PINEDA (Pedro de) ordres militaires d'Espagne. XIII. 362.

PINEDO (Thomas de) sur Etienne de Bysance. X. 21.

Pinelli (J. Vincent) sa vie. XIV. 406.

PINELLI (Nicolas) additam. de Ludis circensibus. XI. 102 & 120.

Pinelli (Nicolas) sa vie. XIV. 406.

PINEYRO; relation de la foi au Japon. XIV. 130.

PINGERON; vies des architectes. XIV. 363.

PINGON; Augusta-Taurinorum. XI. 372. Saxoniæ Sabaudiæque principum arbor gentilitia. XIV. 227.

PINIUS; acta sanctorum. X. 282, 283.

Pinnenberg; carte de son comté. X. 73.

PINS (Jean de) vita sanctæ Catharinæ Senensis & Philippi Beroaldi. X. 402.

Pins (Jean de) mém. pour servir à son éloge. XII. 360.

Pinto da Fonseca (Emanuel) son éloge. X. 479. son hist. métallique. *ibid.*

PINTO (Fabricio) Salerno assediato da Francesi. XI. 485.

PINTO (Fernand Mendez) ses voyages. XIV. 283.

PINY; vie de la mere Marie-Magd. de la Trinité. X. 446.

PIO (J. Michel) vite de gli huomini illustri di S. Domenico. X. 398. istoria della progenie di S. Domenico. *ibid.*

Piombino; siége de cette ville en 1448. XI. 399. conquis par l'Espagne. 515.

PIOSSENS; mém. de la régence. XII. 338.

Piperno; hist. de cette ville. XI. 440, 441.

S. *Pipion*; sa vie. XII. 73.

Piquet (François) sa vie. XII. 376.

PIQUET (Claude) hist. provinciæ S. Bonaventuræ. X. 383.

PIRANI; addition à l'*arte historica* de Mascardi. X. 4.

Pirates. XIV. 451.

PIRCKEIMER; explicatio Germaniæ. XI. 166. bellum Helveticum. 187.

Pirée; de Piræo Atheniensium portu. XI. 45.

PIRRUS (Roch) chronologia regum. XI. 375. Sicilia sacra. 361, 374 & 489. de patriarcha Siciliæ. 374. notitia regiæ Capellæ S. Petri. 374 & 494.

PISA (Francisco de) description de Tolède. XIII. 368.

Pisauræ gentis origo, &c. XI. 451.

Pise; auteurs sur la ville & la république de Pise. XI. 370, 385, 392, 394, 398, 401 & 512. hist. de son université. XIV. 389. hist. du concile de Pise. X. 344. actes de ce concile. XII. 85.

PISE (Joseph de la) hist. des princes d'Orange. XIII. 167.

Pisistrate; de ejus vita & tyrannide. XI. 44.

PISO *Soacius*; comparaison des magistrats Romains avec les Vénitiens. XI. 516.

PISON; de conflictu Polonorum cum Moscovitis. XIV. 41.

Pistoie; auteurs sur cette ville. XI. 389, 394 & 513.

PISTORIUS (Jean) sa collection des historiens d'Allemagne. XI. 172. genealogia Landgraviorum. 173. vie de Jacque, marquis de Bade. 271. Hispania illustrata. XIII. 329. Poloniæ hist. corpus. XIV. 41. tabulæ genealogicæ. 43.

PITAVAL (Gayot de) campagne du maréchal de Villars. XII. 335. paix de Rastat. *ibid.*

PITHONCURT; hist. de la noblesse du comté Venaissin. XIV. 256.

PITHOU (François) grandeur, droits, &c. du royaume de France. XII. 24. liber legis Salicæ. XIII. 190.

PITHOU (Pierre) origine des comtes Palatins,

XI. 279. libertés de l'église Gallicane. XII. 24. historiens de France. 33. de justa absolutione Henrici IV. 231. status ecclesiæ Gallicanæ in schismate. 383. mém. des comtes de Champagne. XIII. 54. & XIV. 247. antiq. d'Agen. XIII. 130. grandeur des rois de France. 187. *sa vie.* XIV. 356 & 406.

Pithou ; recherches sur MM. Pithou. XIV. 479.

Pithou (Nicolas) navigation de Forbisher. XIV. 173.

Pitiscus ; notæ in Quintum Curtium. XI. 36, 37. notæ ad Aurelium Victorem. 64. commentarii ad Suetonium. 82. Lexicon antiquitatum Roman. 107.

Pitt ; son ministère. XIII. 490.

Pitton ; sentimens sur les hist. de Provence. XIII. 147. dissert. pour la Ste. Eglise d'Aix. 153. hist. de la ville d'Aix. 156. annales. 157.

Pizarro ; varones illustres del nuovo mundo. XIV. 151.

Placcius ; theatrum anonymorum. XIV. 371.

Place (Pierre de la) commentaire, &c. XII. 168.

Placentia ; hist. de cette ville. XIII. 372.

Placentini ; de sepulchro Benedicti IX. XI. 426.

S. *Placide* & ses compagnons; dell'inventione è feste de gl. mart. Placido è comp. X. 336.

Placide (le P.) ses cartes. X. 68, 69, 70, 82, 88.

Plainevaux (Nicolas de) le bouclier de l'innocent. X. 421.

Plaisance ; cartes de son duché. X. 88. auteurs. XI. 365, 392, 395 & 566.

Plaisted ; itinéraire de l'Arabie. XIV. 92.

Planche (de la) hist. de l'état de France. XII. 167. du grand & loyal devoir. 177.

Plancher ; hist. de Bourgogne. XIII. 101.

Planchette ; vie de S. Benoît. X. 334.

Planer ; hist. Variscia. XI. 314.

Plantin ; Helvetia. XIII. 264.

Plasencia; hist. de l'église de cette ville. XIII. 394.

Plata; colonies sur cette riviere. XIV. 159.

Platée; date de la bataille de. XIV. 469.

PLATINE; hist. Mantuæ. XI. 366, 395 & 563. vita Callisti III. 382. vita Nerii Capponi. 395. hist. de viris Pontificum Romanorum. 419.

Platon; différentes recherches sur ce philosophe & sur ses ouvrages. XIV. 416, 419, 422, 423, 430, 445, 454, 456, 462, 469, 491, 509. de numism. Augusti & Platonis. XI. 52.

S. *Platon*; de vita & dormitione B. Platonis. X. 225.

PLAYGNE; l'art héraldique. XIV. 100.

Plebs & *Patricius*; dissertat. sur ces mots. XIV. 415.

PLEIGNEY (Thibaut le) décoration de Touraine. XIII. 85.

PLENEVAULX; primas Augustinianus. X. 427.

PLESSIS-MORNAY (du); ses mémoires. XII. 247. *sa vie*. 365. du droit prétendu par la maison de Guise. XIV. 258.

PLESSIS (D. Touss. du) Gallia christiana. XII. 380. annales de Paris. XIII. 5. hist. des seigneurs de Coucy. 49. hist. de l'église de Meaux. 60. réponses à M. Thomé. *ibid*. descript. de la haute Normandie. 61. descript. de la ville & des environs d'Orléans. 80. hist. de Jacques II. 483.

PLESSIS-PRASLIN; *v*. CHOISEUL.

PLEUVRI; histoire du Havre de Grace. XIII. 70.

Pline, l'historien; dissert. sur sa patrie. XI. 373.

PLINE *le jeune*; paneg. Trajani. XI. 92. vie de Pline. *ibid*.

PLIVEYRA; grandezas de Lisboa. XIII. 428.

Plocʒko; antiquités de cette ville. XIV. 57.

PLUCHE; concorde de la géographie. X. 30.

PLUTARQUE; de fluminibus. X. 25. de Iside & Osiride. XI. 5. Alexandrina proverbia. 52. quæstiones romanæ. 98. différentes éditions & traduct. de ses œuvres. XI. 31, 32 & 33. diff. observations sur cet auteur, & traduct. de ses ouvrages. XIV. 438 &

ſuiv. 442, 449, 454, 456, 460, 465. *ſa vie.* XI. 52.

Plutia antiqua & nova. XI. 376.

Pô ; cartes qui donnent le cours du Pô. X. 88 & *ſuiv.*

POÇA (Andrez de) de la antiqua lengua. XIII. 409.

POCCIANTI ; chronicon ordinis Servorum. X. 452. catalogus ſcript. Florentin. XIV. 388.

POCILI (André) *v.* REYNA (Placido)

POCOCK (Edouard) Eutichii Contexio gemmarum. XI. 8.

POCOCK (Edm.) ſpecimen hiſt. Arabum. XIV. 92. hiſt. Dynaſtiarum. *ibid.*

POCOCK (Richard) deſcript. de l'Orient. X. 43. carte d'Egypte. 95. deſcription de l'Egypte. XIV. 135.

Poeldenſes antiquitates. XI. 299.

Poème épique. XIV. 447, 448.

Poéſie ; ſon hiſtoire. XIV. 358. divers morceaux ſur la poéſie, dans les mém. de l'académie. XIV. 416, 419, 425, 428, 436, 460, 462, 482, 510. — *Poéſie* des Hébreux. XIV. 428.

Pæſtum ; v. *Poſidonia.*

Poètes anciens. XIV. 421. — *Poètes* Grecs. XI. 52, 53. — *Poètes couronés.* XIV. 450.

POGGE ; hiſt. de Florence. XI. 595, 503 & *ſuiv.* ſa vie. 503. hiſt. de varietate fortunæ. XIV. 517. epiſtolæ. *ibid.* *Poggiana.* ibid.

POGGE (Jacque) trad. de l'hiſt. écrite par ſon pere. XI. 504.

POGGE (J. B.) vite di Nic. Piccinino. XI. 591.

POGGIALI ; hiſt. de Plaiſance. XI. 566.

Poids & Meſures. XIV. 502, 504, 511. voyez *Meſures.*

Poids & Meſures ; de jure ſtatuendi de menſuris, &c. XI. 545.

POINSINET *de Sivry* ; origine des ſociétés. X. 191.

POINTE (la) environs de Dantzick. X. 68.

POINTIS ; expédit. de Carthagène. XII. 333. & XIV. 155.

POIRIER (D. Germain) rerum Gallicar. & Francicarum ſcriptores. XII. 64.

POIS (Antoine le)

discours sur les médailles. XIV. 312.
Poissenot; editio historiæ belli sacri. XIV. 100.
Poisson; de origine gentium Peruvian. & Mexic. XIV. 146.
Poissy; hist. du monastere de S. Louis de Poissy. XIII. 38.
Poitiers; hist. de cette ville. XIII. 93. concile tenu à Poitiers. XII. 83. troubles après la bataille de Poitiers. XIV. 463. urbis Pictaviensis tumultus. XII. 173. siége de Poitiers. 178.
Poitou; hist. de cette province. XIII. 92 & *suiv.*
Pola; antiq. portus & urbis Polæ. XI. 368. descript. de cette ville. 545.
Polaillon (Mad.) sa vie. X. 414.
Polda (Jean de) chron. ecclesiæ Hamelensis. XI. 193.
Poldo d'Albenas; hist. de Nisme. XIII. 143.
Polémon I & II, rois de Pont; leur hist. XI. 41.
Poleni; temple de Diane d'Ephèse. XI. 55 & *suiv.* thesauri antiq. Græcarum & Rom. supplementa. XI. 107.
Poleur; hist. des Indes. XIV. 148.
Poli; traduction de Capella. XI. 556.
Police; traité de la Police. XIII. 219 & *suiv.*
Polignac; éloge de ce cardinal. XIV. 463.
Poligny; mém. sur cette ville. XIII. 123.
Polismagna; vita Nicolai Picinini. XI. 395.
Politesse des Romains. XIV. 414.
Politi (Adrien) ordo hist. Romanæ legendæ. XI. 60. traduct. de Tacite. 84.
Politi (Alex.) martyrologium. X. 277.
Politi (Joann.) de Boiorum origine. XI. 260.
Politi (Lancelot) la sconfita di monte aperto. XI. 511.
Politi; sa vie. XIV. 387.
Politique; traités. X. 102 & *suiv.* — de politicis Græcorum. XI. 45.
Polius; Hemerologium Silesiacum. XI. 327.
Polletti; historia

fori Romani. XIV. 355.
Pollingen ; catalogue des possessions de cette église. XI. 166.
POLLINI ; l'istoria ecclesiastica d'Inghilterra. XIII. 494.
POLLIO (Trebellius) XI. 77.
POLLUCHE ; descript. de l'entrée des évêques d'Orléans, &c. XIII. 83.
Pologne ; cartes. X. 67, 68. rois de Pologne. 170. auteurs sur l'hist. de ce royaume. XIV. 37 & *suiv.*
POLUS (le cardinal) ses lettres. XIII. 460. sa vie. 495 & 514.
POLYBE ; son histoire. XI. 67. de castris Romanis. 103 & 119.
POLYDORE VIRGILE ; Anglica historia. XIII. 446. de inventoribus rerum. XIV. 346.
POLYDORIUS (Franç. Marie) annales ordin. Prædicatorum. X. 396.
Polygamie permise par l'empereur Valentinien I. XIV. 505.
Polygnote ; descript. de plusieurs de ses tableaux. XIV. 436 & 494.
POMARIUS ; chronicon Saxonicum. XI. 295. chron. de Magdebourg. XI. 305.
Poméranie ; cartes. X. 71. auteurs sur cette province. XI. 321 & *suiv.* de originibus Pomeranicis. XIV. 39.
POMEREUX (la M. de) journal des illustres Ursulines. X. 442.
POMEY ; Pantheon mythicum. X. 98.
POMMERAIE ; hist. de l'abbaye de S. Ouen de Rouen. X. 138. concilia ecclesiæ Rotomagensis. XIII. 65. hist. des arch. de Rouen. 66. hist. de l'église cathédrale. *ibid.*
POMO ; Germania. XI. 236.
POMPADOUR (Madame de) ses mém. XII. 346.
Pompée ; sur le jour auquel il sortit de Brunduse. XIV. 456.
POMPÉI (l'abbé) vie de François II de Gonzague. XI. 564.
Pomperant ; sa vie. XII. 360.
POMPONIUS LETUS ; de antiquitatibus urbis Romæ. XI. 66 Romanæ hist. compendium. 77. de exorto Mahomete. XIV. 100.

POMPONIUS MELA ; de situ orbis libri III. *différentes éditions*. X. 24, 25. v. BERTIUS. de Sarmatia. XIV. 41.

Pompone (l'abbé de) son éloge. XIV. 496.

Ponce, abbé de Cluni ; sa vie. X. 346.

PONCE *de Léon* (Gonsalve) scholastica assertio. XII. 225.

PONCET (le P. du) hist. de Gonsalve de Cordoue. XIII. 399. hist. de Scanderbeg. XIV. 74.

PONCET (Dom) éclaircissemens sur l'origine & le pentateuque des Samaritains. X. 180.

Ponctuation hébraïque. XIV. 455, 457, 473.

PONIATOUSKI; remarques sur l'hist. de Charles XII. XIV. 17.

S. *Pons* de Tomieres ; ses abbés. XIII. 164.

PONS (le P.) lettre sur la littérature Indienne. XIV. 399.

Pont ; descript. des ponts du monde les plus remarquables. X. 48.

Pont ; carte du royaume de Pont. X. 56. son antiquité. XIV. 472.

Pont-Euxin ; anonymi Periplus. X. 23, 25. Ariani. 25. descript. 26. autre Périple. XIV. 510 & 514. observ. sur les peuples qui ont habité ses bords. XI. 41.

PONT (Denys du) antiquit. Blesenses. XIII. 85.

PONT (M. du) du commerce & de la compagnie des Indes. XIII. 258.

PONTAC (Arnaud de) édition de différ. chroniques. X. 131. chronographia. 146.

Pontamousson ; son université. XIII. 186.

PONTANO (Fabio) hist. de Foligno. XI. 444.

PONTANUS (George Berthold) Bohemia pia. XI. 324. Scanderbegus. XIV. 75.

PONTANUS (Jacque) bellum Hussiticum. X. 301. édition de Théophilacte. XI. 131. de Jean Cantacuféne. 140. de George Phranza. 141.

PONTANUS (J. Isaac) itinerarium Galliæ Narbonensis. XII. 5. origines Francicæ. 15. de Rheni divortiis. *ibid.* & XIII. 286. Amstelodamensis hist. 312. historia Gelrica. 313. chorographia regni Daniæ,

XIV. 21. rerum Danicarum hist. 25. hist. Daniciæ continuatio. 26.

Pontanus. (Jean Jovien.) de historia. X. 12. hist. Neapolitana. XI. 371. guerre de Naples. 468. hist. de son tems. *ibid.* guerre de Ferdinand le vieux, contre Jean d'Anjou. *ibid.* & *suiv.* de Ferdinando I, rege Napolitano. 571.

Pontanus (Ventura) de Sigismundi adventu ad Constantiam. XI. 183.

Pontchateau (le baron de) morale pratique des Jésuites. X. 472 & *suiv.* vie de S. Thomas, archev. de Cantorberi. X. 292. & XIII. 455.

Ponte-Felice; stato del Ponte Felice. XI. 541.

Ponte Savigniano; sa description. XI. 449 & *suiv.*

Ponthieu; hist. de ses comtes. XIII. 45, 46.

Ponticus Virunnius; hist. Britannica. XIII. 436.

Pontier; hist. des Canaries. XIV. 144.

Pontife; traités concernant le grand pontife chez les Romains. XI, 98.

Pontifes; ordre des religieux Pontifes ou faiseurs de Ponts. X. 454.

Pontificat des empereurs Romains. XI. 98 & 116. & XIV. 446, 451 & 459.

Pontigni; hist. du monastere de Pontigni. X. 356.

Pontis (M. de) ses mémoires. XII. 293 & *suiv.*

Pontoise; hist. de cette ville. XIII. 38. vicariat de Pontoise. 67.

Pontoppidanus; gesta & vestigia Danorum. XIV. 25.

Popeliniere (la) hist. des Histoires. X. 16. hist. des derniers troubles. XII. 171. hist. de France. 217. conquête de Bresse & de Savoye. 236. l'amiral de France. XIII. 226.

Pople; carte de l'Amérique septentrionale. X. 95.

Poplencourt (le Jume de) descript. des Invalides. XIII. 14.

Popma; de operis Servorum. XI. 118.

Porcacchi (Thom.) éloge de l'histoire. X. 6.

l'Isole piu famose. 47. traduction de Justin. 117. de Dictys de Créte. XI. 25. — d'Hérodote. 27. vie de Plutarque. 32. trad. de Quint-Curce. 37. additions à l'hist. de Guichardin. 408. la nobilta di Como. 561. le attioni d'Errigo terzo. XIV. 49 & *suiv.* istoria della famiglia Malaspina. 223.

Porcaria conjuratio. XI. 399.

PORCEL (Franc. Moreno) retrato de Manuel de Faria y Sousa. XIV. 280.

Porcelaine d'Egypte. XIV. 506.

PORCELLI ; de rebus gestis Jacobi Picinini. XI. 394. de rebus gestis à Scipione Picinino. 398.

PORCHER ; fondation de S. Maxent. XIII. 80.

PORCHERON ; son édition du Géographe de Ravenne. X. 27.

PORCIUS (Léon) de re pecuniaria. XI. 52.

PORRÉ ; portrait du roi de la grande Bretagne. XIII. 470.

PORRENO ; vie de Philippe II, roi d'Espagne. XIII. 347. vie du cardinal Albornoz. 401.

PORRES (Joseph Gomez de) relacion de la ambaxada. XIII. 351.

PORRO ; Eugenia familiare della casa Porra. XIV. 216.

PORSILÉ ; opusculi d'istorie del regno di Napoli. XI. 475.

PORSIUS (H.) de bello inter Turcas & Persas. XIV. 85.

Port ; Ports de la Méditerranée. X. 48. — de l'Europe. 64.

Port-Mahon ; sa description. XIII. 388. journal de la conquête de ce fort. XII. 344. recueil de piéces. *ibid.*

PORT-ROYAL ; hist. de l'abbaye de Port-Royal par différens auteurs. X. 358.

PORTAIL (du) hist. du tems. XII. 296.

PORTAL ; hist. de l'Anatomie & de la Chirurgie. XIV. 353.

Porte ; de Januis veterum. XI. 99.

Porte ; de veteri significatu vocis Portæ. XI. 371, 384.

Porte-Croix ; voyez *Croisiers.*

Porte-Glaives ; chevaliers en Livonie. X. 481.

· Portenari ; apologia della liberta. XI. 533. felicita di Padoua. 536.

Portense chronicon. XI. 514.

Porter (Fr.) annales eccles. Hiberniæ. XIII. 526.

Porter ; observ. sur la religion, les mœurs, &c. des Turcs. XIV. 70.

Porthaise ; sermons sur la simulée conversion du roi de Navarre. XII. 229.

Portilla (Fr. de la) traité de la noblesse. XIII. 363.

Portio ; conjuration contre Ferdinand I, roi de Naples. XI. 467.

Portioncule ; indulgence de la Portioncule. X. 383.

Porto ; hist. des évêq. de cette ville. XIII. 429.

Portocarrero (Diego Sanchez) catalogue des évêques de Siguença. XIII. 371. hist. de la seigneurie de Molina. 372.

. Portocarrero (Ulloa Golfin) de la ceremonia real, &c. XIII. 405.

Portolongone, acquis à la couronne d'Espagne. XI. 515.

Portugal ; cartes. X. 91. auteurs sur l'hist. de ce royaume. XIII. 332 & 410. son union à l'Espagne. 332. généalogie des rois de Portugal. X. 170.

· Portus (Æmil.) notæ ad Xenophontem. XI. 29.

Portus Iccius ; écrits sur ce port. XII. 6. & XIV. 499 & 520.

Porzio ; sa vie. XIV. 406.

Posidonia ; ruines de cette ville. XI. 483.

Posidonius ; mém. sur ce philosophe. XIV. 501.

Possevin (Antoine) apparatus ad omn. gentium historiam. X. 15. judicium de Machiavello. 110. Moscovia. XIV. 63. *sa vie*. X. 458.

Possevin le jeune (Antoine) Gonzagarum, &c. historia. XI. 564. & XIV. 222. guerre de Montferrat. XI. 564.

Possevin (J. Bapt.) vite de santi e beati di Todi. XI. 442.

Postes ; dissertat. sur les postes des anciens. XI. 121.

Postel (Guill.) de republica Atheniensium.

XI. 44. de Etruria. 369 & 499. expéditions des Gaulois. XII. 9. contre les détracteurs de la Gaule. 28. la Loi Salique. XIII. 191. république des Turcs. XIV. 68. ses histoires orientales. 94. éclaircissemens sur son histoire. 461.

Posthume, empereur dans les Gaules; son histoire. XIV. 504.

S. *Posthume*; sa vie. X. 326.

POTERIE (le Roi de la) voyage du Canada. XIV. 167.

POTTER; disc. sur le gouvernement de l'église. X. 240. archæologia Græca. XI. 54.

POUCHARD; des obélisques. XIV. 416. *son éloge*. 418.

Poudres; conjuration des poudres. XIII. 465.

Pouille; auteurs sur cette province. XI. 390.

POUILLY (M. de) incertitude de l'hist. des premiers siécles de Rome. XIV. 455 & *ibid.*

POULET; relation du Levant. XIV. 82.

POULLAIN (Henri) traité des monnoies. XIII. 231.

POULLAIN (Nicolas) procès-verbal de la Ligue. XII. 200.

POULLIN; révolutions de Pologne. XIV. 48.

POULLIN DE LUMINA; usages & mœurs des François. XII. 23. hist. de la guerre. 346. histoire de Lyon. XIII. 113. hist. de l'Eglise de Lyon. 115.

POULLIOT; vie de François Bacon. XIII. 515.

POULSON; vies des évêques d'Aarhus. XIV. 29.

POURCHOT; mém. contre la Ville. XIII. 24. sur le Pré aux Clercs. *ibid.* mém. pour le doyen des tribus de Sens & de Tours. 25.

POUSSINES; historia Societatis Jesu. X. 448. S. Francisci Xaverii epistolæ. 456. traduction de Nicéphore de Brienne. XI. 135. de l'Alexiade de la princesse Comnéne. 136. de George Pachimere. 139 & *ibid.*

Pouzoles; auteurs sur cette ville. XI. 371, 484 & 485.

POVEL; annotationes ad itinerarium Cambriæ. XIII. 438. continuation de l'hist. de ce pays. 502.

POYNTZ; relat. de l'Isle de Tabago. XIV. 172.

POYRÉ ; chronique des Ursulines de Toulouse. X. 442.

POZZO (Barthélemi) hist. de l'ordre de Malte. X. 477.

POZZO (Giulio dal) hist. de la comtesse Mathilde. XI. 406.

PRADE (de) histoire d'Allemagne. XI. 209. sommaire de l'hist. de France. XII. 95. hist. de Gustave Adolphe & de Charles-Gustave. XIV. 15. trésor héraldique. 198. discours sur la troisiéme race des rois de France. 257.

PRADILLON ; conduite de D. Jean de la Barriere. XII. 207.

PRÆTORIUS ; de electione & coronat. Matthiæ imperat. XI. 252. orbis Gothicus. XIV. 2. Mars Gothicus. *ibid.*

Pragmatique sanction de Charles VI, emper. ses suites. XI. 245.

Prague ; de prælio Pragensi. XI. 255.

PRAISSE (Jean de) l'origine des Eglises de France. XII. 384.

PRAT (Jean) XIII. 171.

PRATEOLUS (Gabriel) v. du PREAU.

PRATILLI ; historia principum Langobardorum. XI. 462. della via Appia. 482, 483. di una moneta singolare del tiranno Giovanni. XIV. 328.

Prato ; descript. de ce canton. XI. 515.

PRATO (Jérome de) édition des œuvres de Sulpice Severe. X. 126.

PRAXAGORE ; de Constantino Magno. XI. 127.

Ste. *Praxede* ; hist. de cette église. XI. 458.

PRAY ; annales Hunnorum, &c. XIV. 115.

Pré aux Clercs ; droits de l'Université. XIII. 18, 24, 25.

Pré spirituel de Jean Mosch. X. 326, 327.

PRÉ (Maurice du) vie de S. Norbert. X. 419. annales ordinis. 420.

PRÉ (Pandulfe du) Laurea Flandrica. XII. 295.

PREAU (Gabriel du) epitome conciliorum & hæreticor. X. 170. hist. de l'Eglise. 227. Elenchus de viris Hæreticorum. 294. de Francisci II inauguratione. XIII.

237. hist. de la guerre sainte. XIV. 100.

Precieux (D. Jacq.) rerum Gallicar. & Franciearum script. XII. 64.

Prédestinatiens ; v. Gotheschalc. X. 249.

Préfecture d'Alsace. XIII. 176.

Préfets de Rome. XI. 104.

Pregitzer ; miroir. XI. 211. Suevia & Wirtembergia sacra. 270. de ducibus Brunsvicensibus. 298.

Prémontrés ; hist. de l'ordre de Prémontré. X. 419.

Prempart ; obsidio Sylvæ-Ducensis. XIII. 284 & 301.

Premuda ; istoria Romoaldina. X. 349.

Préneste ; Prænestes antiqua. XI. 370 & 440.

Prepiano ; guerre de Dalmatie. XI. 528.

Présages ; de ominibus. XI. 98. & XIV. 414.

Presbytériens ; leur histoire. XIII. 496, 498.

Préséances ; theatrum præcedentiæ. XI. 351. — *Préséance* du roi de France. XIII. 188, 189. — *Préséance* de l'abbé du Mont Cassin. X. 336.

Présentation ; religieuses de la Présentation de N. D. X. 445.

Preston ; procès de milord Preston & de Jean Asthon. XIII. 485.

Prétentions ; theatrum historic. prætentionum. XI. 335.

Préteur des étrangers à Rome. XIV. 524.

Prêtres ; prérogatives dont ils jouissoient chez les Païens. XIV. 506.

Prévost de Paris. XIII. 225. 227. — *Prévôt de l'Hôtel*. 227.

Prevost (Etienne) des villes de Calais, &c. XIII. 50.

Prevost (Jean) diocèse du Mans. X. 86.

Prevost, lieutenant-civil de Dijon ; annales de Bourgogne. XIII. 103.

Prevost (l'abbé) vie de Cicéron. XI. 74. trad. de M. de Thou. XII. 216. hist. de la maison de Stuart. XIII. 452. — de Guillaume le Conquérant. 454. hist. générale des voyages. XIV. 178.

Pribeve ; hist. des Slaves. XI. 546.

Price ; rétablissem. de Charles II. XIII. 479.

Prideaux (Matthias)

introduction à l'Histoire universelle. X. 11.
PRIDEAUX (Humphr.) histoire des Juifs. X. 202. l'ancien & le nouv. Testament accordés avec l'hist. des Juifs. 203. vie de Mahomet. XIV. 96. marmora Oxoniensia. 333.
Priere pour les morts en usage chez les anciens. XIV. 423.
PRIEZAC; vindiciæ Gallicanæ. XIII. 215.
PRILUSIUS (Jacques) de Lithuaniæ, &c. ducatibus. XIV. 42.
PRIMEROSE; academia Monspeliensis. XIII. 143.
Princes de l'Empire. XI. 344.
Princes légitimés. XIII. 194.
PRINCE (Thomas) hist. de la nouvelle Angleterre. XIV. 170.
S. *Principin*, martyr; son éloge. XII. 77.
Printems sacré des anciens. XIV. 423.
PRIOLO (Benjamin) hist. de Louis le Grand. XII. 287 *& suiv.*
PRIORATO (Galéazzo Gualdo) *voyez* GUALDO PRIORATO (Galéazzo)
PRISBACH; de moribus vet. Gallorum. XII. 13.
PRISCIEN; Periegesis. X. 26.
PRISCIEN de Césarée; de nummis, &c. XI. 104.
PRISCUS PANITA; excerpta de legationibus. XI. 77, 131, 134.
PRISE; descript. Walliæ. XIII. 502.
PRIVAS (Jean) Panégyrique de la ville d'Arles. XIII. 157.
PRIVATUS (Trever. Arm.) compend. hist. Hungaricæ. XI. 349.
PROBUS (Æmilius) *v.* CORNELIUS NEPOS.
Procession des reliques de Ste. Geneviéve en 1106. XII. 71.
PROCHORE; historia de miraculis..... Joannis apost. X. 225.
Proclus; vie de ce philosophe. XIV. 507.
PROCOPE; ses ouvrages; différentes éditions. XI. 129. traductions. 130, 141, 142. de Gothis, Vandalis, &c. 150, 151. & XIII. 334. de bello Gothico. 378. ouvrages faits pour & contre Procope. XI. 129 & 130. s'il est auteur de l'hist. secréte de Justinien. XIV. 478.
PROCOPE (Démétr.)

de Græcis eruditis. XIV. 598.

Procurateurs de S. Marc. XI. 529.

Prodiges dans le paganisme. XI. 98. XIV. 428. — Prodigiorum & portentorum chronicon. X. 171.

PROLA ; panegyrico. X. 445.

S. PROSPER ; sa chronique. X. 131, 132, 134. XI. 104. & XII. 36 & 66.

Protonotaires du royaume de Naples. XI. 475.

PROUST (Franç. le) de la ville de Loudun. XIII. 93.

PROUSTIERE (Philippe COUREAU de la) vita & martyr. magistri Thomæ. X. 418.

Provence ; auteurs sur cette province. XIII. 146 & *s.* hist. des comtes de Provence de la famille des comtes de Barcelone. XII. 68. manifeste de la noblesse de Provence. 232. écrits contre le comte d'Alais. 305.

Providence ; hôpital de la Providence. X. 414. maison de la Providence à Saumur. *ibid.*

Provinces-Unies ; cartes. X. 77 & *suiv.* leur histoire. XIII. 286 & *s.*

S. *Prudence*, martyr ; ses actes, &c. XII. 80.

Prum, abbaye. XI. 285.

Prusianum ; sa situation. XIV. 425.

Prusse ; cartes. X. 67, 68. auteurs sur la Prusse. XIV. 41, 42, 43 & 59 & *suiv.* chron. Prussiæ. X. 481. relation des cours de Prusse & d'Hanovre. XI. 297.

PRYNNE ; vies des rois Jean, Henri III & Edouard I. XIII. 455. vie de Guill. Laud. 471.

Prytanes ; de prytanibus Græcorum. XI. 98. leurs fonctions. XIV. 438.

Psylles. XIV. 441.

Ptolémées, rois d'Egypte ; leur hist. XI. 10.

Ptolémée Aulètes. X. 196. & XI. 10. — PTOLÉMÉE Evergete ; monumentum Adulitanum. X. 21. & XI. 10. de nummo Ptolemæi Everg. XI. 52.

PTOLÉMÉE (Claude) cosmographiæ, sive geographiæ, libri VIII. *différentes éditions & traductions*. X. 19 & *suiv.* tabula urbium. 26. Arabia. *ibid.* catalogus stellarum. *ibid.*

PTOLÉMÉE de Lucque ; annales. X. 157. Roberti Guiscardi, &c. genealogia. XI. 375. hist. ecclesiastica. 390. extraits de ses chroniques. XII. 64. & XIII. 333.

Ptolémée (Bernard) sa vie par différens auteurs. X. 365.

PUCCI (Benedetto) compend. delle chron. de Minori. X. 379. genealogia de gli signori Frangipani. XIV. 212.

PUCCI (Jo.) de regno Dalmatiæ. XI. 546. Addenda. 547.

Pucelle d'Orléans ; auteurs qui ont écrit sur cette héroïne. XII. 141 & *suiv.*

PUCCINELLI (Calisto) abrégé de l'hist. du concile de Trente de Palavicin. X. 246, 247.

PUCCINELLI (Placide) de illustr. abbatiæ Florentinæ viris. X. 335. — chron. abbatum congreg. S. Justinæ Patavii. *ibid.* hist. d'Hugue le Grand, duc de Toscane. XI. 501. hist. d'Unilla, princesse de Toscane. 503. zodiaco della chiesa Milanese. 551 & *suiv.* vita di S. Barnaba. 552. della fede & nobilta del Nataco. *ibid.* mém. antiche. 555.

PUENTE (Francisco de la) *v.* V[illegible]A.

PUENTE (Juan de la) conveniencia, &c. XIII. 407.

PUENTE (Joseph-Martinez de la) hist. de Jean II, roi de Castille. XIII. 367. conquête des Indes. XIV. 105.

PUFENDORFF (Ezéchiel) de Druidibus. XII. 13.

PUFENDORFF (Samuel) introduction à l'histoire. X. 174, 175. Laurembergii Græcia antiqua. XI. 23. Ceramicus Meursii. 44. Miscellanæa Laconica. 45. de statu imperii Germanici. 164. de republica irregulari. *ibid.* vie de Frederic Guillaume I. 320. de fœderibus inter Sueciam & Galliam. XIII. 214. hist. de Suéde. XIV. 8. de Gustave-Adolphe. 13. de Charles-Gustave. *ibid.*

PUGET DE ST. PIERRE ; histoire des Druses. XIV. 92.

PUGH ; elenchus elenchi. XIII. 469.

Pugilat des anciens. XIV. 426.

PUGLIOLA (Fr. Barth.

della) historia miscella Bononiensis. XI. 395.

PUGNATORE; origine dell' ordine del Tosone. X. 482.

PUISIEUX; traduction de la géographie de Varenius. X. 31. de celle de Pat Gordon. 37. de l'hist. navale d'Anglet. XIII. 453.

PUJADES; chron. de Catalogne. XIII. 382.

PULEX (Confort.) fragm. historiæ Vicentinæ. XI. 391.

PULGAR (Fernand de) chron. des rois Ferdinand & Isabelle. XIII. 341. epistolæ. 345. claros varones de España. 399. cronica de G. Fernandez de Cordoua. *ibid.*

PURE (l'abbé de) vie du maréchal de Gassion. XII. 369. vie du card. de Richelieu, arch. de Lyon. XIII. 116. hist. Africaine. XIV. 137.

PURCHAS; voyages de mer & de terre. XIV. 180.

PURICELLI; monum. de la basilique Ambroisiéne. XI. 366. utrum S. Ambrosius clero suo permiserit ut nubere possit. 383. S. Satyri tumulus. 552. vita Laurentii Littæ. *ibid.* Ambrosianæ basilicæ monumenta. *ibid.* dissert. Nazariana. *ibid.* de SS. martyr. Arialdo, &c. *ibid.* nuptiæ Mediolanensium ducum. 554.

Puritains; leur hist. XIII. 498 & *suiv.*

PUTEANUS (Erycius) *v.* PUY (Henri du)

PUTEO (J. A.) collegii Veronensis, &c. XIV. 390.

PUTSCHIUS (Elias) annot. in Sleidan. de Imperiis. X. 119.

Puy en Vélay; ses antiquités. XIV. 489. ses évêques. XIII. 145.

PUY (Henri du) in Casauboni epistol. stricturæ. X. 468. olympiades. XI. 51. de jurejurando. 98. de bisexto. 101. de nundinis. 101. de stipendio militari. 103. reliquiæ convivii prisci. 105. theatrum Heroicum. 248. historia Cisalpina. 365 & 556. hist. Insubrica. 403 & 550. de obsidione Lovaniensi. XII. 276. orchestra Burgundica. XIII. 104. prælium Væringanum. 283. Bruxellæ descript. 284. de Induciis Belgicis. 302. statera. *ibid.* de Begghinatum

instituto. XIII. 320. Hispaniarum vindiciæ tutelares. 358. theatrum historicum imperat. Austriacorum, &c. XIV. 208.

Puy (Pierre du) instructions, &c, concern. le concile de Trente. X. 247. hist. des Templiers. 476. hist. du schisme. XI. 428. hist. du différend entre le pape Boniface & Philippe le Bel. XII. 136. traités concernant l'hist. de France, 139. apologie pour le président de Thou. 214. mém. des guerres. 261. de la majorité de nos rois, & des régences. XIII. 194. comment. sur l'ordonnance de la majorité de nos rois. 195. droits du roi, 197. autres traités. 198.

Puy (du) hist. des Favoris. XII. 348.

Puy (MM. du) notes sur la satyre Ménippée. XII. 226.

Puy (Claude du) son éloge. XIV. 406.

Puylon (Denys) statuts de la faculté de Médecine. XIII. 28.

Pygmées. XIV. 434.

Pyramides & obélisques d'Egypte. XI. 2, 3 & 49. & XIV. 134. de pyramide C. Cestii Epulonis. XI. 97. duæ pyramides de parricidio in Henricum IV. X. 470. & XII. 245.

Pyrard; ses voyages. XIV. 182.

Pyrénées, hist. de la paix des Pyrénées. XII. 310. & XIII. 350 & *suiv.* négociations de cette paix. XIV. 297 & *s.*

Pyrimnius (Achille) catalog. regum Europæ. X. 171, annales Augsburgenses. XI. 272.

Pyrmont; carte de son comté. X. 74.

Pyrrhus, roi d'Epire; son histoire. XI. 34.

Pythagore; diverses observations sur l'hist. de ce philosophe. XIV. 459. sur le tems où il vivoit. XI. 40.

Pythéas de Marseille; sa vie & ses voyages. XIV. 472.

Pythiades; seres chronolog. Pythiadum, &c. XI. 23.

Pythodoris, reine du Pont; son hist. XI. 41. & XIV. 486.

QUA QUI

QUADRIO ; hist. de la Valteline, &c. XIII. 167.

QUANNA & VILLAMIL ; mém. de las casas de Orgaz. XIV. 275.

Quakers ; v. *Kouackers*.

QUARESME ; elucidatio Terræ Sanctæ. X. 194.

QUARTIER ; son édition des lettres de Cicéron. XI. 72.

Quedlinbourg ; hist. de cette abbaye. XI. 300.

QUELEN (Par. Ang. de) relat. de l'état de Fernambouc. XIV. 164.

QUENSTED ; de sepultura. XI. 54.

Querci ; auteurs sur cette province. XIII. 130.

QUERET ; carte de Franche-Comté. X. 82.

Querfurtiche chronicon. XI. 317.

QUESNAY ; progrès de la Chirurgie. XIV. 353.

Quesne (M. du) son expédition à Chio. XII. 330. voyage d'un garde servant sur son bord. XIV. 187.

QUESNEL (le P.) défense de l'Eglise Rom. contre Leydecker. X. 252. hist. du formulaire. 253. la paix de Clément IX. 254. hist. du cas de conscience. *ibid.* differt. pro S. Hilario. XIII. 158.

QUÉVÉDO Villegas ; carta al rey de Francia. XIII. 349.

QUICK ; synodes des Eglises réf. de France. X. 315.

Quien (le P. le) instituteur de la congrég. du S. Sacrement ; sa vie. X. 401.

QUIEN (Michel le) défense du texte hébreu, &c. X. 180. hist. des comtes de Boulogne. XIII. 49. Oriens Christianus. XIV. 78. *aux additions*.

QUIEN DE LA NEUFVILLE (le) v. NEUFVILLE.

Quierasque ; hist. de cette ville. XI. 583.

Quiétisme ; hist. du Quiétisme. X. 255 *& s.*

Quignonès (Juan de) el monte Vesuvio. XI. 477. médailles d'or des empereurs. XIV. 313.

Quillixtequi (Gabriel de) Tercera orden de Penitença. X. 394.

Quillot; hist de Quillot & du Quillotisme. X. 256.

Quincarnon; antiq. de S. Paul de Lyon. XIII. 117.

Quinceix (Louis de) extrait des registres du Parlement. XII. 151 & *suiv.*

Quincy (M. de) hist. militaire de Louis le Grand. XII. 286.

Quinet; recueil des états tenus en France. XII. 206.

Quintana (Jérome de) hist. de Madrid. XIII. 370. hist. de l'image de N. D. de Atocha. *ibid.*

Quintanaduenas; santos de Toledo. XIII. 368.

Quintanilla y Mendoza; vie du card. Ximenès. XIII. 399. Oranum catholicum. XIV. 140.

Quint-Curce; son histoire d'Alexandre le Grand. XI. 36 & 37. *observations sur sa famille.* XIV. 406.

Quintin (Jean) Melitæ descriptio. XI. 588, 589.

Quintinus Hæduus; descript. Melitæ. XI. 577.

Quiqueran de Beaujeu (Pierre) de laudibus Provinciæ. XIII. 146.

Quiqueran de Beaujeu, év. de Castres; son éloge. XIV. 452.

Quir (Pierre-Fern. de) narratio detectionis quintæ orbis terrarum partis. XIV. 173, 174, 175.

S. *Quirin*; son hist. XI. 259.

Quirini (Antoine) sur le différend entre Paul V & Venise. XI. 526.

Quirini (Fr.) vie de Carlo Zéno. XI. 520.

Quirini (Thadée) ad Fredericum III oratio. XI. 182.

Quirini (le cardinal) Pauli II vita. XI. 429. primordia Corcyræ. 545. specimen litterat. Brixianæ. XIV. 387. vie du cardinal Contarini. 401. *son éloge*. 496.

Quiroga (Diégo Gonzalez de) vie du P. Joseph de Carabantes. XIII. 403.

Quistorp ; Terra sancta. X. 195.

Raban Maur; glossæ. XI. 179. de inventione linguarum. *ibid.* martyrologium. X. 273. épitaphes de Lothaire & de sa femme. XII. 47.

Raban (Edouard) antiq. d'Orange. XIII. 167.

Rabelais ; ses lettres. XII. 162.

Rabener; vie de Charles-Quint. XI. 228.

Rabinus ; de hastarum & auctionum origine. XI. 96.

Rabutin (François) comment. des guerres. XII. 167.

Rabutin (Roger de) hist. abrégée de Louis le Grand. XII. 289. mém. 322. hist. amoureuse des Gaules. *ibid.* discours sur le bon usage des adversités. 374.

Rabutin (Mde. de Bussi) vie de S. François de Sales. X. 443. — de Mde. de Chantal. *ibid.*

Rachelius ; otium Noviomagense. XI. 161.

Racine (Jean) abrégé de l'hist. de Port-Royal. X. 358.

Racine ; ses écrits insérés dans les mém. de l'académie des Inscript. XIV. 435, 436, 443, 449, 451, 454. 460, 462, 471, 480, 482, 488. *son éloge.* 508.

Racine (l'abbé) abrégé de l'hist. ecclésiastique. X. 234.

Radegast, dieu des Obotrites. XI, 303.

Ste. *Radegonde*, femme du roi Clotaire I. XII. 118. sa vie. 351, 352.

Raderus ; sa traduction de la chronique de Sicile. X. 135. Viridarium sanctorum. 278. vita Petri Canisii. 458. commentar. in Quintum Curtium. XI. 36. chronicon Alexandrinum. 125.

Bavaria

Bavaria ſancta. 262. — pia. *ibid.* auctarium ad Trigaultium. XIV. 129.

· Radevic ; continuatio hiſtoriæ Friderici I. XI. 176 & *ſuiv.* 218, 385.

Radier (Dreux du) vie de Witikind. XI. 308. *v.* Dreux du Radier.

Radzivil ; Jeroſolymitana peregrinatio. XIV. 89.

· Rafael *de Jeſus* ; monarchia Luſitana. XIII. 412.

· Rafaelli ; hiſt. de la victoire d'Azon Viſconti. XI. 555.

Ragazzoni (Jacque) ſa vie. XI. 530.

· S. *Ragnebert* ; ejus paſſio. XII. 38.

Ragois (M. le) introduction à l'hiſt. de France. XII. 97.

Ragotski (George) ſes guerres. XI. 351. ſes mém. *ibid.*

· Raguenet (l'abbé) monumens de Rome. XI. 416. hiſt. du vicomte de Turenne. XII. 373. hiſt. d'Olivier Cromwel. XIII. 475.

· Raguet ; hiſt. des conteſtations ſur la diplomatique. XIII. 235.

Ragusa ; elogia Sicolorum. XI. 377.

Raguſe ; hiſt. de cette ville. XI. 547.

Raimo (Louis de) annales. XI. 397.

S. *Raimond Nonat* ; ſa vie. X. 431.

S. *Raimond de Pegnafort* ; ſa vie. X. 397.

S. *Raimond*, fondateur de l'ordre de Calatrava ; ſa vie. X. 480. & XIII. 364.

Raimond *d'Agiles* ; hiſt. Francorum qui ceperunt Jeruſalem. XIV. 98.

Raimond *de Capoue* ; légende de Ste. Catherine de Sienne. X. 402.

Raimond Lulle ; jugement en ſa faveur. X. 394.

Rainsant ; diſſertat. ſur les fleurs de lys. XIV. 202.

Raisse ; origines Carthuſiarum Belgii. X. 404. Belgica chriſtiana. XIII. 319. ad natales SS. Belgii auctuarium. *ibid.*

Rajas (Paul Albinien de) diſſert. ſur les médailles. XIV. 313.

Raleigh (Walter) compendium hiſtoricum. X. 124, 125. découverte de la Guyane. XIV. 160. relat. de la Guyane. 191.

RAM; descript. de la Norwége. XIV. 30. Norwegia antiqua. *ibid.*

Rameau; son éloge. XIV. 360.

RAMIREZ (Joseph) expositio bullæ Alexandri III. XIII. 363.

RAMIREZ de Prado (Laurent) chron. ecclesiarum Hispaniæ. XIII. 354. de vita B. Ildefonsi. 369.

RAMNUSIO (Paul) de bello Constantinopolitano. XI. 523.

RAMON ou REMON (Alphonse) vida de don Fernando de Cordoua. XIV. 282.

RAMON (Emmanuel) hist. de l'ordre des Carmes. X. 368.

RAMON (Miguel) ordres militaires d'Espagne. XIII. 362.

RAMOS del Mazano; réponse au traité sur les droits de la reine. XIII. 203. providimento de' vescovati. 424.

RAMQUES (Ant.) Cataluña defendida. XIII. 385.

RAMSAY (M. de) vie de M. de Fénelon. X. 255. hist. du vicomte de Turenne. XII. 372.

RAMOS (Pierre) de Militia Cæsaris. XI. 103. de moribus veterum Gallorum. XII. 12. réformation de l'université. XIII. 23.

RAMUSIO; navigations & voyages. XIV. 179.

RANBECK; calendarium Benedictinum. X. 337.

Rancé (le Boutillier de) abbé de la Trappe; sa vie par differ. auteurs. X. 356.

RANCHIN (Franç. de) additions à Davity. X. 59.

RANDOLPH; état présent des îles de l'Archipel. XIV. 79.

RANDULPHUS; de tuba Danica. XIV. 35.

RANGON; script. de originibus Pomeranicis. XI. 321. Colberga togata. 322.

RANIS; chron. Prussiæ. XIV. 60.

RANQUEZ; Cataluna difendida. XII. 280.

RANTRE (Jacq. de) siége de Valenciennes. XII. 317.

RANZANUS; epitome rerum Hungaricarum. XI. 349.

RANZO; vie du B. Amédée III, duc de Sa-

voie. XI. 577 & *suiv.*

RAOUL *de Caen*; gesta Tancredi. XI. 384.

RAOUL *de Diceto.* XIII. 438, 439.

RAOUL GLABER; hist. de son tems. XII. 55 & 131. *mém. sur sa vie & ses ouvrages.* XIV. 444.

RAOUL *de Higden*; chronicon. XIII. 439, 443.

RAOUL *de Milan*; de rebus gestis Friderici I. XI. 385.

Raoul de Nimegue; B. Alberti Magni legenda. X. 397.

Raoul de Presles; mémoires sur sa vie & ses ouvrages. XIV. 455 & 479.

RAPHAEL *de Jesus*; Castrioto Lusitano. XIV. 164.

RAPHAEL *de S. Joseph*; signum salutis. X. 371.

RAPHAELIUS (George) notæ in Arrianum. XI. 38.

RAPIN; instructions sur l'Histoire. X. 5. éloge du prince de Condé. XII. 375.

RAPIN DE THOYRAS; hist. d'Angleterre. XIII. 450. abrégé de cette hist. 447. sur les Wighs & les Thoris. 487.

RAPINE (Charles) annales de Châlons. XIII. 58. vie de S. Menje. *ibid.* récit des états tenus à Paris. XIII 206 & *suiv.*

RAPINE (le P.) hist. des F. M. appellés Récollets. X. 384.

RAPITUS; descriptio Balneorum. XI. 368.

RASPON; de basilica Lateranensi. XI. 438.

RASSICOD; notes sur le concile de Trente. X. 248.

RASSLER; defensio antiqui diplomatis. XI. 273. vindicatio contra vindicias. 274. vindicatio contra Conringium. *ibid.*

Rastad; chron. monasterii Rastadensis. XI. 193.

Rastat; hist. de la paix de Rastat. XII. 355.

RATELER; rerum Silesiacarum chron. XI. 326.

Ratiatum; dissert. sur cette ville. XIV. 474.

Ratisbone; hist. de cette ville & de ses évêques. XI. 255, 257, 258, 259, 260, 264, 265. diète tenue en cette ville en 1471. XI. 183.

RATKAI; memoriæ regum, &c. XI. 352.

Ratpert; de origine & casibus monasterii S. Galli. XI. 177. & XII. 53.

Rattelns; chronique de Silésie. XI. 327.

Rau; monumenta vetustatis Germanicæ. XI. 159.

Raulin; oratio ad laudem divi Ludovici. XII. 63. epistolæ illustrium virorum. 156.

Raupach; églises Luthériennes d'Autriche. XI. 254.

Rausin (Etienne) Leodium ecclesia cathedralis. XI. 289. civitatis Leodiensis delegatio. 290.

Rautenfens; voyage du Spizberg. XIV. 32.

Rauwolfius; descriptio itineris. XIV. 88.

Ravaillac; son procès. XII. 245.

Raveneau de Lussan; voyage à la Mer du Sud. XIV. 151.

Ravenne; auteurs sur cette ville. XI. 369, 379, 380, 388, 447 & *suiv.* ses médailles. XIV. 326.

Ravennas geographus. X. 24, 26, 27.

Ravensberg; auteurs sur cette principauté. XI. 290 & *suiv.*

Ravestein; carte. X. 74.

Ravoire (Paul de la) remontrance. X. 404.

Rawlinson; sa traduction angloise de la *Méthode pour étudier l'histoire* de l'abbé Lenglet. X. 18.

Raydmond; histoire d'Angleterre. XIII. 447.

Rayer; examen præambulorum. X. 373. responsio. *ibid.*

Raymond (Esprit de) comte de Modène. hist. des révolutions de Naples. XI. 472.

Raynal (Jean) hist. de Toulouse. XIII. 141.

Raynaldi; contin. annalium Baronii. X. 228, 229, 231.

Raynaud; symbola Antoniana. X. 328. comment. in symbolicam S. Antonii imaginem. *ibid.* apologia Soc. Jesu. 468. de pileo. XI. 99. assertio primatus Lugdunensis. XIII. 115. indiculus sanctorum Lugdunensium. 116. Hagiologium. *ibid.*

Razzi (Serafino) hommes illustres de l'ordre de S. Dominique. X. 397. vies des saints de cet ordre. *ibid.* istoria di Raugia. XI. 547.

RAZZI (Sylvano) vite de santi dell' ordine di Camaldoli. X. 349. vie de la comtesse Mathilde. XI. 406. vite de cinque homini illustri. 509. — de santi. e beati Toscani. *ibid.*

RÉ (Antoine del) antiquit. Tiburtinæ. XI. 370 & 440.

RÉAL (de) la science du gouvernement. X. 102 & 105.

REBOLLEDO; chronicas de Menores. X. 379.

REBOULET; hist. de la congrégat. des Filles de l'Enfance de Jésus. X. 413. hist. de Clément XI, pape. XI. 433. hist. de Louis le Grand. XII. 285. mém. de Forbin. 333.

Récanati; auteurs sur cette ville. XI. 369 & 444.

RECANATI (J. B.) hist. de Florence du Pogge. XI. 503. observat. sur le Poggiana. XIV. 317.

RECCHO; notizie di famiglie nobili di Napoli. XIV. 225.

RECHAC (Jean de) vie de S. Dominique. X. 396.

RECHEMBERG; prælectiones historicæ. X. 10.

Récollectines; vie de leur fondatrice. X. 394.

Récollets; leur hist. X. 384.

Récompenses accordées à ceux qui se distinguoient dans les sciences, &c. XIV. 415.

Recteur de l'Université de Paris. XIII. 24.

RECUPITUS; de Vesuviano incendio. XI. 477.

Rédempteur; ordre militaire de J. C. Rédempteur. X. 484.

Rédemption des captifs (ordre de la) v. *Trinitaires* & *Mercy*.

REDOUER (Mathurin de) le nouveau monde. XIV. 148.

REDUSIIS (André de) chron. Tarvisinum. XI. 394.

Réformation; son établissement dans le landgraviat de Hesse. XI. 276. hist. de la réform. en Angleterre. XIII. 496 & *suiv.* en Ecosse. 523. en Pologne. XIV. 56, 57. hist. littéraire de la Réformation. 376.

Réformés de Saintonge. XIII. 96. de la Rochelle. 97.

REFUGE (le marq. de) nobiliaire de S. Paul de

Léon. XIV. 254.

REGAZETTI ; notes sur la dissert. de Dini, de antiquit. Umbrorum. XI. 499.

Régence ; traités sur les régences en France. XIII. 194 & *suiv.*

Régence ; histoire des régences d'Angleterre. XIII. 508.

RÉGENSVOLSC ; ecclesiæ Slavonicæ. X. 315. XI. 324. & XIV. 56.

Reggio de Lombardie ; auteurs sur cette ville. XI. 173, 393 & 567 & *s.*

Reggio de Calabre ; hist. de cette ville. XI. 485.

REGI (Domenico) memorie istoriche del P. Camillo de Lellis. X. 438. vie de Thomas Morus. XIII. 514.

REGINON, abbé de Prum ; sa chronique. X. 137, 139. XI. 165, 173, 202. & XIII. 440.

REGIO (Paolo) saints du royaume de Naples. XI. 461 & 476.

Régis (Jean-François de) sa béatification. X. 459. sa vie. *ibid.*

REGKMAN ; chron. Lubecense. XI. 303.

Regnante Christo ; usage de cette formule. XII. 132.

REGNARTI ; prospectus ecclesiarum Romæ. XI. 438.

REGNAULT (Antoine) discours du voyage d'outre-mer. XIV. 88.

REGNAULT (Melchior) hist. de Soissons. XIII. 40.

Regnum ; de la signification de ce mot. XIV. 415, 454.

REHTMEYER. (Phil. Jul.) antiquit. Brunsvigæ. XI. 297.

Reichenbach ; monumenta Reichenbacensia. XI. 257.

REICHENBERG ; merita Saxonum. XI. 312.

Reichenow ; carte. X. 69.

Reichersberg ; chronicon Reichersbergense. XI. 200 & 264.

REID ; abrégé de la chronologie de Newton. X. 187.

REIFENBERG ; historia religionis. XIII. 320.

REIMAN ; idea histor. Ascaniensis. XI. 300.

REIMAR ; son édition de Dion Cassius. XI. 87. de vita & scriptis J. A. Fabricii. XIV. 402.

REIMER ; respub. Hebræorum. X. 220. ecclesia Hebræorum. *ibid.* 221.

tiquitates Hebræorum. *ibid.*

Reimman ; hist. litteraria Babyloniorum & Sinensium. XIV. 399.

Reims ; hist. de cette ville. XIII. 54 *& suiv.* son université. 57. deux chron. de Reims. XII. 68. fêtes en cette ville pour la paix. 344.

Reina ; vie de l'emp. Léopold. XI. 242.

Ste. *Reine d'Alize*, en Bourgogne. XIII. 109.

Reince ; trad. des mémoires de Comines. XII. 147.

Reineccius (Reiner.) methodus legendi historiam. X. 15. de historia. *ibid.* édition de la chronique d'Albert de Stade. 139. famil. regum Judæorum. 211. de rebus Persicis. XI. 17. familia Arsacidarum. *ibid.* familiæ regum Macedoniæ. 35. — regum Ponticorum & Bosphoranorum. 41. Carthaginis historia. 58. édition des annales de Charlemagne. 213. de la chron. de Dithmar. 216. édit. des annales de Witickind. 294. de la chron. d'Helmold. 308. de Saxonum originibus. *ibid.* epistolæ de Wittikindo. *ibid.* de Misenorum origine. 311. de vita Viperti marchionis Lusatiæ. 317. chronica margrav. Brandenburgens. 318. origin. stirpis Brandenburgicæ. 319. chronicon Slavorum. XIV. 3. historia orientalis. 95. chronic. Hierosolymitanum. 99.

Reinesius (Adam) Jerusalem. X. 195.

Reinesius (Thomas) de palatio Lateranensi. XI. 438. syntagma inscriptionum antiquarum. XIV. 336.

Reinhard (Jean) chronic. Wurtburgense. XI. 266.

Reisk (Jean) annotationes ad geographiam Cluverii. X. 32. chron. Saracenicum Drechsleri. XIV. 93.

Reisk (Jean-Jacques) son édition de Constantin Porphyrog. XI. 124. hist. des princes Mahométans amis des lettres. XIV. 398.

Reisnerus ; gesta Georgii & Gasp. à Frundsberg. XI. 225.

Reitzius ; Rosini antiquitates Romanæ. XI. 109.

Reland ; Palæstina.

X. 193. compendium antiquit. Hebraicarum. 221. fasti Romanorum. XI. 117. religion des Turcs. XIV. 77 & 96.

Relfendso ; v. Rosenfeld.

Relieurs ; leur réglement. XIII. 33.

Religion des anciens peuples ; traités. X. 97 & *s.* des Egyptiens. XI. 4 & *s.* — des Perses. XI. 15. & XIV. 490, 497, 502, 508. — des Grecs. XI. 47 & *suiv.* & XIV. 464. — des Romains. XI. 98, 99, 115 & *suiv.* — des Gaulois. XIV. 469, 486. 487. — des Germains. XI. 158, 159.

Religion réformée ; v. *Réformation.*

Rely (Jean de) remontrances au roi Louis XI. XII. 25 & 151.

Remesal (Anton. de) hist. de la province de Chiapa & Guatimala. X. 398. hist. des Indes occidentales. XIV. 155.

S. Remi ; ses lettres. XII. 40 & 113. son testament. 73. sa vie. XIII. 56. son mausolée à Saint-Remi en Provence. XIII. 164 & *suiv.*

Remi de Florence ; addition à l'hist. de J. Villani. X. 158. trad. d'Ammien Marcellin. XI. 90. — de l'hist. de Sicile de Fazelli. 491. vie de Guichardin. 408. considérations sur l'hist. de Guichardin. 409.

Remi (Nicolas) choses advenues en Lorraine. XIII. 184.

Rémiremont ; hist. de cette abbaye. X. 426.

Remmighausen ; examen Anglicum. XIII. 473.

Remon ; hist. de l'ordre de la Mercy. X. 430. hist. de la conquête du Mexique. XIV. 152.

Remond (Charles de) sacre de Louis XIII. XIII. 138.

Remond (Florimond de) hist. de l'Hérésie. X. 310. v. Richeome.

Remondi (Jean Et.) hist. ecclésiast. de Nole. XI. 480.

Remphah ; dissert. sur cette divinité Egyptienne. XI. 5.

Rempini ; origine des Hermites de S. Augustin. X. 426.

Remus (George) dissertatio de Friderico I & Alexandro III. XI. 219.

Rena (Cosimo de la) ducs & marquis de Tos-

tane. XI. 502.

RENAUDOT (Théophraste) Mercure François. X. 163. & XII. 246. Gazettes. X. 165. la vie & la mort de M. de Gassion. XII. 370.

RENAUDOT (Eusebe) anciennes relations des Indes. XIV. 114. hist. patriarcharum Alexandrinorum. 135. défense. *ibid.* de l'origine de la sphere. 418. — des lettres grecques. 419. sur quelques inscriptions de Palmyre. 420 sur le nom de *Septimia.* 421. *son éloge.* 433.

RENAUDOT, evocat; révolut. des empires, royaumes, &c. X. 130.

RENDA; vita & obitus S. Guillelmi Vercellensis. X. 363.

RENDO-RAGUSE; Siciliæ Bibliotheca vetus. XIV. 390.

S. *René*, év. d'Angers; sa vie. XIII. 89, 90.

RENERIUS (Vincent) disquisitio astronomica. XI. 500.

RENIGER; de Pii & Gregorii furoribus. XIII. 463.

RENNEFORT (Souchu de) hist. des Indes orientales. XIV. 110. voyage à Madagascar. 145.

Rennes, prise par les Ligueurs. XII. 204.

RENSCH; maison de Brandebourg. XI. 319.

RENTERIA (de la) ensayos de vaticinios. XIII. 352.

Réomée; hist. de ce monastere. X. 339.

Repas; traités sur les repas des anciens; *v. Festins.*

REQUENA (Alonzo de) venida del apostol. S. Pablo à España. XIII. 360.

REQUIER (M.) sa traduction des Memorie recondite du Siri. X. 163. recueil de ce qui a été publié sur la ville d'Herculane. XI. 479. révolutions de Florence. 506. vie de Philippe Strozzi. *ibid.* vie de M. Peiresc. XIV. 405.

RERESBY; ses mémoires. XIII. 484.

Réole (la) fondation, &c. de ce monastere. XII. 82.

RESCIUS (Stanislas) histoire de l'élection de Henri, roi de Pologne. XIV. 51.

RÉSEND (L. André de) de æra Hispanorum. XIII. 331. antiq. Lusita-

niæ. 332. de municipio Eborensi. *ibid.* pro Colonia Pacensi. *ibid.* pro SS. martyribus. *ibid.* res in India gestæ. 333. de antiquitatibus Lusitaniæ. 410. orationes, &c. 411. deliciæ Lusitano-Hispanicæ. *ibid.*

Resende (Ant. Gonzalez de) vida de D. Juan de Palafox. XIII. 404.

Resende (Garcias de) vie de Jean II. XIII. 414.

Resenius (Pierre J.) chronic. XIV. 28. Edda Islandorum. 31. inscript. Hafnienses. 35.

Resnel (l'abbé du) ses ouvrages dans les mém. de l'académie des Inscriptions. XIV. 450, 451, 454, 453, 473. *son éloge*. 508.

Restaut; la monarchie des Solipses. X. 471.

Résurrection; ce que les païens en ont pensé. XIV. 475.

Reteau de Fresne (Mad.) hist. de Cherbourg. XIII. 72.

Retraite des dix mille; carte. X. 57.

Rettenpacher; annales monasterii Cremisanensis. X 345. historia Norica. XI. 247.

Retz (le card. de) conjuration de Fiesque. XI. 572. le solitaire. XII. 309. apologie de l'ancienne fronde. *ibid.* le vrai & le faux. 311. le vraisemblable. *ibid.* les contretems. *ibid.* les intérêts du tems. *ibid.* avis aux malheureux. *ibid.* manifeste de M. de Beaufort. *ibid.* l'esprit de paix. 312. lettre d'un bourgeois désintéressé. *ibid.* réponse. *ibid.* mémoires du card. de Retz. 313 & *suiv. son emprisonnement*. 312. *son évasion*. 315. remontrance au roi. 318.

Reuberus; vet. scriptores rerum Germanicarum. XI. 175.

Reusner (Elie) traduction de Reineccius, de Misenorum origine. XI. 311. genealogicum Romanum. XIV. 204. opus genealogicum catholicum. 204. stemma Wittikindeum. 216.

Reusner (Nicolas) narrationes. XI. 349. princes & doges de Venise. 328. guerre de Hongrie. XIV. 74 epistolæ Turcicæ. 76. genealogia

regum Hungariæ. 285.
REUTELIUS ; Hildesheimia. XI. 195.
REUTENFELS ; de rebus Moscoviticis. XIV. 66.
REVA (Pierre de) hist. de Hongrie. XI. 349.
RÉVEL ; Rupella ter obsessa. XII. 267.
REVIUS ; Daventria illustrata. XIII. 314.
REYCHERSDORFF ; Transylvaniæ descript. XI. 354.
REYDANUS ; annales. XIII. 275 & 296.
REYGERSBERG ; chron. Zelandiæ. XI. 311.
REYHER ; monumenta landgrav. Thuringiæ. XI. 315. historia juris. XIV. 354.
REYNA ; Messanæ notitia historica. XI. 375 & 495. revolut. de Palerme. 493 *& suiv.*
REYNER ; apostolatus S. Benedicti in Anglia. X. 345.
REZZONICO ; de suppositiis militaribus stipendiis Benedicti Odescalchi. XI. 433.
Rhé ; expédit. du roi en l'île de Rhé. XII. 260. prise de cette île. 263 & 265.
RHEMNIUS *Fann.* de nummis, &c. XI. 104.
RHENFERDIUS ; litteraturæ Palmyrenæ specimen. XI. 20.
RHÉTELOIS (Martin) chronique de l'ordre de S. Benoît. X. 332.
RHÉTELOIS (Alfonse) état présent de l'ordre de S. François. X. 384.
Rhéteurs anciens. XI. 52, 53.
Rhétie ; Rhætiæ descriptio. XI. 167. de Romanorum in Rhætia littorali stationibus. *ibid.* auteurs sur ce pays. 266 *& suiv.*
RHETIUS (J. Fred.) jurisprudentia Romano-Germ. XI. 161.
Rhin ; cartes du cours de ce fleuve. X. 69, 74, 75. — de Rheni divortiis & accolis populis. XII. 15. *&* XIII. 286. de tribus Rheni alveis, &c. XIII. 288.
Rhin ; cercle du Bas-Rhin ; cartes. X. 74. cercle du haut Rhin ; cartes. 75.
Rhodes ; de republ. Rhodiorum. XI. 43. — Rhodus Meursii. XI. 55. descript. de l'île de Rhodes. XIV. 79. hist. de cette île & des chevaliers. XI. 588 *& suiv.* de bello Rhodio. 168. descriptio obsidionis urbis

Rhodiæ à Mahomete II. 478. mém. sur la prise de cette île par les Turcs. XIV. 494.
Rhodes (Chevaliers de) voyez *Malte*.
Rhodes (de) prédication de la foi au Tunquin. XIV. 113. voyage en la Chine, &c. 125.
Rhodoman; son édition de Diodore de Sicile. XI. 30. Ilfelda Hercynia. 299.
Rhône; si ce fleuve appartient au Languedoc. XIV. 478.
Ribadeneira (Pierre) vie de S. Ignace de Loyola. X. 454. — de Jacque Lainez. 457. — de S. François de Borgia. *ibid.* trattato del instituto de la religion de la comp. de Jesu. 461. vies des saints. 286. excerpta ex ejus libris. XIII. 494. scriptores Societ. Jesu. XIV. 379.
Ribadeneira (Fr. Marcel) hist. de l'Archipel des Indes, &c. XIV. 124.
Ribaud de la Chapelle, ou de Rochefort; differt. sur l'origine des Francs. XII. 17. sur le régne de Clovis. 148. sur l'exil d'Ovide. XIV. 405.
Ribbira (Giov. Pinto) anatomia delli regni di Spagna. XIII. 406.
Ribera (Fr. de) vie de Ste. Thérèse. X. 375.
Ribera (Fr. Alvarez) responsum pro Philippo. XIII. 418. pro infanta Elizabeth. *ibid. vie de Ribera.* ibid.
Ribeyro de Macedo; sur la paix des Pyrénées. XIII. 351.
Ribeyro (Jean) hist. de Céylan. XIV. 113.
Ribier (Guillaume) lettres & mém. d'état. XII. 168.
Ribier (Jacque) mém. des Chanceliers. XIII. 215.
Ribot; speculum ordinis Carmelitani. X. 366.
Ricard; riflessioni belgiche. XIII. 203.
Ricaut; état de l'empire Ottoman. XIV. 68. continuat. de l'hist. des Turcs. 72. hist. des trois derniers emper. Turcs. *ibid.* état présent de l'Eglise Grecque. 78.
Ricchi; la Reggio de Volsci. XI. 485.
Ricchino; de vita & studiis Vincent. Ludov. Gottii. XIV. 402.
Ricci (Jérôme) sta-

tuta Tertii ordinis S. Francisci. X. 394.

Ricci (Joseph) de bellis Germanicis. XI. 135. rerum Italicarum narrationes. XI. 413. & XII. 317.

Ricci (Matthieu) sa vie. X. 459.

Ricci (Paul) de bello in Turcas suscipiendo. XI. 188.

Ricciard; vita S. Bonifacii. XI. 367.

Riccio (Michel) v. Ritio.

Riccio (Nivard del) Ughelli Italia sacra. XI. 361.

Riccioli; geogr. & hydrographia reformata. X. 32. chronologia reformata. 182.

Riccoboni (Antoine) de historia. X. 2 & 14. fragmenta historicorum vet. XI. 75. gymnasium Patavinum. 368.

Riceputi; la verità à favora di Forli. XI. 450.

Richa; églises de Florence. XI. 508.

Richard I, roi d'Angleterre; son voyage à Jérusalem. XIII. 439. hist. de son régne. 456. — *Richard II*. ibid. & 457 & *suiv*. — *Richard III*. 459.

Richard, comte de S. Boniface; son histoire. XI. 387.

Richard *de S. Germain*; chronic. XI. 386.

Richard (Jean) antiquitates Divionenses. XIII. 106.

Richard (l'abbé) parallèle des cardinaux Ximenès & de Richelieu. XII. 271. & XIII. 401. hist. de la vie du P. Joseph. XII. 367. le véritable P. Joseph. *ibid. & suiv.*

Richard (l'abbé) description de l'Italie. XI. 359.

Richardierre (des Réaux de la) voyage de Candie. XI. 548.

Richardson; hist. de Halland. XIV. 18.

Riche (M. le) mém. sur l'abbaye de Château-Châlon. XIII. 123.

Richeborough; antiq. de cette ville. XIII. 504.

Richelet; hist. des Chérifs. XIV. 137. conquête de la Floride. 156.

Richelieu; fondation de cette ville; son académie. XIII. 94 & *suiv*.

Richelieu (le cardinal de) hist. de la mere & du fils. XII. 254. testament politique. 271.

Journal. *ibid.* & *suiv.* lettres. 272. relat. du siége d'Arras. 279. *sa vie par différens auteurs.* 270 & *suiv. recueils de piéces sur son ministere.* 272 & *suiv.* paralléle des cardinaux Ximénès & de Richelieu. XII. 271. & XIII. 401.

Richelieu (le card. de) archev. de Lyon; sa vie. XIII. 116.

Richemond; raretés de cette ville. XIII. 504.

Richemont (Arthus III, comte de) histoire de sa vie. XII. 354.

Richeome (le P.) hist. de l'Hérésie. X. 310. plainte apologétique. 466. plainte contre Servin. 469. la vérité défendue. XII. 20.

Richer (Edmond) hist. conciliorum generalium. X. 242. hist. de Jeanne d'Arc. XII. 144. de optimo academiæ statu. XIII. 23. *sa vie.* XIV. 406.

Richer (Jean & Etienne) Mercure François. X. 163. & XII. 246.

Richer du Bouchet; discours sur le fragment de Manéthon. X. 182.

Richer (Christophe) de rebus Turcarum. XI. 169. & XIV. 73. différends entre les maisons de Montmorenci & de Châtillon. XII. 163.

Richer; vie de Mécénas. XI. 83. continuation de l'hist. des Chinois, &c. XIV. 81.

Richler; Augusta Carolorum hist. XI. 245.

Richy (Jules de) discours de l'entreprise d'Anvers. XII. 195.

Ricobald; de Theodorico. XI. 150. Pomarium Ravennatis ecclesiæ. 388. chronicon Romanorum imperatorum. *ibid.*

Ricordati; historia monastica. X. 319.

Ricuperato; spiegazioni di due antiche mazze di ferro. XIV. 341.

Riddageshusen; chronique de ce monastere. X. 342. & XI. 194.

Rieden (le baron de) diarium pacis Westphalicæ. XI. 340.

Riémer; de historiarum utilitate. X. 8.

Riencourt (Simon de) abrégé de l'hist. de France. XII. 96. hist. de la monarchie Françoise. 289.

Rienzi (Gabrini, dit) son histoire par différens auteurs. XI. 428.

Riéti ; auteurs sur cette ville. XI. 370, 374 & 445.

S. *Rieule*, évêque de Senlis ; sa vie. XIII. 40.

Riez ; de ecclesia Reiensi. XIII. 164. ses évêques. *ibid.*

Rigault ; de populi fundis. XI. 95. continuation de l'hist. de M. de Thou. XII. 213, 215. epistola qua Thuanus defenditur. XIII. 210. apologeticus. *ibid.* vita S. Romani. 68.

Rigberius ; v. Gerberon.

Rigoley de Juvigny ; bibliothéques françoises de la Croix du Maine & de du Verdier. XIV. 393 *aux additions.*

S. *Rigomer* ; sa translation. XII. 74.

Rigord ; gesta Philippi Augusti. XII. 59. *mém. sur sa vie & ses ouvrages.* XIV. 444.

Riguès ; notæ ad Paterculum. XI. 61.

Riguet ; histoire des évêques de Toul. XIII. 179.

Rimini ; auteurs sur cette ville. XI. 392 & 449.

Rimius ; mém. de la maison de Brunswick. XIII. 489 & *suiv.*

Rinaldi (Fulg.) monum. del castello d'Iseo. XI. 541.

Rinaldi (Sebast.) istorie della famiglia Bucca. XIV. 219.

Rinck ; vie de l'emp. Joseph. XI. 241. de veteris numismatis potentia. XIV. 306.

Rinuccini ; vita del rè Jacob Almansór. XIII. 389.

Rioja ; hist. de cette province. XIII. 371.

Rioja (François de) Aristarco. XIII. 384.

Riolan ; recherches sur les écoles de Médecine. XIII. 28.

Riom ; hist. de cette ville. XIII. 119.

Riordan *de Musery* ; causes du rétablissement de Charles II. XIII. 470.

Ripa (Domingo de la) annales d'Aragon. XIII. 378. antiq. du royaume de Sobrarbe. 393. corona real del Pireneo. *ibid.*

Ripalta ; chronicon Ripaltæ. XI. 393.

Ripalta (Ant. & Al-

bert de) annales Placentini. XI. 195.
RIPAMONTI; histor. Mediolanensis. XI. 364. & 554. de peste Mediolanensi. 557. fragmenta historiæ. XII. 178.
RIPARFONS (Gabriau de) mém. sur l'extinction de la pairie de Piney. XIII. 223.
Ripen; præsules Ripenses. XI. 302.
RISBERG; de rebus Gallicis. XII. 230.
RISHTON; édition de l'hist. du schisme d'Angleterre. XIII. 494.
Riswick; hist. de la paix de Riswick. XII. 333. négociations. XIV. 503.
RIT (Michel du) Optimus Gallus. XII. 204.
RITH (Biagio) guerre de Frioul, &c. XI. 528.
RITIO (Michel) de regibus Siciliæ. XI. 375. de regibus Neapolis. 464. de regibus Francorum. XII. 91. de regibus Hispaniæ. XIII. 330 & 336.
RITTERSHUSIUS; édition de Corippe. XI. 130. notæ ad Guntherum. 176 & 219.
RITZISTANNOWIC; descript. statuum Poloniæ. XIV. 37.
RIVA; istoria pontificale di Milano. XI. 551.
RIVAL; dissert. contre le P. Daniel & l'abbé de Vertot. XII. 113.
RIVALLE; historia juris. XIV. 354.
RIVAREL; vie de S. Remy. XIII. 56.
RIVAUTELLA; il sito dell' antica citta d'Industria. XI. 582.
RIVERY (de) recherches sur les spectacles. XIV. 359.
RIVET (D.) nécrologe de P. R. X. 360. hist. littér. de la France. XIV. 392.
Rivieres; Plutarchus de fluminibus. X. 25.
RIVIERE (Louis) vie de S. François de Sales. X. 443.
RIVIUS (Th.) imp. Justiniani defensio. XI. 130.
RIVO (Radulph. de) calendarium. X. 274.
Rizzi (David) relat. de sa mort. XIII. 520.
RIZZI-ZANNONI; carte du Portugal. X. 91. Atlas géographique & militaire. XII. 346.
ROA (Martin de) hist. d'Ecija. XIII. 374. de

Xérès de la Frontera. *ibid.* de Cordoue. 375. de Malaga. 391.

Robbe ; méthode de géographie. X. 35.

Robert, roi de France ; auteurs sur son régne. XII. 55, 56. sur l'épitome de sa vie. XIV 450.

Robert d'Artois ; son procès. XIV. 444. son histoire. 450.

Robert Guiscard, duc de Calabre ; de ejus rebus gestis. XI. 375 & 462. sa généalogie. 375.

S. *Robert*, abbé de la Chaise-Dieu ; sa vie. XII. 80.

S. *Robert*, abbé de Molême ; actes de sa canonisation. XII. 70.

Robert d'Arbrissel ; sa vie ; son apologie ; hist. de son ordre. X. 361 & *suiv.*

Robert de Boston. XIII. 419.

Robert, moine de S. Remi ; de Christ. principum in Syriam profectione. XI. 175. & XIV 98.

Robert *de Glocester* ; sa chronique. XIII. 455.

Robert de Hesseln ; dictionaire de la France. XII. 10.

Robert *du Mont* ; continuatio Sigeberti. X. 226. & XI. 165, 173.

Robert *le petit* ; ses additions à la chronique de Sigebert de Gemblou. X. 138.

Robert (D.) la foi des politiques. XII. 200.

Robert (Jean) hist. S. Huberti. XI. 189.

Robert (Dominique) état de la Provence. XIII. 147. nobiliaire de Provence. XIV. 253. hist. de la maison de Vintimille. 257.

Robert (Claude) Gallia christiana. XII. 379.

Robert (MM.) introduction à la géographie. X. 31. addition à la géographie de Par Gordon. 37. leur atlas. 41. leurs cartes. 54, 59, 60, 61, 63, 64, 65, 67. & XII. 2 & 3.

Robert, professeur à Châlons-sur-Saône ; géographie universelle. X. 36.

Roberti (Gaudence) Miscellanea Italica. XI. 109.

Roberts (Ant.) aventures d'un Anglois. XIV. 138.

Roberts (Guill.) re-

lation de la premiere découverte de la Floride. XIV. 155.

Robertson ; hist. d'Ecosse. XIII. 519 & *suiv.* hist. du régne de l'emper. Charles-Quint. XI. 228.

Robinson (Hugue) annales mundi. X. 153.

Robinson ; état présent de la Suéde. XIV. 6.

Robles (Ant. Ferranes de) hist. de la ville d'Andujar. XIII. 374.

Robles (J. Ant. de Tapia y) illustracion, &c. XIII. 399.

Roblez (Eugenio de) vie du card. Ximénès. XIII. 401.

Robortel ; de scribenda historia. X. 2 & 13. notæ ad Titum-Livium. XI. 65. de provinciis Romanorum. 96. de magistratibus. *ibid.* de judiciis. *ibid.* de gradibus honor. *ibid.* de mensium appellatione. 101. de legionibus Romanor. 103. Laconici explic. 105.

Robyns ; topographie du comté de Loos. XI. 290.

Roca (de Vera y Figueroa, conde de la) vie de Charles-Quint. XIII. 345, 346. hist. du ministere du duc d'Olivarez. 350. apologie de Pierre le Cruel. 367. vie de Fernand Alvarez de Tolede, duc d'Albe. 402.

Rocca (Ange) chronhistoria. X. 429.

Rocchetta ; peregrinatione di Terra Santa. XIV. 89.

Roche (Léonard) vie du P. Jean Garat. X. 425.

Roche (Jacque Fontaine de la) nouvelles ecclésiastiques. X. 259.

Roche-Flavyn (Bernard de la) mém. sur la ville de Toulouse. XIII. 141. des Parlemens de France. 216.

Roche-Guilhen (Madame de la) hist. des guerres civiles de Grenade. XIII. 390.

Rochefort ; hist. de cette ville. XIII. 97.

Rochefort (César de) hist. des îles Antilles. XIV. 171. relat. de l'île de Tabago. 172.

Rochefoucault (M. de la) ses mém. XII. 292, 293.

la *Rochelle* ; auteurs sur cette ville. XIII. 96 & *suiv.* voyage de François I à la Rochelle. XII.

162. siége de cette ville. 185. hist. de la rébellion de cette ville sous Louis XIII. 260 & suiv. 265 & suiv. 266 & suiv. 268.

Roches (des) journal de la guerre de Candie. XI. 548.

Roches (M. des) hist. de Danemarck. XIV. 26.

Rochester (le comte de) sa vie. XIII. 516.

Rocoles (Jean-B. de) introduction à l'Histoire. X. 10. additions à Davity. 39. Vienne assiégée par les Turcs. XI. 252.

Rocque (de la) traité de la noblesse. XIV. 192. traité singulier du blason. 201. blason des armes de Bourbon. *ibid.* hist. de la maison d'Harcourt. 250. maisons nobles de Normandie. XIV. 252.

Rocque; carte d'Europe. X. 64.

Rocroy; relat. de la bataille de Rocroy. XII. 291. campagnes de Rocroy & de Fribourg. 292.

Rodéric, dernier roi des Goths en Espagne; hist. de son régne. XIII. 343 & 389.

Roderic, archev. de Tolede; chron. de Ferdinand III. XIII. 366.

Roderic (Ignace) de abbatibus Malmundarum, &c. XI. 293.

Rodolphe de Habsbourg, empereur; auteurs sur son régne. XI. 220, 221. de Rudolpho rege Romanorum. 181. apophtegmata. 184. — *Rodolphe II*; hist. de son régne. XI. 231.

Rodriguez (Anton.) hist. de Bertrand du Guesclin. XII. 353.

Rodriguez (Ant. Jos.) antiquité de la régle de S. Benoît en Espagne. X. 341.

Rodriguez (Did.) statuta ord. domus Jerusalem. X. 479.

Rodriguez (Manuel) découverte du pays des Amazones. XIV. 159.

Rodulfus; gesta abbatum Trudonensium. X. 340.

Rodulphus Tussinianensis; hist. seraphica. X. 378.

Roé; ses négociations. XIII. 466.

Roffin; commentarii histor. X. 171.

Rogatis (Barthol. de) hist. della perdita e riacquisto della Spagna. XIII. 390.

Roger, comte de Sicile; de ejus rebus gestis. XI. 375, 384 & 462.

ROGER de Hoveden; annales. XIII. 437.

ROGER (Abraham) de Brachmanorum religione. XIV. 106.

ROGER (Eugène) descriptions de la Terre Sainte. XIV. 90.

ROGERS (Voodes) voyage autour du monde. XIV. 188.

ROGIER; preuves pour l'ordre du S. Esprit. XIII. 228.

ROGNAC (Arbaud de) échange de Beaucaire. XIII. 144.

Rohan; préséance des ducs de Rohan. XIII. 80.

ROHAN (le duc de) intérêts & maximes des Princes. X. 106. le parfait Capitaine. XI. 72. & XII. 14. lettre à son Altesse Royale. XII. 310. manifeste. *ibid.* recueil de piéces qui le concernent. XII. 261. ses mémoires. 268. mém. & lettres sur la guerre de la Valteline. 270. *sa vie.* 351. son entrée à Castres. XIII. 244.

Rohan (Henri duc de) sa vie. XII. 366.

Rohan (Tancrede de) hist. de sa vie. XIV. 521.

Rohan (le card. de) son éloge. XIV. 484.

Rois d'Italie; chroniques de ces rois. XI. 383.

Roi des Romains; son couronement. XI. 342, 343.

Rois d'Angleterre; leurs droits, &c. XIII. 434 & *suiv.*

Rois & hérauts d'armes. XIV. 196 & *suiv.*

ROIAS (J. L. de) relaciones de algunos successos de Barbaria. XIV. 138.

ROJAS (Pedro de) hist. de la ville de Tolede. XIII. 368. discursos illustres historicos. XIV. 267 & 278.

ROITER; specchio di liberta. XI. 533.

Roland; de vita Caroli Magni & Rolandi. XI. 165. son histoire. XII. 126, 127.

ROLANDINI; chronicon. XI. 367 & 537. de factis in marchia Tarvisina. 387.

ROLLÉWINCK (Werner) fasciculus temporum. X. 142, 143. & XI. 174 & 205. de West-

phalorum laudibus. XI. 287.

Rolfon, roi de Weftrogothie; fon hift. XIV. 9.

ROLLAND (Nicolas) remontrance. XII. 202. cenfure. 230.

ROLLIN; hift. ancienne des Egyptiens, &c. X. 372, 373. hiftoire Romaine. XI. 80. mémoires pour le procureur de la nation de France. XIII. 25. *fon éloge*. XIV. 463.

Romagne; hiftoire de cette province. XI. 448.

Romains; de origine Romanorum. XI, 94. & XII. 12.

S. *Romain*, arch. de Rouen. XIII. 68. écrits fur fa fierte, *ibid.* & *fuiv.*

Ste. *Romaine*, vierge & martyre; fa vie. XII. 84.

Roman; origine des Romans. XIV. 483. Romans Gaulois. 421. — de chevalerie. 468.

Roman; dominor. de Romano hiftoria. XI. 367.

ROMAN (Jérôme) republicas del mondo. X. 146. hift. de los dos religiofos infantes. XIII. 413.

ROMAN Y CARDENAS; v. MONDEJAR.

ROMANO & COLONNA (J. B.) congiura di miniftri del re di Spagna. XI. 495.

S. *Romaric*, abbé; fa vie. XII. 73.

Rome; de origine urbis Romæ. XI. 76. de regionibus. 77. de origine, & magnitudine urbis. *ibid.* de civitate Romana. 94. Topographia urbis. 96, 97. defcript. de l'ancienne Rome. 111 & *fuiv.* de urbe Roma. 60 & *fuiv.* durée des régnes des rois de Rome. 61. époque de Rome, felon Denys d'Halicarnaffe. XIV, 410. quonam modo confilium vaftandæ Romæ Attila deferuit. XI. 152. étendue de l'anc. Rome. XIV. 503. prife par les Gaulois. 459. prife deux fois. XIII. 252. — *Rome*; defcriptions de la ville de Rome, de fes antiquités, &c. XI. 414 & *fuiv.* 435 & *fuiv.* fac de Rome, par l'armée de Charles-Quint. 168, 171 & 439. hift. littér. de Rome. XIV. 390.

Romée de Villeneuve, ou *Romieu*; hift. de fon

administration. XIII. 153.
S. *Romolo*, év. d'Arezzó; divers écrits à son sujet. XI. 514.
S. *Romuald*; sa vie par différens auteurs. X. 350.
ROMUALD *de Salerne*; chronicon. XI. 385.
ROMUALD de Ste. Marie; Flavia Papia sacra. XI. 560.
ROMUALD l'Ecossois; Maria Stuarta vindicata. XIII. 521. summaria rationum. *ibid. & suiv.*
Romulus; de origine Romuli. XI. 61. remarques sur sa vie. XIV. 438.
ROMULUS (Francisc.) on attribue ce nom au card. BELLARMIN.
RONCA; sopra l'abito del P. S. Francesco. X. 386.
Roncevaux; batalla de Roncevalles. XII. 126.
RONCOVERI; hist. de Louis XIII. XII. 255.
RONDET (M.) table des matieres de l'Histoire Ecclésiastique de l'abbé Fleury. X. 232. édit. de l'Histoire Ecclésiastique de l'abbé Racine. 255. table des matieres de l'Hist. des Auteurs sacr. & ecclés. XIV. 375.
RONDINELLI (François) relat. de la contagion de Florence. XI. 510.
RONDINELLI (Jean) hist. d'Arezzo. XI. 513.
RONDININI; de S. Clemente papa. XI. 421.
ROPALIGERO; i Goti illustrati. XI. 153.
ROQUE (la) mém. pour l'hist. de l'Eglise. X. 240. accusations contre Varillas. XIII. 494.
ROQUE (Daniel de la) traduct. de l'hist. Romaine d'Echard. XI. 79.
ROQUE (de la) hist. du Languedoc. XIII. 137.
ROQUE (de la) lettre sur le projet d'une académie à Marseille. XIII. 163.
ROQUES (Pierre) discours historiques. X. 203. discours contre les duels. XIV. 195.
RORICON; gesta Francorum. XII. 39. tems où il vivoit. XIV. 466.
RORINCO (Marc-Aurele) narrat. dell' introd. de gl'heretici nelle valli del Piemonte. X. 300. & XI. 582.
ROS (Alex. de) Cata-

logna disingannata. XIII. 385.

Rosa (Francesco di) trad. de l'hist. de Naples du P. Buffier. XI. 461.

Ste. *Rosalie* de Palerme; sa vie. XI. 494.

Rosaire; son institution. X. 401.

Roschman; Veldidena. XI. 252. descript. vitæ S. Valentini. XIII. 267.

Rosci (du Moulinet de) chronicon Lingonense. XIII. 59.

Roscius le comédien; recherches sur sa vie. XIV. 428.

Rose; de reipublicæ christianæ autorit. XII. 224.

Rosellus; c'est François Marchesius.

Rosemond; guerres civiles d'Angleterre. XIII. 458. trad. de l'hist. de la réformation. 496.

Rosenfeld; de summa principum Germaniæ potestate. XI. 344.

Roseo (Mambrino) continuation de l'hist. de Tarcagnota. X. 145. hist. de Naples. XI. 464.

Roses; hist. des deux roses. XIII. 459.

Rosheim (Martin de) conjuratio in civitatem Antuerpiam. XI. 188.

Rosier historial de France. XII. 89.

Rosieres (Franç. de) stemmata Lotharingiæ ac Barri ducis. XIV. 257.

Rosin ou de Rosinis (Celse) clericorum Lateranensium reformatores. X. 417. Liceum Lateranense. XIV. 380.

Rosin (J.) antiquitates Romanæ. XI. 108, 109. exempla pietatis. 309. historia orientalis. XIV. 95.

Rosla; Herlingsberga. XI. 193.

Roslin; descript. de l'Alsace. XIII. 174.

Ross; les religions du monde. X. 296.

Rosset (Franç. de) vie de S. Philippe de Néri. X. 410.

Rossetto (Pietro) descr. de Gaéte. XI. 486.

Rossi; istoria de Rossi Parmegiani. XI. 566.

Rossi (Bastian de) histoire de la guerre de Troye. XI. 25.

Rossi (Flaminio) teatro della nobilta d'Italia. XIV. 217.

Rossi (Franç.) vie de Jérome Foscarini. XI. 512.

ROSSI (Grégoire) hist. de Naples sous le régne de Charles-Quint. XI. 470.

ROSSI (Jacq. Marie) traduct. de l'histoire du Bressan. XI. 540.

ROSSI (J. B.) triumphus B. Joannis Columbini. X. 330. vita Camilli de Lellis. 438.

ROSSI (J. Galéas) lettre sur Tusculane. XI. 446.

ROSSI (Jérôme) hist. de Ravenne. XI. 369 & 447. vie de Nicolas IV. 427.

ROSSI (Ottavio) le memorie Bresciane. XI. 540. elogi di Bresciani. 541.

ROSSI (Philippe) expositio Romæ. XI. 112 & 416.

ROSSI (Pierre) contin. hist. Senensis. XI. 394.

ROSSI; ses cartes. X. 68, 90.

ROSSINI (Pierre) Mercurio errante. XI. 416.

ROSSO (Giulio Raviglio) i successi d'Inghilterra, &c. XIII. 495 & *suiv.*

ROSSO (Paolo) statuts de l'ordre de Malte. X. 479 & *suiv.* traduct. des Césars de Suétone. XI. 82. trad. d'André Fulvio. 415.

ROSSY (Jean) de comitibus Warvicensibus. XIII. 457.

ROSTAGNE (J. B.) voyages du marquis de Ville. XI. 548. & XII. 323.

Rostock; hist. de cette ville. XI. 303 & *suiv.*

ROSWEYD; notæ ad martyrologium. X. 276. fasti sanctorum. 281. vitæ patrum. 315.

ROTH; de imagunculis Germanorum magicis. XI. 159.

ROTHE (Gasp.) vie de l'amiral Tordenschiold. XIV. 29.

Rothelin (l'abbé de) son éloge. XIV. 471.

ROTENDORFF; son édit de la chron. d'Hugue de Fleury. X. 137.

ROTTING; præfatio ad epistolam Leonardi Chiensis. XI. 145.

ROU; tables chronologiques. X. 113.

ROUALDEZ (François de) choses mémor. arrivées à Cahors. XIII. 130.

ROUAULT; vie de S. Gaud, &c. XIII. 70. vies des évêques de Coutances. *ibid.*

ROUBAUD

ROUBAUD (l'abbé) hist. gén. de l'Asie, &c. XIV. 81.

Roue. XIII. 39.

Rouen; auteurs sur cette ville. XIII. 65 & *suiv.* chron. Rotomagense. XII. 68. fragmentum chronici ecclesiæ Rothomagensis. 84. hist. archiepiscoporum Rothomagensium. 88. du siége & désassiégement de cette ville. 114.

Rouergue; hist. des comtes de Rouergue & de Rodès. XIII. 129.

ROUETTA; biblioth. provinciæ Lombardicæ, ord. Prædicatorum. XIV. 378.

ROUGE (le) ses cartes. X. 68, 90, 95. recueil de siéges & batailles. XII. 345. hist. des Iles de Jersey & Guernesey. XIII. 506.

Rougemont; confrérie de S. George, dite de Rougemont. X. 486.

ROUGEMONT (Franç.) Confucius. XIV. 110. état de la Chine, &c. 123. hist. Tartaro-Sinica. *ibid.*

ROUIER (Pierre) de vita Petri Coroni. X. 458. Reomaüs. 359.

ROUILLARD (Sébast.) Li-Huns en Sang-Ters. X. 347. vie de Ste. Isabelle. 392. de la Ste. Chapelle. XIII. 15. hist. de Melun. 38. La Fere. 48. Parthénie. 84. le grand Aumonier. 226.

ROUILLÉ (le P.) hist. Romaine. XI. 80.

ROUS (Fr.) archæologia Attica. XI. 55.

ROUSSEAU (l'abbé) campagnes du roi en 1744 & 1745. XII. 342.

ROUSSEL; environs de Paris. X. 83. & XIII. 1. Monts Pyrénées. X. 84.

ROUSSEL (Claude) introduct. à l'hist. trad. de Pufendorff. X 174.

ROUSSEL; hist. de Verdun. XIII. 179.

ROUSSEL; essais hist. sur les régimens. XIII. 226.

ROUSSERIUS (Joann.) status & origo ord. S. Francisci. X. 382.

ROUSSEVILLE (Nic. de Villers de) nobiliaire de Picardie. XIV. 253.

ROUSSET (Jean) intérêts des puissances de l'Europe. X. 107. mém. sur le rang & la préséance. 108. batailles du prince Eugène. XI. 244. succession aux duchés de Cléves, de Berg, &c.

290. hist. du card. Albéroni. XIII. 353. mém. du régne de Pierre le Grand. XIV. 66. — de la czarine Catherine-Alexiewna. *ibid*. supplément au recueil des traités de paix. 290. cérémonial des cours. *ibid*. le procès entre la Grande Bretagne & l'Espagne 292. recueil historique d'actes, &c. depuis la paix d'Utrecht. 305.

Roussillon; ses comtes. XIII. 136. prétention des comtes de Roussillon & de Cerdagne sur la Catalogne. 184. 387.

ROUTARTIUS; oculus historiæ. X. 17.

ROUTH (le P.) rech. sur la maniere d'inhumer des anciens. XI. 116.

ROUX (Jean le) théâtre de la noblesse de Flandre. XIV. 262.

ROUX (Philib. Joseph le) annales du monde. X. 129.

Rovere (de la) voyez *Monte Feltro*.

Rovereto; hist. de cette ville. XI. 444.

ROVERIUS (P.) *voyez* ROUIER.

Rovigo; hist. de cette ville. XI. 537.

ROWE; vies des hommes illustres omises par Plutarque. XI. 34.

ROY (Ant. le) hist. de N. D. de Boulogne. XIII. 50.

ROY (George le) exemption du chapitre de Tours. XIII. 87.

ROY (Jacque le) notes sur Baudouin d'Avesnes. XIII 280. & XIV. 265. topographia Brabantiæ. XIII. 282 théâtre du Brabant. *ibid*. noticia marchionatus 285. l'érection des terres titrées de Brabant. XIV. 264

ROY (J. Gaspar) hist. de Girone. XIII. 386.

ROY (Louis le) notes sur Diodore de Sicile. XI. 31. consolatio in morte Henrici II. XII. 167. considération sur l'hist. 181. trad. de la lettre de Zamoski. XIV. 50.

ROY DE GOMBERVILLE (Marin le) vertus & vices de l'Histoire. X. 4. mémoires du duc de Nevers. XII. 211. relat. de la riviere des Amazones. XIV. 160.

ROY (W. le) relat. véritable, &c. XIII. 162.

ROY (M. le) ancien confrere de l'Oratoire; édit. de l'hist. des Varia-

tions. X. 303. lettre sur les Jésuites. 452.
Roy (le) les ruines des monum. de la Gréce. XI. 23.
Royaumont ; *voyez* Saci (le Maître de)
Roye (Franç. de) ad canonem Ego Berengarius. X. 298. ad capit. *super specula*. XIII. 30. de Missis Dominicis. XIII. 226.
Royer (J. le) hist. du Mont-Valérien. XIII. 17.
Royos (F. de) annales de Menores. X. 379.
Royston ; correspondance du chevalier Carleton. XIII. 465 *& suiv.*
Rozemond ; état présent de l'Eglise Grecque. XIV. 78.
Ruade ; ses lettres. XIII. 134.
Ruault (du) régence de Marie de Médicis. XII. 366.
Ruault (Jean) preuves de l'hist. du royaume d'Yvetot. XIII. 71.
Ruba ; additions à l'hist. d'Acqui. XI. 584.
Rubeis (Bernard de) hist. d'Aquilée. XI. 545.
Rubeis (Jean - Jacq. de) veteres arcus Augustorum. XI. 113.
Rubeis (P. de) de nummis patriarch. Aquileiensium. XIV. 326.
Rubens , *Rubenius* (Albert) de re vestiaria. XI. 99. de gemma , &c. 104. de urbibus Neocoris. *ibid.* regum & imperatorum Romanorum numismata. XIV. 314.
Rubens (Pierre P.) palais de Gènes. XI. 568.
Rubeus (Augustin) oratio in laudem Joan. Galeatii Sforciæ. XI. 399.
Rubeus (Jean) vita Bonifacii VIII , papæ. XI. 417.
Rubeus (Jerôme) privilegia Sommaschorum. X. 440.
Rubeus (Jérôme) *v.* Rossi.
Rubeus (Octave) monumenta Briziana. XI. 366.
Rubicon ; de Rubicone. XI. 369 , 449 & 450.
Rubio ; antiq. Eremit. M. Carmeli. X. 370.
Rubruquis (Guill. de) voyage en Tartarie. XIV. 114.
Rubys (Claude de) hist. des princes. XII. 362. privileges de la ville

de Lyon. XIII. 115 & 117. hist. de Lyon. 113. hist. des Dauphins. 170. l'ancienne extraction de la maison de France. XIV. 235.

Rucellay; essequie di Anna d'Austr. XIII. 250.

Ruchat; délices de la Suisse. XIII. 262. hist. de la réformation en Suisse. 264. hist. du pays de Vaux. 268.

Rud; disquisitio. XIII. 306.

Rudawski; hist. Poloniæ. XIV. 53.

Rudbeck (Olaüs) Atlantica. XIV. 4. nova Samolad. 19.

Rudbeck (J. Paul) iter in Scandinaviam. XIV. 6.

Ruddiman; Buchanani opera omnia. XIV. 412.

Ruel; conférence tenue à Ruel. XII. 300 *& suiv.*

Ruelle (Charle de la) adversaires contre l'Histoire. X. 8.

Rufin; traduction de l'Hist. ecclésiast. d'Eusebe. X. 225. de viris patrum. 326.

Ruffelet; annales Briochines. XIII. 79. *aux additions.*

Ruffi (Louis Ant. de) dissert. sur l'origine des comtes de Provence, &c. XIII. 148. hist. de Marseille. 160. dissert. sur les évêques de Marseille. 161.

Ruffi (Ant. de) hist. des comtes de Provence. XIII. 148. hist. de Marseille. 159.

Rufinelli (G. Agnolo) ristretto delle grandezze di Roma. XI. 111.

Rugen; carte. X. 71. hist. de cette principauté. XI. 322. & XIV. 29.

Rugieri; notes sur la vie de Nicolas Albergati. XI. 454.

Ruinart (D.) acta martyrum. X. 268. annales ord. S. Benedicti. 333. apologie de la mission de S. Maur en France. 337. édit. de Victor de Vit. XI. 151 *& suiv.* édition de Grégoire de Tours. XII. 115. appendix ad tract. De re diplomatica. XIII. 232. ecclesia Parisiensis vindicata. 233. vie de D. Mabillon. XIV. 404.

Ruistus (Michel) édition de Corippe. XI, 130.

(Juan) hist. de Plaisance. XI. 566.

Rumelinus ; ad bullam auream. XI. 358.

Rumpler ; de gestis in Bavaria. XI. 255.

Runawius; hist. belli Prussici. XIV. 60.

Ruodepertus ; epistolæ. XI. 179.

Rupert de S. Gaspar, sur le naufrage de S. Paul. X. 166.

Rupert (Christ. Adam) observationes ad synopsin Besoldianam; X. 123.

Rurique, év. de Limoges ; ses lettres. XII. 123.

Rus Puerta (Franc. de) hist. eccles. del reyno de Jaen. XIII. 375.

Rusca ; origine del ordine Cisterciese. X. 353. huomini illustri Cisterciesi. *ibid.* & *suiv.* descritt. del Borgo di Campione. XI. 563. il Rusco. XIV. 226.

Ruscelli ; sa traduction italienne de la géographie de Ptolémée. X. 20. supplément à l'hist. de Paul Jove. XI. 411. guerra di Campagna, par Andrea. 470. indice de gli uomini illustri. XIV. 408.

Rusdorf ; vindiciæ. XI. 262.

Rushworth ; historical proceedings. XIII. 442. collection historique. 476.

Rusiers (Cl. de) traduction de Dion. XI. 87.

Russel (Guill.) relat. de sa vie & de sa mort. XIII. 516.

Russie ; cartes. X. 67. auteurs sur l'empire de Russie. XIV. 62 & *suiv.* 81.

Russinger ; de antiq. urbis Basileensis. XIII. 266.

Russow ; chronicon Livoniæ. XIV. 19.

Rustant (D. Jos. Vincent de) hist. du duc d'Albe. XIII. 402.

Ruteau (Ant.) annales de Hainault. XIII. 180.

Ruteau (Benoît) chron. de Grandmont. XIII. 279.

Ruthenus ; relatio cædis Davidis Rizzi. XIII. 520.

Rutilius (Cl.) itinerarium. X. 27.

Rutilius (Bernard) jurisconsultorum vitæ. XIV. 355.

Rutland ; hist. de ce comté. XIII. 504.

Ruys (Jean) antiq. de la Vosge. XIII. 186.

Ruyter, amiral ; sa vie. XIII. 323.

Ruyteus (Theod.) descriptio Brasileæ. XIV. 162.

Ryckius (Juste) de capitolio Romano. XI. 113.

Ryckius (Théodore) édition d'Holstenius. X. 21. de primis Italiæ colonis. XI. 61. édit. de Tacite. 83.

Ryer (Pierre du) traduction d'Hérodote. XI. 27. des supplémens de Freinshemius pour Q. Curce. 37. de Tite-Live. 66. de Polybe. 67. de l'hist. de M. de Thou. XII. 216. de la guerre de Flandre, par Strada. XIII. 297. de l'Alcoran. XIV. 95.

Rymer ; fœdera, conventiones, &c. XIII. 441. & XIV. 290.

Rymond (Philib. de) traité du pays de Charolois. XIII. 110.

SAA SAC

SAAVEDRA FAXARDO (Diégo) corona Gothica. XIII. 340.
SAAVEDRA (Fernando de) genealogia de la casa de Saavedra. XIV. 278.
SAAVÉDRA (Martin Domingo de) memorial de las casas de Guevara, &c. XIV. 273.
SABATIER (Esprit) le caducée François. XIII. 166.
SABBATHIER (D. Jean) Journal de la peste de Marseille. XIII. 162.
SABELLICUS (Marc-Ant. Coccéius) rapsodiæ historiarum. X. 144. notæ ad Titum Livium. XI. 65. de vetustate Aquileiæ. XI. 368 & 544. de situ urbis Venetæ. 366. hist. de Venise. 518 & 520. de rerum & artium inventoribus. XIV. 346.
Sabelliens; leur hist. X. 297.
Sabiens; mém. sur le Sabiisme. XIV. 453.
Sabine; hist. de cette province. XI. 443.
SABINUS (George) de Cæsaribus Germanicis. XI. 186. de electione & coronatione Caroli V. 168 & 225. de appellatione, &c. marchiæ Brandeburgensis. 318.
Sabirs; rech. sur ces peuples. XIV. 498.
SABLON; hist. de N. D. de Chartres. XIII. 84.
SABLONETA; de origine ducum Italiæ. XI. 403.
SACCHETTI; Vigevano illustrato. XI. 562.
SACCHINI; historia Societ. Jesu. X. 448. vita P. Canisii. 458.
SACCI (Bernard) hist. Ticinensis. XI. 365. de Italicarum rerum varietate. 560.
SACCI; v. PLATINE.
SACCO (Lucio) hist. de Sezza. XI. 441.
S. *Sacerdos*, év. de Limoges. XII. 80. sa vie. XIII. 100.
Sacheverelle; avocats pour & contre lui. XIII. 487.
SACI (le Maître de)

figures de la Bible. X. 200. vies des saints. 287. vie de D. Barthélemi des Martyrs. 401.

Saconay (Gabriel de) troubles arrivés à Lyon. XII. 173.

Sacre & *couronnement* des rois de France. XIII. 235 & *suiv.*

Sacre; procession du sacre à Angers. XIII. 90.

Sacrificateurs; de instrumento sacrificantium. XI. 98.

Sacrifices; traité des sacrifices. X. 219. de Romanorum sacrificiis. XI. 110.

Sada (Octaviano) dialogues d'Ant. Augustin sur les médailles. XIV. 312.

Sade (M. de) mém. pour la vie de Pétrarque. XIV. 406.

Sadeler; icones symbolorum. XIV. 325.

Sadolet; de bello suscipiendo contra Turcas. XIV. 75.

Sagard; voyage au pays des Hurons. XIV. 166.

Sages; hist. des sept Sages de la Grèce. XI. 34.

Sagittarius (Gasp.) tractatus de hist. legenda. X. 17. introd. ad historiam ecclesiasticam. 222. de Janiis. XI. 99. nucleus historiæ. 211. hist. Noribergæ. 267. origines ducum Brunsvicensium. 296. memorabilia. *ibid.* origines Sulziæ. 298. histor. Bardevici. 300. antiquit. Magdeburgenses. 304. histor. Halberstadiensis. 305. histor. Lubecensis. 306. vita Joannis-Friderici. 310. histor. Erardi II. 315. hist. episcoporum Numbergensium. *ibid.* antiquitates regni Thuringici. 316. tractatus varii de Thuringia. *ibid.* hist. Gothana. *ibid.* hist. Lusatica. 317. hist. marchionum Brandenburgensium. 319. vita Alberti Ursi. 320. comites Glichenses. 321. origines & succ. principum Arausionensium. XIII. 167. & XIV. 264.

Sagredo (J.) mem. istoriche de monarchi Ottomanni. XIV. 71.

Saidin; chron. de la maison Ottomane. XIV. 72.

Sainctonge (Madame de) hist. de D. Antoine. XIII. 419.

Sainctyon; hist. de

Tamerlan. XIV. 116.

SAINT-AMAND (Jean TRISTAN de) v. TRISTAN.

SAINT-AMOUR (Louis de) Journal. X. 250.

Saint-André-Montbrun; hist. de sa vie. XII. 373.

SAINT-ANDRÉ (le président de) recueil d'édits, &c. sur le Dauphiné. XIII. 172.

SAINT-ANDRÉ (du Boscq de) le sceptre de France en quenouille. XIII. 196.

SAINT-ANDRÉ (l'abbé de) lettre à D. du Plessis. XIII. 60.

SAINT-AUBIN (Jean de) hist. ecclésiast. de Lyon. XIII. 114.

SAINT-AUBIN (le Gendre de) antiquités de la maison de France. XIV. 237. sur une inscript. de Viromarus. 489.

SAINT-BRIEUC; hist. de cette ville. XIII. 79.

Saint-Christophe; hist. de cette île. XIV. 171, 173.

SAINT-DIDIER; la ville & république de Venise. XI. 533. hist. des négociations de Nimégue. XII. 329. & XIV. 301.

Saint-Diez, en Lorraine. XIII. 186.

Saint-Domingue; carte de cette île X. 96. son histoire. XIV. 151 & 172.

Saint-Elpide (Terre de) XI. 451.

Saint-Esprit; chanoines réguliers du S. Esprit de Montpellier ou *in Sassia* à Rome. X. 421.

SAINT-EVREMONT; retraite du duc de Longueville. XII. 293 & 298. alliances de la France avec l'Espagne. XIII. 214.

SAINT-GAL; différens écrits concern. l'abbaye de S. Gal, dans la collection de Goldast. XI. 177 & *suiv.* v. l'article de la *Suisse*.

SAINT-GELAIS (Jean de) hist. de Louis XII. XII. 153. le vergier d'honneur. 157.

SAINT-GERVAIS; mémoires de Tunis. XIV. 140.

Saint-Jean-d'Angély; siéges de cette ville. XII. 179 & 259.

Saint-Jean-de-Lone; siége de cette ville. XIII. 105. *aux additions*.

Saint-Jean Pied de

Port; sa mérindade. XIII. 393.

SAINT-JULIEN DE BALEURE (Pierre de) de l'origine des Bourguignons. XIII. 101. mélanges. 105. de l'origine de Hugues Capet. XIV. 254. apologie. *ibid.*

Saint-Lo; prise de cette ville. XII. 189.

SAINT-MAJOLE (le comte de) istoria della guerra d'Ollanda. XII. 325. campagna del re christianissimo. 327. i successi della guerra. 328.

Saint-Malo; hist. de cette ville. XIII. 79 & *suiv.* prise de son château. XII. 222.

SAINT-MARC (le Févre de) supplém. au Nécrologe de P. R. X. 360. abrégé chronologique de l'hist. générale d'Italie. XI. 402. édit. de Rapin Thoyras. XIII. 450.

Saint-Marin; gouvernement de cette république. XI. 576.

Saint-Mars; sur la pile ainsi nommée. XIV. 330.

Saint-Martin, dans l'île de Ré. XII. 263, 266.

SAINT-MARTIN (Léandre de) traduct. de Tacite. XI. 85.

SAINT-MARTIN (Michel de) gouvernement de Rome. XI. 417.

SAINT-MARTIN (S. de) vie de S. Augustin. X. 417.

SAINT-MARTIN (de) généalogies des ducs & pairs de France. XIV. 242.

SAINT-MICHEL (Ant. de) triomphe de Malte. X. 478.

SAINT-OLON (Pidou de) les événemens du régne de Louis le Grand. XII. 332.

Saint-Omer; siége de cette ville. XII. 277. droits de son église. XIII. 52.

Saint-Paul; hist. de cette ville & de ses comtes. XIII. 52 & *suiv.*

Saint-Pétersbourg; environs. X. 67. plan de la ville & des forts. *ibid.*

SAINT-PHILIPPE (le marquis de) monarchia Hebrea. X. 204. histoire du régne de Philippe V. *ibid.* mém. pour l'hist. d'Espagne. XIII. 353.

SAINT-PIERRE (l'abbé de) notes sur le testament du card. de Richelieu. XII. 171.

Saint-Pons; hist. de ses évêques. XIII. 141.

SAINT-PRIEST (de) hist. des traités de paix. XIV. 301.

SAINT-QUENTIN; hist. de cette ville. XIII. 47 & 48. siége de Saint-Quentin. XII. 166 & 362.

SAINT-RÉAL (l'abbé de) usage de l'histoire. X. 8. vie de Jesus-Christ. 213. apostasie de Genève. 312. lettres de Cicéron à Atticus. XI. 73. conjuration des Espagnols contre Venise. 527.

Saint-Remi, ville de Provence. XIII. 164.

SAINT-REMY (l'abbé de) v. LANDELLE. (J. B. de la)

Saint-Riquier; chron. de cette église. XII. 84.

Saint-Sacrement; la congrégation du S. Sacrement. X. 411.

SAINT-SAUVEUR (sieur de) v. THIERS (J. B.) X. 383.

Saint-Tron; hist. des abbés de ce monastere. XII. 86.

SAINT-VALLIER; état de la nouvelle France. XIV. 166.

SAINT-YON; mém. du duc de Guise. XI. 472.

Sainte-Barbe; statuts de ce collége. XIII. 32. mém. contre les religieux de Ste. Geneviéve. *ibid.*

Sainte-Chapelle du palais à Paris. XIII. 15. —— *Sainte-Chapelle* de Dijon. 107.

Sainte-Croix; chanoines réguliers de Ste. Croix de Conimbre. X. 421.

SAINTE-CROIX (Prosper de) ses lettres. X. 147, 316.

SAINTE-CROIX (Charpy de) vie de S. Gaétan. X. 436.

SAINTE FOIX (M. de) hist. de l'ordre du S. Esprit. XIII. 218.

De SAINTE-GARDE; histoire des Hérésies. X. 295.

Sainte-Hélène; description de cette île. XIV. 143.

SAINTE MARTHE (M. de) notes sur les lettres de Rabelais. XII. 162.

SAINTE MARTHE (Abel de) expeditio Rupellana. XII. 267. expeditio in Vallem Tellinam. 275. expeditio Belgica. 279.

SAINTE-MARTHE (Scévole de) louange de Poitiers. XIII. 93.

SAINTE MARTHE (Scévole & Louis de) hist.

généalogiq. de la maison de France. XIV. 230 & 231. hist. de la maison de Beauvau. 244. de la maison de la Tremouille. 256.

SAINTE-MARTHE (Denys de) vie de Cassiodore. XI. 405. Gallia Christiana. XII. 379.

SAINTE-MARTHE (MM. de) Gallia Christiana. XII. 379.

SAINTE-MARTHE (P. Scévole de) traité hist. des armes de France. XIV. 201. remarques sur l'origine de la maison de France. 237.

SAINTE-PALAYE (de la Curne de) ses ouvrages dans les mém. de l'académie des Inscriptions. XIV. 438, 440, 443, 444, 450, 455, 457, 460, 468, 487, 494. [mém. sur l'ancienne chevalerie. 195 & 477.]

SAINTE SABINE (Michel de) l'institut des Hermites de S. Jean Bapt. X. 415.

Sainte-Sophie; de templo S. Sophiæ. XI. 131 & 137.

Saintes; hist. de cette ville. XIII. 95 & *suiv.* ruines Romaines qu'on y voit. XIV. 330.

S. *Saintin*; ses reliques. XIII. 60.

Saintonge; histoire de cette prov. XIII. 95.

SALA (Gaspar) guerres de Catalogne. XIII. 384.

SALABLANCA (Fr. de) Desempeño, &c. XIII. 407.

Saladin; auteurs sur son histoire. XIV. 93 & *suiv.*

Salamanque; hist. de cette ville & de son université. XIII. 375.

SALAMONIUS; agri Patavini inscriptiones. XI. 536.

SALAS (Ant. Gonzalez de) trad. de Pomp. Mela. X. 25.

SALAS (Gaspar) guerres de Catalogne. XII. 280.

SALAZAR (D. Alexis) hist. de Bourgogne. XIII. 101.

SALAZAR (A. de) recherches des royaumes d'Espagne. XIII. 327.

SALAZAR (Juan de) politica Española. XIII. 405.

SALAZAR (J. B. Suarez de) hist. de Cadix. XIII. 374.

SALAZAR y Castro (Luiz de) advertencias

historicas. XIII. 409. reflexion historica sobre los casamientos d'Austria, &c. XIV. 215.

Salazar (Pedro de) chronica de la provincia de Castilla. X. 380. hist. de Charles-Quint. XI. 229. presa de Africa. XI. 589. XIII. 346. & XIV. 158.

Salazar y Mendoça (Pedro de) vie du cardinal Juan Tavera. XIII. 401. du card. de Mendoça. *ibid.* genealogia de los Aguilares. XIV. 269.

Salazar (J. Tamayo) notæ in carmen Auli Hali. XIII. 360. martyrologium Hispanicum. 361. S. Epitacio, &c. 394. triunfos de las armas catolicas. 409.

Salbray (de) nobles de Hasbaye. XIV. 266.

Salbriggio; le politiche di Genoua. XI. 569.

Salcédo; discours tragique de Salcédo. XII. 194.

Salcédo (P. Gonzalez de) examen veritatis. XIII. 203.

Salde (J. Ochoa de la) vie de Charles-Quint. XIII. 346.

Sale (Ant. de la) chronique des comtes de Normandie. XI. 463.

Sale (Cavélier de la) ses découvertes en Amérique. XIV. 167, 168.

Salerne; auteurs sur cette ville. XI. 371 & 485. assiégée par les François. 473, 485.

Salerne (anonyme de) paralipomena. XI. 381. emendationes. *ibid.*

Salerno (Lucentio) révolution de Naples sous le duc de Guise. XI. 471.

Sales (Charles-Auguste de) vie du B. François de Sales. X. 443.

Saleur; la clef ducale. XIV. 259. simple crayon. *ibid.*

Salgado; sommario de la famiglia de Vasconcellos. XIV. 281.

Salian; annales. X. 150.

Saliat; traduction d'Hérodote & de Gémiste Pléthon. XI. 27, 31.

Salici; istoria della famiglia Conti. XIV. 221.

Salin; sur l'ancienne Bibracte. XIII. 109.

Salinas (Miguel de) España primogenita de Jesu-Christo. XIII. 359.

Salinas; sommario de la memorable batalla

de Clavijo. XIV. 179.

Salis-Gelit ; histotiador Turco. XI. 10.

Salivanus ; de situ Carinthiæ. XI. 252.

Salle (Antoine de la) chron. des comtes d'Anjou. XIII. 88. cérémonies observées au sacre &c. 235. la salade. XIV. 179.

Salle (J. B. de la) sa vie. X. 414.

Salle (Pierre de la) antiq. des sacres. XIII. 235.

Salle (de la) carte du diocèse de Séez. X. 87.

Sallé ; droits & priviléges des commissaires. XIII. 7.

Sallier (l'abbé) ses ouvrages insérés dans les mém. de l'académie des Inscript. XIV. 427, 430, 431, 432, 435, 436, 439, 440, 442, 443, 445, 449, 454, 455, 456, 458, 461, 462, 466, 467, 469, 471, 476, 491, 494. *son éloge*. 508.

Sallengre (Alb. H.) thesaurus antiquit. Romanarum. XI. 107. mém. de littérature. XIV. 524.

Salluste ; ses histoires. XI. 67, 68, 77. supplém. à l'ouvrage historique de cet auteur, que nous n'avons plus. XIV. 477, 491, 510 & 514.

Salles (D. des) mém. pour l'hist. de France. XII. 141.

Salmeron (Marc) recuerdos historicos. X. 430. hist. de l'ordre de la Mercy en Espagne. XIII. 365.

Salmon ; examen de l'hist. d'Angleterre. XIII. 450, 482. recueil de réglemens. 507.

Salmonet (Mentet de) hist. des troubles d'Angleterre. XIII. 470.

Salmuth ; rerum memorabilium libri. XIV. 346.

Salo ; della riviera di Salo. XI. 541.

Salomon ; royaume de Salomon. X. 193. vies de Salomon, &c. 210.

Salomonio ; inscriptiones Patavinæ. XIV. 338.

Salther ; histoire du duché de Wirtemberg. XI. 270.

Saltzbourg ; carte de cet archevêché. X. 70. hist. de la ville. XI. 263 *& suiv.*

Saluces ; hist. du mar-

quisat de Saluces. XI. 583

Salutaris; observ. sur ce titre, donné à plusieurs provinces. XIV. 515.

SALVADORI; vita del B. Pietro Gambacurta. X. 331.

SALVAGO; apologia pro pietate Messanensium. XI. 406.

S. Salve, évêq. d'Amiens. XIII. 45.

SALVI; hist. de Pistoie. XI 513.

SALVINI; monumentum libertorum. XIV. 339. academia Fiorentina. 588.

Samanéens; rech. sur ces philosophes. XIV. 494.

SAMANIEGO (Francisco de) panégyrique de D. Ferdinand. XIII 344.

Samaritains; éclaircissemens sur l'origine & le Pentateuque des Samaritains. X. 180. hist. de la nation des Samaritains. 212.

SAMBIASI; ragguaglio di Cosenza. XI. 481, 486.

SAMBLANCAT; rerum Gallicarum, &c. XII. 276. Leucata obsidione liberata. 277. Galliæ palladium. XIII. 10. index comitum Ruscinonensium. 136.

SAMBUC (Jean) de historia. X. 14. res ad Agriam gestæ. XI. 170. expugnatio Temesvari. *ibid.* expugn. arcis Tokai. 171. appendix ad Ranzanum. 349. inscriptiones Taraconenses. XIII. 330. vie du card. Ximenès. 400.

SAMBUCCA (Antoine) memorie all' antico stato de Cenomani. XI. 542 & *suiv.*

SAMIER; chronologia. X. 147.

SAMMES; Britannia antiqua. XIII. 513.

Samnium; mém. hist. sur cette province. XI. 480.

Samos; de Samo & ejus republica. XI. 43.

SAMSON; traduct. du discours de Sidney sur le gouvernement. X. 109. hist. de Guillaume III. XIII. 485.

SAMPAYO (Ant. de Villasboas &) nobiliarcha Portuguesa. XIV. 277.

SAMPER (Hipolyte de) Montesa illustrada. XIII. 364.

SAMUELFY; vita An-

drex Dudith. X. 248.

Samus; observ. sur une médaille de ce roi inconnu. XIV. 492.

SAN-BENEDETTI; annales des Capucins. X. 385.

San-Gabriel; île d'Amérique. XIV. 159.

San-Géminiano; hist. de ce canton. XI. 515.

San Juan de la' Pena; hist. de cette ville. XIII. 382 & 393.

San-Léo; histoire de cette ville. XI. 456.

San-Lucur (le comte duc de) sa vie. XIII. 351 & 404.

SAN-MARIA (François de) Occo Aberto. X. 423.

SAN-MARIA (Nicolas de) chronique des chanoines de Ste. Croix de Conimbre. X. 421.

SAN-PELLEGRINO; medaglie imperiali. XIV. 321.

San-Périno; v. *Corfinium*.

SAN-ROMAN (Ant. de) journal du roi D. Sébastien. XIII. 415. hist. générale des Indes orient. XIV. 105.

San-Salvador; rétablissement de cette ville. XIV. 164.

SAN-SEVERINO (Giov. Severano da) mem. delle sette chiese di Roma. XI. 415.

Sancerre; hist. du siége de cette ville. XII. 185.

Sancerre (Etienne I, comte de) sa vie. XIV. 494.

Sancha-Alfonse, fille d'Alfonse IX, roi de Léon; sa vie & ses miracles. XIII 366.

Sanche X, roi de Castille; hist. de son régne. XIII. 365. — *Sanche* le Brave. 366.

SANCHEZ (Alfonse) de rebus Hispaniæ. XIII. 340.

SANCTIS (Domin. de) Columnensium procerum imagines. XIV. 221.

SANCTIS (Domenico de) dissert. sopra la villa di Orazio. XIV. 403.

SANCTIUS (Roderic) hist. Hispanica. XIII. 329.

SANCTIUS; *v.* SANCHEZ.

SANCTORIUS (Paul Em.) hist. monasterii Carbonensis. X. 329.

SANCTUS (Chrysost.) de situ Hollandiæ. XIII. 288.

Sancy (M. de) sa négociation en Angleterre.

XII. 232. discours sur ses affaires. 365.

Sande (Edouard de) de missione legatorum Japonensium. XIV. 131.

Sanderus (Antoine) vita S. Augustini. X. 415. Flandria illustrata. XIII. 276. Gandavum. 279. Hagiologium Flandriæ. *ibid.* Brabantia sacra. 282. de Gandavensibus. XIV. 392.

Sander (Nic.) hist. du schisme d'Angleterre. XIII. 494 & *suiv.*

Sanderson (Guill.) hist. de Marie Stuart. XIII. 519.

Sanderson (Robert) hist. Caroli I. regis. XIII. 466. judicium. 467.

Sanderson (Robert) édition des actes de Rymer. XIII. 442.

Sandeus (Maximilien) elogium senatus Coloniensis. XI. 286.

Sandeus (Felinus) de regibus Siciliæ. XI. 375 & 469.

Sandford ; historia genealogica. XIV. 284.

Sandini (Antoine) vies des papes. XI. 421.

Sandius (Christophe) nucleus histor. ecclesiast. X. 297. biblioth. Antitrinitariorum. 315. animad. in Vossium. XIV. 381.

Sandoval, évêque; trad. de la vie de S. Millan de la Cogolla. XIII. 355.

Sandoval (Alonzo de) vie de S. François Xavier. X. 456. de instauranda Æthiopum salute. XIV. 142.

Sandoval (Prudentio de) annotationes ad chronicon Idatii. XI. 152. fondaciones de los monast. del orden de S. Benito. X. 341. & XIII. 361. vie de Charles-Quint. XI. 227. & XIII. 345. collection de chroniques. XIII. 334. hist. de los reyes de Castilla y de Léon. 365. cronica del Alonso VII. *ibid.* obispos de Pamplona. 393. antiguedad de la ciudad y iglesia de Tuy. 394.

Sandrart; Romæ antiquæ & novæ theatrum. XI. 112. Romanorum fontinalia. 114.

Sandwich ; ses lettres. XIII. 351.

Sandys ; voyages du Levant. XIV. 182.

Sanejehan (Pierre) sa vie. X. 418.

Sanfelice ; de situ Campaniæ. XI. 371.

SANGE ; hist. des ducs & souverains de l'Archipel. XIV. 79.

SANSON (MM.) leur introduction à la géographie. X. 31. l'Europe, l'Asie, &c. 33. leurs cartes. 44, 53, 54, 55, 56 & *suiv.*

SANSON (Nicolas) geographia sacra. X. 194. souverains d'Italie. XI. 358. cartes de la Gaule. XII. 1 & 2. remarques sur la carte de la Gaule. 6. Britannia. XIII. 45. antiq. de Marseille. 159. cartes de l'Afrique. XIV. 156.

SANSON (Guill.) cartes de France. XII. 3.

SANSON (Jacques) *v.* IGNACE *de Jesus-Maria.*

SANSON, missionaire ; état de la Perse. XIV. 84.

SANSOVIN (Franç.) cronologia del mondo. X. 120. del governo de diversi regni, &c. 171. de cavalieri di Croce di Collana e di Sprone. 484. antichità di Beroso. XI. 13. argumens aux vies de Plutarque. 32. trad. de l'hist. de Nicétas. 137. son édit. de Guichardin. 408, 409. édit. de l'hist. de Florence de L. Aretin. 503. descript. de Venise. 517. guerra di Rhodi. 589. hist. des Turcs. XIV. 71. origine delle famiglie illustri d'Italia. 217. istoria della casa Orsina. 225.

SANTA-CROCE (Ant.) il tiranno d'Italia. XI. 537.

SANTEUIL (D.) chronique de l'ordre de S. François. X. 379.

SANTEI ou SANTENO ; speculum boni principis. XI. 469.

SANTI-BARTOLO ; médailles de la reine Christine. XIV. 322. antichi sepolcri. 339.

SANTI-CONTI ; traduction de Florus. XI. 61.

SANTIS (Tomaso de) hist. du tumulte de Naples. XI. 471.

SANTORO ; flos Sanctorum. X. 285.

SANUT (Marin) vitæ ducum Venetorum. XI. 396 & 528. de bello Gallico. 397.

SANUT (Marin) surnommé TORSELLE ; liber secretorum fidelium crucis. XIV. 99.

SANUTO (M. Livio) geographia dell' Africa. X. 44. & XIV. 132.

SANZ ; descendencia de los reyes de Aragon. XIV. 267.

Sapience ; archigymnasii Sapientiæ descript. XI. 412.

SAPIENZA ; tratado de Turchia. XIV. 69.

Saponara ; lettre sur cette ville. XI. 486.

SARACENI (Giov. Carlo) additions à l'Afrique de Sanuto. X. 44. trad. de l'Histoire de Noel le Comte. X. 159. & XI. 411.

SARACINI (Julien) hist. d'Ancone. XI. 445.

Saragoce ; auteurs sur cette ville. XIII. 380 & *suiv.* bataille près de Saragoce. 552.

SARAINA ; descript. de Vérone XI. 538. hist. des Véronois. 373 & 538.

SARASIN (Jean-Fr.) hist. du siége de Dunkerque. XII. 295 & 374 lettre du marguillier. 309. conjuration de Walstein. XI. 238.

SARASIN (Pierre-Thomas) menolog. Carmelitanum. X. 369. informationi spirituali. 370.

Sarasins ; leur histoire. XIV. 92 & *suiv.* de Saracenis & Turcis chronicon. X. 171. — *Sarasins* en Sicile ; leur hist. XI. 379.

Sardaigne ; carte. X. 90. auteurs sur cette île. XI. 377, 488, 489 & 586.

Sardanapale ; son apologie. XI. 13. explic. de l'inscription de son tombeau. XIV. 513.

SARDI (Alex.) de moribus gentium. X. 97. de nummis. XI. 105.

SARDI (Gaspard) istorie Ferraresi. XI. 456, 457.

Sardique ; sur l'époque du concile de Sardique. X. 243.

SARDO ; precetti istorici. X. 2.

SARGET ; fleurs des tems passés. X. 143.

Sarmatie ; cartes de la Sarmatie. X. 56, 58.

SARNELLI ; évêques de Bisegli. XI. 482. descript. de Pouzoles. 485. évêq. de Siponto. 487. de Bénévent. 488.

SARNICKI ; descript. Poloniæ. XIV. 37. annales Polonorum. 46 & 47. synopsis. 47.

SARPI (F. Paolo) droits des souverains défendus. X. 102. istoria del concilio Tridentino. 244 &

suiv. della sacra Inquisitione. 316. discorso dell' origine, &c. dell' Inquisitione in Venetia. *ibid.* comment la république de Venise doit se gouverner. XI. 516. ses écrits sur le différend entre la républ. de Venise & le pape Paul V. 526. jurisdictio reipubl. Venetæ in Mare Adriaticum. 534. contin. de l'histoire des Uscoques. 546. *sa vie.* XIV. 405.

Sarsane ; auteurs sur cette ville. XI. 369 & 451. ses convent. avec la républ. de Gênes. 573.

Sarteschi ; de script. Cleric. reg. Matris Dei. XIV. 380.

Sarti (Louis) églises de Bologne. XI. 454.

Sarti (Maur) de episcopis Eugubinis. XI. 456.

Sartori (Aug.) Cisterti um bis tertium. X. 353.

Sartori (Euchar.) S. fundatores religios. ordinum. X. 324.

Satagundie ; descript. de cette province. XIV. 19.

S. *Satur*, patron de Numance ; sa vie. XIII. 372.

Saturnales. XI. 101. leur origine. XIV. 422.

Satyre ; observ. sur ce poëme. XIV. 419.

S. *Satyre* & S. *Ambroise* ; leur tombeau à Milan. XI. 552.

Saubert (Jean) de statua salis. X. 209. miracula Augustanæ confessionis. 304.

Saugrain ; curiosités de Paris. XIII. 3.

Sauli (Alexandre) évêque de Pavie. XI. 559.

Saulnier ; Autun chrétien. XIII. 108.

Saulzet (l'abbé du) table des mémoires du clergé. XII. 382.

Saumaise (Claude) in Solinum. X. 27. notæ ad Florum. XI. 61. ad scriptores historiæ Augustæ. 90. de re militari Rom. 103. defensio regia. XIII. 472. responsio ad defensionem Miltoni. 473. *anecdotes sur cet auteur.* XIV. 522.

Saunier (Pierre le) de capite ordinis S. Spiritus. X. 421. trattato del' ordine di S. Spirito. *ibid.*

Saurin ; discours historiques. X. 203.

Saurius ; Hassiæ &

Thuringiæ chronica. XI. 275.

SAUROMAN (George) oratio post Maximiliani I obitum. XI. 186.

SAUSSAY (André du) de causa conversionis S. Brunonis. X. 404. epit. vitæ S. Philippi Nerii. 410. martyrologium Gallicanum. XII. 383. la métrop. Parisienne. XIII. 13. de cœlesti regum christ. unctione. 237.

SAUSSAY (Louis du) entrée des évêques d'Orléans. XIII. 82 & *suiv.*

SAUSSAYE (Charles de la) annales ecclesiæ Aurelianensis. XIII. 81.

SAUVAGE (Denys) traduct. de l'hist. de Paul Jove. XI. 410. contin. des chroniques de Nicole Gilles. XII. 104. hist. & chron. de Froissart. 137. mém. de Comines. 145. hist. de Louis XII. 153. chronique de Flandre. XIII. 177.

SAUVAGE (Jean) la vie de Henri II, duc de Lorraine. XIII. 184.

SAUVAGERE (de la) recherches sur le briquetage de Marsal. XIII. 186. recueil d'antiquités. XIV. 330.

SAUVAL; histoire de Paris. XIII. 5.

S. *Sauveur;* congrégation de S. Sauveur de Bologne X. 413.

Sauveur; ordre du Sauveur. X. 433.

SAVAGE; hist. d'Allemagne. XI. 210. état d'Allemagne. *ibid.*

SAVARON; notæ ad eccles. & monast. Claramont. XII. 81. de la sainteté de Clovis. 106 & 118. notæ ad epist. Apollinaris Sidonii. 122. origines de Clermont. XIII. 118. de la souveraineté du roi. 187. chron. des Etats-Généraux. 205. traité de l'épée françoise. 255. sur les duels. *ibid.*

SAVÉRIEN; hist. des philosophes anc. XIV. 349. hist. des philosophes modernes. *ibid.* --- des progrès de l'esprit humain. *ibid.*

SAVIL; Anglicarum rerum scriptores. XIII. 437.

S. *Savin* & S. *Cyprien*, martyrs en Poitou. XII. 81.

S. *Savin*, ermite; sa vie. XII. 81.

Savone; hist. de cette ville. XI. 573.

SAVORGNANO; défense de N. Tristan &

Fred. Savorgnani. XIV. 227.

SAVOT (Louis) de nummis antiquis. XI 104. disc. sur les médailles. XIV. 314.

Savoie; cartes des états de Savoie. X. 88. auteurs sur la maison de Savoie & sur ses états. XI. 576 *& suiv.* préséance du duc de Savoye sur la républ. de Venise. 526. mém. sur le décanat de Savoye. 576.

Savoye (Thomas de) hist. de ce prince. XII. 372.

Savoye (Magdel. de) son éloge. XII. 350.

Savoisiennes, & réponses. XI. 580 *& suiv.*

SAWYER ; mém. des affaires d'état. XIII. 464.

Saxe; cartes de la haute & basse Saxe, &c. X. 71, 72, 73. — états du cercle de basse Saxe. XI. 293 *& suiv.* de celui de haute Saxe. 307.

Saxe ; empereurs de la maison de Saxe. XI. 217. catalog. des électeurs de Saxe. X. 171. anciens ducs de Saxe. XI. 194.

SAXI (Joseph Ant.) Jornandis historia. XI. 178. notæ ad concilium Ticinensem. 380. ad Landulphum juniorem. 384. notæ ad Morenam. 385. ad chronicon Romualdi. *ibid.* ad histor. Dulcini. 388. ad opusculum de Vicecomitibus. 390. chron. des archev. de Milan 551. de studiis Mediolanensium. XIV. 389. hist. litterario typographica. *ibid.*

SAXI (Pierre) pontificium Arelatense. XIII. 157. entrée du roi dans la ville d'Arles. 243.

SAXO Grammaticus ; *c'est* Jacques DUIM.

SAXON *le Grammairien ;* hist. Danica. XIV. 23.

Saxons en Transylvanie. XI. 354 *& suiv.*

S. *Scabilion*, év. d'Avranches ; sa vie. XIII. 70.

SCADÆRUS ; Sleidani continuatio. XI. 226.

SCAILLETTE ; compendium genealogicum domus Gandavensis. XIV. 265.

SCALA (Barth) hist. Florentinorum. XI. 369 & 503. vita Vitaliani Borrhomæi. 369.

SCALA (Hercule) l'Hungeria compendiata. XI. 352.

Scala (à) v. *Scaligers.*

Scalckius ; de genealogia Scalickiorum. XI. 538.

Scaligers ; hist. de la maison des Scaligers de Vérone. XI. 538. sur la famille de Scaligers. 373, 388.

Scaliger (Joseph) castigationes in Eusebium. X. 132. de emendatione temporum. 181. de re nummaria. XI. 52. de veteri anno Roman. 101. tumulus Cl. Puteani. XIV. 406.

Scaliger (Joseph-Juste) thesaurus temporum. X. 112. de splendore gentis Scaligeræ. XI. 373. notitia Galliæ. XII. 55. quædam loca J. Cæsaris discussa. *ibid.*

Scaliger (Jul.) de comœd. & tragœdia. XI. 49. de versibus comicis. *ibid.*

Scaman ; hist. du sultan Orchan. XIV. 74.

Scamosi ; antichita di Roma. XI. 415.

Scanderbeg, roi d'Albanie ; son hist. par divers auteurs. XIV. 73 & *suiv.*

Scandinavie ; cartes. X. 65, 66. auteurs. XIV. 3 & *suiv.*

Scanie ; descript. de cette province. XIV. 18.

Scapulaire des Carmes. X. 171.

Scardeoni ; hist. Patavii. XI. 367 & 535.

Ste. *Scariberge* ; sa vie. XIII. 178.

Scarperia (Luca dalla) chronique. XI. 401.

Scayno ; pro decretis principis Veneti. XI. 527.

Sceaux anciens. XIV. 344.

Scepperus ; Caroli V res gestæ in Africa. XI. 128. expédit. de Charles-Quint en Afrique. XIII. 346.

Sceve (Maurice) entrée de Henri II, &c. à Lyon. XIII. 239.

Schah Abbas, roi de Perse ; hist. de son régne. XIV. 86.

Schah-Thamas II ; ses mémoires. XIV. 86. hist. de son régne. *ibid.*

Schall ; relatio de ortu fidei in regno Chinensi. XIV. 125.

Schaller ; dissert. ad loca quædam Miltoni. XIII. 471.

Schamdocher ; chronicon. XI. 256.

Schannat ; historia episcopatus Wormatiensis. XI. 275. hist. Ful-

dentis. 177. *ses autres ouvrages sur l'abbaye de Fulde.* 277, 278. hist. de la maison Palatine. 280. vindemiæ litterar. 318. *son éloge.* 280.

SCHARDIUS (Jean) édit. de différentes chroniques. X. 131.

SCHARDIUS (Simon) collection des historiens d'Allemagne. XI. 165. autre collection. 166 & *suiv.* epitome. 172. epitome. *ibid.* hypomnema. 220. de electione. 341.

SCHATEN ; Carolus M. Romano catholicus. XI. 214. hist. Westphaliæ. 287. annales Paderbornenses. 292.

Schaumburg ; chron. des comtes de. XI. 192. histoire. *ibid.*

Schavenbourg ; chronique de ses comtes. XI. 292, 293.

SCHECMAN; antiquités de Trèves. XI. 284.

SCHEDEL (Hartman) chronicon. XI. 205 & *ibid.* & 257. de conventu Fratrum Prædicatorum Noribergæ. 257. de Sarmatia. XIV. 41.

SCHEDIUS (Elie) de Diis Germanis. XI. 159. & XII. 11.

SCHEDIUS (Christ. Lud.) l'édit. des *Origines Guelficæ* de Leibnitz. XI. 296.

SCHEFFER (Jean) de varietate navium. XI. 53. trad. de la lettre de Bochart sur le voyage d'Enée en Italie. 60. Agrippa liberator. 101. de antiq. torquibus. 105. de militia navali veterum. 119. de re vehiculari. 121. notæ ad vitam S. Erici. XIV. 10. notæ ad chron. ecclesiæ Upsalensis. 18. Upsalia antiqua. *ibid.* epistola defensoria. *ibid.* Laponia. 19. liber exempl. 21. de regni Sueciæ insignibus. 287.

Schefftlariense chronicon. XI. 257.

SCHEIDNER ; legatio Gallicana. XII. 152.

SCHELDER ; v. SCHLEDER.

SCHELHORN ; amænitates litter. XIV. 524. — hist. ecclesiast. 525.

SCHELIUS ; de Castris Romanis ; de Sacramentis , & alii tractatus de re militari. XI. 103.

SCHELSTRATE ; antiquitas ecclesiæ. X. 262. de antiquis Romanorum pontificum catalogis. XI. 381. ecclesia Africana. XIV. 136.

SCHENCK

SCHENCK (P.) l'église de S. Paul de Londres. XIII. 500.

SCHENCK (Jacques) imagines Imperatorum. XIV. 518.

SCHEPFLIN (J. Dan.) vindiciæ Celtica. X. 191. annales Arsacidarum. XI. 17. de apotheosi. 116. Alemannicæ antiquitat. 269. de Burgundia. XIII. 102. Alsatia illustrata. 175. vindiciæ typographicæ. XIV. 365. ses ouvrages dans les mém. de l'académie des Inscript. 445, 449, 460, 468, 470, 483. commentationes histor. 520.

SCHÉRER; Atlas novus. X. 39.

SCHESEUS (Christian.) ruinæ Pannonicæ. XI. 349.

SCHEUCHZER; carte de Suisse. X. 76.

SCHEUCHZER (Jean) itinera per Helvetiæ regiones. XIII. 263.

SCHEUCHZER (Jean-Gaspar) hist. du Japon. XIV. 127.

SCHEUFFER (Arnold) Caroli Magni vita rogata. XII. 117.

SCHEYB; Peutingeriana tabula itineraria. X. 22.

SCHICKARD (Guill.) jus regium Hebræorum. X. 221.

SCHICKARD (Guill.) Tarich. XIV. 85.

SCHICKFUSIUS; annales Silesiæ. XI. 326.

SCHIIZ; de scriptis & scriptor. historicis. XIV. 381.

SCHILDIUS; de Caucis. XI. 159.

SCHILLING; historia bullarum *Unigenitus*. X. 258.

SCHILTER; institutiones juris publici. XI. 161. thesaurus antiquit. Teutonicarum. 201. jus imperii, de Limnæus. 336. de pace religiosa. 339, 340. de imperii Comitibus. 344. notes sur la chron. d'Alsace. XIII. 175.

SCHIMDT; antiq. Plocenses. XIV. 57.

Schiren; chronique de cette abbaye. XI. 264.

Schisme d'Avignon; auteurs sur ce schisme. XI. 428. actes concern. le grand schisme. XII. 85, 88. hist. de ce schisme. 139, 383.

Schisme d'Angleterre; son histoire. XIII. 494.

SCHLEDER; Mercurius Gallo-Belgicus. X. 161.

theatr. Europæum. 164. & XI. 240.

Schlegel (Christian.) de Cella veteri. XI. 314.

Schlegel; vie de Christiern IV, roi de Danemarck. XIV. 28.

Schleger; de nummo Alexandri Magni. XIV. 327. de nummo Hadriani plumbeo. 328.

Schleupner (Christophe) marq. de Culembach. XI. 268.

Schlick; exercitatio de musices origine. XIV. 350.

Schlierseense chronicon. XI. 257. Miscellanea Schlierseensia. *ibid.*

Schmalsius (Jac.) de uxore Moisis. X. 210.

Schmidel; hist. navigationis in Americam. XIV. 162.

Schmidt (Frédéric) Thuringiæ chron. XI. 315.

Schmidt (Fred. Sam.) dissert. sur une colonie Egyptienne. XIV. 118. antiq. trouvées à Avenches, &c. XIII. 265.

Schmidt (J. André) hist. bullarum *Unigenitus*. X. 258.

Schmidt (Tobie) chronica Cygnea. XI. 313.

Schminckius (J. Herm.) son édit. d'Eginhart. XI. 213. & XII. 125. de Wincesiao rege Romanorum. 223. de statu Bohemiæ, &c. 325.

Schnéeberg; chron. de cette ville. XI. 313.

Schneider; theatrum Europæum. XI. 241.

Schneider (Zacharie) chron. Lipsiense. XI. 313.

Schodelius; notitia Hungariæ. XI. 346.

Schoeffer (Guill.) Hassiæ chronicon. XI. 275.

Schoenleben (Jean-L.) annus sanctus. XI. 249. Carniola. 253. de prima origine domûs Austriacæ. XIV. 209.

Schoepflin (J. Dan.) v. Schepflin.

Scholastiques; enumeratio patrum & scholasticorum. X. 170.

Schomberg (le maréchal de) relat. de la bataille de Castelnaudari. XII. 275.

Schonbinger; additiones ad Vadiani Farraginem. XI. 179.

Schoning; traité sur la Laponie, &c. XIV. 19.

Schoock (Martin) Achaia vetus. XI. 45. de fabula Hamelensi. 299. hist. Marchio-Brandeburgica. 318. Belgium fœderatum. XIII. 286.

Schoonebeck (Adr.) hist. des ordres religieux. X. 321, 322. hist. des ordres milit. 476.

Schorern; chronicon urbis Memmingæ. XI. 273.

Schotanus (Bern.) hist. Frisica. XIII. 317.

Schotanus (Christophe) biblioth. histor. sacræ. X. 203.

Schott (André) son édit. de l'Itinéraire d'Antonin. X. 22. spicilegium ad P. Melam. 24. de religione gentilium. 99. annotation. in Orosium. 118. Georgi vita S. Joannis Chrysost. 289. vita Jacobi Lainis. 457. —Francisci Borgiæ. *ibid.* notæ ad Aurelium Victorem. XI. 64. Pighii annales Romanorum. 78. electa. 109. de Romanorum tribubus. 118. itinerarium Italiæ. 357, 358. Italia illustrata. 362. Hispania illustrata. XIII. 329. scriptores de rebus Indicis. XIV. 106. obs. in Goltzii Siciliam. 310. in Fastos magistratuum. *ibid.* Ant. Augustini de nummis veterum dialogi. 312. notæ ad Isidorum. 396.

Schott (François) itinerarium Italiæ. XI. 357. le tome IV. de l'Hispania illustrata. XIII. 329.

Schott, biblioth. du roi de Prusse; apothéose d'Homere. XI. 57.

Schotter; agri Turonensis amœnitates. XIII. 85 & *suiv.*

Schouten; ses voyages. XIV. 180 & 181.

Schowart; origine des souverains de l'Europe. XIV. 205.

Schramb; chronicon Mellicense. X. 344.

Schramm (Charles-Chrétien) descript. des Ponts, &c. X. 48. Saxonia. XI. 307.

Schramm (J. Conr.) lettres & mém. de Vargas & de Malvenda. X. 247.

Schramm (J. Maur) de vita & scriptis Jul. Cæs. Vanini. X. 315.

Schrader (Laur.) monumenta Italiæ. XI. 360. Ferrariæ descript. 368. Ravennæ descript. 369. Regii-Lepidi. 373.

Schreber; vita Viti

Ludovici à Seckendorf. XIV. 406.

Schreiter ; sacramentorum judiciis solemnium antiquitates. XI. 117.

Schrenckius ; imagines Imperatorum. XI. 207.

Schrevelius ; Harlemum. XIII. 312.

Schroeder (Jean-Joach.) de Urim & Thymmim. X. 221.

Schroeder ; fasti Hamburgenses. XI. 307.

Schroéer (J. Fred.) imper. Babylonis & Nini. XI. 11.

Schroeter ; iter Salinarum. XIV. 42.

Schubart (George) de diluvio Deucalionis. XI. 53. de comitibus Palatinis. 438.

Schubert (Jean-Erneſt) hiſt. Philoſophiæ. XIV. 349.

Schudius (Gille) Rhætiæ descriptio. XI. 167. epiſtola. *ibid.*

Schudt (J. Jac.) compend. hiſtor. Judaïcæ. X. 203.

Schulserburg ; catalogus Hæreticorum. X. 302.

Schultens ; vie de Saladin. XIV. 93.

Schultet (Barthélemi) Misnia & Luſatia. XI. 311.

Schultet (Samuel) eccleſia Mahumedana. XIV. 96.

Schultz ; de cancellariis Poloniæ. XIV. 40.

Schultzen ; voyages aux Indes. XIV. 108.

Schulzius (Jean-Henri) hiſt. Medicinæ. XIV. 351.

Schumacher ; explication des dogmes des Ophites. X. 297.

Schupart ; ſecta Karræorum. X. 105. *aux additions.*

Schuppius ; Hercules togatus. XI. 276.

Schurtzfleisch (Conr. Sam.) hiſt. eccleſiaſtica. X. 235. continuation de l'hiſtoire des empires de Sléidan. 119. de periodo Græco Romana. 185. Aſſyriorum Chaldæorum primordia. XI. 12. imper. Medo-Perſarum. 17. de republ. Carthaginenſi. 57. quod Carolus IV non diſſipaverit imperii patrimonium. 223. de diviſione imperii Carolini. 216. de rebus Badenſibus. 271. animadverſ. ad vitam Alberti III. 310. Frede

ricus III. 312. marchiones Misniæ. *ibid.* annales urbis Misniæ. *ibid.* Suffridi epitomes. *ibid.* de Lusatia. 317. origines Pomeranicæ. 321. disputationes historicæ. 332. de principum Germaniæ potestate. 344. de Hungariæ conversionibus. 353. instituta Druydum. XII. 13. antiq. Francorum. 16. de origine Francor. *ibid.* de regno Austrasiæ. 121. hist. Burgundionum. XIII. 103. origo tumult. Belgicorum. 292.

SCHURTZFLEISCH (Henri Léon.) ordo Ensiferorum. X. 481.

SCHUTZIUS (Gasp.) histor. rerum Borussicarum. XIV. 60.

SCHUTZIUS (Guill. Ignace) manuale pacificum. XI. 340.

SCHWABOLMAYR; relatione del duca Federico Savello. XIV. 227.

SCHWAIGHAUSER; excerpta diplom. Ensdorffina. XI. 257.

SCHWANDTNER; scr. rerum Hungaricarum. XI. 347.

SCHWARTZ (Conrad) notæ ad Cellarium. X. 29.

SCHWARTZ (Albert-George) principatus Rugiæ. XI. 322. & XIV. 29. de Mathilde. XI. 216. de Henrici VI ignominiosa coronatione. 220.

Schwarzach; chronique de ce monastere. XI. 200. abbés de Ste. Félicité de Schwarzach. 266.

SCHWARZKOPF; Grundfeste, &c. XI. 162.

SCHWEDER (Chr. Herm.) theatrum prætensionum. XI. 335.

SCHWEDER (Gabriel) introductio ad jus publicum. XI. 160. prérogatives de la maison d'Autriche. 249. de pace religiosa. 340.

SCHWELINGS; ducatus Wirtenbergensis. XI. 270.

SCHYN; hist. Mennonitarum. X. 311.

Sciences; histoire des sciences & des arts. XIV. 346 & *suiv.*

Scilly; descript. des îles de ce nom. XIII. 501.

SCIOPPIUS; du style historique. X. 6. relatio de stratagem. & sophism. Societ. Jesu. 465. Claudio-Mastigis confutatio. XIII. 124. nuptiæ Phi-

lippi III, Hispaniarum regis. 349. de Aragoniæ regum origine. 376. Doriarum Genuensium genealogia. XIV. 221.

Sciphower; chronicon archi-comitum Oldenburgensium. XI. 193.

Scipion Emilien, surnommé l'Africain; sa vie. XI. 73 & 575.

Scipion; rem. sur sa vie, attribuée à Plutarque. XIV. 431.

Scipion (L.) explic. d'une inscript. qui le concerne. XI. 97.

Scipion (M. Ant.) elogia abbatum Cassinensium. X. 336.

Sciugliaga; il naufragio di S. Paulo. X. 266.

Scluvonie; carte. X. 68.

Scohier; de l'état des armes. XIV. 195. généalogie de la maison de Croy. 265.

Sconburg; carte de son comté. X. 72.

Scookius; Diluvium universale. X. 208.

* Scortia; genealogia familiæ Scortiæ. XIV. 227.

Scot (George) mém. de Jacques Melvil. XIII. 465.

Scotin; descript. de Paris. XIII. 2.

Scotti (Jule-Clém.) monarchia Solipsorum. X. 470, 471.

Scotti (Ranutio) Helvetia sacra e profana. XIII. 263.

Scribanius; amphitheatrum honoris. X. 468. Antuerpia. XIII. 285.

Scrieckius; de originibus Celticis. XII. 11. monita. *ibid.*

Scriverius; notæ ad chronicon Geldriæ. X. 171. Batavia illustrata. XIII. 287 & 288. antiq. Bataviciæ. 288. notæ ad Aquilium. 289. des anciens Bataves. 310. chron. Hollandiæ, &c. 311. principes Hollandiæ, &c. *ibid.*

Sculpture; hist. de cet art. XIV. 360 & *suiv.* Sculpture des anciens. XI. 51. & XIV. 490 & *suiv.* v. *Peinture.*

Scultet; carte de haute Saxe. X. 72.

Scuppius; theatrum histor. Helvici. X. 113.

Scutari; bellum Scodrense. XI. 523.

Scutilli; de collegio Gladiatorum. XIV. 339.

SCYLAX ; Periplus. X. 23, 25.
SCYLITZA (Jean) historia. XI. 125.
SCYMNUS *Chius* ; fragmenta. X. 21, 25. Periegesis. 25.
Scythes, dont parle Hérodote. XIV. 515.
Sébastien, roi de Portugal ; hist de son régne. XIII. 414 & *suiv.*
SÉBASTIEN, év. d'Astorga ; sa chronique. XIII. 334.
SÉBASTIEN, évêque de Salamanque ; sa chronique. XIII. 334.
SÉBASTIEN *de S. Paul* ; exhibitio errorum P. Papebrochii. X. 373.
Sébourcq ; hist. de cette vicomté. XIII. 281.
SECKENDORF ; historia Lutheranismi. X. 303. état des princes d'Allemagne. XI. 163. descript. de l'empire. *ibid.*
Seckendorf ; sa vie. XIV. 406.
SÉELEN ; hist. Jacobitarum. XIV. 155.
S. *Second*, évêq. d'Avila ; sa vie. XIII. 371.
S. *Second* de Venise ; hist. de ce monastere. XI. 531.
SECOUSSE ; mém. de Condé. XII. 169. ordonnances des rois de France. XIII. 260. ses ouvrages insérés dans les mém. de l'académie des Inscriptions. XIV. 431, 435, 437, 438, 439, 440, 456, 463, 466, 467, 471, 476, 484. *son éloge*. 490.
Secrétaires d'état ; leur histoire. XIII. 226.
Sedan ; privilèges de cette souveraineté. XIII. 58.
Seder Olam Raba & Zuta. X. 147.
SEDULIUS (Henri) S. Bonaventura, de vita S. Francisci. X. 387. apologeticus pro libro Conformitatum. 390. historia seraphica. *ibid.* vie de S. Louis, évêque de Toulouse. XIII. 141.
SEEVRO ; hist. de la peste appellée *Digerdonden*. XIV. 9.
Séez ; hist. de cette ville. XIII. 70.
SÉGA (Philippe) sa protestation. XII. 227.
SEGNI ; hist. de Florence. XI. 506.
SEGOIN ; Mercure armorial. XIV. 198. armorial universel. *ibid.*
Ségorbe ; hist. de cette ville. XIII. 388.
Ségorbe (le duc de)

virtuosi attioni nel suo governo di Napoli. XI. 474.

Ségovie; auteurs sur cette ville. XIII. 371.

SEGUIER (Guillaume) Laurea Belgica. X. 400.

SEGUIER (Jean-Franc.) biblioth. Botanica. XIV. 354.

SÉGUIER (Jérome) Luteria liberata. XIII. 6.

Séguier (le chancel.) son édit. des conciles. X. 241.

SÉGUIN (Joseph) antiquités d'Arles. XIII. 157.

SÉGUIN (Pierre) selecta numismata. XIV. 315.

SEIFRIDE; arbor Aniciana. XIV. 207.

SEILERN (le baron de) droits de la maison d'Autriche sur l'Espagne. XIII. 396 & *suiv.*

SEINE (Fr. de) Rome ancienne & moderne. XI. 416.

SEINE (Pierre la) Homeri Nepenthes. XI. 54.

SELDEN (Jean) de Diis Syris. X. 99. de anno civili Judæorum. 184. de Synedriis Hebræorum. 221. hist. Anglicanæ scriptores. XIII. 438. analecta. 444. hist. novorum. 455. de officio cancellarii Angliæ. 510. eccles. Alexandrinæ origines. XIV. 134. des titres d'honneur. 283. marmora Oxoniensia. 333.

Selebiensis monasterii historia. XII. 69.

Séleucides; Seleucidarum imperium. XI. 20.

Séleucus Nicator; durée de son régne. XIV. 438.

Sélim I, empereur des Turcs; sa conquête de l'Egypte. XIV. 481. — *Sélim II*; hist. de son régne. 75.

Sélingestadt; fondation de cette abbaye. XI. 271.

SELLER (Abraham) antiquitates Palmyrenæ. XI. 20.

SELLERI (Gregorio) mém. sur la ville d'Urbin. XI. 456.

SELLIUS; hist. des Provinces-Unies. XIII. 291.

SELVES (de) histoire d'Ethiopie. XIV. 142.

SEMEDO; relat. della Cina. XIV. 121.

Sémigalle; de Semi-Gallorum republ. XIV. 39. Jus regni Poloniæ. 40.

Sempronia; sur le poni

trait qu'en fait Salluste. XIV. 501.

SENAREGA ; de rebus Genuensibus. XI. 397.

Sénat ; de Senatu Romano. XI. 94, 95, 109, 116, 117. — *Sénat* de Venise. XI. 516. — *Sénat de Milan*. XI. 558.

S. *Sénateur* de Milan ; sa vie. XI. 551.

Sénatus consulte ; de Senatus consulto. XI. 95 & 117.

SENAULT ; vie de Catherine de Montholon. X. 442. vie de M. Gault. XIII. 161.

SENCKENBERG ; son édition des Historiens d'Allemagne de Goldast. XI. 177.

Sénéchal ; de l'office de grand sénéchal de France. XIII. 224, 225, 255.

SÉNÉDO ; summa de Varones illustr. X. 461.

Sénégal ; cartes. X. 95. voyages en ce pays. XIV. 141 & 144.

SENFHEBIUS ; de alea veterum. XI. 48.

SENORE ; carte du cours du Rhin. X. 75. des Pays-Bas. 77. d'Alsace. 81.

Senlis ; hist. de cette ville. XIII. 39. & *suiv.* prise par les ligueurs. XII. 204.

Senneclerre ; généal. de cette maison. XIII. 118.

Sénones ; chron. de ce monastere. XII. 84.

Sénonois ; hist. de ce pays. XIII. 39 & 84.

Sens ; hist. de la ville & de l'église de Sens. XIII. 58 & *suiv.*

SÉPHER (l'abbé) vie de S. Charles Boromée par M. Godeau. X. 292.

Sept Fonts ; hist. de cette abbaye. X. 357.

Septiéme jour ; fête. XIV. 427.

Septimia ; nom joint à celui de Zénobie. XIV. 421.

Sépulcre ; veterum sepulcra. XI. 3, 54, 106, 115, 116.

Sépultures des rois de France. XIV. 421.

SÉPULVÉDA (J. Genes.) res gestæ Ægidii Albornotii. XIII. 401.

SEQUAINVILLE ; généalogie de la maison de Faudoas. XIV. 249.

Sérapis ; dissert. sur cette divinité. XI. 5.

SERDONATI (Franç.) trad. d'un traité de Bargeus. XI. 60. ordine di leggere l'istor. Romana.

XI. 82. hist. de Florence. 504. hist. de Gênes, traduite de Foglietta. 569.

Serfs ; de conjugio servorum apud Alemannos. XI. 179.

SERGIUS ; vie de S. Macaire. X. 326.

Sérique ; rech. sur la Sérique des anciens. XIV. 510.

SERISAY (de la) sur la fierte de S. Romain. XIII. 68.

Sermens des anciens. XI. 98. & XIV. 418, 427. —— *Sermens* usités chez les Francs. XIV. 421. — *Serment* prononcé en 842, en l'assemblée de Strasbourg. XIV. 487 & 493.

S. *Sernin* de Toulouse. XIII. 141.

Serpent d'airain ; dissertation sur ce sujet. X. 209.

Serpents représentés sur des médailles. XIV. 321.

SERPI (Dimas) saints de Sardaigne. XI. 587.

Serrail ; différentes descriptions. XIV. 76.

SERRARIUS (Nicolas) S. Kiliani gesta. XI. 266. epistolæ S. Bonifacii. XII. 129. de rebus Moguntinis. XI. 282. archiepiscopi Moguntinenses. *ibid.*

SERRE (Puget de la) entrée de Marie de Médicis dans les villes des Pays-Bas. XIII. 244. dans la grande Bretagne. *ibid.*

SERRES (Jean de) inventaire général de l'hist. de France. XII. 107. commentariorum de statu religionis & reipublicæ, V partes. 170 & *s.* mém. de la troisiéme guerre civile. 180. hist. des cinq rois. 207. recueil. 233. vie de l'amiral de Coligny. 362. academiæ Nemausensis leges. XIII. 144.

SERRI (Urbain) état présent de l'Église Romaine. XI. 417.

SERRY (Jacq. Hyacinthe) historia congreg. de Auxiliis. X. 250.

SERTONACO ; guerre de Dalmatie. XI. 528. guerre de Candie. 548.

S. *Servais* ; dissert. de S. Servatio. XI. 289.

Servet (Michel) sa vie. X. 315.

Servie ; carte. X. 68.

SERVIEN (Abel) ses lettres. XIV. 293.

SERVIES (de) les fem-

mes des douze Césars. XI. 83.
SERVILIUS ; conjuratio Geldro-Gallica. XI. 188. & XII. 162.
Servites ; hist. de l'ordre des Servites. X. 431.
SERVIUS ; de odoribus. XI. 50.
Sesterces ; de Sestertiis. XI. 118.
SESTI ; description de Milan. XI. 550.
SESTINI ; la felicita caduta. XI. 475.
SETA ; compendio della famiglia Bévilaqua. XIV. 219.
Sétino ; hist. de cette ville. XI. 441.
SEUR (Jean de) la Flandre illustrée. XIII. 54.
SEUTER ; ses cartes. X. 70, 71.
SEVERANI ; Roma sotterranea. XI. 436.
Sévere Alexandre, empereur ; de anno 1. ejus imperii. XI. 93.
SEVERT ; anti-martyrologe. X. 305. chron. antistitum Lugdun. XIII. 114 & 115.
Séville ; auteurs sur cette ville. XIII. 373 *& suiv.*
SÉVILLE (Jean de) entrée d'Henri III à Rouen. XIII. 241.
SEVIN (l'abbé) dissert. sur Ménès. XI. 9. réponse à quelques critiques. *ibid.* ses ouvrages insérés dans les mém. de l'académie des Inscript. XIV. 425, 427, 428, 430, 431, 432, 434, 436, 440, 441, 447, 448, 453, 454, 457, 458, 459, 464. *son éloge.* 465.
SEVIUS ; de rebus ad Dium gestis. XIII. 335.
Sextius ; mém. sur ce philosophe. XIV. 507.
SEXTUS RUFUS ; historia Romana. XI. 63 ; 66, 75, 76, 79. de regionibus urbis. 96.
SEXTUS le Salyen ; *c'est* Pierre-Joseph de HAITZE.
SEYMOUR ; descript. de Londres & de Westminster. XIII. 500.
SEYSSEL (Claude de) traité de la monarchie Françoise. X. 119. hist. des successeurs d'Alexandre. XI. 39. traduction d'Appien. 69. la grande monarchie de France. XII. 27. hist de Louis XII. 153. victoire de ce roi contre les Vénitiens. 155. la loi Salique. XIII. 190.

Sezza ; hist. de cette ville. XI. 441.

Sforce ; hist. des Sforce, ducs de Milan. XI. 355 *& suiv.*

Sforce ; de vita Sfortiæ ducis, ac initiis Francisci Sfortiæ. XI. 394. vita Francisci Sfortiæ. 395. ejus res gestæ. *ibid.* oratio in laudem Francisci Sfortiæ. 399.

Sforce (Jean Galéas) oratio in ejus laudem. XI. 399.

Sforce (Louis) sa captivité. XI 557. pourquoi surnommé *le More*. XIV. 463.

Sforce (Maximilien) traité entre lui & François I. XII. 159.

Sforce (Blanche-Marie) oratio in ejus laudem. XI. 399.

SFORZA ; vie de Jacque Foscarini. XI. 530.

SCARDINO ; hist. de la ville de Lecce. XI. 486.

SGUROPULE ; hist. concilii Florentini. X. 244.

SHARP ; état présent de la Chirurgie. XIV. 353.

SHAW ; voyages en Barbarie. XIV. 136.

SHERIDIUS ; de origine Germanorum. XI. 158.

SHERINGHAMIUS ; de origine Anglorum. XIII. 456.

SHUCKFORD ; hist. du monde. X. 201.

Siam ; auteurs sur ce royaume. XIV. 83, 112 *& suiv.*

SIBBALD ; Scotia illustrata. XIII. 518.

SIBBERN ; bibliotheca historica. XIV. 397.

Sibérie ; descript. de ce pays. XIV. 117.

SIBERT (Gautier de) hist. des ordres de N. D. du Mont-Carmel & de S. Lazare. X. 481. *aux additions*. vies de Tite-Antonin & de Marc Aurele. XI. 92. variations de la monarchie Françoise. XII. 102.

SIBMACHER ; New-Wapenbuch. XIV. 206.

SICCAMA ; de judicio centum-virali. XI. 95. comment. in fastos calendares. 100.

SICCO ; synopsis de clericorum S. Pauli instituto. X. 437.

SICARD, év. de Crémone ; chronicon. XI. 386.

Sicile ; cartes. X. 57, 90. & XI. 488. auteurs sur la Sicile, dans la collection de Burman.

XI. 374 & *suiv.* dans celle de Muratori. 379, 384, 386, 389, 391. autres auteurs. 488 & *suiv.* hist. littéraire. XIV. 390. chron. des rois de Sicile. XII. 88. de duabus seditionibus Siciliæ. XI. 151. poètes bucoliques de Sicile. XIV. 430.

Sickingen (Franç. de) ejus actio memorabilis. XI. 168 & 188.

Sicli antiquit. XI 376.

SICO *Polentonus*; vita *S. Antonii de Padua. X. 391.

SICULUS (Petrus) hist. Manichæorum. X. 297.

SIDOINE APOLLINAIRE; de vita Theodorici. XI. 150.

SIDNEY (Algernoon) discours sur le gouvernement. X. 109.

Sidney; leurs lettres; mém. sur leur vie. XIII. 478.

Siéges de Justice à Naples. XI. 474.

SIENICIUS (Nic.) de politia Spartana. XI. 55.

Sienne; auteurs sur la ville & la république de Sienne. XI. 379, 391, 394, 397, 505, 511, 512. conquesta de Sena. XI. 230.

SIERRA (Miguel de la), anales del mundo. XIII. 340.

SIGAULT; de bello italico. XI. 410.

S. *Sigebert* ou *Sigisbert*, roi d'Austrasie; sa vie. XII. 37 & 120.

SIGEBERT de Gemblours; sa chronique. X. 131, 138, 226. & XI. 165, 173. addition à sa chronique. XII. 68. epistola ecclesiæ Leodiensis. XI. 248. de script. ecclesiast. XIV. 372.

SIGEFRIDUS, presbyter Misnensis; *v.* SUFFRIDUS.

Sigeth; hist. Sigethi capti. XI. 172.

S. *Sigiranne*, abbé; son éloge. XII. 77.

Sigismond, empereur; apophtegmata. XI. 184.

Sigismond, roi de Bourgogne; sur le lieu de sa mort. XIV. 470.

**Sigismond I*, roi de Pologne; sa victoire sur le vaivode de Moldavie. XI. 169. son entrevue avec l'empereur Maximilien I. 185.

Sigismond I & II, rois de Pologne; hist. de leur régne. XIV. 42 & *ibid.* 43, 44, 47, 49. lettres. 49. — *Sigis-*

mond III. XIV. 11, 51 & 52.

Sigismond, archiduc d'Autriche ; de ejus adventu ad Constantiam. XI. 183. son excommunication. 250. son appel. 183.

Sigismond, archiduc d'Autriche ; sa guerre avec les Vénitiens. XI. 184 & 523.

SIGISMOND ; chronicon Augustanum. XI. 575.

SIGLOARD ; rythmus de morte Fulconis. XII. 68.

Signaux par le feu. XIV. 454.

SIGNI ; de ordine & statu Can. S. Salvatoris. X. 423.

SIGONIUS (Charles) de republica Hebræorum. X. 220. hist. ecclesiastica. 231. de republ. Atheniensium. XI. 44. de Atheniensium temporibus. *ibid*. Lacedæmoniorum tempora. *ibid*. édit. de Tite-Live. 65. vita Scipionis Æmiliani. 73. hist. Rom. script. 75. de antiquo jure civium Romanorum. 94. disputatio cum Gruchio. *ibid*. de lege curiata. *ibid*. de antiquo jure Italiæ & provinc. XI. 95. de nominibus Romanor. *ibid*. de regno Italiæ. 207 & 404. supplementum ad chron. Godii. 367. de occidentali imperio. 404. de episcopis Bononiensibus. 453. vie d'André Doria, prince de Melfe. XI. 573. & XII. 360. vie du card. Campége. XIII. 495. judicium de histor. XIV. 381. opera omnia. 411. *sa vie*. ibid.

SIGRAIS ; sur l'Enéide de Virgile. XIV. 488. sur le coin. 491.

Siguença ; hist. de cette ville. XIII. 571.

SIGUENÇA (Joseph de) hist. de l'ordre de S. Jérôme. X. 330.

SIKES ; Evangelium Infantiæ. X. 217.

Silésie ; cartes. X. 76. auteurs sur la Silésie. XI. 326 & *suiv*.

SILHON (de) discours des conditions de l'Histoire. X. 4. Ministre d'Etat. 107. préface du Parfait Capitaine. XII. 14. mém. sur les guerres d'Italie. 275. éclaircissement sur l'administration du card. Mazarin. 318. divers traités entre Louis XIIII & le duc de Savoye. XIV. 291.

Silhouette (M. de) réflex. politiques. XIII. 344.

Silleri (M. de) év. de Soissons; son éloge. XIV. 426.

Sillingardi; évêq. de Modène. XI. 566.

Sillis (Antonio de) studia, originem, &c. Tertii-ordinis S. Francisci concernentia. X. 394.

Silly (Fr. Marg. de) son éloge. XII. 350.

Silos (Joseph de) hist. Clericorum regularium. X. 436.

Silva (Bernardin da) défense du Portugal. XIII. 418.

Silva (Fernando Tellez de Faro y) arbol genealogico de Silva. XIV. 280.

Silva (Jean de) buen govierno de las Indias. XIV. 151.

Silvain; collége de ce dieu à Paris. XIV. 455.

Silvestrins; hist. de l'ordre des Silvestrins. X. 363 & *suiv.*

Silvius (L.) hist. des guerres. XIII. 304.

Silvius; *v.* du Bois.

Simanca (Jacques) collectanea de republ. Veneta. XI. 532.

S. *Siméon* Stylite; sa vie. X. 325.

Siméon, moine de Durham; hist. de l'église de Durham. XIII. 505.

Siméoni (Gabriel) comment. sopra la tetrarchia di Venegia, &c. XI. 457. origine & succession du duché de Ferrare. 457. descript. de la Limagne. XIII. 118. inscriptions de Provence. 155.

Simius; catalogus SS. congreg. Vallis-Umbrosæ. X. 350.

Simler; notæ in itinerarium Antonini. X. 22. respublica Helvetiorum. XIII. 263.

Simon le Magicien; de ejus hæresi. X. 296.

Simon, comte de Montfort; chron. sous son nom. XII. 64. ses loix. XIII. 137.

Simon, M. & Logothéte; annales. XI. 133.

Simon (Denys) supplément à l'hist. du Beauvoisis. XIII. 42. addition. *ibid.* biblioth. des auteurs de Droit. XIV. 356.

Simon (Jean-Christ.) édit. du trésor de Schilter. XI. 201.

Simon (Jérémie)

chron. d'Eulenbourg. XI. 314.

SIMON (Pierre) bullarium ordinis Cluniacensis. X. 147.

SIMON (Pierre) conquête de la Terre ferme. XIV. 150.

SIMON (Richard) remarques sur Léon de Modène. X. 111. traduction du voyage du Liban. XIV. 91. critique de la biblioth. des auteurs ecclésiast. 375.

SIMON; ses ouvrages insérés dans les mém. de l'académie des Inscript. XIV. 414, 415, 418, 422, 427. *son éloge.* 433.

SIMONETTA (Boniface) de persecutionibus christianis. XI. 420.

SIMONETTA (Jean) de rebus gestis Francisci I Sforriæ. XI. 395 & 556.

SIMONETTA (le card.) vita S. Francisci de Paula. X. 408.

SIMONIS (Philippe) descript. episcopat. Spirensis. XI. 275.

S. *Simplicien* de Milan; sa vie. XI. 551.

SIMPLICIEN (le P.) hist. des grands officiers. XIV. 131.

S. *Simplicius*; actes de son martyre. X. 270.

SIMPLICIUS; de senio ordinis S. Benedicti in Gallia. X. 337.

SIMSON (Edouard) chronicon. X. 151.

Sinope; hist. de cette ville. XIV. 449.

Siponto; évêques de cette ville. XI. 487.

SIRI (Vittorio) memorie recondite. X. 161. & XII. 254. il Mercurio. X. 161, 162. il politico soldato Montferrino. XI. 585.

SIRICI (Michel) pravitates Simonis Magi. X. 196.

SIRICIUS; de religione Moscovitica. XIV. 67.

SIRLET; anthologia Græcorum. X. 279.

Sirmich; sur l'époque du concile de Sirmich. X. 243.

SIRMOND (le P.) son édit. de la chron. d'Idace. X. 131 & 156. de celle du comte Marcellin. 132, 156. prædestinatus. 249. explanatio inscript. XI. 97. édition de la chronique d'Idace. 151. notæ ad epistolas Apollinaris Sidonii. XII. 122. ad epist. Alcimi Aviti. 123. ad epist. Gofridi Vindocinensis. 135. concilia

Galliæ. 382. differt. fur les deux SS. Denys. XIII. 10 & 12. Flodoardi hift. ecclefiæ Remenfis. 59.

Sirmond (Jean) Rupella capta. XII. 267. défenfe du roi. 269. vie du card. d'Amboife. 356. On lui attribue *le Catholique d'état*. XIII. 210. & *l'Homme du pape & du roi*. 212.

Sirot (le baron de) fes mémoires. XII. 306.

Sifgan (Authier de) fa vie. X. 411.

Sifteron; év. de cette ville. XIII. 164.

Siftres; de Siftris. XI. 99.

Sivert; encomium Marpurgi. XI. 276.

Sixte IV, pape; fa bulle pour une expédition contre les Turcs. XI. 183. fa lettre au duc de Baviere. 256. vie de ce pape. 383. – *Sixte V*; auteurs fur fon pontificat. XI. 431, 432. bulle contre Henri IV & le prince de Condé. XII. 197. écrits à l'occafion de cette bulle. 198. lettres au card. de Bourbon & au duc de Guife. 201. fa bulle & fa harangue fur la mort des Guifes. 203. fermon fur la mort de Henri III. 206.

Sixte de Sienne; bibliotheca fancta. XIV. 375.

Skinner (Th.) motus compofiti. XIII. 469.

Skinner (Th.) fon procès. XIII. 509 & *fuiv*.

Skytte (J.) orationes. XIV. 11. de primis Scandiæ inhabitatoribus. 19. de Succorum fortitudine. *ibid*.

Slangendorp; vie de Nic. Kaafius. XIV. 34.

Slaves; chroniques des Slaves. XI. 191 & 197. hift. de ces peuples. 546. de originibus Slavicis. XIV. 37.

Sluvonie; fes bans. XI. 352.

Slefwick; carte. X. 73. auteurs fur ce duché. XI. 301, 302. & XIV. 29.

Slégel; de incrementis ftudii Botanici. XIV. 354.

Sléidan (Jean) de quatuor fummis imperiis. X. 119. difcuffio vori feptem-viralis. XI. 225. de ftatu religionis & reipublicæ. 226. traduction françoife. *ibid*. de republ. Galliæ. XII. 27. traduct. des mém. de Comines. 147. trad.

des extraits de Froissard. XIII. 437.

SLENGE; vie de Christiern IV, roi de Danem. XIV. 28.

SLEZER; theatrum Scotiæ. XIII. 517.

SLOANE (Hans) voyages des îles Madere, &c. XIV. 172.

SLUZE; differt. de S. Servatio. XI. 289.

Smalkalde; différens écrits concernant la ligue de Smalkalde. XI. 169, 188, 189.

SMÉREGE; chronicon. XI. 367, 387 & 537.

SMETIUS; antiq. Neomagenses. XIII. 314.

SMIDS; Romanorum pinacotheca. XIV. 322.

SMITH (Guil.) voyage de Guinée. XIV. 141.

SMITH (Jean) hist. de la Virginie. XIV. 170.

SMITH (Rich.) flores hist. ecclesiasticæ. XIII. 491.

SMITH (Thomas) Usserii vita. X. 151. de Druydibus. XII. 13. de republ. Anglorum. XIII. 434. opuscula. 514. sa vie. *ibid.* de Turcarum moribus. XIV. 77. inscriptiones græcæ Palmyrenorum. 335.

SMITH (William) hist. de la nouvelle Yorck. XIV. 170.

SMOLETT; hist. d'Angleterre. XIII. 452.

SNAKENBURG; son édition de Quint-Curce. XI. 36.

SNELLIUS; de re nummaria. XI. 52.

SNORRON Sturlonida; hist. regum septentrionalium. XIV. 5.

SNORRON Sturlæus; chron. regum Norwegorum. XIV. 30. Edda Islandorum. 31.

SNOUCKART; de vita Caroli V. XI. 227.

SOAREZ TOSCANO (Franc.) parallelos. XIII. 426.

SOBIESKI (Jacques) de bello Chotinensi. XIV. 52.

SOBIUS; oratio ad Cæsarem. XI. 187.

Sobrarbe; hist. de ses rois. XIII. 376, 382, 393.

Sobriquets; leur autorité dans l'histoire. XIV. 457.

Socin (Fauste) sa vie. X. 314, 315.

SOCINI (Briton) siége de Valence sur le Pô. XI. 563.

Sociniens, *Sociniani*.

sme; histoire. X. 297, 314, 315.

Socrate; differt. sur ce philosophe. XIV. 428. de gemmis ejus imagine cælatis. XI. 57.

SOCRATE; hist. ecclésiastique. X. 222, 223, 224.

Sodome; cartes du pays de Sodome. X. 53.

SOET; theatrnm Belgii inferioris. XIII. 305.

Sœurs de la Charité; leur congrégation. X. 412.

Sohier; généalogie de cette maison. XIV. 266.

SOHIER (Charles) alliances de la maison de la Trimouille. XIV. 256.

Soie; son origine. XIV. 434.

Soissons; hist. de cette ville & du Soissonois. XIII. 40 & *suiv.*

Soissons (le comte de) abrégé de sa vie. XII. 373.

SOISSONS (M. de) détail de la France. XII. 31.

Soissons (l'hôtel de) sa description. XIV. 484.

SOLAYE (de la) relat. du siége de Candie. XI. 348.

SOLDANI; hist. monasterii S. Michaelis de Passiniano. X. 350, 351.

SOLDO (Christophe à) annales Brixiani. XI. 396.

SOLERIUS (Anselme) *voyez* RAYNAUD (Théophile)

SOLERY; *v.* SOLIERS.

SOLFI; compendio istor. de chierici ministri de gli infermi. X. 438.

SOLIER (Franc.) hist. du Japon. XIV. 128.

SOLIERS; antiq. de Marseille. XIII. 159.

SOLIGNAC (le chev. de) hist. de Pologne. XIV. 48.

Soliman III, roi de Perse; son couronnement. XIV. 85.

SOLIMAN (Jule) Bohemia. XI. 324.

SOLIMANI (Aurel. Aug.) hist. de Bologne. XI. 453.

SOLIN (Jule) polyhistor. X. 24 & 27.

SOLIS (D. Ant. de) hist. de la conquête du Mexique. XIV. 152 & *suiv.*

SOLITO; Termini Himerese. XI. 498.

SOLLERIUS (J. B.) martyrologium Usuardi. X. 275. acta sanctorum. 282, historia patriarcha-

rum Alexandrinorum. XIV. 135.
Solm (Joseph, comte de) peregrinatio Hierosolymitana. XIV. 88.
Solminihac (Alain de) sa vie. X. 424. & XIII. 130.
SOLOMEAU ; vie de Théod. de Beze. X. 312.
Solon ; de eius vita, legibus, &c. XI. 45.
Ste. Solonge, vierge & martyre ; office de cette sainte. XII. 77.
Somasques ; Clercs rég. Somasques. X. 439.
Somma ; descript. de cette ville. XI. 486.
Somme, riviere ; son cours. X. 80.
SOMMER ; regnum Vannianum. XI. 327. Silesia. *ibid.*
Sommerive ; gouvern. de cette ville. XI. 584.
SOMMERSET ; nobilitas politica. XIV. 194.
SOMMIER ; histoire de l'église de S. Diez. XIII. 186.
SOMMESBERG ; rerum Silesiacarum scriptores. XI. 326.
SOMNER ; Portus Iccius. XII. 6. antiquitates Cantuarienses. XIII. 503.
Sonde ; carte des îles de la Sonde. X. 94.
SOPHIANUS ; Græciæ descriptio. XI. 42.
Sophocle ; observat. sur ce poëte. XIV. 423, 430, 436, 498, 507.
SOPHRONE ; vie de sainte Marie Egyptienne. X. 326.
S. Sor, ermite ; sa vie. XII. 81.
Sora ; mém. sur cette ville. XI. 487.
SORANZO ; l'Ottomanno. XIV. 69. de rebus Turcicis. 77.
SORBA, di signori di BOZZI ; descript. d'Ajazzo. XI. 575.
SORBER ; de comitiis veterum Germanorum. XI. 158.
SORBIERE ; mém. du duc de Rohan. XII. 268.
SORBIN ; hist. des Albigeois. X. 199. hist. de Charles IX. XII. 187, 188.
Sorbone ; Sorbona instaurata. XIII. 27. la Sorbone en gloire. *ibid.* droits du prieur de Sorbone. *ibid.*
SOREL (Charles) sieur de Souvigni ; hist. de la monarch. Françoise. XII. 94. — sous le régne de Louis XIV. 288. édit. de la Fortune de la cour. 208. droits & prérogati-

ves des rois de France. XIII. 188. défense des Catalans. 385. généalogie de la maison de Bourbon. XIV. 239.

Soria; v. *Numance*.

SORIA (Bonav. de) vie de Marie-Thérèse d'Autriche. XII. 374.

SORIS; dissert. apolog. pour le B. Robert d'Arbrissel. X. 362.

SORMANNI; l'origine de l'église de Milan. XI. 550 & *suiv*.

Sorrento; hist. de cette ville. XI. 486.

Sorts; recherch. hist. sur les sorts. XI. 98. & XIV. 473.

SOSA (Geronimo de) noticia de la gran' casa de Villa-Franca. XIV. 281.

SOSPITELLO (Fortunatus à) antiquioritas Franciscana. X. 384.

SOSSIUS (Guill.) de numine historiæ. X. 8. de vita Henrici III. XII. 188. de vita Henrici Magni. 218.

SOTA; chronique des princes d'Asturies, &c. XIII. 394.

SOTEL; de ecclesiæ Japonicæ statu. X. 451.

Soto-Mayor (Alonzo de) sa vie. XIII. 403.

SOTWEL; script. Soc. Jesu. XIV. 380.

Souabe; cartes. X. 70. états du cercle de Souabe. XI. 268 & *suiv*.

SOUCHAY (l'abbé) ses ouvrages dans les mém. de l'acad. des Inscript. XIV. 441, 442, 445, 448, 452, 453, 454, 458, 464, 465. son éloge. 471.

SOUCHET (Jean-B.) vita B. Bernardi, abb. de Tyronio. X. 338.

SOUCIET (le P.) dissertations sur divers points de critique & de chron. X. 187. recueil de dissert. 188. édit. de l'histoire du Jansénisme. 254. dissertations. XI. 41. lettre aux Journalistes. XIV. 374.

SOUÈGES; année dominicaine. X. 396.

SOUFLOT; ruines de Pæstum. XI. 483 & *suiv*.

SOULIER (Pierre) hist. des édits de pacification. X. 308. observat. sur l'explic. de l'édit de Nantes. 309. hist. du Calvinisme. 310.

SOULIERS (J. B. l'Hermite) *v.* L'HERMITE.

SOUSA (François de) Oriente conquistado. X. 449.

SOUSA (Louis de) hist. de S. Domingo de Portugal. X. 399. vie de D. Barthélemi des Martyrs. 400.

SOUSA (Manuel de Faria y) America Portuguesa. XIV. 162. nobiliario de Barcelos. 277.

SOUSA MOREIRA (Emanuel) theatro de la casa de Sousa. XIV. 280.

SOUSA (Pierre de) traduct. des *Elémens de l'Histoire* de l'abbé de Vallemont. X. 11.

Souterreins en Picardie; leur usage. XIV. 496.

SOUTHER (Daniel) Palamedes. XI. 48. de bello Belgico. XIII. 293. hist. du prince Maurice. 325.

Southwark. XIII. 500.

SOUTHWEL; ses lettres. XIII. 415.

Les *Souverains du monde*. X. 167.

Souvigni; hist. du prieuré de Souvigni. X. 347.

SOYTERUS A VINDA; bellum Pannonicum. XI. 169.

SOZOMENE; histoire ecclésiastique. X. 222, 223, 224.

SOZOMÉNE, prêtre de Pistoie; specimen historiæ. XI. 393. excerpta ex ejus historia. 400.

SPALATINUS; hist. de Arminio. XI. 167. chronicon Saxonicum. 308.

SPANDUGINO; mœurs des Turcs. XIV. 77.

SPANGEL; oratio ad Maximilianum. XI. 184.

Spangenberg; hist. de cette ville. XI. 299.

SPANGENBERGS (Cyriac) chron. Hennebergense. XI. 268 & 315. chron. comit. Holsatio-Schavenburgens. 293. chron. episc. Verdensis. 301. chron. des comtes de Holstein-Schombourg. 302. chron. de Mansfeld ou de Saxe. 310. Querfurtiche chron. 317. speculum nobilit. XIV. 206.

Spanheim; chronicon cœnobii Spanheimensis. XI. 189. chronique de Spanheim. 280.

SPANHEIM (Ezéchiel) notæ ad Juliani opera. XI. 89. les Césars. *ibid.* de numo Smyrnæorum. 98. orbis romanus. 104. dissertationes de numismatibus. XIV. 320.

SPANHEIM (Frédéric) introductio ad chronol.

& historiam sacram. X. 117. introd. ad geographiam sacram. 192. auctarium ad Palæstinam Heidmanni. 193. tableau d'une princesse. XI. 280. de papa fœmina. 425. hist. de la papesse Jeanne. *ibid.* vie du vicomte de Dhona. XIII. 168.

SPARKE ; hist. Anglicanæ scriptores. XIII. 439.

Sparte ; v. Lacédémone.

SPARTIEN ; hist. XI. 75, 77.

SPECIALIS ; hist. de Sicile. XI. 375, 389.

Spectacles ; traités sur les spectacles des anciens. XI. 49. 54. — *Spectacles* des Romains. XI. 102. — *Spectacles* de Paris ; leur histoire. XIV. 359.

SPÉEDE ; theatrum magnæ Britanniæ. XIII. 452.

Spello ; hist. de cette ville. XI. 443.

SPELMAN (Henri) Villare Anglic. XIII. 499. leges Anglo-Saxonicæ. 508. reliquiæ Spelmannianæ. 509. aspilogia. XIV. 192.

SPELMAN (J.) Ælfredi magni vita. XIII. 455.

SPELTA (Ant. Marie) istoria del regno de Longobardi. XI. 553. évêq. de Pavie. 559.

Spencer ; hist. de ce favori. XIII. 456 *& suiv.*

SPENCER (Jean) de legibus Hebræorum. X. 220. de Urim & Thummim. 221.

SPENER (Jac. Charle) notitia Germaniæ. XI. 155. historia Germaniæ. 212.

SPENER (Jac. Phil.) notitia veteris Francorum regni. XI. 265.

SPENER (Phil. Jacq.) historia insignium illustrium. XIV. 204. theatrum nobilitatis Europæ. *ibid.* sylloge genealogico-historica. 206. insignium theoria. *ibid.* insignia familiæ Saxonicæ. 216. illustriores Galliæ stirpes. 241.

SPENSER ; hist. Hiberniæ. XIII. 525.

SPERLING ; de crepidis veterum. XI. 51. de nummis non cusis. XIV. 325.

SPÉRONE (Carlo) grandeza di Genoua. XI. 569.

Sphere ; son origine. XIV. 418.

Sphéristique ; v. Paume.

Sphinx mystagoga. XI. 6.

Spifame (Jean-Paul) lettre adressée à la reine. XII. 175. discours sur le congé, &c. 176. notice de sa *Dicearchia progymnasmata*. XIV. 484.

Spigelius ; notæ ad Guntherum. XI. 176. ad Bartholinum. *ibid.* ad Threnodias Ægydii. 186.

Spilbergen ; sa navigation. XIV. 182.

Spinelli ; ephemerides Neapolitanæ. XI. 386.

Spinger ; iter Indicum. XIV. 519.

Spini (Patritio) trad. de l'hist. du Bressan. XI. 540.

Spino (Pietro) vie de Coglione. XI. 592.

Spinola ; gentis Spinulæ illustrium elogia. XI. 573.

Spinola (Ambroise) son expédit. aux Pays-Bas. XIII. 297.

Spinola (Fabio-Ambroise) vie de la M. Fornari. X. 445.

Spinola (Charle) sa vie. X. 459.

Spinosa ; sa vie. X. 314.

Spire ; cartes. X. 76. auteurs sur la ville de Spire. XI. 275. imperat. Spiræ sepultorum historia. 257.

S. Spire ; v. *S. Exupere.*

Spiriti ; storici Cosentini. XIV. 387.

Spitzberg ; voyage en ce pays. XIV. 32.

Spitzelius (Theop.) elevatio relationis Montezunianæ. XIV. 155. de re litteraria Sinensium. 399.

Spolete ; hist. de cette ville & de son duché. XI. 404 & 446.

Spon (Jacob) de populis & pagis Atticæ. XI. 43. ignotorum deorum aræ. 47. & XIV. 357. de origine Strenarum. XI. 50. voyage en Italie, &c. 359. & XIV. 186. recherch. sur Lyon. XIII. 113. hist. de Genève. 268. miscellanea eruditæ antiquit. XIV. 329. recherches d'antiquités. *ibid.*

Sponde (Henri) epitome annalium Tornielli. X. 150. epitome annalium Baronii. 210. continuatio annal. Baronii. *ibid.* & 211.

Sponerkai ; hist. de Hongrie. XI. 352.

Spontone ; hist. de Hongrie

Hongrie. XI. 349. ragguaglio. XIV. 139.

Sportula; sur ce mot. XIV. 415.

SPOTSWOOD; hist. ecclesiast. Scotica. XIII. 513.

SPRECHER (Fortunat) hist. bellorum in Rhætia. XII. 266. Rhætiæ chronicon. XIII. 267. hist. motuum. *ibid.* Pallas Rhætia. *ibid.*

SPRENGER (J. Theod.) institut. jurisprudentiæ publicæ. XI. 161. Polonia. XIV. 37.

SPRENGER (Adolphe) *c'est* Antoine DE BRUN.

SPRETUS (Desiderius) de urbis Ravennæ amplitudine. XI. 369. & 448.

SPRIGGE; histoire des mouvemens d'Angleterre. XIII. 471. Anglia rediviva. 474.

SQUAPRONI; laudes Regii Lepidi. XI. 373.

SQUERRER (Arnauld) annales de Foix. XIII. 135.

SQUINNEMARD; forêt de Fontainebleau. X. 82.

SQUIRE; trad. du traité de Plutarque de Iside & Osiride. XI. 5.

Squinitio della liberta Veneta; différens auteurs auxquels on attribue ce livre; traduct. qu'on en a faites. XI. 532 & *suiv.* *anti-Squitinio.* 534.

STAAL (Madame de) mémoires. XII. 339.

Stade d'Olympie, comparé aux cirques de Rome. XIV. 445.

STADELIUS; v. HEUMAN.

Stadhouder; écrits sur le stadhouderat. XIII. 308 & *suiv.*

Stadinisus Pagus; situation de ce lieu. XIV. 479.

Ste. *Stadiole*; v. *Eustadiole.*

STADIUS; hist. du Bresil. XIV. 162.

STAFFORD; pacata Hibernia. XIII. 525 & *s.*

STAIBAN; tempio eremitano. X. 427.

STAINDELIUS; chronicon. XI. 257.

STALENUS; papissa monstrosa. XI. 424.

STAMPA; notes sur le poëme de la guerre de Come. XI. 384.

STANGEFOL; annales circuli Westphalici. XI. 287.

STANHOPE; difficultés touchant le Sénat Romain. XI. 117.

Stanihurst; de rebus in Hibernia gestis. XIII. 525.

S. *Stanislas Kostka*; sa vie. X. 459.

Stanislas, roi de Pologne; la Voix libre du citoyen. XIV. 40. lettre à la reine de France. 55. *sa vie.* ibid.

Stanlei; hist. Philosophiæ. XIV. 548.

Stanosa (D. Vincencio Juan de la) museo de las medallas desconoscidas Espagnolas. XIV. 313.

Staphileus (J.) de causis excidii urbis Romæ. XI. 171 & 439.

Staphilus (Frid.) hist. Caroli V. XI. 226.

Starovolski; Polonia. XIV. 38. Sarmatiæ bellatores. 58. Poloniæ scriptor. elogia. 397.

Statella (Vito &) observ. critiq. sur l'hist. de Sicile de Fazelli. XI. 491.

Statira, femme de Darius. XIV. 488.

Statius (Achilles) de electione & coron. Henrici Poloniæ regis. XIV. 50. inlustrium virorum vultus. 317.

Statues anciennes. XIV, 329 *& suiv.* & 456. de statuis Constantinopolitanis. XI. 144.

Stavélo; abbaye. XI. 293.

Stebbing (Samuel) hist. genealogica. XIV. 284.

Stederburgense chron. XI. 192.

Stederburgensis (Gerard) mort de Henri le Lion. XI. 297.

Stéele; état présent de l'église de Rome. XI. 417.

Steinberg (Jacq. de) de ratione status imperii. XI. 341.

Stella (Antoine) elogia Venetorum, navali pugnâ illustrium. XI. 366 & 529.

Stella (Calvetus) de Aphrodisio expugnato. XI. 169. & XIII. 346.

Stella (Erasme) de Borussiæ antiquitatibus. XIV. 41 & 59.

Stella (George & Jean) annales Genuenses. XI. 393.

Stella (Jean) de vitis & moribus pontificum. XI. 420.

Stella (Jean) examen comitiorum Ratisbonensium. XI. 236. deploratio pacis Germanicæ. *ibid.*

STELLA (Jean-Martin) de Turcarum successibus. XI. 170. Altemburgum obsess. *ib.* Vienna à Solimano obsessa. *ib.* & 251.

STELLA; carte du comté de Mansfeld. X. 72.

STELLARTIUS; annales monastici. X. 320. fundamina. *ibid.* nucleus historicus. 415.

STENGELIUS; laudes S. Benedicti. X. 334. monasteriologia S. Benedicti. 342. commentar. rerum Augustæ-Vindelicorum. XI. 271.

STENIUS (Chr. Sim.) vita S. Ignatii Loiolæ. X. 454. responsio ad apologiam Gretzeri. *ib.* Gretzerius triumphatus. *ibid.* traduct. de l'hist. de la ligue de Smalkalde. XI. 188. de vita Mauritii. 189.

STEPHANARDUS *de Vicomercato*; poema. XI. 387.

STEPHANIUS (Et. J.) sylloge tract. de Dania & Norwegia. XIV. 21. notæ ad opuscula Suenonis. 23. ad hist. Danicam Saxonis Grammatici. *ibid.* notæ uberiores ad eumdem. 24. de gestis in Dania regnante Christiano III. 28. & *ib.*

STEPHANO (Pietro de) descript. de Naples. XI. 475 & *suiv.*

STERINGHAM. XIII. 513.

STERON (Henri) chronica cœnobii Altaich. XI. 181.

Stétin; hist. de cette ville. XI. 322.

STETLER; annales Helvetico-Bernenses. XIII. 265.

STEUCHIUS; hist. Logicæ Arabum. XIV. 398.

STEVARTIUS; apologia pro Societ. Jesu. X. 451.

STEVENS; traduct. de la vie de Charles V par Sandoval. XI. 227.

STEYER; hist. geneal. Jesu-Christi. X. 215.

STEYERER; hist. Alberti II. XI. 250.

STIBLINUS; satyra. XI. 171.

STICKER; acta sanctorum. X. 283.

STIERNHELM; anti-Cluverius. XIV. 20.

STIERNHOOCK; de jure Suenonum. XIV. 6.

Stigmates de S. François. X. 382.

STILLINGFLEET; origines Britannicæ. XIII. 491.

STILTING; acta san-

ctorum. X. 283.
Stirie; cartes. X. 69. sa description. XI. 253. ses ducs. 254.
Stoch (Simon) sa vision. X. 371.
Stockholm; hist. de cette ville. XIV. 17 & *suiv.*
STOCKMANS; deductio. XIII. 201. de jure devolutionis in Brabantia. *ibid.* de jure devolutionis. 202.
Stolberg; carte de son comté. X. 72.
STOLBERGER; Monspeliensis scholæ descriptio. XIII. 143.
STOLLENS; introd. in hist. litterariam. XIV. 367.
STOLLIUS; præfatio ad bibliothec. anonym. XIV. 372.
STOLTERFOTH; hist. Davidis Georgii heresiarchæ. X. 314.
STOPENRO; sopra l'istoria di Conestaggio. XIII. 294.
Stormarie; carte. X. 73.
STORY; guerres d'Irlande. XIII. 526.
STOUP (Jean Nicol.) dialogi de historia. X. 2 & 12.
STOUP; la religion des Hollandois. XIII. 324.
STOW (Jean) annales Angliæ. XIII. 448. description de Londres. 499. hist. de cette ville. *ibid.*
STOW-HALL (Simon d'Ewes de) diarium Parlamentorum. XIII. 509.
STRABON; rerum geographicarum libri XVII. *différentes éditions & traductions.* X. 10 & *suiv.* epitome. 16.
STRADA (Famian.) de bello Belgico. XIII. 296.
STRADA (Franc.) la clemenza reale. XI. 495.
STRADA (Octave) de vitis Cæsarum. XI. 210. genealogia Austriæ ducum. XIV. 207.
STRAHLENBERG; description de l'emp. Russien. XIV. 65.
STRANGUAGE; hist. de Marie Stuart. XIII. 520.
STRANSCKIUS; de republica Bohemorum. XI. 322.
Strasbourg; auteurs sur cette ville. XIII. 174 & *suiv.* de episc. Argentinensibus. XI. 197.
STRATIUS; guerre de Flandre. XIII. 293.
STRAUCHIUS (Gille) continuation de l'Hist. des empires de Sleidan.

X. 119. breviar. chronologicum. 179. de tempore diluvii. 209.

Strauchius, (J.) de Germanorum armis. XI. 159. differt. juris publici. 344. de regno Arelatensi. XIII. 158.

Stredowski ; sacra Moraviæ historia. XI. 327.

Streinius ; de gentibus & famil. Rom. XI. 100. familiarum Romanarum stemmata. XIV. 204.

Strevesdorf ; primas Magdeburgensis. XI. 304.

Strigonie ; prise de cette ville. XI. 350.

Stringa ; descript. de Venise. XI. 517.

Stroemwal ; remarques historiques. XIV. 8.

Strotschenius ; sermo in conventu electorum, &c. XI. 172.

Strozzi (Fr. di Soldo) traduct. de Thucydide. XI. 28. de Xénophon. 30.

Strozzi (Jean-Bapt.) ristretto della famiglia de Medici. XI. 507.

Strozzi (Laurent) vie de Philippe son frere. XI. 370, 506.

Strozzi (Philippe) sa vie. XI. 370 & 506.

Strozzi (le maréchal) sa vie. XII. 351 & 360.

Struvenius ; de vero novi orbis inventore. XIV. 146.

Struvius (Burch. Gotthelff.) bibliotheca historica. X. 17. antiquitat. Rom. syntagma. XI. 110. syntagma juris publici. 162. son édition de la collection de Pistorius. 173. de celle de Freher. 180. syntagma hist. Germanicæ. 212. de factis ducum Brunswicensium. 296. histor. Misnensis. 313. hist. juris. XIV. 354. bibliotheca juris selecta. 358. præfatio ad Jonsii hist. litterariam. 366. introductio in notitiam rei litterariæ. *ibid.*

Struvius (Fréderic Gottl.) bibliotheca realis juridica. XIV. 357.

Struys ; ses voyages. XIV. 186.

Strykouski ; descr. Sarmatiæ Europeæ. XIV. 41, 43. hist. Lithuanica. 56.

Strype ; hist. complette d'Angleterre. XIII. 441. annales de la réformation. 497. recueil. *ib.* memoriale Cranmeri. *ib.*

descript. de Londres & de Westminster. 500. vie de Matthieu Parker. 515.
Stuart; hist. de cette famille. XIII. 522.
Stuart (Charles-Ed.) ses tentatives en Ecosse. XII. 342, 343.
STUBBE; justificatio belli præsentis. XIII. 480.
STUCKELEY; itinerarium curiosum. XIII. 432.
STUCKHUISENS; hist. Saraceno-Turcica. XIV. 71.
STUCKIUS; Carolus Magnus redivivus. XII. 127 & 219.
STUMPFIUS; epitome hist. Helvetiorum. XIII. 263. Schweizer chron. *ibid.*
STUPANO; traduct. de l'hist. de Naples. XI. 464.
STURLÆUS; v. SNORRON Sturlæus.
Suaires; histoire des saints suaires. X. 215, 216.
SUARD; traduction de l'hist. de Charles Quint par Robertson. XI. 228. du voyage autour du monde. XIV. 175.
SUAREZ (Fernando) Antonianæ histor. compendium. X. 418.
SUAREZ (Francisco) paralelos de principes e varones de Portugal. XIV. 277.
SUAREZ (Joseph-Marie) Prænestes antiqua. XI. 170 & 440. vindiciæ Sylvestri II. 425. descr. d'Avignon. XIII. 165. de histor. Græcis. XIV. 382.
SUAREZ (Pedro) hist. de Guadix & Baeça. XIII. 375.
SUAREZ (Sebast. Munoz) vie de S. Jean de la Croix. X. 376.
Subiac; chron. de ce monastere. XI. 398.
Succession à la couronne de France. XIII. 190 & *suiv.* & XIV. 429, 437 & 444. & *ibid.*
SUE (M.) le jeune; éloge de M. Devaux. XIV. 353. *aux addit.*
Suéde; cartes. X. 66. auteurs sur ce royaume. XIV. 5 & *suiv.* rois de Suéde. X. 170. armoiries de ce royaume. XIV. 287.
SUEDERIUS; de religioso ordine. X. 318.
SUÉNON; opuscula. XIV 23.
SUER; acad. Wittenbergensis. XIV. 384.

Suétone ; duodecim Cæsares. XI. 75, 77, 82. explic. d'un passage de cet auteur. XIV. 415.

Sueur (le) hist. de l'Eglise & de l'Empire. X. 237.

Suéves ; leur histoire. XI. 150 *& suiv.* de laude Suevorum. 166.

Sueyro ; traduct. de Tacite. XI. 85. descript. des Pays-Bas. XIII. 276. annales de Flandre. 277.

Suffolck ; vie des deux freres ducs de Suffolck. XIII. 514.

Suffridus ; chronicon. X. 140. chronicon Misneuse. XI. 173 & 311.

Suffridus Petri ; annotationes ad chron. Martini Poloni. X. 140. éditions d'Eusebe, &c. 225. appendix ad episcopos Ultrajectenses. XIII. 314 & 315. de Frisiorum antiq. &c. 316. apologia. *ibid.* de script. ecclesiast. XIV. 372.

Suger, abbé de S. Denys ; libelli de consecratione ecclesiæ suæ. X. 338. vie de Louis le Gros. XII. 57. de sua administratione. *ibid.* de consecratione ecclesiæ. *ibid.* epistolæ. 58 & 155. constitutiones, &c. *ibid.* *son éloge.* 58. *sa vie par* divers auteurs. 152.

Suicer (J. Henri) chronologia Helvetica. XIII. 264.

Suireau (Marie des Anges) sa vie. X. 560.

Suisse ; cartes. X. 76. de Helvetia, par Guillimannus. XI. 261. Glareani descript. Helvetiæ. 167. auteurs sur la Suisse. XIII. 261 *& suiv.*

Sulger ; annales Zwifaltenses. XI. 275 & 313.

Sulikow ; comment. rerum Polonicarum. XIV. 44 & 51. Polonia defensa. 57.

Sully (le duc de) ses mémoires. XII. 138 *& suiv.* caractere de ses mémoires. XIV. 481.

Sulmone ; descript. de cette ville. XI. 486.

S. *Sulpice* le Pieux, archev. de Bourges ; ses miracles. XII. 77.

Sulpice Sévere ; historia sacra. X. 216. *son éloge.* XII. 77.

Sulpitius Belgicus. XIII. 319.

Summaripa ; cronica del regno Napoletano. XI. 463 *& suiv.*

Summonte ; hist. de

Naples. XI. 465.
Sund; carte du détroit du Sund. X. 66.
SUNDERLAND; ses lettres. XIII. 351.
SUNTHEMIUS; familiæ Germaniæ principum. XI. 259.
SUPERBI; hommes illustres de Ferrare. XI. 457. hommes illustres de Venise. 529. hist. de la maison d'Ubaldini. XIV. 129.
Superstitions. X. 100, 101.
SURÆUS (Hugo) traduction des mémoires de du Bellay. XII. 158.
Surate; auteurs sur cette ville. XIV. 111.
Surbeck (M. de) son éloge. XIV. 463.
Suresne; rapport de la conférence tenue en ce lieu. XII. 227.
SURGENS; Neapolis illustrata. XI. 371 & 460.
SURGY (de) hist. de la Pensylvanie. XIV. 170.
Surinam; carte. X. 96.
SURITA (Jérome) v. ZURITA.
SURIUS (le P. Bernardin) le Pieux Pélerin. XIV. 90.
SURIUS (Laurent) commentarius. X. 159. vitæ & acta sanctorum. 281.
SUTOR (Pierre) de vita Carthusiana. X. 404.
SUYSKENUS; acta sanctorum. X. 283.
SWANING; chronologia Danica. XIV. 23. Christianus II. 28.
SWARTIUS; chron. monasterii Ottbergensis. XI. 195.
SWEBEL; de urbe Calmaria. XIV. 18.
SWERTIUS; rerum Belgicar. annal. XIII. 275.
SWIFT; hist. de la reine Anne d'Angleterre. XIII. 486. lettres du chevalier Temple. XIV. 301.
Sybarites. XIV. 447.
SYCHAR (Adrien) généalogie de Mortemar. XIV. 252.
SYLBURGE (Fréderic) notæ ad libr. de regio Persarum principatu. XI. 16. notæ ad Pausaniam. 22. ad Herodotum. 26. ad Eutropium. 63. ad Aurelium Victorem. 64. hist. Romanæ scriptores minores Latini & Græci. 76, 89. Saracenica. XIV. 94.

SYLVA FREIRE (Em. Th.) état présent de l'île de Malte. X. 479.
SYLVA (Jean de) comte de Portalegre, dell'unione del Portogallo alla Castiglia. XIII. 417.
SYLVA (Séabra da) recueil de tout ce qu'a fait en Portugal la soc. des Jésuites. XIII. 429.
SS. *Sylvain*, *Sylvestre* & *Rodene*; leur éloge. XII. 77.
Sylvestre II, pape; vindiciæ Sylvestri II. XI. 425. v. GERBERT, arch. de Reims.
SYLVIUS (André) hist. d'Ecosse, sous Jacques de Montrofs. XIII. 467.
SYLVIUS (Andræas) v. BOIS (du)
SYLVIUS (Guill.) édit. de Guillaume de Neubrige. XIII. 454.
SYLVIUS (Garcias) éloge de Henri II. XII. 167.
SYLVIUS (Lambert) v. WOOD.
Symboles; leur ancienneté. XIV. 410.
SYMMONS; apologia Caroli I, regis. XIII. 471.
Symphonie des anciens. XIV. 427.
Synodes des églises réformées de France. X. 315, 316. — *Synodes* des Protestans XIII 320.
Syracuse; de republ. Syracusana. XI. 43. auteurs sur la ville de Syracuse. 376, 379, 496 & *suiv.*
Syrie; cartes. X. 55, 60 & 92. sa description. 193, 196. dieux de Syrie. 99. hist. des rois de Syrie. XI. 20 & *suiv.* gouverneurs de Syrie pour les Romains. XIV. 521. hist. & descript. modernes de la Syrie. XIV. 87 & *suiv.* 91 & *suiv.*
SZAMOSSI; analecta lapidum. XI. 354.
SZEKEL; chronicon. XI. 349.

Tabago; histoire de cette île. XIV. 172.
Tables chronologiques. X. 111 & *suiv*.
Table Isiaque; son explication. XI. 7.
Table ronde; v. *Tournois*. XIV. 470.
Table; plaisirs de la table chez les Grecs. *v*. *Festins*.
Tableaux; de sacro & publico apud Ethnicos pictarum tabularum cultu. XI. 115.
Tablettes de cire, longtems en usage. XIV. 475.
Tabourot; icones & epitaphia. XIII. 104.
Tachard; voyages de Siam. XIV. 111.
Tacgi; siége de Pavie. XI. 560.
Tacite (Corneille) différentes éditions de ses ouvrages. XI. 77, 83—86. de moribus Germanorum. 157, 158, 166. — *Tacite*, comparé avec Velleius Paterculus. XIV. 420.
Tacon; déclaration de l'institut des Jésuites. X. 462.
Tadmor; v. *Palmyre*.
Tafana; de Tafana Marsorum dea. XI. 159.
Tafferner; ambassade du comte de Leste à la Porte. XIV. 75.
Taffin; de anno seculari. XI. 101.
Tafilet; hist. de ce royaume. XIV. 138, 139.
Tafuri (Ange & J. Bernardin) bellum à Venetis inlati provinciæ Hydruntinæ. XI. 398.
Tagnon; expeditio Asiatica Friderici I. XI. 181.
Taia (Augustin.) description du Vatican. XI. 438.
Tailhié (Jacque) abrégé de l'hist. de la Soc. de Jésus. X. 453. hist. de Louis XII. XII. 154.
Taillandier; hist. de Bretagne. XIII. 78.
Taillepied; antiq. de Pontoise. XIII. 38. antiq. & singularités de Rouen. 65.
Taisand; vies des jurisconsultes. XIV. 356.
Talavera (Gabr. de)

hist. N. Señora de Guadalupe. XIII. 371.

TALLEMANT; traduct. des œuvres de Plutarque. XI. 33. hist. de Venise, trad. de B. Nani. 521, 522. *son éloge.* XIV. 426.

TALLENTS; tables chronologiques. X. 114.

TALLEUR (Guill. le) chron. de Normandie. XIII. 62.

TALON (Nicolas) vie de S. François de Sales. X. 443.

TALON (Omer) mémoires. XII. 316.

TALON (Jacque) mémoires du cardinal de la Valette. XII. 278. *aux additions.*

TAMAGINI (J. B.) nom supposé. *v.* FOUQUERÉ.

Tamerlan; hist. de ce conquérant. XIV. 116.

Tamise; environs de la Tamise. X. 65.

Tancréde; son expédition à Jérusalem. XI. 384.

Tangéor; relation de ce pays. XIV. 108.

Tangermund; annales de cette ville. XI. 321.

Tanieres; campagnes de Tanieres. XII. 334.

TANNER (B. Léop. Fr.) legatio Polono-Lithuanica. XIV. 54.

TANNER (Matthias) Societas Jesu militans. X. 450. hist. Soc. Jesu. *ibid.* apologia. 468.

TANNER (Thomas) l'entrée de Mazarin. XII. 294.

TANNER (Thomas) notitia monastica. XIII. 492. bibliotheca Britanno-Hibernica. XIV. 395.

TAPIA y Salcedo; antiquités de l'ordre de S. Jacques. XIII. 362. modo de armar cavalleros. *ibid.*

TAPIA (Charles) additiones ad responsa Ribeiræ. XIII. 418.

TARAFA; de origine, &c. reg. Hispaniæ. XIII. 330 & 336. res à Philippo II gestæ. 330.

Taragone; hist. de cette ville. XIII. 382. privilége de son archevêché. XII. 73. inscript. Taraconenses. XIII. 330.

TARAULT; annales de France. XII. 122.

TARCAGNOTA; delle istorie del mondo. X. 145. hist. de Naples. XI. 476.

TARCHI; vita di S. Domenico il Loricato. X. 291 & *suiv.*

Tarentaise ; auteurs sur cette ville, & sur son évêché. XI. 576, 582.

Tarente ; hist. de cette ville. XI. 480.

Tarentins ; de varia fortuna Tarentinorum. XI. 371.

TARGE ; avénement de la maison de Bourbon au trône d'Espagne. XIII. 398. trad. de l'hist. d'Angleterre de Smolett. 452. contin. de cette histoire. *ibid.*

TARNOMIRA (Ant.) istoria dell' ordine di S. Benedetto. X. 315. — della congr. Cassinese. *ibid.*

TARNOMIRA de Soto ; vie de Jacques I, roi d'Aragon. XIII. 379.

TARSIA (Paul Ant. de) hist. Cupersanensium. XI. 371 & 483. tumultes de Naples. 471

TARTAGLINI ; hist. de Cortone. XI. 510.

Tartares ; hist. de ces peuples. XIV. 94 & 114 & *suiv.* leurs mœurs. 43 & 67.

Tartarie ; cartes. X. 92, 93 auteurs qui ont écrit l'hist. de ce pays. XIV. 114 & *suiv.*

TARTAROTTI (Jérome) de origine ecclesiæ Tridentinæ. XI. 253. de auctoribus à Dandulo laudatis. 398. hist. de Rovéreto. 444.

Tartessus ; situation de cette ville. XIV. 503.

Tartini (Joseph) son éloge. XIV. 360. *aux additions.*

TASCHEREAU ; Gallia christiana. XII. 380.

Tassilon, duc de Baviere. XI. 262.

TASSIN ; Journal de la campagne du capitaine Thurot. XII. 146.

TASSIN (Dom) traité de diplomatique. XIV. 342. hist. littér. de la congrégat de S. Maur. XIV. 377.

TASMAN ; ses découvertes. XIV. 174.

TASSO ; istorie. XII. 559.

TATTI ; annales de Come. XI. 561. sanctuarium. *ibid.*

TAULERI ; memorie d'Atina. XI. 486.

Tauroboles ; espéce de sacrifices. XIV. 420.

TAVANNES (le maréchal de) ses mémoires. XII. 186. *sa vie.* 351.

TAVANNES (Guill. de Saulx, comte de) ses mémoires. XII. 186 & 232.

TAVANNES (Jacques de Saulx, comte de) ses mémoires. XII. 517.

TAVEL (Jacques) vies des arch. de Sens. XIII. 58.

TAVELLI (Giovanni) v. TOSSIGNANO.

Tavera (Juan de) sa vie. XIII. 401.

TAVERNIER (Melchior) mappemonde. X. 62. carte du royaume d'Australie. XII. 2.

TAVERNIER (J. B.) ses voyages. XIV. 186.

TAVORA (Ruy Lourenço de) hist. de varoens illustr. appellido Tavora. XIII. 427. & XIV. 180.

TAXI; mém. sur la ville de Sora. XI. 487.

TAYLOR (Jean) marmor Sandwicense. XIV. 534.

TAYLOR (Silas) hist. de Guillaume le Conquérant XIII. 64.

TAYON; addition à la chronique de Dexter. X. 156. & XIII. 556. Pilar de Zaragoça XIII. 580.

TECHO (Nicolo del) hist. provinciæ Paraguariæ soc. Jesu. X. 451.

TEGEL; chron. Gustavi I. XIV. 10.

Tegeren; carte de cette abbaye & de son lac. X. 70.

Tegeroscencis chronicæ fragmenta. XI. 258.

TEGRIMI (Nicolas) vita Castrucii Antelminelli. XI. 390 & 575.

Tegurinum diplomatarium. XI. 159.

TEIL (du) traduct. de Suétone. XI. 81.

TEISSIER (Antoine) vie de Théod. de Beze. X. 112. vies des électeurs de Brandebourg. XI. 319. éloges. XIV. 368.

Tékéli (Emeric, comte de) sa vie. XI. 154.

Telchines XIV. 482.

TELÉRA; hist. des Célestins. X. 364.

Télesphore; remarq. sur cette divinité. XIV. 477

Tell (Guillaume) son histoire attaquée & défendue. XIII. 264 & *suiv.*

TELLEZ (Barthélemi) chron. de la compagnie de Jesus en Portugal. X. 451. — en Ethiopie. *ibid.*

TELLEZ (Balthazar) hist. génér. d'Ethiopie. XIV. 141.

TELLEZ SYLVIO, marquis d'Alegret; de rebus gestis Joannis II. XIII. 414.

TELLIER (le P. le) défense des nouveaux chrétiens. X. 474. Quintus Curtius ad usum Delphini. XI. 36. *son éloge*. XIV. 433.

TEMANZA; antiq. de Rimini. XI. 449.

Témesvar; expugnatio arcis Temesvari, anno 1552. XI. 170.

TEMPESTE; vie de Sixte-Quint. XI. 431.

Temples; de Templis Ethnicorum. XI. 47. sur les temples des anciens. 481. — *Temples* de l'ancienne Rome. XIV. 416. — *Temple augural*; de partibus templi auguralis. XI. 98. — *Temple* de Jérusalem; de templo Jerusalem. X. 219.

TEMPLE (le chevalier) ses mémoires. X. 165. & XII. 329. *sa vie*. X. 166. état des Provinces Unies. XIII. 290. mém. 306. introduction à l'histoire d'Angleterre. 444, 445. lettres. 480. & XIV. 301. nouveaux mém. *avec la vie de l'auteur*. XIII. 480.

TEMPLE (Jean) hist. Hibernicæ rebellionis. XIII. 526.

TEMPLE STANYAN; hist. de Gréce. XI. 40.

TEMPLERY; sentimens sur les hist. de Provence. XIII. 147.

Templiers; hist. des Templiers. X. 476. & XII. 139. hist. de leur ordre en Espagne. XIII. 362.

TEMPORARIUS (Jean) chronol. demonstrat. X. 146.

TEN-CATE; dissertat. X. 196.

TENDE (Gaspard de) relat. de Pologne. XIV. 38.

TENNEUR (J. Alex. le) veritas vindicata. XIII. 200 & *suiv*. de sacra ampulla. 236.

TENNULIUS; notæ in geographica antiqua. X. 23.

Tenremonde; hist. de cette ville. XIII. 284.

TENTZELIUS (Guill. Ern.) historicæ vindiciæ, &c. XI. 274. Saxonia numismatica. 310. supplementa ad historiam Gothanam. 317. typus genealogiæ Beichlingianæ. XIV. 216.

TENZEL; v. TENTZELIUS.

TENZELIUS (Polycarpe) selecta numismata. XIV. 318.

Téramo; histoire de

cette ville. XI. 486.
TERCIER ; ses recherches insérées dans les mém. de l'académie des Inscript. XIV. 481, 483, 484, 487, 488, 494, 496, 501.
TERLON (le chev. de) ses mém. XIV. 29.
Terme ; du dieu Terme. XIV. 418.
Termini ; hist. de cette ville. XI. 498.
Terni ; hist. de cette ville. XI. 443.
TERNI (Pietro) hist. de Crême. XI. 543.
TERRA ROSEA (le P. de) riflessioni geografiche. X. 47.
TERRA RUBEA (Joannes de) de jure legitimæ successionis in regno Galliæ. XIII. 191. de jure Delphini primogeniti. 256.
Terracine ; hist. de cette ville. XI. 443.
TERRASSON (Matthieu) mém. sur Neufchâtel. XIII. 270.
TERRASSON (l'abbé) traduct. de Diodore de Sicile. XI. 31.
TERRASSON (Ant.) hist. de la Jurisprudence Romaine. XIV. 355.
Terre-ferme en Amérique. X. 96. — *Terre de feu*. X. 96. — *Terre Magellanique*. X. 96. — *Terre-neuve* ; île de l'Amérique. X. 97. & XIV. 169. — *Terre-sainte* ; différentes cartes. X. 54, 92. v. *Palestine*. — *Terres australes*. XIV. 174 & *suiv*.
TERRIN (Claude) la Vénus d'Arles. XIII. 158.
TERRINCA (Ant. à) theat. Etrusco-Minoriticum. X. 383.
TERTRE (Jean B. du) hist. génér. des îles Antilles. XIV. 171 & *ibid*.
TERZI (Biagio) Siria sacra. X. 196. & XIV. 92.
TESAURO (Emmanuel) de genealogia Christi. X. 215. hist. du royaume d'Italie sous les Barbares. XI. 404. compeggiamenti. 581. istoria di Torino. 582. Sant Omero assediato. XII. 277. inscript. collectæ. XIV. 335.
TESCHENMACHER ; annales Juliæ, Cliviæ, &c. XI. 290.
TESSEREAU ; hist. des Réformés de la Rochelle. XIII. 97. histoire de la grande Chancellerie. 215.
Tête d'âne, qu'on accuse les Juifs d'adorer. XIV. 415.

TETHINGER; de Wirtembergiæ rebus. XI. 168

Tetricus; hist. de cet empereur. XIV. 493.

TETTAMANZIO; storia del sacro monte sopra Varese. XI. 562.

Teutons (chevaliers) hist. de l'ordre Teutonique. X. 481 & *suiv*. XIV. 60.

TEXEIRA (Joseph) hist. de Portugal. XI. 410. explicatio genealogica Henrici I Condæi. XIV. 238.

TEXEIRA (Pierre) relationes de los reyes de Persia. XIV. 84.

TEXTOR (Jean) chronicon Nassoviense. XI. 278.

TEXTOR (J. Wolfg.) ratio statûs Germaniæ. XI. 341.

TEXTUS Roffensis; de antiquit. Oxoniensibus. XIII. 505.

THADÉE (Derm.) Nitela Franciscanæ religionis. X. 384.

Ste. *Thaïs* X. 316.

Thaïs (le sieur de) sa vie. XII. 360.

Thalès; rech. sur ce philosophe. XIV. 448.

Thalers; monoie. XI. 252.

Thamas-Kouli-Khan; son histoire. XIV. 86.

THAUMASSIERE (la) hist. de Berri. XIII. 97. franc-alleu de Berri. 98.

Théate; v. *Chiéti*. XI. 372.

Théatins; hist. de leur ordre. X. 436. — *Théatines*. ibid.

Théâtres des anciens. XIV. 418, 427 & 485.

Theatrum Europæum. X 164 & XI. 240.

Thèbes; de republic. Thebanorum XI 43.

Ste *Thècle*; actes de S Paul & de Ste. Thècle. X. 270.

THEGAN; de gestis Ludovici Pii. XI. 197. & XII. 44 & 128.

THEOBALD; Bohemicæ ecclesiæ adumbratio. X. 301. bellum Hussiticum. *ibid*. series ducum, &c. Bohemiæ. XI. 324.

THEOBAUD, moine; acta S. Prudentii martyris. XII 80.

Théocrite; rem. sur ce poète; trad. d'une de ses idylles. XIV. 428.

Théodelinde, reine des Lombards; sa vie. XI. 154.

Théodora, impératrice; sa vie. XIV. 354.

S. Théodore; de vita S. Magni. XI. 178.

Théodore Angelrusius; chronicon chronicorum. X. 142.

S. *Théodore de Celle*; sa vie. X. 425.

Théodore de Gaze; de mensibus Atticis. XI. 51. de origine Turcarum. XIV. 70.

Théodore *le lecteur*; hist. ecclésiastique. X. 223, 224.

Théodore *Studite*; de vita & dormitione B. Platonis. X. 225.

Théodore, ermite; hist. de l'église de N. D. du Puy. XIII. 145 *& suiv.*

Theodoret; hist. ecclésiastique. X. 222, 223, 224. SS. Patrum religiosa historia. 225 & 326.

Théodoric, roi des Goths en Italie; epistola de ejus vita. XI. 150. historia. *ibid.* sa vie par différens auteurs. 405. ses lettres. XII. 40.

Théodose le Grand; son histoire. XI. 148. mœurs & usages de son siécle. XIV. 455.

Théodose; moine; epistolæ de Syracusanæ urbis expugnatione. XI. 379.

Théodulphe, abbé de S. Quentin; ses poésies. XII. 42, 45.

S. *Théofroi*, martyr; son éloge. XII. 81.

Théologie; écrits concernant cette faculté. XIII. 27.

Théon d'Alexandrie; son canon astronomique. XIV. 496.

Théophane le confesseur; chronographia. XI. 132. *& ibid.*

Théophane de Byzance; excerpta. XI. 130 & 134. *mém. sur sa vie & ses ouvrages.* XIV. 458.

Théophilacte *Simocatte*; historiæ. XI. 132, 134 & 142. fragmenta de legationibus. 132 & 134.

Théophilacte, arch. de Bulgarie; institutio regia. XI. 144.

Théophile Simocatte; v. Théophilacte.

Théophile; vie de S. Macaire. X. 326.

Théophraste; de illius libris. XI. 52. lectiones Theophrasteæ. *ibid.*

Ste. *Thérèse*; sa vie écrite par différens auteurs. X. 375.

Ste. *Thérèse* de Palerme; translation de ce mo-

nastere. XI. 494.

Thermes (le maréchal de) sa vie. XII. 351 & 360.

Thérouenne; de Morini expugnatione. XI. 170.

THESAURO ; v. TESAURO.

Thésée; de ejus vita. XI. 52.

Thessalonique; de excidio Thessalonicæ. XI. 133, 135 & 141.

THEULI ; hist. de Véletri. XI. 441.

Theurdanck. XI. 224.

THEVENIN ; conjuration de Concino Concini. XII. 257.

THEVENOT (Melchisedec) synopsis monarchiæ Sinicæ. XIV. 119. relations de divers voyages. 180.

THÉVENOT (Jean) voyage au Levant. XIV. 185 & *suiv.*

THEVET (André) cosmographie. X. 38. discours de la bataille de Dreux XII. 174. hommes illustres. XIV. 367.

THIARD (Pontus de) extrait de la généalogie de Hugues Capet. XIV. 235.

S. *Thibault*, chanoine de Dorat ; sa vie. XII. 81.

Thierri I, roi de France ; son épitaphe. XII. 38.

Thierri III, roi de Neustrie & de Bourgogne ; époques de son régne. XII. 117.

THIERRI de Niem ; historia de vita Joannis XXIII. XI. 191 & 428.

THIERRI, moine de Norwége ; de regibus Norwegiæ. XIV. 50.

THIERS (J. B.) critique de l'hist. des Flagellans. X. 299. dissert. sur l'inscript. du portail des Cordeliers de Reims. 383. sur le lieu où repose le corps de S. Firmin. XIII. 44.

Thimerais ; hommes illustres de cette province. XIII. 72.

Thionville ; descript. de la prise de cette ville. XII. 167. relation de la bataille de Thionville. 275.

THIROUX ; recherches sur Autun. XIII. 108.

THOLOLANO ; chroniques de Milan. XI. 554.

THOMAI (Tomaso) hist. de Ravenne. XI. 448.

S. *Thomas* ; evangelium Thomæ. X. 217.

S. *Thomas* d'Aquin ; sa vie par différ. auteurs. X. 397.

S. *Thomas*, archev. de Cantorbéri ; sa vie. X. 292. & XIII. 439 & 445.

Thomas, prieur de S. Victor ; sa vie. X. 418.

THOMAS d'Acerno ; creatio Urbani VI. XI. 382.

THOMAS d'Aquilée ; la guerra d'Attila. XI. 405.

THOMAS à Kempis ; chronicon Montis Agnetis. X. 422.

Thomas de Pisan ; sa vie. XIV. 422.

THOMAS (Artus) descript de l'île des Hermaphrodites. XII. 208 & *suiv* continuation de l'hist. des Turcs. XIV. 70.

THOMAS (Edmond) de antiq Bibractes. XIII. 108.

THOMAS (Frédéric) analecta Gustroviensia. XI 104.

THOMAS (Hubert) de Tungris, &c. XI. 167 & 288. de bello rusticano. 188 de Francisci à Sickingen rebus gestis. *ib.* antiquités du Palatinat. 279. vita Friderici Palatini. *ibid.* stemma Leostenianum. XIV. 215.

THOMAS D'AQUIN *de S. Joseph* ; vie de la mere Galiotte de Genouillac. X. 480. de origine & primordiis stirpis Carolinæ. XIV. 233.

THOMASI ; *v.* TOMASI.

THOMASINI ; *v.* TOMASINI.

THOMASIUS ; apologia Sardanapali. XI. 13. de origine Romana. 60.

THOMASSIN (le P.) méthode pour étudier les historiens. X. 7. traité dogm. & hist. des édits, &c. 311.

THOMÉ ; lettres à D. du Plessis. XIII. 60.

THORLACIUS ; de Islandia. XIV. 31.

Thorn ; chronique de cette ville. XIV. 61.

THOROTON ; antiq. Nottinghamenses. XIII. 503.

Thorstan ; son hist. XIV 9.

Thorus ; dissertatio de Thoro idolo. XIV. 36.

Thou (MM. de) leur éloge. XIII 217, 218.

THOU (le présid. de) son hist. XII. 212 & *suiv. jusqu'à* 216. de vita sua

commentar. XIII. 218. vita Papirii Massoni. XIV. 404.

Thrace; hist des rois de Thrace. XI. 41.

Thrasylle; rech. sur sa vie & ses ouvrages. XIV. 448.

THUCYDIDE; de bello Poloponnesiaco; différ. édit. & trad. de cet ouvrage. XI. 28 & *suiv.* chronologie d'Hérodote & de Thucydide. 25.

THUCELIUS (Cassander) electa juris publici. XI. 297. Imperii acta publica. 333.

THUILLERIES (l'abbé des) dissert. sur la mouvance de Bretagne. XIII. 77. défenses sur l'origine de la maison de France. XIV. 237.

THUILLIER (René) diarium Minimorum. X. 408.

THUILLIER (D. Vinc.) traduct. de Polybe. XI. 67.

THULDENUS; continuatio Brachelii. X. 163. & XI. 238.

Thule; de Thule veterum. XIV. 31.

THULEMARIUS; notæ in Cecropistromachiam. XI. 102. notæ ad Freherum, de statura Caroli Magni. 213. de bulla aurea, argentea, &c. 338. de octoviratu imperii. 342. de sororibus Caroli Magni. XII. 128 & 352.

Thuringe; carte. X. 72. differ. auteurs sur cette province. XI. 315. & *suiv.* chronica Thuringiæ. 275. descriptio. 276. hist. & généalogie des landgraves de Thuringe. XI. 174.

THURLOE; recueil de papiers d'état. XIII. 478.

Thurot (le capitaine) Journal de sa campagne. XII. 345 & *suiv.*

THWROCZ (J. de) chron. regum Hungariæ. XI. 348.

THYLIUS; ad capitulationem Caroli VI. XI. 339.

Thymbrée; rem. sur la bataille donnée en ce lieu. XIV. 436.

Thyphon. XIV. 426.

THYSIUS; de repub. Atheniensium. XI. 44. Roma illustrata. 108. hist. navalis. XIII. 323. édit. de l'hist. d'Angleterre de Polydore Virgile. 446.

THYVON (l'abbé) traduct. de Salluste. XI. 68.

Tibere ; époque de son association à l'empire. XIV. 495. marmorea basis colossi Tiberio erecti. XI. 48.

Tibet ; auteurs sur ce royaume. XIV. 116 & *suiv.*

TIBIANUS ; de laudibus Acronii lacus. XI. 178.

Tibur ; auteurs sur cette ancienne ville. XI. 370, 440. v. *Tivoli.*

Tiers-ordre des Carmes. X. 376. — de S. François. 393 & *suiv.* — de S. Dominique. 402. — des Trinitaires. 406.

TIGEOU ; la conjonction des lettres. XII. 361.

TILEMANN ; discursus de historicorum delectu. X. 15. trad. de la vie de S. Jean-Chrysostome. 290.

TILLADET (l'abbé de) ses ouvrages insérés dans les mém. de l'académie des Inscriptions. XIV. 415, 416, 420, 422. *son éloge.* 426.

TILLEMONT (le Nain de) mémoires pour l'hist. de l'Eglise. X. 231. différentes vies auxquelles il a contribué, 290, 291. hist. des empereurs. XI. 81. *sa vie.* XIV. 407.

TILLET (Elie du) généalogie de la maison de Courtenay. XIV. 239.

TILLET (Jean du) évêque ; chronicon de regibus Francorum. XII. 92 & *suiv.* pour la majorité du roi. XIII. 195.

TILLET (Jean du) greffier ; sommaire de la guerre des Albigeois. X. 299. libertés de l'Eglise Gallicane. XII. 25. mémoires & recherches sur l'hist. de France. 92.

TILLET, avocat ; statuts de Bourdeaux. XIII. 127.

TILMANN ; v. TILEMANN.

Timagènes ; mém. sur cet historien. XIV. 453.

Timao, riviere ; dissertatio de Timavo fluvio. XI. 368. descript. Balneorum ad Timavi ostium. *ibid.*

TIMARETEN ; collectio monum. Belgii fœderati. XIII. 326.

TIMIDO ; spiegazioni di due antiche mazze di ferro. XIV. 341.

Timon le Misanthrope. XIV. 458.

TINTO ; la nobilta di Verona. XI. 538.

TIRABOSCH ; vetera

Humiliatorum monumenta. X. 434.
TIRAQUEAU ; de nobilitate. XIV. 193.
TIREMÆUS (Jean) notes sur Guillaume de Pouille. XI. 384 & 462.
TIRIN; chron. sacrum. X. 121.
Tirol; cartes. X. 69, 70. auteurs sur cette province. XI. 253. & XIII. 267.
TISSIER ; bibliotheca patrum Cisterciensium. X. 351.
TITE (Solon la) carte du Béarn. X. 81.
TITE LIVE ; historia Romana. XI. 65, 66, 76, 77. observ. sur cet historien. XIV. 413. prétendu fragment de cet auteur. 445.
TITIUS (Gott. Gerh.) specimen juris publici. XI. 162.
TITIUS (Jean) Thuani historiæ recensio. XII. 214.
TITON DU TILLET ; honneurs accordés aux savans. XIV. 346.
Titus Labiénus. XIV. 418 & 454.
Tivoli ; auteurs sur cette ville. XI. 440.
Todi ; hist. de cette ville. XI. 442.
Toge; de Toga Romanorum. XI. 99 & 120.
TOINARD ; evangeliorum harmonia. X. 214.
Toison-d'Or; ordre de la Toison d'Or. X. 482. armoiries des chevaliers. XIV. 102. — la *Toison d'or*, par Guill. Fillâtre ; chronique. X. 144.
Toiras ; hist. & généalogie du maréchal de Toiras. XII. 367.
Tokai ; de expugnatione arcis Tokai. XI. 172.
Tolède; hist. du royaume & de la ville de Tolède. XIII. 368 & *suiv.*
TOLLIUS (Corneille) son édition de Cinname. XI. 137. de infelicitate litteratorum. XIV. 370.
TOLLIUS (Jacques) Roma vetus: XI. 97. notæ ad dissert. de Sistris. 99. insignia itinerarii Italici. 361.
TOLNER ; hist. Palatina. XI. 279.
TOMASI (Cingurra) hist. de Sienne. XI. 511.
TOMASI (Franc.) continuat. de l'hist. de Sienne XI. 394.
TOMASI (Tom.) vie de César Borgia. XI. 591.

Tomasi à Caro (Jule) duc de Palma ; sa vie. XIV. 401.

TOMASI (George) la Battorea. XIV. 286.

Tomasi (Joseph-M.) vie de ce cardinal. XIV. 407.

TOMASINI (Franc.) famiglia della gran casa Anicia. XIV. 210.

TOMASINI (Jacques-Philippe) annales canonicorum S. Georgii in Alga. X. 423. de Tesseris hospitalitatis. XI. 50. manus æneæ dilucidatio. 52. de Donariis. 105. urbis Patavinæ inscript. 535, 536. Athenæ Patavinæ. XIV. 389. gymnasium Patavinum. *ibid.*

Tombeaux ; v. *Sépulcres.*

Tombeaux trouvés en Auxois. XIV. 425. — *Tombeaux de Civaux.* XIV. 489. — *Tombeaux* découverts à Paris. *ibid.*

TOMELLUS ; hist. Hasnonensis monasterii. X. 344.

TOMMASI ; *v.* TOMASI.

TONDUZZI ; istorie di Faenza. XI. 451.

Tongres ; de Tungris & Eburonibus. XI. 167.

TONJOLA ; Basilea sepulta. XIII. 266.

Tonkin ; auteurs sur ce pays. XIV. 112, 113.

Tonnerre ; auteurs sur cette ville. XIII. 60.

TONSI ; vie d'Emanuel-Philibert, duc de Savoie. XI. 578.

TONTI ; découvertes dans l'Amérique septentrionale. XIV. 168.

TONTOLI ; il Mas'aniello. XI. 470.

TOOKER ; charisma. XIII. 508.

TOPPELTIN ; origines & occasus Transylvanorum. XI. 355.

Torcello ; hist. de cette église. XI. 331.

TORCY ; ses mémoires. XII. 335.

Tordenschield, vice-amiral de Danemarck, XIV. 29. sa vie. *ibid.*

TORELLI (Carlo) la splendore della nobilta Napolitana. XIV. 225.

TORELLI (Louis) secoli Agostiniani. X. 426. illustri dell'ordine Agostiniano. 428.

TORFÆUS (Snebiorn) præsules Islandiæ. XIV. 31.

TORFÆUS (Thormod) hist. rerum Orcadensium. XIII. 524. & XIV. 33. Dynastæ regum Daniæ,

XIV. 16. de tribus potent. Daniæ regibus. 27 hist. Hrolfi Krakii. *ibid*. hist. rerum Norwegicarum. 31. Gronlandia antiqua. 33.

Torija (Juan de) ordonnances de Madrid. XIII. 370.

Torner; compendio de las grandezas de la casa de Rocaberti. XIV. 278.

Tornich; hist. des comtes de Barcelone. XIII. 383.

Torniel; annales sacri. X. 150.

Torquatus; prognosticon. XI. 184.

Torquemada; monarquia Indiana. XIV. 150.

Torre (Carlo) il ritratto di Milano. XI. 557.

Torre (Cervera de la) hist. de la mort de Philippe II. XIII. 347 & *s*.

Torre Farfon (Fern. de la) fiestas de la iglesia de Sevilla. XIII. 374.

Torre (Gio. Dom. della) siége de Pavie. XI. 560.

Torre (J. M. della) hist. & phénoménes du Vésuve. XI. 478.

Torre (Rafaello della) Squitinio squitiniato. XI. 534.

Torré (Raphaël de la) hist. de sa conjuration. XI. 471 & 572.

Torre (M. de la) mém. du comte de Harrach. XIII. 352.

Torreblanca (Gongora y) hist. del reyno de Navarra. XIII. 392. carta. *ibid*.

Torrellas (Pedro Blasio de) la vida y chronica de Gonzalo Fernandez de Cordoua. XIV. 272.

Torrenius; Valerius Maximus, cum notis. XIV. 516.

Torres (Fr. Caro de) hist. des ordres de S. Jacques, &c. XIII. 362. servicios de Alonzo de Sotomayor. 403.

Torres (Diégo de) hist. des Chérifs. X. 44. & XIV. 157. & *ibid*.

Torres y la Cerda; hist. de la province de Rioja. XIII. 371.

Torres de Lyma; hist. de Portugal depuis la mort de D. Sébastien. XIII. 415.

Torri; grotte di Torri. XI. 441.

Torrigio; le sacre grotte Vaticane. XI. 437.

Tortoletto;

TORTOLETTO; Offuniana conjuratio. XI. 470.

Tortone; histoire de cette ville. XI. 561.

TORTORA; istoria di Francia. XII. 210.

Tortose; histoire de cette ville. XIII. 386.

Tortue; descript. de l'île de la Tortue. XIV. 251.

Toscane; cartes. X. 89, 90. auteurs sur cette province. XI. 369, 370; 389 & 499 & *suiv.*

TOSCANELLA; traduct. de quelques vies de Plutarque. XI. 32.

TOSCANO; l'edificatione di Mantoua. XI. 564.

TOSI; description de l'Inde orientale. XIV. 107.

TOSINI; storia de sentimento sopra il Giansenismo. X. 254.

TOSSIGNANO (Gio. da) regle des Jésuates. X. 330. sa vie. 331.

TOSTAT; commentario sobre Eusebio. X. 133.

TOUBEAU; priviléges de Bourges. XIII. 101.

TOUCHARD; lettres du roi de Navarre, &c. XII. 181.

Touchet; généalogie de cette maison. XIV. 252.

Toul; carte de l'ancien diocèse de Toul. X. 62. hist. de Toul. XIII. 179.

Toulon, assiégé en 1706. XIII. 163. peste en 1721. *ibid.*

TOULOUBRE (la) hist. de la noblesse de Provence. XIV. 253.

Toulouse; hist. de cette ville & de ses comtes. XIII. 139 & *suiv.* troubles en cette ville. XII. 172.

TOUR (H. de Maupas du) vie de S. François de Sales. X. 443. — de Mde. Fremiot. *ibid.*

TOUR (Seran de la) hist. d'Epaminondas. XI. 34. — de Philippe, roi de Macédoine. 35. vie de Scipion l'Africain. 73. parallèle de la conduite des Carthaginois, &c. XII. 345.

TOUR (Gastelier de la) armorial des États de Languedoc. XIV. 203.

Tour-Taffis; généalogie de cette maison. XIV. 266.

Touraine; auteurs sur cette province. XIII. 85 & *suiv.*

TOURCHETOT; voya-

ge en Egypte. XIV. 134.

Tournay; hist. de cette ville. XIII. 52 & 279 & *suiv*. son parlement. 52. siége de Tournay en 1745. XII. 342.

Tournay; union de ce collége à celui de Navarre. XIII. 31.

TOURNEFORT; relat. d'un voyage au Levant. XIV. 190.

TOURNELY; acta super constitutione *Unigenitus*. X. 260.

TOURNEMINE (le P.) éclaircissement sur les livres de l'Ecrit. rejettés par les Protestans. X. 203.

TOURNEUX (Nic. le) vie du B. Pierre de Luxembourg. XIII. 178.

Tournois; observat. sur les Tournois & la Table ronde. XIV. 470.

Tournon (le card. de) sa vie. XII. 360.

Tournon (le card. de) défense de ce prélat. XIV. 126.

Tournon (Mlle. de) hist. belli quod gessit. XII. 171.

Tournus; histoire de cette abbaye. XIII. 110.

TOURON; vie de S. Charles Borromée. X. 292. vie de S. Dominique. 396. vie de S. Thomas d'Aquin. 397. hist. des hommes illustres. 399. hist. de l'Amérique. XIV. 150.

Tourreil; son éloge. XIV. 426.

Tours; hist. de cette ville. XIII. 86 & *suiv*. antiq. de ses environs. XIV. 330.

TOUSART; diplomata &c. ord. S. Spiritus. X, 422.

TOUSSAINT DE SAINT-LUC; mém. sur l'ordre de N. D. du Mont-Carmel. X. 485, mém. sur la Bretagne. XIII. 78. hist. de Conan Mériadec. *ibid*. armorial de Bretagne. XIV. 246.

TOUSTAIN; traité de diplomatique. XIV. 341.

TOURVILLE; ses mém. XII. 335.

TOWNSEND; conquête du Mexique. XIV. 151.

TOWNSHEND'S; collection historique. XIII. 462, 464.

TRABOUILLET; état de la France. XII. 32.

Traductions françoises; les plus anciennes. XIV. 468.

Tragédie; diverses observations sur la tragé-

die. XIV. 443, 460, 472, 514. v. *Spectacles*. XI. 49.

TRAIMOND, moine de Clairvaux; ses lettres. XII. 58.

Traités; recueils de traités de paix & négociations. XIV. 288 & *suiv.*

Trajan; sur le jour de son inauguration. XIV. 524. hist. utriusq. belli Dacici. à Trajano gesti. XI. 113. columna Trajani. *ibid.* son expédition dans les Indes supposée. XIV. 477. sur la durée de son empire. 481. de ejus anima ab inferis erepta. XI. 92.

TRALAGE (l'abbé du) carte & descript. de la France. XII. 4.

TRANQUILLE (le P.) Urselines de Loudun. XIII. 94.

TRANSÉE; de ratione status imperii. XI. 341.

Transylvanie; cartes. X. 68. auteurs sur ce pays. XI. 354.

TRAPES (Charles) lettre contre les Vérités académiques. XIII. 22.

Trappe; hist. de l'abbaye de la Trappe. X. 356.

Trau; hist. de cette ville. XI. 547.

TRAU (Olivier de la) discours de l'ordre du S. Esprit. X. 421.

TRAVASA; storia degli eresiarchi del I secolo. X. 296.

Trebellius Pollio; explication d'un passage de cet auteur. XIV. 420.

TREGOUIN (G. de) nullités dans l'institution de la doctrine chrétienne. X. 440.

TRELIORIUS; de jurejurando. XI. 98.

Tremblement de terre; de terræ motu. XI. 98.

Trembleurs; leur histoire. X. 306. v. *Kouackers.*

Trémiti; descript. & hist. de ces îles. XI. 377 & 488.

Trémoille ou *Trimouille*; droits du duc de la Trimouille au royaume de Naples. XI. 475. préséance aux États de Bretagne. XIII. 80.

Trémoille (Louis de la) dit le chevalier Sans Reproche; sa vie. XII. 357.

Trémoille (H. Ch. de la) prince de Tarente; ses mémoires. XIV. 522.

Trente; auteurs sur cet évêché. XI. 253. hist.

du concile de Trente, par différens auteurs ; actes & piéces qui le concernent. X. 244 & *suiv.*

Trentin ; cartes. X. 69, 70.

Trépied de Delphes ; son usage. XI. 57.

Très-Chrétien; assertio imperator. christianum, jure *Christianissimum* esse dicendum. XI. 166. observation sur ce titre, affecté aux rois de France. XIII. 237, 253 & *ibid.* & XIV. 501 & *suiv.*

Trésor des chartes du roi ; observ. sur ses archives. XIII. 198. & XIV. 462. son état actuel. XIV. 505.

Trésorier en Angleterre. XIII. 510.

Trésoriers de France ; recueil de leurs priviléges. XIII. 219.

TRETERUS ; Jerosolymitana peregrinat. XIV. 89.

Trèves ; cartes. X. 75. auteurs sur la ville & l'électorat de Trèves. XI. 283 & *suiv.* hist. Trevirensis. XII. 87. gesta Treverorum. XI. 196. Trevirorum obsidio. 168. — *Trèves*, prise par le maréchal d'Estrées. XII. 275.

Trévi ; storia di Trevi. XI. 562.

Trévidon ; sa situation. XIV. 425.

TREVISA (Joannes) édit, de Raoul d'Higden. XIII. 443.

TREVISAN (Bernard) della laguna di Venezia. XI. 531.

TRÉVISAN (Marc) vita di Franc. Erizzo. XI. 529. attioni eroiche di Lazaro Moccenigo. 531.

Trévise ; auteurs sur la ville & la marche de Trévise. XI. 367, 387, 394 & 519.

TRIAGIA ; hist. de Larino. XI. 483.

TRIBALD (Louis) Epœnesis Iberica. XIII. 408.

TRIBALDOS de Toledo ; guerre de Grenade. XIII. 391.

Tribonien ; sa vie. XIV. 354.

Tribus du peuple Romain. XI. 118. & XIV. 418 & 427.

Tricines ; rem. sur ce lieu. XIV. 470.

Trieste ; hist. de cette ville. XI. 545.

TRIGAN (Charles) histoire de Normandie. XIII. 61.

TRIGAULT (Nicolas) de Christiana expedit. apud Sinas. XIV. 124. de Christianis apud Japonios triumphis. 129. rei christianæ apud Japonios. comment. *ibid.*

TRIGLAND (Jacob) progrès de l'Eglise. XIII. 320.

TRIGLAND (Jacque) de origine & causis rituum Mosaicorum. X. 221. conjectanea de Dodone. XI. 47.

TRILLO (Ant.) guerres de Flandre. XIII. 293.

Trimouille ; v. Tremoille.

TRINAGIUS (Bernardinus) Vicentinæ inscriptiones. XI. 538.

Trinci ; généalogie de cette famille. XIV. 218.

TRINGUIER ; carte du diocèse de Lavaur. X. 85.

Trinitaires ; hist. de l'ordre des Trinitaires. X. 405 & *suiv.*

Trinité créée ; Filles de la Trinité créée, dites religieuses de la congrégation de S. Joseph. X. 446 & *suiv.*

Trinité ; institution de cet hôpital. XIII. 15.

Ste. *Trinité* ; monum. hist. de la maison de la Trinité à Palerme. X. 482. & XI. 377, 494.

Triomphe ; de triumphis, &c. XI. 54, 101, & 119. & XIV. 413.

TRIPPAULT ; siége d'Orléans, & sa délivrance par la Pucelle. XII. 142, 143. antiquités d'Orléans. XIII. 81.

TRISTAN (P. Jac.) chron. des Minimes. X. 407, 408.

TRISTAN (Jean) commentaires historiques. XI. 91. traité du Lys. XIV. 201.

TRITHÈME ; chronic. Hirsaugiense. X. 343. annales Hirsaugienses. *ibid.* de ordine Carmelitano. 368. de origine Francorum. XI. 167. ses ouvrages. 184, 187, 189. de origine Bavarorum. 260. vie de Frédéric I, électeur Palatin. 279. chronicon Sponheimense. 280. — Hirsaugiense. *ibid.*

Trittow ; carte du bailliage de Trittow, Reinbeck, &c. X. 73.

Triumvirat ; hist. du premier & du second triumvirat. XI. 74.

TRIVET ; annales sex regum Angliæ. XIII. 455.

TRIVETH (Nicolas) chronicon. X. 157. & XII. 861

TRIVORIUS; de vera Francorum origine. XII. 16.

TROGUE-POMPÉE; v. JUSTIN.

Trois Rois; histoire des Trois Rois. X. 215 & 264.

TROMBELLI; memorie istoriche. XI. 454.

Tromp, amiral; sa vie. XIII. 323.

Trompette; son usage chez les anciens. XIV. 414. de forensi Judæorum Buccina. X. 221.

TRONCI; hist. de Pise. XI. 512.

TRONCHET; vie de M. de Tillemont. XIV. 407.

TRONÇON; entrée de leurs majestés à Paris. XIII. 245.

S. *Trophime*, évêque d'Arles. XIII. 158.

TROSTHER; hist. de Transylvanie. XI. 355.

TROUILLARD; mém. des comtes du Maine. XIII. 91.

Troupes de France; leur histoire. XIII. 225, 226.

Troye; carte du royaume de Troye. X. 56. hist. de la guerre de Troye. X. 98. XI. 24 & *suiv.* & XIV. 321. hist. du royaume de Troye. XI. 25. de non capto Ilio. 26. sur la durée du siége de cette ville. XIV. 430 & 436. différentes traditions sur la guerre de Troye. 500.

Troye en Champagne; hist. de cette ville. XIII. 57, 58. de ce qui s'est passé en la ville de Troye au sujet des Jésuites. X. 472.

TRUBLET; mém. sur MM. de Fontenelle & de la Motte. XIV. 402.

Truchsès; archev. de Cologne. XI. 286.

Trudonensis abbatia; gesta abbatum Trudonensium. X. 340.

TRULLO (Jean) de canonicis regularibus. X. 416.

TRUSSEL; hist. d'Angleterre. XIII. 448.

TSCHUD; origines comitum de Habsburg. XI. 200.

TUFFO (J. B. del) hist. des Théatins. X. 436. cronologia della famiglia del Tufo. XIV. 228.

TUBERON (Louis) commentarii. XI. 349 & 350. de Turcarum

origine. XIV. 71.
Tui; antiq. de cette ville & de son église. XIII. 394.
Tulle; hist. ecclesiæ Tutelensis. XIII. 129. actes de cet évêché. XII. 88.
Tullia; remarq. sur son *Fanum*. XIV. 419.
Tunis; auteurs sur ce royaume. XIV. 140. expédition de Charle-Quint à Tunis. XI. 168, 169, 128 & 230.
TURANO; vita è virtu della suor Maria Crocifissa della Concezzione. X. 366.
Turcs; de Saracenis & Turcis chronicon. X. 171. mœurs & hist. des Turcs. XIV. 68 & *suiv.* 80. leur hist. littéraire. 398.
TURCKIUS (Guill.) Germania media. XI. 157.
TURCKIUS (Henri) fasti Carolini. XI. 213. & XII. 128.
Turcomanie; carte. X. 92.
Turenne; franchises de cette vicomté. XIII. 129.
TURENNE (le maréch. de) ses liaisons avec les princes. XII. 307. ses mémoires. 328. *sa vie.* 351, 372 & 373. ses funérailles. XIII. 250.
TURGE LOREDAN (Marie) *v.* LÉONARD (Marguerite) dont ce nom est l'anagramme.
Turgot; son éloge. XIV. 490.
TURIEN (Louis) generales ord. Carthusiani. X. 404.
Turin; plan de Turin. X. 88. auteurs sur cette ville. XI. 572 & 582. siége. XII. 334.
TURINO (Camillo) prospectus hist. Carthusiensis. X. 404.
TURLAY; corona australis. XIV. 48.
TURLER; de migrationibus populor. sept. X. 191. & XI. 149.
TURNEBE; de vino. XI. 50. de Calisio capto. 171.
TURNELL; Maria Stuarta vindicata. XIII. 521.
TURPIN, archev. de Reims; chronique. XII. 126. de vita Caroli Magni & Rolandi. XI. 165, 175.
TURPIN (Matthieu) hist. de Naples. XI. 467.
TURPIN (le P.) anna-

les des comtes de S. Paul. XIII. 52.

Turpin (M.) vies des hommes illustres. XII. 351. hist. du royaume de Siam. XIV. 113. *aux additions*.

Turquet (Mayerne) hist. d'Espagne. XIII. 341.

Turquie; cartes. X. 91, 92, 94.

Turre (Ant. Mar. de) supplementum annalium Minorum. X. 177.

Turre (Philippe à) monumenta veteris Antii. XIV. 338.

Turre (Raphaël de) v. Torré.

Turrianus (Cervera) v. Torre.

Turrigius; notæ ad Ursi Togati inscriptionem. XI. 105.

Turselin (Horace) historia ab orig. mundi. X. 125. vie de S. François Xavier. 456. Lauretana historia. XI. 446. hist. du Christianisme dans le Japon. XIV. 129.

Turtura; vita Hieronymi Æmiliani. X. 439.

Turtureti; Sacellum regium. XIII. 365.

Tusculane; hist. de cette ville. XI. 370 & 446. v. *Frescati*.

Tusculum antiquum. XI. 370. v. *Frescati*.

Tutini; de seggi di Napoli. XI. 474. de Sette officii. *ibid.* istoria della famiglia Blanch. XIV. 219. alliances de la maison della Marra. 224.

Tutor y Malo; hist. de l'ancienne & de la nouv. Numance. XIII. 371.

Twin; de rebus Albionicis. XIII. 443.

Twysden; hist. Anglicanæ scriptores. XIII. 438. apologie de l'église Anglicane. 495.

Tyndal; remarq. sur l'hist. d'Angleterre de Rapin Thoyras. XIII. 450.

Typotius; de regno Sueciæ. XIV. 11. symbola. 325.

Tyr; fondation de cette ville. XIV. 468.

Tyrrel; hist. d'Angleterre. XIII. 445.

Tyrtée; rech. sur sa vie & ses ouvrages. XIV. 442.

UBALDINI (J. B. di Lorenzo) istoria della casa de gli Ubaldini. XIV. 229.
UBALDINI (Petruccio) la vita di Carlo Magno. XII. 127. dames illustres d'Angleterre. XIII. 517. descript. de l'Ecosse. *ibid.*
UBBO EMMIUS; *voyez* EMMIUS.
Uberti (Farinata de gli) duc d'Athènes ; sa vie. XI. 509.
UBERTIN de Cazale; arbor vitæ crucifixæ Jesu. X. 398.
Ubiens ; de ara Ubiorum. XI. 159.
UDALL ; vie de Marie Stuart , reine d'Ecosse. XIII. 519.
S. *Udalric & S. Afre* d'Augsbourg ; chronique de ce monastere. XI. 181.
Udine ; hist. de cette ville. XI. 544.
UGHELLI ; Italia sacra. XI. 361. imagines Columnensis familiæ. XIV. 221. albero della famiglia de Conti , &c. 223.
UGOLI ; liber pontificalis. XI. 419.
UGOLINI ; thesaurus antiquitatum sacrarum. X. 218.
UGONI (Flav. Alex.) de Italiæ & Græciæ calamitatibus. XI. 403. excellence de la ville de Venise. 517.
Ukraine ; carte. X. 68.
Uladislas; v. *Ladislas.*
Ulci ; Ulciensis ecclesiæ chartarium. XI. 481.
Ulefeld (le comte d') sa vie & celle de sa femme. XIV. 34. son apologie. *ibid.*
ULEFELD (Jac.) legatio Moscovitica. XIV. 63.
ULHARDI (Philippe) de bello Gallico. XII. 14.
ULLOA (Alfonse de) vie de l'emp. Charles V. XI. 227. vie de Ferdinand I. 231. hist. de l'Europe. 412. vie de Ferrand de Gonzague , prince de Molfetta. 564. guerres d'Italie. XII.

166. commentarios. XIII. 199. l'Asie de Barros. XIV. 105. hist. de l'Inde orientale. 109. expéditions en Afrique. 138 & 140. hist. de Christ. Colomb. 147. conquête du Pérou. 157.

Ulloa (Antoine de) voyage à l'Amérique méridionale. XIV. 157.

Ulm; carte du territoire de cette ville. X. 70.

Ulrich, duc de Wirtemberg; de laudibus ejus. XI. 166. de rebus gestis. 168. oratio de expulso & restituto. 169. de reditu. *ibid.*

Ulug-Beg; tabulæ geographicæ. X. 26. epochæ celebriores. XI. 21.

Unctis (Petruccio de) fragmenta Fulginatis historiæ. XI. 401.

Unilla, princesse de Toscane; sa vie par Puccinelli. XI. 503.

Unigenitus; différens écrits historiques concernant la constitution Unigenitus. X. 257 *& suiv.*

Universités; academiæ scholæque illustres. X. 171.

Universités de France; recueil contre les Jésuites. XIII. 160. supplém. conten. l'institution des 21 Universités. *ibid.*

Université de Paris; son histoire. XIII. 17 *& suiv.* ses différends avec les Jésuites. 19 *& suiv.* sa réformation; ses priviléges. 23 *& suiv.* ses facultés. 25 *& suiv.*

Upsal; hist. de cette ville & de ses évêques. XIV. 18.

Upton; de studio militari. XIV. 192.

Urbain IV, pape; ses lettres. XII. 64 & 88. — *Urbain VI*; son histoire. XI. 382.

Urbani; défense de la républ. de Venise. XI. 546.

Urbanité Romaine. XIV. 435.

Urbin; auteurs sur cette ville. XI. 392, 455, 456.

Urim & Thummim; dissertations. X. 221.

Urraca (Dona) sa vie. XIII. 365.

Urréa (Franc. Ximenès de) dissert. sur les médailles. XIV. 313.

Urreta (Luiz de) hist. de Predicadores en Etyopia. X. 395. hist. de l'Ethiopie. XIV. 142.

Ursatus (Sertorius) v. Orsato (Sertorio)

Ursi (Robert) de obsidione Tifernatum. XI. 401.

Ursi; vie de ce cardinal. XIV. 587.

S. *Ursin* ou *Ursicin*, premier évêq. de Bourges; sa vie. XII. 77.

Ursin; vie de S. Léger. XII. 38.

Ursino de Rivo; vindiciæ pro capite regis Angliæ. XIII. 472.

Ursins (J. Juvenal des) remarque sur l'arrêt au sujet de la Lorraine. XIII. 183.

Ursinus (Fulvius) selecta de legationibus. XI. 39, 77. notæ ad Jul. Cæsarem. 69. historicorum vet. fragmenta. 75. notæ ad Augustinum de legibus Romanis. 95. notæ ad topographiam Romæ. 95. familiæ Romanæ. 100. & XIV. 311. notæ ad calendarium. XI. 100. appendix ad libr. de Triclinio Romano. 121. imagines, &c. virorum illustrium. XIV. 317.

Ursinus (J. Henri) hist. ecclesiarum Germaniæ. XI. 329.

Ursinus (Joach.) Hispanicæ Inquisitionis secretiora. X. 317.

Urstisius; v. Wurstisen.

Ursus Togatus; notes sur une inscription qui le concerne. XI. 105.

Ursulines; religieuses Ursulines. X. 441 & *suiv.*

Uscoques; hist. de ces peuples. XI. 545.

Usserius (Jacque) annales. X. 151. chronologia sacra. 183. de Macedonum & Asianorum anno solari. 184 & XI. 51. historia Gothescalchi. X. 249. de primordiis ecclesiarum Britannicarum. XIII. 491. epistolarum Hibernicarum sylloge. 516 & *suiv. sa vie & ses lettres.* 516. & X. 151.

Ussieux (d') hist. de la découverte des Indes. XIV. 104.

Ustarroz (J. Fr. André de) defensa de la patria de S. Laurencio. XIII. 360. coronaciones de los reyes de Aragon. 376. progressos de la historia de Aragon. 378.

Usuard; son martyrologe. X. 216, 274 & 275.

Utrecht; cartes. X. 78. auteurs sur cette ville. XIII. 289, 312,

314 & *suiv.* Trajectum eruditum. XIV. 392. négociations de la paix d'Utrecht. XIV. 304.

Utriculaires de Cavaillon. XIV. 328.

Uxbridge; tractatûs Uxbridgensis relat. XIII. 470.

UYTEMBOGAERT; histoire eccléfiaft. XIII. 320.

Uzès; ancienne chron. de cette Eglise. XIV. 302.

VABALATHUS ; ses médailles. XIV. 421.

VACHET ; l'artisan chrétien. X. 414.

VADDERE ; origine des ducs de Brabant. XIII. 285.

VADIANUS ; commentarius in Pomp. Melam. X. 24. abbates S. Galli. XI. 178. de obscuris Alamannicorum verborum signific. 179. Farrago antiquitatum Alamannicarum. 179. de Christianismi ætatibus. *ibid.* de conjugio servorum. *ibid.* commentar. ad Melæ Sarmatiam. XIV. 41.

VAGEDES ; periodus regni Austrasiæ. XIII. 181.

VAGLIANO : le rive del Verbano. XI. 562.

VAHA (Guill. de) editio vitæ S. Guillelmi Magni. X. 563.

VAILLANT (Clément) apanage des enfans de France. XIII. 256.

VAILLANT (J. Foi) hist. Ptolemæorum. XI. 10. Arsacidarum imperium. 17. Seleucidarum imp. 20. nummi familiarum Romanarum. XIV. 311. ses différens ouvrages sur les médailles. 319 & *suiv.* ses recherches dans les mém. de l'académie des Inscript. 415, 421.

VAILLANT (MM.) pere & fils ; leur éloge. XIV. 418.

VAILLANT (M.) avocat : mémoires sur la jurisdiction de Cluni. X. 347.

VAIR (Guill. du) réponse d'un bourgeois de Paris. XII. 226. remontrances. *ibid.* discours de la négociation. 232. pour la manutention de la loi Salique. XIII. 191.

Vaison ; hist. de ses évêques. XIII. 166 & *suiv.*

VAISSETE ; géographie historique. X. 36. hist. de Languedoc. XIII. 137. dissert. sur Romée de Villeneuve. 153.

VAJIRA ; de vita Ni-

colai Pinelli. XIV. 406.

Val; relat. de la bataille de Val en Provence. XIII. 155.

Val des Ecoliers; hist. de ce monastere. X. 424. établissement de l'ordre. XII. 68.

Val de-Grace; réformation de cette abbaye. X. 341.

VAL (Guill. du) le collége royal. XIII. 32.

VALACRIUS; spectacula Veneta. XI. 367.

Valais; auteurs sur ce pays. XIII. 263.

VALAURY; institut du clergé séculier. X. 412.

VALBELLE (J. B. de) réponse à la justification de Marseille. XIII. 162.

VALBONAYS (le président de) mém. pour la jurisdict. du parlement de Dauphiné sur Orange. XIII. 168 & *suiv.* mém. pour l'hist. de Dauphiné. 171. *son éloge.* XIV. 441.

Valcamonica. XI. 543.

VALCAMONICA (Greg. di) curiosi trattenimenti. XIII. 268.

Valciodorense monasterium; chronicon. X. 343.

VALCKENIER; l'Europe en mouvement. XIII. 304.

VALDEREDUS; addit. ad chron. Fl. Dextri. X. 156. & XIII. 356.

VALDEZ; prærogativa Hispaniæ. XIII. 404.

Valdichiana; description de cette vallée. XI. 501.

VALDOR (Jean) triomphes de Louis le Juste. XII. 255.

VALDORI (le capit.) disc. du siége de Rouen. XII. 224.

VALDORI; anecdotes du ministere du card. de Richelieu. XII. 272.

VALENÇAY (d'Estampes de) censure de quelques livres. XIII. 210.

Valence en Dauphiné; hist. de ses évêq. XIII. 173. concile tenu en cette ville. XII. 50.

Valence sur le Pô; siége de cette ville. XI. 563.

Valence; carte du royaume de Valence en Espagne. X. 91. hist. de la ville & du royaume de Valence. XIII. 387 & *suiv.*

Valenciennes; hist. de cette ville. XIII. 281. son siége. 317.

S. *Valentin*, apôtre de

la Rhétie; sa vie. XIII. 267.

Valentin; origine de son hérésie. XIV. 520.

VALENTIN *de Saint-Amant*; prodromus Carmelitanus. X. 371 & *suiv.* Harpocrates. Jesuiticus. 372. heroica Carmeli regula. *ibid.* pomum discordiæ. *ibid.*

Valentiniens; conjecturæ de Valentinianorum hæresi. X. 296.

VALENZUELA; Portugal unido y separado. XIII. 410.

VALERA (Diégo de) chron. d'Espagne. XIII. 336.

VALERE MAXIME; hist. varia. XIV. 516.

VALERE-ANDRÉ; hist. de l'Université de Louvain. XIV. 592.

VALERIANI; antiq. de Ravenne. XI. 447.

VALERINI; beautés de Vérone. XI. 539.

S. *Valéro*, év. de Saragoce; sa vie. XIII. 380.

Valérius Messala (M.) mém. sur cet ami d'Auguste. XIV. 512.

VALERIO (Augustin) hist. des évêques de Vérone. XI. 539. vie de S. Charles Borromée. 552.

VALETTE (Jean de la) grand-maître de Malte; sa lettre sur la guerre de Malte. XI. 590.

Valette (le card. de la) ses mémoires. XII. 278. *aux additions.*

Valette (M. de la) sa vie. XII. 365.

Valette (la duchesse de la) son entrée à Metz. XIII. 245.

VALGUARNERA; de origine Panormi. XI. 376. origines de Palerme. 493.

VALIERO; guerre de Candie. XI. 548.

VALINCOURT; vie du duc de Guise. XII. 361.

VALLA (Laur.) trad. d'Hérodote. XI. 27. notæ ad Titum Livium. 65. de rebus à Ferdinando Aragonum rege gestis. XIII. 330 & 343.

VALLADIER; les saintes montagnes & collines d'Orval. X. 357. hist. de S. Arnoul de Metz. XIII. 178.

VALLE de la Cerda (Luys) Desempeño, &c. XIII. 407.

VALLE (della) condicioni di Abbas, re di Persia. XIV. 86.

VALLE (Théodore) illustri padri Predicatori

nel regno di Napoli. X. 400. la regia & antica Piperno. XI. 440, 441.

VALLÉ (Pietro della) ses voyages. XIV. 182 & 183.

VALLECHIA (Gui de) v. CORVARIA.

VALLEMONT (l'abbé de) élémens de l'Hist. X. 11.

Vallengin; carte. X. 76.

Vallées de Piémont; hist. des églises de ces vallées. X. 300 & *suiv.* v. *Vaudois*.

VALLES y Lopes (D. J. Ant.) carta genealogica della casa de Guasio. XIV. 221.

VALLES (Maestro) hist. du marquis de Pesquaire, &c. XI. 230. & XIII. 405.

VALLETTA (Joseph) ginnasio Napoletano. XI. 477.

VALLI: république de Saint-Marin. XI. 576.

VALLIN (George) de sancta Genovefa. XIII. 17.

Vallombreuse; hist. de l'ordre de Vallombreuse. X. 350.

Valori (François) sa vie. XI. 509.

VALORI (Nicolas) vie de Laurent de Médicis. XI. 504, 506, 507.

Valois; hist. de ce pays. XIII. 40.

VALOIS (Adrien) notæ ad excerpta de imperatoribus. XI. 397. notitia Galliarum. XII. 18. not. Gall. defensio. 19. gesta Francorum. 108. de annis Dagoberti. 117. carmen de laudibus Berengarii. XII. 131. & XIII. 47. de basilicis. XIII. 16 & *ibid*.

VALOIS (Henri de) versions d'Eusebe, Socrate, &c. X. 223, 224. collectanea Constantini Porphyrogenetæ. XI. 39, 78. Ammiani Marcellini historiæ. 90. de populi fundis. 95. excerpta de legationibus. 134. notæ ad carmen de Berengarii laudibus. 380.

VALOIS (Charles de) ses ouvrages insérés dans les mém. de l'académie des Inscript. XIV. 414, 415, 421, 422, 426, 430, 432, 435, 441, 446, 447, 452, 453, 456, 462, 469. son éloge. 479.

VALOIS (François) Musæum Cortonense. XIV. 330.

Valparayso: hist. de ce saint lieu. XIII. 392.

Valsalva; sa vie. XIV. 387.
Valsecho : siége de Vérue. XI. 580.
Valteline : sa description. XI. 365. hist. de ce pays. XIII. 267, 268. guerre sous Louis XIII en cette province. XII. 264, 266, 269, 270, 275.
Valvasor : topographia Carinthiæ. XI. 252. descript. de la Carniole. 253.
Van-Bemmel : description d'Amersfort. XIII. 316.
Van-Birken : prérogatives de la maison d'Autriche. XI. 248.
Van-Breen (Gille) hist. des Vaudois. X. 300.
Van-Bueren : cohors Musarum. XIV. 367.
Van-Dale : de Idololatria. X. 100. dissertat. XI. 56.
Van den Hof : hist. d'Euchuysen. XIII. 312.
Van den Sterre : vita S. Norberti. X. 419. & XI. 305. vitæ SS. ordinis Præmonstratensis. X. 419.
Van-Gestel : hist. de Malines. XIII. 284.
Van Gonthoevens : chron. Hollandiæ. XIII. 311.
Van Haaftens : les lauriers de Nassau. XIII. 300.
Van-Haecht Goidschen-Hoven : chronic. ducum Brabantiæ. XIII. 281.
Van-Heussen : Batavia sacra. XIII. 319. hist. episcopatuum fœderati Belgii. *ibid.*
Van-Hoey : ses lettres. XIII. 307.
Van-Hoorn : description de la Chine. XIV. 124.
Van-Klen : Batavorum legationes in Moscoviam. XIV. 64.
Van-Leeuven : Batavia. XIII. 312. descript. de Leyde. 313.
Van-Loon : hist. métallique des Pays-Bas. XIII. 276.
Van Meerbeek : chronica. XIII. 275.
Van-Miéris : recueil de chartes. XIII. 311.
Van-Sande : Belgarum annales. XIII. 296. le lion des Pays-Bas. 298.
Van Sommeren : descript. de la Hollande. XIII. 310.
Van-Staveren : Cornelius Nepos, cum notis. XI. 35.
Van-Til : de situ Pa-

radisi terrestris. X. 193.

Van-Waesbergh ; Gerardi-Montium. XIII. 179.

Van-Vliet ; révolut. arrivées en Siam. XIV. 83.

Van-Zomiren ; descript. de Gorcum, &c. XIII. 313.

Vandalbert ; martyrologium. X. 274. & ibid.

Vandales ; leur hist. XI. 150 & *suiv.* annales Vandalorum. 303. hist. de la Vandalie. *ibid.*

Vandam ; de inundationibus. XIII. 289.

Vander-Bandt ; Joannes Bragantius illegitimus rex. XIII. 422.

Vander-Burch (Lambert) Guidonis vita. XIII. 278. généalogie des ducs de Savoye. XIV. 417.

Vander-Haer (Floris) les châtelains de Lille. XIII. 53 & 280. de initiis tumultuum Belgicorum. 291.

Vander-Hammen y Léon ; hist. de Philippe II, roi d'Espagne. XIII. 347. de D. Juan d'Autriche. 348 & 402.

Vander-Hoole ; vie d'Edouard VI. XIII. 461.

Vander-Hoove ; chron. de Hollande, &c. XIII. 310.

Vander-Howen ; *c'est* Jean de Witt.

Vander-Linden ; vie du roi Jean Sobieski. XIV. 54.

Vander-Meulen ; commentaire sur le traité de Grotius *de Jure belli & pacis*. X. 104. de ortu & interitu imperii Rom. XI. 80.

Vander-Meulen ; *v.* Molanus.

S. *Vandrille*, abbé de Fontenelles ; sa vie. XII. 73.

Vanel ; hist. d'Espagne. XIII. 341. hist. d'Angleterre. 446.

Vanini (Jule-César) sa vie. X. 315.

Vannes en Bretagne ; antiq. des environs de cette ville. XIV. 331.

Vanselturt ; relat. du Bengale. XIV. 111.

Vansleb ; état présent de l'Egypte. XI. 1. nouvelle relat. d'un voyage en Egypte. 2. hist. de l'église d'Alexandrie. XIV. 135.

Varane ; de gestis Joannæ virginis. XII. 142.

Varchi (Benedetto)

hist. de Florence. XI. 506.

VARCHI (J. Phil.) guerres de Florence. XI. 370. vie de Philippe Strozzi. *ibid.*

VAREA (Lazor à) dictionaire géographique. X. 51.

VAREILLES (le baron de) défense de Cassel. XII. 346.

VARELLA ; guerre en Portugal. XIII. 421.

VAREN DE SOTO ; traduction de l'hist. de Davila. XII. 210.

VARENIUS (Bernard) géographie générale. X. 30, 31. descriptio regni Japoniæ, &c. XIV. 127.

VARENNE (le P. de) hist. de Constantin le Grand. XI. 147.

VARENNES (Gilbert de) le roi d'armes. XIV. 296.

VARENNES (de) trad. de l'hist. généalogique des Tartares. XIV. 115.

VARERIUS (Gasp.) v. BARREIROS.

Varese ; storia del sacro monte sopra Varese. XI. 562.

VARET ; relation de la paix de l'église. X. 253. factum pour les religieuses de Ste. Catherine lez-Provins. X. 393.

VARGAS (Alph. de) v. SCIOPPIUS (Gaspard)

VARGAS (Barnabé Moreno de) hist. de Mérida. XIII. 372. liber de vita patrum Emeritensium. *ibid.* discours de la noblesse d'Espagne. XIV. 268.

VARGAS (Bernard de) chronique de l'ordre de la Mercy. X. 430. milicia y descript. de las Indias. XIV. 150.

VARGAS (François de) lettres & mémoires. X. 247.

VARGAS (Fr. Diaz de) guerra de Portugal. XIII. 417.

VARGAS (Thom. Tamaio de) défense de l'hist. de Mariana. XIII. 338. Flav. Lucio Dextro defendido. 356. defensa de la descension de la Sta. Virgen, à dar la casulla à S. Ildefonso. 368. notæ ad vitas patrum Emeritensium. 372. rétablissement de la ville de S. Salvador. XIV. 164. memorial de la casa de Luna. 275. de la casa de Sosa. 279. tratado de la casa de Valenzuela. 281.

VARILLÆO (Pyrrhus à) compendium poli-

ticum. XIV. 40.

VARILLAS ; hist. des révolut. en matiere de religion. X 302. politique de la maison d'Autriche. XI. 249. anecdotes de Florence. 507. hist. de Louis XI. XII. 150. hist. de Louis XI & de ses successeurs. 188. pratique de l'éducation des princes. XIII. 401. réponse à la critique de Burnet. 493.

Variscia historia. XI. 314.

Varne ; de clade Varnensi. XI. 352.

VARRERIUS (Gasp.) *v.* BARREIROS.

VARRON (D. Pedro) compendio genealogico de la casa de Leyva. XIV. 274.

Varus ; époque de sa défaite. XIV. 495.

VASCO ; descrittione d'un ramo di casa Forni. XIV. 222.

VASCONCELLOS (Antoine) Anacephalæosis. XIII. 411.

VASCONCELLOS (Aug. Manuel y) vie de Jean II. XIII. 414. du comte de Viana. 427.

VASCONCELLOS (Jac. Menoetius) de Eborensi municipio. XIII. 332. antiq. Lusitaniæ. 410. antiq. municipii Eborensis. *ibid.*

VASCONCELLOS (Simon de) chronique de la compagnie de Jésus au Brésil. X. 451.

Vases ; de vasculis. XI. 51. — *Vases* dont les anciens faisoient usage dans les festins. XIV. 485.

VASÉE ; rerum Hispanicarum chron. XIII. 330 & 336.

VASLIN DES BRÉAUX ; mém. sur les trésoriers de France. XIII. 219.

VASSALLO ; genealogia de Micciche di Sicilia. XIV. 223.

VASSEBOURG (Richard de) antiquités du royaume d'Austrasie. XIII. 181. antiq. de la Gaule Belgique. 274.

VASSEUR (Jacque le) annales de Noyon. XIII. 46 *& suiv.*

VASSOR (Michel le) lettres & mém. de Vargas & de Malvenda. X. 247. hist. de Louis XIII. XII. 251.

Vassy ; écrits sur le tumulte de Vassy. XII. 173.

S. *Vast*, év. d'Arras ; sa vie. XIII. 51.

VASTOVIUS ; viris Aquilonaris. XIV. 17.

Vatican ; sa descript. &c. XI. 437, 438.

VATRY (l'abbé) ses ouvrages dans les mém. de l'académie des Inscriptions. XIV. 439, 443, 447, 448, 451, 454, 458, 460, 465, 472, 473, 480.

VATTIER ; l'Egypte de Murtadi. XI. 2. hist. Mahométane. XIV. 93. hist. de Tamerlan. 116.

VAUBAN (M. de) projet d'une dixme royale. XII. 30.

VAUCIENNES (Linage de) négociations faites à la cour de Rome. XI. 432. différend des Barberins avec Innocent X, pape. 439. mémoires sur l'origine des guerres. XII. 275 & 328. relation des cardinaux. 380. mém. de ce qui s'est passé en Suéde. XIV. 14. origine du soulévement des Cosaques. 54.

Vaudois ; hist. des Vaudois. X. 299, 300, 301.

VAUGELAS (Cl. Favre de) sa traduct. de Quint-Curse. XI. 37.

VAUGHAM ; antiquit. XIII. 513.

VAULTIER ; Journal. XII. 332.

Vaux ; hist. de ce pays. XIII. 268.

VAVRE (Claude) la cour de Rome la sainte. XI. 417.

VAYER DE BOUTIGNY (Roll. le) traité de la peine du péculat. XIII. 261.

VAYER (de la Mothe le) discours de l'Histoire. X. 5. du peu de certitude qu'il y a dans l'Histoire. 9. traduct. de Florus. XI. 63. introduct. à l'hist. de France. XII. 95. contrariété d'humeurs entre certaines nations. XIII. 213.

VAYRAC (l'abbé de) trad. des mém. du card. Bentivoglio. XII. 248. Journal du voyage du roi à Reims. 337. état de l'Espagne. XIII. 328. révolut. d'Espagne. 341.

VAZQUEZ de Mirando ; S. Ildefonso defendido. XIII. 369.

Vazstenense diarium. XIV. 18.

VECCHIAZZANI ; disc. sur Forlimpopoli. XI. 448. hist. de cette ville. 450. la vérité défendue. *ibid.*

VECCHIETTI ; de anno

primitivo, &c. X. 186.

VECERIUS ; de duabus seditionibus Siciliæ. XI. 352, 375 & 493.

VEDRIANI ; hist. de Modène. XI. 566. évêq. saints, cardinaux de cette ville. 567. raccolta de pittori, &c. XIV. 361. dottori Modonesi. 389.

VEER (Girard le) description des voyages aux Indes. XIV. 108.

VÉGA (Pierre de la) chronicon Hieronymitani ordinis. X. 330.

VÉIEL (Elie) de ecclesia Græcanica. XIV. 78.

Véies ; auteurs sur cette ancienne ville. XI. 370, 441, 442.

VELASCO (Juan-Ferd. de) sur la prédication de S. Jacques en Espagne. XIII. 358. & *ibid.*

VELASCO (Juan-Bannos de) memorial de marques de Estepa. XIV. 272.

VELASCO (Ant. Pal.) vies des Peintres. XIV. 362.

VELASQUEZ (Antoine) conjuration de Fiesque. XI. 572.

VELDIUS ; acta sanctorum. X. 283.

Vélétri ; hist. de cette ville. XI. 441.

Vélez (los) viceroi de Naples. XI. 474.

VELIUS ; chronique de Horn. XIII. 312.

VELLAIO ; guerre de Candie. XI. 547, 548.

VELLEIUS PATERCULUS ; *voyez* PATERCULUS.

VELLEIUS (Hubert) supplément à l'hist. de Robert Gaguin. XII. 90.

VELLY (l'abbé) hist. de France. XII. 114.

VELSER ; rerum Boicarum libri. XI. 261. rerum Augustæ-Vindelicorum. 272. antiqua Augustæ monumenta. *ibid.* inscr. Augustæ Vindelicorum. XIV. 338.

VELYZQUEZ ; entrée de Philippe II en Portugal. XIII. 417.

Venaissin ; hist. de ce comté. XIII. 154. mém. sur quelques monum. de ce comté. XIV. 511.

Vénalité des charges en France. XIV. 484.

S. *Venance*, martyr ; observat. in acta S. Venantii & aliorum martyrum. X. 284.

VENASQUE (Charles de) genealogica Grimaldæ gentis arbor. XIV. 222.

VENASQUE FARRIOLE ; la liberté glorieuse de

Monaco. XI. 573.

VENATOR (J. Gasp.) hist. ordinis Teutonici. X. 481. relatio de ord. Teutonico. XIV. 60.

Vendôme; privilége de cette abbaye. X. 540. chronicon Vindocinense. XII. *66*. origo comit. Vindocinensium. 71.

Vendôme (le duc de) hist. de ses dernieres campagnes. XII. 355.

VENDOME (César de) abrégé d'histoire qu'on lui attribue. XII. 95.

VENDRAMENO; contra Venetæ reip. maledicos. XI. 527.

VENERIUS; de oraculis. XI. 47.

VENEROSO; Genio Ligure. XI. 569.

Venise; cartes des États de Venise. X. 89. auteurs sur la républ. de Venise. XI. 390 & *suiv.* 396, 397, 398, 515 & *suiv.* hist. de l'église de Venise. 531 & *suiv.* liberté. 533 & *suiv.* hist. littér. de Venise. XIV. 390. statues de la bibliothéque de S. Marc à Venise. 331. inscriptiones Venetæ infimi ævi. 341. Venetorum principum vitæ. X. 171.

Véniciens; convention que S. Louis fait avec eux, pour son second voyage. XII. 61.

Ventavon (*le monument de*) XIV. 439.

VENTURA (Comin.) raccolta d'alcune scritture. XII. 230.

VENTURA (Guill.) chronica Astensis. XI. 389.

VENTURA (Secundinus) hist. quædam. XI. 389.

VENTURI (François) traduct. de Denys d'Halicarnasse. XI. 64.

Vénus; qu'il n'y en a eu qu'une. XIV. 441. — *Vénus Anadyoméne*. 505.

VENUTI (Marcello de) prem. découverte d'Herculea. XI. 478.

VENUTI (Philippe) dissert. sur le temple de Janus. XI. 115.

VENUTI NORIS (Rodolphini) collectanea Romanarum antiquitatum. XI. 110. de dea Libertate. 115. descript. de Rome. 437. observ. sur le *Clitumnus*. 445. de cruce Cortonensi. 510. monum. de Bourdeaux. XIII. 126. numismata maximi moduli. XIV. 323. numismata Romanorum pontificum. 326. museum Cortonense. 330.

Vêpres Siciliennes ; raguagli istorici del Vespro Siciliano. XI. 492.

VERA (Alvaro Ferreira de) origen da nobreza politica. XIV. 267.

VERA (Ant. de) Sevilla restaurada. XIII. 374.

VERA (Ferdinand de) antiguedad del linage de Vera. XIV. 281.

VERACIUS ; consuetudines Bambergenses. XI. 199.

S. *Véran*, *év.* de Cavaillon ; sa vie. XII. 81.

VÉRARD (Charles) de expugn. regni Granatæ. XIII. 331, 344 & 391. & XIV. 100.

Verbanus lacus. XI. 562. v. *Lac Majeur.*

Verbe-Incarné ; religieuses de l'ordre du Verbe-Incarné. X. 446.

VERBURG ; Spanhemii dissert. de numismatibus. XIV. 320.

Verceil ; auteurs sur cette ville. XI. 583 & *suiv.*

Verden, duché ; *voyez Ferden.*

VERDIER (Gilbert SAUNIER, sieur du) histoire Romaine. XI. 79. hist. des cardinaux. XII. 380. abrégé de l'hist. de France. 96. hist. de notre tems. 287.

VERDIER (du) sieur de Vauprivas ; bibliothéque françoise. XIV. 393. *aux additions.*

VERDIZOTTI (François) hist. de Venise. XI. 520.

VERDIZZOTI (J. Marie) le vite de S. Padri. X. 327.

VERDUC (le P.) vie de S. Théodore de Celle. X. 425.

VERDUGO (François) commentarii. XIII. 317.

Verdun ; hist. de cette ville. XIII. 179. chron. Virdunense. XII. 66. chron. S. Vitoni Virdunensis. 69. hist. episc. Virdun. 87.

Verdun ; Journal de Verdun. X. 167.

VÉRELIUS ; hist. Gothrici & Rolfonis. XIV. 9. fragment. hist. Olai Tryggiasons. 10. Haraudi & Bosæ hist. *ibid.* hist. Hervaræ. *ibid.* auctarium. *ibid.*

VERGARA Alava ; hist. de l'ordre de S. Jacques. XIII. 363.

VERGARA (Hipolite de) vie du roi Ferdinand III. XIII. 366.

VERGARA

VERGARA (César Ant.) monnoies du royaume de Naples. XI. 475.

VERGER de Hauranne (Jean du) abbé de S. Cyran; Question royale. X. 110.

VERGERIO (Pierre-Paul) de Carrariensium familia. XI. 367, 392. orationes & epistolæ. 392.

VERGERIO (Pierre-Paul) descript. de Genève. XIII. 268.

Vergier d'honneur; notice de cet ouvrage. XIV. 467.

VERHEYK; son édit. d'Eutrope. XI. 63.

VERI; hist. de Venise. XI. 518.

VÉRINI; de illustratione urbis Florentiæ. XI. 508. de comitibus Concordiæ. 568.

VÉRITÉ; essai sur l'histoire de Picardie. XIII. 43. hist. du Ponthieu. 45.

VERIUS; hist. de S. François de Borgia. X. 437 & *suiv.*

VERMEY; Gerson in tumulo gloriosus. XIII. 39.

VERNINO; guerre de Dalmatie. XI. 528.

VERNULÆUS; apologia pro gente Austriaca. XI. 235 & 248. causa belli Sueco-Germanici. 236. historia Austriaca. 148. de causis occupatæ Lotharingiæ. XIII. 182. Responsio ad prætensum jus Francorum. 200. hist. academiæ Lovaniensis. XIV. 392.

Vérone; anonymi Veronæ rythmica descript. XI. 381. chronicon Veronense. 387. auteurs sur cette ville. 373, 538 & *suiv.* son hist. littéraire. XIV. 390.

VÉRONE (François de) *c'est* J. BOUCHER.

La B. *Véronique*; gesta B. Veronicæ, virginis monast. Stæ. Marthæ Mediolanensis. X. 446.

Verre; observ. sur les verres antiques. X. 263. origine du verre, & ses usages chez les anciens. XIV. 414.

Verrès; sa galerie. XIV. 436.

VERRIER (Jean le) hist. des Canaries. XIV. 144.

VERRIER (le) divers traités. XIII. 231.

VERRIUS - FLACCUS; tabulæ capitolinæ. XI. 66.

Verruchio; hist. de

cette ville. XI. 445.

VERSORIS ; son plaidoyer. XIII. 19.

VERSTEGAN ; restitutio antiquit. Anglorum. XIII. 443 & *suiv*

VERTHEMA ; son voyage. XIV. 181.

VERTOT (l'abbé de) hist. de l'ordre de Malte. X. 478. révolut. Romaines. XI. 79 & *suiv*. difficultés touchant le sénat Romain résolues. 117. de la mouvance de Bretagne. XIII. 77. hist. de la révolut. de Portugal. 410. révolut. de Suéde. XIV. 9. ses recherches insérées dans les mém. de l'académie des Inscriptions. 417, 421, 423, 424, 425, 429, 432, 437. *son éloge*. 452.

Versailles ; descript. XIII. 3 & 37.

Vérue ; hist. du siége de cette ville. XI. 580. & XII. 263, 264.

Vervins ; mém. hist. concernant la paix de Vervins. XII. 234. hist. de cette paix. *ibid.*

Vesc ; hist. de cette maison. XIV. 244.

Vespasien ; son amphithéâtre. XI. 114.

VESPASIEN ; vitæ Eugenii IV & Nicolai V, pontif. Rom. XI. 598.

VESPUCE (Améric) epistola. XIV. 148. *sa vie*. ibid.

Vestales ; de Vesta & vestalibus. XI. 98. hist. des vestales. 120. & XIV. 427.

VESTELONGA ; la lege Salica. XIII. 192.

Vésuve ; embrasemens de cette montagne. XI. 465. & XIV. 445. divers auteurs sur le Vésuve. XI. 477, 478.

Vétérans. XIV. 427.

Vétéravie ; hist. de cette province. XI. 278.

Vettori l'antico (P.) sa vie. XIV. 407.

Vetus Domus ; sa situation. XIV. 489.

Vézelai ; chron. Vezeliacense. XII. 69. hist. de ce monastere. 84.

VEZZALINI (Grivilio) *voyez* MALVEZZI (Virgilio)

VIALART (Charles) mém. du ministere du card. de Richelieu. XII. 272.

VIALART (Louis) hist. de la maison de Surgeres. XIV. 255.

Viana (le comte de) sa vie. XIII. 427.

Viande ; creophagia,

five de eſu carnium. XI. 50.

VIANI ; entrepriſe des galeres de Malte. XI. 590.

VIANOLI ; hiſt. de Veniſe. XI. 519.

VIC (Claude de) hiſt. de Languedoc. XIII. 137.

VIC (Gérard de) hiſt. ecclésiaſt. de Carcaſſone. XIII. 145.

Vice-chanceliers de l'égliſe Romaine. XI. 418.

VICELIUS (George) Hagiologium. X. 285. de moribus vet. Hæreticorum. 294.

Vicence ; auteurs ſur cette ville. XI. 391 & 537 & *ſuiv.* oratio pro Vicentinis ad Maximilianum I. XI. 185.

Vicentin ; carte. X. 89.

VICO (Enée) diſcorſi ſopra le medaglie. XIV. 308. priorum duodecim Cæſarum imagines. *ibid.* imagini delle Donne Auguſtæ. 309. reliqua. *ibid.*

VICO (François de) hiſt. de Sardaigne. XI. 587. apologia. *ibid.*

Vicogne ; hiſt. Viconienſis cœnobii. XII. 87.

VICQUEFORT ; l'ambaſſadeur. X. 108. hiſt. des Prov. Unies. XIII. 304. trad. des voyages d'Oléarius & de Mandeſlo. XIV. 63. relat. du voyage de Perſe, &c. 83. trad. de l'ambaſſade de Figuéroa en Perſe. 83 & *ſ.*

Victimes humaines. XIV. 414, 469.

Victoire ; de ara Victoriæ impetator. christianis odioſa. XI. 115.

VICTOR (Publ.) de regionibus urbis Romæ. XI. 66, 77, 96 & 111.

S. *Victor* de Marſeille; ſa vie. XIII. 161.

S. *Victor* ; chanoines réguliers de S. Victor. X. 418. — S. *Victor* lez Paris. *ibid.* — S. *Victor* de Marſeille ; hiſt. de cette abbaye. X. 538. extraits de ſa chronique. XII. 67.

VICTOR, évêque de Tunnes ; ſa chronique. X. 131., 156. & XIII. 334.

VICTOR de Vit ; de perſecutione Vandalica. XI. 151.

S. *Victorien* ; actes de ſon martyre. X. 270.

VICTORIUS (Angelus) de palpitatione cordis Philippi Nerei. X. 410.

S. *Victurnien*, confeſſeur ; ſa vie. XII. 81.

Vicvana ; coronica de la ciudad de Valencia. XIII. 387.

Vida (Jérome) Cremonensium orationes. XI. 559.

Vidal (Jean) hist. des évêques de Cahors. XIII. 130.

Vidania ; por la patria de S. Laurencio. XIII. 361. memorial sur la maison de Bénavides. XIV. 270.

Videl ; notes sur la vie de Bayard. XII. 358. hist. du connétable de Lesdiguieres. 367.

Viducassiens ; leur ancienne ville. XIV. 417.

Vie ; de Longævis. XI. 50.

Vie privée des Romains. XIV. 419.

Viégas (Ant. Pacz. de) vie d'Alfonse-Henriquez, roi de Portugal. XIII. 413.

Vieilleville (le maréchal de la) mém. de sa vie. XII. 170.

Vienne en Autriche ; ses environs. X. 69. hist. de cette ville. XI. 251. assiégée deux fois par les Turcs. 168, 169, 170, 228, 251, 252. son université. XIV. 384. collége des poëtes & orateurs institué en cette ville. XI. 185. entrevue des rois de Hongrie, de Bohême & de Pologne, avec Maximilien. *ibid.*

Vienne en Dauphiné ; hist. de cette ville. XIII. 173, 174. généalogie des comtes de Vienne. XI. 221.

Vienne (D. de) hist. de Bordeaux. XIII. 126.

Ste. *Vierge* ; de vita beatæ Virginis. X. 164. annales Mariani. 265. mundus Marianus. *ibid.* evangelium nativitatis Mariæ. 216. de miraculis B. Mariæ Virginis. XII. 71. lettre de la Ste. Vierge aux habitans de Messine. XI. 496.

Vierges de Cologne. XI. 287.

Vierzon ; Virzionense chronicon. XII. 81.

Viethenius ; description de la province de Dithmarse. XI. 302.

Vieux de la Montagne ; hist. de ce prince. XIV. 462.

Vieux (Jean le) de obitu Caroli V. XI. 230. fasti civitatis Landishutanæ. 260. lettre de l'évêque de Ricz. XII. 361.

Vigenere (Blaise de) traduct. de Tite-Live.

XI. 66. de Céſar. 71. hiſt. de Conſtantinople. 139. chron. de Pologne. XIV. 48. hiſt. des Turcs. 70.

Vigévano illuſtrato. XI. 562.

VIGNACOURT (Maximilien de) état du Pays-Bas. XIII. 273.

VIGNE (André de la) hiſt. de Charles VIII. XII. 151. le Vergiet d'honneur. 152. libelle des cinq villes d'Italie. 155.

VIGNEAU (du) état de la puiſſance Ottomane. XIV. 69.

VIGNEUL-MARVILLE; *c'eſt* D. Bonavent. d'ARGONNE.

VIGNIER (Nicolas) les faſtes des anciens Hébreux, &c. X. 119. biblioth. hiſtoriale. 145. hiſt. de l'Egliſe. 237. origine des François. XII. 15 & 35. ſommaire de l'hiſt. des François. 93. rerum Burgundionum chronicon. XIII. 103 & *ſuiv.* ancien état de la petite Bretagne. 75. préſéance entre la France & l'Eſpagne. 188. hiſt. de la maiſon de Luxembourg. 286. & XIV. 251. de la nobleſſe de la troiſiéme maiſon de France. XIV. 234.

VIGNIER (Nicolas) le fils; de Venetorum excommunicatione. XI. 527.

VIGNIER (Jacques) Jéſuite; chron. Lingonenſe. XIII. 59.

VIGNIER (Jérome) prêtre de l'Oratoire; la véritable origine des maiſons d'Alſace, &c. XIV. 208 & 259. ſtemma Auſtriacum. 208.

VIGNIER; le château de Richelieu. XIII. 94.

VIGNOLES (Alphonſe des) chronologie de l'hiſtoire ſainte, &c. X. 184.

VIGNOLI (Jean) de anno primo imperii Severi Alexandri. XI. 93. liber pontificalis. 419. antiquiores pontificum Denarii. XI. 434. & XIV. 344. de columna imperat. Antonini. XIV. 332.

VIGNY (Richer de) diſcours ſur la mort du préſident Briſſon. XIII. 218.

VIGOR (Simon) acta inter Bonifacium, &c. XII. 136.

VILADAMOR (Marti y) *voyez* VILLADAMOR.

VILETTE (Etienne)

hist. de N. D. de Liesse. XIII. 49.
Villadamor (Marti y) Cataluña in Francia. XII. 280. & XIII. 384. præsidium. XIII. 384. manifesto de la fidelidad Cataluña XII. 295.
Villadiégo (Alf. de) Florus antiquus. XIII. 405.
Villagra (de) hist. de la nueva Mexico. XIV. 155.
Villagraza (Fr. de) antiq. de l'église de Ségorbe. XIII. 388.
Villain; hist. de Nicolas Flamel. XIII. 4. hist. de S. Jacques de la Boucherie. 9.
Villalobos y Benavides; commentarios. XIII. 299.
Villamena; ager Puteolanus. XI. 485.
Villamont (de) ses voyages. XIV. 183.
Villani (Jean) istorie universali. X. 157. hist. universalis, *dans Muratori*. XI. 391. autres éditions. 407. cronica del regno di Sicilia. 463 & 492. hist. de Florence. 502.
Villani (Matteo) istoria. X. 158.
Villani (Matthieu & Philippe) historia; dans Muratori. XI. 391. autres éditions. 407.
Villani (Filippo) aggiunta all'istoria. X. 158. vite d'uomini illustri. XIV. 368.
Villani (Jacques) Rubicon. XI. 369. de Rubicone antiquo. *ibid.* & 449.
Villanova (J. B.) *voyez* Villeneuve.
Villar; de victis ad Leucatam Hispanis. XII. 277.
Villa réal; anti-Caramuel. XIII. 422.
Villaréal (Manuel Fernand) généalogie du card. de Richelieu. XIV. 254.
Villaret; contin. de l'hist. de France. XII. 114.
Villariensis monasterii hist. XIII. 285.
Villars (le baron de) mémoires. XI. 412. & XII. 164.
Villars (le maréch. de) sa campagne en 1703. XII. 334. celle de 1712. 335. sa vie. 340.
Villarmont (de) dissert. sur la riviere des Amazones. XIV. 160.
Villasan (J. Nunez de) chronique du

roi Alphonse XI. XIII. 367.

Villes; fondation des villes. XIV. 412.

Villes Anséatiques; auteurs qui en ont écrit. XI. 329 & *suiv.* — *Villes Impériales*; leurs droits & priviléges. XI. 330, 344. — *Villes* d'Allemagne; leurs droits. XI. 329.

Ville (le marq. de) ses voyages. XI. 348. XII. 323. & XIV. 186.

VILLE (Ant. de) Pyctomachia Veneta. XI. 367. antiq. portus & urbis Polæ. 368. obsidio Corbeiensis. XII. 277. & XIII. 46. siége de Hesdin. XII. 278.

VILLE (Nicolas de la) Heverlea Celestina. X. 364.

VILLE D'ARCIÉ (Abraham de) généalogie de la maison de la Trimouille. XIV. 256.

VILLEBOIS (Louis de) res in Alvernia gestæ. XII. 193.

Villefranche en Beaujolois. XIII. 118.

VILLEFORE; anecdotes de la constitution. X. 258. vies des Peres des déserts. 327, 328. de S. Bernard. 354. vie de Ste. Thérèse. 375. hist. de la duchesse de Longueville. XII. 369. vie de Jérome Bignon. 371.

VILLEGAGNON (Nicolas) de expeditione Tunetana. XI. 169 & 228. de bello Melitensi. 589. sur la majorité du roi. XIII. 196.

VILLEGAS; flos sanctorum. X. 285.

VILLEGOMBLAIN; mémoires des troubles arrivés en France. XII. 237.

VILLEHARDOUIN (Geofroi de) hist. de Constantinople. XI. 138.

VILLEMIN; hist. belli quod gessit Domina Turnonia. XII. 172.

VILLENEUVE (Guill. de) hist. des guerres d'Italie. XII. 152.

VILLENEUVE (J. B.) Laudis Pompeiæ historia. XI. 365 & 362.

VILLERONTOUX; mémoires de du Guay-Trouin. XII. 336.

VILLEROY; ses mémoires. XII. 237. *rem. sur sa vie & ses services.* 238.

Villeroy (M. de) archev. de Lyon; sa vie. XIII. 116.

VILLETTE (Claude) raisons des cérémonies

du ſacre. XIII. 235.

Villevault; ordonnances des rois de France. XIII. 260.

Villiers (Hubert-Phil. de) diſc. du ſiége de Metz. XII. 165.

Villiers (l'abbé de) vie de Louis, dauphin de France. XII. 377.

Villiotti (Franc.) varii Europæ eventus. XII. 318.

Vimina; guerres civiles de Pologne. XIV. 54.

Vin; de uſu vinorum apud antiquos. XI. 50.

Vinaccessi; memorie Breſciane. XI. 541.

Vincennes; origine de ce nom. XIV. 470.

S. *Vincent*; ſon martyre. XIII. 360.

S. *Vincent* du Mans; union de cette abbaye, à la congr. de S. Maur. X. 339.

S. *Vincent* de Metz; chron. de ce monaſtere. XII. 67.

S. *Vincent* de Vulturne; chron. de ce monaſt. XII. 54.

S. *Vincent de Paul*; ſa vie par differ. auteurs. X. 411, 412.

Vincent de Beauvais; ſpeculum hiſtoriale. X. 140. & XII. 131.

Vincent de Nancy (le P.) *v.* Hugo.

Vincent (Auguſtin) erreurs du Catalogue de la nobleſſe d'Angleterre. XIV. 283.

Vincent (Philippe) recherch. ſur la Rochelle. XIII. 97.

Vincent-Marie *de Ste. Catherine de Sienne*; ſon voyage. XIV. 107.

Vincenti (Pietro) grands amiraux de Naples. XI. 475. protonotaires. *ibid.* iſtoria della famiglia Cantelma. XIV. 220.

Vincenti; de Rubicone antiquo. XI. 369 & 449.

Vincentini (Ventur.) conſilium. XI. 527.

Vinchant; annales de Hainaut. XIII. 280.

Vinding (Eraſme) Hellen. XI. 53.

Vindiciæ contra tyrannos. X. 109. 110.

Vinet (Elie) polyhiſtor. reſtitutus. X. 27. notæ ad Eutropium. XI. 63. ad Aurelium Victorem. 64. de nummis, &c. 104. antiq. de Saintes. XIII. 96. antiq. de Bourdeaux. 126. Narbonenſium votum. 133.

VINISAUF ; Richardi Iter Hierosolymitanum. XIII. 439.

VIOLA ; de temporum ratione. XI. 101.

VIPERA (Mario de) saints de Bénévent. XI. 487. évêques, &c. de cette ville. *ibid.*

VIPERANUS (J. Ant.) de scribenda historia. X. 1 & 13. oratio in mortem Caroli V. XI. 189. de bello Melitensi. 590. de obtenta Portugallia à Philippo II. XIII. 332 & 418.

Virgile ; observ. sur ce poète. XIV. 416, 419. sur sa quatriéme églogue. 507. sur ses traductions. 512.

Virginie ; cartes. X. 96. descript. de ce pays. XIV. 169 & *suiv.*

Viridis Vallis ; menologium monaster. Viridi-Vallis. X. 422.

VISCH (Charles de) biblioth. script. ord. Cisterciensis. XIV. 377.

Viscomtis, princes de Milan ; leur histoire. XI. 364, 392, 405 & 555.

Viscomti (Azon) de ejus rebus gestis. XI. 390. relation de sa victoire sur Lodrisio Viscomti. 555.

VISCOMTI (Christophe) guerre de son tems. XI. 412. & XII. 178.

Viscomti (Gaspard) arch. de Milan ; hist. de son pontificat. XI. 554.

Viscomti (Jean) de ejus rebus gestis. XI. 390.

Viscomti (Jean-Galéas) ses funérailles. XI. 393.

Viscomti (Luchino) de ejus rebus gestis. XI. 390.

VISCOMTI (Matthieu) hist. de Venise, trad. de Sabellicus. XI. 520.

Viscomti (Otton) archev. de Milan ; hist. de son tems. XI. 387.

Viscomti (Philippe-Marie) sa vie. XI. 395, 555 & 556. oratio in ejus morte. 399.

VISCOMTI ; lettres & mémoires du nonce Viscomti au concile de Trente. X. 248.

VISENTINI ; urbis Venetiarum prospectus. XI. 517.

Visitation ; religieuses de la visitation de N. D. X. 442 & *suiv.*

VISSELBECK ; chronicon Huxariense. XI. 195.

Vistule, fleuve de Pologne. XIV. 42.

S. *Vit*; translation de ses reliques. XI. 193. & XII. 46. historia fundationis monasterii S. Viti in Gladbach. X. 342. & XII. 87.

Vita (Francesco) hist. d'Agosta. XI. 498.

Vita Patrum. X. 325, 327.

Vital; panegyris episcopo Gurcensi. XI. 185.

Vitale (Franc. Antoine) in veteres inscript. dissertatio. XIV. 339.

Vitale (Salvat.) santoario di Corsica. XI. 374. chronica seraphici montis Alverniæ. X. 382. annales Sardiniæ. XI. 377 & 586. Clypæus. 586. propugnaculum. *ib.*

Vitellius (Er.) oratio ad Maximilianum. XIV. 43, 44.

Vitellius (Rayneaus) trad. de la descript. des Pays-Bas. XIII. 271.

Viterbe; hist. de cette ville. XI. 440.

Vitignano; cronica del regno di Napoli. XI. 463, 465.

Vitré; chronique de cette maison. XIII. 73.

Vitrian; traduction des mém. de Comines. XII. 147.

S. *Vitrice*; sa vie. XIII. 68.

Vitriarius (Ph. R.) institut. juris publici. XI. 161.

Vitry (le maréch. de) son entrée à Aix. XIII. 244.

Vittenveiller; bataille en ce lieu. XIV. 226.

Vittorelli; istoria de Giubilei pontificii. X. 263.

Vitus Arnpeckius; chronicon Bajoariæ. XI. 160.

Vitus, prieur d'Ebersperg; chronica Bavarorum. XI. 160.

Vitus (Rich.) hist. d'Angleterre. XIII. 444.

Viviers; hist. de ses évêques. XIII. 174.

Vivier (Cl. du) vie de S. François de Paule. X. 408. epistola apologetica. *ibid.*

Vivès (Ignatio de) vita del P. Francesco Caracciolo. X. 438.

Vizani; hist. de Bologne. XI. 452 & *suiv.*

Vizcay (Martin de) liaison de la mérindade de S. Jean-Pié-de-Port à la Castille. XIV. 279.

• Vizé (Jean d'Auneau, sieur de) mémoires. XII. 288. siége de Toulon. XIII. 163. voyage des

ambassadeurs de Siam en France. XIV. 112.

Voelkern ; Vienna obsessa. XI. 251. traductions. *ibid.*

Voersio ; giardino del Carmine. X. 368. hist. de Quiérasque. XI. 583.

Voet (Paul) origines des seigneurs de Brédérode. XIV. 264.

Vœu ; manus æneæ Crecopii votum referentis dilucidatio. XI. 52. de Donariis & tabellis votivis. 105.

Vogel ; hist. d'Allemagne de Heiss. XI. 208. priviléges des Suisses. XIII. 265.

Vogelius (George) de fundatione, &c. cœnobii Laurishensis. XI. 181.

Vogtius ; histor. fistulæ eucharisticæ. X. 264.

Voie Appienne. XI. 482, 483.

Voie Romaine ; de l'embouchure de la Seine à Paris. XIV. 474 — en Artois. 495. — de Valognes à Vieux. 499.

Voigtland ; origines Voigtlandiæ. XI. 314.

Voieu de Brunem ; *c'est le P.* Jouve.

Volaterran ; diarium Romanum. XI. 396.

Volces ; observ. sur l'histoire de ces peuples. XIV. 483.

Volcmar ; chronica. XI. 259.

Volkir ; victoire d'Antoine, duc de Lorraine. XIII. 184.

Volmar ; actes de la paix de Westphalie. XIV. 296.

Voltaire ; siécle de Louis XIV. XII. 336. hist. de Charles XII. XIV. 16.

Volterre ; auteurs sur cette ville. XI. 512 & 513. monumens découverts dans les caveaux de Volterre. XI. 499, 500.

Volusius Metianus ; de nummis, &c. XI. 104 & 118.

Von der Hart (Herman) Constanciense concilium. X. 243. histor. litteraria reformationis. XIV. 376.

Von-Einem ; de fatis eruditionis. XIV. 371.

Von-Lohenstein ; traduction du Politique de Gracien. XIII. 344.

Vopiscus (Fl.) XI. 77.

Voragine (Jacq. de) legenda aurea. X. 279. traductions. 280.

Vorburg ; hist. Ro-

mano - Germanica. XI. 209. hist. sub Ottone Magno, &c. 217.

VORDAC ; ses mém. XI. 243.

VORSTIUS (Henri) traduct. de la chronologie de David Ganz. X. 221.

VORSTIUS (Jean) notæ ad Sulpitium Severum. X. 226.

VORTHUSIUS ; Phœnix. XI. 227.

Vosge ; recherches de ses antiquit. XIII. 186.

VOSMER ; de rebus Belgicis. XIII. 273. principes Hollandiæ, &c. 311.

VOSSIUS (André) genealogia regum Daniæ, &c. XIV. 287.

VOSSIUS (Denys) animadversiones in comment. Cæsaris. XI. 69. Belgarum annales. XIII. 275, 296.

VOSSIUS (Gérard-Jean) de arte historica. X. 4. de theologia gentili. 99. isagoge chronologiæ sacræ. 179. de genealogia Christi. 215. de controversiis quas Pelagius, ejusq. reliquiæ moverunt. 297. notæ ad Paterculum. XI. 61. de historicis Græcis. XIV. 380. de histor. Latinis. 381.

VOSSIUS (Isaac) notæ in geographica antiqua. X. 23. observat. in Pomp. Melam. 24. de vera ætate mundi. 179. de antiqua Romæ magnitudine. XI. 97. de triremium, &c. constructione. 105. castigationes ad Hornii dissertationes. X. 180.

VOSSIUS (Matthieu) annales Hollandiæ, &c. XIII. 311.

VOUGNY (l'abbé de) son voyage en Italie. XI. 360.

Voxu ; histoire de ce royaume. XIV. 131.

Voyageurs ; leur religion. XIV. 422.

VREDIUS (Olivier) v. VRÉE.

VRÉE (Olivier de) genealogia comit. Flandriæ. XIII. 278. & XIV. 261. sigilla. XIV. 262.

VREVIN ; antiquit. de Chaulny. XIII. 48.

VRIES (Simon de) descriptio Groenlandiæ. XIV. 33. observations curieuses des Indes. 187.

VUILDE (Jacob de) selecta numismata. XIV. 318.

VULCATIUS Gallicanus. XI. 77.

Vulcanius (Bonav.) trad. latine d'Arrien. XI. 37. édition d'Agathias. 131. Gothicarum & Longobardicarum rer. script. 150. & XIV. 7. hist. Belgicorum tumultuum. XIII. 294.

Vulpius; Megalurgia Martisburgica. XI. 314.

Vulturne; chronicon Vulturnense. XI. 379.

WAC WAL

Wachter; archæologia nummaria. XIV. 308.

Waddesworth; lettres. XIII. 516.

Wading; annales ordinis Minorum. X. 377. de prætenso monachatu Augustiniano S. Francisci. 387. script. ordinis Minorum. XIV. 378.

Waès (pays de) carte. X. 78.

Waernewiek; hist. Belgarum. XIII. 275.

Waessenberg; Embrica. XI. 291.

Wafer (Lionel) voyage de l'Amérique. XIV. 153.

Wagenaar; descript. d'Amsterdam. XIII. 312.

Wagener; Schutzfleischii hist. ecclesiast. X. 235.

Wageinseil; tela ignea Satanæ. X. 217. de civitate Noriberga. XI. 267. de summis officialibus imperii. 342.

Wagner (J. Christophe) descript. Hungariæ. XI. 345.

Wagner (François) hist. Leopoldi Magni. XI. 240, 242.

Wagner (Marc) de regno Thuringiæ. XI. 315.

Wagrie; carte. X. 73.

Waisselius; chronicon. XIV. 60.

Waitte (Antoine le) historia Camberonensis. X. 357.

Wake; rex Platonicus. XIII. 464.

Walafride Srabon; de vita B. Galli. XI. 178. S. Othmari. *ibid.* præfatio ad Theganum. XII. 44. versus de exilio Judith. 45.

Walch; annotationes ad Cellarii Antiq. Rom. XI. 109.

Walckenried; chronique de cette abbaye. XI. 298. ses antiquités. *ibid.*

Waldeck, comté; carte. X. 75. hist. des comtes de Waldeck. XI. 305.

WALDENAARS (Jean) chron. de Hollande, &c. XIII. 310.

WALDENFELS; selectæ antiquitates. X. 190.

Waldsachsen; chronique de ce monastere. XI. 255. sa ruine. *ibid.*

WALFSTAN; periplus. XIV. 32.

WALHEIS (Th.) gesta Romanorum. XI. 78.

WALKER; hist. du parlement indépend. XIII. 469.

WALLACE; descript. des îles Orcades. XIII. 514.

WALLICHIUS; religio Turcica. XIV. 76.

Walon; de Walone abbate Corbeiensi destituto anno 1065. XI. 196.

WALPOLE; rapport du Comité secret. XIII. 487.

WALSINGAM (François) l'ambassadeur parfait. XII. 191 & 482. le secret des cours. XIII. 462.

WALSINGHAM (Thomas) historia. XIII. 437. ypodigma Neustriæ. *ibid.*

Walstein; auteurs qui ont écrit sur sa conjuration. XI. 138.

WALTER (Richard) voyage autour du monde. XIV. 191.

WALTHER (Jean-Louis) lexicon diplomaticon. XIV. 343.

WALTRAM, évêque de Naumbourg; de unitate ecclesiæ conservanda. XI. 181.

Wamba, roi de Tolède; hist. de son régne. XII. 39.

WANDALBERT; martyrologe. XII. 85.

WANGERECK; de la ville de Lindau. XI. 273.

WARBURTHON; essai sur les Hiéroglyphes des Egyptiens. XI. 6.

WARDIUS; geographia & historia naturalis. XIV. 91.

WARE (Jacques) antiquités & hist. d'Irlande. XIII. 524. annales d'Irlande. 525. de scriptorib. Hibernicis. XIV. 396.

WAREMOND; litura fœderis Hispano-Gallici. XIII. 213.

WARFUSÆUS; *voyez* FERVEAUX.

WARMHOLTZ; trad. de l'hist. de Charles XII. XIV. 15.
WARNEFRID; v. PAUL Diacre.
WARSEVIC (Christ.) reges, sancti, &c. Poloniæ. XIV. 397.
WARTABIET; hist. orientalis. XIV. 86.
Warwick; antiq. de ce comté. XIII. 501. hist. de ses comtes. 458.
WARWICK (Philip.) mém. du régne de Charles I. XIII. 471.
WASINGTON; statuts d'Angleterre. XIII. 507.
WASSE; édition de Thucydide. XI. 28. de Salluste. 68.
WASSENAER; historica relatio. X. 164.
WASSENBERG; Florus Germanicus. XI. 234. de rebus gestis Uladislai IV. XIV. 52.
WASSERBACH; de statua Arminii. XI. 308.
WASTELAIN; descript. de la Gaule Belgique. XII. 19. & XIII. 272.
WATS; édit. de Matthieu Paris. XIII. 455.
WATSON; theatrum variarum rerum. XIV. 347.
WATTEVILLE (M. de) hist. de la confédération Helvétique. XIII. 264.
Waverleienses annales. XIII. 439.
Waynflet (Guil. Pattenus) grand chancelier d'Angleterre; sa vie. XIII. 515.
Wazor; chron. Walciodorense. XII. 86.
WEBERS; Lipsia evangelica. XI. 313.
WECH; chronique de Dresde. XI. 312.
WEEVER; monumenta sepulchralia. XIII. 511.
WEGELIN; liberæ civitatis Lindaviensis prærogativa. XI. 274. thesaurus rerum Suevicarum. XIV. 6.
WEIDLER; hist. Astronomiæ. XIV. 350.
Weimar; carte de sa principauté. X. 72. hist. de cette ville. XI. 316.
WEINCKENS; Eginhartus illustratus. XI. 213. abbatia Seligenstadiensis. 271.
WEINECK (J. Guill. de) Rhetia. XIII. 266.
Weingarten; annales Weingartenses. X. 341.
WEINGARTEN (Von) miroir des princes d'Autriche. XI. 248.
WEINHEMIUS; sacrarium Coloniæ Agrippinæ. XI. 285.

WEISS (Thomas) chron. de l'ordre de S. Benoît. X. 312.

WEISSE (Chrétien) genealog. comitum Leinungensium. XIV. 214.

WEISMANN ; historia ecclesiastica. X. 236.

Welf ; origines Guelficæ. XI. 296. Laurus Guelfica. 297.

WELLINGUE (Ulric & Conrad) appendix ad chronicon H. Steronis. XI. 181.

WELS (Edouard) géographie de l'anc. & du nouveau Testament. X. 295. Xenophontis opera. XI. 29.

WELS (Thomas) historicæ vindiciæ. XI. 274.

WELWOD (Guill.) de dominio Maris. XI. 535.

WELWOOD (Jacques) mémoires. XIII. 476.

WENCESLAS, empereur ; sententia ejus exauctorationis. XI. 177 & 223. dissertatio histor. de eo. *ibid.*

WENCKER ; apparatus archivorum. XI. 331.

WENDELIN ; leges Salicæ illustratæ. XIII. 192.

WENGER ; de bello inter Venetos & Sigismundum. XI. 184 & 523.

WENGERSEIUS, *ou* WENGERSCIUS ; *v.* REGENSVOLSC.

Wénilon, archev. de Sens. XII. 48.

Werdea ; abbaye. XI. 256.

Werden ; carte. X. 74.

Werdens ; carte des trois Werdens. X. 68.

WERDENHAGEN ; de rebus publicis Hanséaticis. XI. 329.

WERLICHIUS (Engilbert) chron. Augustanum. XI. 272.

WERNER(André)chronicon Magdeburgicum. XI. 305.

WERNSDORFF (Marc-Gottlieb) de fide historica librorum Maccabaicorum. XI. 21. de republica Galatarum. XII. 9 *& suiv.*

Wésel ; descript. de cette ville. XI. 291.

WESSELING ; vetera Romanorum itineraria. X. 22. animadversiones in chron. Simsoni. 152. édition d'Hérodote. XI. 26. dissertat. Herodotea. 28. édit. de Diodore de Sicile. 30.

Westminster ; hist. & descript. de ce palais. XIII. 500 *& suiv.*

WESTPHALEN; monumenta rerum Cimbricarum, &c. XI. 301.

Westphalie; cartes. X. 73, 74. auteurs sur les Etats du cercle de Westphalie XI. 287 & *suiv.* négociations de la paix de Westphalie. XIV. 292 & *suiv.*

Wéteravie; carte. X. 75.

WETTERMANS; (Henri) hist. Weteraviæ. XI. 278.

Wetten; comtes de. XI. 309.

WEXION; descriptio Sueciæ. XIV. 5.

WHARTON (George) la guerre d'Irlande démontrée. XIII. 516.

WHARTON (H.) hist. inquisitionis contra Guil. Laud. XIII. 472. Anglia sacra. 492. de episcopis Londinensibus, &c. 500. de script. eccles. XIV. 372.

WHATLEY; notes sur les remarq. de Tyndal. XIII. 450.

WHEAR; de ratione & modo legendi historias. X. 16.

WHELER; voyages. XIV. 186. & *ibid.*

WHELOC; édition de Bede. XIII. 491.

WHETHAMSTEDE; de processu contra Reginaldum Peacockium. XIII. 457. hist. d'Angleterre. 458

WHITARKER, actes concernant les Maires. XIII. 511.

WHITBOURNE; traité de la Terre-neuve de l'Amérique. XIV. 169. découverte d'un nouveau pays. 170.

Whitehal; conspiration de. XIII. 485.

WHITLOCK (Bulstrode) mémoires des affaires d'Angleterre. XIII. 452. mem. & relat. historicæ. 477.

WHSTHON; historia Armeniaca. XIV. 82.

WIBERT; vita S. Leonis IX, papæ. XI. 426.

Wiblengense monasterium; templum honoris. X. 345.

Ste. *Wiborade*; sa vie. XI. 178.

Wicam (Guillaume) sa vie. XIII. 513.

WICELIUS; v. *Vicelius*.

WICQUEFORT (Abraham) *voyez* VICQUEFORT.

WIDEBURG; origines margraviatus Misnici. XI. 311.

Widekind; hist. Gustavi Adolphi. XIV. 11. hist. belli Sueco-Moscovitici. 12.

Widmore; hist. de l'abbaye de Westminster. XIII. 501.

Wieland; dissert. de Thoro principe. XIV. 36.

Wigand; hist. ecclesiastica. X. 236. hist. de Augustana confessione. 304. historia Medicinæ. XIV. 352.

Wighs; histoire des Wighs & des Thoris. XIII. 487.

Wigorniensis ecclesiæ Chartularium. XIII. 504.

Wikes; chronicon. XIII. 439.

Wild; apologie pour la ville d'Avenche. XIII. 123.

Wilde (Jacques & André) præparatio, &c. XIV. 8.

Wildeisen; genealogia Brandeburgica. XIV. 214.

Wildenberg (J. Ebron de) chronicon. XI. 255.

Wildtius; ecclesia Æthiopica. XIV. 142.

Wilhelm (Laurent) descript. de Zuickaw. XI. 313.

Wilhelmus (Phil.) de rebus à Conrade III gestis. XI. 266.

Wilkins (David) leges Anglo-Saxonicæ. XIII. 508. biblioth. Britannico-Hibernica. XIV. 395.

Wilkius (Jean-G.) Nepos Saxonicus. XI. 309.

Willame; H. Llwyd descript. Britanniæ. XIII. 412.

Williames (J.) garde du sceau en Angleterre; sa vie. XIII. 515.

Willichius; in Tacitum, de moribus Germ. XI. 166.

Willot; Athenæ Sodalitii Franc. XIV. 378.

Wilman; itineratium. XIV. 127.

Wilson; epistola. XIII. 514.

Wilthelm; vita Yolandæ, &c. XI. 221. diptica Leodiensia. 289. acta S. Dagoberti. XII. 121.

Wilthen; histoire de cette ville. XI. 252.

Wimpheling; epitoma rerum Germanicarum. XI. 167 & 206. de Germanicæ nationis gravaminibus. 186. episcopi Argentinenses. XIII. 177.

WINCKELMAN (Jean-Juste) Cæsareologia. XI. 208. affaires d'Oldenbourg. 192.

WINCKELMAN (Jean-Juste) de principibus Hassiæ. XI. 275. descriptio Hassiæ, &c. 276. notitia Saxo Westphaliæ. 287. hist. de Brunswick & de Lunebourg. 296. arboretum heroum ex familia Oldenburgica. XIV. 215 & 287.

WINCKELMAN (l'abbé) découvertes d'Herculanum. XI. 479.

WINCKLERUS ; édition de quelques opuscules de l'abbé de Longuerue. XIV. 520.

WINDER ; hist. de l'origine des sciences, &c. XIV. 347.

Windesim ; congrégation de Windesim. X. 412 & *suiv.*

Windisgratz ; conférences pour la restitution de la Lorraine. XIII. 182.

WINSEMIUS ; vie de Maurice, prince d'Orange. XIII. 300. chron. Frisiæ. 317. rerum, &c. *ibid.*

WINSLOU ; spicilegium Arctoum. XIV. 34.

Winter-Casten ; sa description. XI. 276.

WINTHER ; hist. episcopatus Caminensis. XI. 200. Balthus Pomeranices. 321.

WINZER ; pugna inter Mauritium & Albertum. XI. 170.

WION (Arnoul) lignum vitæ. X. 333.

WIPPO ; de vita Chunradi Salici. XI. 174 & 217. in laudem Henrici III. 217.

Wirtemberg ; carte. X. 70. auteurs sur le duché de Wirtemberg. XI. 270. Wirtembergiæ libri. 168.

WIRTEMBERG (duc de) ses mémoires. XIV. 15.

Wirtzbourg ; carte. X. 71. hist. de cet évêché. XI. 265, 266. enumeratio præsulum Wirtzburgensium. 189.

WISE ; annales Alfredi Magni. XIII. 455.

Wismar ; ses environs. X. 73.

WISTON'S ; chronol. de l'anc. Testam. X. 153.

WITASSE ; relations au sujet de la constitution. X. 260.

WITHINGTON ; ses voyages. XIV. 191.

WITSIUS ; hist. Hierosolymæ. X. 212. Ægyptiaca. XI. 4.

WITT (Corneille & Jean de) hist. de leur gouvernement. XIII. 303. mém. & négociations de Jean. *ibid.* precationes publicæ. 308. interest van Holland. 309. instruction. *ibid.* hist. du gouvern. *ibid.* hist. de la vie de Corneille & Jean de Witt. 324.

WITT (M. de) curé; artes Jesuiticæ. X. 474.

WITTEHENNE; chron. Huxariensis continuatio XI. 195.

Wittikind, roi des Saxons; ses historiens. XI. 199 & 308.

WITTIKIND, moine; annales. XI. 192, 217 & 294.

Wittemberg; hist. de cette ville & de son église. XI. 310 & *suiv.* son université. XIV. 384.

WOLFF (Jean) Penus artis historicæ. X. 12.

WOLFF (J. Ch.) de Bogomilorum origine, &c. X. 299. monumenta typographica. XIV. 364.

WOLFF (Christophe) Colomesii Italia & Hisp. orientalis. XIV. 386.

WOLFF (J. Laurent) encomium regni Daniæ. XIV. 21. Norwegia illustrata. 30.

WOLFF (Jérome) son édition de Nicétas. XI. 137. de Nicéphore Grégoras. 139. lectiones memorabiles. XIV. 517.

WOLFGANG; manifeste. XI. 140.

Wolsey; hist. & négociations de ce cardinal. XIII. 460.

WOLTER; chronica Bremensis. XI. 193.

WOOD (Ant.) hist. universitatis Oxoniensis. XIII. 504. Athenæ Oxonienses. 505.

WOOD (J.) ses découvertes. XIV. 174.

WOOD (Lambert) Florus Anglicus. XIII. 446.

WOOD (Robert) ruines de Palmyre. XI. 20. de Balbec. *ibid.*

Wormes; carte de cet évêché. X. 75. auteurs qui en ont écrit. XI. 275.

WORMIUS (Olaüs) series regum Daniæ. XIV. 24. chron. regum Norwegorum. 30. monum. Danica. 35. antiq. Danicæ. *ibid.* de cornu aureo. *ibid.*

WORMIUS (Chret.) historia Sabellianæ. X. 297.

WOWER (Jean à) de

Polymathia. XI. 53.

WREN; l'égliſe de S. Paul de Londres. XIII. 300.

WRIGHT; hiſt. comitatus Rutlandiæ. XIII. 504.

WURFFTAIN; relationes domus Auſtriacæ. XI. 248.

WURMBRAND; collectanea genealogica ex archivio Auſtriæ. XIV. 213.

WURSTISEN; hiſt. Baſileenſis. XIII. 266, chronicon. *ibid.* & XI. 274.

WYCHE; relatio Nili. XIV. 133.

WYLSON; vita Jacobi I regis. XIII. 464.

WYNNE (Richard) narratio hiſtorica, &c. XIII. 458.

WYNNE (W.) additiones ad hiſt. Cambriæ. XIII. 502.

WYTFLIET; deſcript. Ptolemaicæ augmentum. X. 45.

Xarque; missionaires Jésuites au Paraguai. X. 451, 452.

Xaupi; recherches sur la noblesse honorée de Perpignan. XIV. 252.

Xavier (Jérome) hist. Christi persicè. X. 214.

Xenophon; Cyropedia. XI. 18. de Cyri expeditione. *ibid.* opera omnia. 29 & *suiv.*

Xérès de la Frontera; hist. de cette ville. XIII. 374.

Xerès (François) hist. des Indes. XIV. 148. conquête du Pérou. 157 & 159.

Ximena (Martiu de) hist. du diocèse de Jaen. XIII. 375.

Ximénès (le cardinal) sa vie par Alvar Gomez. XIII. 330 & 400. par d'autres auteurs. 399 & *suiv.*

Ximénès, Paton (Barth.) hist. du royaume de Jaèn. XIII. 375.

Ximénès *Sant-Jago* (Francois) genealogia de la casa de Galindo de Ecija. XIV. 273.

Ximénès (Jérome) del officio de Bacle general de Aragon. XIII. 376.

Ximénès (Miguel de Erce) prédication de S. Jacques en Espagne. XIII. 359.

Ximénès (Roderic) ses ouvrages sur l'hist. d'Espagne. XIII. 330 & *suiv.* hist. Arabum. XIV. 93.

Xiphilin; compendium historiæ Dionis. XI. 76, 87, 88.

Xodar (François de Jesus y) discours sur l'apostolat de S. Jacques en Espagne. XIII. 359.

Xylander (Guill.) sa version latine de la Géographie de Strabon. X. 20. ses notes sur l'hist. des empires de Sléidan. 119. — sur le livre de Plutarque de *Iside & Osiride.* XI. 5. édit. de Plutarque. 32. de Dion Cassius. 87.

YARRANGTON ; augmentum procurandum. XIII. 511.

Yémen ; hist. & chronologie des rois de cette contrée. XIV. 500.

YEPÈS (Antonio) chronica de la orden de S. Benito. X. 332.

YEPÈS (Diégo) vida de la B. Theresa de Jesu. X. 375. relatione della morte de Filippo II. XIII. 348. hist. de la persécution de Inglaterra. 498.

YEPÈS (Rodrigo de) hist. del martyrio del santo Innocente. XIII. 369.

Yolande ; vita venerabilis Yolandæ. XI. 221.

Yorck, hist. de cette ville & de son église. XIII. 502. catalogue de ses évêques. XII. 67.

Yorck (Nouvelle) hist. de cette province. XIV. 170.

YORCK (Jacque) l'union d'honneur. XIV. 284.

S. *Yrier*; que Grégoire de Tours n'est pas l'auteur de sa vie. XIV. 440.

YSLA ; régle de l'ordre de S. Jacques. XIII. 363.

Yvan (le P. Antoine) sa vie. X. 446.

YVES, év. de Chartres ; ses lettres. XII. 57 & 134.

YVES MAGISTRI ; traduction de la chronique de Fontevraud. X. 362.

Yvetot ; écrits sur le royaume d'Yvetot. XIII. 71. dissert. sur son origine. XIV. 429.

ZABARELLA (Jacque) aula heroum. XI. 436. il Pileo. XIV. 220. il Coterio. 221. aula Zabarella. 225. il Carosio. 226. il Galba. *ibid.* Tito-Livio Padouano. *ibid.* Trasea Peto. 229. gli Valerii. 229. Christina Augusta. 287.

ZACAGNI ; de summo apost. sedis imperio in Comachium. XI. 458.

S. *Zacharie* de Venise; hist. de ce monastere. XI. 532.

ZACHARIE I, pape ; ses lettres. XII. 54 & 129. vita S. Benedicti, ex latino S. Gregorii Magni græcè versa. X. 334.

ZACHARIE de Lisieux ; Genius seculi. XIII. 260. Giges Gallus. 261. somnia sapientis. *ibid.*

ZACHARIE (Franc. Ant.) Jésuite ; évêques de Crémone. XI. 538. instituzione antiquario lapidaria. XIV. 335. *aux additions.*

Zaga-Christ, prince d'Ethiopie. XIV. 90.

ZALASZOWSKI ; jus regni Poloniæ. XIV. 39.

ZALUSKI (Andr. Chrysostome) epistolæ. XIV. 57.

ZALUSKI (Jos. André) specimen hist. Polonæ. XIV. 49.

Zama ; observatione sur la bataille de Zama. XI. 73.

ZAMARIEL ; v. CHANDIEU.

ZAMBONE (Pietro) dominio del Mare Adriatico. XI. 534.

Zamolxis; primus Getarum legislator. XIV. 20.

ZAMOSCI (J. Sarius) de senatu Romano. XI. 94.

ZAMOSKI ; epistola quâ Henricum Poloniæ regem renunciat. XIV. 50. *sa vie.* 51.

ZAMPINI ; de la succession déférée au card. de Bourbon. XII. 220. *idem.* en latin. XIII. 193. éloge de Catherine de Médicis. XII. 363. des Etats-généraux & de leur puissance,

puissance. XIII. 205. de origine & atavis Hugonis Capeti. XIV. 234.

ZANCAROLI ; antiq. Fori Julii. XI. 368.

ZANCHI ; de origine Orobiorum. XI. 542 & 365.

ZANETTI (Jérome) monoies de Venise & de Rascie. XI. 534.

ZANETTI (MM.) delle antiche statue, &c. XIV. 331.

ZANOTTI ; sigillum Alesinæ. XIV. 344 & s.

ZANTI (Giov. de) strade , &c. di Bologna. XI. 454.

ZARATE (Augustin de) conquête du Pérou. XIV. 157.

Zarine ; hist. de Zarine & de Stryangée. XIV. 419.

ZARLINI ; informatione alla congr. de i Capucini. X. 386.

Zatico ; monumens trouvés près de cette ville. XIV. 332.

ZAWADZKY ; hist. arcana. XIV. 54.

ZAYAS (Fr. Diégo de) annales d'Aragon. XIII. 378.

ZAYNER ; res bello Bavarico gestæ. XI. 259.

ZAZIUS ; oratio ad Maximilianum. XI. 184. ejusd. oratio funebris. 186.

ZAZZERA ; della nobilta d'Italia. XIV. 217.

ZECH ; capitulation de l'emp. Charles VI. XI. 339.

ZEIBICS ; table généal. de la maison de Solms. XIV. 217.

ZEIDLER ; geneal. comitum Mansfeldensium. XIV. 215.

ZEILLER ; itiner. Germaniæ. XI. 156. topogr. provinc. Austriacarum. 246. topograph. Bavariæ. 254. — Franconiæ. 265. — Sueviæ. 268. chron. Sueviæ. 269. topograph. Hassiæ. 275. — Palatinat. Rheni. 279. — archiep. Moguntini. 281. Westphaliæ. 287. — Saxoniæ infer. 293. — Brunsvicensis & Luneburgensis. 295. — Saxoniæ super. &c. 307. — elect. Brandenburgici. 318. — Bohemiæ. 322. — circuli Burgundici. 330. descript. regni Hungarici. 345. itinerar. Italiæ. 357. topogr aph. Galliæ. XII. 10. — Alsatiæ. XIII. 174. — Helvetiæ. 262. - Belgii. 272. descript. Sueciæ , &c. XIV. 5. — regn. Daniæ &

Norwegiæ. 21. topogr. Prussiæ & Pomerelliæ. 59. de historicis, &c. 369.

Zeitz; carte de son comté. X. 72. chron. de cette ville. XI. 174 & 313.

Zélande; cartes. X. 78. auteurs sur cette province. XIII. 288. & *ibid.* 309 & *suiv.*

ZELTNER; de fœminis ex Hebræa gente eruditis. X. 205.

ZENGOIUS; ex ejus chron. excerpta. XI. 255.

ZENO (Apostolo) ses lettres. XIV. 386. storici Veneziani. 390.

Zéno (Carlo) doge de Venise; sa vie. XI. 394 & 529.

ZENO (Catherino) commentarii del viaggio in Persia. XIV. 85.

ZENO (Jacque) vita Caroli Zeni. XI. 394 & 529. vita B. Nicolai Albergati. 454.

Zénobie; son hist. XI. 20. sur ses médailles. XIV. 421.

ZENOCARUS; *voyez* SNOUCKART.

Zénodore, tétrarque. XIV. 499.

ZENON (François) son édit. du livre des Conformités. X. 388.

ZENTGRAFF (J. Joach.) de tactu regis Franciæ. XIII. 189.

ZENTGRAFF (J. Jac.) de interregno à Conrado IV ad Rudolphum Habs. XI. 220.

ZERMEGH (J. de) historiæ, &c. XI. 350.

ZERNCKE; chron. de Thorn. XIV. 61.

ZESEN (Philip. à) leo Belgicus. XIII. 290.

ZEVALLOS (Blas Ant.) vida y milagros de sant Antonio. X. 328.

ZEVALLOS (Pedro Ordonez de) relations de la Chine, &c. XIV. 123. voyage du monde. 188. hist. de la noblezza de la ciudad de Jacca. 273.

ZIEGELBAUR (Magnoald) notitia scriptorum Camaldulensium. X. 348. hist. rei litterariæ ord. S. Benedicti. XIV. 376.

ZIEGLER (Gaspard) electorum Saxoniæ eminentia. XI. 308. de juribus majestatis. 341. exercitat. circa regicidium Anglorum. XIII. 473.

ZIEGLER (Jacques) attentata Christierni II, in Sueciæ regnum. XI. 187. Scondia. XIV. 5.

ZIELER (Gaspard)

voyez ZIEGLER.

ZILIOLO ; istorie memorabili. X. 160.

ZILLESIUS ; defensio abbatiæ S. Maximini. XI. 185.

ZIRARDINI ; édifices de Ravenne. XI. 448.

ZITTI ; descript. de Venise. XI. 517.

Zobelius (Melchior) évêque de Wirtzbourg ; sur son assassinat. XI. 171.

Zodiaque ; origine des noms de ses signes. XIV. 419.

Zoïle ; s'il y a eu deux Zoïles censeurs d'Homere. XIV. 443.

ZONARE ; annales. XI. 126, 127.

ZOROASTRE ; Zen-Avesta. XIV. 86.

ZOUCHÆUS ; de légati delinquintis judice. X. 109.

ZOVABRONI ; bibliotheca Calabra. XIV. 387.

S. *Zozime*, pape ; sa vie. XI. 422.

ZOZIME ; hist. nova. XI. 88. & *ibid.* son apologie. 88.

Zrini, son procès. XI. 354.

ZSCHACKWITZIUS ; vie de l'empereur Joseph. XI. 242.

ZUALLARD (Jean) descript. d'Ath. XIII. 181. voyage à Jérusalem. XIV. 89.

ZUCCHI ; tre glorie di Monza. XI. 561. istorie della corona ferrea. *ibid.*

ZUCCULO ; cronica di Faenza. XI. 451.

ZUICH ; epistolæ ad Vadianum. XI. 179.

Zuickaw ; histoire de cette ville. XI. 513.

ZUMFELDE ; analecta. XIV. 518.

ZUNGGUS ; hist. ord. Canon. regul. S. Augustini. X. 428.

Zuniga (D. Ant. de) commaand. de Ribera ; sa vie. XIII. 402.

ZUNIGA (Diégo Ortiz de) annales de Séville. XIII. 373. tratado de la posteridad de Juan de Cespedes. XIV. 271. discurso de los Ortizes de Sevilla. 275.

ZUNIGA (Giuf. de) hist. de l'ordre de Calatrava. XIII. 364.

ZURITA (Jérome) commentar. in itinerarium Antohini. X. 22. édition de Geoffroi de Malterre. XI. 462. indices rerum ab Aragoniæ regibus gestarũm. XIII. 333 & 377. enmiendas

y advertencias, &c. 367. annales d'Aragon. 377. *éloge de Zurita*. 378.

Zur-Lauben (le baron de) mém & lettres du duc de Rohan. XII. 270. Guillaume Tell. XIII. 265. hist. militaire des Suisses. *ibid.* table généalogique des maisons d'Autriche & de Lorraine. XIV. 212. ses recherch. insérées dans les mém. de l'académie des Inscript. 483, 489, 508, 512, 515.

Zurner; atlas de Saxe. X. 72. carte de Lusace. 76.

Zutphen; cartes. X. 77, 78. auteurs sur ce comté. XIII. 314.

Zwanzig; theatrum præcedentiæ. XI. 335.

Zwenger; de historia. X. 14.

Zwifaltensis monasterii annales. XI. 273 & 313.

Zwingle (Huld.) de gestis inter Gallos & Helvetios. XI. 187.

Zygomala; de Constantinop. expugnatione. XI. 145.

Zypæus; hiatus Cassani obstructus. XIII. 200.

ADDITIONS ET CORRECTIONS POUR LE CATALOGUE DES PRINCIPAUX HISTORIENS.

TOME X.

Page 6, *ligne* 10, *en remontant*, CASSAIGNÉ, *lisez* CASSAGNES.

Page 13, *ligne* 15, Dionysius HALICARNASSENSIS; *lisez* DIONYSIUS Halicarnassensis.

Page 36, *ajoutez* : Géographie élémentaire moderne & ancienne, contenant les principes de la géographie, une description générale du globe, & un détail particulier de l'Europe & de la France; par J. N. BUACHE DE LA NEUVILLE. *Paris*, 1772, *in*-12. 2 *vol. L'académie royale des Sciences a honoré de son suffrage, ces Elémens de géographie, composés pour une pension célèbre de Paris, où ils ont eu le plus grand succès. Ils ont cela de particulier, que l'auteur y démontre par des principes certains, la structure extérieure du globe, dont la connoissance a été trop négligée jusqu'à présent.*

Page 101, *ligne* 11, ont, *lisez* font.

Page 140, *ligne* 18, JOANNIS Imperii; *lisez* JOANNIS Iperii.

Page 149, *ligne* 9; lis. *Helmstadii*, 1671, *in*-4.

P. 164. Theatrum Europæum. *On trouve au volume suivant, une notice plus exacte de cet ouvrage.*

P. 171, *l.* 7. Gebriæ chronicon; *lisez* Geldriæ chron.

P. 172, *l.* 2, *en remontant*, *ajoutez* —Idem. 1740, *in*-4. 6 *vol.*

P. 193. FULLER... 1550. *lisez*; 1650 ou 1651.

P. 195, *l.* 11 *en remontant*, 1724, *lisez*; 1624.

P. 205. Après l'histoire des Juifs par CRULL, *ajoutez*; Cas Hakkeraim, seu Secta Karræorum, dissertationibus aliquot historico-philologicis sic adumbrata, ut è codicibus manuscriptis ut plurimum, ortus, progressus ac dogmata ejusdem præcipua eruta compareant; studio M. Jo. Gottof. SCHUPARTI. *Ienæ*, 1701, *in*-4. *C'est une bonne histoire de la secte des Caraïtes; c'est-à-dire, de ceux d'entre les Juifs qui, attachés au texte de l'écriture, rejettent toutes les folies du Talmud, & la plupart des traditions des Rabbins.*

P. 275, *l.* 9. Joann. SOLERII; *lisez* SOLLERII.

P. 298, *à l'article* J. B. TAMAGNINI historia Monothelitarum; *ajoutez* que *Cet ouvrage est de* D. Antoine-Michel FOUQUERÉ, *religieux Bénédictin de la congrégation de S. Maur, qui s'est caché sous le nom de* J. B. TAMAGNINI.

P. 301, *l.* 4 *en remontant*, Hieronymi PRAGENSIS; *lisez* HIERONYMI Pragensis.

P. 312, *l.* 4. Mononitæ; *lisez* Mennonitæ.

P. 316, *l.* 3, de S. Charles Borromée & de Prosper; *lisez* écrites à S. Charles Borromée par.

P. 324. *C'est par erreur que l'abbé* Lenglet *attribue à l'abbé* FAYDIT les Moines empruntés. *Cet ouvrage est certainement de M.* DE HAITZE. *On peut sur ce point consulter le* Dictionaire de Morery, *édition de* 1759, *article de M.* DE HAITZE. *On y trouve indiqués les ouvrages composés pour répondre aux* Moines empruntés, *& qu'il est bon de joindre à cet ouvrage :*

P. 344, *ajoutez ;*

Histoire du vénérable Dom Didier de la Cour, réformateur des Bénédictins de Lorraine & de France, tirée d'un manuscrit original de l'abbaye de S. Vanne, avec une Apologie de l'Etat religieux; par D. HAUDIQUER, Bénédictin de la congrégation de S. Maur. *Paris*, 1772, *in*-8.

P. 374. *Placez l'article* FRANCISCO DI SANTA MARIA, *avant celui qui précède, intitulé ;* Annales des Carmes déchaussés.

P. 424, *l.* 14. *de Notre Sauveur ;* lisez *de Notre-Dame.*

P. 458. La vie du P. Antoine Possevin, *ajout.* par le P. DORIGNI, Jésuite.

P. 481, *ajoutez ;*

Histoire des ordres royaux hospitaliers-militaires de Notre-Dame du Mont-Carmel & de S. Lazare de Jérusalem; par M. GAUTIER DE SIBERT. *Paris*, *Impr. royale*, 1772, *in*-4.

TOME XI.

PAGE 36. *Avant l'article de* QUINTUS-CURTIUS, *ajoutez ;*

Hiſtoire de Philippe & d'Alexandre, rois de Macédoine ; par M. DE BURY. *Paris*, 1760, *in*-4.

P. 53, *à l'article* Eraſmi VINDINGII, Hellen, *ajoutez : Nous n'avons rien ſur l'Hiſtoire Grecque, de comparable à cet ouvrage, qui conduit ſéparément chaque peuple Grec, depuis ſon origine juſqu'à ſon extinction, en rapportant exactement les paſſages des auteurs originaux, ſuivant la Méthode d'Uſſerius dans ſes annales.*

P. 59, *l.* 11. ajoutez : *Tomus II. Romæ*, 1707.

P. 78, *l.* 14. GUAGUIN ; *liſez* GAGUIN.

P. 84. *après les éditions de Tacite, ajoutez celle-ci :*

C. CORNELII TACITI opera ; recognovit, emendavit, ſupplementis explevit, notis, diſſertationibus, tabulis geographicis illuſtravit Gabriel BROTIER, Jeſuita. *Pariſiis, ex typographia* Franciſci de la Tour, 1771, *in*-4. 4 *vol. Cette nouvelle édition de* Tacite, *eſt un vrai chef-d'œuvre de typographie. Quant à l'éditeur, dit l'*abbé Aubert, *on doit lui rendre cette juſtice, qu'il joint à des connoiſſances très-étendues, le goût & le jugement, dont manquoient preſque toujours les* Gronovius, *& tant d'autres qui ont donné des éditions des anciens auteurs. Il eſt peu de commentateurs qui aient ſu rendre auſſi utile, auſſi agréable, une érudition également vaſte & profonde.*

Histoire de Tacite, en latin & en françois, avec des notes sur le texte; par J. H. DOTTEVILLE, de l'Oratoire. *Paris*, 1772, *in-12*. 2 *vol.* *C'est le même dont on a une bonne traduction de* Salluste. *Il paroît avoir également réussi dans celle-ci.*

P. 114, *l.* 5. Antoniana, *lisez* Antoniniana.

P. 118, *ajoutez :*
De l'impôt du vingtiéme sur les successions, & de l'impôt sur les marchandises chez les Romains, Essais (Recherches) historiques; par M. BOUCHAUD. *Paris*, 1766, *in-8*. — 1772, *in-8*. *C'est la même édition, dont on a changé le frontispice, en y mettant le titre de* Recherches, *au lieu de celui d'*Essais. *Cet ouvrage contient effectivement une infinité de recherches sur les impôts en usage chez les Romains. Il mérite d'être lu, & peut tenir lieu de tout ce qu'on a écrit jusqu'à présent sur ce sujet.*

P. 146. Giacomo FIORELLI. *Cet article doit être porté à la page suivante, avant l'*Histoire des révolutions, &c.

P. 156. Philippi CLUVERII Germania antiqua. *Voici le titre entier, tel qu'il doit être énoncé.*
Philippi CLUVERII Germaniæ antiquæ libri III. Opus post omnium curas elaboratissimum, tabulis geographicis, & imaginibus priscum Germanorum cultum moresque referentibus exornatum. Adjecta sunt Vindelicia & Noricum ejusdem auctoris. *Lugduni-Batavorum*, 1616, *in-fol.* — 1631, *in-fol.*

P. 158, *l.* 10 *en remontant*. Aurei sæculi virago, *lisez* ; imago.

P. 168. Petri GNODALII Historia rusticorum tumultuum, *lisez* ; rusticanorum.

P. 169. Antonius CORVINUS; de Monaste-

riensium Anabaptistarum obsidione. *Observez sur cet ouvrage, que le titre porte* Antonius, *& le haut des pages* Johannes; *mais l'auteur s'appelloit* Johannes-Arnoldus CORVINUS

Même page. Ex Pauli JOVII istHoria fragmentum, *lisez:* Ex Pauli JOVII historiarum sui temporis libro XXXIII fragmentum, &c.

P. 171. Gaspar STILBINUS, *lisez;* STIBLINUS.

P. 175. LUITPRANDI Ticinensis, historiarum, &c. *lisez;* LUITPRANDI, Ticinensis ecclesiæ Levitæ, Historiarum, &c.

P. 176, *l.* 8. Henrici VI, *lisez;* Henrici VII.

P. 179, *l.* 1. Joach. VADIANI Epist. de obscuris verborum significationibus, *lisez;* de obscuris Alemannicorum verborum significationibus.

P. 193, *après la seconde ligne, ajoutez cet article oublié:* De translatione J. Justini in novam Corbeiam.

P. 194. Ducatus Brunsvicensis & Luneburgensis, *lisez;* Brunsvicensis-Luneburgensis.

P. 195. De Frederico, duce Brunsvicensi, in imperatorem electo, *lisez;* in imperatorem electione & misera cæde dissertatio.

P. 217. L'histoire de la décadence de l'empire, par Maimbourg, dont on ne cite qu'une édition *in*-12. de 1679, fut aussi imprimée la même année *in*-4.

P. 220, *l.* 8 *en remontant*, Henri IV, *lisez;* Henri VI.

P. 228, *l.* 8. traduit de l'anglois, *ajoutez;* par M. SUARD.

P. 231. Bellum sexennale.... ad annum 1623. *Francofurti*, 1623, *in-4. lisez* 1622. *Francofurti*, 1622.—*même article* : nous avons parlé ci-dessus, *lisez* ; nous parlons plus bas.

P. 240.... FLITERUM, *lisez* ; FLITNERUM.

P. 242. Retranchez le premier article de cette page, déja employé, *page* 240.

P. 248. *retranchez l'article* Apologia pro gente Austriaca. *Il est à la page* 235.

P. 250. Pad. Diego Lequille, *lisez* ; Didacio.

P. 256, *ligne derniere* : HOTMANNI, *lisez* ; HARTMANNI.

P. 263. *L'édition de* Metropolis Salisburgensis, *est en* trois volumes, & *non en* deux, *comme on le dit*.

P. 271, *ligne derniere*, 1530, *lisez* ; 1550.

P. 275. *Otez l'article* CONRADI Benedictini chronicon Spirense : *c'est* Chronicon Schirense, *dont il est parlé* p. 264.

P. 278. Joannis TEXTORIS Chronicon Nassoviense : *ajoutez* que *cet ouvrage est en allemand*.

P. 287. Hermanni STANGEFOLD Annales circuli Westphalici. *Observons sur cet article* ; 1°. *que le nom de l'auteur est* STANGEFOL ; 2°. *que son histoire ne s'étend point jusqu'en* 1656 ; *mais seulement jusqu'en* 1654. *Le frontispice marque, à la vérité* : à Christo nato, ad annum MDCLVI ; *mais c'est une transposition des deux derniers chiffres. Le frontispice du IV livre dit* : usque ad annum 1654, in quo vivimus & hæc scribo : & *en effet l'auteur finit à la mort du fils de Ferdinand III, en juillet* 1654.

P. 291, *l.* 12. *lisez* 1620, *in-4.*

P. 303. Alberti KRANTZII Vandalia. *Cet article doit être ainsi énoncé :* Alberti KRANTZII Vandalia, in qua de eorum populis, patrio solo, migrationibus, regibus ac bellis. *Francofurti*, 1575 & 1613, *in-fol.* — *Hanoviæ*, 1619, *in-fol.*

P. 306. M. Adami Historia ecclesiastica. *C'est l'ouvrage d'*Adam de Brême, *déja indiqué* p. 301.

P. 309. Mich. BOEMI vita Alberti III, &c. *lisez* BOIEMI. Il y a encore de cet ouvrage une édition : *Witteberga*, 1698, *in-4.*

P. 312. Tob. HEYDENREICH Chron. Lipsiense. *effacez cet article : il est mieux à la page suivante.*

P. 315, *l.* 8 *en remontant :* Josepho BANGIO ; *lisez* Joanne ; *& effacez l'article* Joannis BANGERII Chronicon Thuringiæ, *qui est trois lignes au-dessous.*

P. 373, *l.* 11 *en remontant :* Ferriensibus, *lisez* Ferrariensibus.

P. 402. *placez en tête de l'article III :*

Révolutions d'Italie, traduites de l'italien de M. DENINA ; par M. l'abbé JARDIN. *Paris*, 1770, *in-12.* 2 *vol. Le dessein de M.* Denina *a été que son ouvrage servit d'introduction & de clôture à l'Histoire générale d'Italie. Il prend les choses dès les premiers tems : c'est-à-dire, avant & pendant la puissance des Romains, & conduit ses réflexions jusqu'à la décadence des Carlovingiens.*

P. 412. *effacez les deux lignes* 13 & 14 *en remontant.*

P. 442. *l.* 22. 17..... *lisez* 1728.

P. 445. *retranchez les quatre lignes* 6, 7, 8 & 9

en remontant. Les deux articles qu'elles contiennent sont à la *page* 442.

P. 463. *retranchez les lignes* 3, 4 & 5 *en remontant :* cet article est mieux à la *page* 465.

P. 470. *ajoutez :*

Histoire de la révolution du royaume de Naples, dans les années 1647 & 1648; par Mlle. DE LUSSAN. *Paris*, 1757, *in*-12. 4 *vol.*

P. 486. *retranchez les lignes* 7 & 8 *en remontant :* cet article est mieux à la *page* 481.

P. 491, *ajoutez :*

Histoire générale de Sicile, dans laquelle on trouvera toutes les différentes révolutions de cette île, depuis le tems où elle a commencé à être habitée, jusqu'à la derniere paix entre la maison de France & la maison d'Autriche; par M. DE BURIGNY. *La Haye*, 1745, *in*-4. 2 *vol. C'est le seul ouvrage françois où l'on trouve une histoire complette de la Sicile. Il est cependant peu connu en France ; mais il mériteroit d'y être plus répandu, à cause de l'exactitude des recherches qu'il contient.*

P. 515. *retranchez* MARIANUS Viterbiensis : *cet article est mieux énoncé à la page* 442, *où il faut seulement ajouter*, 1718, *pour la date de l'édition de l'ouvrage.*

P. 556, *l.* 17. fil. Maria; *lisez :* Filippo Maria, *l.* 19. Jac. *lisez* Joachimi.

P. 558, *l.* 6. LONDI, *lisez :* LANDI.

P. 560, *l.* 3. Sapiensis, *lisez :* Papiensis.

P. 575, *l.* 2. GAUSSIN, *lisez :* JAUSSIN.

TOME XII.

PAGE 6. *l.* 6, *en remontant*, SONNERI, *lisez* SOMNERI.

P. 12, à l'article de l'Histoire des Celtes, de M. Pelloutier, *ajoutez* :

— *Idem*. Nouvelle édition, revue, corrigée & augmentée par M. de CHINIAC. *Paris*, 1770 & 1771, *in*-12. 8 *vol.* & *in*-4. 2 *vol. Cette nouvelle édition est effectivement* augmentée de différens morceaux. *Le plus intéressant, est le* IV livre de l'Histoire des Celtes, *qui étoit resté manuscrit, & que* M. de Chiniac *est parvenu à se procurer, avec d'autres manuscrits qui étoient entre les mains de deux filles de l'auteur, seules restées de sa famille. Ce IV livre expose l'extérieur de la religion des Celtes, les sacrifices, les cérémonies & les superstitions. C'est un point sur lequel les anciens donnent plus de lumieres, que sur celui du dogme.*

P. 27, *ajoutez cet article* :

Les libertés de l'Eglise Gallicane, prouvées & commentées suivant l'ordre & la disposition des articles dressés par M. Pierre Pithou, & sur les recueils de M. Pierre du Puy, conseiller d'état ; par M. DURAND DE MAILLANE, avocat en parlement. *Lyon*, 1771, *in*-4.

P. 113, *ajoutez que* la derniere édition de l'Histoire de France, du P. Daniel, a été réimprimée à Amsterdam, 1755 — 1758, *in*-12. 24 *vol.*

Même page Dissertations sur les deux Histoires, &c. *Cet ouvrage doit être ainsi énoncé* :

Comparaison des deux Histoires de M. de Mezeray, & du P. Daniel, en deux dissertations; avec une Dissertation préliminaire sur l'utilité de l'histoire; par Daniel LOMBARD, chapelain de madame la princesse de Galles. *Amsterdam*, 1723, in-4. *On a réimprimé cet ouvrage au tome XV, de l'édition du P. Daniel, faite à Amsterdam en 24 vol. in-12.*

P. 126, ajoutez cet article:

Histoire du règne de Charlemagne; par M. DE LA BRUERE. *Paris*, 1744, *in-12. 2 vol.* Charles-Antoine le Clerc de la Bruere, *homme d'esprit, attaché à M. le duc de Nivernois, a assez bien rapproché & rassemblé dans cet ouvrage, tous les événemens du règne de Charlemagne. Il est mort en 1754, à Rome, où il étoit chargé des affaires de France, en l'absence du duc.*

P. 139, l. 11, en remontant, 1691, lisez, 1619. Ce recueil de Camusat, est encore indiqué à la page 212.

P. 198. Opposition faite par le roi de Navarre, &c. *Nous croyons qu'au lieu de la note qui accompagne le titre de cet ouvrage, on peut y substituer celle-ci, que nous prenons dans le* Journal des savans, Mars 1772, *à l'article où il rend compte du* Catalogue des manuscrits de la bibliotheque de Berne; par M. SINNER. *Vers la fin de sa préface,* M. Sinner *relève* Bayle, *de ce qu'il attribue à* Bongars *l'acte d'appel au futur concile, du 6 octobre 1585, que Henri, roi de Navarre, & le prince de Condé, firent afficher à Rome, au sujet de la fameuse bulle de Sixte V. On voit par le* Journal original de Bongars, *qu'il étoit parti de Vienne en Autriche, au mois de mai 1585, pour Constantinople, où il arriva le 25 juillet; d'où M. Sinner conclut qu'il n'est pas vraisemblable qu'il soit auteur*

de cet acte d'appel, qui fut affiché à Rome le 6 octobre.

Page 278, ajoutez cet article :

Mémoires de Louis de Nogaret, cardinal de la Valette, général des armées du roi, en Allemagne, en Lorraine, en Flandre, en Italie. *Paris*, 1772, *in-12. 2 vol. Ces mémoires sont de Jacques* TALON, *secrétaire du cardinal de la Valette. Le manuscrit original en a été trouvé au château de Beaupuy, en Guyenne. Ils contiennent le journal des opérations militaires du cardinal, pendant les années* 1635, 1636, 1637, 1638 & 1639. *A la fin du second volume, l'éditeur a placé une petite dissertation, contenant des* Eclairciſſemens ſur le combat de Mont-Reuillon, en Nivernois, & ſur la priſe du comte de Rouſſy, maréchal de Bourgogne. *Ce combat, où l'armée de France battit celle de Bourgogne, se donna le* 21 *juin* 1475. *Plusieurs historiens se sont trompés sur le nom du général qui commandoit les troupes Françoises. L'auteur prouve, d'après les actes originaux, que c'étoit* Beraud Dauphin, *fils de* Jean de l'Eſpinaſſe, *chevalier*, & *de* Blanche Dauphine.

P. 330. Hiſtoire du traité de paix de Nimégue; *ajoutez* : par M. COURCHETET.

P. 346, *l.* 10. POULLAIN, *lisez* : POULLIN.

TOME XIII.

PAGE 36, *après la ligne* 18, *ajoutez* :

Eloges des académiciens de l'académie royale des Sciences, morts depuis l'année 1744; par M. de FOUCHY. *Paris*, 1761, *in-12*, 2 *vol*.

P. 47, *ajoutez :*

Mémoires pour servir à l'histoire ecclésiastique, civile & militaire de la province de Vermandois ; par Louis-Paul COLLIETTE, doyen du doyenné de S. Quentin, curé de Gricourt, & chapelain de l'église royale de S. Quentin. *Cambrai*, 1771, &c. *in*-4. 3 *vol.*

P. 53, *ajoutez :*

Mémoire pour M. l'archevêque de Cambrai ; avec un recueil de titres, qui prouvent la seigneurie & haute-justice des évêques & archevêques de Cambrai, sur cette ville & sur son territoire. *Paris*, 1772, *in*-4.

P. 79, *ajoutez :*

Annales Briochines, ou abrégé chronologique de l'histoire ecclésiastique, civile & littéraire du diocèse de Saint-Brieuc ; enrichi de plusieurs notes historiques, géographiques & critiques ; par M. l'abbé RUFFELET. *Saint-Brieuc*, 1771, *in*-12. *Cet ouvrage contient un grand nombre de recherches sur les antiquités du diocèse, & l'on y trouve de tems en tems des anecdotes intéressantes.*

P. 104, *l.* 17. Petro HEUTERO, *lisez* ; Ponto HEUTERO.

Même page, ajoutez :

Abrégé chronologique de l'histoire ecclésiastique, civile & littéraire de Bourgogne, depuis l'établissement des Bourguignons dans les Gaules, jusqu'à l'année 1772 ; par M. MILLE. *Dijon*, 1771 — 1772, *in*-8. 3 *vol. Il faut joindre à cet ouvrage les lettres suivantes, qui en relèvent des erreurs considérables.*

Lettres à M. Mille, auteur de l'abrégé chronologique de l'histoire de Bourgogne. *Paris*,

1772, in-8. *Ces lettres sont de* D. MERLE, *prieur des Blancs-Manteaux, à Paris.*

P. 105, *ajoutez:*

Histoire des guerres des deux Bourgognes, sous les règnes de Louis XIII & de Louis XIV; par M. BEGUILLET. *Dijon*, 1772, *in-12. premiere & seconde partie. L'ouvrage commence en 1636. La seconde partie est presqu'entiérement employée au récit d'un siége étonnant, soutenu en 1636, par les habitans de Saint-Jean de Lône, contre les Impériaux, les Espagnols, les Comtois & les Lorrains, qui furent obligés de lever le siége, après des efforts inouis: siége comparable à celui de Calais, quoique bien moins connu.*

P. 126, *ajoutez:*

Histoire de la ville de Bordeaux, contenant les événemens civils, & la vie de plusieurs hommes célébres; par D. DE VIENNE, religieux Bénédictin de la congrégation de S. Maur. *Bordeaux*, 1771, *in-4. premiére partie.*

Page 237, *l.* 11. Charles VIII, *lisez*; Charles VII.

Même page, *l.* 31. PATREOLI, *lisez*; PRATÉOLI.

P. 268. L'édition de l'histoire de Genève, de 1730, est dûe à M. ABAUZIT.

P. 307. Lettres, négociations, &c. *Ajoutez qu'on en doit l'édition* à l'abbé LENGLET DU FRESNOY.

P. 393. Historia de San-Juan de la Peña, &c. *Cet ouvrage est de* Juan BRIZ MARTINEZ. *Il en est déja parlé précédemment, à la page* 382.

Page 398, *ligne derniere*, *lisez*; 1772, *in*-12. 6 *vol.*

P. 411, *effacez les lignes* 7 & 8; l'article qui y est énoncé, se trouve plus exact à la page suivante.

P. 439, *l.* 2. Ran. HIGDEN; *lisez*: RADULPHUS HIGDEN.

P. 446. Eduardi AYSCU: *effacez cet article; il est mieux, page* 506.

P. 515. La vie du chancelier Bacon; *ajoutez*, *que cette vie* est de M. POULLIOT.

TOME XIV.

PAGE 13, *ajoutez*:

Histoire de Gustave Adolphe, roi de Suéde; composée sur un grand nombre de manuscrits, & principalement sur ceux de M. ARKENHOLTZ; par M. D. M. *Amsterdam*, 1764, *in*-12. 4 *vol.*

P. 28, *l.* 6. Petri PARRI ROSÆ-FONTANI, *lisez*; Petri PARVI Rosæfontani.

P. 33. — *Idem* Orcades, &c. *effacez cet article*, *qui appartient à l'Angleterre. On l'a donné plus exactement, tome XIII, p.* 524.

Page 41. MATTHÆI de MICHOVIA, *lisez*; MATTHIÆ, & de même, *pp.* 42 & 62.

P. 67, *ajoutez*:

Mémoires historiques, politiques & militaires, sur la Russie; contenant les principales révolu-

tions de cet empire, & les guerres des Russes contre les Turcs & les Tartares; avec un supplément qui donne une idée du militaire, de la marine, du commerce, &c. de ce vaste empire; par le général de MANSTEIN: nouvelle édition, augmentée de plans & de cartes, avec la vie de l'auteur. *Paris*, 1772, *in*-8. 2 *vol. Ces mémoires commencent au règne de Pierre II, en 1727, & finissent vers les premiers tems de l'empire d'Elisabeth, en 1744. On peut compter sur la vérité des faits qui y sont rapportés. L'auteur avoit servi dans les armées Russes; il avoit de plus été initié dans les secrets du ministere. Le général* Manstein *composa ses mémoires en françois. M.* Hume, *à qui il en parvint une copie manuscrite, s'empressa de les traduire en anglois. Un littérateur Allemand les traduisit aussi en sa langue. Enfin, il parut à Leipsick une édition françoise de cet ouvrage, tandis qu'on se disposoit en France à donner l'original. L'éditeur François reconnoît devoir à celui de Leipsick les notes & le précis de la vie de l'auteur. Quant aux cartes & plans, il les a empruntés de la traduction allemande. Il n'y en a point dans l'édition de Leipsick.*

P. 68, *ajoutez:*

L'empire Turc, considéré dans son établissement, & dans ses accroissemens successifs; par M. DANVILLE. *Paris, de l'imprimerie royale*, 1772, *in*-12.

P. 78, *ajoutez:*

Oriens christianus, in quatuor patriarchatus digestus, quo exibentur ecclesiæ, patriarchæ, cæterique præsules totius Orientis; studio & operâ R. P. F. Michaëlis LE QUIEN, Morino Boloniensis, ordinis Fratrum Prædicatorum. *Parisiis, ex typographia regia*, 1740, *in-fol.* 3 *vol.*

Ouvrage très-intéressant, qui fait connoître toutes les églises d'orient, dépendantes des quatre grands patriarchats, de Constantinople, d'Alexandrie, d'Antioche & de Jérusalem. On y trouve la description géographique de chaque diocèse; l'origine & l'établissement des églises, leur étendue, leur jurisdiction, leurs droits, leurs prérogatives, leurs prétentions, la succession & la suite de leurs évêques, le gouvernement politique, les changemens qui y sont arrivés, &c.

P. 79. effacez les lignes 9 & 10; l'ouvrage qui y est énoncé, regarde l'archipel des Indes. On en trouve le titre plus étendu, à la page 124.

P. 81. *On a donné en* 1771, *les tomes XXI & XXII, de l'*Histoire moderne des Chinois, des Japonois, &c.

P. 113, *après la troisième ligne, ajoutez cet article:*

Histoire civile & naturelle du royaume de Siam, & des révolutions qui ont bouleversé cet empire jusqu'en 1770; publiée par M. TURPIN, sur des manuscrits qui lui ont été communiqués par M. l'évêque de Tabraca, vicaire apostolique de Siam, & autres missionaires de ce royaume. *Paris*, 1771, *in*-12. 2 *vol. Cet ouvrage a été supprimé par arrêt du conseil d'état du Roi, du 5 janvier 1772; Sa Majesté étant instruite, que l'auteur s'abandonnant aux écarts de son imagination, s'étoit visiblement & mal à propos, écarté du plan & des intentions de l'évêque de Tabraca, qui avoit obtenu le privilége pour une* Description du royaume de Siam, & *avoit uniquement chargé* M. Turpin *de rédiger ses manuscrits, & d'en épurer la diction.*

P. 116, *ajoutez les deux articles suivans:*

Histoire du grand Genghizcan, premier em-

pereur des anciens Mogols & Tartares, traduite & compilée de plusieurs auteurs orientaux, & des voyageurs Européens; par feu M. PETIS DE LA CROIX. *Paris*, 1710, *in-12*. *On trouve à la fin de cet ouvrage intéressant, un* Abrégé de la vie des auteurs, dont on a tiré l'histoire de Genghizcan. *C'est une petite Bibliotheque orientale, qui n'est pas à négliger.*

Histoire de Timur-Beg, connu sous le nom de grand Tamerlan, empereur des Mogols & Tartares, &c. traduite du persan; par M. PETIS DE LA CROIX. *Paris*, 1722, *in-12*. 4 *vol.*

P. 119, *l.* 4. DALQUIÉ, *lisez*; D'ALQUIÉ.

P. 140, *effacez les lignes* 14, 15, 16 & 17. *Cet article est plus détaillé à la page* 138.

P. 156, *l.* 6 & 7. au lieu de ces mots: *Il y a dans cette édition une préface*, &c. lisez; *l'abbé* LENGLET DU FRESNOY *a pris soin de cette édition, & y a joint une préface*, &c.

P. 156 & 157. Relation historique du voyage à l'Amérique méridionale, &c. *Voici le titre de cet ouvrage en espagnol:*

Relacion historica del viage à la America meridional, hecho de orden de S. Maj. para medir algunos grados de meridiano terrestre, y venir por ellos en conocimiento de la verdadera figura y magnitud de la tierra, con otras observationes astronomicas y physicas: por D. Jorge JUAN, commendador de Aliaga, en el orden de S. Juan, socio correspondente de la real academia de Sciencias de Paris; y D. Antonio de ULLOA, de la real academia de Sciencias de Londres, ambos capitanes de frégata de la real armada. *En Madrid*, 1748, *in-4*. 2 *vol. DD.*George JUAN & Ant. UL-

LOA *furent nommés pour accompagner les académiciens que Louis XIV envoya à la Mer du Sud. Mais l'historien de la relation est* ULLOA, *comme on peut le voir par la préface & le texte de l'ouvrage, notamment par le premier chapitre. Il y parle en son nom seul, en premiere personne. Cet ouvrage estimé est divisé en deux parties. La première contient la description géographique & historique des pays; la seconde, comprend les observations astronomiques. On l'a traduit en françois sous ce titre;*

Voyage historique de l'Amérique méridionale, fait par ordre de Sa Majesté Catholique le Roi d'Espagne; par D. George JUAN & D. Antoine DE ULLOA, avec une Histoire des Yncas, & les observations astronomiques & physiques, faites pour déterminer la figure & la grandeur de la terre. Ouvrage traduit de l'espagnol, & orné de cartes géographiques, & de figures gravées en taille-douce. *Amsterdam*, 1752, *in*-4. 2 *vol. Le titre de cette traduction annonce une Histoire des Yncas. C'est une addition qu'on a faite; elle n'est certainement point dans l'original espagnol.*

P. 157. GAZTELU, *lisez*; GAZTELLI; & *page* 159, *au lieu de* GAZTEDA, *lisez aussi*; GAZTELLI.

P. 184, *l.* 8, *en remontant*; HEBERT, *lisez*; HERBERT.

P. 188, *l.* 4. ZAVALLOS, *lisez*; ZEVALLOS.

P. 191, *ajoutez*;

Voyage autour du monde, par la frégate du roi la Boudeuse, & la flûte l'Etoile, en 1766, 1767, 1768 & 1769; par M. DE BOUGAINVILLE. *Paris, seconde édition*, 1772, *in*-8. 2 *vol. Ce voyage contient sur l'histoire naturelle, & sur les Indiens, des observations très-intéressantes. Il pré-*

sente une multitude de cartes nautiques, & beaucoup de remarques, pour l'instruction des marins, que leur destinée conduiroit dans les mers que l'auteur a parcourues.

P. 281, *l.* 28. FARNESIA, *lisez*; FARNESIO.

P. 288, *ajoutez au* Tableau généalogique & chronologique de la maison de France; par M. CLABAULT, que ce bel ouvrage a paru en 1764.

P. 335, *après l'article* Oct. BOLDONI Epigraphica, *ajoutez : Ce gros livre est un ouvrage peu méthodique, rempli de fables & de puérilités. L'ouvrage suivant est bien supérieur.*

Instituzione antiquario lapidaria; o sia introduzione allo studio delle antiche latine iscrizioni, in tre libri proposta. *Roma*, 1770, *in*-8. *Cet ouvrage est du* P. ZACHARIE, *jésuite : il répond bien à ses talens & à sa réputation. L'auteur s'est borné aux inscriptions latines, parce que les mêmes principes & les mêmes réflexions peuvent s'appliquer aux inscriptions grecques.*

P. 349, *ajoutez :*

Histoire des philosophes anciens, jusqu'à la renaissance des lettres, avec leurs portraits; par M. SAVERIEN. *Paris*, 1772, *in*-12. 5 *vol.*

P. 360, *ajoutez à la fin de l'article de la musique :*

Orazione del signor abate Francesco FANZAGO, Padouano, delle lodi di Giuseppe Tartini, recitata nella chiesa de RR. PP. Serviti in Padoua, li 31 di marzo, l'anno 1770 : con varie note illustrata, con un breve compendio della vita del medesimo. *In Padoua*, 1770, *in*-4. *de* 48 *pages. C'est l'oraison funebre d'un des plus grands musiciens de notre siècle, qui est mort chef de la musique de S.*

Antoine

Antoine de Padoue, le 26 février 1770. On a de lui un traité de musique, dans lequel il établit un système qui fait autant d'honneur à son savoir dans la théorie de la musique, que celui de la base fondamentale en fait à M. Rameau.

P. 371. Critique de la charlatanerie. *Cet ouvrage est de* M. CAMUSAT.

Même pag. l. 25, 26. librorum variorum, *lisez*; variorum.

P. 380, placez en tête de l'article III :

Joannis-Alberti FABRICII Bibliotheca Græca, sive Notitia scriptorum veterum Græcorum quorumcumque monumenta integra, aut fragmenta edita extant; tunc plerorumque è manuscriptis ac deperditis. *Hamburgi, in-4. 14 vol. imprimés de 1705 à 1728. On trouve dans cet ouvrage une notice exacte de tous les auteurs Grecs, depuis les premiers tems jusqu'à la prise de Constantinople par les Turcs. L'auteur s'attache beaucoup moins aux auteurs ecclésiastiques, qu'aux autres. Il recherche avec soin en quel tems chaque auteur a vécu : il marque les différentes éditions des ouvrages imprimés, & fait connoître ceux qui sont perdus & qu'on trouve cités dans divers auteurs. Cet ouvrage comprend aussi plusieurs traités d'auteurs Grecs, qui n'avoient pas encore été imprimés, ou dont* Fabricius *donne des éditions plus exactes. Le XIV volume contient une* Table générale *très utile.*

P. 381, ajoutez :

Joan. Alb. FABRICII Bibliotheca Latina, sive Notitia auctorum veterum Latinorum, quorum scripta ad nos pervenerunt........ Obiter suppleta ingens lacuna aliquot paginarum in scholiis Eustathii ad Dionysium Periegetem. *Hamburgi*,

1710, *in*-8. Fabricius *rapporte, selon l'ordre chronologique, les anciens auteurs Latins, dont nous avons les œuvres. Il donne le catalogue de leurs ouvrages, & indique les différentes éditions, les versions ou commentaires qu'on en a fait.*

Joan. Alb. FABRICII Bibliotheca Latina mediæ & infimæ latinitatis, ordine alphabetico; accedunt WIPPONIS presbyteri proverbia. *Hamburgi*, 1734—1736, *in*-8. 5 *vol.* Fabricius *étant mort le* 30 *avril* 1736, *n'a pu finir cet ouvrage, qu'il a laissé à la lettre* PI.

P. 393, *ajoutez:*

Bibliothéques Françoises de LA CROIX DU MAINE, & de DU VERDIER, sieur de Vauprivas; nouvelle édition, avec les notes de M. DE LA MONNOYE, & du président BOUHIER; par M. RIGOLEY DE JUVIGNY. *Paris*, 1772, 1773, *in*-4. 6 *vol.*

P. 409. Lettre critique sur le Dictionaire de Bayle. *Cette lettre est de* M. LE CLERC, *prêtre de la communauté de S. Sulpice, à Lyon.*

P. 425, *l.* 4, *en remontant*, FERET, *lisez*; FRERET.

P. 457, *l.* 14, ajoutez; *la suite de ces remarques est au tome XV.*

P. 460, *l.* 17, ajoutez; *la suite de ces remarques est au tome XVII.*

P. 483, *lig. derniere.* Romains, *lisez*; Romans.

P. 516; *ajoutez cette traduction d'*Elien.

Histoires diverses D'ELIEN, traduites du grec; par M. DACIER, avec des remarques. *Paris*, 1772, *in*-8. 2 *vol. Les* Histoires diverses d'Elien,

ſont un recueil de ce qu'il avoit remarqué de plus intéreſſant dans les anciens auteurs. Particularités de l'hiſtoire des différens peuples; anecdotes ſur leurs uſages & ſur leurs pratiques religieuſes; traits ſinguliers de valeur & de vertu; apophtegmes; portraits de vices ou de ridicules : tout eſt du reſſort de cet écrivain, qui par la variété des matieres qu'il embraſſe, mérite d'être mis au rang des auteurs les plus agréables de l'antiquité.

TOME XV.

PAGE 14, à l'article d'ALQUIÉ, *ajoutez*; hiſt. de la Chine. XIV. 119.

P. 28, *article* ARKENHOLTZ, *ajoutez*; hiſt. de Guſtave Adolphe. XIV. 13.

P. 54, *ajoutez* :

BEGUILLET (M.) hiſt. des guerres des deux Bourgognes. XIII. 105. *aux additions.*

P. 80. col. 2, *ajoutez* :

BOUCHAUD (M.) de l'impôt du vingtiéme. XI. 118. *aux additions.*

P. 81, après l'article de M. de Bougainville, de l'académie, *ajoutez* :

BOUGAINVILLE (M. de) voyage autour du monde. XIV. 191. *aux additions.*

P. 82, *à l'article du préſident* Bouhier, *ajoutez*; notes ſur les Bibliothéques françoiſes, &c. XIV. 393. *aux additions.*

P. 91, col. 1, *ajoutez* :

BRUERE (de la) hiſt. de Charlemagne. XII. 226. *aux additions.*

P. 9?, ajoutez :

Buache de la Neuville ; géographie élémentaire. X. 36. *aux additions.*

P. 96, ajoutez. Bueus, acta SS. X. 283.

P. 99. ajoutez. Byeus ; acta SS. X. 283.

P. 134, à l'article de Choul (Guill. du) *ajoutez* ; & XIV. 308.

P. 160, ajoutez :

Croix du Maine (la) bibliothéque françoise. XIV. 393. *aux additions.*

P. 156, ajoutez :

Cour (D. Didier de la) sa vie. X. 344. *aux additions.*

P. 166, à l'article de M. Danville, *ajoutez :*

L'Empire Turc, &c. XIV. 63. *aux additions.*

P. 171, à l'article Devaux, ajoutez ; *son éloge.* XIV. 353. *aux additions.*

P. 179, article Dreux du Radier, *ajoutez* ; vie de Vitikind le Grand. XI. 308.

P. 199, article de Fabricius (Jean-Albert) *ajoutez* : Bibliotheca Græca. XIV. 380. *aux additions.* Bibliotheca latina. 381. *aux additions.*

P. 238, ajoutez, Ghesquier ; acta SS. X. 289.

P. 267, ajoutez à l'article de D. Haudiquier ; vie de D. Didier de la Cour. X. 344. *aux additions.*

P. 355, ajoutez :

Manstein (le général de) Mém. hist. sur la Russie. XIV. 67. *aux additions.* Sa vie, *ibid.*

P. 439, article de Paterculus (Velleius) *ajoutez* Velleius Paterculus comparé avec Tacite. XIV. 420.

FIN.

De l'Imprimerie de Cl. Simon. 1772.

www.ingramcontent.com/pod-product-compliance
Lightning Source LLC
Chambersburg PA
CBHW022122020426
42334CB00015B/720
* 9 7 8 3 7 4 1 1 7 4 4 3 8 *